CODE
DE LA
MARTINIQUE.

In Societate Civili, aut Lex, aut vis Valet.
Franc. Bacon. aphorism.

A SAINT-PIERRE,
De l'Imprimerie de PIERRE RICHARD, Imprimeur du Roi, & du Conseil Souverain.

MDCC. LXVII.
AVEC PERMISSION.

AUTORISATION

DU

GOUVERNEMENT.

POUR L'IMPRESSION

DU

CODE

DE LA MARTINIQUE.

*EXTRAIT d'une Lettre de Mr. le Comte d'*ENNERY*, Gouverneur Général, à l'Editeur, en date du 25 Avril 1767, au Quartier du Lamentin.*

. . . . . » JE suis fort aise que vous ayez fini votre Recueil » des Loix. J'approuve fort qu'il soit imprimé : Conférez-en avec » Mr. le Président de Peinier : qu'il donne son autorisation à » l'Imprimeur : Ma lettre lui en servira ; vous n'aurez qu'à la » lui montrer. »

PERMISSION DE M. L'INTENDANT.

*NOUS autorisons M*** à faire imprimer le Recueil des Loix de la Colonie qu'il a rassemblées, & permettons au sieur* Richard, *imprimeur du Roi & du Conseil Souverain, de les imprimer & distribuer au Public, de la façon qui lui sera indiquée par l'Editeur.*
A St. Pierre Martinique, le 28 Avril 1767, Signé, le Président de PEINIER.

AVERTISSEMENT.

Les Loix de cette Colonie, éparses çà & là, sont insensiblement devenues d'une recherche aussi difficile que dispendieuse, par le cahos où elles ont été plongées, & le nombre que le tems en a produit.

La guerre continuelle que des insectes de toute espece livrent aux papiers dans les dépôts, & les différents fléaux dont cette isle a été successivement affligée, ont tellement jetté ces Loix dans le désordre & la confusion, que la plûpart sont ignorées même de ceux dont elles font la profession.

Les Loix du Royaume ne sont pas toutes en vigueur dans l'isle, parce qu'elles n'y sont pas toutes propres, par la différence des lieux, des personnes & des biens : d'ailleurs celles dont les dispositions pourroient y être adaptées, ne sont pas enrégistrées au Conseil Supérieur; formalité dont le défaut arrêtera toujours les progrès de la législation, si les chefs de la Colonie ne sollicitent auprès du ministere, l'envoi de ces Loix.

Il résulte du défaut de publicité de celles de ces Loix qui seroient propres au pays, qu'elles n'y peuvent être regardées que comme raison écrite, dans les cas où les Loix publiées sont muettes, comme les Loix Romaines dans les Provinces de la France régies par leurs Coutumes.

Il est des Loix émanées directement du Roi, dont le titre annonce la destination aux Colonies en général, qui, quoique nous n'ayons pu trouver l'époque de leur enrégistrement, & qu'il soit même douteux qu'elles y aient jamais été présentées, trouveront néanmoins aussi place dans ce recueil, comme raison écrite.

Celles des Loix du Royaume, légalement connues, & suivies dans les tribunaux sont les ordonnances de 1667 & 1670 sur les procédures civiles & criminelles; celle de 1673 sur le Commerce, & celle de 1681 sur la marine marchande.

Ces Loix, ainsi que la Coutume de Paris, qui est la Loi municipale des Colonies Françoises, sont dans les mains de tout le monde; ainsi il seroit superflu d'en grossir cette compilation.

LE CODE sera divisé en huit parties, dont la premiere contiendra les Loix sur l'Administration générale; la seconde, celles qui ont trait à l'Église; la troisieme, celles qui ont rapport au Militaire; la quatrieme, celles qui concernent les Finances; la cinquieme, celles sur le commerce; la sixieme, celles qui traitent de la Marine; la septieme, celles qui parlent de la Justice; & enfin la huitieme, celles qui concernent la police.

NOUS placerons à la tête des Loix, deux Tables, l'une Chronologique, & l'autre Alphabétique, pour en faciliter la recherche.

QUELQUES soins que nous nous soyons donnés pour rendre ce recueil complet, nous nous garderons bien de croire que nous l'avons conduit à sa perfection: guidés par le desir d'être utiles aux Colons, dans un ouvrage dont la patience fait le principal mérite, nous n'avons rien épargné pour surmonter les difficultés de plus d'un genre que nous avons rencontrées dans le cours de ce travail.

TABLE GÉNÉRALE

Des Édits, Déclarations, Ordonnances, Arrêts & Réglemens insérés dans ce Code, suivant l'ordre Chronologique.

1725.

AOUT.

Fin de la Table.

TABLE GÉNÉRALE

DES Edits, Déclarations, Ordonnances, Arrêts & Réglemens insérés dans ce CODE, suivant l'ordre Alphabétique.

A.

B.

C.

D.

E.

R.

S.

T.

V.

Fin de la Table.

DIVISION
DE L'OUVRAGE.

FAUTES A CORRIGER.

A l'Avertissement.

Page ij, ligne 12, avons, *lisez* ayons.

Dans le corps de l'Ouvrage.

Page 53, à la date de l'Arrêt au bas de la page, du 13 mai 1728, *lisez* 1758.
Nota. *Cette Loi se trouve double & placée sous sa vraie date à la page 368.*
Page 62, à la date de l'Arrêt en réglement, du 14 mars 1753, *lisez* 1763.
Page 359, à la date de l'Arrêt du 8 novembre 1755, *lisez* du 6 novembre 1754.
Nota. *Cette Loi se trouve double & placée à sa vraie date à la page 354.*
Page 232, à la fin, enrégistré le 4 novembre 1766, *supprimez l'enrégistrement.*
Page 355, du titre, au bas de la page, conventions d'appel, *lisez* conversions d'appel.
Pape 403, à la fin, enrégistré, *lisez* fait.
Page 414, à la date de la Déclaration du 20 décembre, *lisez* du 30 décembre. Et à la fin, enrégistré le 8 mai 1712, *lisez* 8 mai 1713.
Page 446, Nota. *L'Ordonnance du 27 novembre 1733, se trouve double & placée à la page 291, sous un autre titre.*
Page 448, Nota. *L'Ordonnance du premier septembre 1736, se trouve double, au préambule près, & placée à la page 428, sous un autre titre.*
Page 472, à la date de l'Ordonnance, du 2 décembre 1749, *lisez* du 9 décembre 1749. Et à la fin, donné le 2 décembre 1749, *lisez* le 9 décembre 1749. Nota. *Cette Loi se trouve double & placée à la page 322 à sa vraie date.*

PRIVILEGE

CHARLES-LOUIS-EMANUEL DE St. MAURIS, Comte de CHATENOY, Seigneur de JASNEY & de GIREFONTAINE, Chevalier de l'Ordre de St. Jean de Jerusalem, Maréchal des Camps & Armées du Roi, & son Commandant général aux Isles Martinique & Ste. Lucie.

LOUIS DE THOMASSIN, Chevalier Marquis de PEINIER, Seigneur d'AINAC, de MAZAUGUES & autres lieux, Conseiller du Roi en son Conseil, Président à Mortier Honoraire au Parlement de Provence, Intendant de Justice, Police, Guerre, Finance & Marine desdites Isles.

AYANT jugé nécessaire au bien public, & afin que chacun puisse avoir sous ses yeux les Loix sous lesquelles il vit, de permettre l'impression de tous les Arrêts & Lettres Patentes du Roi, concernant les Isles du Vent, les Arrêts & Réglements du Conseil Souverain, & nos Ordonnances, sous le titre de *CODE DE LA MARTINIQUE*; & le sieur Richard, Imprimeur du Roi & du Conseil Souverain aux Isles Martinique & Ste. Lucie, nous ayant représenté qu'il se chargeroit de l'impression de cet Ouvrage pour son compte, s'il nous plaisoit de lui accorder nos Lettres de privilege pour ce nécessaires : *A CES CAUSES*, & en vertu du pouvoir qui nous a été confié par Sa Majesté, nous lui avons permis & permettons par ces présentes, d'imprimer ledit Ouvrage en un ou plusieurs volumes, autant de fois qu'il le voudra, & de le faire vendre & débiter par-tout où bon lui semblera, pendant l'espace de vingt années consécutives, à compter du jour de la date desdites présentes. Faisons défenses à toutes personnes de quelque qualité & condition qu'elles soient, d'en introduire d'impression étrangere dans aucun lieu de notre Gouvernement, à peine de confiscation des Exemplaires, & de trois mille livres d'amende contre chacun des contrevenans, dont un tiers au profit du Roi, un tiers à l'Ecole de St. Victor, & l'autre tiers au dénonciateur, & de tous dépens, dommages & intérêts : Voulons que la copie desdites présentes, qui sera imprimée au commencement ou à la fin dudit Ouvrage, soit tenue pour dûement signifiée; & commandons à tout Sergent ou Huissier sur ce requis, de faire pour l'exécution d'icelle, tous actes requis & nécessaires, sans demander autre permission.

DONNÉ à St. Pierre de la Martinique, sous le sceau de nos Armes & le contre-seing de nos Secretaires, le quinzieme Mai mil sept cent soixante-huit. *Signés*, le Chevalier de St. MAURIS & le Président de PEINIER.

CODE DE LA *MARTINIQUE*.

PREMIERE PARTIE.

DE L'ADMINISTRATION GÉNÉRALE.

ORDONNANCE DU ROI,

CONCERNANT les Mariages & acquisitions que les Gouverneur-Lieutenant général & Intendant, ainsi que les Gouverneurs, les Commissaires & Ecrivains de la Marine, servant aux Isles du Vent, pourroient y contracter à l'avenir.

Du premier Décembre 1759.

DE PAR LE ROI.

SA MAJESTE' étant informée des abus qui résultent des acquisitions en biens-fonds, que plusieurs de ses Officiers employés aux Isles du vent, ont faites par le passé, ainsi que des mariages que plusieurs d'entr'eux y ont contractés avec des filles créoles : Et considérant que pareils établissemens sont d'autant plus contraires à l'administration dont ils sont chargés, que la régie de leurs biens & les alliances qu'ils contractent, les détournent du véritable esprit de leurs fonctions, & peuvent donner lieu à des vues d'intérêts particuliers toujours préjudiciables au bien général ; Sa Majesté, pour prévenir les abus qui sont les suites de ces établissemens, a résolu d'expliquer ses intentions à cet égard, d'une maniere précise & qui prévienne tout retardement dans l'exécution de ses ordres ; en conséquence, Elle a ordonné & ordonne ce qui suit :

ARTICLE PREMIER.

Le Gouverneur son Lieutenant général, & l'Intendant aux Isles du vent, faisant leur résidence à la Martinique, ne devant point être regardés comme habitans desdites Isles, dont le gouvernement & l'administration ne leur sont confiés que pour un tems limité, Sa Majesté veut & entend qu'à l'avenir il ne puisse être choisi pour remplir lesdites fonctions, aucunes personnes qui auroient épousé des filles créoles, ou qui posséderoient, soit de leur chef, soit de celui de leurs femmes, des habitations dans lesdites Isles du vent où ils auront été établis Gouverneurs. Les Commissaires & Ecrivains de la Marine employés auxdites Isles, n'y étant pareillement destinés que pour un tems, Sa Majesté veut également qu'il n'y en soit employé aucun de ceux qui auroient épousé des filles créoles, ou qui posséderoient, soit de leur chef, soit de celui de leurs femmes, des habitations dans lesdites Isles du vent où ils feront leur résidence.

II. Veut Sa Majesté, que ceux qui auroient par Elle été nommés pour remplir lesdites fonctions de Gouverneur-Lieutenant général, Gouverneurs desdites Isles, d'Intendant, de Commissaire & d'Ecrivain de la Marine auxdites Isles du vent, & qui viendroient à épouser des filles créoles ou domiciliées dans ledit pays, ou qui y acquerroient des habitations en biens-fonds, autres que des jardins portant fruits, légumes & herbages, pour leur usage particulier seulement, soient censés eux-mêmes devenus habitans par de pareils engagemens ; & qu'en conséquence ils soient révoqués de leurs emplois, & remplacés le plutôt qu'il se pourra, sur le compte qui en sera rendu à Sa Majesté par le Secrétaire d'Etat ayant le département de la Marine. Veut, Sa Majesté, qu'à l'avenir il soit fait mention dans toutes les provisions, commissions, brevets & ordres qui seront expédiés auxdits Gouverneurs-Lieutenants généraux, Gouverneurs & Intendants, ainsi qu'aux Commissaires & Ecrivains de la marine destinés à servir dans lesdites Isles, de la clause de leur révocation en cas de semblables mariages ou acquisitions.

III. Le Gouverneur particulier de la Martinique, les Lieutenans de Roi, Majors, Aides-majors des Isles du vent, ainsi que les Capitaines, Lieutenans & Enseignes des troupes servant auxdites Isles, y ayant une demeure fixe par la nature de leur service, dans lequel ils ne peuvent mériter d'avancement que par leur résidence continuelle dans la colonie, Sa Majesté veut bien, par cette considération, leur conserver leurs emplois, nonobstant les acquisitions & les mariages qu'ils pourroient contracter dans le pays; leur recommande en même tems Sa Majesté, d'être attentifs à ne jamais se prévaloir des fonctions de leurs emplois, pour se procurer des préférences & des avantages pour raison de leurs habitations, ou pour en procurer aux familles auxquelles ils se seront alliés. Ordonne spécialement Sa Majesté, au Gouverneur-Lieutenant général d'y veiller de près, & d'empêcher tout abus à cét égard.

IV. Defend pareillement Sa Majesté, auxdits Gouverneur son Lieutenant général & à l'Intendant des Isles du vent, ainsi qu'aux Gouverneurs particuliers & autres Officiers de l'Etat major, Commissaires & Ecrivains de la Marine, & toutes autres personnes employées au gouvernement & administration desdites Isles, de faire aucun commerce direct ou indirect, sous peine de révocation de leur emploi. Enjoint au surplus Sa Majesté, auxdits Gouverneur son Lieutenant général & Intendant auxdites Isles, de se conformer exactement à la présente ordonnance, laquelle Sa Majeste veut être exécutée, à compter du premier juillet 1760, nonobstant tous ordres & permissions contraires, & être enrégistrée aux Conseils Supérieurs des Isles du vent. Fait à Versailles le premier décembre mil sept cent cinquante-neuf. *Signé* LOUIS. *Et plus bas*, Berryer.

ENREGISTRÉE au Conseil Souverain le 7 février 1761.

ORDONNANCE

DU ROI,

SUR le remplacement de l'Intendant en cas d'absence ou de mort.

Du premier Mars 1760.

DE PAR LE ROI.

SA MAJESTÉ estimant nécessaire, pour le bien de son service, de pourvoir à l'administration des fonctions d'Intendant des Isles du vent de l'Amérique, dans les différens cas qui peuvent arriver au défaut dudit Intendant; afin de prévenir les difficultés & les inconvéniens qui pourroient se présenter à ce sujet, Elle a ordonné & ordonne ce qui suit:

ARTICLE PREMIER.

Le Commissaire de la Marine plus ancien servant à la Martinique, fera dans la Colonie les mêmes fonctions que l'Intendant, en cas de mort ou d'absence dudit Intendant.

II. Il présidera auxdits cas, au Conseil Souverain de la Martinique; fera appeller les causes; demandera les avis; recueillera les voix; prononcera & signera les Arrêts; distribuera les rapports; indiquera les conseils extraordinaires & généralement tout ce que pourroit faire ledit Intendant.

III. Il nommera aux places de Procureurs du Conseil Supérieur & des Jurisdictions, à celles de Notaires & d'Huissiers.

IV. Il ordonnera seul, en l'absence ou à défaut d'Intendant, des fonds pour le payement des dépenses réglées par les Etats de Sa Majesté.

V. Il expédiera conjointement avec le Gouverneur-Lieutenant général, toutes lettres de concessions; rendra les Ordonnances de réunion des terres, celles de police, & généralement toutes les autres qui sont rendues en commun par le Gouverneur-Lieutenant général, & l'Intendant; & lesdites Lettres & Ordonnances continueront d'être expédiées à l'ordinaire au Bureau de l'Intendance, nonobstant l'absence de l'Intendant. Et sera la présente Ordonnance enrégistrée au Conseil Souverain de la Martinique, & publiée & affichée par-tout où besoin sera. Fait à Versailles, le premier mars 1760. *Signé* LOUIS. *Et plus bas* BERRYER.

ENREGISTRÉE au Conseil Souverain le 7 février 1761.

REGLEMENT

DU ROI,

CONCERNANT l'Administration générale de la Colonie de la Martinique.

Du 24 Mars 1763.

DE PAR LE ROI.

SA MAJESTÉ voulant déclarer ses volontés sur le service & l'Administration qu'Elle a résolu d'établir dans la Colonie de l'Isle de la Martinique, Elle a ordonné & ordonne ce qui suit:

ARTICLE PREMIER.

GOUVERNEMENT MILITAIRE.

Le Gouvernement Militaire de cette Colonie sera composé à l'avenir:

à l'avenir, D'un Gouvernement général.

D'un Commandant en second.

Un Aide-Major général d'Infanterie.

Un certain nombre de Bataillons.

Un Officier principal d'Artillerie, avec un détachement du Corps-Royal.

Un Directeur des Fortifications, & deux Ingénieurs ordinaires.

Un Officier de port.

Une Compagnie de Maréchaussée.

GOUVERNEMENT CIVIL.

II. Le Gouvernement Civil de la Martinique sera composé d'un Intendant.

Un Subdélégué général qui sera en même tems Contrôleur & chargé du Domaine.

Un Commissaire ordonnateur & un Commissaire ordinaire des Guerres.

Un Commissaire de Marine pour l'Arsenal & pour les Classes.

Deux Subdélégués.

Cinq Ecrivains de Marine pour tous les différens détails.

Un Trésorier qui sera en même tems Receveur général du Domaine.

Quelques Commis ambulans & autres employés à ladite Recette.

Un Garde-magasin principal, & trois Gardes-magasins particuliers des vivres & autres effets destinés au besoin des troupes.

Un Garde magasin de la Marine.

Un Médecin & Chirurgien-major des hôpitaux au Fort-Royal.

Un Médecin & Chirurgien particulier dans chaque hôpital militaire.

Résidence des Chefs & des autres Employés.

III. Le Gouverneur général, l'Intendant, l'Aide-major général de l'Infanterie, l'Officier principal d'artillerie, le Directeur des Fortifications, le plus ancien Commissaire ordonnateur des Guerres, l'Officier de Port, le Commissaire de la Marine ou des Classes, le Contrôleur, trois Ecrivains de la Marine, le Trésorier de la Colonie, le Garde-magasin principal d'Artillerie, celui des vivres & des effets destinés aux besoins des troupes, le Garde-magasin de la Marine, le Médecin & le Chirurgien major, feront leur résidence ordinaire au Fort-Royal.

IV. Le Commandant en second, le Subdélégué principal, l'autre Commissaire des Guerres, deux Ecrivains & un Commis pour les Classes, les personnes employées au Bureau du Domaine, & un

Subdélégué, feront leur résidence ordinaire au Bourg St. Pierre; l'autre Subdélégué fera sa résidence à la Trinité & au Cul-de-Sac Marin; & dans chacun des deux Bourgs il y aura un Commis préposé à la Recette du Domaine.

Les deux Ingénieurs ordinaires feront établis au Fort-Royal ou dans telle autre partie de la Colonie où leur présence sera jugée nécessaire.

Suppression des Milices.

V. Sa Majesté voulant confier la défense de la Martinique à ses Troupes réglées, il n'y aura point de Milice générale ni particuliere dans cette Colonie.

Résidence des Troupes.

VI. Les Troupes feront disposées de maniere qu'il y ait deux Bataillons à portée du Fort-Royal, & deux autres à portée du Fort St. Pierre: Ces Troupes, quoique séparées, feront censées former une brigade aux ordres du Commandant en second. On choisira pour l'emplacement de ces Bataillons, les lieux que l'on croira les plus salubres, & d'où chaque Bataillon fournira les détachemens nécessaires, soit pour le service ou les travaux de Sa Majesté, qu'il y aura à faire dans la Colonie.

Les deux Bataillons des environs du Fort-Royal, feront chargés de la garde particuliere de ce Fort & de celle des Batteries du Cul-de-Sac-Marin, comme les deux Bataillons des environs du Fort St. Pierre, feront chargés de la garde de ce Fort, & de celle des Batteries du Cul-de-Sac de la Trinité.

VII. Le détachement du Corps-Royal sera établi le plus près qu'il sera possible du Fort-Royal, afin que restant toujours sous les yeux de l'Officier principal de l'Artillerie, il puisse être mieux entretenu dans l'habitude des différentes écoles & des exercices, & dans l'observation de la discipline la plus exacte.

Etablissement d'Hôpitaux.

VIII. Il sera établi à portée de chacun des Quartiers principaux des Troupes, un hôpital militaire, pour y recevoir les Officiers & les Soldats qui tomberont malades: on établira de même à portée de chacun des ces Quartiers principaux, un magasin pour tous les besoins des Troupes.

De la Maréchaussée.

IX. Le Prévôt de la Maréchaussée restera au Fort-Royal avec

une partie de sa Compagnie, dont le reste sera détaché par Brigade par-tout où besoin sera.

Etablissement d'un Arsenal de Marine.

X. Le Port appellé le Carènage, près du Fort-Royal, sera destiné à servir d'arsenal à la marine de Sa Majesté : tous les autres Ports de la Colonie ne seront regardés que comme des Ports marchands.

De la Religion.

XI. La Hiérarchie & l'exercice de la Religion, pour ce qui concerne les habitans, resteront comme elles sont, entre les mains des Religieux établis dans la Colonie ; les Aumôniers des Troupes en seront chargés à l'égard des corps auxquels ils seront attachés.

De la Justice.

XII. La Justice continuera d'être rendue par le Conseil Supérieur, dont le siége sera au Fort-Royal, & par les différentes Jurisdictions qui en ressortissent, & que Sa Majesté a jugé à propos d'établir ci-devant dans plusieurs parties de la Colonie.

Les trois Siéges particuliers de l'Amirauté resteront établis comme ils l'étoient depuis long-tems au Fort-Royal, au Fort St. Pierre & à la Trinité, & leurs fonctions continueront d'y être les mêmes.

Chambre d'Agriculture.

XIII. Sa Majesté ayant jugé à propos de supprimer la Chambre mi-partie d'Agriculture & de Commerce, qu'elle avoit établie à la Martinique pour les Isles du vent, par arrêt de son Conseil du 10 décembre 1759, elle a estimé plus convenable pour le bien de l'administration & l'avantage de la Colonie, de la remplacer par une autre Chambre qui sera seulement d'Agriculture, laquelle ne sera composée à l'avenir que de sept habitans créoles, ou ayant habitation, lesquels seront nommés par Sa Majesté à l'exclusion de toutes personnes choisies dans d'autres états.

Supprimée par l'ord.ce de 1787 par les assemblées coloniales –

XIV. On traitera dans cette Chambre toutes les matieres qui concernent la population, les défrichemens, l'agriculture, la navigation, le commerce extérieur, la communication, l'intérieur de la Colonie par des chemins ou canaux à établir, les différens travaux à faire aux Ports, soit pour en former de nouveaux ou pour entretenir les anciens, la salubrité de l'air, la défense des côtes & de l'intérieur du pays, en un mot, tout ce qui sera le plus propre à contribuer à l'amélioration, au progrès & à la sûreté de la Colonie ; mais la Chambre n'aura pas le pouvoir de faire à ces différens égards aucune représentation au Gouverneur ni à l'Intendant, ni au secretaire d'Etat ayant le département de la Marine : elle se bornera simplement à proposer au Gouverneur ou à l'Intendant, tout ce qu'elle imaginera sur ces différens objets, & à lui en remettre en même tems un mémoire dont ladite Chambre enverra une copie au secretaire d'Etat de la Marine.

Quand le Gouverneur ou l'Intendant chacun dans sa partie, jugera le projet utile, il le fera exécuter pour ne pas perdre tems ; mais s'il ne juge pas à propos de le faire, la Chambre d'Agriculture ne sera point en droit de lui en demander les raisons, & elle attendra que Sa Majesté lui ait fait savoir ses intentions sur ce mémoire qui lui sera envoyé par le Gouverneur ou l'Intendant, avec des observations sur les motifs que l'un ou l'autre peut avoir eu de ne pas accorder la demande de la Chambre.

XV. Toutes les fois qu'un Gouverneur ou un Intendant mourra ou quittera sa place pour revenir en Europe, soit de sa propre volonté, soit qu'il ait été rappellé, la Chambre d'Agriculture sera tenue d'envoyer au secretaire d'Etat ayant le département de la marine, son avis signé de tous ses membres, sur l'administration du Gouverneur ou de l'Intendant qui sera mort ou parti pour l'Europe, & d'entrer dans le détail sur son caractere, ses talens, ses vues, sa probité, & le bien ou le mal qu'il aura produit pendant le tems de son administration.

Ladite Chambre continuera à correspondre comme faisoit l'ancienne, avec son député à Paris, sur toutes les affaires de la Colonie qui intéresseroient son commerce avec la France ; afin que celui-ci soit en état d'en faire usage au bureau du Commerce, toutes les fois qu'il sera question de discuter les matieres qui seront relatives au commerce de sa Colonie.

Service des Hôpitaux.

XVI. L'entreprise des hôpitaux militaires de la Colonie restera entre les mains des Freres de la Charité ; mais ils seront assujettis à tous les Règlemens que Sa Majesté a rendus ou rendra concernant les hôpitaux de ses Troupes en Europe, & à l'inspection du Médecin & du Chirurgien major des hôpitaux ; & il sera établi dans chaque hôpital un Médecin & un Chirurgien séculiers pour y prendre soin des malades.

Partie de l'Administration commune au Gouvernement & à l'Intendant.

XVII. L'administration générale de la Colonie sera partagée entre le le Gouverneur & l'Intendant ; ce dernier dèpendra du premier dans toutes les parties relatives à toutes les opèrations militaires, à la conservation & à la défense de la Colonie, comme l'Intendant d'une armée dèpend du Général qui la commande ; mais avec cette différence que l'autorité du Gouverneur s'ètendra pareillement sur toutes les parties militaires de la marine.

XVIII. Dans toutes les autres branches de la Colonie, l'Intendant y aura le même pouvoir, que l'Intendant d'une généralité du Royaume en a dans son département, lorsque le Gouverneur de la Province y réside.

Quand aux autres objets qui peuvent être particuliers à l'administration d'une Colonie ou à la marine, les choses vont être réglées ci-après, de maniere qu'il n'y en ait que le moins qui sera possible en commun entre le Gouverneur & l'Intendant ; que toutes leurs autres fonctions respectives soient bien distinctes, & qu'à cet égard il ne puisse y avoir entr'eux la moindre difficulté.

XIX. Tous les fonds que Sa Majesté accordera chaque année pour les dépenses générales & particulieres de la Colonie, seront distingués en trois classes ; savoir, celle des fonds qui concerneront les troupes, l'artillerie & toutes les dépenses relatives à la partie militaire de terre ; celle des fonds qui concerneront la marine, & enfin, celle des fonds destinés au progrès de l'agriculture & du commerce & à tous les besoins civils de la Colonie : Entend Sa Majesté, que l'on ne puisse jamais changer la destination de ces différentes parties de fonds, sans un ordre exprès de sa part, à l'exception cependant de quelque cas pressant où il seroit nuisible d'attendre la réponse de Sa Majesté, & où le Gouverneur & l'Intendant seroient d'accord à cet ègard.

XX. Tous les magasins seront aussi divisés en trois classes, dont une pour l'artillerie, une autre pour les troupes de terre, & la troisieme pour la marine.

XXI. La haute-Police de la Colonie devant être commune entre le Gouverneur & l'Intendant, ils ordonneront ensemble de tout ce qui concernera les affaires de Religion ; la police extérieure du culte, & celle sur les personnes qui y sont attachées, tant à raison de leurs mœurs qu'à raison de leurs fonctions ; les concessions à donner aux habitans ou celles qui devront être reconcédées faute de culture ; la police des côtes, des ponts, bacs, passages de riviere & chemins, excepté dans les cas où il y aura contestation entre les particuliers ou communautés, qu'ils renverront aux Juges ordinaires ; ils se concerteront entr'eux pour empêcher le commerce de contrebande, tant des Etrangers que des Habitans, l'Intendant, en requérant le Gouverneur de lui prêter main-forte, & celui-ci en la lui accordant.

Toutes les Lettres qui ſeront écrites ſur ces différens objets au Secretaire d'Etat ayant le département de la marine, ſeront ſignées en commun par le Gouverneur & l'Intendant.

S'il arrive que le Gouverneur & l'Intendant ne ſe trouvent pas du même avis ſur quelqu'un de ces objets, la voix du Gouverneur l'emportera & ſon avis ſera exécuté.

XXII. Ils auront par-devers eux, copie des Inſtructions de tous les ordres que la Cour donnera à l'un & à l'autre, pour qu'ils ſoient en état de s'avertir mutuellement toutes les fois qu'ils s'en écarteroient chacun dans ſa partie : ils ſeront tenus d'écouter les repréſentations qu'ils pourront ſe faire réciproquement à ce ſujet, ſoit par écrit ou de bouche, & même de recevoir tous les mémoires qu'ils ſe donneront ; celui qui ne voudra pas déférer à la repréſentation, ſera obligé de mettre à côté deſdits mémoires les motifs qui l'auront déterminé à n'y point avoir égard, & le tout ſera envoyé au Secretaire d'Etat ayant le département de la marine ; bien entendu que malgré toutes les repréſentations & l'envoi qui en ſera fait audit Secretaire d'Etat, les ordres de celui qui ſera dans le cas d'en donner ſur l'objet en queſtion, ſeront exécutés.

XXIII. Lorſque la Chambre d'agriculture préſentera à l'un & à l'autre un mémoire au ſujet de quelque partie de l'adminiſtration dont il peut diſpoſer ſeul, s'il juge le projet de la Chambre utile, il le fera exécuter pour ne pas perdre de tems, & il enverra au Secretaire d'Etat ayant le département de la marine, la demande de cette Chambre, avec une copie des ordres qu'il aura cru devoir donner à l'occaſion de cette demande : ſi au contraire il y trouve des difficultés, de l'impoſſibilité, & même de ſimples inconvéniens, il n'en acceptera pas moins le projet ſigné en bonne forme, mais ſans s'arrêter à diſcuter la matiere avec la Chambre, à qui il ne pourra jamais demander que des éclairciſſemens ſur le projet, ſans entrer dans le détail des motifs d'oppoſition ; il répondra ſimplement qu'il va l'envoyer au Secretaire d'Etat ayant le département de la marine, qui décidera des inconvéniens & de l'utilité de ce projet ; approuvera le délai ou le blâmera, & fera ſavoir enſuite ſes intentions aux uns & aux autres. Le Gouverneur & l'Intendant ſuivront en commun la même forme, lorſque le mémoire que préſentera la Chambre d'agriculture, regardera une des parties de l'adminiſtration dont ils ſont chargés en commun.

Ils formeront en commun à la fin de chaque année, l'état des demandes qu'ils auront à faire pour les beſoins de l'année ſuivante, qui concerneront les parties de l'adminiſtration générale dont ils ſont chargés en commun ; quant à celles qui leur ſont particulieres, chacun formera ſeul cet état pour la partie qui le regarde.

XXIV. Ils pourront faire arrêter les malfaicteurs, habitans, ou autres qui troubleront l'ordre public, & les faire punir, sauf si le cas requiert que leur procès leur soit fait, à les remettre entre les mains de la Justice ordinaire, & à les dénoncer au Procureur général qui ne pourra refuser de les poursuivre.

Ils seront pareillement autorisés à faire arrêter & à faire punir les hommes des équipages des vaisseaux de Sa Majesté, qui étant à terre feront des désordres, ou bien à les envoyer au Commandant de ces vaisseaux qui sera tenu de les faire-punir à bord, d'après l'ordre du Gouverneur, auquel l'Intendant devra rendre compte lorsqu'il aura fait arrêter quelqu'un dans les parties d'administration dont il est chargé.

Parties de l'Administration particuliere au Gouverneur.

XXV. Le Gouverneur conservera le droit de préséance au Conseil Supérieur de la Colonie, & n'aura qu'une voix, laquelle sera prépondérante au cas de partage; il y assistera pour y représenter la personne de Sa Majesté; voir si tout s'y passe en régle, & en rendre compte au Secretaire d'Etat ayant le département de la marine. Il ne pourra se mêler en rien de l'administration de la justice, & encore moins s'opposer aux procédures ni à l'exécution de l'Arrêt, à laquelle il sera tenu de prêter main-forte toutes les fois qu'il en sera requis.

XXVI. Il sera obligé de se conduire suivant les instructions & les ordres qu'il aura reçu de Sa Majesté: il sera néanmoins le maître d'y déroger dans les cas pressés & imprévus où il sera nuisible d'attendre la décision de Sa Majesté; mais il ne pourra le faire que pour des raisons très-fortes dont il sera responsable.

XXVII. L'autorité du Gouverneur sera entiere & sans partage sur le militaire de terre & de mer, quand ce dernier sera à terre, ou qu'il y aura quelque opération utile à entreprendre pour la Colonie en tems de guerre.

XXVIII. Tous les vaisseaux & escadres du Roi qui seront dans les Ports de la Colonie, seront tenus d'exécuter les ordres que le Gouverneur leur donnera pour le bien de la Colonie, à moins que ces ordres ne fussent contraires aux instructions que Sa Majesté aura donné aux commandans de ses vaisseaux & de ses escadres; le cas sera prévû dans ces dernieres instructions, & le Gouverneur en sera prévenu.

XXIX. Les commandans de ces vaisseaux & de ces escadres ne pourront s'arroger, pendant leur séjour dans un port de la Colonie, aucune espece d'autorité ni de police particuliere sur les bâtimens qui seront dans ce port, que subordonnement au Gouverneur; & ils seront obligés, à leur retour en Europe, de convoyer les bâtimens marchands, toutes les fois qu'ils en seront requis par ledit Gouverneur & l'Intendant.

XXX. Le Gouverneur ſera le maître d'établir dans tous les Ports autant de corps-de-garde à terre qu'il le jugera à propos pour la police des gens de mer, tant des vaiſſeaux de Sa Majeſté, que des bâtimens particuliers.

XXXI. Son pouvoir ſera abſolu ſur les troupes de terre, quant à leur diſtribution dans le pays, à leur ſervice, à la deſtination des officiers généraux & particuliers, tant des troupes que de l'artillerie & du génie, & il veillera à faire obſerver par-tout la diſcipline la plus exacte.

XXXII. Il aura ſeul l'inſpection & le commandement ſupérieur ſur tout ce qui concerne les armes, les munitions de guerre, l'artillerie, les fortifications ou autres ouvrages à faire pour la défenſe de la Colonie, les approviſionnemens & l'emplacement de tous les magaſins néceſſaires à la ſubſiſtance des troupes & à la défenſe du pays.

XXXIII. Il pourra ſe faire remettre toutes les fois qu'il le jugera à propos, un inventaire de tous les magaſins, pour connoître les approviſionnemens en tout genre; l'intention de Sa Majeſté étant cependant qu'il ne ſe mêle en aucune maniere de leur adminiſtration, quand les détails ne regarderont que l'Intendant; mais celui-ci ne pourra diſpoſer, ſans la permiſſion du Gouverneur, d'aucuns des magaſins néceſſaires à la ſubſiſtance des troupes & à la défenſe du pays.

XXXIV. Il aura toute l'inſpection ſur les hôpitaux militaires; & l'Intendant ſera tenu de lui rendre compte de l'ordre & de la tenue qui y ſeront obſervés.

XXXV. Il ne ſe mêlera en rien de tout ce qui concerne la Finance ni l'établiſſement de la levée & de la répartition des impôts; & il ſera obligé de prêter main-forte à l'Intendant, toutes les fois qu'il en ſera requis par lui, pour l'exécution de ceux de ſes jugemens de police qui regarderont les intérêts de Sa Majeſté, telles que les déciſions ſur les domaines de Sa Majeſté, levées d'impoſitions, corvées, arrêts de corſaires, empêchemens néceſſaires de la contrebande, tant des étrangers que des habitans.

XXXVI. Il aura ſeul la police pour la ſûreté des grands chemins & de l'intérieur des villes & habitations: il ſera à cet effet établi une compagnie de maréchauſſée dans l'iſle, & ledit Gouverneur lui donnera ſeul des ordres à cet égard.

XXXVII. Tout militaire qui ſera dans le cas de s'abſenter de la Colonie pour ſes affaires particulieres, ne pourra en ſortir ſans la permiſſion du Gouverneur; & nul capitaine de vaiſſeau ou de bâtimens marchands ne pourra en recevoir ſur ſon bord pour le tranſporter ailleurs ſans ladite permiſſion.

XXXVIII. Le Gouverneur donnera ſes ordres à l'Intendant ſur ce ce qui concernera le logement des militaires, dont l'Intendant conservera néanmoins tous les détails.

XXXIX. Il ne se mêlera en aucune maniere de la solde des troupes, ni des moyens de la leur procurer, cette partie devant dépendre en entier de l'Intendant ; s'il y arrivoit de l'abus, le Gouverneur se bornera à en rendre compte.

XL. Il aura le droit d'interdire provisoirement, jusqu'à la réception des ordres de la Cour, tout commissaire ordonnateur & ordinaire des guerres & de la marine qui se conduiront mal, soit qu'il l'interdise de lui-même ou à la réquisition de l'Intendant.

XLI. Il répondra à Sa Majesté du service, de la discipline, de la subordination, de l'ordre, de la tenue & de la conduite de toutes les troupes employées dans la Colonie ; Sa Majesté le faisant en cette partie, dépositaire de son autorité, & le laissant le maître de punir tous les Officiers qui seront à ses ordres, lorsqu'ils auront encourus les peines portées par les Ordonnances de Sa Majesté, selon les différens cas.

XLII. Il sera tenu de faire à cet effet tous les ans dans les saisons convenables, deux revues d'inspection desdites troupes, & de les adresser ensuite au Secretaire d'Etat ayant le département de la guerre, & au Secretaire d'Etat ayant le département de la marine.

XLIII. La premiere de ces revues aura pour objet d'examiner si les réparations d'un Régiment ordonnées, par la derniere revue de l'année précédente, auront été bien faites ; quelles ont été les pertes de ce Régiment par morts ou désertions ; si les recrues de l'année sont belles ou médiocres ; il examinera en même tems le nombre & la qualité des hommes de ce Régiment ; s'il est bien discipliné, bien tenu, s'il fait exactement son service ; si la subordination y est bien établie, non-seulement du Soldat au bas Officier, mais encore de l'Officier subalterne au Capitaine, & de celui-ci aux Officiers supérieurs ; quelles sont les bonnes ou les mauvaises qualités, les talens, la négligence ou l'application de ces officiers supérieurs, de ceux de l'Etat-major, des Capitaines, des Officiers subalternes & même des bas Officiers ; si l'on s'est attaché à ne composer que des sujets bien intelligens, cette derniere classe, aujourd'hui devenue si nécessaire ; si l'on a suivi bien exactement tout ce qui a été prescrit par l'Ordonnance sur la formation de chaque Compagnie ou Escouades, demi Sections, & Sections ; en quel état sont les caisses des différentes masses ; si le Trésorier du Régiment est en régle avec le Trésorier général de l'extraordinaire des guerres, & celui de la Colonie ; s'il ne doit rien d'ailleurs, & de quelle maniere chaque officier est avec le Trésorier ; enfin, il entrera dans le plus grand détail sur toutes les parties de l'habillement, de l'armement & de l'équipement, & sur celle du linge & de la chaussure.

XLIV. La seconde revue d'inspection embrassera les mêmes objets, & elle aura de plus ceux de faire congédier tous les bas Officiers & Soldats dont les engagemens seront expirés, au cas qu'ils ne veuillent pas les renouveller; d'arrêter l'état de ceux qui seront dans le cas de mériter & de demander l'hôtel des Invalides, ou d'autres graces du Roi; de constater le nombre d'hommes de recrues, & la quantité d'habits, vestes, culottes & chapeaux dont on aura besoin pour l'hiver & pour l'été suivant, & d'ordonner toutes les mêmes réparations qu'il y aura à faire à l'habillement, à l'armement & à l'équipement.

XLV. Il sera tenu de faire pareillement chaque année une visite de tous les ports & de toutes les places & quartiers de la Colonie où il y aura des troupes, afin qu'en voyant tout par lui-même, il puisse maintenir le bon ordre par-tout, & rendre à Sa Majesté le compte le plus exact dans lequel seront les places & les ports; de l'avancement des travaux & autres ouvrages ordonnés concernant l'artillerie & les fortifications; de la conduite & des talens des Officiers généraux, de ceux du génie, de l'artillerie & de la marine qui y seront employés, & des Commandans des différens quartiers; de la maniere dont les troupes vivent avec les habitans; de l'état dans lequel sont tous les magasins de l'artillerie, des vivres & autres effets concernant les besoins des troupes ou la défense du pays, & de la maniere dont le service se fait dans les hôpitaux; en un mot, pour ne rien laisser ignorer à Sa Majesté de tout ce qui pourroit tendre au bien de son service, ni de toutes les lumieres qu'il acquerra sur les moyens qu'il y auroit de mettre en sûreté la Colonie.

XLVI. Le Gouverneur enverra un mémoire au Secretaire d'Etat ayant le département de la marine, sur l'espece des fortifications, des différentes places ou forts de la Colonie; sur celles dont elles seroient susceptibles pour la meilleure défense, & sur le nombre d'ingénieurs qu'il y faudroit; sur la quantité de troupes qu'il conviendroit de mettre en cas de siége dans chacune de ces places; sur la quantité de canons, mortiers, affuts, boulets, bombes, grenades, balles, fer, charbons, poutres, planches, armes offensives & défensives, & autres effets qui seroient nécessaires dans chacune desdites places, pour une défense plus ou moins longue; sur le nombre d'Officiers & de Soldats d'artillerie qu'il faudroit y placer, & sur le nombre de chevaux & équipages nécessaires à la manœuvre des pieces; sur la quantité de grains & de farine qu'il conviendroit qu'il y eut en tout tems, eu égard à la grandeur, à l'étendue de ses ouvrages & au nombre de troupes nécessaires à sa défense; sur la quantité de bois qui seroit convenable pour la cuisson du pain & autres besoins des troupes; & enfin sur le nombre & l'espece des moulins & des fours qui seront dans ladite place, & sur leur nombre de rations de pain qu'on pourroit y cuire en vingt-quatre heures; sur la quantité de lits & de linge nécessaires dans chaque place pour un hôpital en cas de siége; sur la quantité de denrées, remédes & effets de toute espece, qu'il faudroit y avoir eu égard à la durée de la défense, & au nombre de troupes qui y seroient employées; enfin sur le nombre d'Officiers de santé, employés & domestiques qu'il conviendroit d'y tenir pour le service des malades & des blessés; sur la quantité de bois, huile, chandelle, vinaigre, ris, légumes, viandes fraîche & salée, vin, eau-de-vie, sel & autres denrées qui seroient nécessaires dans lesdites places; eu égard au nombre de troupes qui devront les défendre, & au nombre de jours & de mois qu'elles pourront tenir.

XLVII. Il fera lever successivement une carte de toutes les parties de la Colonie, dont il enverra chaque année une partie à la Cour avec un mémoire détaillé sur la nature des côtes & celles de l'intérieur du pays; il y discutera avec soin quelles sont les parties de la côte les plus susceptibles d'une descente ou d'un bombardement de la part des ennemis; les raisons qu'on a eu de fortifier telle ou telle autre partie; de là parcourant l'intérieur du pays, il examinera le cours des rivieres & des ruisseaux, leur volume d'eau, la nature de leurs fonds & de leurs bords; l'étendue & la qualité des bois & des marais; les positions avantageuses que l'on pourroit y trouver pour y construire une bonne place, ou pour y former un bon camp retranché en état de couvrir une grande partie du pays; les obstacles & les facilités à y marcher en tous tems; quelles ressources le pays fourniroit en subsistances, pâturages, voitures, chevaux, travailleurs, &c.; quelle est la population; quels seroient les moyens de l'augmenter; quelle est la navigation des rivieres & des canaux, les avantages qu'il y auroit à en établir de nouveaux; les obstacles & les facilités que l'on y rencontreroit; en quel état sont les chemins, relativement à la partie militaire; enfin tous les points par où la Colonie peut être attaquée; les moyens qu'il y auroit de la défendre efficacement, & combien il y faudroit de troupes. Il entrera ensuite par ce mémoire, dans le détail des rapports que la Colonie peut avoir avec les autres Colonies étrangeres de cette partie de l'Amérique; il commencera par examiner quels sont les rapports de la Colonie avec les autres Colonies de Sa Majesté, & celles des Espagnols; la protection qu'on peut en attendre; celle qu'elle est en état de leur donner; les facilités qu'il y auroit à réunir ses forces, tant par rapport à la distance où elles sont les unes des autres, que par rapport à leur position, relativement au vent. Il finira par examiner ces mêmes rapports à l'égard des Colonies des Anglois, & de celles des Hollandois & des Danois, en discutant dans le plus grand détail, tout ce que la Colonie peut avoir à en craindre, & le mal qu'elle peut leur faire ; il faut que ces mémoires qui traiteront de ces différens objets, contiennent deux projets ; l'un défensif & l'autre offensif, & que tout y soit prévu sans absolument y rien omettre.

XLVIII. Au défaut du Gouverneur, le Commandant en second employé dans la Colonie, en remplira toutes les fonctions & le remplacera dans tous ses droits, autorités, honneurs & prérogatives, tant pour le civil que pour le militaire de la Colonie, jusqu'à ce que le Gouverneur soit en état de reprendre ses fonctions, ou que le Roi lui envoie un successeur, & sans que ledit Commandant en second ait à cet effet besoin d'aucun autre ordre de Sa Majesté, que la présente ordonnance.

Fonctions du Commandant en second.

XLIX. Tant que le Gouverneur sera en état de remplir ses fonctions dans la Colonie, le commandant en second n'y aura aucune espece d'autorité sur les habitans, qu'en ce qui concerne la sûreté du pays, & il ne se mêlera en rien du gouvernement de la Colonie ; mais il aura le droit de pouvoir, toutes les fois qu'il sera au Fort-Royal, assister au Conseil Supérieur, & y prendre séance avec voix délibérative, & immédiatement à la gauche du Gouverneur sur le même rang des autres Conseillers.

L. Il aura sur toutes les troupes de la Colonie & sur les Commandans particuliers des corps, places & quartiers, sur les Officiers d'Artillerie & du génie qui seront détachés, toute l'autorité pour commander ces troupes, les inspecter, faire la visite des places & des différens quartiers, & se faire rendre un compte exact de tout ce qui s'y passera, & il sera responsable envers le Gouverneur de tout ce qui concernera la discipline, le service, les exercices, la subordination, l'ordre, la tenue & la conduite de toutes les troupes, de celle de tous les Officiers qui lui seront subordonnés, & de l'exécution de tous les ordres du Gouverneur à cet égard qui lui seront tous adressés.

LI. Il sera tenu de faire tous les deux mois, une revue d'inspection de toutes les troupes qui seront sous ses ordres : ces revues d'inspection embrasseront les mêmes objets que celles du Gouverneur, dont il a été parlé ci-dessus, avec cette différence qu'il ne pourra faire congédier aucun bas Officier ni soldat, ce droit étant réservé au seul Gouverneur, ou Commandant en chef de la Colonie, ainsi que celui d'arrêter les différens états des hommes de recrues & de toutes les parties d'habillement, armement & équipement dont on aura besoin pour l'année suivante, & celui d'ordonner les réparations ; il enverra les revues au Secrétaire d'Etat ayant le le département de la guerre, au Secretaire d'Etat ayant le département de la Marine, & au Gouverneur.

LII. Il sera en outre tenu de faire chaque année une visite de toutes les places, forts & quartiers de son département où il y aura des troupes, pour en visiter les arsenaux, salles d'armes & magasins d'artillerie, les fortifications & tous les travaux ordonnés, afin qu'il puisse juger de leur avancement; il verra en même tems les hôpitaux, pour y juger de la nature des alimens, & se faire rendre compte de la propreté de l'espece des remedes; de l'expérience & de la capacité des gens de santé : il examinera l'état des magasins, des vivres ou autres effets destinés aux troupes, pour juger de la bonté de la denrée, de celle des étoffes ou autres effets, & de l'exactitude des employés; mais il se contentera de faire des observations sur toutes ces parties, sans pouvoir rien ordonner de lui-même à ces différens égards, & d'en faire un mémoire très-détaillé pour l'envoyer à la fin de chaque année au Gouverneur; il y joindra un autre mémoire sur la nature du pays, & successivement de toutes les parties de son département, en y discutant les mêmes matieres & les mêmes objets que l'on vient d'expliquer ci-dessus, pour le mémoire que le Gouverneur sera tenu d'envoyer au Secretaire d'Etat ayant le département de la marine.

LIII. Il sera de plus obligé de rendre le premier de chaque mois, au Gouverneur, un compte exact de tout ce qui se sera passé dans la Colonie pendant le mois précédent; il lui en rendra pareillement compte sur le champ, toutes les fois que le cas requerra un prompt remede ou une prompte décision.

Fonctions de l'Aide-Major général.

LIV. L'Aide-Major général prendra les ordres immédiatement du Gouverneur ou du commandant en chef de la Colonie, pour tout ce qui concernera l'infanterie, la discipline & le service des places & des différens quartiers où il y aura des troupes.

LV. Il sera autorisé à veiller continuellement au maintien de la discipline, de la subordination, des exercices, de l'exactitude du service & autres détails relatifs à l'infanterie & au service des places; en conséquence il sera tenu de faire tous les ans une revue d'inspection de toute l'infanterie, & une visite des différentes places & quartiers de la Colonie où il y aura des troupes; les objets de sa revue d'inspection & de sa visite des places & quartiers, seront les mêmes que ceux que l'on a déja expliqué ci-dessus pour la revue d'inspection & la visite des places du commandant en second; il examinera de plus dans lesdittes places & quartiers, si le service s'y fait exactement, & quelle est la maniere dont les Commandans s'y conduisent, tant avec les troupes qu'avec les habitans, & dressera des mémoires très-détaillés sur toutes ces parties, & il les joindra à ses revues qu'il adressera au Gouverneur à mesure qu'il les fera.

LVI. Outre cette revue d'inspection il pourra, toutes les fois qu'il le jugera à propos, faire prendre les armes à chaque Régiment, en en demandant la permission au Commandant en second, soit pour exercer lui-même le Régiment, ou pour le faire exercer en sa présence, soit pour le passer une autre fois en revue, sans que le Colonel ou le Commandant du Corps puisse être en droit de le lui refuser.

LVII. Il sera de plus autorisé à se faire rendre à la fin de chaque mois, & même toutes les fois que cela sera nécessaire, par les Commandans des corps & par ceux des différentes places & quartiers, un compte exact de tout ce qui s'y sera passé pendant le mois précédent, afin qu'il soit en état d'en rendre compte ensuite lui-même.

Fonctions des Commandans des Places.

LVIII. Les Commandans des places & ceux des différens quartiers, n'auront d'autorité sur les habitans, qu'à l'égard des choses qui pourroient intéresser la sûreté de la place: ils ne se mêleront en rien de tout ce qui peut regarder l'administration de la Justice, ou l'administration civile de la Colonie; mais ils seront tenus de prêter main-forte toutes les fois qu'ils en seront requis, pour l'exécution des jugemens de la Justice & de la Police, pour la levée des impôts & pour empêcher tout désordre & toutes especes de contrebande.

LIX. Ils répondront au Commandant en second, dont tous les ordres leur seront adressés concernant leur département particulier, de l'exécution de ces ordres & de la discipline, la tenue des troupes qui seront sous leurs ordres, & la conduite qu'elles tiendront vis-à-vis des habitans avec lesquels ils vivront en bonne discipline.

LX. Le premier de chaque mois ils rendront un compte exact de tout ce qui se sera passé pendant le mois précédent, dans leur place, au Commandant en second; & à l'Aide-Major général, ils en rendront pareillement compte sur le champ, si les circonstances l'exigent.

Fonctions des Commandans des Corps.

LXI. Les Commandans des corps auront sur leur Régiment la même autorité qu'ils y ont en Europe, & telle qu'elle est ou sera réglée par les Ordonnances de Sa Majesté, concernant son infanterie, & ils seront responsables envers le Commandant en second & envers le Commandant de la place & du quartier, de la discipline, de la subordination, de l'exactitude dans le service, des exercices & de la conduite de la troupe dont ils auront le commandement ; ils leur répondront pareillement de l'exécution de tous les ordres qui seront donnés concernant cette troupe & qui leur seront tous adressés.

LXII. Le premier de chaque mois ils rendront un compte exact audit Commandant en second, ainsi qu'à l'Aide-major général, de tout ce qui se sera passé dans leur troupe pendant le mois précédent.

Service des Troupes.

LXIII. Les troupes feront le service dans la Colonie sur le pied qui sera réglé par le Gouverneur, & conformément à ce que Sa Majesté a déja réglé ou réglera pour le service, la discipline, les exercices, la subordination, &c. concernant son infanterie en Europe, soit pour le service des places, soit pour le service de campagne ; elles seront subordonnées au Gouverneur ou Commandant en second, aux Commandans des places & à ceux des quartiers.

Traitement des Troupes.

LXIV. Le traitement desdites troupes dans la Colonie, ainsi que le traitement particulier du Gouverneur & du Commandant en second, & des autres Officiers militaires, sera fixé par un réglement particulier.

Honneurs à rendre par les Troupes.

LXV. Il ne sera rendu par les troupes à terre aucune espece d'honeurs qu'à ceux à qui il en sera dû conformément aux ordonnances de l'infanterie à cet égard.

LXVI. L'intention de Sa Majesté est que les gardes des Ports ne se mettent point en haye pour les Capitaines de vaisseaux, ni pour les Colonels, auxquels cet honneur n'est dû que lorsqu'ils se trouvent commander en chef dans une place ou dans un poste.

LXVII. Les chefs d'Escadres recevront les mêmes honneurs que ceux qui sont dûs aux Commandans en second ; & les Lieutenans généraux de la marine seront traités comme ceux du service de terre. L'Intendant n'étant pas militaire, il ne doit lui être rendu aucun honneur militaire ; il lui sera seulement fourni devant la porte de son logement, une sentinelle du poste le plus voisin, lorsqu'il y aura des troupes dans le lieu où il sera.

Si on apelle honneurs le mot d'ordre et la sentinelle il en est dû par les ordces à l'intendt. on sou represente tous le mot d'ordre par l'aide major, et la sentinelle à sa porte sans lui tous porter ni presenter les armes.

LXVIII. Quant aux honneurs qui devront être rendus sur les vaisseaux de Sa Majesté, on se conformera strictement aux ordonnances de la marine à cet égard, sans qu'il soit permis de rendre à qui que ce soit, d'autres honneurs que ceux qui leur sont fixés par lesdites ordonnances.

Fonctions de l'Officier principal du Corps Royal.

LXIX. L'Officier principal du Corps Royal, recevra les ordres immédiatement du Gouverneur, ou à ſon défaut du Commandant en chef de la Colonie, pour tout ce qui concernera l'artillerie, & il n'en rendra compte qu'au Gouverneur & au Secretaire d'Etat ayant le département de la guerre, & au Secretaire d'Etat ayant le département de la marine.

LXX. Il aura ſeul la direction, l'inſpection & l'adminiſtration de tous les arſenaux, ſalles d'armes & magaſins d'artillerie de la Colonie, dont il aura le pouvoir de propoſer les garde-magaſins.

LXXI. Il commandera le détachement du Corps-Royal, veillera ſur la diſcipline, les exercices & les écoles; en un mot, il aura ſur ce détachement la même autorité que le Commandant général de l'artillerie d'une armée & ſur tout ce qui la compoſe; il fera tous les deux mois une revue d'inſpection de ce détachement telle qu'elle a été preſcritte ci-deſſus pour le Commandant en ſecond, à l'égard de l'infanterie : quant aux deux revues d'inſpection qui doivent être faites de ſix mois en ſix mois, ainſi que celles de l'infanterie, elles ſeront faites par le Gouverneur, l'Aide-Major général pourra auſſi inſpecter ce détachement, comme faiſant partie de l'infanterie, ſans pouvoir cependant entrer dans aucun détail ſur ce qui ne regarde que l'artillerie.

LXXII. Cet Officier principal d'artillerie ſera tenu de faire tous les ans la viſite de toutes les places & de tous les ports où il y aura des magaſins, des arſenaux ou des ſalles d'armes d'artillerie, pour juger du progrès des ouvrages ordonnés, ainſi que de la préciſion & de l'économie avec leſquelles on les exécute; pour dreſſer le projet de tous les ouvrages à ordonner pour l'année ſuivante; pour examiner par lui-même en quel état ſe trouveront l'artillerie & les munitions des places & des ports, & ce qu'il ſeroit à propos d'y changer, réparer ou augmenter; enfin pour s'y faire rendre compte des talens, de la conduite particuliere, de la négligence ou de l'application de tous les officiers d'artillerie qui ſeront ſous ſes ordres, & de l'exactitude, de l'intelligence ou du peu de vigilance & d'attention des différens garde-magaſins, & pour dreſſer enſuite, d'après cette viſite & examen, des états & des mémoires très-détaillés ſur tous ces objets, les adreſſer au Gouverneur à meſure qu'il fera la viſite des places & des ports, & les envoyer enſuite tous au Secretaire d'Etat ayant le département de la guerre, & au Secretaire d'Etat ayant le département de la marine.

Fonctions des Officiers particuliers d'Artillerie.

LXXIII. Les officiers particuliers du Corps royal qui ſeront dé-

taché

tachés dans une place ou dans un port, y seront aux ordres de celui qui y commandera, & seront responsables de la discipline & de la bonne conduite des officiers & soldats de leur détachement particulier; ils se conformeront d'ailleurs à tout ce qui est ou sera prescrit en Europe, & seront fort exacts à rendre compte le premier de chaque mois à l'officier principal de leurs corps, de tout ce qui se sera passé pendant le mois précédent, concernant toutes les parties dont ils seront spécialement chargés; ils en rendront compte en même tems au Commandant en second.

LXXIV. Ils ne pourront se dispenser de faire connoître audit Commandant en second & à l'Aide-major général, toutes les fois qu'ils feront la visite des places, les travaux ordonnés par Sa Majesté ou par le Gouverneur, & même de leur donner la communication des places, afin qu'ils puissent juger de leur avancement, bien entendu que ni ledit Commandant en second ni l'Aide-major général ne pourront faire tirer copies de ces places, & qu'ils seront obligés de les leur rendre avant le départ de la place.

Fonctions du Directeur des Fortifications.

LXXV. Le Directeur des fortifications recevra les ordres immédiatement du Gouverneur, ou à son défaut, de celui qui commandera en chef dans la Colonie, pour tout ce qui concernera le génie & les fortifications; ses fonctions seront les mêmes qu'en Europe, & il aura la même autorité sur les ingénieurs ordinaires qui seront à ses ordres.

LXXVI. Il sera tenu de faire chaque année une visite de toutes les places & de tous les ports de la Colonie, pour examiner les dégradations que le mauvais tems ou la pluie peuvent avoir occasionnées tant aux fortifications & autres ouvrages, qu'aux maisons & autres bâtimens appartenans à Sa Majesté; quelles sont les réparations urgentes à y faire; à quel point d'avancement en sont les ouvrages ordonnés; les différens projets qu'il convient de former pour les réparations ou les augmentations d'ouvrages dont ces places & ces ports ont besoin; pour examiner en même tems la conduite particuliere des ingénieurs ordinaires; quels sont leurs talens, leur zele &c., & faire ensuite des mémoires détaillés sur ces différentes parties & sur tout ce qu'il conviendroit de faire pour mettre chaque place & chaque port dans l'état le plus respectable, & envoyer ensuite ces mémoires au Secretaire d'État de la marine, & au Gouverneur.

Fonctions des Ingénieurs ordinaires.

LXXVII. Les Ingénieurs ordinaires seront aux ordres du Commandant en ſecond & du Commandant de la place, ou de celui du quartier dans lequel ils réſideront. Ils rendront, le premier de chaque mois audit Commandant en ſecond & au Directeur des fortifications, un compte exact de tout ce qui ſe ſera paſſé dans leur diſtrict pendant le mois précédent : ils ne pourront ſe diſpenſer, ainſi qu'il vient d'être expliqué pour les Officiers du Corps royal, de faire connoître audit Commandant en ſecond, & à l'Aide-major général, lorſqu'ils feront la viſite des places, les travaux ordonnés, & même de leur en communiquer les plans, afin qu'ils puiſſent juger de leurs progrès.

Fonction de l'Officier de Port.

LXXVIII. L'Officier du port remplira dans la Colonie les mêmes fonctions que le Capitaine d'un Port du Royaume y remplit en Europe, & en conſéquence il ſera ſous les ordres du Gouverneur & de l'Intendant, & ſous ceux du Commandant de la marine ou de l'intendant du port.

Fonctions de l'Adminiſtration particuliere à l'Intendant.

LXXIX. L'Intendant aura ſeul le droit de propoſer à tous les emplois de Juſtice & civils qui viendront à vacquer, ſoit dans le Conſeil ſupérieur ou dans les juriſdictions particulieres qui en reſſortiſſent, ſoit dans le reſte de la Colonie, en attendant que Sa Majeſté ait fait connoître ſes intentions pour le remplacement de ces emplois vacans ; & la commiſſion qui ſera donnée pour l'exercice par *interim* deſdits employés, ſera expédiée aux noms du Gouverneur & de l'Intendant, ſans que le Gouverneur puiſſe le refuſer.

LXXX. Toutes les matieres concernant la juſtice, la levée des impoſitions, les marchés à paſſer, les payemens à faire, les fonds, les comptes, la ſolde des troupes, les claſſes, le commerce, l'agriculture, les encouragemens à donner pour en accélerer les progrès, la population de la Colonie, & les moyens d'y rendre les vivres abondans & à meilleur prix ; la faveur à donner au travail des blancs en réduiſant les negres aux ſeuls travaux des habitations, ſeront abſolument du reſſort de l'Intendant, & le Gouverneur n'en prendra connoiſſance, que pour ſavoir, comme premier chef de la Colonie, en quel état elle ſe trouve : les défrichemens ſeront auſſi du reſſort de l'Intendant ; mais il n'en permettra aucun que de l'aveu du Gouverneur, qui jugera s'il ne peut pas nuire à la défenſe de la Colonie.

LXXXI. Son autorité s'étendra généralement ſur tous les approviſionnemens dont il aura la direction & la manutention ; ſur tous les magaſins de terre & de mer, à l'exception de ceux d'artillerie dont il ne ſe mêlera pas ; ſur toutes les fournitures à faire aux troupes ; ſur la conſtruction & l'entretien de tous les bâtimens ſervant à l'uſage des troupes & à celui des magaſins en tous genres ; ſur les hôpitaux militaires & civils ; ſur les arſenaux de marine qui ſeront établis dans la Colonie ; ſur la police des navires marchands ; & il ne ſera tenu d'en rendre compte au Gouverneur, que dans les parties relatives à la ſubſiſtance & aux beſoins des troupes, ou à la défenſe de la Colonie.

LXXXII. Tous les gardes-magaſins, à l'exception, ainſi qu'il a été dit, de ceux d'artillerie, ne dépendront que de lui ſeul, & il ſera le maître de les interdire & de les remplacer toutes les fois qu'ils ſe conduiroient mal dans leurs fonctions ; mais s'il y avoit une prévarication manifeſte, il en inſtruira le Gouverneur pour les faire arrêter & les renvoyer en France, avec les pieces qui conſtateront ce délit, pour y être punis ſuivant l'exigeance des cas.

LXXXIII. Ce ſera à lui ſeul à régler toutes les dépenſes & à paſſer les marchés dans la forme ordinaire, c'eſt-à-dire, pour ceux qui ſe feront ſur les lieux, par des adjudications publiques au rabais ; ces marchés ſeront confirmés par le Secretaire d'Etat ayant le département de la marine, bien entendu que dans les choſes inſtantes, l'exécution du marché aura ſon effet.

LXXXIV. Il ne pourra permettre à aucun habitant de ſortir de la Colonie, ni renvoyer en France aucunes perſonnes employées ſous ſes ordres, ſans l'aveu du Gouverneur.

LXXXV. Il fera commander les équipages des bâtimens de commerce, ainſi que les ouvriers & autres habitans relatifs au ſervice dont il eſt chargé ; il pourra même les faire punir en cas de déſobéiſſance, en demandant, s'il eſt beſoin, main-forte au Gouverneur, qui ne pourra la lui refuſer ſans de fortes raiſons, dont il ſera tenu de rendre compte au Secretaire d'Etat ayant le département de la marine.

LXXXVI. Il aura ſur le Commiſſaire ordonnateur, & ſur le Commiſſaire ordinaire des guerres, la même autorité que l'Intendant d'une armée a ſur les Commiſſaires qui y ſont employés.

LXXXVII. Il aura ſur l'Officier de Port & ſur le Commiſſaire, les Ecrivains, les Commis & autres Employés de le marine ; la même autorité que l'Intendant d'un port a ſur ceux qui y ſont employés ; il aura enfin ſur le Subdélégué général, ſur les deux Subdélégués ordinaires, & ſur les chefs civils des villes & bourgs, la même autorité qu'a l'Intendant d'une généralité du Royaume dans ſon département : il lui ſera permis d'avoir auprès de ſa perſonne, un ou deux hoquetons pour l'exécution des ordres qu'il aura à donner dans ſa partie ; mais les frais de leur entretien ſeront à ſes dépens.

Fonctions du Subdélégué général.

LXXXVIII. Au défaut de l'Intendant, le Subdélégué général remplira toutes ſes fonctions, & les Commiſſaires ordonnateurs & ordinaires des guerres & de la marine lui ſeront ſubordonnés; mais il ne pourra prétendre à aucune ſupériorité ſur eux, tant que l'Intendant ſera dans la Colonie, quoiqu'étant hors d'état de remplir ſes fonctions, le Subdélégué général n'étant cenſé remplir ſa place, qu'autant qu'il ſeroit mort, ou qu'il ſe ſeroit démis volontairement, ou qu'il auroit été rappellé.

LXXXIX. Le Subdélégué général ſera chargé immédiatement ſous les ordres de l'Intendant, de tout ce qui aura rapport à l'adminiſtration civile de la colonie; mais en cette qualité il ne ſe mêlera en rien de tout ce qui concernera le militaire de terre ou de mer, ou de la défenſe du pays.

XC. Le Subdélégué général aura une attention particuliere à veiller à l'approviſionnement général de tous les magaſins, tant pour les vivres que pour les autres effets deſtinés à l'uſage des troupes: il ſera chargé ſous les ordres de l'Intendant, de la comptabilité des gardes-magaſins pour la recette & la dépenſe de tous les articles qu'il fera entrer dans leſdits magaſins, pour ſuivre le recouvrement de leur valeur; mais il ne ſe mêlera en aucune façon de l'exercice & de l'uſage deſdits magaſins, de la diſtribution & conſommation des vivres, de leur inſpection & viſite, ainſi que de l'adminiſtration & conduite des gardes-magaſins qui ſeront du reſſort des Commiſſaires ordonnateurs & ordinaires des guerres, pour la partie militaire: il ſe donnera auſſi tous les ſoins poſſibles, pour que les hôpitaux ſoient fournis de tout ce qui leur ſera néceſſaire pour la commodité & la guériſon des malades, & pour conſtater la recette & la dépenſe deſdits hôpitaux, dont l'inſpection & l'adminiſtration concernera les Commiſſaires des guerres qui en rendront compte à l'Intendant.

Le Subdélégué général aura ſoin qu'on retienne le moins qu'on pourra dans les ports de la Colonie, les flutes & autres bâtimens chargés de vivres & autres effets pour le compte de Sa Majeſté, & leur procurera des denrées à fret pour les charger à leur retour en France.

XCI. Les Officiers municipaux des villes & autres lieux lui ſeront ſubordonnés pour tout ce qui regardera la police civile, l'agriculture, le commerce extérieur & intérieur, les impoſitions, la levée des octrois, les corvées, le commerce de la contrebande, en un mot il ſera chargé des mêmes fonctions d'un Subdélégué général dans une généralité du Royaume; il aura la même autorité & de plus l'adminiſtration & l'inſpection relative aux beſoins civils de la Colonie.

XCII.

XCII. Lorsque le Subdélégué général réunira à sa place celle de Commissaire ordonnateur des guerres & de la marine, il aura sous les ordres de l'Intendant, la direction & la manutention de tout ce qui appartiendra à ces deux départemens.

XCIII. Le Subdélégué général assistera au Conseil supérieur de la Colonie, prendra seance à la droite de l'Intendant en qualité de premier Conseiller, & fera fonction de président en l'absence de l'Intendant.

XCIV. Les fonctions des deux Subdélégués seront les mêmes que celles d'un Subdélégué ordinaire dans une intendance du Royaume, & ils recevront en toutes choses les ordres de l'Intendant & du Subdélégué général, auxquels ils rendront compte de leurs opérations & de l'exécution de tous les ordres qui leur seront adressés, concernant l'administration civile de la colonie : l'un de ces Subdélégués aura pour département toute la partie de l'Est de la Colonie, & l'autre toute la partie de l'Ouest.

Fonctions du Commissaire Ordonnateur des Guerres.

XCV. Le Commissaire ordonnateur des guerres aura sur le Commissaire ordinaire des guerres, la même autorité que l'Intendant d'une armée a sur les Commissaires des guerres qui y sont employés.

XCVI. Il recevra les ordres du Gouverneur & de l'Intendant, soit que le premier le lui donne lui-même, ou qu'il les lui fasse donner par le dernier ; & il rendra compte à l'un & à l'autre des différentes parties qui les concernent chacun en particulier.

XCVII. Il passera lui-même en revue les troupes, ou il les fera passer par le Commissaire, pour que ces revues servent au payement des troupes : il se conformera, à l'égard de ces revues, de l'expédition des congés absolus & limités, des billets d'hôpitaux &c., à tout ce qui a été réglé ou le sera par la suite concernant les revues de l'infanterie de Sa Majesté en Europe.

XCVIII. Il aura inspection sur tous les hôpitaux militaires ; sur toutes les fournitures à faire aux troupes ; sur tous les approvisionnemens des places & des différens quartiers où il y aura des troupes, & sur tous les magasins relatifs tant à leur subsistance & à leurs autres besoins, qu'à la défense du pays, & il veillera sur la conduite des différens magasins.

XCIX. Il sera d'ailleurs chargé de toutes les parties de l'administration militaire dont les Commissaires des guerres sont chargés dans les armées & dans les Provinces du Royaume ; mais il ne se mêlera en rien de tout ce qui regardera l'administration civile de la Colonie.

C. Il sera tenu de faire chaque année une visite de toutes les places & de tous les quartiers où il y aura des troupes, pour examiner par lui-même si le service s'y fait bien dans les hôpitaux militaires ; si les troupes sont bien fournies ; si le tout se passe en régle dans les magasins, dans les distributions & ailleurs ; si le Commissaire des guerres remplit exactement son devoir ; quelle est sa conduite particuliere ; quels sont ses talens &c. ; la qualité des différentes fournitures à faire aux troupes ; la situation de tous les magasins de cette espece ; les mesures que l'on prend pour leur conservation & pour les approvisionnemens ; enfin si les habitans ne se plaignent pas des troupes : il rendra compte de cette visite au Secretaire d'État ayant le département de la marine, au Gouverneur & à l'Intendant.

Fonctions du Commissaire ordinaire des Guerres.

CI. Le Commissaire ordinaire des guerres sera exact à remplir dans son district particulier, toutes les mêmes fonctions dont les Commissaires sont ou seront chargés en Europe, & à rendre compte le premier de chaque mois, au Commissaire ordonnateur & au Commandant en second, de tout ce qui se sera passé pendant le mois précédent dans son district, concernant ses fonctions particulieres.

Fonctions du Commissaire de la Marine.

CII. Le Commissaire de la Marine aura sur les officiers de port, sur les Ecrivains, les Commis & les Gardes-magasins de marine, la même autorité dont jouit un Commissaire de marine dans un des Ports du Royaume ; & en conséquence il aura sous les ordres de l'Intendant, la direction & la manutention de tout ce qui appartiendra à la marine & aux classes, & il suivra avec la plus grande attention, le service des arsenaux & celui des commis des classes dans les différens quartiers de la Colonie. Le Commissaire de Marine sera tenu de faire chaque année, une visite de tous les ports de la Colonie, où il y aura des établissemens de marine, ou des Bureaux des Classes, pour y examiner par lui-même si tout s'y passe en régle & en rendre compte à l'Intendant, ainsi que de la conduite, des talens, du zele ou de la négligence des Ecrivains, des Commis & des différens gardes-magasins de la marine : il lui rendra pareillement compte le premier de chaque mois, & même plus souvent si les circonstances l'exigent, de tout ce qui se sera passé pendant le mois précédent, dans le port de la carenne & dans tous les autres ports de la Colonie. Les Ecrivains & les Commis de la marine qui y seront détachés, seront également tenus de rendre compte audit Commissaire de la marine.

Fonctions des Ecrivains & Commis des Classes.

CIII. Les Ecrivains de la marine rempliront dans la Colonie les mêmes fonctions qu'ils exercent en Europe dans les ports du Royaume ; & ils seront exacts à rendre compte au Commissaire de la marine, de tout ce qui se sera passé dans toutes les parties dont ils seront chargés.

CIV. Le Commis des Classes résidera dans le quartier qui lui aura été assigné, & il se conformera également à l'Ordonnance de la marine, pour tout ce qui concernera son service ; mais il aura une attention particuliere sur la discipline des bâtimens de commerce pendant le tems qu'ils séjourneront dans le port de son quartier, autant pour empêcher la désertion & les contenir dans l'obéissance, que pour tenir la main à ce qu'il ne leur soit fait aucun tort de la part de leur Capitaine ; & il prendra garde en même tems que ces bâtimens ne soient retenus trop long-tems dans les ports, soit par sa faute, soit par celle des officiers de l'amirauté

Du Contrôleur de la Marine.

CV. Le Contrôleur de la marine à la Martinique, remplira les mêmes fonctions que celles des Contrôleurs dans les Ports du Royaume.

Du Trésorier de la Colonie.

CVI. Le Trésorier de la Colonie ne dépendra du Gouverneur que dans les parties qu'un trésorier d'une armée dépend du Général ; mais il ne recevra des ordres que de l'Intendant, tant pour les recettes qu'il fera dans sa caisse, que pour les différens payemens qu'il aura à faire ; cependant il sera tenu de remettre au Gouverneur le bordereau de sa caisse, toutes les fois qu'il le lui demandera : il se conformera d'ailleurs aux ordonnances de Sa Majesté, concernant le paiement des troupes & ses fonctions, soit qu'elles concernent le militaire, la marine ou la colonie en général.

Fonctions du Médecin & du Chirurgien Major.

CVII. Le Médecin & le Chirurgien major auront sur tous les hôpitaux militaires de terre & de mer de la Colonie, la même autorité & la même inspection que le Médecin & le Chirurgien major d'une armée ont sur tous les hôpitaux de l'armée.

Ils seront tenus d'en faire chaque année une visite, pour examiner la qualité des remedes, & quels sont la conduite, les talens, l'application ou la négligence du Médecin ou du Chirurgien particulier de chaque hôpital, dont ils exigeront qu'ils leur rendront compte, le premier de chaque mois, de tout ce qui se sera passé dans ledit hôpital pendant le mois précédent, afin qu'ils soient eux-mêmes en état d'en rendre compte ensuite au Gouverneur & à l'Intendant, relativement aux parties de l'administration dont ils sont chargés.

Fonctions du Garde-magasin principal & Gardes-magasins particuliers d'Artillerie.

CVIII. Le Garde magasin principal ne recevra des ordres que de l'officier principal d'artillerie & du Gouverneur, soit qu'il les lui donne lui-même, ou qu'il les lui fasse passer par le moyen dudit officier principal; & il ne rendra compte qu'à eux des choses qui auront été confiées à sa garde.

CIX. En conséquence des ordres qu'il recevra, il fera tous les envois que l'on jugera nécessaires pour les différens magasins particuliers d'artillerie, & il exigera des Gardes-magasins particuliers qui devront lui être subordonnés, qu'ils lui adressent le premier de chaque mois, un état de situation de leur magasin particulier, & de la dépense & de la recette dudit magasin pendant le mois précédent. Les Gardes-magasins particuliers seront tenus d'en rendre compte en même tems à l'officier du corps royal, dans le département duquel sera leur magasin, afin qu'il puisse en rendre compte lui-même au Commandant en second, comme le garde-magasin principal rendra compte de tout à l'officier principal d'artillerie de la Colonie, & de celui-ci au Secretaire d'Etat ayant le département de la guerre, au Secretaire d'Etat ayant le département de la marine, & au Gouverneur.

CX. S'il arrivoit que le Garde-magasin principal ou les Gardes-magasins particuliers se conduiroient mal dans leurs fonctions, le Gouverneur aura seul le droit de les interdire, soit de lui-même, soit à la réquisition de l'officier principal d'artillerie, & de pourvoir à leurs emplois sur la présentation qui lui sera faite par ledit officier principal de trois sujets propres à les remplir.

Fonctions du Garde-magasin principal & Gardes-magasins particuliers des Vivres.

CXI. Il y aura un Garde-magasin principal au Fort-royal, pour les vivres & autres effets destinés aux besoins des troupes, & autant de Gardes-magasins particuliers qu'il y aura de garnisons établies dans les différens quartiers.. Le Garde-magasin principal ne recevra des ordres que de l'Intendant ou du Commissaire ordonnateur des guerres, soit que l'Intendant les lui donne lui-même ou qu'il les lui fasse passer par ledit commissaire ordonnateur des guerres : il ne sera tenu de rendre compte qu'à eux de la distribution de tous les vivres & effets qui seront dans les magasins particuliers, pour qu'ils soient fournis de toutes les choses que l'on y aura jugées nécessaires; mais il il sera comptable au Subdélégué général du montant de sa recette & de sa dépense en vivres & autres effets.

CXII. Tous les Gardes-magasins particuliers lui seront subordonnés & lui adresseront le premier de chaque mois, un état exact de la situation de leur magasin, de la recette & de la consommation dudit magasin pendant le mois précédent: ils en rendront compte en même tems, & toutes les fois que les circonstances l'exigeront, au Commissaire ordinaire des guerres, dans le département duquel sera leur magasin, pour qu'il puisse en rendre compte au Commandant en second, sous lequel il sera détaché, comme le Garde-magasin principal rendra compte de tout au Commissaire ordonnateur des guerres, & celui-ci au Gouverneur & à l'Intendant.

CXIII. S'il y avoit abus dans les magasins, soit de la part du Garde-magasin principal ou de celle des gardes-magasins particuliers, l'Intendant pourra, de son propre mouvement, à la réquisition du Subdélégué général ou du Commissaire ordonnateur des guerres, interdire les délinquans ou les renvoyer en France après les avoir remplacés, ainsi qu'il est expliqué à l'article LXXXII.

Fonctions du Garde-magasin de la Marine.

CXIV. Le Garde-magasin de la marine ne recevra des ordres que du Commissaire de la marine ou de l'Intendant, soit que celui-ci les lui donne lui-même, ou qu'il les lui fasse passer par le premier; & il ne rendra compte qu'à eux de toutes les choses & de tous les effets qui auront été commis à sa garde, relativement au service de la marine: il suivra les ordres qu'il recevra d'eux, soit pour la dépense ou pour la recette, & il remettra le premier de chaque mois, un état de la situation de son magasin, au Commissaire de la marine, qui en rendra compte ensuite lui-même à l'Intendant & au Gouverneur, pour les parties qui concernent le militaire de mer, & en cas de malversation de sa part, il en sera usé à son égard, ainsi qu'il a été dit au sujet des autres Gardes-magasins.

CXV. Immédiatement après la réception de la présente ordonnance, le Gouverneur & l'intendant rendront chacun dans leur partie, des ordonnances communes & particulières contenant des extraits séparés des fonctions qui sont attribuées par la présente ordonnance, aux personnes qui leur seront subordonnées, afin que chacun soit exactement instruit du service qu'il aura à remplir dans le poste ou l'emploi qui lui aura été confié.

Mande & ordonne Sa Majesté au sieur Marquis de Fenelon, Lieutenant général de ses armées, Gouverneur, son Lieutenant général, & au sieur le Mercier de la Riviere, Intendant de Justice, Police, Finances, Guerre & Marine de la Colonie de la Martinique, au

Commandant en fecond, & Commandans particuliers dans ladite Colonie, aux Subdélégué général & Subdélégués principaux, Commiffaires ordonnateurs & ordinaires des guerres & de marine, & à tous fes autres Officiers qu'il appartiendra, de tenir chacun en droit foi la main à l'exécution de la préfente ordonnance, qu'elle veut être enrégiftrée au Confeil Supérieur de ladite Colonie. Fait à Verfailles, le vingt-quatre mars mil fept cent foixante-trois. *Signé*, LOUIS. *Et plus bas ;* Le Duc de CHOISEUL.

ENREGISTRÉE au Confeil Souverain le 11 Juillet 1763.

ARRÊT

DU CONSEIL D'ETAT DU ROI,

PORTANT fuppreffion de la Chambre Mi-partie Agriculture & Commerce, & Création de la Chambre d'Agriculture.

Du 9 Avril 1763.

EXTRAIT DES REGISTRES DU CONSEIL D'ETAT.

LE ROI ayant, par arrêt de fon Confeil du 10 décembre mil fept cent cinquante-neuf, établi aux ifles du vent de l'Amérique, une Chambre Mi-partie d'Agriculture & de Commerce, féante à la Martinique, dont les membres devoient être compofés & choifis entre les habitans & les négocians de cette Colonie, pour délibérer enfemble & propofer tout ce qui leur paroîtroit le plus propre à favorifer la culture des terres & le commerce des ifles, avec la faculté d'avoir à Paris un député à la fuite du Confeil de Sa Majefté, Elle auroit reconnu que la compofition de ladite Chambre donnoit lieu à des débats & à des difcuffions inutiles entre les colons & les négocians, fur les intérêts refpectifs des uns & des autres; & que les chambres de commerce établies en France étoient fuffifantes pour défendre par elles-mêmes, & par leurs députés au bureau du commerce, les intérêts de la France en général, & celui des ifles du vent en particulier, à l'effet de pouvoir déterminer en connoiffance de caufe, le parti le plus avantageux aux intérêts refpectifs des colons & des négocians, Sa Majefté auroit jugé néceffaire de réduire la compofition de ladite chambre à la feule claffe des colons, & d'en borner les fonctions à la feule colonie de la Martinique, en établiffant en même tems une pareille chambre à l'ifle Guadeloupe & dépendances. A quoi voulant pourvoir: Oui le rapport, LE ROI ÉTANT EN SON CONSEIL, a ordonné & ordonne ce qui fuit :

ARTICLE PREMIER.

La chambre Mi-partie d'Agriculture & de commerce établie par Arrêt du conseil du dix décembre mil sept cent cinquante-neuf, aux isles du vent de l'Amérique sera supprimée, à compter du premier Juillet prochain.

II. A compter de la même époque, il sera établi à la Martinique une nouvelle chambre qui sera seulement d'agriculture, laquelle ne sera composée à l'avenir que de sept colons créoles, ou ayant habitations, lesquels seront nommés par Sa Majesté, à l'exclusion de toutes autres personnes choisies dans d'autres états.

III. Sa Majesté, en rendant particuliere à la Martinique la nouvelle chambre, a jugé à propos d'en créer dès à présent une pareille pour la Guadeloupe & ses dépendances, dont la composition & le choix des personnes qui devront y entrer, & qui seront pareillement nommées par Sa Majesté, seront de même état que pour la chambre de la Martinique.

IV. Lorsqu'un des membres d'une chambre viendra à mourir ou à se retirer pour infirmités, ou raison de ses affaires particulieres, les six autres restans, procéderont à la pluralité des voix, à la nomination du nouveau membre qui devra le remplacer, & ils seront tenus de faire part de son élection au Gouverneur & à l'Intendant de la Colonie, & d'en rendre compte au Secretaire d'Etat ayant le département de la marine.

V. Sa Majesté confirme les dispositions contenues dans les articles V, X, XI, XII, XIII & XIV de l'arrêt du Conseil du dix décembre mil sept cent cinquante-neuf, en tout ce qui concerne la nomination du Secretaire que chaque chambre doit avoir, le lieu où elle devra s'assembler, & qui sera réglé à la Guadeloupe par l'Intendant, & la nomination de leur député à la suite du Conseil de Sa Majesté; lequel député sera seul pour les deux chambres; & pour le remplacement duquel en cas de mort, ou démission de sa part, elles présenteront chacune deux sujets au Secretaire d'Etat ayant le département de la marine; conformément à l'article XI dudit Arrêt du dix décembre mil sept cent cinquante-neuf. La nouvelle chambre de la Martinique continuera d'entretenir la correspondance ordinaire pour toutes les affaires relatives aux objets de ses délibérations avec le député actuel; & la chambre de la Guadeloupe s'adressera à lui pour le même objet.

VI. Lesdites chambres se conformeront au surplus, aux dispositions des articles du réglement général de la Colonie de la Martinique & de la Guadeloupe, pour les nouvelles fonctions dont Sa Majesté a jugé à propos de les charger, relativement au bien & à l'avantage de chaque Colonie, dérogeant à cet effet S. M. aux articles I,

II, III, IV, VI, VII, VIII & IX dudit arrêt du dix décembre mil ſept cent cinquante-neuf. Veut Sa Majeſté, que le préſent Arrêt ſoit enrégiſtré aux Conſeils Supérieurs de la Martinique & de la Guadeloupe. Enjoint au Gouverneur Lieutenant général, & à l'Intendant de chaque Colonie d'y tenir la main. Fait au Conſeil d'Etat du Roi, Sa Majeſté y étant, tenu à Verſailles, le neuf avril mil ſept cent ſoixante-trois. *Signé* LOUIS. *Et plus bas*, Le Duc de CHOISEUL.

ENREGISTRÉE au Conſeil Souverain le 11 juillet 1763.

ORDONNANCE
DU ROI,

PORTANT dérogation à quelques Articles du Réglement du Roi.

Du 24 Mars 1763.

DE PAR LE ROI.

SA MAJESTÉ eſtimant néceſſaire de faire quelques changemens au réglement proviſoire du 24 mars 1763, Elle a ordonné & ordonne ce qui ſuit :

ARTICLE PREMIER.

Que le Gouverneur général & l'Intendant nomment en commun les Commandants des Pataches ou Gardes-côtes, & qu'en cas de partage d'avis dans le choix du ſujet, le Gouverneur Général ait la prépondérance.

II. Qu'ils connoiſſent également en commun des corvées pour les chemins, des levées des deniers à ce néceſſaires, ainſi que des conteſtations qui pourroient ſurvenir entre les habitans, pour raiſon de ces corvées.

III. Que l'Intendant propoſe au Gouverneur général les ſujets pour les places qui viendront à vaquer, ſoit au Conſeil Supérieur, ſoit dans les Juriſdictions; mais le Gouverneur aura le droit de les refuſer, & nul ne ſera reçu ſans ſon conſentement; & ils rendront compte en commun, des motifs de la différence de leurs opinions ſur les ſujets dont il aura été queſtion.

IV. Lorſque le Conſeil Supérieur de la Colonie aura des repréſentations à faire aux Gouverneur général & Intendant, Sa Majeſté veut qu'il les leur remette par ſes députés, & que le Gouverneur général & l'Intendant y faſſent leur réponſe par écrit; & le Conſeil Supérieur ne pourra adreſſer leſdites repréſentations au Secretaire

taire d'Etat ayant le département de la marine, qu'avec un double de la réponse enrégistrée.

V. L'Article des impositions intéressant essentiellement le service de Sa Majesté, Elle veut que le Gouverneur général assiste à toutes les opérations qui y sont relatives, soit dans le cas où il sera question de les asseoir ou de les changer d'objet, de les augmenter ou modifier.

VI. Sa Majesté a réglé que le Subdélégué général aura la quatrieme place dans les cérémonies publiques, le Gouverneur général devant avoir la premiere, l'Intendant la seconde, & le Commandant en second la troisieme.

MANDE & ordonne Sa Majesté, aux sieurs Comte d'Ennery, & Président de Peinier, de se conformer chacun en droit soi, à la présente ordonnance, qu'elle veut être enrégistrée au Conseil Supérieur de la Martinique.

Fait à Versailles le 25 Janvier 1765. *Signé* LOUIS. *Et plus bas;* Par Monseigneur, *Signé*, Le Duc de CHOISEUL.

ENREGISTRÉE au Conseil Supérieur, le 20 Mars 1765.

CODE
DE LA
MARTINIQUE.

SECONDE PARTIE.

DE L'ÉGLISE.

ARRÊT
DU CONSEIL SUPERIEUR,

SUR les acquisitions à faire par les Religieux desservant les Cures.

Du 6 Mai 1720.

EXTRAIT DES REGISTRES DU CONSEIL SUPERIEUR.

LA COUR fait défenses à tous les Religieux, Missionnaires desservants les Cures de l'isle, de faire à l'avenir aucun achapt, si ce n'est pour leur subsistance, sans la permission & le consentement par écrit de leurs Supérieurs, & ordonne que ledit Arrêt sera notifié aux Révérends Peres Supérieurs, à la diligence du Procureur général & de ses Substituts. Mande &c.

LETTRES-PATENTES

SUR les Exemptions des Religieux.

Du Mois d'Août 1721.

LOUIS *&c.*, SALUT. *La piété des Rois nos prédécesseurs les ayant engagé à faire porter dans le pays les plus éloignés les lumieres* *de la foi, ils ont cru ne pouvoir trop accorder de priviléges & exemptions à ceux que leur zele pour la gloire de Dieu, déterminoit à entreprendre de pareilles peines. Nous voyons avec plaisir que leurs vœux ont eu tous les succès qu'on pouvoit en espérer, & que plusieurs Ordres Religieux, poussés du même zele, ont fait des etablissemens qui procurent aux habitans des isles du vent de l'Amérique, tous les secours de Religion qu'ils pourroient espérer au milieu de notre Royaume: Le feu* ROI *notre trèshonoré Seigneur & bisayeul, étant informé que les Religieux établis dans nosdites isles, avoient su faire un si bon usage des priviléges dont ils avoient joui depuis leur établissement, qu'ils avoient acquis des habitations considérables, jugea à propos de mettre des bornes à leurs privileges, & de régler ceux dont ils jouiroient à l'avenir: pour cet effet, ordonna en 1703 au sieur de Machault, Commandant à la Martinique, de tenir la main à ce que chaque Ordre Religieux ne pût étendre ses habitations au-delà de ce qu'il faut de terre pour employer cent negres; mais ayant été informé que ce réglement n'a pas eu son exécution, & qu'il s'elevoit tous les jours des contestations par rapport à leurs exemptions, nous avons cru ne pouvoir rien faire de plus utile, que de fixer leurs priviléges & exemptions dont jouiront à l'avenir les Religieux établis aux Isles du vent de l'Amérique, & par ce moyen leur ôtant tout sujet de discussion, leur donner le moyen de travailler avec plus d'attention & de succès au salut des ames:* A CES CAUSES, *& de l'avis de notre très-cher & trèsamé oncle le Duc d'Orléans, petit fils de France, Régent, de notre trèscher & très-amé oncle le Duc de Chartres, premier Prince de nôtre Sang, de notre très-cher & très-amé Cousin le Duc de Bourbon, de notre trèscher & très-amé Cousin le Comte de Charolois, de notre très-cher & trèsamé Cousin le Prince de Conty, Prince de notre Sang, de notre trèscher & très-amé Oncle le Comte de Toulouse, Prince légitime, & autres Pairs de France, Grands & notables Personnages de notre Royaume,* NOUS *avons ordonné & ordonnons par ces présentes signées de notre main, que les Religieux établis aux Isles du vent de l'Amérique, ne pourront à l'avenir faire aucune acquisition, soit terres ou maisons, sans notre permission expresse & par écrit, à peine de réunion à notre domaine; & en cas que par la suite nous jugions à propos de leur accorder nosd. permissions, ils seront tenus de payer les droits d'amortissement & autres droits qu'ont coutume de payer les Religieux établis dans notre Royaume: Nous ordonnons pareillement que chaque Ordre Religieux établis dans lesdites Isles, jouira à l'avenir de l'exemption de tous droits de capitation, droit de poids, droits de corvées, de guet & garde, & de tous droits qui pourroient être établis á l'avenir pour 30 negres travaillans sur leurs habitations, ensemble pour les negres employés au service desdits Religieux; savoir, pour la maison principale desdits Religieux dans chaque Isle, jusqu'au nombre de douze negres, & pour chaque Curé jusqu'au nombre de trois negres: Accordons en outre aux Curés* *de Cayenne qui sont obligés d'aller par mer administrer les Sacremens á leurs paroissiens, l'exemption pour quatre negres d'augmentation qui servent á conduire les canots dont ils ont besoin: Ordonnons que les negres desdits Religieux qui ne seront point compris dans les exemptions ci-dessus spécifiées, soient sujets aux mêmes droits que céux des habitans desdites Isles: Confirmons lesdits Religieux dans les droits de pêche & de chasse, á l'exclusion de tous autres, sur leurs habitations, & dans le droit de cueillir les herbages & autres choses qui se trouvent sur les rives de leurs habitations par l'ouverture des eaux & marais, dont en tant que besoin est ou seroit nous leurs avons fait & faisons don par ces présentes: Ordonnons au surplus que le Fermier de notre Domaine d'Occident, continuera á payer auxdits Religieux les mêmes sommes qu'il leur a payé par le passé. Si Mandons &c.*

ENREGISTRE'E le 8 Novembre 1721.

ORDONNANCE
DU ROI,

SUR les Bancs dans les Eglises.

Du 26 Février 1726.

DE PAR LE ROI.

SA MAJESTE' ayant été informée qu'il est survenu plusieurs contestations au sujet de la concession des bancs des Eglises dans les isles du vent, qui ont donné lieu en différens tems à plusieurs Ordonnances des Gouverneurs généraux & Intendans desdites isles, qu'ils ont rendues en conformité du réglement fait le 10 octobre 1712 par les sieurs de Phelypeaux & Vaucresson, auxquelles il est donné différentes interprétations, & voulant prévenir les contestations qui pourroient naître par la suite à cette occasion, & donner moyen aux fabriques qui ne sont pas suffisamment dotées, de soutenir les dépenses à quoi elles sont engagées, Elle a resolu, en attendant que lesdites Eglises soient mieux fondées qu'elles ne le sont, & jusqu'à ce qu'il en soit autrement ordonné, de rendre la présente Ordonnance qu'elle veut être exécutée selon sa forme & teneur; & à cet effet S. M. sans avoir égard audit réglement du 10 octobre 1712, en ce qui concerne la concession des bancs dans les Eglises, a ordonné & ordonne qu'à l'avenir, à compter du jour de l'enrégistrement & publication de la présente Ordonnance, les veuves qui resteront en viduité, jouiront des bancs concédés à leurs maris, en payant le même prix de la concession qui leur en aura été faite; qu'à qu'à l'égard des enfans dont les peres & meres seront décédés, les bancs concédés à leurs peres & meres seront criés & publiés comme vacants en la maniere ordinaire, au plus offrant & dernier enchérisseur. Mande, &c.

ENREGISTRÉE au Conseil Souverain le 16 Mai 1726.

ORDONNANCE

DE MESSIEURS DE FEUQUIERE GENERAL, ET BLONDEL, INTENDANT.

SUR les Cures & Paroisses.

Du 11 Mai 1726.

LE temporel des Eglises qui est régi & administré par les marguilliers de chaque Paroisse, est non-seulement pour aggrandir, augmenter & entretenir les Eglises, mais encore pour procurer que le service divin s'y fasse avec toute la décence due aux augustes mysteres de notre religion; ainsi ceux à qui le Roi a confié son autorité, sont obligés de veiller avec soin & de prendre garde que les biens des Eglises soient, conformément aux intentions de Sa Majesté, régis & gouvernés suivant les régles d'une prudente administration; ces motifs nous ayant engagé à prendre une connoissance particuliere de l'état de chaque paroisse des isles du vent, & de la maniere dont elles sont régies, Nous avons reconnu que jusqu'à présent les Marguilliers ont presque par-tout rempli leurs fonctions avec beaucoup de négligence, ce que nous attribuons moins à mauvaise volonté, qu'à l'ignorance de leurs devoirs; nous avons reconnu en même tems que le registre des baptêmes, mariages & mortuaires tenus par les Religieux desservans les Cures, sont en très-mauvais ordre; ce qui est d'une grande conséquence pour le public, puisque ces registres étant ce qui constate l'état des personnes & assure le repos des familles, leur mauvais ordre peut être une source intarissable de procès: ces considérations nous ont porté à rappeller les Ordonnances de nos Rois à ce sujet, & de faire un réglement général où chacun puisse apprendre ses obligations, & qui, en pourvoyant autant qu'il est possible au passé, établisse une régle constante & uniforme pour l'avenir: A CES CAUSES, sous le bon plaisir de Sa Majesté, nous avons réglé, statué, & ordonné ce qui suit:

ARTICLE PREMIER.

Il sera incessamment fait dans chaque paroisse, à la diligence des

Marguilliers en charge, un inventaire de tous les articles, papiers & enseignemens, meubles & ornemens de chaque Eglise, auquel il sera procédé en présence des Religieux desservant les Cures, & de deux anciens Marguilliers ou principaux habitans, & sera ledit inventaire écrit sur le registre des délibérations, & signé des Religieux, Marguilliers & témoins, & contiendra ledit registre, toutes les délibérations des Paroisses, les fondations, les marchés, les arrêtés de compte des Marguilliers, & autres concernant le temporel des Eglises.

II. Les marguilliers ne resteront qu'une année en charge; sera cependant loisible aux paroissiens de le continuer par délibération & de leur consentement; mais à chaque changement de Marguilliers, sera fait nouvel inventaire du recollement des papiers, ornemens & autres effets des Eglises, pour reconnoître les deficit & les augmentations; & sur ce pied le nouveau Marguillier se chargera du contenu audit inventaire pour en rendre compte lorsqu'il sortira de sa charge, sera pareillement ledit recollement écrit sur le registre après l'arrêté des comptes qui auront été rendus par le Marguillier qui sortira de sa charge.

III. Les comptes des Marguilliers seront tenus sur un autre registre, le plus nettement qu'il sera possible, en débit & crédit, de sorte que dans une page il soit écrit ce que chacun devra, & dans l'autre vis-à-vis ce qu'il aura payé.

IV. Feront lesdits Marguilliers, note particuliere sur ledit registre, des dons & aumônes qui seront faites auxdites Eglises, ensemble de l'argent qui proviendra des quêtes; & ils feront une pareille note des dépenses & payemens qu'ils auront faits pendant leur gestion, & seront lesdits registres cottés & paraphés par le Juge des lieux, à la diligence desdits marguilliers.

V. Seront tenus lesdits Marguilliers de rendre compte de leur gestion, un mois après être sorti de charge, & de payer comptant & sans différer, la solde de leur compte, entre les mains des nouveaux marguilliers qui s'en chargeront en recette; & en cas qu'il soit dû par les Paroissiens, seront tenus les Marguilliers qui sortiront de charge, de justifier qu'ils ont fait les diligences nécessaires pour le recouvrement de ce qui peut être du à la fabrique, à peine d'en demeurer responsables en leur propre & privé nom.

VI. Ne pourront les Marguilliers des Eglises, accepter aucune fondation que par assemblée & délibération de Paroisse.

VII. Ne pourront pareillement lesdits Marguilliers, concéder les bancs ni donner la permission de mettre des épitaphes dans les Eglises, sans avoir par les Marguilliers, pris l'avis des Religieux desservans les Cures; & sur le fait des bancs, ils se conformeront au tarif & aux Ordonnances du Roi.

VIII. Auront ſoin les Marguilliers de faire ſonner les cloches aux heures réglées pour le ſervice divin ; & en cas que le clerc de l'œuvre, Chantre ou Sacriſtain, ne faſſent pas leur devoir, les Marguilliers les deſtitueront ſur l'avis & les plaintes deſdits Religieux.

IX. Seront tenus les Marguilliers, d'exécuter ou faire exécuter ponctuellement les ſervices & œuvres pies exprimés dans les fondations qui auront été acceptées, dont leurs conſciences demeureront chargées, & auront ſoin de fournir exactement les ornemens luminaires & autres choſes néceſſaires au ſervice divin.

X. Faiſons défenſes aux Marguilliers, Acolites & autres perſonnes, de divertir ni appliquer le revenu des biens qui ont été donnés par les fondations aux Egliſes & Chapelle, à d'autres uſages qu'à celui auquel ils ſont deſtinés : leur défendons pareillement d'entreprendre aucun bâtiment pour continuer ou augmenter les Egliſes & Paroiſſes, ſans en avoir obtenu notre permiſſion, que nous ne donnerons qu'en conſéquence de la délibération des Paroiſſiens, & après avoir fait dreſſer un procès verbal par experts, qui contiendra la néceſſité tant de nouveaux bâtimens que de l'augmentation & rétabliſſement d'iceux ; & cependant ordonnons, qu'à la diligence des Marguilliers & aux frais des fabriques les cimetieres, ſeront inceſſamment clos : Enjoignons d'entretenir & réparer les clôtures toutes fois que beſoin ſera.

XI. Seront tenus les Marguilliers, de faire les quêtes ordinaires dans les Egliſes aux heures accoutumées, à peine d'en répondre, & d'être obligés de faire recette forcée de la quête à laquelle ils auront manqué, ſur le pied de la plus forte quête de l'année courante & de l'année précédente.

XII. Leſdits Religieux aſſiſteront, ſi bon leur ſemble, à toutes les aſſemblées générales & particulieres de la Paroiſſe, qui ſeront tenues en leur préſence & avec les Paroiſſiens : invitons leſdits Paroiſſiens, ſur-tout les anciens Marguilliers, de s'y trouver exactement.

XIII. Seront leſdites aſſemblées convoquées à la réquiſition des Marguilliers en charge, & publiées au prône par trois dimanches conſécutifs & au ſon de la cloche en la maniere accoutumée ; leſdits Religieux auront la premiere place, ſigneront les premiers les délibérations, & donneront leur voix immédiatement avant les Marguilliers en charge, ou celui qui préſidera, leſquels opineront les derniers ; pourront auſſi leſdits Religieux, avant les délibérations, repréſenter ce qu'ils jugeront à propos par forme de ſimple propoſition, de ſorte que les aſſiſtans ayent une entiere liberté dans leurs avis.

XIV. Ordonnons qu'aux dépens de la fabrique, il ſera fourni par les Marguilliers tous les ans aux Religieux deſſervans la Cure, deux regiſtres cottés & paraphés par le Juge des lieux, pour ſervir à écrire les baptêmes, mariages & mortuaires des personnes libres que lesdits Religieux feront en double grosse & minute ; & en ce qui concerne les esclaves, il sera tenu à leur sujet un registre particulier aussi aux dépens de la fabrique.

XV. Seront tenus lesdits Religieux desservans les Cures, de rapporter deux mois au plus tard, après la fin de chaque année, au greffe de la Jurisdiction, la grosse du registre des baptêmes, mariages & mortuaires des personnes libres, pour être deposés audit greffe : Enjoignons aux Greffiers de tenir la main à l'exécution du présent article, à peine d'en répondre ; & seront lesdits Greffiers, tenus de garder lesdits registres pour recours & pour en délivrer des extraits aux parties qui le requerront.

XVI. Ordonnons que dans le cours de la présente année mil sept cent vingt-six, les Religieux desservans les Cures, rapporteront aux Juges des lieux, tant les anciens que les nouveaux registres des baptêmes, mariages & mortuaires, pour être sur le champ & sans remise arrêtés, cottés & paraphés par lesdits Juges, qui les visiteront exactement, barreront & parapheront le blanc, si aucun y a, le tout sans frais : Ordonnons pareillement que dans le même tems, autant qu'il se pourra, il sera fait des copies de tous lesdits registres à la diligence des Marguilliers & aux dépens de la fabrique, pour lesdites copies être collationnées par le Juge & déposées au greffe.

XVII. Enjoignons à tous Religieux desservans les Cures, leurs Vicaires, Notaires & autres personnes publiques qui recevront des testamens & autres actes contenant legs, aumônes ou dispositions au profit des hôpitaux, Eglises, ou autres œuvres pies, d'en donner avis à M. le Procureur général du Roi, incontinent que lesdits testamens ou autres actes auront lieu, & de mettre ez mains dudit Procureur Général, des extraits en bonne forme desdits actes, pour en faire les poursuites nécessaires, à peine de répondre en leur propre & privé nom, des dépens, dommages & intérêts ; & afin que le présent réglement soit chose stable à l'avenir, ordonnons qu'il sera remis à M. le Procureur Général, pour en requérir l'enrégistrement, le faire lire, publier & afficher par-tout où besoin sera, même registré à la tête des registres de chaque Paroisse, afin que personne n'en prétende cause d'ignorance.

ENREGISTRÉE au Conseil Souverain le 13 Mai 1726.

REGLEMENT

REGLEMENT DU ROI,

POUR LES HONNEURS AUX ISLES DU VENT.

SA MAJESTÉ étant informée que le Réglement du 30 septembre mil sept cent treize, rendu au sujet des places & rangs dans les Eglises, Processions & autres Cérémonies publiques, dans les Isles françoises de l'Amérique, a donné occasion dans celles du vent, à des discussions contraires au bon ordre & à la tranquillité des habitans; elle a, pour les faire cesser, & établir en même tems une uniformité dans toutes lesdites isles du Vent à cet égard, ordonné & ordonne ce qui suit:

ARTICLE PREMIER.

Veut Sa Majesté, que le Gouverneur Lieutenant général, & l'Intendant desdites Isles du vent, aient leur Prie-dieu & Fauteuils dans le chœur des principales Eglises de la ville du Fort-Royal & du Bourg St. Pierre de la Martinique; savoir, le Gouverneur Lieutenant général du côté de l'Epître, & l'Intendant du même côté, mais un peu au-dessous: lesdits Prie-dieu & Fauteuils proche la muraille, & que le Lieutenant de Roi au Gouvernement & le Gouverneur particulier y aient aussi un banc du côté de l'Evangile proche la muraille, vis-à-vis du Prie-dieu de l'Intendant.

II. En cas d'absence hors des Isles du vent, du Gouverneur Lieutenant Général, le Lieutenant au Gouvernement général prendra sa place.

III. Le Gouverneur particulier de la Martinique pourra aussi occuper le Prie-dieu ou Fauteuil du Gouverneur & Lieutenant général en son absence, & celle du Lieutenant au gouvernement général desdites isles du vent, s'il est pourvu des ordres de Sa Majesté pour commander en chef dans lesdites isles; lui défend Sa Majesté, de prendre cette place que dans ce cas, quoique commandant en chef dans l'isle de la Martinique.

IV. Dans les Eglises autres que celles ci-dessus, il sera mis dans le chœur des prie-dieu ou fauteuils pour le Gouverneur Lieutenant général, l'Intendant, le Lieutenant au gouvernement général, & le Gouverneur particulier, lorsqu'ils s'y trouveront.

V. A la Guadeloupe & aux autres isles du vent où le Gouverneur Lieutenant général & l'Intendant ne font pas leur résidence, le Gouverneur particulier aura son banc dans le chœur du côté de l'Evangile, & il gardera sa place, quoique le Gouverneur Lieutenant-général & l'Intendant s'y rencontrent auquel cas il sera mis pour eux des prie-dieu ou fauteuils au milieu du chœur.

VI. En cas d'absence du Gouverneur, Lieutenant général, de l'Intendant, du Lieutenant au gouvernement, & du Gouverneur particulier de la Martinique, le Lieutenant de Roi de ladite isle, quoique commandant en chef dans icelle, ne pourra se placer dans le chœur, non plus que le Commissaire, quoiqu'ordonnateur par l'absence de l'Intendant, mais se mettront dans leurs places ordinaires ci-après expliquées.

VII. Veut Sa Majesté, que hors le chœur du côté de l'Epître, il y ait un banc contre la muraille pour les officiers du Conseil Supérieur, & que de l'autre côté aussi contre la muraille, il y ait un banc pour le Lieutenant de Roi, & un autre pour le Major & le Commissaire de la Marine.

VIII. Que les officiers de la Jurisdiction aient leur banc après celui du Conseil, de la même suite & moins élevé.

IX. Que les Capitaines de Milice aient à l'avenir des bancs distingués des autres, dans les Eglises de l'étendue de leurs Compagnies, lequel banc sera posé du côté de l'Epître à la tête des autres bancs de la Nef, en observant que la place du côté de l'Evangile qui sera opposée à celle du banc du Capitaine de Milice, demeure vuide, lequel banc sera moins long & plus élevé que les autres, & ne pourra être occupé que par l'ancien Capitaine de Milice, en cas qu'il y en ait deux ; & dans aucun cas, les autres Capitaines ni les Officiers de sa Compagnie ne pourront s'y placer, quoiqu'absent.

X. Dans les bancs ci-dessus ordonnés, tant dans le chœur que dans la Nef, même ceux destinés aux Capitaines de Milice, leurs femmes & enfans ne pourront s'y placer, à l'exception toutefois des femmes du Gouverneur Lieutenant général & de l'Intendant, auxquelles Sa Majesté veut bien accorder cette distinction.

XI. Le pain beni sera d'abord présenté au Prêtre célébrant, aux Ecclésiastiques assistans, au Clergé dont les enfans de Chœur font partie, ensuite au Gouverneur Lieutenant général, à l'Intendant, au Lieutenant de Roi au gouvernement, au Gouverneur particulier, au Lieutenant de Roi, au Major, au Commissaire de la Marine, aux Officiers du Conseil Supérieur, aux Officiers de la Jurisdiction, au Capitaine de Milice & aux Marguilliers en charge, lorsqu'ils seront dans les susdits bancs ; lesdits Marguilliers dans celui de l'Œuvre, & non ailleurs ; après quoi, au public sans distinction : le même ordre sera suivi lorsqu'on ira aux Offrandes, Processions & autres cérémonies de l'Eglise.

XII. L'encens ne sera donné qu'au Gouverneur Lieutenant général, & à l'Intendant : défend Sa Majesté de le donner à d'autres Officiers, ni à eux de l'exiger, à l'exception du Lieutenant de Roi au gouvernement général, lorſque le Gouverneur Lieutenant général ſera abſent deſdites iſles, & non autrement.

XIII. Aux aſſemblées & aux marches publiques, le Gouverneur Lieutenant général, marchera à la tête du Conſeil, & l'Intendant à ſa gauche, enſuite le Lieutenant au gouvernement général, le Gouverneur particulier, les Lieutenants de Roi, même ceux qui en conſervant leur rang, auront quitté le ſervice, les Majors, le Commiſſaire de la marine, les Conſeillers & le Procureur général, les Officiers de la Juriſdiction, & après eux, le Capitaine de Milice, & la marche ci-deſſus reglée, ſe fera de deux en deux : veut Sa Majeſté, qu'elle ſoit précédée d'abord par les gardes du Gouverneur Lieutenant général, leſquels marcheront immédiatement avant lui, les ſergens de la Juriſdiction & les Huiſſiers du Conſeil qui marcheront immédiatement devant l'Intendant ; enſorte que les gardes du Gouverneur Lieutenant-général auront la droite, & les Sergens & Huiſſiers la gauche : ſur la même ligne des Huiſſiers, marchera le Greffier en chef, & enſuite le premier Huiſſier ; le Capitaine des gardes du Gouverneur Lieutenant général, marchera à côté & au-deſſus de lui, en ſorte qu'il ne ſoit pas ſur la même ligne du Conſeil.

XIV. Veut Sa Majeſté, que dans ces aſſemblées & marches publiques, les Gouverneurs particuliers, Lieutenans de Roi & Majors des autres iſles, s'il s'en trouve ſur les lieux, y aſſiſtent avec les Officiers du même titre qu'eux & dans le rang de leur ancienneté de commiſſion, dans ce cas là ſeulement.

XV. Aux feux de joie, il ſera préſenté trois torches, une au Prêtre officiant, & les deux autres au Gouverneur Lieutenant général & à l'Intendant, pour y allumer du feu, & en cas d'abſence du Gouverneur Lieutenant général, la torche ſera préſentée à l'Officier commandant ſucceſſivement juſques & compris le Major, & en l'abſence de l'Intendant, au premier Conſeiller ou Commiſſaire de la Marine, ſucceſſivement au Doyen, ou au Conſeiller qui ſera à la tête des Titulaires, au défaut deſquels Officiers Majors, & du Conſeil, il ne ſera préſenté que la torche au Prêtre officiant.

XVI. Lorſque le Gouverneur Lieutenant général ne pourra à cauſe de maladie ou autres raiſons, aſſiſter aux marches & proceſſions publiques & particulieres ; l'Intendant marchera ſeul à la tête du Conſeil ; le Lieutenant au gouvernement, le Gouverneur particulier, Lieutenant de Roi & autres viendront enſuite deux à deux, ainſi qu'il eſt expliqué ci-devant : mais lorſque le Gouverneur Lieutenant général ſera abſent de l'iſle, le Lieutenant de Roi au gouvernement prendra la droite de l'Intendant, en cas qu'il s'y trouve, & en ſon abſence, le Gouverneur particulier ; mais dans aucun cas le Lieutenant de Roi de l'iſle, qui y commandera en chef, ne pourra prendre place à côté de l'Intendant, qui marchera ſeul à la tête du

Corps, & sera précédé par les Huissiers & Sergens qui marcheront deux à deux.

XVII. Lorsque l'Intendant ne pourra, à cause de maladie ou autres raisons, se trouver aux marches & processions publiques ou particulieres, ou qu'il sera absent de l'isle, le Gouverneur Lieutenant général ou le Lieutenant de Roi au gouvernement, ou le Gouverneur particulier, l'un en l'absence de l'autre, marchera seul à la tête du corps, & le Gouverneur Lieutenant général sera précédé par ses gardes, qui marcheront deux à deux.

XVIII. Lorsque l'Intendant assistera auxdites marches & processions, quand même aucuns des Conseillers du Conseil n'y assisteroient, Sa Majesté veut que les Huissiers & Sergens, & le Greffier en chef conservent leurs places, comme si le Conseil y étoit en Corps.

XIX. En cas d'absence de l'Intendant, les Conseillers qui se trouveront aux marches publiques & particulieres, seront censés y être en Corps, lorsqu'ils y seront au nombre de cinq; & en ce cas, les Sergens & Huissiers conserveront leurs places, & le Greffier en chef se mettra en rang après le dernier Conseiller; mais lorsque lesdits Conseillers y seront en moindre nombre, ils seront censés être à la tête de la Jurisdiction, sans que le Greffier en chef puisse prétendre de marcher avec eux.

XX. Les Conseillers du Conseil qui se trouveront dans les Paroisses du ressort dudit Conseil dont ils seront Officiers, prendront dans les marches, processions & cérémonies publiques, le rang à la tête des Jurisdictions, s'il y en a, après cependant l'Officier Major ou Commandant dans le Quartier.

XXI. Veut Sa Majesté, que les Lieutenans de Roi Commandans dans les quartiers, aient un banc placé hors du chœur du côté de l'Epître dans l'Eglise du lieu où ils résideront; & les officiers de la Jurisdiction, s'il y a un siege, en auront un du côté de l'Evangile, mais plus bas, & placé de maniere qu'il ne soit pas vis-à-vis celui desdits Lieutenans de Roi, & que le pain beni soit donné aux uns & aux autres, & qu'ils aient rang dans les processions & autres marches avant les Marguilliers: défend Sa Majesté à tout Officier commandant dans lesdits quartiers, de se placer dans le banc des Lieutenans de Roi, quand même ils seroient absens.

XXII. Les Commissaires ordonnateurs de la Guadeloupe, de Cayenne, auront un banc dans le chœur du côté de l'Evangile, & dans les marches & cérémonies publiques ou particulieres, auront la gauche des Gouverneurs; & à l'égard des Officiers desdites deux isles, veut Sa Majesté qu'ils observent entr'eux les mêmes rangs & places à l'Eglise & dans les cérémonies publiques, & qu'ils aient le pain beni, ainsi qu'il est énoncé dans le présent réglement, qui sera suivi

&

& exécuté dans toutes les isles du vent de l'Amérique, à l'exception des Sergens & Huissiers de la Guadeloupe & Cayenne, qui marcheront deux à deux devant le Gouverneur & Commissaire ordonnateur.

XXIII. Veut Sa Majesté qu'en cas d'absence hors de l'isle, des Gouverneurs de la Guadeloupe & de Cayenne, le Lieutenant de Roi commandant ait dans les marches publiques, la droite du Commissaire ordonnateur.

XXIV. Fait défenses Sa Majesté à toutes autres personnes, de quelque condition qu'elles soient, de se placer dans les bancs, ni de se mêler dans les rangs ci-dessus reglés aux Officiers du Conseil, lorsqu'ils ne seront point dans les bancs qui leur seront destinés, & à tous Officiers de troupes & de milices, autres que les Capitaines des Quartiers, dont les droits sont réglés par les articles IX, XI & XIII du présent Réglement, de s'attribuer dans leurs quartiers, ni ailleurs, aucune place distinguée dans les Eglises, d'exiger le pain beni avant les autres, ni de prétendre aucun rang dans les Processions & autres marches, que ceux réglés ci-devant, le tout à peine contre ceux qui contreviendront, de cinq cens livres d'amende applicable aux besoins de l'Eglise où la contravention aura été commise; la poursuite desquelles contraventions sera faite par les Marguilliers, par-devant le Gouverneur Lieutenant général & l'Intendant, à peine d'en répondre en leur propre & privé nom, en cas de négligence de leur part.

XXV. Révoque Sa Majesté, toutes les concessions qui pourroient avoir été faites de bancs particuliers dans le Chœur des Eglises des isles du vent: ordonne qu'ils seront supprimés, quand même ils auroient été concédés à titre de bienfaicteur: fait défenses aux Marguilliers d'en concéder à l'avenir sous quelque prétexte, ni quelque cause que ce puisse être.

XXVI. Sa Majesté a attribué & attribue toute jurisdiction au Gouverneur Lieutenant général & à l'Intendant des isles du vent, conjointement pour les discussions qu'il pourroit y avoir pour l'exécution du présent réglement, même provisoirement à l'un d'eux, si les discussions survenoient dans un endroit où ils ne seroient pas ensemble, & leur décision sera exécutée jusquà ce que Sa Majesté en ait autrement ordonné.

Mande & ordonne Sa Majesté au sieur Marquis de Champigny, Gouverneur & Lieutenant général aux isles Françoises du vent de l'Amérique, au sieur d'Orgeville, Intendant auxdites isles, à tous autres ses Officiers, & aux Curés, Marguilliers & Capitaines de Milice, de se conformer au présent réglement, qu'Elle veut être enrégistré aux Conseils Supérieurs de la Martinique, de la Guadeloupe & de Cayenne, & sur le registre des délibérations des Paroisses. FAIT à Fontainebleau le 15 novembre 1728. *Signé*, LOUIS. *Et plus bas*, PHELYPEAUX.

ENREGISTRÉE au Conseil Souverain le 14 Mars 1729.

DÉCLARATION
DU ROI,

CONCERNANT les Ordres Religieux & Gens de main morte, établis aux Colonies.

Du 25 Novembre 1743.

LOUIS par la grace de Dieu, Roi de France & de Navarre &c. SALUT. Voulons & nous plaît ce qui suit, savoir;

ARTICLE PREMIER.

Voulons, conformément aux Ordonnances rendues, & aux Réglemens faits pour l'intérêt de notre Royaume, qu'il ne puisse être fait dans nos Colonies de l'Amérique, aucune fondation ou nouvel établissement de maisons ou Communautés Religieuses, Hôpitaux, Hospices, Congrégations, Confrairies, Colleges, ou autres Corps & Communautés Ecclésiastiques ou Laïques, si ce n'est en vertu de notre permission expresse portée par nos Lettres Patentes enrégistrées en nos Conseils Supérieurs desdites Colonies, en la forme qui sera prescrite & qui suit.

II. Défendons de faire aucunes dispositions par acte de derniere volonté, pour fonder un nouvel établissement de la qualité de ceux qui sont mentionnés dans l'article précédent, ou au profit des personnes qui seront chargées de former ledit établissement, le tout à peine de nullité; ce qui sera observé, quand même la disposition seroit faite, à la charge d'obtenir nos Lettres Patentes.

III. Ceux qui voudront faire une fondation ou établissement de ladite qualité, par des actes entre vifs, seront tenus avant toutes choses, de présenter aux Gouverneurs Lieutenans-généraux pour nous, & Intendants desdites Colonies, leur projet de l'acte par lequel ils auront intention de faire ladite fondation ou ledit établissement, pour, sur le compte qui nous en sera rendu, en obtenir la permission par nos Lettres Patentes, lesquelles ne pourront être expédiées, s'il nous plaît de les accorder, qu'avec la clause expresse qu'il ne pourra être fait aucunes additions ni autres changemens audit projet, lorsqu'après l'enrégistrement desdites Lettres en nos Conseils Supérieurs, l'acte proposé pour faire le nouvel établissement, sera passé dans les formes requises pour la validité des contrats ou des donations entre vifs.

IV. Déclarons que nous n'accorderons aucunes Lettres Patentes pour permettre une nouvelle fondation ou établissement, qu'après nous être fait rendre compte de l'objet d'utilité dudit établissement, ainsi que de la nature, valeur, qualité des biens destinés à le doter, & après avoir pris l'avis desdits Gouverneurs Lieutenants-généraux pour nous, Intendants ou desdits Gouverneurs particuliers & Ordonnateurs, & même le consentement des Communautés ou Hôpitaux déja établis dans les Colonies où ladite fondation sera projettée, & des autres parties qui pourront y avoir intérêt.

V. Il sera fait mention expresse dans lesdites Lettres, des biens destinés à la dotation dudit établissement, & il ne pourra y en être ajouté aucun autre, soit par donation, acquisition ou autrement, sans obtenir nos Lettres de permission, ainsi qu'il sera dit ci-après; ce qui aura lieu, nonobstant toutes clauses ou dispositions générales insérées dans lesdites Patentes, par lesquelles ceux qui les auroient obtenues, auroient été déclarés capables de posséder des biens-fonds indistinctement.

VI. Voulons que lesdites Lettres Patentes soient communiquées à nos Procureurs généraux auxdits Conseils Supérieurs, pour être par eux fait telles requisitions, ou pris telles conclusions qu'ils jugeront à propos, & qu'elles ne puissent être enrégistrées qu'après qu'il aura été informé à la requête de nosdits Procureurs généraux, de la commodiré ou incommodité de la fondation ou établissement, & qu'il aura été donné communication desdites Lettres aux Communautés ou Hôpitaux déja établis dans la Colonie où l'établissement sera projetté, & autres parties qui pourront y avoir intérêt, le tout à peine de nullité de l'enrégistrement desdites Lettres, en cas d'omission desdites informations.

VII. Ceux qui voudront former opposition à l'enrégistrement desdites Lettres, pourront les faire en tout état de cause avant l'arrêt de l'enrégistrement, & même après ledit arrêt, s'ils n'ont pas été appellés auparavant; & seront toutes les oppositions communiquées à nosdits Procureurs généraux, pour y être, sur leurs conclusions, statué par nos Conseils Supérieurs, ainsi qu'il appartiendra.

VIII. Nos Conseils Supérieurs ne pourront procéder à l'enrégistrement desdites Lettres, ni statuer sur les oppositions qui seront formées audit enrégistrement, que lorsque les Gouverneurs Lieutenans-généraux pour nous, & Intendants, ou les Gouverneurs particuliers & Ordonnateurs, y seront présents, à peine de nullité des Arrêts qui pourroient être sur ce rendus en l'absence desdits Officiers.

IX. Déclarons nuls tous les établissemens de la qualité marquée à l'article premier, qui n'auront pas été autorisés par nos Lettres Patentes enrégistrées en nosdits Conseils Supérieurs, comme aussi toutes dispositions & actes faits en leur faveur directement ou indirectement, & ce, nonobstant toutes prescriptions & tous consentemens exprès ou tacites qui pourroient avoir été donnés à l'exécution desdites dispositions ou actes, par les parties intéressées, leurs héritiers ou ayans cause, nous réservant néanmoins à l'égard des ètablissemens qui subsistent paisiblement & sans aucune demande formée avant la présente déclaration, pour les faire déclarer nuls, d'y pourvoir ainsi qu'il appartiendra, après que nous nous serons fait rendre compte de l'objet & qualité desdits établissemens.

X. Faisons défenses à toutes les Communautés Religieuses & autres gens de main-morte établis dans nosdites Colonies, d'acquérir ni posséder aucuns biens immeubles, maisons, habitations ou héritages situés auxdites colonies ou dans notre Royaume, de quelques natures ou qualités qu'elles puissent être, si ce n'est en vertu de notre permission expresse portée par nos Lettres Patentes enrégistrées en la forme prescrite ci-après dans nosdits Conseils Supérieurs, pour les biens situés aux Colonies, & dans nos Cours de Parlement, pour les biens situés dans notre Royaume; ce qui aura lieu à quelques titres que lesdites Communautés ou gens de main-morte prétendent faire l'acquisition desdits biens, soit par vente volontaire ou forcée, échange, donation, cession, ou transport, même en payement de ce qui leur seroit dû; & en général pour quelque cause gratuite ou onéreuse que ce puisse être: Voulons que la présente disposition soit observée nonobstant toute clause ou dispositions générales qui auroient été insérées dans les Lettres Patentes ci-devant obtenues, pour autoriser l'établissement desdites Communautés, par lesquelles elles auroient été déclarées capables de posséder des biens-fonds indistinctement.

XI. La disposition de l'article précédent aura lieu pareillement pour les rentes foncieres ou autres rentes non rachetables, même pour les rentes rachetables, lorsqu'elles seront constituées sur des particuliers, & ce, encore que les deniers provinssent de remboursement de capitaux d'anciennes rentes.

XII. N'entendons comprendre dans la disposition des deux articles précédens, les rentes constituées sur nous ou sur le Clergé de notre Royaume; permettons même auxdites Communautés d'acquérir lesdites rentes en vertu des présentes, sans qu'ils aient besoin d'autres lettres de permission à cet effet.

XIII. Lesdites Lettres de permission ne seront par nous accordées, qu'après nous être fait rendre compte de la nature, valeur & qualité des biens que nosdites Communautés & gens de main-morte voudront acquérir, & de l'utilité ou des inconvéniens de la permission qu'ils nous en demanderont.

XIV. Les régles & formes prescrites par l'article VII. ci-dessus, au sujet de l'enrégistrement de nos Lettres, portant permission de faire une fondation ou établissement, seront pareillement observées par rapport à l'enrégistrement de celles qui autoriseront lesdites Communautés ou gens de main-morte, à acquérir ou posséder lesdits biens, & sous la même peine de nullité, à la réserve néanmoins de l'obligation l'obligation de communiquer lesdites Lettres auxdites Communautés ou Hôpitaux établis dans les mêmes Colonies, laquelle formalité il ne sera pas nécessaire de remplir à l'égard desdites Lettres de permission.

XV. La disposition de l'article ci-dessus sera aussi observée par rapport aux oppositions qui pourront être formées à l'enrégistrement desdites Lettres de permission.

XVI. Nosdits Conseils Supérieurs se conformeront pareillement à la disposition de l'article VIII, par rapport aux arrêts qu'ils auront à rendre, tant pour l'enrégistrement desdites Lettres, que sur les oppositions qui pourront être formées audit enrégistrement, & ce, sous la même peine de nullité.

XVII. Lesdites Communautés & gens de main-morte qui auront obtenu de faire enrégistrer lesdites Lettres, seront tenus dans six mois, pour tout délai, après l'arrêt de l'enrégistrement, de prendre possession des biens-fonds y énoncés, en observant la formalité en tel cas requise & accoutumée, si non elles demeureront déchues desdites Lettres & Arrêts.

XVIII. Défendons à tous Notaires & autres Officiers de passer ou recevoir au profit desdites Communautés & gens de main-morte, aucun contrat de vente, échange, donation, cession, transport ou acte de prise de possession desdits biens, comme aussi aucuns contrats de création de rente fonciere ou de constitution sur des particuliers, qu'après qu'il leur aura apparu de nosdites Lettes de permission & arrêt d'enrégistrement d'icelles, desquelles Lettres & Arrêts sera fait mention expresse dans lesdits contrats & actes, à peine de nullité, même d'interdiction & des dommages & intérêts des parties, s'il y échet, & en outre, d'une amende qui sera arbitrée suivant l'exigeance des cas, & applicable moitié au dénonciateur, moitié à nous.

XIX. Défendons à toutes personnes de prêter leurs noms auxdites Communautés & gens de main-morte, pour posséder aucuns desdits biens, à peine de dix mille livres d'amende, laquelle sera appliquée comme dessus.

XX. Voulons qu'aucuns desdits biens ne puissent être donnés auxdites Communautés & gens de main-morte, par des dispositions de derniere volonté; & entendons comprendre dans la présente prohibition, les negres esclaves qui servent à exploiter les habitations, qui à cet égard ne pourront être réputés meubles, & seront regardés comme faisant partie desdites habitations: & sera la disposition du présent article, exécutée, quand même le Testateur, au lieu de laisser auxdites Communautés & gens de main-morte directement lesdits biens & negres esclaves, auroit ordonné qu'ils seroient vendus & que le prix leur en seroit remis, le tout à peine de nullité.

XXI. Tout le contenu en la présente Déclaration, sera observé à peine de nullité de tous contrats ou autres actes qui seront faits, sans avoir satisfait aux conditions & formalités qui y sont prescrites, même à peine d'être lesdites communautés, déchues de toutes demandes en restitution des sommes par elles constituées sur des particuliers, ou payées pour le prix des biens qu'elles acquerront sans nos Lettres de permission : voulons en conséquence que les héritiers ou ayans cause de ceux à qui lesdits biens appartiennent, même leurs enfans ou autres héritiers présomptifs de leur vivant, soient admis à y rentrer nonobstant toutes prescriptions & tous consentemens exprès ou tacite qui pourroient leur être opposé.

XXII. Et pour prévenir l'effet de la négligence ou autre cause qui pourroient empêcher lesdites parties d'user de la faculté qui leur est accordée par l'article précédent, voulons que faute par elles de former dans le délai de six mois leur demande afin de rentrer dans lesdits biens, il soit procédé à la réunion d'iceux à notre domaine par les Gouverneurs Lieutenans généraux pour nous, & Intendants, ou par les Gouverneurs particuliers & ordonnateurs, à la requête de nos Procureurs dans les Jurisdictions du ressort desquelles lesdits biens sont situés, pour ensuite la vente en être faite au plus offrant & dernier enchérisseur, sur les adjudications qui en seront faites par les Intendants ou Commissaires ordonnateurs, ou le prix en provenant, être employé aux fortifications ou autres ouvrages publics dans les Colonies, suivant les ordres que nous en donnerons : à l'égard des rentes foncieres & des rentes non rachetables qui seroient constituées en contraventions à la présente Déclaration, elles seront confisquées à notre profit, comme aussi les rentes rachetables & leurs principaux, lorsqu'elles seront constituées sur des particuliers, pour le tout être pareillement par nous appliqué aux fortifications & autres ouvrages publics.

XXIII. Confirmons au surplus & maintenons lesdites Communautés dans tous les droits, privileges & exemptions qui leur ont été ci-devant accordés par les Rois nos prédécesseurs & par nous, en ce qui n'y est dérogé par les présentes. Si donnons &c. A Versailles le 25 novembre 1743. *Signé*, LOUIS.

ENREGISTRÉE au Conseil Superieur, le 1er. Mars 1744.

ARRÊT
DU CONSEIL SUPERIEUR, *DE L'ISLE MARTINIQUE*,

CONCERNANT le prix des Bancs dans les Eglises.

Du 7 Septembre 1754.

VU la Remontrance présentée à la Cour par le Procureur général du Roi, contenant que par le réglement fait par Messieurs les Général & Intendant de ces Isles, le 24 décembre dernier, enrégistré en ladite Cour le 10 Janvier suivant, il étoit porté à l'article premier du chapitre quatrieme, au sujet du prix des bancs dans les Eglises, qu'après la mort d'un des Concessionnaires desdits bancs, le banc dont il auroit eu la concession, seroit accordé à sa veuve ou à ses enfans mâles en ligne directe seulement, en payant à la fabrique par ladite veuve ou par ses enfans, la moitié du prix primordial que le défunt auroit payé à ladite fabrique : que cette disposition se trouvant contraire à l'ordre du Roi du 26 février 1726, enrégistré au Greffe de la Cour le 16 mai de ladite année, qui veut que les veuves qui resteront en viduite, jouissent des bancs concédés à leurs maris, en payant le même prix de ladite concession qui leur en aura été faite; qu'à l'égard des enfans dont les Pere & Mere seroient décédés, les bancs concédés à leursdits pere & mere, seroient criés & publiés comme vacans en la maniere ordinaire, au plus offrant & dernier enchérisseur ; qu'il n'étoit pas douteux que cet article n'avoit été inséré dans ledit Réglement que par erreur, & faute d'avoir eu connoissance dudit ordre du Roi : pourquoi ledit Procureur général auroit requis que ledit article premier du chapitre quatrieme dudit Réglement, fût réformé, & qu'il fût ordonné que sans avoir égard audit article dudit Réglement, & conformément à l'ordre du Roi dudit jour 26 février 1726, les veuves qui resteront en viduité jouiront des bancs concédés à leurs maris en payant le même prix de ladite concession qui leur en aura été faite ; & qu'à l'égard des enfans dont les pere & mere seront décédés, les bancs concédés à leursdits pere & mere, seront criés & publiés comme vacans en la maniere ordinaire, au plus offrant & dernier enchérisseur ; & que mention fût faite de l'arrêt qui interviendra, en marge des registres de la Cour, audit article premier du chapitre quatrieme dudit Réglement ; & qu'il seroit enrégistré ès Registres des greffes des Jurisdictions, & sur ceux des délibérations des Paroisses du ressort, à la diligence de lui-dit Remontrant ou de ses Substituts, ladite Remontrance signée en fin Rampont, & datée du 2 de ce mois. La matiere mise en délibération : La COUR, faisant droit sur la remontrance dudit Procureur général du Roi, sans avoir égard audit article premier, du chapitre quatrieme dudit réglement du 24 décembre dernier, & conformément à l'ordre du Roi dudit jour 26 février 1726, ordonne que les veuves qui resteront en viduité, jouiront des bancs concédés à leurs maris, en payant le même prix de la concession qui leur en aura été faite ; & qu'à l'égard des enfans dont les pere & mere seront décédés, les bancs concédés à leursdits pere & mere, seront criés & publiés comme vacans en la maniere ordinaire, au plus offrant & dernier enchérisseur : ordonne en outre que mention sera faite du présent arrêt en marge des registres de la Cour à l'endroit dudit article premier du chapitre quatrieme dudit réglement ; & qu'il sera enrégistré, tant ès registres des greffes des jurisdictions que sur ceux des délibérations des Paroisses du ressort de la Cour, à la diligence dudit Procureur général du Roi ou de ses Substituts esdites Jurisdictions, qui seront tenus de l'en certifier. Fait au Conseil Supérieur de la Martinique, les jour & an que dessus. *Signé*, THIBOULT.

ARRÊT

DU CONSEIL SUPERIEUR, DE L'ISLE MARTINIQUE

SUR les Sépultures dans les Eglises.

Du 8 Novembre 1755.

SUR ce qui a été remontré à la Cour par le Procureur général du Roi, qu'il a été informé que contre la disposition du réglement de Messieurs les Général & Intendant du 24 décembre 1753, enrégistré en la Cour le 10 Janvier 1754, qui défend les Sépultures dans les Eglises, il s'étoit commis plusieurs contraventions à ce sujet dans différentes Paroisses du ressort, ce qui ne pouvoit avoir été occasionné que parce que le réglement ne prononce aucune peine contre les Marguilliers en charge qui doivent veiller à l'exécution de ce réglement. Pour quoi ledit Procureur général auroit requis qu'il plût à ladite Cour fixer une amende assez forte contre les Marguilliers qui souffriront qu'on fasse des enterremens dans les Eglises : ordonner en outre que les cimetieres qui ne sont pas clos dans les Paroisses des isles du ressort, le seront incessamment, & que pour cet effet il seroit convoqué des assemblées des habitans des Paroisses qui

qui ſont dans le cas, pour convenir & faire faire un devis eſtimatif des ouvrages néceſſaires pour ladite clôture, & délibérer ſur les moyens de ſubvenir à la dépenſe néceſſaire pour y travailler ſans diſcontinuation; & que l'arrêt qui interviendroit ſeroit lû, publié & affiché par-tout où beſoin ſeroit, & enrégiſtré ès Greffes des Juriſdictions & ſur les Regîtres des délibérations des Paroiſſes du reſſort, à la diligence dudit Procureur général ou de ſes Subſtituts. La matiere miſe en délibération.

La Cour, faiſant droit ſur ladite remontrance, ordonne que les défenſes portées par le réglement en forme de tarif, d'inhumer & donner la ſépulture à qui que ce ſoit dans les Egliſes des Paroiſſes du reſſort, ſeront exécutées dans toutes leſdites Paroiſſes: enjoint aux Marguilliers d'y tenir la main, ſous peine contr'eux, en cas de contravention auxdites défenſes, de deux mille livres d'amende, applicable moitié aux fabriques, & l'autre moitié aux Religieuſes Dominicaines Hoſpitalieres de Saint-Pierre: Ordonne en outre que les cimetieres qui ne ſont pas clos dans leſdites Paroiſſes du reſſort, le ſeront inceſſamment, & que pour cet effet il ſera, à la diligence deſdits Marguilliers, convoqué en la maniere accoutumée, des aſſemblées des habitans deſdites Paroiſſes dont les cimetieres ne ſont point clos, pour convenir & faire faire un devis eſtimatif des ouvrages néceſſaires pour ladite clôture, & délibérer ſur les moyens de ſubvenir à la dépenſe néceſſaire pour y travailler ſans diſcontinuation.

Et ſera le préſent arrêt, lû, publié & affiché par-tout où beſoin ſera, & regiſtré aux Greffes des Juriſdictions du reſſort & ſur le regiſtre des délibérations des Paroiſſes, le tout à la diligence du Procureur général & de ſes Subſtituts eſdites Juriſdictions, leſquels pour cet effet, en remettront copie à chaque Marguillier des Paroiſſes qui ſont dans l'étendue deſdites Juriſdictions, & en certifieront ledit Procureur général dans le mois. Fait au Conſeil Supérieur de la Martinique, les jour & an que deſſus. *Signé*, Thibault.

ARRET

EN REGLEMENT DU CONSEIL SUPERIEUR,

CONCERNANT les Regiſtres des Baptêmes, Mariages, Sépultures, Noviciats, Profeſſions, & apport du double deſdits Regiſtres au Greffe.

Du 13 Mai 1728.

LOUIS par la grace de Dieu, Roi de France & de Navarre; à tous préſens & à venir Salut. Savoir faiſons que vû par notre Conſeil Supérieur de la Martinique, la remontrance du Procureur général du Roi, contenant que par le compte qu'il s'est fait rendre de la maniere dont s'observe le titre 20 de l'ordonnance de 1667, au sujet des registres des Mariages, Baptêmes & Sépultures dans l'étendue du ressort de la Cour, il a reconnu que cette partie de l'ordonnance, si importante au bon ordre de la Société & au repos des familles, est tombée dans une inexécution presque générale, & que les Missionnaires desservant les Paroisses situées dans ladite étendue, ont presque toujours négligé de remettre au greffe du Siege Royal, un double desdits registres; que ce désordre est tel dans certaines Paroisses, que dans celle de St. Pierre il ne s'est pas trouvé un seul registre déposé au Greffe de la Jurisdiction du lieu; & dans celle de la Paroisse de Bon-Port du même Bourg, il ne s'est trouvé audit greffe qu'un seul cayer de papier servant de registre pour l'année 1733. Si quelques-uns desdits Missionnaires ont l'attention de tenir deux registres, les inconvéniens qu'on a voulu prévenir en les faisant déposer en deux lieux différens, n'en subsistent pas moins; si lesdits Missionnaires ne sont pas exacts à déposer un desdits registres au Greffe de la Jurisdiction royale, dans l'étendue de laquelle lesdites Eglises sont situées: la nécessité de cette précaution est, cependant encore plus indispensable dans les Colonies que par-tout ailleurs, à cause des déplacemens fréquents que les Supérieurs font de leurs Missionnaires, lesquels prennent & quittent la desserte d'une Paroisse sans aucune formalité, & sans que le Juge des lieux ni le Procureur du ROI, chargés par état de veiller à la conservation des registres publics, en soient instruits; de sorte qu'ils entrent dans une Paroisse & prennent possession des registres, sans donner aucun récépissé qui en contestat le nombre & les années, & lorsqu'ils sont rappellés par leurs Supérieurs, ils abandonnent leurs Paroisses sans plus de formalité, & laissent leurs registres entre les mains du negre attaché au presbytere, ou du Sacristain, comme il est arrivé depuis peu en différentes Paroisses de ces Isles. Cet objet mérite toute l'attention de la Cour, tant pour remédier promptement & efficacement au passé, que pour perfectionner à l'avenir un ordre si nécessaire au bien public. Les dispositions des anciennes loix sur cette matiere furent rassemblées dans le titre vingt de l'Ordonnance du mois d'avril 1667. La Cour, par son arrêt de réglement du 9 janvier 1690, ordonne que les Missionnaires desservans les Paroisses situées dans l'étendue du ressort de la Cour, satisferoient à l'avenir à ladite Ordonnance; ces dispositions n'ayant pas été observées exactement, il en arriva plusieurs inconvéniens, & elles furent renouvellées par une Ordonnance de M. de Vaucresson, régistrée en la Cour le 3 Janvier 1704; mais par le compte que le Procureur général s'est fait rendre en dernier lieu, de la maniere dont les réglemens sont observés, il est prouvé que les Missionnaires qui ont successivement desservi lesdites Paroisses, ont presque toujours négligé de remettre au Greffe des Siéges royaux, un double de leurs registres, à l'exception des Paroisses situées dans l'étendue de la Jurisdiction de la Trinité, qui sont un peu plus en regle, quoiqu'il s'en manque beaucoup qu'elles y soient entiérement. Mais indépendamment de l'inexécution presque totale du titre 20 de l'Ordonnance du mois d'avril 1667, les dispositions de cette ordonnance sur cette matiere ne paroissent pas même entiérement suffisantes pour remplir l'objet qu'elle s'est proposée : il seroit donc indispensable de faire un réglement aussi général & aussi facile dans son exécution, qu'il est nécessaire & important dans son objet; afin d'établir à l'avenir un bon ordre certain & uniforme dans une matiere à laquelle la société civile a un si grand intérêt; en réglant exactement ce qui regarde la forme des registres & celle des actes qui y sont inscrits, & en obligeant les Missionnaires desservans lesdites Paroisses, à tenir deux registres dont tous actes seront signés en même tems par les parties; en sorte que l'un de ces deux registres également originaux, soit déposé au greffe du siége royal; l'autre registre double demeurant entre les mains desdits Missionnaires : les sujets du Roi trouveront l'avantage de s'assurer par leur signature, une double preuve de leur état; & comme chacun de ces registres acquerra toute sa perfection, à mesure qu'ils se rempliront, il ne restera plus aucun prétexte auxdits Missionnaires pour différer au-delà du tems qui sera fixé par la Cour, de faire le dépôt d'un de ces doubles registres au greffe du siége royal : Enfin il seroit à propos de régler ce qui doit être observé à l'avenir à l'égard des registres, des vêtures, noviciats & professions, afin que rien ne manque aux dispositions d'un réglement dont l'objet est d'assurer l'état des sujets du Roi qui habitent ces Colonies : Requérant ledit Procureur général du Roi, qu'il plaise à la Cour y pourvoir par un réglement général sur la matiere, suivant les Conclusions par écrit, qu'il a laissées sur le Bureau, lors de l'arrêt du six mars dernier, par lequel ladite Cour, avant faire droit sur lesdites conclusions, auroit nommé M^rs. Houdin Dubouchet, & Errard, Conseillers Commissaires, pour dresser un projet de réglement au sujet de l'ordre à observer à l'avenir dans la forme des registres de baptêmes, mariages & sépultures, & remédier aux désordres passés; pour ledit projet fait & rapporté en la Cour, être ordonné ce qu'il appartiendroit : ce projet de réglement dressé en conséquence par lesdits M^rs. Houdin Dubochet & Errard, Conseillers Commissaires, icelui communiqué audit Procureur général du Roi; le tout mûrement examiné & attentivement considéré. La Cour, faisant droit sur lesdites conclusions dudit Procureur général du Roi, a ordonné & ordonne ce qui suit.

ARTICLE PREMIER.

Incontinent après la publication du présent arrêt en réglement, les Juges des lieux à la diligence du Substitut du Procureur général, se transporteront dans chacunes des Paroisses situées dans l'étendue de leur jurisdiction, se feront représenter par les Missionnaires desservans, tous les anciens registres des Paroisses, & dresseront un procès verbal du nombre & des années desdits registres, & de l'état où ils sont actuellement.

II. Il sera constaté par le même procès verbal, si quelques-uns desdits registres ont été tenus & s'ils se trouvent doubles, faute d'avoir fait en son tems le dépôt de l'un desdits doubles registres, auquel cas le dépôt en sera à l'instant ordonné par ledit Juge, & ledit registre remis entre les mains du Greffier, pour être transporté au greffe, & l'autre double registre sera remis aussi à l'instant aux Missionnaires desservans, lesquels signeront ledit procès verbal avec le Juge, le Procureur du Roi & le Greffier.

III. Lesdits procès verbaux seront enrégistrés sur les registres de la Jurisdiction des lieux, à la diligence des Substituts dudit Procureur général, qui lui en rendra compte, pour en certifier la Cour à la séance du mois de septembre prochain au plus tard.

IV. A l'égard des anciens registres des Paroisses qui n'auront pas été tenus doubles, il en sera tiré copie authentique à la requête & diligence du Procureur du Roi, laquelle copie sera collationnée par le Juge des lieux, & déposée ensuite au greffe de la Jurisdiction royale, pour y servir de grosse, & y avoir recours.

V. Les frais desdits procès verbaux, vacation d'iceux, ainsi que les frais qu'il conviendra faire pour les copies authentiques qu'il faudra tirer de plusieurs desdits anciens registres, & vacations à les collationner, seront payés par le domaine comme frais de Justice.

VI. Dans chaque Paroisse du ressort, il y aura à l'avenir deux registres qui seront réputés tous deux authentiques, & feront tous deux également foi en Justice, pour y inscrire les baptêmes, mariages & sépultures qui se feront dans le cours de chaque année, soit des blancs ou des négres libres, & il y aura pareillement deux autres registres pour y inscrire les baptêmes & mariages des esclaves, & seront lesdits registres fournis par les Marguilliers aux dépens de la fabrique, un mois avant le commencement de chaque année, à peine de soixante livres d'amende contre lesdits Marguilliers.

VII. Lesdits registres seront cottés & paraphés par premier & dernier, sur chaque feuillet, le tout sans frais, par le Juge Royal des lieux où les Eglises seront situées.

VIII. Tous les actes de baptêmes, mariages & sépultures seront inscrits sur chacun desdits registres doubles, de suite & sans aucuns blancs, & seront lesdits actes signés sur les deux registres, par ceux qui doivent signer le tout, en même tems qu'ils seront faits.

IX. Dans les actes de baptême, il sera fait mention du jour de la naissance,

naissance, du nom qui sera donné à l'enfant, de celui des parrain & marraine, & de celui de ses pere & mere; s'il est né en légitime mariage; mais s'il n'est pas né en légitime mariage, il ne sera pas fait mention du nom du pere.

X. Lorsqu'un enfant aura été ondoyé en cas de nécessité, & que l'ondoyement aura été fait par le Missionnaire desservant la Paroisse, il sera tenu d'en inscrire l'acte sur lesdits registres; & si l'enfant a été ondoyé par la Sage-femme ou autres, celui ou celle qui l'aura ondoyé sera tenu, à peine de dix liv. d'amende, qui ne pourra être remise ni moderée, & de plus grande peine en cas de récidive, d'en avertir sur le champ ledit Missionnaire desservant, à l'effet d'en inscrire l'acte sur lesdits registres, dans lequel acte sera fait mention du jour de la naissance de l'enfant, du nom des pere & mere, & de la personne qui aura fait l'ondoyement; & ledit acte sera signé sur lesdits deux registres, tant par lesdits Missionnaires desservans, que par le pere & par celui ou celle qui aura fait l'ondoyement, s'ils sont présens; & à l'égard de ceux qui ne sauront & ne pourront signer, il sera fait mention de la déclaration qu'ils en feront.

XI. Lorsque les cérémonies du baptême seront suppléées, l'acte en sera dressé, ainsi qu'il a été prescrit ci-dessus pour les baptêmes, & en outre il sera fait mention du jour de l'acte d'ondoyement.

XII. Dans les actes de célébration de Mariage, seront inscrits les noms & surnoms, âges, qualités & demeures des contractans, & il y sera marqué s'ils sont enfans de famille, en tutelle ou curatelle, ou en la puissance d'autrui; les consentemens de leurs pere & mere, tuteurs ou curateurs, y seront aussi énoncés, ainsi que 4 témoins dignes de foi; ne sachant signer, ils citeront dans ledit acte, s'il ne peut s'en trouver aucun dans les lieux qui sachent signer; leurs noms, qualités & domiciles, seront aussi mentionnés dans lesdits actes; & lorsqu'ils seront parents ou alliés des contractans, ils déclareront de quel côté & en quel dégré, & l'acte sera signé sur les deux registres, tant par celui qui célébrera ledit mariage que par les contractans & les quatre témoins au moins; & à l'égard de ceux desdits contractans ou desdits témoins qui ne sauront ou ne pourront signer, il sera fait mention de la déclaration qu'ils en feront: au surplus, tout ce qui a été prescrit par les Ordonnances, Edits, Déclarations & Réglemens de la Cour sur les formalités qui doivent être observées dans la célébration des mariages & dans les actes qui en seront rédigés, sera exécuté suivant sa forme & teneur, sous les peines y portées.

XIII. Lesdits actes de célébration de mariage seront inscrits sur les registres de l'Eglise Paroissiale du lieu où le mariage sera célébré.

XIV. Lesdits actes de célébration ne pourront en aucun cas, être écrits & signés sur des feuilles volantes; ce qui sera exécuté à peine d'être procédé extraordinairement contre les Missionnaires desservans ou autre Prêtre qui auroit fait lesdits actes, lesquels seront condamnés en telle amende ou autre plus grande peine qu'il appartiendra, suivant l'exigence du cas.

XV. Dans les actes de sépulture, il sera fait mention du jour du décès, du nom & qualité de la personne décédée; ce qui sera observé même à l'égard des enfans, de quelqu'âge que ce soit; & l'acte sera signé sur les deux registres, tant par celui qui aura fait la sépulture, que par deux des plus proches parens ou amis qui y auront assisté, s'il y en a qui sachent ou puissent signer, sinon sera fait mention de la déclaration qu'ils en feront.

XVI. S'il y a transport hors de la Paroisse, il en sera fait un acte en la forme marquée par l'article précédent, sur les deux registres de la Paroisse d'où le corps sera transporté; & il sera fait mention dudit transport dans l'acte de sépulture, qui sera mis pareillement sur les deux registres de l'Eglise où sera faite ladite sépulture.

VVII. Le corps de ceux qui auront été trouvés morts avec des signes ou indices de mort violente, ou autres circonstances qui donnent lieu de le soupçonner, ne pourront être inhumés qu'en conséquence d'une ordonnance du Juge royal des lieux, rendue sur les conclusions du Procureur général du Roi, après avoir fait les procédures & pris les instructions qu'il appartiendra à ce sujet; & toutes les circonstances & observations qui pourront servir à indiquer ou à désigner l'état de ceux qui seront ainsi décédés, & de celui où leurs corps auront été trouvés, seront insérés dans les procès verbaux qui en seront dressés, desquels procès verbaux, ensemble de l'ordonnance dont ils auront été suivis, la minute sera déposée au greffe, & ladite ordonnance sera datée dans l'acte de sépulture, qui sera écrit sur les deux registres de la Paroisse, ainsi qu'il est prescrit ci-dessus, à l'effet d'y avoir recours quand besoin sera.

XVIII. Et ne seront pareillement inhumés ceux auxquels la sépulture ecclésiastique ne sera pas accordée, qu'en vertu d'une ordonnance du Juge des lieux rendue sur les conclusions du Procureur du Roi, dans laquelle ordonnance, sera fait mention du jour du décès, du nom & qualité de la personne décédée; & sera fait au greffe un registre des ordonnances qui seront données audit cas, sur lequel il sera délivré des extraits aux parties intéressées, en payant au greffier le salaire qui sera réglé par l'article XXII. ci-après.

XIX. Toutes les dispositions précédentes seront observées dans les hôpitaux établis en ces isles, pour les inhumations de ceux qui y décéderont, à l'effet de quoi les supérieurs desdits hôpitaux seront tenus d'avoir deux registres cotés & paraphés par le Juge des lieux, ainsi qu'il a été prescrit par l'article VII. ci-dessus.

XX. Dans un mois au plus tard, après l'expiration de chaque

année, les Missionnaires ou autres Prêtres desservans les Paroisses de ces isles, & les Supérieurs des hôpitaux seront tenus de porter ou envoyer sûrement un desdits deux registres au greffe du siége royal, dans le ressort duquel lesdites Eglises seront situées, pour y être déposé.

XXI. Lors de l'apport desdits registres au greffe, s'il y a des feuillets qui soient restés vuides, ou s'il s'y trouve d'autre blanc, ils seront barrés par les Juges, & sera fait mention du jour de l'apport sur lesdits registres par le Greffier; qui en donnera ou en enverra une décharge auxdits Missionnaires ou autres desservans, & auxdits Supérieurs desdits hôpitaux; pour raison de quoi sera donné pour tout droit, trois livres au Juge & deux liv. au Greffier; sans qu'ils puissent exiger ni recevoir d'avantage à peine de concussion; & seront lesdits Honoraires, payés aux dépens de la fabrique; pour les registres des Paroisses, & aux dépens des hôpitaux pour leurs registres.

XXII. Il sera, aux soins des parties intéressées, délivré les extraits des actes de baptême, mariage & sépulture, soit sur le registre qui sera au greffe, ou sur celui qui restera entre les mains des Missionnaires ou autres Prêtres desservans, ou par les Supérieurs des hôpitaux, pour lequel extrait il ne peut être pris pour les uns ni les autres, qu'une liv. dix sols, & ne pourront recevoir plus grande somme quoiqu'offerte librement; à peine de concussion, & seront tenus de délivrer lesdits extraits dans vingt-quatre heures au plus tard, aprés qu'ils en seront requis.

XXIII. En cas de changement de Missionnaire desservant dans une Paroisse, le nouveau desservant ne pourra, sous quelque prétexte que ce soit, se mettre en possession de la desserte de ladite Paroisse, sans en avoir préalablement donné avis au Procureur du Roi; & lorsque le possesseur en prendra possession; l'ancien desservant sera tenu de lui remettre les registres dont il étoit chargé, & il lui en sera donné décharge par son successeur, contenant le nombre & les années desdits registres, & mention de l'état dans lequel ils se trouveront; & ledit successeur sera tenu sous quinze jours, de porter ou envoyer incessamment au Procureur du Roi, copie de lui signée de ladite décharge, pour servir de récépissé de sa part, lequel sera registré sans frais à la diligence dudit Procureur du Roi, qui vérifiera si ledit récépissé se trouve conforme à celui précédemment donné par l'ancien desservant lors de son entrée dans ladite Paroisse; & en cas qu'il ait été omis dans ledit récépissé, quelques registres contenus dans le précédent, il en sera rendu compte par ledit Procureur du Roi, au Procureur général, qui fera informer à sa diligence, de ce que lesdits registres seront devenus, pour être fait droit ainsi qu'il appartiendra; & pour assurer l'exécution du présent article, enjoint au Procureur du Roi de tenir la main très-exactement à ce que lesdits Missionnaires aient à s'y conformer; & en cas de contravention de leur part, ledit

Procureur du Roi sera tenu d'en donner avis au Procureur général, qui en rendra compte à la Cour, pour y être par elle pourvu, ainsi qu'il appartiendra.

XXIV. Lors du décès des Missionnaires desservans les Paroisses du ressort, le Juge du lieu, sur le requisitoire du Procureur du Roi, se transportera au presbytere & dressera procès verbal du nombre & des années des registres qui étoient en la possession dudit desservant, de l'état où il les aura trouvés, & des défauts qui pourroient s'y rencontrer; paraphera chacun desdits registres au commencement & à la fin; & si le desservant successeur du défunt, est déja sur les lieux, la remise desdits registres lui sera faite à l'instant, & il en sera fait mention à la suite dudit procès verbal, qui sera signé du Juge, du Procureur du Roi, du Greffier & du Missionnaire successeur, qui en donnera à l'instant son récépissé en suite dudit procès verbal; le présent article aura pareillement lieu lorsqu'une Paroisse sera abandonnée par le desservant.

XXV. En cas que le desservant successeur ne soit pas encore sur les lieux, après la confection du procès verbal dont il est parlé en l'article précédent, lesdits registres seront enfermés au presbytere ou autres lieux sûrs, dans un coffre ou armoire fermant à clef, laquelle clef sera gardée par le marguillier, qui s'en chargera & signera sur ledit procès verbal, & la remettra ensuite au successeur Missionnaire, qui en donnera une décharge audit Marguillier, & en enverra une copie de lui signée au Procureur du Roi, pour servir de récépissé de son présent titre registré, conformément à l'article XXIII. ci-dessus.

XXVI. Ne pourra être pris plus d'une vacation pour le procès verbal dont il est parlé par les articles XXIV & XXV, & ce, suivant la taxe portée au dernier tarif; & lorsque les Juges se transporteront hors des lieux de leurs demeures, ils se conformeront dans leurs taxes audit tarif, & sera ladite taxe payée par la fabrique.

XXVII. Dans les maisons religieuses, il y aura deux registres pour inscrire les actes de vêtures, noviciats & professions, lesquels registres seront cotés par premier & dernier, & paraphés sur chaque feuillet par le Supérieur ou la Supérieure, à quoi faire ils seront autorisés par un acte capitulaire, qui sera inscrit au commencement de chacun desdits deux registres.

XXVIII. Tous les actes de vêture, noviciat & profession, seront inscrits en françois sur chacun desdits deux registres sans aucun blanc, & lesdits actes seront signés sur ces deux registres par ceux qui les doivent signer, le tout en même tems qu'ils seront faits; & en aucun cas lesdits feuillets ne pourront être séparés ni inscrits sur des feuilles volantes.

XXIX. Dans chacun desdits actes, il sera fait mention du nom, surnom, & de l'âge de celui ou de celle qui prendra l'habit, ou

qui

qui fera profession ; des noms, qualités, & domicile de ses pere & mere ; du lieu de son origine, & du jour de l'acte qui sera signé sur les deux registres par le Supérieur ou la Supérieure, par celui ou celle qui prendra l'habit ou fera profession, par la personne Ecclésiastique qui aura fait la cérémonie, & par deux des plus proches parens ou amis qui y auront assisté.

XXX. Lesdits registres serviront pendant dix années consécutives, & l'apport au greffe s'en fera ; savoir, pour les registres qui seront faits en vertu du présent arrêt ou réglement, dans un mois après la fin de l'année 1768, ensuite de dix en dix ans ; sera au surplus observé tout le contenu aux articles XX. XXI. & XXII. ci-dessus, sur l'apport desdits registres, & la décharge qui en sera donnée au Supérieur ou à la Supérieure, & au sujet des extraits qui en seront délivrés.

XXXI. En cas que par la Cour ou par le Juge des lieux, il soit ordonné quelque réforme sur les actes qui se trouveront dans les registres des baptêmes, mariages & sépultures, vêtures, noviciats & professions, ladite réforme sera faite sur les deux registres en marge de l'acte qu'il s'agira de réformer, sur laquelle le jugement sera transcrit en entier ou par extrait : Enjoint à tous Missionnaires & aux Supérieurs & Supérieures dépositaires desdits registres, de faire ladite réforme sur lesdits deux registres, s'ils les ont encore en leur possession, sinon sur celui qui sera resté entre leurs mains ; enjoint pareillement au Greffier de faire la même réforme sur celui qui aura été déposé au greffe.

XXXII. Enjoint aux Supérieurs des Missions établies en ces isles, en envoyant leurs Religieux desservir les Paroisses du ressort, de les instruire des dispositions du présent réglement.

XXXIII. Enjoint pareillement aux Religieux Missionnaires ou autres Prêtres desservans les Paroisses situées dans l'étendue du ressort de la Cour, & aux Supérieurs & Supérieures, de se conformer aux dispositions du présent arrêt chacun à leur égard, à peine d'y être contraints par saisie de leur temporel, & d'être condamnés à tels dépens, dommages & intérêts qu'il appartiendra, & d'être en outre condamnés aux payemens des déboursés des Procureurs du Roi, en cas de poursuite de leur part, laissant à la prudence des Juges de prononcer de plus grandes peines, suivant l'exigence des cas, notamment en cas de récidive.

XXXIV. Enjoint en outre aux Marguilliers de veiller à la conservation des registres de leurs Paroisses.

XXXV. Enjoint au Procureur général du Roi & à ses substituts dans les Jurisdictions du ressort, de faire toutes les poursuites & diligences nécessaires pour le maintien du présent arrêt ; & lesdits Substituts seront tenus d'envoyer audit Procureur général, avant le quinze de février de chaque année, un état certifié du greffier, des Supérieurs & des Missionnaires qui auront satisfait aux dispositions du présent arrêt, & de ceux qui n'y auront pas satisfait ; & le Procureur général sera tenu de rapporter lesdits états à la Cour, & de lui en rendre compte à l'ouverture de la séance du mois de mars de chaque année, pour, sur ledit compte rendu, être ordonné ce qu'il appartiendra.

XXXVI. Le présent arrêt en réglement sera exécuté selon sa forme & teneur, à commencer du jour de l'enrégistrement & publication d'icelui dans chacune des Jurisdictions du ressort, à l'effet de quoi les registres actuels des Paroisses & hôpitaux, seront à la diligence des Substituts du Procureur général du Roi, cotés & paraphés par les Juges des lieux, & continués jusqu'à la fin de la présente année ; & en cas qu'il se trouvât dans quelques unes desdites Paroisses ou hôpitaux n'avoir pas été tenu des doubles des registres actuels, il en sera fourni un double par le Marguillier des Paroisses ou Supérieurs des hôpitaux, incessamment après la publication & enrégistrement du présent arrêt, pour être tenu suivant la forme prescrite ci-dessus, & déposé à la fin de la présente année, conformément à l'article vingtieme.

Ordonne qu'à la diligence du Procureur général du Roi ou de ses Substituts, le présent arrêt sera imprimé, lu, publié, l'audience tenante enrégistrée ez registres des Jurisdictions royales du ressort, & ez registres des délibérations des Paroisses situées dans l'étendue du ressort de la Cour, à l'effet de quoi il sera convoqué une assemblée en chacune desdites Paroisses en la maniere accoutumée, & que le présent arrêt sera notifié aux Supérieurs & Supérieures des maisons Religieuses des Missions & des Hôpitaux établis en ces isles, à ce qu'ils n'en prétendent cause d'ignorance ; & sera tenu, ledit Procureur général, d'en certifier la Cour à la prochaine séance.

Mande &c.

ARRET

EN REGLEMENT DU CONSEIL SUPERIEUR, DE LA MARTINIQUE.

SUR les Registres des Curés.

Du 14 Mars 1755.

EXTRAIT DES REGISTRES DU CONSEIL SUPERIEUR.

LA COUR ordonne que tous les Religieux & autres Prêtres desservant les différentes Paroisses de cette isle, rapporteront incessamment aux greffes des Jurisdictions du ressort, des reconnoissances signées d'eux, des registres tant anciens que nouveaux, qui sont actuellement entre leurs mains, dans laquelle reconnoissance ils seront tenus de faire mention de la perte des registres qui pourroient avoir été perdus ou incendiés dans leurs paroisses depuis ce dernier tems, & lesdites reconnoissances serons registrées sans frais sur les registres desdites Jurisdictions à la diligence des substituts dudit Procureur général, qui vérifieront si lesdites reconnoissances sont conformes aux procès verbaux qui ont été dressés par les Juges des lieux, en exécution du réglement du 13 mai 1758; au cas qu'il s'y trouvât quelque différence sur le nombre des anciens registres, il en sera rendu compte par lesdits Substituts, audit Procureur général du Roi, qui en informera la Cour à la prochaine séance : ordonne que le présent arrêt sera enrégistré au greffe des Jurisdictions du ressort, à la diligence du Procureur général du Roi, qui en certifiera la Cour à la prochaine séance.

LETTRES-PATENTES

CONCERNANT les Préfets Apostoliques.

Du 29 Août 1763.

LOUIS PAR LA GRACE DE DIEU, ROI DE FRANCE ET DE NAVARRE: A nos amés & féaux les Officiers de nos Conseils Supérieurs des Colonies. SALUT. Par l'etablissement de la commission que nous avons formée, par arrêt de notre Conseil du 19 décembre mil sept cent soixante-un, nous nous sommes proposés de rétablir dans nos Colonies, le bon ordre & le maintien d'une exacte discipline, d'où dépendent le bonheur de nos sujets au-dedans, & leur sûreté au-dehors: mais un projet si étendu exigeant du tems pour son exécution, nous avons cru ne pas devoir différer d'expliquer nos intentions sur un objet d'autant plus pressant, qu'il intéresse la religion, l'instruction de nos Sujets, la sûreté des familles & l'état des citoyens. Nous avons été informés que les Préfets Apostoliques exercent leurs fonctions dans l'étendue de nos Colonies, sans que les regles prescrites dans notre royaume, aient été observées jusqu'ici, & que ceux qui y desservent les Paroisses entrent en fonction, sans que leurs pouvoirs aient été connus de leurs Paroissiens & des Juges des lieux: ensorte que l'incertitude qui pourroit en résulter sur leur état, pourroit aussi influer sur celui de leursdits Paroissiens: & comme nous ne pouvons trop promptement remedier à de pareils inconvéniens, il nous a paru nécessaire de faire connoître par provision nos intentions à ce sujet, en attendant que nous les rendions définitives par ces réglemens généraux dont nous nous occupons actuellement. A CES CAUSES, *& autres à ce nous mouvant de l'avis de notre Conseil & de notre certaine science pleine puissance & autorité royale, nous avons par ces présentes signées de notre main, dit, declaré & ordonné, disons, déclarons & ordonnons, voulons & nous plaît ce qui suit :*

ARTICLE PREMIER.

Les fonctions de Préfet Apostolique ne pourront être exercées dans nos Colonies que par un Ecclésiastique seculier ou régulier né françois & domicilié dans nos états.

II. *Ceux desdits Ecclésiastiques qui auront été commis par le St. Siége pour exercer lesdites fonctions, seront tenus de prendre nos lettres d'attache sur les pouvoirs à eux donnés à cet effet, & elles seront enrégistrees sur leur requête en nos Conseils Supérieurs dans le ressort desquels ils doivent exercer leursdites fonctions.*

III. *Permettons néanmoins aux Préfets Apostoliques qui sont actuellement établis dans lesdites Colonies, d'y continuer l'exercice de leurs fonctions comme par le passé, á la charge toutefois de faire enrégistrer leurs pouvoirs en nosdits Conseils Supérieurs, aussi-tôt après l'enrégistrement & publication de nos présentes Lettres, lesquels pouvoirs y seront enrégistrés sur leur simple requête, sans qu'ils soient obligés de prendre des lettres d'attache sur iceux, dont nous les dispensons pour cette fois seulement, & sans tirer á conséquence.*

IV. *Les Vice-Préfets Apostoliques que lesdits Préfets auront substitués à leur place, pour remplir leurs fonctions dans toute l'étendue de la Mission ou dans une partie seulement, ne pourront les exercer qu'en faisant enrégistrer dans nosdits Conseils Superieurs, en la forme portée par l'article précédent, les commissions qui leur auront été données par les Préfets Apostoliques.*

V. *Les pouvoirs donnés aux Supérieurs ou Vicaires généraux des Missions desdites Colonies, ou á ceux qui leur sont substitués en cas d'absence ou de décès, seront enrégistrés en la forme portée par l'article* III. *de notre presente déclaration, avant qu'ils en puissent faire aucune fonction.*

VI. *Les enrégistremens portés par les articles précédens seront faits sur les conclusions de nos Procureurs géneraux & sans frais; & il sera délivré gratuitement par le Greffier du Conseil Superieur, une expédition en forme à ceux qui les auront requis.*

VII. *Le Supérieur ou Vicaire général sera tenu de donner aux réguliers qu'il choisira pour la desserte des Eglises Paroissiales ou Succursales, situées dans le district de la Mission, ainsi qu'á ceux qu'il jugera nécessaire de choisir, pour faire auprès d'eux les fonctions de Vicaires, une commission en bonne forme pour remplir lesdites fonctions, sauf à lui à nommer en cas de nécessité, des Ecclésiastiques seculiers en sa qualité de Préfet Apostolique*

VIII. *Ledit*

VIII. *Ledit Supérieur général sera tenu d'avoir un registre coté & paraphé par le Juge du lieu où il sera établi, à l'effet d'y transcrire lesdites commissions avant de les délivrer.*

IX. *Lesdits desservans seront tenus avant qu'ils puissent exercer leurs fonctions, de se faire installer par le premier Officier de Justice, ou Notaire à ce requis, & ce en présence des Marguilliers en charge, & des Paroissiens qui seront assemblés à cet effet en la maniere accoutumée, & sera l'acte d'installation, signé tant par ledit Officier ou Notaire, que par les Marguilliers en charge, & inscrit sur les registres des baptêmes, mariages & sépultures de ladite Paroisse, ainsi que la commission portée par l'article précédent.*

X. *Lesdits desservans & Vicaires continueront d'être amovibles, & pourront être révoqués par lesdits Supérieurs ou Vicaires généraux, ainsi qu'il s'est pratiqué jusqu'à présent, sans qu'il puisse leur être apporté aucun empêchement à cet égard.*

XI. *Enjoignons au surplus très-expressément auxdits desservants & Vicaires de se conformer exactement à notre déclaration du neuf avril mil sept cent trente-six, par rapport aux registres des baptêmes, mariages & sépultures, & de remettre annuellement lesdits registres au greffe de la Jurisdiction du lieu, ainsi qu'il y est porté.*

Si donnons en mandement, à nos amés & féaux les Officiers du Conseil Supérieur de la Martinique, que ces présentes ils aient à faire régistrer, & le contenu en icelles garder & observer selon sa forme & teneur; Car tel est notre plaisir: en témoin de quoi nous avons fait mettre notre scel à cesdites présentes. Donné à Compiegne le trente-un Juillet mil sept cent soixante-trois, & de notre regne le quarante-troisieme. Signé LOUIS. *Et plus bas, Par le Roi. Signé,* Le Duc de Choiseul.

ENREGISTRÉES au Conseil Souverain le 2 Janvier 1764.

CODE
DE LA
MARTINIQUE.

TROISIEME PARTIE.

DU MILITAIRE.

ORDONNANCE
DU ROI,

CONCERNANT le traitement des Troupes qui iront servir dans les Colonies.

Du 25 Mars 1763.

DE PAR LE ROI.

SA MAJESTÉ ayant par son Ordonnance du 10 décembre 1762, concernant l'infanterie françoise, nommé les Régimens qui serviront à l'avenir dans ses colonies, & fixé le traitement particulier qui leur sera fait pendant le tems qu'ils seront employés à ce service, elle a voulu par la présente ordonnance, leur expliquer plus en détail en quoi consistera ce traitement.

ARTICLE PREMIER.

Les Colonels, Lieutenans-Colonels, Majors, Capitaines, Lieutenans, Commissaires des guerres, Chirurgiens & Aumôniers à la suite des Régimens, ainsi que tous les bas Officiers, Soldats & Tambours, jouiront, à compter du jour de leur embarquement dans un port de France, pour passer dans les Colonies, & pendant tout le tems qu'ils serviront dans lesdites Colonies, jusqu'au jour de leur débarquement dans un port de France, de la moitié en sus de leurs appointemens & de leur solde, laquelle moitié leur sera payée par les Trésoriers généraux des Colonies, soit en France, soit dans la Colonie où ils serviront; & il sera également payé par les mêmes trésoriers, pour chaque bas Officier & Soldat, quatre deniers par jour pour la moitié en sus du montant de leur retenue de huit deniers, qui leur sera faite pour leur linge & chaussure, moyenant quoi la totalité de la paye du Soldat sera dans la Colonie de sept sols six deniers, & d'un sol pour le linge & la chaussure.

II. Il sera payé en outre à chaque Officier qui s'embarquera avec sa troupe & non autrement, une gratification de cinquante liv., pour le mettre en état de se procurer un lit de bord, laquelle gratification n'aura lieu qu'à l'embarquement dans les ports du Royaume, lorsque les régimens passeront dans les Colonies; & il sera donné à chaque bas officier & Soldat, un hamac, tant pour la traversée que pour son usage dans la Colonie.

III. Il sera payé aux troupes qui s'embarqueront pour les Colonies, trois mois d'avance de leur solde de france, par le Trésorier de l'extraordinaire des guerres, & la moitié en sus de ladite solde par le Trésorier des Colonies, pour les mettre en état avant leur départ, de se procurer les menus approvisionnemens dont elles auront besoin. Lorsque les troupes passeront d'une Colonie à l'autre, elles seront soldées dans les Colonies qu'elles quitteront, jusqu'au jour de leur départ, & continueront d'être payées à compter de ce jour, dans la Colonie où elles passeront, sans qu'il soit question pour ces passages intermédiaires, d'aucune avance ni gratification pour lits de bord aux Officiers, ni pour hamacs aux Soldats; & à leur départ de la derniere Colonie qu'elles quitteront pour revenir en France, non-seulement elles seront soldées jusqu'au jour de leur départ, mais il leur sera donné de plus un mois d'avance; de maniere qu'à leur arrivée en France, il ne leur restera dû que la solde qui aura couru au-delà d'un mois pour achever leur navigation.

IV. Le tems & le lieu du départ pour les Colonies, des différens Corps qui devront s'embarquer, étant fixé pour l'avenir, & tous les Officiers devant être suffisamment avertis d'avance pour faire leurs dispositionss particuliere & être rendus au Port de l'embarquement, Sa Majesté veut que ceux de ses Officiers qui passeront dans les Colonies pour aller rejoindre leurs Corps, supportent les frais de passage sur les vaisseaux, flutes, paquebots ou autres bâtimens, à bord desquels ils s'embarqueront, à raison de deux cens liv. pour leur personne, & cent liv. pour chaque domestique, en allant de France dans les Colonies, & de trois cens liv. pour leur personne, & cent cinquante liv. pour chaque domestique en revenant des Colonies en france, le tout argent de france; lesquelles sommes leur seront retenues sur leurs appointemens, à l'exception cependant des Officiers qui seroient obligés de passer pour le rétablissement de leur santé, ou pour causes concernant le service ; & à l'égard des bâtimens marchands dont ils voudroient profiter pour leur passage, ils conviendront du prix de gré à gré avec le Capitaine ; mais Sa Majesté défend absolument à tous Commandans de ses vaisseaux & autres bâtimens, ainsi qu'à tous capitaines de navires marchands, de recevoir aucun Officier ni Soldat sur son bord pour le porter dans les Colonies, sans un ordre ou une permission expresse de Sa Majesté, ni de le ramener des Colonies en France, sans une permission expresse du Gouverneur de la Colonie.

V. La cherté des denrées que les variations du commerce causent souvent dans les Colonies, ayant fait connoître à Sa Majesté la difficulté qu'auroient éprouvé ses troupes à se procurer dans les Colonies les subsistances nécessaires, elle s'est déterminée à les leur faire fournir sur les lieux : Pour cet effet, elle a fait donner ses ordres pour y faire passer annuellement les denrées nécessaires & y former des magasins des vivres suffisans, au moyen desquels l'Intendant de la Colonie fera donner à chaque bas officier & soldat effectif, moyenant la retenue de quatre sols six deniers qui sera faite aux uns & aux autres, une ration composée d'une livre de farine de France de la premiere qualité, de trois quarterons de farine de manioc ou l'équivalent en autres vivres du pais, ou en quatre onces de ris, & d'une demi livre de viande fraîche, ou à défaut, de même quantité de bœuf salé, ou de six onces de lard, & d'un huitieme de pinte de Paris en taffia. La cuisson de pain qui sera faite de la livre de farine de france seulement, sera à la charge de Sa Majesté, & moyenant l'introduction de la petite monnoie que Sa Majesté établira dans ses Colonies, les Soldats seront en état de se procurer plus facilement les menues légumes & autres articles nécessaires à leurs besoins.

VI. Sa Majesté ayant ordonné par l'article précédent, que dans la ration du soldat, il seroit compris un huitieme de pinte de Paris en taffia, elle ordonne en conséquence au Gouverneur, à l'Intendant, au commandant en second, au Subdélégué général, aux Colonels & Majors des différens Corps, & à toutes autres personnes chargées de la discipline des troupes, d'empêcher de tout leur pouvoir qu'aucun Cabaretier, Aubergiste & autre personne quelconque, ne vende, ni donne à boire aucune boisson aux troupes, à peine d'une amende telle qu'elle sera arbitrée par le Gouverneur ou l'Intendant pour la premiere fois, & sous peine de prison en cas de récidive : Veut & ordonne Sa Majesté, que sans avoir égard à l'usage où sont les états majors d'avoir des cantines établies dans les places de résidence, pour les Soldats qui y tiennent garnison, toutes cantines soient supprimées à l'avenir dans ses Colonies, & que sous quelque prétexte que ce puisse être, il n'y ait dans lesdites Colonies aucun lieu particulier & privilégié

privilégié pour y donner à boire aux soldats, sans une permission par écrit du Gouverneur, qui ne l'accordera que dans le cas où les soldats étant employés pour les travaux de Sa Majesté, lesdits Gouverneurs & Intendants jugeroient que ce petit secours leur seroit nécessaire.

VII. Il sera permis aux Gouverneurs, aux Intendants & à tous les Officiers indistinctement, ainsi qu'à toutes les personnes employées au service de Sa Majesté, de prendre dans les magasins, des rations de Soldats, en les payant sur le pied de six sols, & dans le nombre que Sa Majesté a fixé, suivant le grade & l'état de chacun.

SÇAVOIR;

	Rations.			Rations.
Au Gouverneur.	10		Au Subdélégué général.	10
Aux Commandans en second à chacun	12		A chaque Subdélégué principal.	5
A l'Aide-Major général d'Infanterie.	10		A chaque Commissaire ordonnateur des guerres & de la marine.	8
A un Brigadier.	10	*Tant en leur qualité, qu'en celle de Capitaine devant avoir des Compagnies.*	Au Contrôleur de la Marine.	8
A un Colonel non Brigadier employé extraordinairement.	10		A chaque Commissaire ordinaire des guerres & de la marine.	6
A un Colonel service ordinaire.	8		A chaque Ecrivain.	4
A un Lieutenant Colonel.	6		Au Medecin en chef.	8
A un Major.	5		A chaque Medecin ordinaire.	6
A un Capitaine.	4		A chaque Chirurgien Major.	6
A chaque Lieutenant & Sous-Lieutenant.	3		A chaque Chirurgien en second	3
A un officier principal d'artillerie.	8		A chaque Apothicaire.	4
A l'Ingénieur en chef.	8		A chaque Aide-Apothicaire.	3
A chaque Ingénieur ordinaire.	4		A chaque Sage-Femme.	4
A un Officier de Port.	4	*On leur accordera en outre une ration pour leur mari & pour chaque enfant.*	A chaque éleve de Sage-Femme	3
A chaque Aide-Major.	4		Au Trésorier de la Colonie.	4
A chaque Sous-Aide-Major.	3		Au Garde-magasin principal.	4
A chaque Trésorier.	3		A chaque Garde-magasin particulier.	3
A chaque Chirurgien.	3		A chacun des deux maîtres d'ouvrages & de manœuvre entretenus à l'arsenal.	3
A chaque Aumônier.	3			
A chaque Quartier-Maître.	2			
A chaque Porte-Drapeau	2			
A l'Intendant.	15			

A l'hôpital, autant qu'il y aura de Soldats & Ouvriers malades, suivant le certificat de l'Ecrivain ou Commis préposé à l'hôpital, laquelle ration ne sera payée qu'au prix du Soldat.

VIII. Défend Sa Majesté de délivrer un plus grand nombre de rations que celles spécifiées ci-dessus, à chacune des personnes qui y sont désignées par leurs grades ou par leurs emplois, sous peine par le garde magasin & autres personnes employées à la distribution, d'en supporter en leur propre nom la restitution envers Sa Majesté pour la premiere fois, & d'être destitué de leur emploi en cas de récidive.

IX. Les articles nécessaires au petit habillement, ainsi qu'à la propreté des troupes, étant ordinairement d'un prix trop cher dans les Colonies, pour qu'elles puissent s'en pourvoir, Sa Majesté fera établir des magasins dans lesdites Colonies, dans lesquels on trouvera indépendamment des denrées pour la subsistance, tous les articles néces-

S

faires aux troupes, comme bas, fouliers, chemifes, mouchoirs, cols, chapeaux, culottes & veftes de toile, fil, favon, peignes, boucles &c., le tout en quantité proportionnée à la garnifon, & au nombre d'ouvriers que Sa Majefté jugera à propos d'employer pour fes travaux. Le prix de tous ces effets fera infcrit fur un tarif affiché aux portes des magafins, pour être lû de tous ceux qui fe préfenteront, & ce prix n'excédera celui qu'on en payeroit en france, que d'un quart en fus des factures qui feront envoyées de france, pour tenir lieu de tout dédommagement pour frais de tranfport, avaries & autres.

X. Indépendamment du regiftre de recette & de dépenfe que les gardes-magafins tiendront de tous les effets ci-deffus, ils en tiendront un féparé des noms de chaque foldat & ouvrier auxquels ils en vendront, pour reconnoître s'ils n'abufent pas de cette facilité pour acheter des effets au-delà de leurs befoins, afin de les revendre avec profit aux habitans; & pour s'affurer encore mieux qu'il n'y aura aucun abus dans ces achats, Sa Majefté veut que lorfque les foldats auront befoin de fe procurer une partie des articles ci-deffus, le garde-magafin n'en délivre aucun que fur la notte ou le bordereau certifié du Major de chaque régiment ou de l'Officier chargé du détail dudit régiment, & vifé par l'Intendant ou par le Commiffaire des guerres: le garde-magafin en ufera de même à l'égard des ouvriers, auxquels il ne délivrera aucun effet que fur le certificat de la perfonne qui fera prépofée à la conduite des ouvrages, lequel certificat fera également vifé de l'Intendant ou du Commiffaire.

XI. Défend pareillement Sa Majefté à tous gardes-magafins, de donner ou vendre aucune des denrées ou des effets ci-deffus, aux habitans du pays, à moins d'un ordre exprès figné de l'Intendant, ni d'entrepofer dans leurs magafins aucunes denrées ou effets appartenans à des particuliers, ni de faire aucun commerce direct ni indirect des effets appartenans à Sa Majefté, même à fon profit, afin que l'établiffement defdits magafins qui feront uniquement deftinés à l'ufage des troupes & des ouvriers employés à fon fervice, ne puiffe apporter aucun préjudice au commerce de fes fujets.

XII. Pour éviter le dépériffement des denrées appartenantes à Sa Majefté, l'Intendant ou fon Subdélégué fera, à la fin de chaque mois, la vifite des magafins, pour s'affurer de l'état de ces denrées, & le conftater par un procès verbal: l'Officier commandant du quartier, le juge du lieu, & deux des principaux habitans feront appellés à cette vifite, & figneront le procès verbal qui en fera fait. Le garde-magafin pourra demander plus fouvent cette vifite, s'il reconnoît de l'altération dans la qualité des denrées & des autres effets qui feront dans le magafin, faute de quoi il fera refponfable du dépériffement; & fuivant le réfultat du procès verbal qui aura été dreffé, l'Intendant ou le Subdélégué général ordonnera la vente par adjudication des denrées qu'on aura reconnues devoir être vendues, pour être fait du produit de ladite vente, recette extraordinaire; & tant desdits procès verbaux que des états de vente, il en sera envoyé une expédition au Secretaire d'état ayant le département de la marine, & un double à l'Intendant de la marine au port de Rochefort.

XIII. Les hôpitaux continueront d'être administrés par les mêmes personnes qui en ont été chargées jusqu'à présent; mais attendu la facilité qu'auront ces administrateurs de prendre dans les magasins la ration du soldat & de l'ouvrier malade, sur le pied de 4 sols six deniers, l'Intendant de chaque Colonie aura soin de passer un nouveau traité avec eux pour les journées d'hôpitaux, à leur payer en sus de la ration, lesquelles doivent être d'un moindre prix relativement au meilleur marché des principales denrées provenant desdites rations qu'on procurera auxdits hôpitaux: l'Intendant de la Colonie donnera la plus grande attention, en faisant les intérêts du Roi dans les articles du traité, de ne rien oublier de ce qui peut être nécessaire pour le soin, la nourriture & les médicamens à donner aux malades, & il enverra un double du traité au Secretaire d'Etat ayant le département de la marine, pour être examiné & approuvé s'il y a lieu.

XIV. Il sera retenu à chaque bas Officier & Soldat, pendant le tems qu'il restera à l'hôpital, six sols par jour sur la solde, savoir; quatre sols six deniers pour le prix de sa ration, qui sera donnée en nature à l'hôpital, & dix-huit deniers en argent; & lorsqu'il sortira de l'hôpital il lui sera fait le décompte des dix huit deniers par jour restans de sa solde, & des douze deniers pour linge & chaussure, pendant tout le tems qu'il sera resté à l'hôpital, & ainsi à proportion aux bas Officiers; Sa Majesté voulant par là, nonobstant l'usage ordinaire, laisser aux soldats le moyen de se procurer encore quelque soulagement à la suite des maladies qu'ils auront essuyées dans les Colonies.

XV. L'Intendant ou le Subdélégué général fera rendre compte tous les mois au garde-magasin, du montant des ventes qu'il aura faites & des sommes qui en proviendront, pour être remises à la caisse de la Colonie, & de la recette qu'il aura faite des effets arrivés de france, ou tirés de la Colonie qui seront entrés dans les magasins, afin qu'ils puissent connoître en tout tems leur situation par rapport aux besoins des troupes & des ouvriers.

XVI. Sa Majesté se proposant de faire passer une fois par an dans toutes ses Colonies, & plus souvent si elle le juge à propos, des personnes capables de reconnoître l'état des magasins, ainsi que de toutes les denrées & effets que Sa Majesté y fera passer de France, des recettes & des consommations dans chaque Colonie, elle ordonne à ses Intendans & Commissaires des guerres, de leur donner & faire donner une entiere connoissance de la situation desdits magasins & hôpitaux, & de leur laisser prendre tels extraits & renseignemens qu'ils jugeront nécessaires, pour se mettre en état de rendre un compte exact de leur commission dans toutes les parties dont Sa Majesté les aura chargés, suivant les ordres dont ils seront porteurs; voulant Sa Majesté que lesdits inspecteurs aient la liberté de faire dans chaque Colonie, tel séjour que les circonstances & leurs opérations pourront exiger.

XVII. Sa Majesté fera donner aux Officiers & Soldats, les logemens soit dans les casernes, soit dans d'autres bâtimens ou maisons particulieres, suivant les ordres qui seront donnés pour la distribution desdites troupes dans toute l'étendue de chaque Colonie: Sa Majesté leur fera également fournir la lumiere & le bois, & le Gouverneur donnera ses ordres pour qu'il y ait toujours dans chaque quartier, un nombre de soldats commandés pour aller prendre le bois dans les lieux où l'Intendant aura eu soin de le faire entreposer, & le plus à portée qu'il se pourra de chaque garnison.

XVIII. Défend Sa Majesté à tous Soldats de ses troupes, de travailler dans ses Colonies pour le compte des habitans ou dans leurs habitations, sans une permission expresse signée du Gouverneur ou des personnes qui le représenteront, lequel ne l'accordera qu'autant que Sa Majesté n'aura pas besoin de ses troupes pour les travaux concernant son service, & qu'il sera assuré que lesdits habitans n'employeront jamais lesdits soldats, pour suppléer les negres dans les gros travaux de la terre, mais seulement à des ouvrages & à des cultures convenables à leur état & à leur santé; & lorsque Sa Majesté jugera à propos de les employer à des travaux nécessaires pour son service, elle aura soin de faire assigner un prix convenable à leurs peines, soit par journées, soit par toise d'ouvrage, indépendamment de leur solde.

XIX. Pour assurer une plus prompte correspondance avec les Colonies, Sa Majesté ayant fait établir des paquebots à Rochefort, dont il en partira un au commencement de chaque mois, Sa Majesté veut que lorsqu'il se trouvera quelque Soldat qui ne pourra pas s'habituer au climat de la Colonie où il servira, & que son état aura été duement constaté par les certificats des médecins & des chirurgiens, le Gouverneur lui permette de revenir en france, sur un de ces paquebots, sans attendre l'arrivée des vaisseaux de Sa Majesté; & en ce cas il sera nourri aux dépens de Sa Majesté pendant la traversée; & sa solde, ainsi que la moitié en sus, lui sera payée en France jusqu'au jour de son débarquement, dont il prendra un certificat du Commandant du Paquebot sur lequel il se sera embarqué.

XX. Sa Majesté accordera le congé absolu à tout Soldat qui ayant déja servi dans ses troupes, soit en france, soit dans les Colonies, pendant l'espace de six ans, voudra s'y marier, & Sa Majesté lui accorde

accorde de plus pendant la premiere année de son mariage, la ration qu'il avoit dans la Colonie, ou à son choix quatre sols six deniers par jour, pour lui en tenir lieu, & la faculté de pouvoir se procurer des magasins du Roi, les effets propres aux soldats & au même prix pendant l'espace de six ans.

XXI. Le présent Réglement commencera à être exécuté dans tous ses articles, à commencer du premier Juillet prochain, & Sa Majesté supportera, à compter de ce jour, la plus value des denrées & autres effets qui devront être délivrés de ses magasins. Enjoint Sa Majesté à tous ses Gouverneurs & Intendans, Commandans en second, Subdélégués généraux, Commissaires ordonnateurs & ordinaires des guerres dans ses Colonies, & à tous autres des Officiers qu'il appartiendra; de tenir chacun en droit soi la main à l'exécution de la présente ordonnance, qu'elle veut être lue, publiée & affichée par-tout où besoin sera. Fait à Versailles le 25 mars 1763. *Signé*, LOUIS. *Et plus bas;* Le Duc de CHOISEUL.

REGLEMENT

PROVISOIRE

DE MONSIEUR LE COMTE D'ENNERY, GOUVERNEUR LIEUTENANT-GENERAL,

SUR les Milices des Colonies de la Martinique & Sainte-Lucie, jusqu'à ce que Sa Majesté l'ait approuvé.

Du 11 Mai 1765.

ARTICLE PREMIER.

LES Milices des Colonies de la Martinique & Sainte-Lucie, seront rétablies sous la même dénomination que ci-devant: elles s'appelleront simplement Milices, & les anciennes Ordonnances concernant cette Milice, seront observées.

II. Il sera établi dans chaque quartier de la Colonie de la Martinique, des Compagnies d'infanterie, & dans quelques-uns, des compagnies de dragons, composées des habitans de la Colonie.

III. La Compagnie des Gendarmes, sera rétablie à Saint-Pierre, à peu près sur le même pied où elle étoit ci-devant: la forme de son service sera réglée par une ordonnance particuliere qui la concernera uniquement.

IV. Tous les officiers employés dans les Milices généralement quelconques, auront des commissions de Sa Majesté, qui donneront pouvoir au Gouverneur, & en son absence au Commandant de la Colonie, de nommer par provision à tous les emplois qui viendront à vacquer par le décès, l'interdiction ou l'abandonnement des Officiers.

V. Les vingt-huit Paroisses dont l'isle est composée, formeront huit quartiers dans l'ordre qui suit :

SAVOIRS

Premier QUARTIER. { Le Fort-Royal. Le Lamentin. La Caze-Pilote.

II. QUARTIER. { Saint-Pierre. Le Prêcheur.

III. QUARTIER. { Notre-Dame de Bon-Port, dit le Mouillage. Le Carbet.

IV. QUARTIER. { La Trinité. Le Gros-Morne. La Tartane. Sainte-Marie.

V. QUARTIER. { Le Marin. Sainte-Luce. La Riviere-Pilote. Sainte-Anne.

VI. QUARTIER. { La Riviere salée. Le Trou-au-Chat. Les Trois-Islets. Les Anses d'Arlets. Le Diamant.

VII. QUARTIER. { La Basse-Pointe. La Grand'Ance. Le Macouba. Le Marigot.

VIII. QUARTIER. { Le Vauclin. Le François. Le Robert. Les Coulisses, ou St. Esprit.

VI. Il y aura dans chacun de ces quartiers, un Commandant, un Major & un Aide-Major. Chaque Compagnie de Dragons aura un Capitaine, un Lieutenant & un Sous-Lieutenant, & chaque compagnie d'Infanterie un Capitaine, un Lieutenant & un Sous-Lieutenant, sous les ordres des Commandans de quartier. Au Fort-Royal, le Général sera Capitaine d'une compagnie de Dragons, & aura sous lui un Capitaine Lieutenant. A St. Pierre, le Commandant en second de la Colonie, aura une compagnie d'Infanterie, & sous lui un Capitaine Lieutenant: quoique ces deux Officiers généraux aient des compagnies dans ces deux quartiers, cette circonstance n'invertira en rien l'ordre des commandemens de quartier.

VII. Les Commandans de quartier seront proposés au Gouverneur à la pluralité des voix, par le Major, tous les Capitaines du quartier & l'Aide-Major, au nombre de trois, parmi lesquels le Gouverneur en choisira un lui-même qu'il proposera à Sa Majesté, pour, si Elle l'approuve, lui en adresser la commission : on ne pourra proposer pour Commandant de quartier, que le Major & les Capitaines dudit quartier; le Gouverneur pourra assister à cette assemblée, quand il le jugera à propos, & y envoyer quand il voudra, le Commandant en second, ou le Major général; & ces Officiers supérieurs y auront leur voix quand ils y assisteront. Dans quelques quartiers, il se trouve des Officiers dont le grade & l'ancienneté de service ne laissent pas lieu à la disposition de cet article pour ce premier moment.

VIII. Dans chaque Paroisse, le plus ancien Capitaine ou Officier des compagnies de la Paroisse, y commanderont sous les ordres du commandant de quartier auquel ils rendront compte uniquement; en son absence, au Major de quartier, & en l'absence de tous les deux, au plus ancien Capitaine ou Officier du quartier. Le Commandant qui s'absentera, donnera avis de son absence à celui qui par son rang doit commander dans le quartier; & en préviendra chaque Commandant de Paroisse, afin qu'il sache à qui s'adresser. Les Commandans des quartiers; & les Capitaines qui commanderont dans les Paroisses, jouiront des honneurs du banc & du pain béni, ainsi que de la marche dans les cérémonies de l'Eglise comme ci-devant.

IX. Les Majors de chaque quartier seront pris parmi tous les Officiers de quartier; & ils commanderont les Capitaines sous l'autorité; & en l'absence du Commandant de quartier; les Aide-Major ,s parmi les Lieutenans & Sous-Lieutenans; ils auront la commission de Capitaine d'Infanterie, & seront les derniers capitaines du quartier.

X. Le Gouverneur pourra, quand le bien du service le requerra, nommer un Officier de plus dans chaque compagnie; & ces Officiers serviront dans ces emplois sur des lettres de service, jusqu'à ce que Sa Majesté en ait autrement ordonné, ou qu'elle puisse leur faire adresser des commissions.

XI. Seront préférés entre les habitans, pour les emplois d'Officiers dans les milices de la Colonie, les gentilshommes de noblesse reconnue dans la Colonie, les Officiers qui ont servi dans les troupes entretenues dans la marine, & ci-devant dans les milices de la Colonie, les principaux propriétaires d'immeubles situés dans le quartier, & entre toutes ces personnes, celles qui jouiront de la meilleure réputation.

XII. Les Officiers qui ont servi dans les troupes entretenues & dans les milices des Colonies, à qui il sera accordé des emplois, prendront rang suivant la date de leur ancienne commission; les Officiers qui ont servi dans les troupes entretenues à grade égal, prenant le rang sur ceux des milices.

XIII. Les Lieutenans & Sous-Lieutenans passeront aux grades supérieurs, quand il en vaquera; & quoique l'ancienneté à mérite égal ait des droits à la préférence, Sa Majesté cependant, autorise son Gouverneur Lieutenant-général, à ne pas s'y assujettir, & à lui proposer les Officiers qui lui paroîtront mériter préférence par leur zele, service ou intelligence.

XIV. Les bas Officiers des compagnies de dragons & d'infanterie seront choisis & nommés par les Commandans de quartier, sur la proposition des Capitaines; & ceux qui auront été nommés, seront reconnus à la tête des compagnies sans autre commission. Chaque Capitaine se fournira à ses frais un tambour, negre ou mulâtre.

XV. On formera des états de tous les habitans ou domiciliés du quartier; & tous ceux qui seront âgés depuis 16 jusqu'à 50 ans, & qui habiteront la Colonie depuis six mois, seront employés comme Officiers ou Soldats dans les compagnies de dragons ou d'infanterie; & on choisira pour dragons, ceux des meilleures familles, & qui seront en état d'acheter, entretenir & équiper un cheval.

XVI. Ne seront point compris dans lesdits états, les Conseillers du Conseil supérieur, le Procureur général & son Substitut, les Greffiers en chef & leurs commis, les membres de la Chambre d'agriculture, les Juges des Siéges & ceux d'Amirauté, les Procureurs du Roi & leurs Substituts, les Greffiers en chef & les Commis Greffiers dans lesdits Siéges, les gentils-hommes qui se seront faits reconnoître au Conseil, les Officiers des troupes, & de la Marine avec commission de Sa Majesté, qui ont obtenu une pension de retraite, ceux qui ont été réformés, & qui ayant une pension de réforme, se trouvent dans le cas de pouvoir être rappellés à son service en Europe ou ailleurs, & les Chevaliers de l'Ordre Royal & Militaire de St. Louis, (quoique ces gentils-hommes & Officiers ne soient pas obligés à prendre de l'emploi dans les nouvelles milices, Sa Majesté leur saura un gré particulier de leur bonne volonté & de leur bon exemple) les gradués ayant serment d'avocats qui exercent, & tous dépositaires publics, receveurs, notaires, arpenteurs, curateurs aux biens vacans, procureurs, tous les commis employés pour le Roi, dont le nombre sera fixé, les médecins, un chirurgien juré & reconnu par chaque bourg, à l'exception de St. Pierre où il y en aura quatre d'exempts, deux au Fort-Royal, deux au Lamentin, deux au Marin, & deux à la Trinité, les Officiers des vaisseaux marchands ou autres employés dans lesdits vaisseaux étant actuellement en expédition sur les lieux, & enfin les matelots & garçons connus sous le nom de filibustiers, lesquels seront tenus néanmoins de faire élection de domicile, & de la déclarer sous huit jours, aux Commandans de quartiers & Paroisses, pour qu'ils en fassent état sur le dénombrement qu'ils devront fournir, ainsi que des variations qui arriveront dans leurs quartiers, afin qu'on sache ce que deviennent ces filibustiers.

XVII. A l'égard des Officiers qui ont servi dans les milices de la Colonie avec de simples commissions des Gouverneurs, & qui pourroient ne pas être employés dans la nouvelle formation des milices en qualité d'Officiers, s'ils sont au-dessous de l'âge de 50 ans, ils serviront à la suite des compagnies de leurs quartiers, dont ils feront

ront choix : en qualité d'Officiers réformés, ils porteront l'uniforme d'Officiers ; mais ils n'auront sur la compagnie aucune sorte de commandement ; ils seront obligés d'être armés & d'assister aux revues des commandans des quartiers ; cet arrangement subsistera jusqu'à ce qu'ils puissent être remplacés : dans le cas de guerre on pourvoira aux moyens de les employer convenablement au zele qu'ils témoigneront, ainsi qu'à leur ancien état.

XVIII. Tous les exempts de la milice par leur charge, ou leur naissance, & qui ne seront pas Officiers, seront tenus d'avoir chez eux, deux bons fusils en bon état, quatre livres de poudre, & douze livres de balles en proportion, & ils seront sujets à cet égard, à l'inspection des commandans & majors du quartier, qui seront obligés de vérifier ou faire vérifier par un Officier, si les exempts sont pourvus de ces armes & munitions ; & s'ils ne l'étoient pas six mois après la publication de la présente, ils en rendront compte au Général.

XIX. Tout habitant depuis l'âge de 50 ans jusqu'au de-là, quoiqu'exempt de la milice, & point assujetti par conséquent à aucun service, se pourvoira néanmoins d'un bon fusil & munitions prescrites, tant pour sa propre sûreté, que pour pouvoir, en cas de besoin, être utile à son pays & à ses voisins ; & il sera sujet à cet égard, à l'inspection des commandans & majors du quartier, qui feront faire la vérification de ces armes & munitions.

XX. Les commandans des quartiers ne pourront prononcer sur les difficultés qui pourront s'élever concernant les exemptions : ils en informeront le Gouverneur & l'Intendant, qui seuls décideront si elles doivent avoir lieu.

XXI. Les milices de la colonie ne pourront être assemblées ; & encore moins conduites hors de leurs quartiers, sans l'ordre exprès du Gouverneur ou commandant, en son absence. Les commandans des quartiers, d'après la demande des habitans, pourront cependant faire des détachemens pour la chasse des negres marons, & pour la police du quartier, & ils en rendront compte au Gouverneur, ainsi que du retour & de la capture de ces détachemens.

XXII. Chaque Officier commandant dans sa Paroisse, aura, indépendamment des détails militaires spécifiés dans l'ordonnance, toutes les opérations & fonctions que remplissent aujourd'hui les commissaires des quartiers, attendu que par la levée des milices, ces commissaires devenant moins nécessaires, Sa Majesté a jugé à propos de les remercier, afin d'éviter des discussions qui pourroient naître entre ces deux autorités ; ils sont cependant priés de vouloir bien continuer leurs fonctions avec le même zele, pendant l'espace de trois mois après la levée de la milice dans chaque quartier, pour l'instruction des officiers qui leur succéderont.

XXIII. Les commandans de quartier & ceux qui se trouveront

V

commander dans leurs Paroiſſes, feront exécuter ponctuellement les différens ordres qu'ils recevront; mais ne pourront ſous aucun prétexte, s'arroger le droit de connoître d'aucune affaire civile, qu'ils ſeront tenus de renvoyer pardevant les Juges des lieux, conformément à l'ordonnance, à moins qu'ils ne ſoient choiſis pour arbitres par les parties.

XXIV. Tous les ordres ſeront adreſſés aux commandans des quartiers, qui les feront paſſer aux officiers qui ſe trouveront commander dans chaque Paroiſſe; néanmoins ſi leſdits officiers commandans dans chaque Paroiſſe recevoient directement un ordre du Général ou une requiſition de l'Intendant, ils ſeront tenus de les faire exécuter ſans délai, ſauf à rendre compte enſuite au commandant du quartier, de l'ordre ou requiſition qu'ils auront reçu, & de ſon exécution.

XXV. Le Gouverneur & l'Intendant tiendront la main à ce que les récenſemens annuels ſoient exactement faits avec énumération des blancs & ſpécification de leurs armes & munitions de guerre. Tout Colon deſtiné à ſervir dans la milice ſera pourvu, le tout à ſes dépens, d'un très-bon fuſil & de ſa baïonnette en bon état, de deux livres de poudre & de ſix livres de balles: le fantaſſin ne ſe préſentera aux revues ou aux exercices qu'avec ſon fuſil, ſa baïonnette, & huit coups à tirer; le dragon, avec ſon cheval, ſon ſabre, ſon équipage, ſes piſtolets, ſon fuſil, & douze coups à tirer.

XXVI. Les commandans des quartiers feront uniquement, en tems de paix, deux revues par chaque année, l'une en janvier, & l'autre en juillet: les Officiers des compagnies dreſſeront un état des hommes qui les compoſeront, & prendront leur déclaration ſur la nature & quantité de leurs armes & munitions de guerre; vérifieront ſi celles dont ils ſont porteurs, ſont en bon état; & le commandant du quartier pourra marquer celles qu'il trouvera défectueuſes, pour en rendre compte au Général, lorſqu'il paſſera la revue des milices de ſon quartier. Dans les états des compagnies, il ſera fait mention des morts & abſens; & chaque habitant de quartier déclarera le nom & le nombre des blancs devenus par âge, en état de porter les armes, ou de ceux qui ſeront venus habiter nouvellement le quartier.

XXVII. Chaque privilégié enverra dans le même tems, de pareilles déclarations au commandant de ſon quartier. Les filibuſtiers & matelots ſeront ſeulement tenus, ſous huit jours, de donner leurs noms & le lieu le plus ordinaire de leur demeure, au major qui en remettra l'état au commandant du quartier, pour adreſſer le tout au Général, ainſi qu'il a été dit à l'article XV.

XXVIII. Il ne ſera fait dans le cours de l'année, en tems de paix, d'autres revues des milices, ſans un ordre exprès du Gouverneur, qui ſera tenu lui-même d'en faire deux par an dans chaque quartier, à peu près dans le même tems que les commandans des quartiers ; & dans le cas où il ne pourroit pas le faire en personne, il en chargera le commandant en second de la colonie, ou le major général.

XXIX. En tems de paix il ne sera fait aucuns exercices, évolutions ou mouvemens militaires ; mais dans le cas d'une guerre prochaine ; ou quand elle sera déclarée, le Gouverneur réglera les revues & les exercices de la maniere qui lui paroîtra la plus conforme au bien du service du Roi, & de la conservation de la colonie, lesquels il bornera à tirer & marcher ensemble, ayant cependant attention en même tems de détourner le moins qu'il sera possible, les habitans de leur culture & travaux ; choisissant pour faire faire l'exercice, seulement les jours de dimanches & fêtes.

SUR le Service des Negres, Mulâtres, & autres de sang mêlé, libres ou affranchis.

ARTICLE PREMIER.

Il sera en chaque quartier formé des compagnies de noirs, mulâtres ou autres de sang mêlé, libres ou affranchis, âgés depuis quatorze jusqu'à soixante ans, sous les ordres des commandans & majors du quartier dans lequel ils seront établis.

II. Leur composition en officiers qui seront blancs, sera la même que celle des compagnies des blancs ; leur commission sera signée également de Sa Majesté, & ces officiers rouleront suivant leur grade, avec ceux des compagnies des blancs.

III. Les capitaines présenteront aux commandans de quartier, les bas officiers dont ils auront fait choix.

IV. Au défaut des commandans & majors de quartier ; les compagnies des negres, mulâtres & autres de sang mêlé, libres ou affranchis, recevront les ordres pour le service ordinaire & extraordinaire, & feront, suivant les circonstances, sous le commandement du plus ancien capitaine ou autre officier commandant les milices du quartier.

V. Les commandans de quartier se serviront de ces compagnies de mulâtres & negres libres, pour la chasse des negres marrons, & la police du quartier, & en rendront compte au Gouverneur : leur tour de service sera reglé en tems de guerre.

VI. Ces compagnies de negres & de sang mêlé, seront assujetties aux mêmes revues & exercices que celles des blancs.

Comme l'Isle de Ste. Lucie n'est pas encore assez habitée pour pouvoir la diviser par quartiers, il ne sera pas établi dans cette colonie, des commandans de quartier ; on se contentera de former les habitans en compagnies seulement, & il y en aura une ou deux par Paroisse, suivant le nombre des habitans : il y aura aussi un aide-major par Paroisse : au reste, les officiers de ces compagnies seront traités de même que ceux de la Martinique : ils tiendront leurs commissions de Sa Majesté ; ils auront droit aux mêmes graces, & jouiront des mêmes prérogatives, avantages & honneurs, que ceux de cette premiere colonie. Sa Majesté desire que les anciens officiers & gentilshommes qui sont dans cette colonie, soient préférés à tous autres pour les emplois de ces compagnies ; & elle compte assez sur leur zele pour croire qu'ils les demanderont & desireront : hors les articles particuliers à Ste. Lucie, le réglement des milices de la Martinique y aura lieu entiérement.

Composition des Compagnies de Dragons & d'Infanterie.

Chaque compagnie de dragons sera composée d'un capitaine, un lieutenant, un sous-lieutenant, deux maréchaux de logis, huit brigadiers, quarante dragons ou plus, avec un tambour, negre ou mulâtre.

Chacune d'infanfanterie le sera d'un capitaine, un lieutenant, un sous-lieutenant, deux sergens, huit caporaux, quarante factionnaires ou plus, & un tambour, negre ou mulâtre.

Ces compagnies pourront être plus fortes en nombre, mais jamais moindres s'il est possible, dans l'isle Martinique. Quant à celles de Ste. Lucie, elles seront plus ou moins nombreuses, suivant le plus ou le moins d'habitans dont chaque paroisse sera composée.

Tous Messieurs les Officiers seront armés d'un fusil & d'une baïonnette, tant ceux de dragons que d'infanterie, avec un porte-cartouche.

UNIFORME.

L'uniforme des milices de la Martinique & Ste. Lucie, sera fonds bleu de Roi. Messieurs les Officiers auront des habits, vestes & culottes bleues, & les miliciens fantassins, des vestes & culottes bleues : chaque quartier choisira la couleur de ses paremens : les boutons seront de cuivre doré.

Les compagnies de dragons seront également habillées du même uniforme, habits, vestes, culottes bleues, boutons de cuivre doré, & paremens de la couleur du quartier dont elles seront ; les housses & chaperons seront bleus, bordés d'un galon de fil, M. M. les Officiers d'un galon d'argent.

Prions Messieurs les Officiers du Conseil Supérieur de cette isle, de faire enrégistrer les présentes par-tout où besoin sera. Arrêté, tous les députés de l'isle Martinique assemblés. Au Fort-Royal le 11 mai 1765. *Signé*, D'ENNERY. *Et plus bas ;* Par Monsieur le Général. *Signé*, DE BEZOMBES.

ENREGISTRÉ au Conseil Supérieur, le 13 Mai 1765.

ORDONNANCE

ORDONNANCE

DE MM. LE COMTE D'ENNERY ET LE PRESIDENT DE PEINIER, GENERAL ET INTENDANT,

CONCERNANT les Déserteurs des Troupes du Roi.

Du 8 Juillet 1765.

NOUS ordonnons, en vertu de l'Ordonnance du Roi, du 11 février 1737, que ceux qui favoriseront la désertion des soldats de Sa Majesté, soit en leur procurant les moyens de déserter, soit en les retirant chez eux, ou en leur achetant leurs uniformes & armes, seront tenus de subir les peines & amendes énoncées dans les articles suivans.

ARTICLE PREMIER.

Il est défendu à toutes personnes de quelque qualité & condition qu'elles puissent être, de favoriser en aucune maniere le passage par terre des déserteurs, à peine de 200 liv. d'amende, pour chacun de ceux à l'évasion desquels on justifiera avoir donné la main, applicable à l'hôpital.

II. Comme rien ne contribue tant à la désertion, que la facilité que trouve le soldat à se déguiser, en vendant ou troquant son habillement & armes, Sa Majesté a défendu & défend très-expressément à ses sujets, de quelque condition qu'ils soient, de les acheter, troquer ou garder, à peine aux contrevenans, de confiscation & de 400 l. d'amende, sans remise, applicable moitié à la caisse du régiment, & moitié à l'hôpital.

III. Enjoint Sa Majesté à tous ses sujets, de quelque qualité & condition qu'ils soient, de donner aide, assistance & main-forte à ceux qui conduiront des déserteurs, à peine aux particuliers qui auront refusé de le faire, de punition exemplaire, & à ceux qui les auront retirés des mains des conducteurs, de la vie; & aux habitans des villes & bourgs, dans l'étendue desquels ladite violence aura été commise, de 300 liv. d'amende payable solidairement par toute la Paroisse, & applicable moitié aux hôpitaux, & l'autre au conducteur.

IV. Comme il est défendu aux habitans & à tous autres, de recevoir chez eux des blancs qui ne seront point pourvus d'un billet du Gouvernement, tous ceux qui seront convaincus d'avoir retiré

X.

chez eux un ſoldat, quoique ſans uniforme, ſeront condamnés pour la premiere fois à 300 liv. d'amende, & en cas de récidive, à une punition plus grave.

V. Nous défendons à tout capitaine de navires, goëlettes ou patron de bâteaux, de recevoir à ſon bord aucun paſſager pour aller en France ou dans les iſles voiſines, ſans un paſſe-port du Général: celui qui ſera convaincu d'avoir embarqué un ſoldat, ſera puni exemplairement, ſans qu'il puiſſe ſe prévaloir de ce qu'il n'avoit aucune marque de ſoldat.

VI. Sa Majeſté voulant exciter de plus en plus ſes ſujets des iſles Françoiſes de l'Amérique, à arrêter les déſerteurs des troupes qu'elle y entretient, elle a ordonné & ordonne qu'il ſoit payé par le tréſorier général de la marine, ſur les ordonnances des Intendans ou Commiſſaires ordonnateurs auxdites iſles, la ſomme de 150 liv. pour chaque déſerteur deſdites troupes, à celui ou à ceux qui en auront fait la capture, & l'ameneront.

Fait au Fort-Royal de la Martinique les jour & an que deſſus.

CODE DE LA MARTINIQUE.

QUATRIEME PARTIE.

DES FINANCES.

DÉCLARATION DU ROI,

CONCERNANT la Régie & perception du Droit de Capitation aux Isles & Terre-Ferme du Vent de l'Amérique, & les exemptions de ce droit.

Donné à Versailles le 3 Octobre 1730.

LOUIS PAR LA GRACE DE DIEU, ROI DE FRANCE ET DE NAVARRE: A tous ceux qui ces présentes Lettres verront ; SALUT. Nous avons fait examiner en notre Conseil les différentes ordonnances & Réglemens rendus jusqu'à présent pour l'établissement, la régie & perception du droit de capitation, faisant partie de notre domaine d'occident aux isles & terre-ferme du vent de l'Amérique, notamment les ordonnances rendues par les sieurs de Baas, Begon, de Feuquieres & Blondel Jouvancourt ci-devant Gouverneurs, Lieutenans-généraux & Intendants auxdites isles; & après avoir reconnu que ces ordonnaces & réglemens n'ont pas suffisamment pourvu aux abus qui se commettent sur cette partie de nos revenus & en diminuent considérablement le produit, & qu'il est nécessaire d'établir des regles certaines & convenables à l'état actuel de ces Colonies, pour assurer la fidélité des dénombremens qui doivent être fournis d'année en année, faciliter la confection des rôles, accélerer les recouvremens, remédier à l'extension des privileges & exemptions, & statuer sur les difficultés qui arrivent journellement entre le Fermier de notre domaine & les redevables de la capitation; Nous avons jugé à propos d'y pourvoir par le présent réglement, dans lequel nous avons fait rédiger les articles que nous voulons être observés sur cette matiere. A CES CAUSES, de l'avis de notre Conseil & de notre certaine science, pleine puissance & autorité royale, nous avons dit, déclaré & ordonné, disons, déclarons & ordonnons, voulons & nous plaît ce qui suit.

ARTICLE PREMIER.

Le droit de capitation qui consiste en cent livres de sucre brut poids de marc, sera payé par tous les particuliers habitans des isles & terre-ferme du vent de l'Amérique, de quelque pays, qualité & condition qu'ils soient, tant pour eux que pour les negres, mulâtres, créoles & blancs engagés ou autres domestiques de l'un & de l'autre sexe qu'ils auront à leur service, aux exceptions ci-après expliquées.

II. Les blancs, les negres, les mulâtres & les créoles au-dessous de l'âge de quatorze ans, & ceux au-dessus de soixante ans, seront exempts du payement dudit droit de capitation.

III. Les créoles blancs, mâles & femelles, engagés ou domestiques, les femmes & filles blanches, de quelque pays qu'elles soient, seront exempts du payement dudit droit pour leur personne seulement.

IV. Les ecclésiastiques séculiers résidens auxdites isles & terre-ferme, jouiront de l'exemption de tous droits de capitation pour leur personne seulement; & ceux qui seront employés à desservir les cures, jouiront en outre de l'exemption pour trois de leurs domestiques, noirs ou blancs.

Chaque Communauté Religieuse établie dans nos isles du vent de l'Amérique, jouira de ladite exemption pour trente noirs travaillans sur leurs habitations, ensemble pour les negres employés au service desdits Religieux ou Religieuses de chacun desdits Ordres; savoir, pour la maison principale desdits Religieux dans chaque isle, jusqu'au nombre de douze negres, & pour chaque Curé, jusqu'au nombre de trois negres.

Les Curés de Cayenne qui sont obligés d'aller par mer administrer les Sacremens à leurs Paroissiens, jouiront en outre de l'exemption de quatre negres d'augmentation, pour servir à conduire les canots ou pirogues dont ils ont besoin.

Les Religieux de la charité qui desservent les hôpitaux du Fort-Royal & du Bourg St. Pierre à la Martinique, & celui de l'isle de la Guadeloupe, jouiront de la même exemption de la capitation pour trente negres travaillans sur leurs habitations, & pour vingt domes-

tiques

tiques noirs & blancs employés dans chaque hôpital au service des pauvres.

Les negres desdits Religieux & Religieuses qui ne sont point compris dans les exemptions ci-dessus spécifiées, seront sujets aux droits de capitation, de même que ceux des habitans desdites isles, conformément à nos Lettres Patentes du mois d'août mil sept cent vingt-un.

V. Le Gouverneur général & l'Intendant, les Gouverneurs particuliers & autres Officiers de l'Etat major, les Officiers des Troupes, les Officiers des Conseils Supérieurs, ceux de l'Amirauté & ceux des Jurisdictions ordinaires, les Officiers de milice & autres personnes ci-après désignées, seront exempts du droit de capitation, tant pour leurs personnes & les blancs qu'ils auront à leur service, que pour le nombre de negres que nous leur avons fixé, ainsi qu'il ensuit.

Le Gouverneur général & l'Intendant jouiront de l'exemption générale de tous les negres étant à leur service.

Les gouverneurs particuliers jouiront de l'exemption de capitation, chacun pour vingt-quatre negres.

Les Lieutenans de Roi, chacun pour dix-huit negres.

Les majors, chacun pour quinze negres.

Les capitaines de port, chacun pour douze negres.

Les capitaines des troupes, tant Françoises que Suisses, chacun pour douze negres.

Les lieutenans & aides-majors, chacun pour huit negres.

Les sous-lieutenans, chacun pour sept negres.

Les enseignes & cornettes, chacun pour six negres.

Les ingénieurs en chef, chacun pour douze negres.

Les autres ingénieurs ayant commission de Nous, chacun pour huit negres.

Les commissaires ordonnateurs, chacun pour vingt-quatre negres.

Les commissaires de marine, chacun pour douze negres.

Les écrivains principaux, chacun pour six negres.

Les commis aux classes, gardes-magasins & écrivains du Roi, chacun pour quatre negres.

Le trésorier de la marine, pour huit negres.

Les commissaires particuliers d'artillerie ayant commission de Nous, chacun pour douze negres.

Deux autres commissaires & trois lieutenans ayans commission du Gouverneur général & de l'Intendant, chacun pour six negres.

Les canoniers entretenus par le Roi, chacun pour deux negres; les autres pour un negre seulement.

Les Officiers des Conseils supérieurs, chacun pour douze negres.

Les premiers substituts des Procureurs généraux, chacun pour huit negres.

Les greffiers en chef des Conseils supérieurs, chacun pour douze negres à la charge de délivrer *gratis* les expéditions pour les affaires qui concernent le domaine.

Les Juges ordinaires & ceux de l'amirauté, chacun pour douze negres.

Les lieutenans desdits juges, chacun pour huit negres.

Nos Procureurs, chacun pour douze negres.

Les premiers substituts desdits Procureurs, chacun pour six negres.

Les greffiers des Jurisdictions ordinaires, & ceux de l'Amirauté, chacun pour six negres, à la charge de délivrer *gratis* les expéditions pour les affaires qui concernent le domaine.

Les capitaines en pied des majors de milice, chacun pour douze negres.

Les lieutenans & aides-majors, chacun pour huit negres.

Les cornettes & enseignes, chacun pour six negres.

Les sergens, maréchaux-de-logis & brigadiers de cavalerie, chacun pour quatre negres.

Les officiers de la compagnie de gendarmes de la Martinique, jouiront des mêmes exemptions que les officiers de milice ci-dessus, chacun à proportion de leur grade.

Les grands voyers, chacun pour douze negres.

Les sous-voyers, chacun pour huit negres.

L'arpenteur général, pour douze negres.

Quatre arpenteurs particuliers à la Martinique, quatre à la Guadeloupe, deux à la Grenade, deux à Cayenne & un à Marie-Galante, suivant l'état qui en sera arrêté par le Général & l'Intendant, chacun pour huit negres.

Les medecins ayant brevet de Nous, chacun pour douze negres.

Les chirurgiens employés pour leurs appointemens sur l'état des charges & dépenses annuelles desdites isles, chacun pour huit negres.

VI. Les officiers & autres compris dans l'article précédent, ne jouiront des exemptions de capitation, que pendant le tems qu'ils seront dans lesdits offices & emplois, & qu'ils en feront les fonctions.

VII. Les nobles dont les titres de noblesse auront été enrégistrés aux Conseils Supérieurs, & les arrêts d'enrégistrement remis au bureau du domaine, seront exempts du droit de capitation pour leurs personnes, les blancs qu'ils auront à leur service, & chacun pour douze negres, à commencer seulement du premier Janvier de l'année qui suivra celle en laquelle ledit enrégistrement aura été fait, sans que lesdits nobles puissent étendre ladite exemption de douze negres, sous le nom de leurs enfans non pourvus, & qui n'auront point leur habitation particuliere : & ne pourront lesdits nobles, prétendre autre ni plus grande exemption, sous prétexte que leurs terres auroient été erigées en comtés ou autres dignités, ni sous quelque prétexte que ce puisse être : voulons, en cas de contestation, qu'ils se pourvoient en notre conseil, & que leur exemption demeure fixée par provision, au nombre de negres ci-dessus.

VIII. Les veuves des privilégiés mentionnés en l'article V. jouiront pendant leur viduité, de moitié de l'exemption dont jouissoient leurs maris, pourvu qu'au jour de leur décès ils fussent encore pourvus de leurs offices & commissions; & les veuves de nobles jouiront pareillement pendant leur viduité, de moitié de l'exemption accordée à leurs maris par l'article VII.

IX. Ceux qui feront de nouveaux établissemens dans lesdites isles & colonies, sur les terres à défricher, jouiront pendant deux années, de l'exemption de la capitation pour leurs personnes, les domestiques & les negres qu'ils y emploieront, à la charge pour ceux qui voudront faire lesdits établissemens, d'en faire leur déclaration pardevant l'Intendant, le commissaire ordonnateur ou le subdélégué de l'isle, qui réglera préalablement le nombre de negres nécessaires pour le défrichement du terrein destiné au nouvel établissement, laquelle déclaration avec l'ordonnance de l'Intendant, seront signifiées au commis du domaine.

Ceux qui feront de nouvelles plantations de cacaoyers, jouiront aussi de la même exemption pour leurs personnes & pour les negres employés à ladite plantation, en suivant les mêmes formalités.

Ceux qui voudront établir de nouvelles indigoteries, jouiront aussi de l'exemption pour leur personne & pour le nombre de huit negres, à compter du jour qu'ils en auront fait leur déclaration & signifié au commis du domaine, sans que lesdites exemptions puissent dispenser lesdits habitans de fournir chaque année la déclaration & dénombrement des blancs engagés, mulâtres & negres mâles & femelles qu'ils emploieront auxdits établissemens, en la forme prescrite par l'article XIII des présentes, ni qu'elles puissent s'étendre sur ceux qui transporteront leurs sucreries ou autres habitations d'un lieu en un autre dans un même terrein tout défriché, ou qui convertiront la culture ordinaire de leurs terreins en d'autres cultures.

X. Tous ceux qui ont ci-devant prétendu des exemptions de capitation, & qui ne sont point expressément dénommés dans ces présentes, ceux qui ont autrefois habité l'isle de Saint-Christophle, & qui demeurent présentement dans lesdites isles & colonies, & généralement toutes autres personnes, seront tenues de payer la capitation en entier, tant pour eux que pour leurs negres & mulâtres de l'un & de l'autre sexe, les blancs engagés & autres domestiques qu'ils auront à leur service, à l'exception de ceux dont les privileges seront confirmés par arrêt de notre conseil.

XI. Voulons que ceux ausquels l'exemption de la capitation est accordée, n'en puissent jouir sous deux qualités, quoiqu'ils aient ou exercent plusieurs offices ou fonctions différentes; mais ils jouiront de la plus forte exemption, laquelle néanmoins n'aura lieu que pour le nombre effectif de negres ou domestiques qui seront à leur service, au cas que ce nombre soit au-dessous de celui porté en ladite exemption; & faisons défenses à toutes personnes d'en emprunter & prêter pour profiter de ladite exemption, à peine de confiscation des negres prêtés, & de cinq cens livres d'amende contre chacun de ceux qui ont prêté ou emprunté lesdits negres.

XII. Un privilégié associé pour une habitation par acte passé par-devant notaire, dont il restera minute, avec un habitant non privilégié, jouira des exemptions dont il a droit de jouir par ces présentes sur les negres travaillans sur ladite habitation, qui seront censés lui appartenir par proportion à la part qu'il aura dans la société; & il sera tenu de faire signifier au receveur du domaine, l'acte de société qu'il aura fait, à l'effet de jouir de ladite exemption.

XIII. Le droit de capitation dû par chaque année, est acquis à notre domaine le premier janvier de la même année: Voulons que pour parvenir au recouvrement d'icelui, tous les habitans de quelque qualité & condition qu'ils soient, exempts ou non exempts, les ecclésiastiques, religieux ou religieuses ou leurs agens ou procureurs, soient tenus chacun à leur égard de faire tous les ans leurs déclarations de toutes les personnes qui composent leur maison, communauté & habitation, par nom, surnom & âge des blancs, negres, mulâtres libres engagés ou esclaves de l'un & de l'autre sexe; laquelle déclaration ils certifieront véritable, & la remettront dans le mois de novembre de chaque année, au receveur du domaine de leur quartier, ou au commis du domaine qui sera envoyé sur leurs habitations, lesquels leur en donneront leur reconnoissance au bas de copie d'icelle; & faute d'y satisfaire dans ledit tems, les privilégiés défaillans seront privés pour l'année suivante, de l'exemption de la capitation, & les autres habitans aussi défaillans, condamnés en cent livres d'amende chacun, sans que ces peines puissent être réputées comminatoires.

XIV. Les rôles de la capitation seront arrêtés dans le quinze janvier de chaque année par les intendans, commissaires ordonnateurs & subdélégués dans chaque isle, sur lesdites déclarations & listes qui leur seront remises à cet effet par les commis du domaine; & lesdits rôles seront délivrés auxdits commis avec lesdites déclarations & listes, pour en faire la vérification & le recouvrement.

En cas que par la vérification qui sera faite par les commis du domaine, les déclarations des habitans se trouvent fausses, voulons que sur le procès verbal de revue & perquisition de deux desdits commis ayant serment en justice par eux affirmé véritable ou duement vérifié, ou sur telle autre preuve qui sera jugée constante & valable, les negres ou autres esclaves qui auront été récélés, omis ou non déclarés, soient confisqués, & les propriétaires d'iceux condamnés en

cinq

cinq cens livres d'amende, & en outre les privilegiés qui auront fait de fausses déclarations, demeureront déchus pour toujours des exemptions à eux accordées.

XV. Les commis du domaine feront une fois par an, pour la vérification des déclarations, la revue générale de ce qui compose les maisons & habitations de toutes personnes de quelque qualité & condition qu'elles soient; leur permettons en outre de faire sur les avis qui leur seront donnés, des visites & revues particulieres dans lesdites maisons & habitations, même dans les presbyteres, maisons & communautés religieuses, pour la découverte des negres & autres personnes récélées & non déclarées; & en cas de refus de faire faire ouverture des portes, se feront accompagner d'un juge, s'il y en a un sur les lieux, ou à son défaut, d'un officier de milice; & ne pourra ledit juge ou officier de milice requis, refuser d'y assister, à peine d'être déchu de l'exemption qui lui est accordée.

XVI. Pourront les commis du domaine, prendre communication sans se déplacer, des registres baptistaires & mortuaires, comme aussi de tous les inventaires & partages qui seront déposés entre les mains des greffiers & notaires; & seront tenus les curés, greffiers & notaires, de leur en délivrer les extraits qu'ils demanderont pour ce qui concernera le droit de capitation.

XVII. Les capitaines des vaisseaux negriers continueront de faire aussi-tôt après leur arrivée, leur déclaration au bureau du domaine, des negres, negresses, negrittes & negrillons dont leurs vaisseaux sont chargés.

XVIII. Le recouvrement de la capitation se fera par préférence à toutes dettes & privileges quelconques, sur les rôles qui seront arrêtés à cet effet; & la même préférence aura lieu pour les billets & promesses que le Fermier pourra prendre en payement pour le droit de capitation, pourvu néanmoins qu'il soit fait mention dans lesdits billets ou promesses, de leur origine.

XIX. Pour faciliter le recouvrement du droit de capitation, voulons que par celui qui arrête lesdits rôles, le prix du sucre brut & du sucre blanc, soit évalué en argent au prix courant des lieux, & que les redevables aient le choix de payer en argent ce qu'ils devront pour leur capitation, ou de l'acquitter en sucre brut ou en sucre blanc, bon, loyal & marchand; & ceux qui voudront faire leur payement en sucre, seront tenus de le faire porter suivant l'usage, sur le bord de la mer dans les ports & ances les plus commodes, pour en faire l'embarquement dans le bâteau qui sera envoyé à cet effet par le domaine, & sur les avertissements qui leur en seront donnés.

XX. Les habitans qui n'auront point de sucrerie, payeront pour le droit de capitation, six livres en argent au lieu d'un quintal de sucre, & seront compris dans un chapitre séparé du rôle arrêté.

XXI. Avons déclaré & déclarons les negres, chaudieres & bestiaux servant aux sucreries, non sujets aux saisies qui pourroient être faites pour le payement du droit de capitation, sauf auxdits fermiers, de procéder par voie de saisie & vente sur les autres biens, meubles, sucres & effets appartenans aux débiteurs pour le payement desdits droits.

XXII. Les redevables de la capitation qui n'y auront pas satisfait dans l'année, soit en tout ou en partie, seront tenus de payer en sucre en nature ou suivant l'estimation de l'année où ils eussent dû payer à l'option du fermier, si mieux il n'aime exiger le payement suivant l'estimation portée par le rôle de l'année où se fera le payement.

XXIII. Les sieurs intendans, & à leur défaut, les commissaires ordonnateurs aux isles, demeureront seuls juges dans toutes les contestations qui surviendront, concernant la régie & perception du droit de capitation, & l'exécution du présent réglement, circonstances & dépendances; leur en confirmons en tant que de besoin, la connoissance, privativement à tous autres juges, ainsi que de tous autres droits appartenans à notre domaine d'occident; & leurs ordonnances & jugemens seront exécutés par provision, nonobstant l'appel qui ne pourra être porté qu'en notre Conseil.

Si donnons en mandement à nos amés & féaux les gens tenans nos conseils Supérieurs auxdites isles & colonies, que ces présentes ils aient à faire lire, publier & enrégistrer, & le contenu en icelles garder & observer, selon leur forme & teneur. Mandons aussi à nos Lieutenans-généraux, Gouverneurs, Intendans, Commissaires ordonnateurs dans lesdites isles, & à tous autres qu'il appartiendra, de tenir la main chacun à leur égard à l'exécution desdites présentes, nonobstant toutes ordonnances & réglemens à ce contraires, auxquels nous avons dérogé & dérogeons: car tel est notre plaisir; en témoin de quoi nous y avons fait mettre notre scel. Donné à Versailles le troisieme jour du mois d'octobre, l'an de grace mil sept cens trente, & de notre regne le seizieme. *Signé* LOUIS. *Et plus bas est écrit*, Par le Roy, *Signé*, PHELYPEAUX. Vû au Conseil, *Signé*, ORRY; & scellé du grand sceau de cire jaune.

ENREGISTRÉE au Conseil Souverain le 8 Mars 1731.

EDIT
DU ROI,

QUI ordonne une fabrication d'Especes d'Argent, particulieres pour les Isles du Vent de l'Amérique.

Donné à Versailles au mois de décembre 1730.

LOUIS PAR LA GRACE DE DIEU, ROI DE FRANCE ET DE NAVARRE: A tous présens & à venir, SALUT. Les productions de nos colonies établies dans les isles de l'Amérique ont augmenté si considérablement depuis notre avenement à la couronne, qu'elles forment aujourd'hui entre les négocians de notre royaume & nos sujets desdites isles, un commerce dont l'avantage & le maintien demandent toutes sortes d'attentions; Et comme nous sommes informés que pour faciliter encore plus ce commerce, il seroit nécessaire d'établir dans nos colonies des isles du vent, une monnoie particuliere, qui n'eût cours que dans lesdites isles, nous avons résolu d'en ordonner la fabrication. A CES CAUSES, & autres à ce nous mouvans, de notre certaine science, pleine puissance & authorité royale, Nous avons par notre présent Edit, dit, statué & ordonné, disons, statuons & ordonnons ce qui suit.

ARTICLE PREMIER.

Qu'il soit incessamment fabriqué dans notre monnoie de la Rochelle, jusqu'à concurrence de quarante mille marcs de nouvelles especes d'argent, au titre de onze deniers de fin, trois grains de remede, aux empreintes figurées dans le cahier, attaché sous le contre-scel de notre présent Edit; savoir, des pieces de douze sols, à la taille de quatre-vingt dix au marc, deux pieces de remede; & des pieces de six sols, à la taille de cent quatre-vingt au marc, quatre pieces de remede; lesquelles especes seront marquées sur la tranche, & auront cours dans nos isles de la Martinique, la Guadeloupe, la Grenade, Marie-Galante, Saint-Alouzie, & autres nos isles du vent de l'Amérique seulement.

II Défendons à tous nos sujets de quelques pays & qualités qu'ils soient, d'exposer lesdites especes dans notre royaume, ni dans aucune de nos autres colonies, à peine d'être poursuivis comme billonneurs, & comme tels punis suivant la rigueur de nos ordonnances.

III. Défendons sous les mêmes peines aux capitaines, facteurs, passagers & autres gens composant les équipages des vaisseaux de nos sujets, & à tous autres qui navigueront & commerceront dans nos isles désignées à l'article premier de notre présent Edit, de se charger de porter dans notre royaume, & dans nos autres colonies, aucunes desdites especes.

IV. Voulons que les frais de brassage, ajustage & monnoyage desdites especes, soient payés conformément à ce qui a été réglé pour les dixiemes & vingtiemes d'écus, par l'arrêt de notre conseil du 19 janvier 1715.

Si donnons en Mandement à nos amés & féaux Conseillers, les gens tenans notre cour des monnoyes à Paris, que notre présent Edit ils aient à faire lire, publier & enrégistrer, & le contenu en icelui garder & observer selon sa forme & teneur; Car tel est notre plaisir. Et afin que ce soit chose ferme & stable à toujours, nous y avons fait mettre notre scel. Donné à Versailles au mois de décembre, l'an de grace mil sept cent trente, & de notre regne le seizieme. *Signé*, LOUIS, *Et plus bas*, Par le Roi, PHELYPEAUX. *Et à côté*, *Visa*, CHAUVELIN. *Et plus bas*, Vû au Conseil, ORRY. Et scellé du grand sceau de cire verte.

ENREGISTRE' le 5 Novembre 1731.

ORDONNANCE

DU ROI,

SUR les Monnoyes.

Du 18 Février 1732.

DE PAR LE ROI.

SA MAJESTE' s'étant fait représenter l'Edit du mois de décembre mil sept cent trente, par lequel elle auroit ordonné une fabrication d'especes d'argent particuliere pour les isles du vent de l'Amérique méridionale, savoir; des pieces de douze sols à la taille de quatre-vingt dix au marc, deux pieces de remede; & des pieces de six sols de cent quatre-vingt au marc, quatre pieces de remede, & l'ordonnance rendue par les sieurs Marquis de Champigny, Gouverneur & Lieutenant général, & d'Orgeville intendant desdites isles, le 2 novembre 1731, par laquelle ils auroient ordonné sous le bon plaisir de Sa Majesté, & jusqu'à ce qu'elle en eût autrement ordonné, que tous les payemens qui seroient faits par le commis des trésoriers de la marine pour le compte de Sa Majesté, ne pourroit être fait qu'en especes de la nouvelle monnoie fabriquées en vertu dudit Edit; que dans

dans ces payemens les pieces de quatre-vingt dix au marc seroient données & reçues pour douze sols, & celles à la taille de cent quatre-vingt, pour six sols ; mais que dans les autres payemens qui pourroient être faits en monnoies nouvelles & en especes d'espagne dont Sa Majesté a bien voulu tolérer le cours auxdites isles, les pieces de quatre-vingt dix au marc seroient données & reçues pour un escalin, & celles à la taille de cent quatre-vingt, pour un demi escalin ; & Sa Majesté ayant reconnu que cette ordonnance est contraire aux vues qu'elle s'est proposée par ledit Edit, pour l'avantage du commerce desdites isles, elle a cassé ladite ordonnance, & en conséquence a ordonné & ordonne que dans tous les payemens généralement quelconques qui seront faits en especes de la nouvelle monnoie fabriquée en vertu de l'Edit du mois de décembre mil sept cens trente, les pieces à la taille de quatre-vingt dix au marc, auront cours pour douze sols, & celles à la taille de cent quatre-vingt, pour six sols, conformément audit Edit, qui sera exécuté selon sa forme & teneur. Mande & ordonne Sa Majesté auxdits sieurs de Champigny & d'Orgeville, & à tous autres qu'il appartiendra, de tenir la main à l'exécution de la présente ordonnance qui sera enrégistrée aux greffes des Conseils Supérieurs de la Martinique & de la Guadeloupe, lue, publiée & affichée par-tout où besoin sera. Fait à Marly le dix-huit février mil sept cent trente-deux. *Signé*, LOUIS. *Et plus bas*, PHELYPEAUX. Et scellé du petit cachet.

ENREGISTRE'E le 17 Mars 1733.

ORDONNANCE

DE MM. LES GENERAL ET INTENDANT,

CONCERNANT la monnoie.

Du 2 Juillet 1762.

SA MAJESTE' ayant envoyé dans ses Colonies, une quantité de petite monnoie, dont il est nécessaire de fixer la valeur d'une maniere qui en empêche la sortie ; & comme l'avidité de ceux qui détaillent les petites denrées, pourroit les porter à former des difficultés sur l'acceptation de cette monnoie, & à s'opposer à son introduction dans le commerce : A CES CAUSES, & en vertu du pouvoir qui nous a été confié par Sa Majesté, nous avons ordonné & statué, ordonnons & statuons ce qui suit.

ARTICLE PREMIER.

Les sols marqués qui valent dix-huit deniers en france, seront reçus à la Martinique du jour de la publication de la présente ordonnance, sur le pied de deux sols six deniers, faisant le sixieme de l'escalin.

II. Les pieces de six deniers auront la valeur d'un sol : & les liards la valeur de six deniers.

III. Nous ordonnons à tous habitans, ouvriers & généralement à tous autres de quelque état & qualité qu'ils soient, libres ou esclaves, de recevoir leurs payemens en la monnoie énoncée ci-dessus, & sur le pied que nous l'avons fixée aux articles ci-dessus.

IV. Ceux qui refuseroient de recevoir ladite monnoie au taux que nous avons fixé, sous quelque prétexte que ce puisse être, seront condamnés pour la premiere fois, à 50 liv. d'amende applicable à l'hôpital du Fort-Royal de cette isle, en 100 liv. pour la seconde fois, en 200 liv. pour la troisieme, & en outre à trois mois de prison.

V. Voulons que dans les payemens qui se feront, soit de la caisse du Roi, soit de particulier à particulier, l'on ne puisse refuser le dixieme du montant des payemens en sols marqués, & le cinquantieme en liards & doubles liards ; le tout sous les peines portées par l'article IV. ; mais on ne sera point obligé d'en recevoir une plus grande quantité sur lesdits payemens.

Prions Messieurs les Officiers du Conseil Supérieur, de faire enrégistrer la présente ordonnance, laquelle sera lûe, publiée & affichée par-tout où besoin sera.

Mandons aux Procureurs du Roi des Jurisdictions, & aux commissaires de quartier, de tenir exactement la main à son exécution.

Donné au Fort-Royal de la Martinique, sous le sceau de nos armes & le contre-seing de nos Secretaires, le 2 juillet 1762. *Signé*, le Marquis de FENELON, & GUIGNARD. *Et plus bas*, Par Monseigneur. *Signé*, VAUCHELLE. Et par Monseigneur. *Signé*, MARLET.

ENREGISTRÉE le 2 Juillet 1764.

EDIT

DU ROI,

QUI ordonne la réformation dans la monnoie de Paris, ou autres qui seront indiquées par Sa Majesté, jusqu'à concurrence de six cens mille livres en especes de billon, dont la fabrication a été ordonnée par l'Edit du mois d'octobre 1738, pour, lesdites especes, avoir cours dans les Colonies.

Donné à Versailles au mois de janvier 1763.

LOUIS PAR LA GRACE DE DIEU, ROI DE FRANCE ET DE NAVARRE : A tous présens & à venir, SALUT. Par notre Edit du mois de juin 1721, nous avons ordonné une fabrication de cent cinquante mille marcs d'especes de cuivre pour nos colonies de l'Amérique ; & par autre notre Edit du mois de décembre 1730, nous avions aussi ordonné une fabrication de quarante mille marcs d'especes d'argent, en pieces de douze & de six sols, pour nos colonies des isles du vent : mais lesdites especes se trouvant presque entiérement épuisées, & nos colonies ayant besoin plus que jamais de menues monnoies qui puissent fournir aux appoints des petits détails, nous avons résolu d'y en faire passer de billon ; pour faciliter d'avantage le commerce & procurer plus de soulagemens aux pauvres. A CES CAUSES, & autres à ce nous mouvans, de notre certaine science, pleine puissance & autorité royale, Nous avons par notre présent Edit, dit, statué & ordonné, disons, statuons & ordonnons ce qui suit.

ARTICLE PREMIER.

Qu'il soit incessamment réformé dans notre monnoie de Paris, ou autres qui seront par nous indiquées, jusqu'à concurrence de six cens mille livres en especes de billon, dont la fabrication a été ordonnée par notre Edit du mois d'octobre 1738, lesquelles especes seront seulement marquées sur l'un des deux côtés, d'un poinçon particulier qui sera gravé à cet effet par le graveur général de nos monnoies, suivant l'empreinte figurée, ci-attachée sous le contre-scel de notre présent Edit, pour, lesdites especes, avoir cours dans nos colonies.

II. Défendons à tous nos sujets, de quelque qualité & condition qu'ils soient, d'exposer lesdites especes dans notre royaume ; & à tous capitaines, officiers, soldats, matelots, facteurs, passagers & autres gens composant les équipages de nos vaisseaux, & de ceux de nos sujets, & à tous autres qui navigueront & commerceront dans nos isles de l'amérique, de rapporter lesdites especes en france, à peine contre les contrevenans, d'être poursuivis comme billonneurs & punis suivant la rigueur de nos ordonnances.

III. Ordonnons qu'il sera tenu des registres en bonne forme de la réformation desdites pieces de deux sols, en la maniere portée par les anciennes ordonnances & par l'arrêt du Conseil en forme de réglement du 3 octobre 1690, tant par les officiers que par les directeurs de nos monnoies ; & que dans les registres des délivrances, il sera fait mention de la quantité desdites especes de billon réformées, qui, après leur réformation, seront rendues par lesdits officiers piece pour piece.

IV. Voulons que les frais de ladite réformation de pieces de deux sols, soient passés sur le pied des réglemens faits à ce sujet, nous réservant d'y pourvoir en cas d'insuffisance.

Si donnons en Mandement à nos amés & féaux Conseillers, les

gens tenans notre cour des monnoies à Paris, que notre présent Edit ils aient à faire lire, publier & enrégistrer, & le contenu en icelui garder & observer selon sa forme & teneur ; Car tel est notre plaisir. Et afin que ce soit chose ferme & stable à toujours, nous y avons fait mettre notre scel. Donné à Versailles au mois de janvier, l'an de grace mil sept cent soixante-trois, & de notre regne le quarante-huitieme. *Signé*, LOUIS, *Et plus bas*, Par le Roi, PHELYPEAUX. *Visa*, FEYDEAU. Vû au Conseil, BERTIN. Et scellé du grand sceau de cire verte, sur lacs de soie rouge & verte.

ORDONNANCE

DE MM. LES GENERAL ET INTENDANT,

CONCERNANT la petite Monnoie marquée d'un C *couronné.*

Du 10 Juin 1765.

LES secours en petite monnoie que Sa Majesté avoit procuré à ses Colonies, pour que les habitans pussent se procurer plus facilement les choses les plus communes, & en même tems les plus indispensablement nécessaires aux besoins journaliers de la vie, n'ayant pas eu tout le succès que l'on devoit s'en promettre, par l'enlévement des sols marqués que nous avions fixés à deux sols six deniers, & sur lesquels on a trouvé un bénéfice qui les a fait disparoître du commerce, Sa Majesté a bien voulu remédier à cet inconvénient, en envoyant de nouveaux sols marqués de la lettre C couronné ; & pour que la colonie puisse se ressentir de ce nouveau secours & lui en assurer la durée, nous avons cru nécessaire de fixer à cette nouvelle monnoie, une valeur numéraire qui en empêchât l'exportation. A CES CAUSES, & en vertu du pouvoir qui nous a été confié par Sa Majesté, nous avons ordonné & statué, ordonnons & statuons ce qui suit.

ARTICLE PREMIER.

Les sols arrivés nouvellement de France, & qui sont marqués de la lettre C, avec une couronne par-dessus, seront reçus dans toute la colonie de la Martinique & de Sainte-Lucie, du jour de la publication de la présente ordonnance, pour la valeur de 3 sols neuf deniers, faisant le quart d'un escalin.

II. Nous n'entendons point toucher à la valeur fixée à deux sols six deniers par notre ordonnance du 2 Juillet 1764, pour les anciens

ciens sols marqués qui restent dans la colonie, & ces anciens sols continueront d'avoir cours dans le commerce au même taux.

III. Nous ordonnons à tous habitans, marchands, ouvriers, & généralement à tous autres, de quelque état & qualité qu'ils soient, libres ou esclaves, de recevoir lesdits sols marqués de la lettre C, sur le pied que nous l'avons fixé à l'article premier, & les anciens sols suivant l'ancienne fixation, rappellée à l'article II. de la présente ordonnance, le tout sous les peines qui seront prononcées ci-après.

IV. Voulons que dans les payemens qui se feront, soit de la caisse du Roi, soit de particulier à particulier, l'on ne puisse refuser le dixieme du montant des payemens en sols marqués; mais on ne pourra point être forcé d'en recevoir une plus grande quantité sur lesdits payemens.

V. Les contrevenans aux différens articles de la présente ordonnance, sous quelques prétextes que ce puisse être, seront condamnés pour la premiere fois à 50 liv. d'amende applicable aux réparations du palais; en 100 liv. d'amende pour la seconde fois, & en 200 liv. pour la troisieme; & les esclaves qui seroient dans le cas de la contravention, seront condamnés à quinze jours de prison pour la premiere fois, & au fouet & à la prison pour la seconde.

Prions Messieurs les Officiers du Conseil Supérieur, de faire enrégistrer la présente ordonnance, laquelle sera lûe, publiée & affichée par-tout où besoin sera.

Mandons aux Procureurs du Roi des Jurisdictions, & aux commissaires de quartier, de tenir exactement la main à son exécution.

Donné au Fort-Royal de la Martinique, sous le sceau de nos armes & le contre-seing de nos Secretaires, le 10 juin 1765. *Signé*, D'ENNERY, & le Président de PEINIER. *Et plus bas*, Par Monsieur le General, *Signé*, MANGEEZ, Et par Monsieur l'Intendant. *Signé*, REY DE LAMORANDE.

INSTRUCTIONS
DE M. L'INTENDANT.

Pour Messieurs les Capitaines commandans des Paroisses, sur la façon dont ils doivent recevoir les Déclarations des habitans, pour leurs dénombremens.

ARTICLE PREMIER.

SItôt que les copies des derniers dénombremens fournis par chaque habitant, seront parvenues à Messieurs les Commandans des Paroisses, ils feront afficher & publier à la sortie de la messe Paroisſiale, que chaque habitant ait à ſe préſenter dans une maiſon du bourg, ou dans un autre endroit convenable qui ſera indiqué, pour y prendre ſon dénombrement.

II. Meſſieurs les commandants, en délivrant aux habitans ou autres particuliers leurs dénombremens, auront attention d'y faire ajouter les negres ſurvenus depuis la derniere déclaration, en diſtinguant les negres nouveaux d'avec les negres créols ou anciens dans l'iſle; ils feront biffer ceux qui ſeront morts ou vendus depuis la même époque, & ils obſerveront d'apoſtiller en marge le cas qui les a fait biffer.

III. Les habitans ou autres particuliers domiciliés dans les Bourgs, ſeront tenus d'ajouter à la ſuite de leurs noms, de même qu'à la ſuite des noms de leurs femmes & enfans s'ils ſont créols ou européens.

IV. Meſſieurs les Commandans obſerveront de marquer ſur chaque dénombrement, la qualité de l'habitant, c'eſt-à-dire, s'il eſt ſucrier, caffeyer, cottonnier, cacoyer ou manioquier : ſi ceſt un particulier réſidant dans le bourg, qui n'ait point d'habitation, ils marqueront ſimplement, *domicilié dans le bourg*.

V. Chaque habitant ou particulier, après avoir ajouté & diminué ſes têtes de negres ſur ſon dénombrement, le ſignera pour être envoyé par le commandant du quartier; au ſieur Botereau, directeur général du domaine à St. Pierre; & le double de ce dénombrement ſera ſigné du commandant, pour être remis à l'habitant ou autre particulier.

VI. Meſſieurs les Commandans porteront ſur les feuilles en blanc qui leur ſeront envoyées, les déclarations des habitans qui pourront s'être établis dans leur quartier, depuis la levée du dernier dénombrement. Ils auront attention de ne point permettre à qui que ce ſoit, de refaire ſur une nouvelle feuille, le dénombrement qui ſera envoyé du Domaine, mais d'y faire les changemens expliqués à l'article II.

VII. Toute perſonne qui ſera revêtue de quelque office, charge ou emploi, qui lui procure une exemption, ſera tenu de le déclarer ſur ſon dénombrement, à la ſuite de ſon nom; & dans le cas où quelqu'un auroit pris quelque titre ſans en avoir le droit, le commandant aura ſoin de ne point le recevoir, & même de le biffer, s'il étoit déja porté ſur ſon dénombrement.

VIII. Au cas qu'il y eût quelques habitans qui n'euſſent pas fourni leurs dénombrements dans le tems preſcrit, meſſieurs les commandans les avertiront de les remplir, & de les porter inceſſamment au bureau du domaine de leur département, faute de quoi ils ſeront pourſuivis à la confiſcation des negres qui n'auront point été déclarés, & les propriétaires condamnés à 500 liv. d'amende, conformément aux articles XIII. & XIV. de la déclaration du Roi, du 3 octobre 1730.

IX. Outre les dénombremens que chaque habitant ou particulier doit fournir, sur lequel sont dénommés toutes les personnes avec leurs âges, ils doivent encore fournir les recensemens, dont il sera pour cet effet envoyé un cayer imprimé à chacun de messieurs les Commandans des paroisses. Chaque habitant ou particulier, de même que les gens de couleur libres, seront inscrits sur ces recensemens, à mesure qu'ils prendront leurs dénombremens, & chacun d'eux déclarera exactement la quantité de chaque article porté sur ledit imprimé, au bas duquel il affirmera & signera.

X. Messieurs les commandans des Paroisses apporteront toute la promptitude & le soin possible à cette opération, afin d'être en état de faire parvenir au bureau général du domaine, tous les dénombremens & recensemens, au plus tard avant la fin de décembre.

Donné à St. Pierre de la Martinique, sous le sceau de nos armes & le contre-seing de notre Secretaire, le douze octobre 1765. *Signé*, le Président de PEINIER. Et plus bas, par Monsieur l'Intendant. *Signé*, REY DE LAMORANDE.

ORDONNANCE

DE M. L'INTENDANT.

CONCERNANT les Dénombremens à prendre par les Habitans & Particuliers des Paroisses de St. Pierre & Notre-Dame de Bon-Port de ce Bourg.

COMME il est d'usage depuis plusieurs années, que les dénombremens & recensemens des deux Paroisses de ce Bourg, se fournissent annuellement au bureau général du domaine, par les habitans & particuliers y domiciliés, nous avons jugé convenable de ne rien changer à ce qui a été pratiqué pour cette partie de la régie, depuis la prise de possession de cette isle: en conséquence, nous ordonnons à tous les habitans & autres personnes de quelque état & condition qu'ils puissent être, de même qu'à tous gens de couleur libres, dans l'étendue des paroisses de St. Pierre, & Notre-Dame de Bon-Port de ce Bourg, d'aller prendre au bureau général du domaine, les dénombremens & recensemens, où ils feront la déclaration exacte de toutes les personnes qui composent les maisons & habitations qu'ils possedent, & ce à commencer du jour de la publication de la présente ordonnance, jusques à la fin de décembre prochain inclusivement; après lequel tems expiré, ceux qui se trouveront n'y avoir point satisfait, seront condamnés à une amende de 100 liv. pour chaque délinquant, sans que ces peines puissent être réputées comminatoires, conformément à l'article XIII de la déclaration du Roi, du 3 octobre 1730.

Nous prévenons tous les habitans & particuliers, que quoiqu'ils fournissent leurs dénombremens, quelques tems avant l'année pour laquelle leur déclaration doit servir, cela ne fait pas loi pour les soumettre à payer la capitation des esclaves qu'ils auroient déclarés, & qui seroient venus à mourir ou à être vendus avant l'année commencée, pourvu toute fois que le particulier qui se trouveroit dans ce cas, eût le soin de les déclarer audit bureau du domaine dans le tems; moyenant quoi il n'y a point d'inconvénient que chaque particulier fournisse son dénombrement, un ou deux mois avant l'année pour laquelle sa déclaration doit servir, & il y en auroit un très-grand, si les particuliers différoient à se mettre en regle, jusqu'au dernier jour du terme prescrit, attendu qu'ils ne pourroient être expédiés au bureau, vu la multitude qu'un même motif feroit assembler à la fois.

Ordonnons en outre à tous propriétaires, vendeurs & acquéreurs des maisons, de venir faire leurs déclarations au bureau du domaine, des maisons qu'ils possedent, ou qu'ils auroient aliénées, achetées, ou acquises dans la huitaine du jour que lesdites aliénations auront été faites, soit par acte public, soit par convention privée; faute de quoi, ils supporteront tous les frais qui seront faits à l'occasion de la perception des droits d'imposition pour lesdites maisons.

Mandons au sieur Botereau, Directeur général du domaine, de tenir la main à l'exécution de la présente ordonnance, qui sera lue, publiée & affichée dans tous les carrefours de ce bourg St. Pierre, & par-tout où besoin sera.

Donné à St. Pierre Martinique, sous le sceau de nos armes & le contre-seing de notre secretaire, le 31 octobre 1765. *Signé*, le Président de PEINIER. *Et plus bas*, par Monsieur l'Intendant. *Signé*, REY DE LAMORANDE.

ORDONNANCE

DE MM. LES GENERAL ET INTENDANT,

POUR le payement des Negres justiciés, ou tués en marronage, dans les chasses ordonnées par le Gouvernement, en l'Isle Ste. Lucie.

Du 30 Janvier 1766.

SUR la demande qui nous a été faite par les habitans de Ste. Lucie, de pourvoir en ladite isle au payement des negres justiciés, & de ceux tués en marronage dans les chasses ordonnées par le Gouvernement, pour que les maîtres desdits negres puissent en retirer le prix sans délai : Nous, en vertu du pouvoir à nous donné par

par Sa Majesté, avons statué, & ordonné, statuons & ordonnons ce qui suit.

ARTICLE PREMIER.

Nous ordonnons que les maîtres dont les negres de ladite isle Sainte-Lucie seront justiciés ou tués en marronage, dans les chasses ordonnées par le Gouvernement, seront payés sur le pied de l'estimation qui en sera faite juridiquement, aux formes établies en l'isle de la Martinique, & après que les maîtres en auront fait leur déclaration ; savoir, les negres justiciés, par le Conseil supérieur, & les negres tués en marronage, par le Juge du lieu.

II. Toutes les fois qu'il y aura un negre dans l'un des cas énoncés au précédent article, il sera levé sur chaque tête de negre payant droits, des différens quartiers de ladite colonie, la somme nécessaire pour survenir au paiement dudit negre, suivant la fixation du prix qui en aura été faite par la justice. Le taux de l'imposition qu'il faudra établir pour fournir à ce paiement, sera fixé par le Commandant & le Subdélégué de l'Intendant de ladite isle de Sainte-Lucie, relativement à l'appréciation qui aura été faite par la Justice, toutes les fois que le cas le requerra ; & ils auront attention de faire cette taxe de façon qu'il y ait plutôt de l'excédant, que de déficit dans la perception, d'autant plus que le commis qui recevra le montant de cette imposition, sera obligé d'en rendre compte au Commandant & Subdélégué de l'Intendant, lesquels feront servir l'excédant qu'il y aura dans la recette, au paiement du prix des premiers negres qu'on sera dans le cas de rembourser à leurs maîtres, & on instruira chaque quartier de cet excédant.

III. La fixation de la taxe qui aura été faite par le Commandant & le Subdélégué de l'Intendant conjointement, sera par eux envoyée à tous les capitaines de quartier de ladite isle, pour en faire la levée sur toutes les têtes de negres payant droits de leur Paroisse.

IV. Chaque capitaine de quartier aura soin de faire verser dans la caisse du commis du trésorier de la colonie, par lui établi à Ste. Lucie, les sommes qu'il aura retirées en vertu de la répartition qui aura été faite ; lequel commis sera obligé de les recevoir & de payer sur ladite somme, le prix du negre qui aura été justicié, ou tué en marronage, sur la fixation qui en aura été faite par la justice, & sur l'expédition qui lui sera communiquée de l'arrêt ou sentence qui auront été rendus à ce sujet ; & dans le cas où il y auroit plusieurs negres à payer, ils le feront par ordre de dates des arrêts ou sentences qui auront été rendus à ce sujet, sans que le commis qui sera chargé de faire ce paiement, puisse, sous quelque prétexte que ce soit, s'écarter de cette regle.

V. La présente ordonnance aura son exécution du jour qu'elle aura été publiée, & elle ne pourra avoir aucun effet rétroactif.

Prions Messieurs du Conseil Supérieur de la Martinique, de faire enrégistrer la présente, lire, publier & afficher par-tout où besoin sera, afin que personne n'en ignore.

Mandons aux officiers de la Jurisdiction royale de Ste Lucie, de tenir la main à son exécution.

Donné à la Martinique sous le sceau de nos armes, & le contre-seing de nos secretaires, le 30 Janvier 1766. *Signé*, D'ENNERY & le Président de PEINIER. *Et plus bas*, Par Monsieur le Géneral. *Signé*, ARNAUD, & par Monsieur l'Intendant. *Signé*, REY DE LAMORANDE.

ENREGISTRÉE le 3 Mars 1766.

ORDONNANCE

DE MM. LES GENERAL ET INTENDANT,

SUR L'Imposition.

Du 12 Mars 1766.

L'INTENTION de Sa Majesté, sur la forme d'imposition à établir dans ses colonies, étoit de la rendre uniforme dans toutes les isles du vent, & que les mêmes objets fussent également imposés dans les unes comme dans les autres : mais les éclaircissemens qu'elle avoit demandés à ce sujet n'ayant pas été fournis assez à tems, Elle a pris le parti de renvoyer à l'année prochaine cet arrangement général, & de faire dresser provisoirement un tableau particulier de l'imposition à lever pour la présente année. Ce tableau, qui nous a été envoyé signé de Sa Majesté, & que nous avons fait enrégistrer à la derniere séance du conseil supérieur, sera la base & la regle de l'imposition dont nous allons ordonner la perception.

Par ce tableau, l'impôt se trouve assis sur chaque nature de choses, & chaque qualité de personnes, de maniere que chacun paye en proportion de son état, & de ses richesses.

C'est une satisfaction pour nous d'annoncer à la Colonie, la diminution que le Roi a bien voulu faire de la somme de 300000 liv. argent des isles, en même tems que Sa Majesté accorde le rétablissement des exemptions pour les privilegiés. Cette faveur, plus flateuse en ce qu'elle montre la bienveillance de Sa Majesté pour cette colonie, ne peut manquer de nourrir l'amour, & exciter la reconnoissance dont nous sommes persuadés que chacun s'efforcera de donner des preuves en toute occasion.

Lorſque la caiſſe du domaine aura été remplie des 900000 liv. auxquelles le Roi a reduit le montant de l'impoſition ; l'intention de Sa Majeſté eſt que l'excédant ſoit verſé dans la caiſſe des negres juſticiés, pour aider au paiement des ſommes que cette caiſſe doit ou pourra devoir aux habitans ; & Sa Majeſté trouve bon que l'Intendant de la colonie, conformément au conſentement qu'il y a donné, communique à la chambre d'agriculture, le tableau de l'impoſition, & de la recette qui en ſera faite au domaine ; & qu'il lui en remette un état à la fin de l'année, de même qu'au conſeil ſupérieur ; qui doit avoir connoiſſance de ce qui ſera verſé dans la caiſſe des negres juſticiés, dont il a l'adminiſtration : cette communication ne doit avoir lieu cependant, ſuivant l'intention du Roi, que pour la recette de 1766 ſeulement, parce qu'il ne ſera pas demandé à l'avenir de ſomme fixe en impoſition, mais qu'il ſera impoſé une ſomme fixe ſur les choſes ou ſur les perſonnes. Rien n'eſt plus juſte & plus conforme à notre façon de penſer, que de communiquer à la colonie le produit des recettes qui auront été faites en la préſente année ; M. le préſident de Peinier s'en étoit fait une loi dans ſon adminiſtration à la Guadeloupe, & ſon intention a toujours été de la ſuivre à la Martinique.

Les arrangemens qu'a pris Sa Majeſté pour pourvoir aux nonvaleurs dans la perception, nous donne les moyens d'avoir égard au peu de faculté des maîtres qui n'auront d'autres revenus que le produit du loyer de leurs eſclaves, & à la pauvreté des negres & mulâtres affranchis, qui étant compris dans la taxe, ſe trouveroient hors d'état d'y ſatisfaire, lorſque leur ſituation nous ſera bien conſtatée ; mais le Gouvernement ſévira rigoureuſement contre tous ceux qui commettront des fraudes dans les dénombremens de leurs eſclaves ; & à cette occaſion il ſera publié inceſſamment une ordonnance relative à la dèclaration du Roi du 3 octobre 1730.

Nous avons vû avec étonnement que pluſieurs habitans dans les différens quartiers de l'iſle, n'aient point donné leur dénombrement pour la préſente année, malgré nos ordonnances, & les différens avertiſſemens que nous avons fait publier à ce ſujet, & qu'il y eût pluſieurs poſſeſſeurs de maiſons dans les bourgs de la colonie, qui n'en euſſent point fait leur déclaration, comme ils y ſont obligés ; & d'autres qui euſſent caché le produit véritable des loyers qu'ils en retirent, pour diminuer les droits qu'ils doivent payer ; ce qui ne ſauroit être regardé que comme un vol fait à la colonie. Nous avons averti les uns & les autres, par des affiches, & par des nouveaux avis que nous leur avons fait donner par les commandans de chaque Paroiſſe, qu'ils euſſent à ſe mettre en regle au plutôt, pour éviter les pourſuites & les condamnations qu'ils ont encourues. Nous ne voulons point leur laiſſer ignorer que nous avons les preuves certaines des fausses déclarations qui ont été faites, & que nous sommes déterminés à les punir avec la sévérité qu'elles méritent, si l'on ne profite pas du délai que nous avons donné aux délinquants pour réparer leurs fraudes.

Il ne nous reste plus qu'à rédiger par articles, le contenu en l'état du Roi pour l'imposition, afin que chacun indistinctement ait à s'y conformer.

A ces causes, & en vertu du pouvoir qui nous est confié par Sa Majesté, avons statué & ordonné, statuons & ordonnons ce qui suit.

Article premier.

Tous les esclaves de la Martinique, depuis l'âge de 14 ans, jusqu'à 60 exclusivement, attachés aux manufactures à sucre, seront imposés à 15 liv. par tête, pour la présente année, sur les derniers dénombremens qui doivent avoir été fournis.

II. Les esclaves des habitans cultivateus de caffé, coton, manioc & autres vivres, seront taxés à 10 liv. par tête, conformément au contenu en l'article précédent.

III. Les esclaves des ville & bourgs, autres que ceux qui sont attachés à la culture, soit ouvriers, domestiques ou servant à loyer & à la journée, porteurs de bracelets, seront taxés à 20 liv. indistinctement, par tête, aussi pour l'année entiere, suivant le dénombrement qui en aura été fourni.

IV. Les negres & les gens de couleur libres ou affranchis, seront taxés à 15 liv. par tête, conformément au précédent article.

V. Tous les blancs européens non ouvriers domiciliés dans cette isle, seront taxés à 9 liv. par tête.

VI. Les blancs européens ouvriers, ne seront taxés qu'à 6 livres par tête.

VII. L'ordre du Roi portant une taxe sur l'industrie, ceux qui sont dans le cas de la supporter, tels que les commissionnaires du pays, ceux de france, les armateurs & négocians pour leur compte, les capitaines marchands, géreurs de cargaisons, marchands détailleurs, les artisans de toute espece, les notaires, procureurs, huissiers, les médecins, chirurgiens, droguistes & distilateurs, paieront lesdits impôts à raison de 4 pour cent du loyer des maisons qu'ils occupent, indépendamment du droit imposé sur les loyers des maisons en général; & ceux compris dans la liste ci-dessus, qui habiteront des maisons dont ils seront propriétaires, paieront l'impôt sur l'évaluation qui sera faite de ce que leurs maisons pourroient produire de loyer, si elles étoient affermées.

VIII. Les loyers des maisons seront taxés à 4 pour cent, soit qu'elles soient louées ou qu'elles soient occupées par les mêmes propriétaires;

priétaires; seront cependant déchargés dudit droit de 4 pour cent, les maisons qui seroient plus de trois mois sans être louées, & ce, pour le tems qu'elles resteront en cet état.

IX. Le produit de la taxe sur tous les aubergistes, cabaretiers, ou gens vendant du vin dans les ville & bourgs, & dans toutes les cabanes, suivant que ladite taxe aura été réglée par le Gouverneur & Intendant, continuera de faire partie de la présente imposition.

X. Les droits sur l'exportation feront également partie de la présente imposition, & continueront d'être perçus comme ci-devant & sur le même pied d'un pour cent sur les sucres, caffés, cotons, cacaos, indigots, & gingembres.

XI. Toutes les marchandises, sans exception, qui seront importées de france ou de l'étranger, dans cette colonie, paieront le même droit d'un pour cent, & feront également partie de l'imposition.

XII. La morue étrangere paiera comme dans l'année précédente, un droit de 8 liv. par quintal, à son entrée dans cette colonie, tant que Sa Majesté trouvera bon d'en permettre l'introduction.

XIII. Les gros sirops & taffias seront soumis seulement au droit de trois pour cent, à leur sortie de la colonie pour passer à l'étranger; lequel droit sera perçu pour le compte des fermiers généraux qui doivent en jouir, & ne fera point, par conséquent, partie de la présente imposition.

XIV. Tous les droits seigneuriaux, & domaniaux, tels que les épaves & aubaines, les batardises, les deshérences, les biens vacants non réclamés, les amendes, les confiscations & autres, appartenans à Sa Majesté, continueront d'être perçus comme par le passé, le cas y échéant, & seront réservés à Sa Majesté, sans être censés faire partie de la présente imposition.

XV. Ceux qui par la nature de leurs biens, ou par les privileges particuliers de leur état & de leurs charges, sont dans le cas des exemptions, en jouiront à l'avenir, ainsi qu'ils en avoient joui, ou dû jouir par le passé, conformément à la déclaration du ROI du 3 octobre 1730, laquelle fixe la quotité de chaque exemption, suivant les états & les grades, à la charge par les privilégiés de remettre au bureau du domaine du ROI, une copie en forme probante des titres en vertu desquels ils prétendront l'exemption; & faute d'y avoir satisfait, ils en seront privés.

XVI. Ceux qui seront dans le cas de jouir de l'exemption de la capitation, n'en pourront jouir sous deux qualités; mais ils jouiront de la plus forte exemption, laquelle néanmoins n'aura lieu que pour le nombre effectif d'esclaves ou domestiques qui seront à leur service: au cas que ce nombre soit au-dessous de celui porté par l'exemption qu'il sera fondé de prétendre, faisons défenses à toutes personnes d'en emprunter ou prêter, pour profiter de ladite exemption, à peine de confiscation des esclaves prêtés, & de 500 liv. d'amende contre chacun de ceux qui auront prêté ou emprunté lesdits esclaves; le tout en conformité de la susdite déclaration du ROI.

XVII. Tous les habitans indistinctement, seront tenus de faire tous les ans leur déclaration de toutes les personnes qui composent leurs maisons, communautés & habitations, laquelle déclaration ils certifieront véritable, & la remettront dans le mois de novembre de chaque année, au receveur du domaine de leurs quartiers, qui leur en donnera sa reconnoissance au bas de copie d'icelle; & faute d'y satisfaire dans ledit tems, les privilegiés défaillans, seront privés pour l'année suivante, de l'exemption de capitation; & les autres habitans aussi défaillans, condamnés en 100 liv. d'amende chacun, sans que lesdites peines puissent être réputées comminatoires, conformément à la susdite déclaration du Roi.

XVIII. Les habitans ou autres qui seront dans le cas de former de nouveaux établissemens, jouiront pour deux années de l'exemption de capitation, pour la quantité de negres qu'ils y emploieront, suivant la déclaration qu'ils auront faite par-devant l'Intendant, le commissaire ordonnateur, ou le subdélégué de la colonie, sur laquelle ils régleront préalablement le nombre de negres nécessaires pour les défrichemens du terrein destiné au nouvel établissement, laquelle declaration avec l'ordonnance de l'Intendant ou de celui qui le représentera, seront signifiées au directeur du domaine ou à son commis, le tout relativement à la susdite déclaration du ROI.

XIX. L'imposition que nous établissons par la présente ordonnance sur les têtes d'esclaves, étant acquise au domaine du ROI, du premier janvier, elle sera payée d'ici au premier de mai prochain, en un seul paiement, à défaut de quoi, les redevables seront contraints par toutes les voies de droit, même par corps, & par la saisie & vente des negres sans distinction, pour les impositions qui regardent les negres; & à l'égard de l'impôt sur les maisons, les reliquataires seront soumis aux mêmes peines.

XX. La présente ordonnance sera enrégistrée au greffe de l'intendance, & au bureau général du domaine du ROI, lue, publiée & affichée par-tout où besoin sera, à la diligence des Procureurs du Roi des Jurisdictions; & dans les quartiers de l'isle, à la diligence des commandans des milices desdits quartiers, afin que personne n'en ignore.

Donné à la Martinique sous le sceau de nos armes & le contreseing de nos secretaires, le 12 mars 1766. *Signé*, D'ENNERY & le Président de PEINIER. *Et plus bas*, par Monsieur le Général. *Signé*, VIARD, & par Monsieur l'Intendant. *Signé*, ARNAUD.

ORDONNANCE

DE MM. LES GENERAL ET INTENDANT,

CONCERNANT les fraudes dans les Dénombremens.

Du 12 Mai 1766.

L'EQUITÉ que le Roi a voulu être gardée dans la répartition des impôts, ne pouvant l'être en effet ici que par la fidélité dans les dénombremens qui sont fournis au domaine, il est de notre devoir d'employer toutes les précautions qui peuvent assurer cette fidélité.

Ceux qui la blessent ne manquent pas seulement à ce qu'ils doivent à la vérité & au Roi, ils commettent un vol, en rejettant leur charge sur ceux dont les dénombremens sont fideles. Cette injustice envers leurs compatriotes est répétée dans toutes les dépenses publiques qui se réglent sur le nombre des noirs. Les moyens qui préviendront cette lésion sont donc autant réclamés par notre amour pour la colonie, que par le zele que nous devons au service du ROI. Ces moyens (s'ils atteignent à leur fin) en faisant connoître exactement tous les noirs qui sont dans chaque maison ou habitation, préviendront le recelement des negres marrons, qui cause un si grand préjudice aux habitans.

A CES CAUSES, en vertu du pouvoir qui nous est confié, & pour mieux assurer l'exécution de la déclaration du ROI du 3 octobre 1730, art. 15 & 16.

ARTICLE PREMIER.

Nous autorisons les directeurs & autres commis du domaine, à se transporter dans les maisons & habitations de toutes personnes, de quelques qualités & conditions qu'elles soient, pour en vérifier les dénombremens.

Ordonnons auxdits visiteurs, d'arrêter & saisir tous les esclaves qui ne seront point déclarés, à l'effet de quoi ils prieront Messieurs les Commandans des lieux, de leur donner des détachemens de troupes suffisans.

II. Pourront les employés du domaine, prendre communication sans se déplacer, soit aux greffes ou chez les Curés, des regîtres baptistaires & mortuaires; & chez les notaires, de tous les inventaires & partages qui ont été faits dans le courant de l'année derniere,

& seront tenus les Curés, greffiers & notaires, de leur en délivrer les extraits qu'ils requerront concernant les droits de capitation.

III. Enjoignons aux notaires de délivrer à l'avenir au directeur du domaine du lieu, les expéditions par extrait, des inventaires & partages qu'ils feront, quant aux esclaves seulement, au plus tard dans la huitaine de la cloture desdits inventaires & partages, lesquelles expéditions leur seront payées suivant le tarif.

IV. Enjoignons aussi aux greffiers, de délivrer au directeur du domaine, dans le même délai, & aux mêmes charges & conditions, les états d'eux certifiés, contenant les noms, surnoms & âges des esclaves attachés aux habitations qui seront vendues par décret, licitation ou autorité de justice, & aux notaires d'annexer aux minutes des ventes d'habitations ou baux & conventions, dont ils passeront les actes, l'état contenant les noms, surnoms & âges des negres qui y seront attachés, & d'en délivrer des expéditions au directeur du domaine.

V. Ordonnons pareillement que dans le même délai de huitaine, il sera délivré au directeur du domaine du lieu, à la diligence du procureur du Roi, les états contenant les noms, surnoms & âges des negres des mineurs & autres, dont les baux seront faits judiciairement, soit qu'ils soient attachés aux habitations ou loués séparément, & enfin des negres qui seront vendus par autorité de justice, saisis ou autrement; lesquels états seront certifiés par l'huissier ou sergent crieur, pour être conformes à la minute, visés par le procureur du ROI, à peine d'interdiction de trois mois & de 100 liv. d'amende contre les huissiers ou sergens qui contreviendront.

VI. Ordonnons à tous capitaines negriers, géreurs de cargaisons, & aux marchands qui feront des partis de negres pour les revendre, de remettre au directeur du domaine du lieu de leur vente, dans le mois après icelle, pour tout délai, un état certifié du nombre de negres qu'ils auront vendus à chaque habitant ou autre qui sera dénommé, en distinguant les hommes, les femmes, les negrillons & negrittes, à peine de 1000 liv. d'amende contre lesdits capitaines, géreurs & marchands.

VII. Enjoignons à tous les habitans qui auront des negres portant le même nom, de les distinguer par des surnoms dans leurs dénombremens, à peine de confiscation des esclaves qui n'auront pas été ainsi distingués au profit du Roi.

VIII. Le nombre des noirs déclarés par chaque habitant, sera à l'avenir sur un tableau exposé dans la salle où se tiennent les assemblées des paroisses, & au bureau du domaine.

IX. Lorsque les directeurs du domaine, sur les expéditions & états ci-dessus ordonnés & par les vérifications prescrites, découvriront des infidélités dans les dénombremens, ils poursuivront les habitans qui

qui les auront commises ou leurs héritiers, pour obtenir la confiscation des negres recélés, & l'amende portée par la déclaration du ROI, soit que lesdits negres soient en âge de payer la capitation ou dans l'âge qui les en exempte.

Prions Messieurs du Conseil Supérieur de la Martinique, de faire enrégistrer la présente, lire, publier & afficher par-tout où besoin sera, à ce que personne n'en ignore; laquelle sera également enrégistrée au greffe de l'intendance & au bureau général du domaine, & exécutée à la diligence du directeur.

Donné à St. Pierre Martinique, sous le sceau de nos armes & le contre-seing de nos Secretaires, le 12 mai 1766. *Signé*, D'ENNERY, & le Président de PEINIER. *Et plus bas*, Par Monsieur le General, *Signé*, DE BEZOMBES. Et par Monsieur l'Intendant. *Signé*, ARNAUD.

ENREGISTRÉE le 14 Mai 1766.

CODE DE LA MARTINIQUE.

CINQUIEME PARTIE.

DU COMMERCE.

ÉDIT DU ROI,

CONCERNANT l'établissement de la Compagnie des Isles de l'Amérique.

Donné à Narbonne au mois de Mars 1642.

LOUIS PAR LA GRACE DE DIEU, ROI DE FRANCE ET DE NAVARRE: A tous présens & à venir, SALUT. Quelques-uns de nos sujets expérimentés aux navigations éloignées, & portés d'un louable desir de former des colonies de françois dans les indes occidentales, ayant reconnu qu'en plusieurs isles & côtes de l'Amérique, on pouvoit établir un commerce suffisant à l'entretien de quelques peuplades, auroient, dès l'année 1626, pris commission de notre très-cher & très-amé cousin le Cardinal Duc de Richelieu, Grand'maître, chef & surintendant général de la navigation & commerce de france, pour peupler & habiter sous notre autorité l'isle de St. Christophle & autres circonvoisines; à quoi ayant travaillé avec un médiocre succès en ladite isle de St. Christophle, à cause des pertes & dépenses qu'ils auroient faites, ne pouvant continuer leur dessein avec espérance d'un notable progrès s'ils n'étoient secourus, se seroient retirés par devers notredit cousin, qui auroit accordé de nouveaux privileges & plus grandes concessions; à la société formée pour cette entreprise, sous les noms de la Compagnie des isles de l'Amérique, que nous aurions agréés & confirmés par notre arrêt du 8 mars 1635, aux charges & conditions portées par les articles desdites concessions; depuis lesquelles par les travaux, dépenses & bonne conduite de ladite Compagnie, la colonie des françois s'est tellement accrue, qu'au lieu de l'isle St. Christophle seule, il y en a maintenant 3 ou 4 peuplées, non-seulement de 4000 personnes que la Compagnie étoit obligée d'y faire passer en 20 années, mais de plus de 7000 habitans avec bon nombre de religieux de divers ordres, & de forts construirs & munitionnés pour la défense du pays & sûreté du commerce; en sorte qu'il y a lieu d'esperer que ladite Compagnie continuant ses soins, nous procurera le fruit que nous en avons principalement desiré en la conversion des peuples barbares à la religion chrétienne, outre les avantages que notre royaume peut tirer de ces colonies avec le tems & les occasions; & pour reconnoître les services agréables que les associés de ladite Compagnie nous ont en ce rendus, les recompenser des dépenses qu'ils ont faites, les encourager à l'avenir, & exciter autres de nos sujets à pareilles entreprises: Savoir faisons, qu'ayant fait examiner en notre conseil où étoient plusieurs Princes, officiers de notre couronne & principaux de notre conseil, les contrats du 12 février 1635, & 29 janvier 1642, faits par notre très cher & bien amé cousin le cardinal Duc de Richelieu, Grand'maître, chef, & Surintendant général de la navigation & commerce de france, avec le sieur Berruyer, pour les associés en la compagnie des isles de l'Amérique, nous avons ratifié, confirmé & validé, & par ces présentes, ratifions confirmons & validons lesdits contrats; Voulons & nous plaît qu'ils sortent leur plein & entier effet, & que les associés en ladite compagnie, leurs heoirs, successeurs & ayans cause, jouissent du contenu en iceux; & conformément auxdits contrats, avons ordonné & ordonnons ce qui suit.

ARTICLE PREMIER.

Que les associés de ladite compagnie continueront de travailler à l'établissement des colonies aux isles de l'Amérique, situées depuis le dixieme jusqu'au trentieme degré inclusivement en deça de la ligne équinoxiale, qui ne sont à présent occupées par aucuns Princes chrétiens, ou qui sont devenus par là ennemis de cet état, ou qui se trouveront possédées par autres nos sujets sans concessions par nous approuvées & ratifiées, & même dans les isles occupées par nos alliés en cas qu'ils les puissent faire de leur consentement, & avenant que la compagnie veuille entreprendre sur les isles étant en l'obéissance de nos ennemis, nous promettons l'assister des vaisseaux & soldats, armes & munitions, selon les occurrences & l'état de nos affaires.

II. Et d'autant que le principal objet desdites colonies doit être la gloire de Dieu, lesdits associés ne souffriront dans lesdites isles être fait exercice d'autre religion que de la catholique, apostolique & romaine, & feront tout leur possible pour obliger les gouverneurs & officiers desdites isles à y tenir la main : & pour travailler incessamment à la conversion des sauvages, tant des isles qu'ils auront occupés que des autres voisines, tenues par les anciens peuples de l'amérique, lesdits associés auront en chacune des colonies, un nombre suffisant d'ecclésiastiques pour l'administration de la parole de Dieu & la célébration du service divin ; feront construire des lieux propres à cet effet ; fourniront des ornemens, livres & autres choses nécessaires.

III. Nous avons accordé & accordons à perpétuité aux associés de ladite compagnie, leurs heoirs, successeurs & ayans cause, la propriété desdites isles situées depuis le dixieme jusqu'au trentieme degré inclusivement en-deça de la ligne équinoxiale & côtes de l'amérique, en toute justice & seigneurie, les terres, forts, rivieres, havres, fleuves, étangs, mêmement les mines & minieres, pour jouir desdites mines conformément aux ordonnances : de toutes lesquelles choses susdites, nous nous réservons seulement le ressort de la foi & hommage qui nous sera fait & à nos successeurs Rois de france, par l'un desdits associés au nom de tous, à chaque mutation de Roi, & la provision des officiers de la justice souveraine, qui nous seront nommés & présentés par lesdits associés lorsqu'il sera besoin d'y en établir.

IV. Pourront lesdits associés, faire fortifier des places & construire des forts aux lieux qu'ils jugeront les plus commodes pour la conservation des colonies & sûreté du commerce.

V. Leur avons permis d'y faire fondre des canons & boulets, forger toutes sortes d'armes offensives & défensives, faire poudre à canon & autres munitions.

VI. Mettront, lesdits associés tels capitaines & gens de guerre que bon leur semblera, dans lesdites isles & sur les vaisseaux qu'ils enverront, nous réservant néanmoins de pourvoir d'un gouverneur général sur toutes lesdites isles, lequel ne pourra en façon quelconque, s'entremettre du commerce, distribution des terres, ni à l'exercice de la justice, ce qui sera expressément porté par sa commission.

VII. Lesdits associés disposeront desdites choses à eux accordées, de telle façon qu'ils aviseront pour le mieux ; distribueront les terres entr'eux, & à ceux qui s'habitueront sur les lieux, avec réserve de tels droits & devoirs, & à telles charges & conditions qu'ils jugeront plus

plus à propos, même en fief & avec haute, moyenne & basse justice ; & en cas qu'ils desirent avoir titres de baronnie, comtés & marquisats, se retireront par devers nous pour leur être pourvû de lettres nécessaires.

VIII. Pendant vingt ans à commencer de la date des présentes, aucun de nos sujets ne pourra aller trafiquer auxdites isles, ports, havres & rivieres d'icelles, que du consentement par écrit desdits associés, & sous les congés qui leur seront accordés sur ledit consentement, le tout à peine de confiscation des vaisseaux & marchandises de ceux qui iront sans ledit consentement, applicable au profit de ladite compagnie ; & pour cet effet ne pourront être délivrés aucuns congés pour aller auxdites isles par notre très-cher & bien amé cousin le cardinal duc de Richelieu, Grand'maître & surintendant général de la navigation & commerce de france & ses successeurs en ladite charge, que sur le consentement desdits associés ; & après lesdites vingt années expirées, pourront tous nos sujets aller trafiquer librement auxdites isles, côtes & autres pays de notre obéissance.

IX. Et s'il arrivoit guerre civile ou étrangere qui empêchât lesdits associés de jouir librement des privileges à eux accordés par ces présentes pendant lesdites vingt années, nous promettons de leur proroger le tems à proportion du trouble & empêchement qu'ils auront souffert.

X. Et au cas qu'il se trouve des isles dans ladite étendue du dixieme au trentieme degré qui ne soient habitées par les françois après lesdites vingt années, nous nous réservons l'entiere disposition desdites isles non habitées, pour les accorder à telles personnes que bon nous semblera.

XI. Et pour indemniser lesdits associés des grandes dépenses desdits établissemens, & favoriser le commerce & les manufactures qui pourront s'introduire dans lesdites isles, nous leur avons accordé & accordons l'exemption de tous droits d'entrée pour toutes sortes de marchandises provenantes desdites isles appartenant aux associés de ladite compagnie, en quelque port de notre royaume qu'elles puissent être amenées pendant lesdites vingt années seulement, dont sera fait mention expresse dans les baux à ferme de nos droits qui se feront pendant ledit tems.

XII. Pour convier nos sujets à une si glorieuse entreprise & si utile à cet état, nous promettons à ladite compagnie de faire expédier quatre brevets de noblesse, dont elle disposera en faveur de ceux qui occuperont & habiteront à leurs frais quelques-unes desdites isles, sous l'autorité de ladite compagnie, & y demeureront pendant deux années avec cinquante hommes au moins.

XIII. Et d'autant qu'aucuns de nos sujets pourroient faire difficulté de transférer leur demeure esdites isles, craignant que leurs enfans perdiſſent leur droit de naturalité en ce royaume, nous voulons & ordonnons que les deſcendans des françois habitués eſdites isles, & même les ſauvages qui ſeront convertis à la foi chrétienne & en feront profeſſion, ſeront cenſés & réputés naturels françois, capables de toutes charges, honneurs, ſucceſſions & donnations, ainſi que les originaires & regnicoles, ſans être tenus de prendre lettres de déclaration ou naturalité.

XIV. Que les artiſans qui paſſeront eſdites isles & y exerceront leurs métiers pendant ſix années conſécutives, ſeront réputés maîtres de chef d'œuvre, & pourront tenir boutique ouverte en toutes les villes de notre royaume, à la réſerve de notre ville de Paris, en laquelle ne pourront tenir boutique ouverte, que ceux qui ont pratiqué leurſdits métiers eſdites isles pendant dix années, parce que le principal objet deſdits aſſociés a été la gloire de Dieu & l'honneur de notre royaume, & qu'en formant ladite entrepriſe pour l'établiſſement deſdites colonies, ils ont bien mérité de cet état.

XV. Nous déclarons qu'eux, leurs ſucceſſeurs & ayans cauſe, de quelque qualité qu'ils ſoient, prélats, ſeigneurs, gentilshommes, officiers de notre conſeil, cours ſouveraines ou autres, pourront établir & faire tel commerce que bon leur ſemblera auxdites isles, ſans diminution de leur nobleſſe, dignités, qualités, privileges, prérogatives & immunités.

XVI. Et d'autant que ladite compagnie pourroit en exécution des privileges à elle accordés, avoir pluſieurs procès en divers lieux de ce royaume, où le retour de ſes vaiſſeaux & le debit de ſes dites marchandiſes ſe feront, & qu'il ne ſeroit pas raiſonnable qu'elle fût traduite en diverſes juriſdictions, ce qui la conſumeroit en frais & retarderoit l'avancement de ſes affaires, nous avons évoqué & évoquons à nous & à notre perſonne, tous les procès & différens eſquels ladite compagnie eſt ou ſera dorénavant partie, ou eſquels il s'agira de la conſervation de ſes privileges, & iceux avec leurs circonſtances & dépendances à nous évoqués, renvoyés & renvoyons en notre grand conſeil, auquel à cet effet, nous en avons attribué toute cour, juriſdiction & connoiſſance, & icelle interdite & défendue à tous autres juges.

Si donnons en mandement à nos amés & féaux Conſeillers les gens tenant notre grand conſeil, & tous nos autres officiers qu'il appartiendra, que ces préſentes ils faſſent lire, publier & regiſtrer, du contenu en icelles, jouir pleinement & paiſiblement leſdits aſſociés de la compagnie des isles de l'Amérique; car tel eſt notre plaiſir: nonobſtant tous édits, ordonnances, déclarations, mandemens & autres choſes à ce contraires, auxquelles & aux dérogatoires y contenus, nous avons pour ce regard & ſans tirer à conſéquence, dérogé & dérogeons par ces préſentes; leſquelles nous voulons ſortir leur plein

& entier effet, nonobstant oppositions ou appellations quelconque, clameur de haro, charte normande, prise à partie & lettres à ce contraires, pour lesquelles ne voulons être différé; & d'autant que de ces présentes on pourra avoir affaire en plusieurs & divers lieux, nous voulons qu'au *vidimus* ou copie d'icelle duement collationnée par un de nos amés & féaux conseillers, notaires & secretaires, foi soit ajoutée comme au présent original; Et afin que ce soit chose ferme & stable à toujours, nous avons fait mettre notre scel à ces dites présentes, sauf en autres choses notre droit & l'autrui en toutes. Donné à Narbonne au mois de mars, l'an de grace mil six cent quarante-deux, & de notre regne le trente-deuxieme. *Signé*, LOUIS; Par le Roi, BOUTEILLER, Et scellé de cire verte.

ENREGISTRE' le 5 Février 1645.

DECLARATION

DU ROI,

CONCERNANT les marchandises des Colonies françoises.

Donnée à Paris, le 14 Mars 1722.

LOUIS PAR LA GRACE DE DIEU, ROI DE FRANCE ET DE NAVARRE: A tous ceux qui ces présentes lettres verront, SALUT. Par l'article XXVI de nos lettres patentes du mois d'avril 1717, portant réglement pour le commerce des isles & colonies françoises, nous avons très expressément défendu aux habitans desdites isles & colonies, & aux négocians de notre royaume, de transporter dans les pays étrangers ou dans les isles étrangeres voisines desdites colonies, par des vaisseaux françois ou étrangers, aucunes marchandises du crû des isles françoises, à peine de confiscation des vaisseaux & marchandises, & de mille livres d'amende, & encore à peine contre les capitaines & maîtres de bâtimens, de répondre en leur propre & privé nom desdites confiscations & amendes, de prison pendant un an, & d'être déclarés incapables de commander ni de servir en qualité d'officier sur aucun bâtiment; à l'effet de quoi les capitaines seront tenus de représenter à leur arrivée en france, un état signé des commis du domaine d'occident, des marchandises qu'ils ont chargées auxdites isles & colonies. Quoique la derniere disposition dudit article soit essentielle, & la plus grande sûreté qui puisse être prise contre le commerce étranger, par la vérification qui doit être faite des marchandises à l'arrivée des vaisseaux en france, sur l'état du chargement fait aux isles, cependant nous sommes informès que la plupart des maîtres des bâtimens revenans des isles, se sont dispensés de rapporter aucun état de chargement dans la forme prescrite, & que les commis de nos fermes dans les ports de france, ne peuvent les y assujettir ni procéder sûremeut contr'eux, dans la crainte que les juges n'y ayent aucun égard, sous prétexte que ledit article XXVI. du réglement de 1717, ne prononce aucune peine contre ceux qui seront en défaut de rapporter ledit état signé du commis du domaine d'occident aux isles & colonies françoises, mais seulement contre ceux qui font le commerce étranger, ce qui rend les défenses de ce commerce illusoires, par l'impossibilité de reconnoître en france si toutes les marchandises qui ont été chargées aux isles, sont fidélement rapportées dans les ports du retour, & s'il n'en a point été déchargé dans les pays étrangers; c'est à quoi nous avons estimé nécessaire de remédier par une disposition qui déclare les peines prononcées par ledit réglement de 1717 contre les maîtres des bâtimens qui feroient le commerce étranger, également encourues par ceux qui seroient en défaut de rapportet leur état de chargement signé des commis des isles & colonies françoises, avec d'autant plus de justice, que cette regle étant de facile exécution, & d'ailleurs nécessaire pour assurer la perception de nos droits, tant aux isles qu'en france, les maîtres des bâtimens n'ont pû s'en écarter que dans la vue de faire un commerce très-préjudiciable au bien de notre état, de frauder en même tems nos droits, & de se soustraire aux peines qu'ils auroient méritées par une double contravention. A CES CAUSES, & autres à ce nous mouvant, de l'avis de notre très-cher & très amé oncle le duc d'Orleans, petit fils de france régent; de notre très-cher & très-amé oncle le duc de Chartres, premier Prince de notre sang; de notre très-cher & très-amé cousin le duc de Bourbon; de notre très-cher & très amé cousin le comte de Charollois; de notre très-cher & très-amé cousin le Prince de Conty, Princes de notre Sang; de notre très-cher & très-amé oncle le comte de Toulouse, Prince légitimé, & autres grands & notables personnages de notre royaume, & de notre certaine science, pleine puissance & autorité royale, nous avons par ces présentes signées de notre main, dit, statué & ordonné, disons, statuons & ordonnons, voulons & nous plaît que l'article XXVI. de nos lettres patentes du mois d'avril 1717, soit exécuté selon sa forme & teneur; & en conséquence que les maîtres des bâtimens revenans des isles & colonies françoises, soient tenus de représenter à leur arrivée en france, un état signé & certifié des commis du domaine d'occident, des marchandises qu'ils auront chargées auxdites isles & colonies. Ordonnons que faute par lesdits maîtres de remettre dans les vingt-quatre heures de leur arrivée dans les ports de france, aux commis des bureaux de nos fermes, ledit état de chargement, ou faute de rapporter les marchandises

chandiſes conformes audit état, ſuivant la vérification qui en ſera faite par leſdits commis, ils ſoient réputés avoir fait commerce des marchandiſes deſdites isles avec l'étranger, & en conſéquence que les vaiſſeaux & marchandiſes ſoient confiſqués; les propriétaires deſdites marchandiſes & les capitaines & maîtres deſdits bâtimens condamnés ſolidairement en l'amende de mille livres, & autres peines portées par ledit article XXVI de nos lettres patentes du mois d'avril 1717.

SI DONNONS EN MANDEMENT à nos amés & féaux Conſeillers, les gens tenans nos cours de Parlement & des Aydes à Paris, que ces préſentes ils aient à faire lire, publier & régiſtrer, & le contenu en icelles garder obſerver & exécuter ſelon leur forme & teneur, nonobſtant tous Edits, Déclarations, Réglemens, Arrêts ou autres choſes à ce contraires, auxquelles nous avons dérogé & dérogeons par ces préſentes; aux copies deſquelles collationnées par l'un de nos amés & féaux conſeillers-ſecretaires, voulons que foi ſoit ajoutée comme à l'original: Car tel eſt notre plaiſir. En témoin de quoi nous avons fait mettre notre ſcel à ceſdites préſentes. Donné à Paris le quatorzieme jour de mars, l'an de grace mil ſept cent vingt-deux, & de notre regne le ſeptieme. *Signé*, LOUIS. *Et plus bas*; Par le Roi, Le Duc d'ORLEANS régent préſent. PHELYPEAUX. Vû au Conſeil, le PELLETIER DE LA HOUSSAYE. Et ſcellé du grand ſceau de cire jaune.

LETTRES-PATENTES

DU ROI,

EN FORME D'EDIT,

Concernant le Commerce étranger aux Iſles & Colonies de l'Amérique.

Données à Fontainebleau au mois d'Octobre 1727.

LOUIS PAR LA GRACE DE DIEU, ROI DE FRANCE ET DE NAVARRE; A tous préſens & à venir, *SALUT*. Les ſoins que le feu Roi notre très-honoré Seigneur & biſayeul s'eſt donné pour l'augmentation de nos iſles & colonies, ceux que nous avons pris à ſon exemple, depuis notre avenement à la couronne, les dépenſes qui ont été faites & celles que nous faiſons annuellement pour ces iſles & colonies, ont eu pour objet le maintien & la ſûreté deſdites iſles & colonies, l'augmentation de la navigation & du commerce de nos ſujets: Nos vues ont eu le ſuccès que nous pouvions en attendre; nos iſles & colonies conſidérablement augmentées, ſont en état de ſoutenir une navigation & un commerce conſidérable par la consommation & le débit des negres, denrées & marchandises qui leur sont portées par les vaisseaux de nos sujets, & par les chargemens des sucres, cacaos, cotons, indigos & autres productions desdites isles & colonies, qu'ils y prennent en échange pour les porter dans les ports de notre royaume. Mais nous avons été informés qu'il se seroit introduit un commerce frauduleux, d'autant plus préjudiciable, qu'outre qu'il diminue la navigation & le commerce de nos sujets, il pourroit être dans la suite d'une dangereuse conséquence au maintien de nosdites isles & colonies : les justes mesures que nous prenons pour qu'il leur soit fourni de france & de nos autres colonies, les negres, les denrées & marchandises dont elles peuvent avoir besoin, & la protection que nous devons au commerce de nos sujets, nous ont déterminé de fixer par une loi certaine, des précautions suffisantes pour faire cesser le commerce frauduleux, & des peines séveres contre ceux qui tomberont dans la contravention.

A CES CAUSES, & autres à ce nous mouvans, de l'avis de notre conseil, & de notre certaine science, pleine puissance & autorité royale, Nous avons par ces présentes signées de notre main, dit, statué & ordonné, disons, statuons & ordonnons qu'il ne soit reçu dans les colonies soumises à notre obeissance que les negres, effets, denrées & marchandises qui y seront portées par des navires ou autres bâtimens de mer françois, qui auront pris leur chargement dans les ports de notre royaume ou dans nosdites colonies, & qui appartiendront à nos sujets nés dans notre royaume ou dans lesdites colonies; Et en conséquence, voulons & nous plaît ce qui suit.

TITRE PREMIER.

Des Vaisseaux faisant le commerce étranger.

ARTICLE PREMIER.

Défendons à tous nos sujets nés dans notre royaume & dans les colonies soumises à notre obéissance, de faire venir des pays étrangers & colonies étrangeres aucuns negres, effets, denrées & marchandises pour être introduites dans nosdites colonies, à l'exception néanmoins des chairs salées d'Irlande, qui seront portées par des navires françois qui auront pris leur chargement dans les ports du royaume, le tout à peine de confiscation des bâtimens de mer qui feront ledit commerce, & de leur chargement, & de mille livres d'amende contre le capitaine, qui sera en outre condamné à trois ans de galere.

II. Défendons sous les mêmes peines à nosdits sujets, de faire sortir de nosdites isles & colonies, aucuns negres, effets, denrées & marchandises pour être envoyés dans les pays étrangers & colonies étrangeres : Permettons néanmoins aux négocians françois, de porter en droiture de nos isles de l'Amérique, dans les ports d'espagne, les sucres de toutes especes, à l'exception des sucres bruts, ensemble toutes les autres marchandises du crû desdites isles, conformément à ce qui est réglé par l'arrêt de notre conseil du 27 Janvier 1726.

III. Les étrangers ne pourront aborder avec leurs vaisseaux ou autres bâtimens, dans les ports, ances & rades de nos isles & colonies, même dans nos isles inhabitées, ni naviguer à une lieu autour d'icelles isles & colonies, à peine de confiscation de leurs vaisseaux & autres bâtimens, ensemble du chargement, & de mille livres d'amende, qui sera payée solidairement par le capitaine & les gens de l'équipage.

IV. Ordonnons à tous nos officiers, capitaines commandans de nos vaisseaux, de courre sur les vaisseaux & autres bâtimens de mer étrangers qu'ils pourront trouver dans lesdits parages, même sur ceux appartenans à nos sujets, faisant le commerce étranger; de les réduire par la force des armes, & de les amener dans l'isle la plus prochaine du lieu où la prise aura été faite.

V. Permettons à tous nos sujets de faire aussi la course sur lesdits vaisseaux & autres bâtimens de mer étrangers, & sur ceux appartenans à nos sujets faisant le commerce étranger; & voulons qu'à l'avenir il soit inséré dans les commissions en guerre & marchandise qui seront données par l'Amiral de france, que ceux qui en seront porteurs pourront courir sur les vaisseaux & autres bâtimens de mer qui se trouveront dans le cas susdit; les réduire par la force des armes, les prendre & amener dans l'isle la plus prochaine du lieu où la prise aura été faite; lesquelles commissions ne pourront leur être délivrées qu'après avoir donné caution de même que s'ils armoient en guerre.

VI. Les prises ainsi faites, soit par nos vaisseaux ou par ceux de nos sujets, seront instruites & jugées par les officiers de l'amirauté, conformément aux ordonnances & réglemens rendus à ce sujet, sauf l'appel au conseil supérieur de l'isle ou colonie où la prise aura été jugée, excepté en tems de guerre, que les procédures des prises faites sur la nation avec laquelle nous serons en guerre, seront envoyées au secretaire général de la marine, pour être jugées par l'Amiral, ainsi qu'il est accoutumé; & il appartiendra sur les prises qui seront déclarées bonnes, le dixieme à l'Amiral, conformément à l'ordonnance de 1681.

VII. le produit des prises faites par nos vaisseaux sera partagé, après le dixieme de l'Amiral déduit; savoir, un dixieme à celui qui commandera le vaisseau qui aura fait la prise; un dixieme à celui qui commandera l'escadre, s'il y en a une; un dixieme au gouverneur notre lieutenant général de la colonie où la prise sera conduite; un autre dixieme à l'intendant; & le surplus, moitié aux équipages des vaisseaux, & l'autre moitié sera mise en dépôt entre les mains des commis du trésorier de la marine dans ladite colonie, pour être employée suivant les ordres que nous en donnerons, soit à l'entretien ou augmentation des hôpitaux, bâtimens, batteries & autres ouvrages nécessaires esdites colonies.

VIII. Les prises qui seront faites par les vaisseaux de nos sujets, seront adjugées à celui qui les aura faites, sauf le dixieme de l'Amiral; & sur le surplus du produit, il en sera levé le cinquieme, dont la moitié sera mise en dépôt entre les mains du commis du trésorier de la marine dans les colonies, pour être employée suivant nos ordres, soit à l'entretien ou augmentation des hôpitaux, bâtimens, batteries & autres ouvrages nécessaires esdites colonies, & l'autre moitié sera partagée, les deux tiers au gouverneur notre lieutenant général, & l'autre tiers à l'intendant de la colonie où le vaisseau preneur aura fait son armement; & à l'égard des prises qui seront faites par les vaisseaux qui auront été armés en france, ladite moitié sera partagée comme il est dit ci dessus, entre le gouverneur notre lieutenant général, & l'intendant de la colonie où la prise aura été conduite.

IX Les gouverneurs particuliers des colonies de Cayenne, de la Guadeloupe & de l'isle royale, jouiront pour les prises qui seront conduites esdites colonies, soit par nos vaisseaux ou par ceux de nos sujets armés en france, ou dans lesdites colonies, des parts attribuées par les articles VII & VIII des présentes, au gouverneur notre lieutenant général; & pareillement les commissaires ordonnateurs desdites colonies jouiront de celles attribuées à l'Intendant.

X. Ordonnons à tous les officiers de nos troupes ou des milices, commandans dans les différens quartiers de nos colonies, même aux capitaines de milice dans leurs quartiers, d'envoyer arrêter les bâtimens étrangers qui se trouveront dans les ports, ances & rades de leur district, & les bâtimens françois y faisant le commerce étranger: & sur lesdits bâtimens ainsi pris, il appartiendra le dixieme à l'Amiral, & du surplus il en appartiendra le tiers à l'officier qui aura envoyé faire la prise, un autre tiers qui sera partagé par moitié entre celui qui commandera le détachement, & les soldats ou habitans qui l'auront composé; & le restant sera mis en dépôt entre les mains du commis du trésorier de la marine, pour être employé suivant nos ordres, soit à l'entretien ou augmentation des hôpitaux, bâtimens, batteries ou autres ouvrages nécessaires esdites colonies.

XI. Les vaisseaux ou autres bâtimens étrangers, soit de guerre ou marchands, qui par tempête ou autres besoins pressans seront obligés de relâcher dans nos colonies, ne pourront, à peine de confiscation des bâtimens marchands & de leurs cargaisons, mouiller que dans les ports ou rades des lieux où nous avons des garnisons; savoir, dans l'isle de la Martinique, au Fort-Royal, au Bourg St. Pierre & à la

Trinité:

Trinité : Dans l'isle de la Guadeloupe, à la rade de la Basse-Terre, au petit Cul-de-sac & au Fort-Louis : A la Grenade, dans le principal Port, aussi-bien qu'à Marie-Galante : Et dans l'isle de Saint Domingue, au petit Goave, à Leogane, à St. Louis, à St. Marc, au Port de Paix & au Cap François ; auxquels lieux ils ne pourront être arrêtés, pourvu qu'ils justifient que leur destination ni leur chargement n'étoit point pour nosdites colonies ; & il leur sera en ce cas, donné tous les secours & assistance dont ils pourront avoir besoin : Ordonnons au Gouverneur notre lieutenant général, ou autre officier commandant, d'envoyer sur le champ un détachement de quatre soldats & un sergent, à bord desdits vaisseaux & autres bâtiment, avec ordre d'empêcher l'embarquement & le débarquement d'aucuns negres, effets, denrées & marchandises, pour quelque cause & sous quelque prétexte que ce soit ; lequel détachement demeurera à bord desdits vaisseaux & autres bâtimens, aux dépens des propriétaires d'iceux, tant qu'ils resteront dans les ports & rades de nos colonies.

XII. Les capitaines desdits vaisseaux & autres bâtimens ainsi relâchés qui auront besoin des vivres, agrêts ou autres ustensiles pour pouvoir continuer leur navigation, seront tenus de demander permission au Gouverneur notre lieutenant général, ou commandant en son absence, & à l'Intendant, de les embarquer ; laquelle permission ne pourra leur être accordée qu'après que leur demande aura été communiquée au directeur du domaine, & débattue par lui, s'il y a lieu : & en cas que dans les débats du directeur du domaine, il y eût de sa part opposition à ladite permission, ses motifs, ainsi que ceux du Gouverneur notre lieutenant général, ou commandant en son absence, & de l'intendant, seront rédigés dans un procès verbal signé d'eux, lequel sera envoyé, avec copie de ladite ordonnance, au secretaire d'état ayant le département de la marine, pour nous en rendre compte.

XIII. S'il est absolument nécessaire pour le radoub ou carene des bâtimens étrangers ainsi relâchés, de débarquer leurs effets, denrées & marchandises, les capitaines d'iceux seront tenus d'en demander permission au Gouverneur notre lieutenant général, ou commandant en son absence, & à l'Intendant ; laquelle permission ne pourra pareillement leur être accordée qu'après que leur demande aura été communiquée au directeur du domaine, & débattue par lui, s'il y a lieu ; & il sera aussi rendu par lesdits Gouverneur notre lieutenant général, ou commandant en son absence, & Intendant, une ordonnance portant ladite permission : & en cas que dans les débats du directeur du domaine, il y ait eu de sa part opposition à ladite permission, ses motifs, ainsi que ceux du Gouverneur notre lieutenant général, ou commandant en son absence, & de l'Intendant, seront rédigés dans un procès verbal signé d'eux, lequel sera envoyé, avec copie de ladite ordonnance, au secretaire d'état ayant le département de la marine, pour nous en rendre compte: Voulons que ladite ordonnance soit exécutée par provision, & qu'en cas de débarquement desdits effets, denrées & marchandises, il soit fait un procès verbal en présence du directeur du domaine, contenant la quantité & la qualité des marchandises qui seront débarquées, signé du capitaine du navire, & de l'écrivain ou facteur, & dudit directeur du domaine; duquel procès verbal copie sera envoyée au secretaire d'état ayant le département de la marine: que ledit Gouverneur notre lieutenant général ou le commandant en son absence, fasse établir une sentinelle à la porte du magasin dans lequel seront déposés lesdits effets, denrées & marchandises, pour empêcher qu'il n'en soit rien tiré pour être introduit & vendu dans lesdites colonies, & ce pendant tout le tems que lesdits effets, denrées & marchandises resteront dans ledit magasin, lequel sera fermé à trois serrures, dont une des clefs sera remise à l'Intendant, une autre au Directeur du domaine, & la troisieme au capitaine ou maître du navire. Voulons aussi qu'en cas qu'il soit débarqué des negres, il en soit dressé un rôle où ils soient exactement signalés; qu'ils soient remis en sequestre entre les mains de quelque personne solvable, pour les représenter lors du rechargement du navire ou bâtiment dont ils auront été débarqués; & qu'au défaut d'un sequeste, le capitaine donne au bas dudit rôle, sa soumission de les représenter lors du rechargement du navire, sans qu'il puisse en être distrait aucun par vente ou autrement; le tout à peine de confiscation de la valeur desdits negres, du bâtiment & de la cargaison.

XIV. La dépense que les vaisseaux & autres bâtimens de mer étrangers ainsi relâchés dans nos isles & colonies seront obligés d'y faire, sera payée en argent ou en lettres de change; & en cas que les capitaines n'aient point d'argent, & qu'il ne se trouve personne dans lesdites isles & colonies qui veuille répondre du paiement desdites lettres de change, il pourra être accordé par le Gouverneur notre lieutenant général, ou le commandant en son absence, & l'Intendant, sur la demande des capitaines desdits bâtimens, qui sera pareillement communiquée au directeur du domaine, & débatue par lui, s'il y a lieu, permission de vendre une certaine quantité de negres, effets, denrées ou marchandises, pour le paiement de ladite dépense seulement; & il sera rendu par lesdits Gouverneur notre lieutenant-général, ou commandant en son absence, & l'Intendant, une ordonnance portant ladite permission, dans laquelle il sera fait mention de ce à quoi aura monté ladite dépense, ensemble de la quantité & qualité des negres, effets, denrées & marchandises qui pourront être vendus; & en cas que dans les débats du directeur du domaine, il y ait eu de sa part opposition à ladite permission, ses motifs, ainsi que ceux du Gouverneur notre lieutenant général, ou commandant en son absence, & de l'Intendant, seront rédigés dans un procès verbal signé d'eux, lequel sera envoyé avec copie de l'ordonnance, au secretaire d'état ayant le département de la marine, pour nous en rendre compte : Voulons que ladite ordonnance soit exécutée par provision, & que la vente ainsi permise ne puisse excéder le montant de la dépense desdits bâtimens, sous quelque prétexte que ce soit.

XV. Voulons qu'aussi-tôt que lesdits navires étrangers qui auront relâché, seront en état de reprendre leur chargement, les negres, effets, denrées & marchandises qui en auront été débarqués, y soient rembarqués, & qu'il soit fait un recollement sur le procès verbal de débarquement desdits negres, effets, denrées & marchandises, pour connoître s'il n'en a rien été tiré; duquel procès verbal de recollement qui sera signé par le directeur du domaine, copie sera envoyée au secretaire d'état ayant le département de la marine, & qu'après ledit rembarquement, lesdits vaisseaux mettent à la voile. Voulons aussi que ceux qui auront pareillement relâché, & desquels il n'aura rien été débarqué, partent de même au premier tems favorable, après qu'ils auront été mis en état de naviguer, à peine contre les capitaines des uns & des autres de ces bâtimens, de mille livres d'amende, & de confiscation desdits bâtimens & de leur chargement : les Gouverneurs nos lieutenans-généraux, gouverneurs particuliers, ou autres officiers commandans dans nosdites colonies, ne souffriront point que lesdits bâtimens y fassent un plus long séjour que celui qui leur sera absolument nécessaire pour les mettre en état de tenir la mer.

XVI. Faisons défenses aux capitaines desdits navires étrangers, facteurs & autres tels qu'ils puissent être, de débarquer, vendre ni débiter aucuns negres, effets, denrées & marchandises apportées par lesdits navires, ni d'embarquer aucuns negres, effets, denrées & marchandises de la colonie où ils auront relâché, à peine de confiscation desdits bâtimens, & de leur chargement, & de mille livres d'amende qui sera payée solidairement par les capitaines & les gens de l'équipage.

TITRE II.

Des Negres, effets, denrées & marchandises qui seront trouvés sur les greves, ports & havres, provenant tant des Vaisseaux françois faisant le commerce étranger, que des vaisseaux étrangers.

ARTICLE PREMIER.

Les negres, effets, denrées & marchandises qui seront trouvés sur les greves, ports & havres, & qui proviendront des navires appartenans à nos sujets faisant le commerce étranger, seront confisqués, ensemble le bâtiment d'où ils auront été débarqués, & son chargement, le capitaine condamné à mille livres d'amende, & en outre à trois ans de galere, la moitié de laquelle amende appartiendra au dénonciateur.

II. Les negres, effets, denrées & marchandises qui seront pareillement trouvés sur les greves, ports & havres, & qui proviendront des navires étrangers, seront aussi confisqués, ensemble le bâtiment d'où ils auront été débarqués, & son chargement, & le capitaine condamné en mille livres d'amende, qui sera payée solidairement avec les gens de l'équipage, & dont moitié appartiendra au dénonciateur.

III. Lesdites confiscations, peines & amendes seront jugées par les Officiers d'Amirauté, sauf l'appel aux conseils supérieurs.

TITRE III.

Des Negres, effets, denrées & marchandises qui seront trouvés à terre, provenant, tant des vaisseaux françois faisant le commerce étranger, que des vaisseaux étrangers.

ARTICLE PREMIER.

Les negres, effets, denrées & marchandises qui seront trouvés à terre, & qui proviendront des navires appartenans à nos sujets faisant le commerce étranger, seront confisqués, ensemble le bâtiment d'où ils auront été débarqués, & son chargement, le capitaine condamné à mille livres d'amende, & en outre à trois ans de galere.

II. Les negres, effets, denrées & marchandises qui seront pareillement trouvés à terre, & qui proviendront des navires étrangers, seront aussi confisqués, ensemble le bâtiment d'où ils auront été débarqués, & son chargement, & le capitaine condamné à mille livres d'amende, qui sera payée solidairement avec les gens de l'équipage.

III. Ceux chez qui il se trouvera de negres, effets, denrées & marchandises provenant des navires françois faisant le commerce étranger, & des navires étrangers, seront condamnés à quinze cens livres d'amende, & en outre à trois ans de galere.

IV. Lesdites amendes & confiscations appartiendront, savoir, moitié au dénonciateur, & l'autre moitié au fermier de notre domaine.

V. L'instruction des procès pour raison desdites contraventions, sera faite par les juges ordinaires, sauf l'appel à nos conseils supérieurs.

TITRE IV.

Des appels des sentences qui seront rendues, tant à l'occasion des navires françois faisant le commerce étranger, que des navires étrangers.

ARTICLE PREMIER.

Les appels qui seront interjettés en nos conseils supérieurs, des sentences rendues, tant par les juges ordinaires que par ceux de l'amirauté, à l'occasion des navires françois faisant le commerce étranger, & des navires étrangers, y seront jugés en la maniere suivante.

II. Nos Conseils supérieurs continueront de s'assembler en la maniere ordinaire & accoutumée.

III. Les séances qu'ils tiennent ordinairement & pendant lesquelles sont expédiées toutes les affaires qui sont en état d'y être portées, seront partagées en deux.

IV. Il sera porté à la premiere séance les affaires, tant civiles que criminelles qui concerneront les particuliers, autres que celles qui regarderont le commerce étranger, ou qui pourront y avoir rapport, ainsi que les vaisseaux étrangers.

V. Il sera porté à la seconde séance, qui se tiendra immédiatement ensuite de la premiere, toutes les affaires qui pourront concerner ledit commerce étranger, ou y avoir rapport, & toutes celles concernant aussi les vaisseaux étrangers.

VI. Il n'assistera à ladite seconde séance, que le Gouverneur notre lieutenant général, l'Intendant, les officiers majors qui ont séance auxdits conseils, cinq conseillers que nous nommerons à cet effet, le Procureur général & le greffier: Voulons que le cas arrivant que quelques-uns desdits conseillers ne se trouvent pas auxdites séances, soit par absence, maladie ou autre cause légitime, les jugemens soient rendus & exécutés lorsqu'il y aura le nombre de trois desdits conseillers seulement.

TITRE V.

Des Marchandises provenant des vaisseaux étrangers, introduites par le moyen des vaisseaux françois.

ARTICLE PREMIER.

Les marchandises provenant des navires étrangers, qui seront trouvées dans les bâtimens appartenans à nos sujets, seront confisquées, & les capitaines desdits bâtimens, facteurs ou écrivains d'iceux condamnés solidairement à trois mille livres d'amende, & en outre les capitaines à trois ans de galere, & les facteurs ou écrivains, à six mois de prison: lesdites confiscations & amendes appartiendront, savoir; moitié au dénonciateur, & l'autre moitié sera mise en dépôt entre les mains du commis du trésorier de la marine dans nos colonies, pour être employée suivant les ordres que nous en donnerons, soit à l'entretien & augmentation des hôpitaux, bâtimens, batteries & autres ouvrages nécessaires esdites colonies.

II. Lesdits capitaines, facteurs ou écrivains, seront tenus de justifier par factures, manifestes ou charte-partie, connoissemens & policès en bonne forme, & ce par-devant l'Intendant, à la premiere requisition qui leur en sera faite, que les marchandises qu'ils auront vendues proviennent en entier de celles qu'ils ont chargées en france; & faute par eux d'y satisfaire, ils seront censés & réputés avoir vendu des marchandises provenant des navires étrangers, ou des navires françois faisant le commerce étranger, & comme tels condamnés aux peines portées par l'article précédent.

III. Et attendu que les procès qui seront intentés pour raison desdites contraventions, requierent célérité, attribuons la connoissance desdites contraventions, aux Intendans de nos colonies, & icelles interdisons à toutes nos cours & autres juges.

IV. Voulons que dans les cas où lesdits capitaines seront convaincus desdites contraventions, il soit mis & placé par lesdits Intendans, un homme de confiance sur chacun desdits navires, pour les ramener en france à leurs propriétaires.

V. Voulons que toutes personnes de quelque qualité & condition qu'elles soient, qui seront convaincues d'avoir fait le commerce étranger par le moyen des bâtimens de mer à eux appartenans, ou qu'ils auront pris à fret, qui auront favorisé l'introduction des marchandises venues par des vaisseaux étrangers, ou qui auront envoyé dans les pays ou colonies étrangeres des negres, effets, denrées ou marchandises de nos colonies, soient condamnés outre les amendes portées par ces présentes, à trois ans de galere.

VI. Voulons que les contraventions pour raison du commerce étranger, & de l'introduction des negres, effets, denrées & marchandises étrangeres dans nos colonies, de même que pour l'envoi des negres, effets, denrées & marchandises de nos isles & colonies dans les pays étrangers, puissent être poursuivies pendant cinq ans, après qu'elles auront été commises, & que la preuve par témoins ou autrement, puisse en être faite pendant ledit tems.

VII. Attribuons toute cour, jurisdiction & connoissance aux Intendans de nos colonies, pour juger & décider toutes contestations, différends & procès, soit en demandant ou en défendant, que les étrangers pourront avoir avec nos sujets résidans dans lesdites colonies, & icelle connoissance, interdisons à toutes nos autres cours & juges.

VIII. Donnons pouvoir aux commissaires ordonnateurs, & premiers conseillers dans les isles & colonies où il n'y aura point d'Intendant, de faire les fonctions attribuées par ces présentes aux Intendans.

TITRE VI.

Des Etrangers établis dans les Colonies.

ARTICLE PREMIER.

Les étrangers établis dans nos colonies, même ceux naturaliſés, ou qui pourroient l'être à l'avenir, ne pourront y être marchands, courtiers & agens d'affaires de commerce, en quelque ſorte & maniere que ce ſoit, à peine de trois mille livres d'amende applicable au dénonciateur, & d'être bannis à perpétuité de noſdites colonies ; leur permettons ſeulement d'y faire valoir des terres & habitations, & d'y faire commerce des denrées qui proviendront de leurs terres.

II. Accordons à ceux qui peuvent y être préſentement, un délai de trois mois, du jour de l'enrégiſtrement des préſentes, après lequel tems ils ſeront tenus de ceſſer tout négoce de marchandiſes tel qu'il puiſſe être, & ſeront les contrevenans, condamnés aux peines portées par l'article précédent.

III. Faiſons défenſes à tous marchands & négocians établis dans noſdites colonies, d'avoir aucuns commis, facteurs, teneurs de livres ou autres perſonnes qui ſe mêlent de leur commerce, qui ſoient étrangers, encore qu'ils ſoient naturaliſés ; leur ordonnons de s'en défaire au plus tard dans trois mois, du jour de l'enrégiſtrement des préſentes, à peine contre leſdits marchands & négocians, de trois mille livres d'amende, applicable au dénonciateur & contre les commis, facteurs, teneurs de livres, & autres perſonnes qui ſe mêlent de leurs affaires, d'être bannis à perpétuité deſdites colonies.

IV. Enjoignons à nos Procureurs généraux & leurs ſubſtituts, de veiller à l'exécution des trois articles ci-deſſus, à peine d'en répondre en leur propre & privé nom.

SI DONNONS EN MANDEMENT, à nos amés & féaux les gens tenans nos Conſeils ſupérieurs établis eſdites iſles & colonies, que ces préſentes ils ayent à faire lire, publier & régiſtrer, & le contenu en icelles, garder & obſerver ſelon leur forme & teneur, nonobſtant tous Edits, Déclarations Arrêts & Ordonnances à ce contraires, auſquelles nous avons dérogé & dérogeons par ceſdites préſentes. CAR TEL EST NOTRE PLAISIR ; & afin que ce ſoit choſe ferme & ſtable à toujours, nous y avons fait mettre notre ſcel. Donné à Fontainebleau au mois d'octobre l'an de grace mil ſept cent vingt-ſept, & de notre regne le treizieme. *Signé*, LOUIS. *Et plus bas ;* PHELYPEAUX. *Viſa.* CHAUVELIN. Et ſcellé du grand ſceau de cire verte.

ENREGISTRE' le 3 Février 1728.

ARRÊT DU CONSEIL D'ETAT DU ROI,

PORTANT Réglement au sujet des contestations entre l'Amirauté de France & les Fermiers généraux, sur la compétence des matieres de la contrebande & du commerce prohibé qui se fait, tant en mer & dans les ports, havres & rivages du Royaume, qu'aux isles & Colonies françoises de l'Amérique.

Du 25 Mai 1728.

EXTRAIT DES REGISTRES DU CONSEIL D'ETAT.

VU par le Roi étant en son Conseil, les mémoires présentés en icelui, tant par l'Amiral de France, que par l'Adjudicataire des fermes générales-Unies, au sujet des contestations qui sont survenues jusqu'à présent entre l'Amirauté de France & les Fermiers généraux, sur la compétence des matieres de la contrebande & du commerce prohibé qui se fait par mer & dans les ports, havres & rivages du royaume, & à l'Amérique, & sur l'application des amendes & confiscations qui proviennent des saisies qui y sont faites des marchandises de cette espece, qui ont donné lieu jusqu'à ce jour à différens conflicts de jurisdiction entre les Juges des amirautés & les Juges des traités: Et Sa Majesté, pour terminer ces contestations, & prévenir celles qui pourroient survenir, ayant résolu de déterminer par un réglement, quels sont les droits qui doivent appartenir aux uns & aux autres: Oui le rapport du sieur le Pelletier, Conseiller d'Etat ordinaire & au conseil royal, contrôleur général des finances, Sa Majesté étant en son Conseil, a ordonné & ordonne ce qui suit.

ARTICLE PREMIER.

La connoissance des contraventions qui seront découvertes en france sur les vaisseaux & dans les ports, rades, côtes & rivages de la mer, sur le fait des marchandises de contrebande ou prohibées, à l'entrée ou à la sortie, appartiendra aux sieurs Intendans & Commissaires départis dans l'étendue des provinces & généralités du royaume, conjointement avec les officiers des Amirautés, sauf l'appel au conseil en matieres civiles, & en dernier ressort en matieres criminelles, en appellant pour les matieres criminelles, s'il est besoin, des officiers ou gradués pour composer le nombre requis par l'ordonnance. Sa Majesté leur

leur en attribuant toute Cour, juriſdiction & connoiſſance, & icelle interdiſant à ſes autres Cours & juges : Et les jugemens ſeront intitulés du nom deſdits ſieurs Intendans & officiers des Amirautés à ce commis par le préſent arrêt.

II. Le produit des amendes & confiſcations appartiendra à Sa Majeſté, ou à l'adjudicataire de ſes fermes, à la requête & aux frais duquel ſeront faites toutes les pourſuites, ſans que l'Amiral de France y puiſſe rien prétendre, ſous quelque prétexte que ce ſoit.

III. Les officiers des amirautés connoîtront en premiere inſtance des contraventions ſur le fait du commerce étranger, tant en matieres civiles que criminelles, & des marchandiſes de contrebande ou prohibées qui ſeront découvertes ſur les vaiſſeaux & dans les ports, rades, anſes, côtes & rivages de la mer dans les iſles & colonies françoiſes, ſauf l'appel au conſeil ſupérieur, à l'exception des contraventions portées par le titre V. des lettres-patentes du mois d'octobre 1727, dont la connoiſſance appartiendra aux Intendans & aux officiers d'amirauté, en appellant en outre, s'il eſt beſoin, le nombre des gradués ou officiers requis par l'ordonnance, dans le cas où il écherra de prononcer une peine afflictive.

IV. Le produit des amendes & confiſcations provenant des contraventions qui ſeront découvertes par les commis du domaine d'occident, dans les ports, ances, côtes & rivages de la mer aux iſles & colonies françoiſes, ſera remis à la caiſſe du domaine, & appartiendra, moitié à Sa Majeſté ou à l'adjudicataire de ſes fermes, moitié aux dénonciateurs, & employés du domaine qui auront contribué à la capture & découverte.

V. La connoiſſance des contraventions qui ſeront découvertes à terre par les employés du domaine auxdites iſles & colonies, appartiendra aux Intendans, ſauf l'appel au conſeil, à l'exception de celles où il écherra de prononcer une peine afflictive, auquel cas la connoiſſance en dernier reſſort ſera attribuée auxdits ſieurs Intendans, en appellant le nombre des gradués ou officiers requis par l'ordonnance : & le produit des amendes & confiſcations qui en proviendra, tant en matiere civile que criminelle, ſera remis à la caiſſe du domaine, & appartiendra moitié à Sa Majeſté ou à l'adjudicataire de ſes fermes, moitié aux dénonciateurs & employés du domaine qui auront contribué à la capture & découverte.

VI. Le produit des amendes & confiſcations qui proviendront des priſes faites en mer par les pataches & commis du fermier, munis de commiſſions de l'Amiral de france, néceſſaires pour faire la courſe, ſera remis à la caiſſe du domaine, & apparriendra (le dixieme de l'Amiral déduit) moitié à Sa Majeſté ou à l'adjudicataire de ſes fermes, moitié aux dénonciateurs & employés du domaine qui auront contribué aux priſes.

VII. Les amendes & confiſcations, ſoit dans les affaires actuellement indéciſes en france & à l'Amérique, ſoit dans les affaires jugées ſur leſquelles le fermier eſt en inſtance pour raiſon du partage, appartiendront à Sa Majeſté ou à l'adjudicataire de ſes fermes, conformément aux articles IV. V. & VI. du préſent réglement.

VIII. Les effets & marchandiſes ſaiſies, tant en france qu'aux iſles & colonies françoiſes, par les commis de l'adjudicataire des fermes, ne pourront être dépoſés que dans ſes bureaux; & dans le cas des priſes faites en courſe où il échet le dixieme à l'Amiral de france, l'adjudicataire ou ſes commis ſeront tenus de les enfermer ſous deux clefs différentes, dont une demeurera aux officiers de l'Amirauté, & l'autre au receveur des fermes dépoſitaire, juſqu'à jugement définitif.

IX. Et pour indemniſer l'Amiral de France des droits qu'il a prétendu lui appartenir, tant ſur la contrebande en france, que ſur le fait du commerce étranger aux iſles & colonies françoiſes, & pour mettre fin au procès que cette prétention a fait naître, il lui ſera payé tous les ans au premier jour de chaque année par l'adjudicataire des fermes, à commencer de la préſente année 1728, la ſomme de vingt mille livres, ſans qu'à l'avenir l'Amiral de france ou ſes ſucceſſeurs puiſſent avoir les mêmes prétentions, ni demander une plus forte indemnité ſous quelque prétexte que ce ſoit; & ſans qu'à l'occaſion du préſent réglement le fermier puiſſe prétendre aucun droit ni connoiſſance ſur les confiſcations qui ſeront prononcées par les officiers d'Amirauté, dans toutes les affaires de quelque nature que ce puiſſe être qui ne regarderont pas directement les marchandiſes de contrebande ou prohibées, & la conſervation des droits des fermes.

X. Le fermier, ſous prétexte de la conſervation des droits de Sa Majeſté & ſervice de ſes fermes, ſoit pour la voiture des ſels & empêcher la contrebande, ou pour quelqu'autre raiſon que ce puiſſe être, ne pourra mettre, avoir ni tenir aucun bâtiment à la mer, de quelque grandeur que ce ſoit, ſans congé ou commiſſion de l'Amiral de france, enrégiſtré à l'Amirauté du lieu dudit bâtiment, ſous les peines portées par l'ordonnance de 1681 à l'exception néanmoins des ſimples canots ſervant à la viſite des bâtimens dans les ports & rades; & ſeront les congés des bâtimens, deſtinés à la voiture des ſels, pris pour chaque voyage; & à l'égard des bâtimens & pataches qui ſont continuellement en mer, pour le ſervice des fermes de Sa Majeſté, le congé ſera délivré pour un an.

XI. Sera permis à l'adjudicataire des fermes, de tenir en mer & aux embouchures des rivieres, des vaiſſeaux, pataches ou chaloupes, armées, à la charge par lui de mettre de ſix mois en ſix mois au greffe de l'Amirauté de la Province, un état certifié de lui ou de ſon commis général, des noms & ſurnoms de ceux qui y ſeront employés.

XII. Lui ſera auſſi permis pour compoſer ſes équipages, de choiſir tels matelots qu'il voudra, pourvu qu'ils ne soient pas retenus pour le service de la marine.

XIII. Il lui sera délivré un congé de l'Amiral de france pour les bâtimens ou pataches qu'il jugera à propos d'armer sur les côtes du royaume, lequel sera pour un an; & il sera tenu de le renouveller à son échéance, sous les peines portées par l'ordonnance de 1681.

XIV. Et pour ce qui est des pataches, bâteaux ou autres bâtimens que le fermier jugera à propos d'armer aux isles de l'amérique, pour faire la course dans l'étendue prescrite par les réglemens, sur les bâtimens faisant le commerce étranger, il sera tenu de prendre une commission de l'Amiral de france, ainsi qu'il est ordonné par l'article V. des lettres patentes du mois d'octobre 1727, laquelle commission sera délivrée pour un an.

XV. S'il arrivoit qu'un bâtiment faisant le commerce étranger aux côtes des isles de l'amérique, fût attaqué en même tems par un armateur ayant commission de l'Amiral de france, & par un bâtiment armé par le fermier sous pareille commission, la prise sera partagée entr'eux suivant la force des équipages & le nombre des canons, conformément à l'ordonnance de 1681.

XVI. Ne sera rien innové sur les prises & contraventions concernant le faux sel & le faux tabac dans les ports, côtes & rivages du royaume, dont la compétence demeurera aux officiers des gabelles & autres officiers qui en doivent connoître suivant les réglemens, qui seront exécutés selon leur forme & teneur, en ce qui n'est point dérogé par le présent arrêt.

XVII. Seront au surplus les lettres patentes du mois d'octobre 1727, & autres réglemens concernant les marchandises de contrebande ou prohibées, exécutées selon leur forme & teneur. Enjoint Sa Majesté aux sieurs Intendans & Commissaires départis dans les Provinces & généralités du royaume & esdites isles & colonies françoises, de tenir la main à l'exécution du présent arrêt, qui sera exécuté nonobstant oppositions ou autres empêchemens quelconques, dont si aucuns interviennent, Sa Majesté s'en est, & à son conseil, réservé la connoissance, & icelle interdit à toutes ses cours & autres juges. Fait au Conseil d'Etat du Roi, Sa Majesté y étant, tenu à Versailles le ving-cinq mai mil sept cent vingt-huit. *Signé*, PHELYPEAUX.

LOUIS PAR LA GRACE DE DIEU, ROI DE FRANCE ET DE NAVARRE, Comte de Provence, Forcalquier & terres adjacentes: A nos amés & féaux Conseillers en nos conseils, maîtres des requêtes ordinaires de notre hôtel, les sieurs Intendans & Commissaires départis pour l'exécution de nos ordres dans les Provinces & généralités de notre royaume, & aux isles & colonies françoises de l'Amérique, SALUT. Nous vous mandons & enjoignons par ces présentes signées de notre main, de tenir chacun en droit soi la main à l'exécution de l'arrêt dont l'extrait est cy-attaché sous le contre-scel de notre Chancellerie, cejourd'hui donné en notre Conseil d'Etat, Nous y étant, pour les causes y contenues : Commandons au premier notre Huissier ou Sergent sur ce requis, de signifier ledit arrêt à tous qu'il appartiendra, à ce que personne n'en ignore, & de faire en outre pour l'entiere exécution d'icelui tous commandemens, sommations & autres actes & exploits requis & nécessaires, sans autre permission, nonobstant clameur de haro, charte normande ou autres lettres à ce contraires, oppositions ou empêchemens quelconques, dont si aucuns interviennent, Nous nous réservons & à notre conseil, la connoissance que nous interdisons à toutes nos cours & Juges. Voulons que ledit arrêt soit lû, publié & affiché par-tout où besoin sera, & qu'aux copies d'icelui & des présentes, collationnées par l'un de nos amés & feaux Conseillers-secretaires, foi soit ajoutée comme aux originaux : CAR TEL EST NOTRE PLAISIR. Donné à Versailles, le vingt-cinquieme jour de mai l'an de grace mil sept cent vingt-huit, & de notre regne le treizieme. *Signé*, LOUIS. *Et plus bas*; Par le Roi, Comte de Provence, *Signé*, PHELYPEAUX.

ARRÊT
DU CONSEIL D'ETAT
DU ROI,

En interprétation de celui du 25 mai dernier, qui regle les contestations d'entre l'Amirauté de France, & les Fermiers généraux, sur la compétence des matieres de contrebande.

Du 14 Septembre 1728.

EXTRAIT DES REGISTRES DU CONSEIL D'ETAT.

LE ROI s'étant fait représenter en son Conseil, l'arrêt rendu en icelui le 25 mai dernier, portant réglement au sujet des contestations entre l'Amirauté de France & les Fermiers généraux, sur la compétence des matieres de la contrebande & du commerce prohibé qui se fait tant en mer, que dans les ports, havres & rivages du royaume, qu'aux isles & colonies françoises de l'Amérique : & Sa Majesté étant informée que l'exécution dudit réglement pourroit donner lieu à quelques difficultés entre l'Amirauté de France & les Fermiers généraux, à quoi Sa Majesté voulant pourvoir. Oui le rapport du sieur le Peletier Conseiller d'Etat ordinaire, & au Conseil royal,

royal, contrôleur général des Finances, Sa Majesté étant en son Conseil, en interprêtant en tant que de besoin les dispositions de l'Arrêt dudit jour 25 mai dernier, a ordonné & ordonne ce qui suit.

ARTICLE PREMIER.

Les procès verbaux des commis du fermier & des huissiers visiteurs, & les autres pieces & procédures, seront déposés aux greffes des amirautés.

II. La répétition des procès verbaux, & l'instruction des procès seront faits par les sieurs Intendans & Commissaires départis, lorsqu'ils seront sur les lieux, avec faculté néanmoins d'en faire le renvoi au siege de l'amirauté, sinon & en cas d'absence par le lieutenant général de l'amirauté; & en cas d'empêchement légitime, par les autres juges ou avocats du siege, suivant l'ordre du tableau, le tout à la requête & aux fraix du fermier, seulement dans les cas où il aura formé les demandes; & il sera permis audit fermier de requérir l'adjonction du Procureur du Roi.

III. Les officiers d'Amirauté pourront juger seuls lesdits procès en cas d'absence desdits sieurs Commissaires départis, après néanmoins qu'ils les auront informés des affaires qu'ils auront à juger, & qu'ils auront pris leur agrément pour les juger en leur absence. Veut néanmoins Sa Majesté, que dans les villes où lesdits sieurs Commissaires résident, ils président à tous les jugemens; que le siege se tienne chez eux dans les affaires civiles, & à l'Amirauté pour le jugement des affaires criminelles.

IV. Chaque Greffier de l'Amirauté tiendra la plume dans toutes les instructions & jugemens des procès, délivrera tous les actes & sentences, & les minutes demeureront déposées au greffe de chacune desdites jurisdictions, pour y avoir recours en cas de besoin.

V. Les huissiers visiteurs des sieges de l'amirauté, continueront leurs fonctions conformément à l'article V du titre V de l'ordonnance de la marine de 1681, sous les peines y portées, sauf au fermier à prendre le fait & cause, s'il les trouve fondés; à l'effet de quoi lesdits Huissiers visiteurs lui remettront sur le champ un double de leurs procès verbaux, pour avouer & désavouer la poursuite; & en cas de désaveu, ledit fermier ne participera ni aux frais ni aux profits des jugemens qui seront rendus. Veut Sa Majesté, que lesdites assignations soient données, & les significations des sentences & jugemens faites par lesdits huissiers visiteurs, lorsque les saisies seront de leur fait; & lorsqu'elles seront du fait des commis, lesdits commis auront la faculté de donner les assignations, lors de la confection de leurs procès verbaux, & en ce cas, le fermier pourra se servir des huissiers des fermes, & autres huissiers royaux, ainsi qu'il est autorisé par les ordonnances & réglemens.

VI. lesdits sieurs Intendans & les officiers d'Amirauté se conformeront au surplus aux dispositions des ordonnances & réglemens, & notamment aux ordonnances de 1670, 1680 & 1687, & à l'arrêt du 25 mai dernier, qui sera exécuté selon sa forme & teneur. Enjoint Sa Majesté, aux sieurs Intendans & Commissaires départis dans les provinces & généralités du royaume, esdites isles & colonies françoises, de tenir la main à l'exécution du présent arrêt, qui sera exécuté nonobstant oppositions ou autres empêchemens quelconques, dont si aucuns interviennent, Sa Majesté se réserve & à son Conseil la connoissance, icelle interdisant à toutes ses cours & autres juges. Mande & ordonne Sa Majesté, à Monsieur le Comte de Toulouse, Amiral de france, de tenir la main à l'exécution du présent arrêt, qui sera registré aux greffes des amirautés. Fait au Conseil d'Etat du Roi, Sa Majesté y étant, tenu à Fontainebleau le quatorzieme jour de septembre mil sept cent vingt-huit. *Signé*, PHELYPEAUX.

LE COMTE DE TOULOUSE,

Amiral de France.

VU l'Arrêt du Conseil d'Etat ci-dessus à nous adressé par Sa Majesté, avec ordre de tenir la main à son exécution, Mandons & ordonnons aux officiers des Amirautés, tant du Royaume que des isles, de s'y conformer à l'avenir, de le faire enrégistrer à leur greffe, lire, publier & afficher par-tout où besoin sera. Fait à Fontainebleau le huit octobre mil sept cent vingt-huit. *Signé*, L. A. DE BOURBON. *Et plus bas*, par son Altesse Sérénissime, *Signé*, DE VALINCOUR.

REGLEMENT

DU ROI,

Au sujet des Engagés & fusils qui doivent être portés par les navires marchands aux Colonies des Isles françoises de l'Amérique & de la nouvelle France.

Du 15 Novembre 1728.

LE ROI s'étant fait représenter le réglement rendu par Sa Majesté le 16 novembre 1716, & les lettres patentes expédiées sur icelui le même jour, concernant la quantité d'engagés & de fusils boucaniers ou de chasse qui doivent être portés aux colonies françoises de l'Amérique & de la nouvelle france, par les bâtimens marchands qui y sont destinés, l'arrêt de son conseil d'Etat du 10 Janvier 1718, qui dispense les vaisseaux de la Compagnie d'occident, aujourd'hui compagnie des indes, de porter des engagés ou fusils dans la colonie de la Louisiane; & trois ordonnances des 14 janvier & 20 mai 1721, & 15 février 1724, dont la premiere concerne les prisonniers qui seront donnés aux armateurs des vaisseaux au lieu d'engagés qu'ils doivent porter dans les colonies; la seconde dispense les armateurs de porter des engagés en payant soixante livres pour chacun de ceux qu'ils ne transfereront pas auxdites colonies sur leurs vaisseaux; & la troisieme régle entr'autres choses, qu'il sera payé cent vingt livres pour les engagés de métier qui ne seront point portés auxdites isles & colonies; & Sa Majesté étant informée qu'il convient, pour l'avantage desdites isles & colonies, & l'utilité des négocians, d'expliquer précisément ses intentions sur les différentes dispositions contenues dans lesdits réglemens, arrêts & ordonnances, Elle a fait le présent Réglement qu'elle veut être exécuté à l'avenir selon sa forme & teneur.

TITRE PREMIER.

Des Engagés.

ARTICLE PREMIER.

Tous les capitaines des bâtimens marchands qui iront aux colonies des isles françoises de l'amérique & de la nouvelle France ou Canada, & l'isle royale, excepté les vaisseaux de la Compagnie des indes destinés pour la colonie de la Louisiane & pour la traite des negres: ceux des marchands qui, avec la permission de ladite Compagnie, iront faire ladite traite des negres, & ceux qui seront destinés pour aller faire la pêche de la morue, seront tenus d'y porter des engagés, savoir, dans les bâtimens de soixante tonneaux & au-dessous, trois engagés; dans ceux de soixante jusqu'à cent, quatre engagés; & dans ceux de cent tonneaux & au-dessus, six engagés.

II. La condition de porter lesdits engagés sera insérée dans les congés de l'Amiral, qui seront délivrés pour la navigation desdits bâtimens & navires.

III. Lesdits engagés auront au moins dix-huit ans, & ne pourront être plus âgés de quarante; ils seront de la grandeur au moins de quatre pieds, & en état de travailler, & le terme de leur engagement sera de trois ans.

IV. La reconnoissance en sera faite par les officiers de l'Amirauté des ports où les bâtimens seront expédiés, lesquels rejetteront ceux qui ne seront pas de l'âge & de la qualité mentionnée dans le précédent article, ou qui ne leur paroîtront pas de bonne complexion.

V. Le signalement desdits engagés sera mentionné dans le rôle d'équipage.

VI. Les engagés qui sauront les métiers de maçon, tailleur de pierre, forgeron, serrurier, menuisier, tonnellier, charpentier, calfat & autres métiers qui peuvent être utiles dans les colonies, seront passés pour deux, & il sera fait mention du métier qu'ils sauront dans leur signalement; à l'effet de quoi les capitaines ou armateurs qui présenteront à l'avenir pour engagés des gens de métier, seront tenus de rapporter au bureau des classes, un certificat des maîtres du métier, sous le titre duquel ils seront présentés, portant que lesdits engagés sont capables d'exercer ledit métier, lesquels maîtres de métier seront à cette fin indiqués auxdits capitaines ou armateurs par le commissaire ou commis aux classes, qui délivrera le rôle d'équipage.

VII. Les capitaines desdits bâtimens abordant dans lesdites isles & colonies françoises, seront tenus de représenter aux Gouverneurs & Intendans ou Commissaires ordonnateurs, lesdits engagés avec le rôle de leurs signalements, pour vérifier si ce sont les mêmes qui auront dû être embarqués, & s'ils sont de la qualité prescrite.

VIII. Chaque habitant desdites isles & colonies sera tenu de prendre un engagé par chaque vingtaine de negres qu'il aura sur son habitation, outre le commandeur. Les capitaines conviendront du prix desdits engagés avec lesdits habitans; & en cas qu'ils ne puissent point convenir à l'amiable, lesdits gouverneurs & intendants ou commissaires ordonnateurs en régleront le prix, & obligeront les habitans qui n'en auront pas le nombre ci-dessus prescrit, de s'en charger.

IX. Les capitaines seront tenus de prendre un certificat desdits gouverneurs visé de l'Intendant ou Commissaire ordonnateur, dans lequel il sera fait mention de la remise desdits engagés aux habitans, & que ce sont les mêmes qui auront dû être embarqués.

X. Seront tenus les capitaines, à leur retour en france, en faisant leur déclaration, de remettre lesdits certificats aux officiers de l'Amirauté; & faute par eux de rapporter lesdits certificats, ils payeront entre les mains du trésorier général de la marine en exercice, un mois après l'arrivée de leurs bâtimens dans le port du débarquement; savoir, pour chaque simple engagé, la somme de soixante livres, & celle de cent vingt livres pour chaque engagé de métier qu'ils n'auront pas remis dans lesdites colonies, encore même qu'ils rapportent des certificats de désertion desdits engagés, auxquels Sa Majesté défend aux juges de l'Amirauté d'avoir égard: Veut Sa Majesté, que faute d'avoir payé dans ledit tems d'un mois, ils soient poursuivis par-devant lesdits juges d'Amirauté, & condamnés aux payemens desdites sommes, & en outre, à une amende d'une somme égale à celle à laquelle ils auront été condamnés.

XI. Les particuliers que Sa Majesté destinera par ses ordres à passer en qualité d'engagés dans lesdites colonies, ensemble les soldats de recrues qui y seront envoyés, soit qu'ils aient des métiers ou non, seront

seront reçus dans les vaisseaux marchands destinés pour lesdites colonies sur le pied d'un engagé chacun, & traités de la même maniere que s'ils avoient été engagés par les capitaines ou armateurs, lesquels seront déchargés d'autant du nombre qu'ils auront été obligés d'embarquer, eu égard à la contenance de tonneaux de leurs bâtimens : ils seront pareillement déchargés du nombre des engagés pour les places qui seront accordées aux officiers desdites colonies & autres qui passeront dans lesdits bâtimens.

XII. Permet Sa Majesté, aux capitaines ou armateurs qui n'auront pas dans le tems du départ de leurs bâtimens pour lesdites colonies, le nombre d'engagés prescrit par le présent Réglement, de payer, avant le départ pour chacun de ceux qui leur manqueront, la somme de soixante livres, entre les mains du commis du trésorier général de la marine en exercice ; moyenant quoi, & en rapportant la quittance dudit commis, ils en seront déchargés.

XIII. N'entend Sa Majesté comprendre dans le précédent article, les vaisseaux qui seront destinés pour le Canada, & l'isle royale, dont les capitaines ou armateurs seront tenus d'embarquer le nombre effectif des engagés, prescrit par le premier article de ce Réglement.

TITRE II.

Des Fusils.

ARTICLE PREMIER.

Tous les capitaines des bâtimens marchands qui iront dans lesdites colonies des isles françoises de l'Amérique, du Canada & l'isle royale, excepté les capitaines des vaisseaux de la Compagnie des indes, destinés pour la Louisiane & pour la traite des negres, ceux des bâtimens marchands qui, avec la permission de ladite compagnie, iront faire ladite traite des negres, & ceux qui seront destinés pour aller faire la pêche de la morue, seront tenus d'y porter chacun dans leurs vaisseaux, quatre fusils boucaniers ou de chasse à garniture jaune.

II. La condition de porter lesdits fusils boucaniers ou de chasse, sera insérée dans les congés de l'Amiral, qui seront délivrés pour la navigation desdits navires.

III. Les fusils boucaniers auront quatre pieds quatre pouce, & seront du calibre d'une balle de 18 à la livre poids de marc, & seront légers.

IV. Les fusils de chasse seront de la longueur de quatre pieds & légers.

V. Les capitaines remettront à leur arrivée, lesdits fusils dans la salle d'armes de Sa Majesté, de l'endroit où ils aborderont, pour être ensuite examinés & éprouvés en présence du Gouverneur ou commandant en son absence.

VI. Si dans l'épreuve qui sera faite, il s'en trouve de rebut, lesdits capitaines seront tenus de payer trente livres pour chaque fusil rebuté.

VII. Ladite somme de 30 livres sera employée par les Gouverneurs & intendans ou commissaires ordonnateurs, en achat de fusils pour les pauvres habitans, lesquels seront distribués aussi-tôt.

VIII. Lesdits capitaines laisseront les fusils qu'ils auront apportés, dans les magasins de Sa Majesté, jusqu'à ce qu'eux ou leurs correspondans les aient vendus ou que le Gouverneur les ait fait distribuer dans les Compagnies de milice; auquel cas ils donneront, conjointement avec l'Intendant ou Commissaire ordonnateur, les ordres nécessaires pour leur paiement.

IX. Lesdits capitaines seront tenus de prendre un certificat desdits Gouverneurs, visé de l'Intendant ou Commissaire ordonnateur, de la remise desdits fusils dans lequel il sera fait mention des sommes qu'ils auront payées en cas qu'il y en ait eu de rebutés.

X. Ils seront pareillement tenus de remettre à leur retour en france, en faisant leur déclaration, lesdits certificats aux officiers d'Amirauté.

XI. Les capitaines & propriétaires desdits bâtimens seront condamnés solidairement par les officiers de l'Amirauté, à cinquante liv. d'amende, pour chacun des fusils qu'ils n'auront pas portés dans les colonies, sauf l'appel aux cours de Parlement où lesdites Amirautés ressortissent.

TITRE III.

Des poursuites & amendes.

ARTICLE PREMIER.

Les contraventions aux articles du présent Réglement seront poursuivies à la requête des procureurs de Sa Majesté des Amirautés, & les sentences qui interviendront contre les délinquans, seront exécutées pour les condamnations d'amende nonobstant l'appel, & sans préjudice d'icelui, jusqu'à la concurrence de 300 liv., sans qu'il puisse être accordé de défenses, même lorsque l'amende sera plus forte, que jusqu'à concurrence de ce qui excédera ladite somme de 300 livres.

II. Ceux qui appelleront desdites sentences, seront tenus de faire statuer sur leur appel, ou de le mettre en état d'être jugé définitivement dans un an, du jour & date d'icelui, si non, & à faute de ce faire ledit tems passé, ladite sentence sortira son plein & entier effet, & l'amende sera distribuée conformément à ladite sentence, & le dépositaire d'icelle bien & valablement déchargé.

III. Les amendes qui seront prononcées pour lesdites contraventions dans les sieges particuliers des Amirautés, appartiendront à l'Amiral; & à l'égard de celles qui seront prononcées dans les sieges généraux des tables de marbre, il ne lui en appartiendra que moitié, & l'autre moitié à Sa Majesté, le tout conformément à l'ordonnance de 1681.

IV. Les Gouverneurs & Intendans ou Commissaires ordonnateurs desdites colonies, rendront compte conjointement tous les six mois, au secretaire d'Etat ayant le département de la marine, du nombre des engagés, des fusils que chaque vaisseau marchand aura porté, des sommes payées pour les fusils défectueux, & de l'emploi qui en aura été fait.

Mande & ordonne Sa Majesté, à Monsieur le Comte de Toulouse, Amiral de France, aux Gouverneurs & Lieutenans-généraux dans l'Amérique septentrionale & méridionale, aux Intendans, Gouverneurs particuliers, Commissaires ordonnateurs & autres officiers qu'il appartiendra, de tenir chacun en droit soi la main à l'exécution du présent Réglement, lequel sera lû, publié & affiché par-tout où besoin sera. Fait à Fontainebleau le quinze Novembre mil sept cent vingt-huit. *Signé*, LOUIS. *Et plus bas*, PHELIPEAUX.

ORDONNANCE

DE MM. LES GENERAL ET INTENDANT,

SUR le Commerce à échange de denrées.

Du 1 Septembre 1736.

NOUS ne pouvons nous empêcher d'être sensibles aux justes plaintes que la plus grande partie des habitans nous ont faites contre les capitaines & maîtres de navires marchands, qui les mettent dans l'impossibilité de subvenir à la nourriture de leurs familles, & à celle de leurs esclaves, par le refus qu'ils leur font de leur vendre du bœuf payable en sucre, par la condition qu'ils leur imposent de prendre une certaine quantité de vin sur une certaine quantité de bœuf, & enfin par les infidélités qu'ils commettent, tant sur la quantité que sur le poids, & les mesures des denrées, qu'ils leur vendent : infidélité qu'ils ont portée jusqu'au point qu'un baril de bœuf qui doit contenir cent quatre-vingt livres de viande net, souvent n'en contient pas cent quarante livres, & quelquefois cent vingt livres, & la plupart du tems de la viande de mauvaise qualité; que le baril de farine qui doit peser cent quatre-vingt dix livres de farine net, n'en pese que cent trente ou cent quarante livres; que la barique de vin de Bordeaux, qui doit contenir cent vingt pots, n'en contient que quatre-vingt-dix.

Nous sommes convaincus qu'il faut laisser la liberté au commerce; mais cette liberté ne doit pas s'étendre jusqu'à donner un poids pour un autre, une qualité de denrée pour une autre qualité, ni à mettre des conditions impossibles à la vente des commestibles nécessaires à la vie, ni à forcer les acheteurs à prendre des denrées qui leur sont superflues, pour avoir celles qui leur sont absolument nécessaires pour vivre; c'est aux parties contractantes à convenir du prix à l'amiable, & c'est en cela que nous ne devons point gêner la liberté du commerce; mais nous devons nous opposer à la vexation & à la fraude: A CES CAUSES, nous ordonnons.

1°. Que tous les capitaines, maîtres de navires marchands, leurs facteurs ou commissionnaires gérant leurs cargaisons, donneront du bœuf, de la farine & autres denrées nécessaires à la vie, aux habitans qui en voudront acheter, & qu'ils seront tenus de prendre en payement desdits habitans, les denrées du crû de leurs terres, propres pour le commerce de france, comme sucre, caffé, cotton, au prix dont les parties conviendront entr'elles de gré à gré.

2°. Faisons défense à tous capitaines ou autres gérant les cargaisons, d'obliger les habitans qui leur demandent une sorte de denrée dont ils ont besoin, à en prendre une autre qu'ils ne leur demandent pas, comme une certaine quantité de vin sur une certaine quantité de barrils de bœuf.

3°. Leur enjoignons très-expressément d'observer les poids & mesures prescrits par les ordonnances, & aux officiers de police d'y tenir la main; de faire d'office de fréquentes visites des denrées de france, & de condamner les contrevenans aux peines portées auxdites ordonnances.

Sera la présente ordonnance, enrégistrée aux conseils supérieurs de la Martinique & de la Guadeloupe, & aux greffes des Jurisdictions de leur ressort, lue, publiée & affichée par-tout où besoin sera, à la diligence des Procureurs du Roi de ces isles. Mandons &c. Donné sous le sceau de nos armes, & le contre-seing de nos secretaires. Au Fort-royal de la Martinique, le premier septembre 1736.

Signé, BOCHART de CHAMPIGNY, & PANNIER D'ORGEVILLE.

ENREGISTRÉE le 4 Septembre 1736.

ARRET

ARRÊT
DU CONSEIL D'ETAT
DU ROI,

PORTANT Réglement sur le Commerce des Colonies Françoises de l'Amérique.

Du premier Mars 1744.

EXTRAIT DES REGISTRES DU CONSEIL D'ETAT.

LE ROI étant informé que malgré les réglemens qui ont été faits en différens tems sur le commerce des colonies françoises de l'Amérique, il se commet des fraudes qui y sont très-préjudiciables, tant par rapport aux denrées que les navires marchands du royaume portent en ces colonies, qu'à l'égard des denrées qu'ils y prennent pour leur retour en france; Sa Majesté a estimé nécessaire d'y pourvoir par des dispositions qui puissent rétablir la régle & la bonne foi dans ce commerce: Oui le rapport, Le Roi étant en son Conseil, a ordonné & ordonne ce qui suit.

ARTICLE PREMIER.

Les barrils de farine destinés pour les colonies, ne pourront être au-dessous de cent quatre-vingt livres net, poids de marc, & la tare sera marquée sur chaque barril, en conformité de l'article V. de l'arrêt du Conseil d'Etat portant réglement pour les farines qui s'envoient dans les colonies, du premier février 1720, lequel arrêt sera au surplus exécuté selon sa forme & teneur.

II. Les barrils de bœuf salé qui seront transportés aux colonies, contiendront pareillement cent quatre-vingt livres net de viande non désossée, à peine contre les capitaines, de tenir compte aux acheteurs, de la quantité de viande qu'il se trouvera de moins, par proportion au prix de la vente; & dans le cas où il se trouvera des barrils qui ne contiendront que des jarrêts, pieds, têtes, cols & autres pieces de rebut, ils seront tenus de les reprendre, ou de convenir de gré à gré avec les acheteurs, ou par arbitres, du prix que lesdits barrils pourront valoir, sinon ils y seront contraints par les juges de l'Amirauté, par-devant lesquels lesdits Acheteurs se pourvoiront.

III. Les ancres de lard contiendront au moins soixante & dix livres de viande net, à peine de confiſcation, & de vingt livres d'amende pour chaque barril qui ſe trouvera en contenir moins.

IV. Les barriques de vin de Bordeaux qui doivent contenir trente-deux veltes, faiſant cent dix pots meſure de ladite ville, ſuivant les réglemens faits à ce ſujet, ſeront réputées bonnes & marchandes, lorſque dans les colonies elles contiendront trente veltes, faiſant cent trois pots de Bordeaux, les tierçons & demi barriques à proportion. Les barriques de vin de Provence, Languedoc ou autres Provinces du royaume, ſeront également réputées bonnes & marchandes, lorſque la diminution n'excédera pas un ſeizieme de la jauge de chaque Province ou ville d'où elles ſeront venues; & lorſque les unes ou les autres ne ſe trouveront pas contenir les quantités ci-deſſus fixées, elles ſeront confiſquées, & les capitaines condamnés en trente livres d'amende pour chaque barrique, ſauf leur recours contre les Armateurs.

V. Les barrillages des eaux-de-vie qui ſeront deſtinées pour les colonies, ne ſeront plus arbitraires; & leſdites eaux-de-vie ne pourront être tranſportées qu'en demi barriques, ancres, & demi ancres, qui contiendront la jauge de chacune des Provinces d'où elles viendront, à deux pots près au deſſus ou au-deſſous, & les ancres & demi ancres à proportion, à peine de confiſcation & de cent livres d'amende par demi barrique, & à proportion pour les ancres & demi ancres.

VI. Il y aura au greffe de chaque juriſdiction dans les colonies, des jauges & matrices des meſures de chacune deſdites Provinces, pour y avoir recours en cas de beſoin; & il ſera établi un jaugeur juré, dont l'office ſera joint à celui de l'étalonneur, dont l'établiſſement ſera ordonné ci-après.

VII. Fait Sa Majeſté très-expreſſes inhibitions & défenſes à tout habitant, procureur ou économe dans les iſles françoiſes, de livrer aucune barrique de ſucre blanc & tête, qui ſoit déguiſée ou falſifiée, ſoit en mettant du beau ſucre dans les deux bouts, & du mauvais & même du ſable dans le milieu, ou de quelque façon que ce ſoit, à peine de trois mille livres d'amende pour chaque barrique, & de confiſcation d'icelle.

VIII. Défend pareillement Sa Majeſté, à tous habitans ſucriers, de mêler dans leurs ſucres bruts, des ſirops & melaſſes, d'enfermer leſdits ſucres trop froids, & d'avoir moins de trois trous à leurs barriques; à peine contre ceux qui ſeront convaincus de contravention à cet égard, de confiſcation des ſucres, & de cent livres d'amende.

IX. Ordonne Sa Majeſté, que ceux qui n'auront que des ſucres inférieurs & de qualité médiocre, à livrer en paiement de ce qu'ils doivent, ne pourront prétendre ni exiger le même prix auquel les beaux ſucres ſeront vendus, mais ſeulement celui qui, en cas de conteſtation, ſera réglé par des arbitres choiſis par chacune des parties, ou nommés d'office, faute par elles d'en convenir.

X. Défend à tous habitans desdites isles, de faire des barriques de sucre au-delà de mille livres, y compris la tare, à peine de cinquante livres d'amende pour chaque barrique de plus grand poids: & lorsque les capitaines auront été obligés d'en recevoir en paiement, ou qu'il leur en aura été envoyé pour charger à fret, ils seront tenus d'en avertir le procureur du Roi de l'Amirauté, afin qu'il poursuive la condamnation de ladite amende, à peine contre les capitaines de semblable condamnation contr'eux-mêmes.

XI. Les douelles & les fonds de barriques de sucre, seront d'une épaisseur égale & proportionnée, à peine contre l'habitant convaincu d'en avoir livré, dont les barriques & les fonds se trouveront d'une épaisseur extraordinaire, de cinquante livres d'amende par barrique ainsi surchargée de bois, & d'être tenu de la réfraction envers le marchand.

XII. Toutes les barriques de sucre, seront marquées sur une des douelles & les deux fonds, de l'étampe à feu de l'habitant, à peine de cinquante livres d'amende; & les capitaines seront tenus d'avertir les officiers de l'Amirauté, des barriques non marquées qui leur auront été données, soit en paiement ou à fret, afin de faire prononcer ladite amende, & marquer lesdites barriques; à peine contre les capitaines de répondre en leur propre & privé nom, & sans recours contre l'habitant, du sucre qui se trouvera vicié dans les barriques non marquées.

XIII. Les balles de cotton desdites colonies ne pourront être faites au-dessus du poids de trois cens livres, & elles seront marquées suivant qu'il est prescrit par les arrêts du conseil des 20 décembre 1729 & 16 décembre 1738 lesquels seront exécutés selon leur forme & teneur.

XIV. Il sera incessamment établi dans chacune des jurisdictions des colonies où il n'y en aura pas, un étalonneur & jaugeur juré, qui aura commission du Gouverneur Lieutenant-général & de l'Intendant, enrégistrée dans les jurisdictions, auquel, un mois après la publication du présent arrêt, & successivement pendant les deux derniers mois de chaque année, tous les habitans, négocians, & autres ayant chez-eux des poids, seront tenus de les faire porter, pour être vérifiés & rechargés.

XV. L'Etalonneur sera tenu d'avoir un registre exact, qui sera côté & paraphé par le Juge des lieux, & contiendra le nom de chacun des habitans dont il aura vérifié les poids, & marqué du poinçon; & immédiatement après le délai des deux mois expiré, il fera au commencement de chaque année, viser son registre par le procureur du Roi, lequel ordonnera le transport de l'étalonneur chez l'habitant qui n'aura pas fait vérifier ses poids, pour y faire ladite vérification; le tout aux frais dudit habitant, lesquels seront taxés par les juges des lieux, ſuivant l'éloignement des habitations : & ledit habitant ſera en outre condamné à cinquante livres d'amende.

XVI. Dans les bourgs où il y aura juriſdiction & un Etalonneur, & où les navires de france vont faire leur commerce, il ſera établi des magaſins publics dont les gardes-magaſins auront des fléaux, des balances & des poids vérifiés par l'Etalonneur, pour conſtater dans le beſoin, la peſanteur de tous les barrillages, tant des denrées de france, que de celles des colonies, ſur leſquelles il pourroit y avoir conteſtation.

XVII. Les regiſtres & procès verbaux des Etalonneurs & Jaugeurs jurés, feront foi en juſtice, conformément aux ordonnances de Sa Majeſté, & notamment aux Edits des mois de janvier 1707 & décembre 1708 : leſdits Etalonneurs & jaugeurs jouiront des exemptions attachées audit office ; & il ſera fait par les Gouverneurs Lieutenans-généraux & Intendans, un tarif uniforme dans toutes les juriſdictions, des ſalaires qui leur ſeront dûs, tant pour la marque de chaque poids, que pour le paiement de ceux qu'ils auront rechangés.

XVIII. Les fraudes qui pourront être découvertes en france ſur les denrées des colonies, ſeront conſtatées par un procès verbal en forme, & le dommage eſtimé par des experts nommés d'office par les Juges & Conſuls des ports de l'arrivée, pour, par les armateurs des navires ou acheteurs deſdites denrées, avoir leur recours contre ceux qui les auroient livrées aux colonies, pour le dédommagement qui leur ſera dû, & les faire en outre condamner aux amendes & peines qu'ils auront encourues, ſuivant les articles du préſent réglement auxquels ils auront contrevenu.

XIX. Les amendes & confiſcations qui ſeront prononcées en exécution du préſent arrêt, appartiendront aux pauvres des hôpitaux, dans les lieux où il y en a d'établis, & à Sa Majeſté, dans les lieux où il n'y a point d'hôpitaux pour les pauvres, pour être, le produit deſdites amendes & confiſcations qui ſeront prononcées au profit de Sa Majeſté, remis en dépôt entre les mains des tréſoriers généraux de la marine dans chaque colonie, & employé ſuivant les ordres qui en ſeront donnés par Sa Majeſté, à l'entretien ou augmentation des bâtimens, batteries, & autres ouvrages néceſſaires auxdites colonies.

XX. Enjoint Sa Majeſté, aux ſieurs Intendans & Commiſſaires départis pour l'exécution de ſes ordres dans les Provinces & généralités du Royaume, aux ſieurs Intendans & Commiſſaires ordonnateurs des iſles & colonies françoiſes de l'Amérique, & à tous autres officiers qu'il appartiendra, de tenir la main chacun en droit ſoi, à l'exécution du préſent Arrêt, lequel ſera enrégiſtré, lû, publié & affiché par-tout où beſoin ſera. Fait au Conſeil d'Etat du Roi, Sa Majeſté y étant, tenu à Verſailles, le premier Mars mil ſept cent quarante-quatre. *Signé*, PHELYPEAUX.

ENREGISTRE' le 12 Janvier 1745.

ORDONNANCE

ORDONNANCE

DE MM. LES GENERAL ET INTENDANT,

SUR la vente en argent ou en denrées.

Du 10 Mai 1755.

SUR les plaintes qui nous ont été portées par les capitaines des navires marchands, & les négocians ou commissionnaires qui font le commerce dans toute l'étendue des isles du vent; voulant rétablir entr'eux l'harmonie convenable, & conserver une balance si exacte, qu'elle laisse à tous & chacun le ressort nécessaire au plus grand bien des colonies que Sa Majesté nous a confiées: Nous avons reglé & reglons ce qui suit.

ARTICLE PREMIER.

Que tous marchands, commissionnaires ou autres qui prendront d'un capitaine à crédit des marchandises, soit commestibles ou autres, retireront un bordereau du capitaine vendeur, dans lequel seront dénommés les qualités, quantités, sommes & la stipulation expresse de l'espece de paiement, que lesdits marchands, commissionnaires ou autres auront promis d'en faire, soit en argent, soit en sucre, caffé, cotton &c.

II. Qu'étant libre auxdits marchands, commissionnaires & capitaines de convenir entr'eux de telles conditions qu'ils aviseront, tant pour l'espece que pour le terme du paiement, ils seront les uns & les autres, en cas de contestation, jugés conformément & aux termes de leurs conventions réciproques, en rapportant par lesdits marchands, commissionnaires ou autres, devant les juges des lieux, les bordereaux qu'ils auront retirés des capitaines; & faute par lesdits marchands de représenter lesdits bordereaux cités ci-dessus & anciennement usités dans le commerce pour en accélerer les opérations, les capitaines seront admis à produire leurs registres qui feront foi en justice, pourvu qu'ils soient tenus bien en régle, sans rature, interlignes &c, & qu'ils aient été dûment paraphés & cotés par leur armateur en France, ou par le Lieutenant général de l'Amirauté du port dans lequel ils commerceront en ces colonies.

III. Confirmons au surplus les habitans dans les privileges à eux accordés par les ordonnances, & notamment par les articles I. & II. de celle de messieurs de Champigny & d'Orgeville, du premier septembre 1736, concernant l'échange des denrées qu'ils recueillent avec celles qu'apportent de france les capitaines des navires marchands, tant pour le commestible que pour les effets propres à l'exploitation des habitations ; & enjoignons auxdits capitaines de s'y conformer sous les peines portées par lesdites ordonnances.

Sera la présente ordonnance, enrégistrée aux Conseils Supérieurs de la Martinique & de la Guadeloupe, & aux greffes des Jurisdictions de leur ressort, lûe, publiée & affichée par-tout où besoin sera à la diligence des procureurs généraux & de leurs substituts.

Donné à la Martinique sous le sceau de nos armes & le contre-seing de nos secretaires, le 10 mai mil sept cent cinquante-cinq. *Signé*, BOMPAR & GIVRY. Scellé des sceaux de leurs armes & contresigné des seings de leurs secretaires.

ENREGISTRE'E le 10 Mai 1755.

ARRÊT
DU CONSEIL D'ETAT
DU ROI,

PORTANT établissement d'une Chambre Mi-partie d'Agriculture & de Commerce aux Isles du Vent, avec faculté d'avoir à Paris un Député à la suite du Conseil.

Du 10 Décembre 1759.

Extrait des Régistres du Conseil d'Etat.

SUR ce qui a été représenté au Roi étant en son Conseil, des grands avantages qui ont résulté de l'établissement des chambres de commerce établies dans les principales villes du royaume, en admettant au bureau du commerce, par la nomination de leurs députés à Paris, des personnes instruites du commerce en général, & en particulier de celui de chacune desdites villes, afin de recevoir leurs mémoires & leurs avis sur les différentes affaires relatives à cette partie ; Sa Majesté auroit reconnu qu'il seroit également utile au bien & à l'aggrandissement du commerce, d'établir aux isles du vent, une Chambre Mi-partie d'Agriculture & de commerce, dont les membres choisis entre les habitans & les négocians proposeroient en commun tout ce qui leur paroîtroit le plus propre à favoriser la culture des terres & le commerce desdites isles : & pour être instruite plus particuliérement des véritables intérêts qui les concernent, & les faire participer aux mêmes avantages desdites villes du royaume, Sa Majeſté, auroit jugé néceſſaire d'accorder à cette Chambre la faculté d'avoir un député à la ſuite du Conſeil de Sa Majeſté, pour lui procurer les moyens de faire parvenir juſqu'à Elle, toutes les repréſentations qu'elle croiroit devoir lui faire pour le bien deſdites iſles. Sur quoi voulant expliquer ſes intentions : Oui le rapport. Le Roi étant en ſon Conſeil, a ordonné & ordonne ce qui ſuit.

ARTICLE PREMIER.

Il ſera établi au bourg Saint-Pierre de la Martinique, une Chambre Mi-partie d'Agriculture & de commerce, compoſée de quatre habitans & de quatre négocians de la Martinique, & d'un ſecretaire.

II. Un mois après la réception & l'enrégiſtrement du préſent arrêt, & plutôt, ſi faire ſe peut, le Conſeil Supérieur de la Martinique s'aſſemblera extraordinairement au jour qui lui ſera indiqué par l'Intendant, pour procéder à l'élection des membres qui devront compoſer la chambre. Il aura un ſoin particulier de ne choiſir dans l'étendue de l'iſle de la Martinique, que des ſujets qui ſoient parfaitement en état de connoître les véritables intérêts de la colonie & de ſon commerce, dont quatre habitans & quatre négocians, comme il eſt dit à l'article premier.

III. L'élection des membres de la Chambre ſe fera par ſcrutin : Le Conſeil Supérieur de la Martinique remettra la liſte de ceux qui auront été ainſi élûs au Gouverneur Lieutenant-général & à l'Intendant, pour qu'ils informent les membres, du choix qui aura été fait d'eux, & qu'ils leur indiquent le jour de leur aſſemblée. Et leſdits Gouverneur Lieutenant-général & Intendant adreſſeront au ſecretaire d'Etat ayant le département de la marine, la liſte des membres qui auront été élûs.

IV. Les membres néceſſaires pour compoſer ladite chambre, ſeront pris parmi les habitans & commerçans de la Martinique, & même parmi les anciens procureurs généraux & Conſeillers aux Conſeils ſupérieurs retirés, ayant habitation, comme auſſi parmi les officiers militaires retirés du ſervice, ayant habitation ; mais ne pourront y être admis aucuns officiers militaires ni autres de quelque grade qu'ils puiſſent être, étant actuellement dans le ſervice, ni aucuns officiers de juſtice exerçant leurs emplois.

V. La Chambre ainſi établie à la Martinique, commencera ſa premiere aſſemblée par choiſir, à la pluralité des voix, un ſecretaire qui ſera pris indiſtinctement dans tout état, pourvû qu'il ait les qualités requiſes pour cet emploi : il tiendra les regiſtres que la chambre jugera à propos d'ouvrir pour ſes délibérations, & en dreſſera les extraits que la chambre ordonnera. Il ſera payé au ſecretaire de ladite chambre, trois mille livres d'apointemens, argent de la colonie, & deux mille livres pour tous frais de bureau ; lesquelles sommes seront prises sur la caisse du domaine des isles du vent. Ledit secretaire pourra être révoqué & remplacé par la Chambre, à la pluralité des voix, si elle n'est pas satisfaite de son travail & de sa conduite.

VI. L'Intendant des isles du vent pourra présider aux assemblées de ladite chambre, & y aura voix délibérative en cas de partage d'avis seulement : il indiquera le jour & l'heure desdites assemblées, sur la demande qui lui en sera faite par les deux plus anciens membres de la Chambre.

VII. Les délibérations de ladite Chambre auront pour objet toutes les propositions & représentations qu'elle jugera à propos de faire pour l'accroissement de la culture des terres & du commerce des isles du vent ; elle en adressera un extrait en forme au secretaire d'Etat ayant le département de la marine, dont elle remettra le double à l'Intendant ; & ceux qui auront été d'un avis différent de celui qui aura passé à la pluralité des voix, pourront demander que les différens avis soient envoyés avec leurs motifs au secretaire d'Etat ayant le département de la marine, lorsqu'ils les croiront intéressans pour le service ; & le secretaire de la Chambre sera tenu de faire registre de leurs demandes, des avis & des motifs pour y avoir recours au besoin.

VIII. Les membres de ladite chambre n'ayant aucuns honoraires pour leurs fonctions, & donnant gratuitement leurs soins au bien de la colonie & à l'avantage de son commerce, seront relevés de deux en deux, tous les deux ans, après que les premiers élûs auront rempli les six premieres années d'exercice. Pour cet effet, le Conseil supérieur de la Martinique s'assemblera à la fin desdites six années, & ainsi successivement de deux en deux ans, à la requisition du Procureur général du Conseil, pour élire deux nouveaux membres, dont un habitant, & l'autre négociant, afin de remplacer les deux qui sortiront d'exercice ; & si dans l'intervalle, il venoit à vaquer quelque place dans la Chambre, par la mort ou la retraite d'un de ses membres, ledit Conseil supérieur procédera à la nomination d'un nouveau sujet qui sera pris dans l'état de celui qui sera mort ou retiré.

IX. Lorsque tous les membres nommés par la premiere élection, auront été successivement remplacés, le tems de l'exercice de chaque membre ne sera que de six années ; mais celui qui sera élû pour remplir une de ces places vacantes par la mort ou la retraite de quelqu'un desdits membres, sera tenu, en sus de l'exercice restant de son prédécesseur, de remplir un nouvel exercice de six années, auxquelles il auroit été obligé par sa nomination à l'élection suivante.

X. Ladite chambre tiendra ses assemblées dans une salle particuliere qui lui sera assignée au Bourg Saint-Pierre par l'Intendant, avec un greffe attenant à ladite salle pour la conservation de ses archives.

XI. Pour

XI. Pour rendre l'établissement de ladite chambre le plus avantageux qu'il est possible aux habitans & négocians desdites isles, & leur donner un moyen certain d'expliquer les différens sujets de leurs délibérations, Sa Majesté veut bien permettre à ladite Chambre, d'avoir un député à la suite de son conseil, à l'instar des principales villes de son royaume; pour cet effet, Elle autorise ladite Chambre à proposer au secretaire d'Etat ayant le département de la marine, trois sujets qu'elle choisira, tant à la Martinique, que dans les autres isles du vent, dont elle fera la nomination par scrutin, afin que sur le rapport qui en sera fait à Sa Majesté, Elle puisse agréer l'un des trois sujets qui lui seront présentés par la Chambre pour ladite place de député, lequel, en conséquence des ordres de Sa Majesté, se rendra à Paris le plus promptement qu'il pourra, pour vaquer aux fonctions dont il sera chargé.

XII. Le député des isles du vent aura entrée & séance au bureau du commerce, ainsi que les autres députés des principales villes du royaume; il aura les mêmes droits & fonctions attribuées auxdits députés, & assistera conjointement avec eux aux assemblées qui se tiendront chez le secretaire du bureau du commerce, en la maniere accoutumée.

XIII. En cas de mort ou démission dudit député résidant à Paris, la Chambre de la Martinique procédera à la nomination de deux nouveaux sujets, dans la forme prescrite dans l'article XI.

XIV. Pour indemniser ledit député des frais de son déplacement & de son séjour en france, Sa Majesté lui attribue huit mille livres d'apointemens, argent de france, qui lui seront payés à Paris par les trésoriers généraux des colonies, chacun dans l'année de leur exercice, & de plus, une somme de quatre mille livres pour les frais de son voyage; le tout sur les ordres expédiés par le secretaire d'Etat ayant le département de la marine. Enjoint Sa Majesté, aux Gouverneur son lieutenant-général & Intendant des isles du Vent, au Conseil supérieur établi à la Martinique, & toutes autres personnes qu'il appartiendra, de veiller chacun en droit soi, à l'exécution du présent Arrêt, que Sa Majesté veut être enrégistré, audit Conseil supérieur. Fait au Conseil d'Etat du Roi, Sa Majesté y étant, tenu à Marly, le dixieme jour de décembre 1759. *Signé*, BERRYER.

ENREGISTRE' au Conseil Souverain le 6 Mai 1760.

Nota. N'ayant recouvré cette Loi qu'après l'impression de la premiere partie du Code, nous n'avons pû la placer à la page trois comme elle eût dû l'être dans l'ordre chronologique.

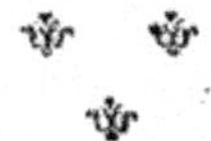

DECLARATION
DU ROI,

EN interprétation des Lettres Patentes en forme d'Edit, du mois d'Octobre 1727.

CONCERNANT les parts & portions des prises provenant du Commerce Etranger, attribuées au Gouverneur Lieutenant général, Intendant, Gouverneurs particuliers & autres Officiers des isles françoises du Vent de l'Amérique.

Donnée à Marly le 10 Décembre 1759.

LOUIS PAR LA GRACE DE DIEU, ROI DE FRANCE ET DE NAVARRE: A tous ceux qui ces présentes lettres verront, SALUT. Savoir; le desir que nous avons de faire cesser tout ce qui peut être un sujet d'abus dans l'administration de la colonie des isles françoises du vent de l'Amérique, nous a déterminés à rendre nos ordonnances du premier de ce mois, par lesquelles nous avons supprimé tous les droits attribués ou tolérés en faveur des Gouverneur Lieutenant général & Intendant, Gouverneurs particuliers & autres officiers majors, ainsi qu'aux commissaires de la marine, servant auxdites isles, aux moyens du traitement fixe & avantageux que nous leur avons accordé pour leur tenir lieu de toute autre attribution : nous n'avons pas compris dans la suppression de ces droits, celui des parts & portions dont ils ont joui jusqu'à présent, sur le produit des prises des bâtimens, faisant le commerce étranger dans lesdites isles, parce que la perception de ce droit faisant partie des dispositions de nos Lettres Patentes en forme d'édit du mois d'octobre 1727, nous nous serions réservés d'expliquer plus particuliérement nos intentions à cet égard, & d'une maniere qui ne laissât aucune incertitude sur la destination d'un droit que nous nous sommes également proposés de supprimer. A CES CAUSES, & autres à ce nous mouvant, de l'avis de notre Conseil, & de notre certaine science, pleine puissance & autorité royale, nous avons dit, déclaré & ordonné, disons, déclarons & ordonnons, voulons & nous plaît ce qui suit.

ARTICLE PREMIER.

Les parts & portions des prises faites à la mer, qui seront conduites aux isles françoises du vent de l'Amérique, & qui sont attribuées par les articles VII VIII & IX du titre premier des Lettres Patentes du mois d'octobre 1727, aux Gouverneur Lieutenant-général, intendant, Gouverneurs particuliers & commissaires ordonnateurs des colonies, cesseront d'être perçues à leur profit, dans lesdites isles du vent, à compter du jour de la publication des présentes; & les deniers provenans desdites parts & portions seront réunis à la caisse du domaine desdites isles, pour être employés aux dépenses de la colonie, comme devant à l'avenir faire partie de nos revenus.

II. Voulons pareillement que dans les cas où lesdits Gouverneur Lieutenant-général & Intendant, Gouverneurs particuliers & Commissaire de la marine, ordonnateurs des isles du vent, enverroient arrêter des bâtimens françois & étrangers qui se trouveront dans les ports, ances & rades desdites isles y faisant le commerce étranger, ils ne puissent exiger dans lesdites prises aucunes parts & portions pour raison de ce.

III. Les Lieutenans de Roi, Majors Aide-majors & autres officiers de nos troupes & milices commandant dans les différens quartiers desdites isles, qui auront envoyé arrêter lesdits bâtimens dans les ports, ances & rades de leur district, jouiront des parts & portions qui leur sont attribuées par l'article X du titre premier desdites Lettres Patentes; & attendu que lesdits Lieutenans de roi & autres officiers majors ont rang & séance dans les assemblées des officiers du conseil supérieur, & qu'ils assistent aux jugemens des appels des sentences qui sont rendues tant à l'occasion des prises de navires françois faisant le commerce étranger, que des navires étrangers leur défendons d'assister aux jugemens desdits appels, lorsqu'il sera question des prises qu'ils auront envoyé arrêter dans les ports, ances & rades de leur district, à peine d'être privés des parts & portions qui leur sont attribuées audit cas.

IV. Ordonnons au surplus que lesdites Lettres Patentes du mois d'octobre mil sept cent vingt-sept, seront exécutées selon leur forme & teneur, en tout ce qui n'y est pas dérogé par ces présentes.

SI DONNONS EN MANDEMENT, à nos amés & féaux les gens tenant notre Conseil Supérieur établis aux isles du vent, que ces présentes ils aient à faire lire, publier & régistrer, & le contenu en icelle garder & observer selon leur forme & teneur, nonobstant tous Edits, Déclarations, Arrêts, ordonnances, Réglemens & autres choses à ce contraires, auxquelles nous avons dérogé par ces présentes. CAR TEL EST NOTRE PLAISIR. En témoin de quoi nous y avons fait mettre notre scel. Donnée à Marly, le dixieme jour du mois de décembre, l'an de grace mil sept cent cinquante-neuf, & de notre regne le quarante-cinquieme. *Signé*, LOUIS. *Et plus bas*; Par le Roi, BERRYER. Et scellé du grand sceau de cire jaune.

ENREGISTRÉE au Conseil Souverain le 7 Février 1762.

MEMOIRE DU ROI,

POUR servir d'instruction aux Gouverneur Lieutenant général & Intendant de la Martinique.

Du 15 Août 1763.

SA MAJESTÉ desirant de procurer aux habitans des isles du vent les secours dont ils ont besoin, & que le commerce de france ne peut leur fournir, elle auroit jugé à propos, en attendant que la nouvelle colonie de Cayenne soit en état d'y pourvoir, de permettre que les secours soient portés par des bâtimens étrangers à Sainte-Lucie, pour être versés ensuite dans les autres isles du vent; de régler en même tems la maniere dont ce commerce doit être fait; limiter les articles qu'il sera permis d'introduire, pour prévenir qu'il ne soit fait au préjudice du commerce de france, aucune introduction frauduleuse d'effets ou marchandises autres que ceux compris dans le présent mémoire.

ARTICLE PREMIER.

Il sera permis à l'avenir, & jusqu'à nouvel ordre, à tous étrangers, d'introduire au port seulement du Carenage de Sainte-Lucie, des bœufs, cochons, moutons, cabrits, pourvu qu'ils soient vivans, volailles de toute espece, chevaux, mulets, planches, solives, soliveaux, mâts, cordages, merrains, bardaux, bled d'inde ou d'espagne, avoine, son, meules de cercle ou feuillards pour barriques, briques, tuiles, carreaux de terre & de fayence, pierres de taille, caleches & cabriolets, roues pour voitures, charettes & tomberaux, armoires grandes & petites, bureaux à l'angloise, ris, pois, légumes & fruits verds de toute espece; & seront lesdits articles, exempts de tous droits d'entrée à Sainte-Lucie.

II. Tout capitaine de navire étranger qui abordera au Carénage, sera tenu de faire la déclaration du chargement de son navire, & de l'affirmer devant l'Intendant de Sainte-Lucie, qui en fera faire la visite avant l'ouverture de sa vente.

III. Si après la déclaration faite par les capitaines, il se trouvoit dans leurs bâtimens des effets & marchandises autres que ceux compris dans l'article premier, veut Sa Majesté, que le tout soit saisi & confisqué

fisqué, ainsi que les bâtimens qui les auroient apportés, & que la vente du tout en soit faite à son profit, au plus offrant & dernier enchérisseur, & le produit remis dans la caisse du domaine.

IV. Lorsque les bâtimens étrangers auront fait à Ste-Lucie, la vente des cargaisons qu'ils y auront introduites, il leur sera permis d'y prendre en retour des sirops & taffiás, vins, liqueurs, & toutes sortes de marchandises qui y seront apportées de france; mais ils ne pourront charger ni sucres, ni caffés, ni cottons, à peine de confiscation du tout, & en sera usé à cet égard, comme il est dit à l'article suivant.

V. Ordonne Sa Majesté, que sur le procès verbal de visite qui sera fait de chacun desdits bâtimens étrangers, lequel sera communiqué au Receveur du domaine, pour demander s'il y a lieu à la confiscation desdits bâtimens & de leurs cargaisons, & les réponses qui y seront faites par les capitaines desdits bâtimens, que le tout soit débattu par le contrôleur de la marine, & que sur cette procédure il soit rendu par le sieur intendant de Ste.-Lucie, un jugement dont l'appel sera porté au Conseil de Sa Majesté.

VI. Il sera perçu à la sortie, sur les sirops & taffias & autres denrées & marchandises dont l'exportation est permise, un pour cent de leur valeur, & sera le produit dudit droit, employé aux dépenses de la Colonie.

VII. Les bestiaux, denrées, & marchandises qui seront introduits à Sainte-Lucie, soit par des bâtimens étrangers, soit sur des bâtimens françois, ne pourront en être exportés, pour être ensuite envoyés aux autres isles françoises du vent, que par des bâtimens appartenans à des françois; Sa Majesté voulant que les Lettres Patentes du mois d'octobre 1727, soient exécutées selon leur forme & teneur, en ce qui ne concerne pas l'isle de Ste. Lucie, & en ce qui n'y est pas dérogé par le présent mémoire.

Veut Sa Majesté, que le présent mémoire soit enrégistré au greffe du Conseil Supérieur de la Martinique, pour être exécuté jusqu'à nouvel ordre de Sa Majesté.

Fait à Compiegne, le quinze août mil sept cent soixante - trois. *Signé* LOUIS. *Et plus bas*; Le Duc de CHOISEUL.

ENREGISTRÉ au Conseil Souverain le 4 Septembre 1764.

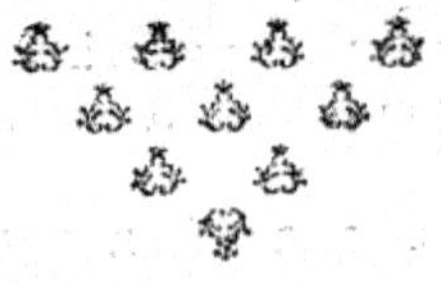

ORDONNANCE

DE MM. LES GENERAL ET INTENDANT,

CONCERNANT le Commerce Etranger, & de Cabotage.

Du 25 Mars 1765.

SA MAJESTE' étant informée des beſoins des iſles du vent, tant pour les bois de conſtruction, que pour les beſtiaux néceſſaires à la ſubſiſtance des habitans, & à l'exploitation de leurs manufactures; étant inſtruite en même tems de l'inſuffiſance actuelle de la pêche françoiſe de la morue, pour l'approviſionnement indiſpenſable de ces iſles, & enfin de l'importance de faciliter l'exportation des ſirops & taffias délaiſſés par les commerçants de france, & refuſés aux étrangers, qui en auroient donné un prix avantageux, Elle a bien voulu rétablir ſon mémoire du 18 avril 1763, & nous autoriſer à le faire exécuter proviſoirement, en attendant qu'elle ait pris un parti définitif ſur les différens objets que nous lui avons préſentés pour l'intérêt des colonies; & elle a ajouté audit mémoire l'admiſſion de la morue de pêche étrangere, juſqu'au tems où la pêche françoiſe pourra ſuffire, ſous la condition d'un droit de 8 livres par quintal, auquel ladite morue ſera impoſée, pour, le montant de ce droit, être verſé dans la caiſſe du domaine du Roi, à la décharge de la colonie. Sa Majeſté, en entretenant la défenſe de toute exportation de la Guadeloupe à la Martinique, a trouvé bon cependant d'en excepter le cotton, abondant à la Guadeloupe, & néceſſaire à l'aſſortiment des cargaiſons des navires qui traitent à la Martinique, où cette denrée eſt tres-rare. Ces nouvelles marques de l'attention du Roi, pour le bien & l'intérêt de cette colonie, nous obligeant cependant à veiller à ce qu'il n'en réſulte aucun abus, nous nous ſommes déterminés à rendre une ordonnance qui, en faiſant connoître les intentions du Roi, pût prévenir les inconvéniens qu'il eſt ſi eſſentiel d'empêcher, tant pour l'intérêt du commerce de france, que pour celui de la colonie, qui doit chercher à mériter de nouvelles graces de Sa Majeſté, par l'exactitude avec laquelle elle uſera de celles qui lui ſont accordées proviſoirement aujourd'hui.

A CES CAUSES, en vertu du pouvoir à nous donné par Sa Majeſté, nous avons ſtatué & ordonné, ſtatuons & ordonnons ce qui ſuit.

ARTICLE PREMIER.

Le mémoire du Roi du 18 avril 1763, donné pour l'inſtruction des Gouverneurs & Intendants, sur l'exportation des sirops & taffias du crû des colonies, en échange des effets & denrées spécifiées dans ledit mémoire, sera exécuté provisoirement, en attendant que Sa Majesté ait pris un autre arrangement sur cet objet.

II. Les navires étrangers seront reçus dans cette colonie, chargés des effets permis & énoncés dans l'article suivant.

III. Les articles des marchandises qu'il sera permis aux étrangers de transporter, d'échanger, & faire introduire dans chaque colonie, consisteront uniquement en bœufs vivans, cochons vivans, chevaux, mulets, moutons, cabrits, volailles, planches de toute sorte, solives, soliveaux, mâts, cordages, bled d'inde ou d'espagne, avoine, son, merrains, mules de cercles ou feuillards pour barriques, bardaux & tuiles pour couvertures de maisons, briques, carreaux de terre & de fayence pour cheminées ou pour carrelage, pierres de taille, caleches ou cabriolets, roues pour voitures, charretes, tombereaux, armoires, bureaux à l'angloise, ris, pois, légumes, fruits verts de toute espece & morue en boucauds & non en pagale.

IV. Toutes marchandises autres que celles désignées en l'article précédent, qui seroient trouvées dans les navires étrangers, seront saisies & confisquées, ainsi que les bâtimens qui les auroient transportées dans cette colonie; & la vente du tout sera faite au profit du Roi, au plus offrant & dernier enchérisseur, en présence de l'Intendant ou de son subdélégué général, & de celle du contrôleur, & le produit remis dans la caisse du domaine.

V. Les navires étrangers ne pourront mouiller que dans les ports & rades du Fort-Royal, de Saint-Pierre & de la Trinité.

VI. Tout navire étranger qui auroit mouillé dans tout autre port ou rade de cette colonie, que dans un de ces trois ports, sera soumis aux peines portées par l'article IV.

VII. Chaque capitaine de bâtiment étranger, sera obligé de demander à son arrivée une permission qui lui sera délivrée *gratis*, par le Gouverneur, l'Intendant, ou les subdélégués de l'Intendant en son absence, pour pouvoir mouiller dans l'un des ports ou rades énoncès ci-dessus, & de présenter à l'Intendant ou à son Subdélégué en son absence, la facture de son chargement. Il sera mis à son bord un détachement de deux soldats, qui y restera jusqu'à ce que ledit bâtiment soit déchargé, pour veiller à la conduite des capitaines, tant au déchargement, qu'au chargement; & ce détachement sera payé par ledit capitaine.

VIII. Lesdits Capitaines des bâtimens étrangers seront obligés, dès le moment de leur arrivée, d'aller au bureau du domaine, pour y faire leur déclaration, & requérir le directeur d'envoyer un de ses commis pour assister au déchargement de leurs navires.

IX. Il faudra qu'il y ait un capitaine marchand françois présent à chaque visite que fera le commis du domaine, sur les navires étrangers, & qui signera avec lui le procès verbal : ce capitaine pourra y envoyer son second, s'il a des raisons valables qui l'empêchent de s'y trouver lui-même.

X. Le capitaine marchand commandant la rade, fera prendre aux capitaines marchands françois, des arrangemens entr'eux pour qu'ils assistent à tour de rôle à ces visites; il conviendra avec eux d'un signal qui sera fait à son bord, afin d'avertir de l'arrivée des bâtimens étrangers, le capitaine qui devra marcher pour la visite, & qui se rendra à l'avance au bureau du domaine, pour y savoir l'heure où la visite devra se faire.

XI. Il sera fait trois visites sur les navires étrangers; la premiere à leur arrivée, la seconde à moitié du chargement, & la troisieme à la fin.

XII. Les capitaines des navires étrangers seront obligés de charger en retour, des sirops & taffias, en échange des marchandises qu'ils auront apportées, & il ne leur sera point permis de sortir sur leur lest; dans le cas où leur retour en sirops & taffias ne suffiroit pas pour remplir le montant de leur cargaison, ils ne pourront retirer le surplus qu'en lettres de change & non en argent.

XIII. Lesdits capitaines seront obligés d'appeller, lors de leur chargement, le visiteur du domaine, pour qu'il puisse être présent à chaque rang de barriques qu'ils feront dans leur câle; examiner ce que contiendront lesdites barriques, & empêcher qu'ils ne chargent aucune denrée du pays, autres que des sirops & taffias. Un capitaine marchand assistera aussi au chargement, avec le commis visiteur.

XIV. Les sirops & taffias seront soumis à leur sortie de la colonie, au droit de trois pour cent, attribué aux fermiers-généraux.

XV. Tout cabotage & transport de marchandises & denrées, continueront d'être interdits entre la Martinique & la Guadeloupe, conformément aux ordres que nous avons reçus de Sa Majesté, dans son mémoire du 25 janvier 1765, à peine contre les contrevenans, de confiscation des marchandises qui seroient trouvées sur les bâtimens allant d'une isle à l'autre, & de 500 livres d'amende contre le maître qui commanderoit ledit bâtiment, applicable comme à l'article XII.

XVI. Les cottons de la Guadeloupe & dépendances, seront exceptés de ladite prohibition, & l'introduction en sera permise à la Martinique, en vertu du mémoire susdit.

XVII. La présente ordonnance aura son exécution dans tout son contenu, à commencer du premier avril prochain, en attendant la première séance du Conseil supérieur où elle doit être enrégistrée.

XVIII. Enjoignons à tous les commandans des bâteaux ou pataches du domaine du Roi, & à tous les garde-côtes, de tenir exactement la main à l'exécution de notre présente ordonnance, & de saisir

Mandons aux officiers des jurisdictions royales & Amirautés, de tenir la main à son exécution.

Donnée à la Martinique, sous le sceau de nos armes, & le contre-seing de nos secretaires, le 15 novembre 1766, *Signé* D'ENNERY, & le Président de PEINIER. Et plus bas, par Monsieur le Général. *Signé*, VIARD, & par M. l'Intendant. *Signé*, BORDIE'.

ORDONNANCE

DE MM. LES GENERAL ET INTENDANT,

PORTANT la fixation du terme de l'Introduction de la Farine étrangere à la Martinique.

Du 6 Mai 1767.

LES motifs qui nous avoient forcés de permettre l'entrée de la farine étrangere dans la colonie, devenant chaque jour moins urgents, nous croyons ne pas devoir différer plus long-tems de mettre un terme à une introduction que la nécessité seule a pu autoriser. Egalement partagés entre le soin de veiller à la conservation de la colonie & de favoriser le commerce de france, nous nous occupons avec la plus grande attention à concilier, autant qu'il est possible, les intérêts de l'un & de l'autre. C'est dans cette vue que nous nous déterminons à nous reposer entiérement à l'avenir sur les armemens des ports de france, pour la subsistance de la Martinique, ne doutant pas que la connoissance que l'on aura dans tous les ports, du nouvel arrangement que nous prenons aujourd'hui, n'engage les armateurs à former des expéditions en plus grand nombre pour cette isle; à se mettre en état de nous fournir les secours dont nous avons besoin pour nous passer de l'étranger, & enfin à continuer leurs opérations avec la confiance que doit leur inspirer notre zele invariable pour les intérêts des commerçants de la nation.

Pour empêcher cependant tout abus, & rassurer les habitans sur la crainte qu'ils pourroient avoir que l'interdiction de la farine étrangere ne donnât lieu à une augmentation excessive de prix, sur celle qui se trouvera dans le pays après le terme de l'introduction, nous déclarons que, dans ce dernier cas seulement, nous nous porterions à ouvrir les magasins du Roi, qui, graces aux sages précautions de M. le duc de Praslin, se trouvent abondamment pourvus de tous les comestibles nécessaires.

D'un autre côté, pour prévenir les pertes que cette interdiction occasionneroit aux négocians de cette colonie, qui peuvent avoir formé des expéditions de farine chez l'étranger pour nos besoins, nous prenons la précaution de leur annoncer d'avance le tems auquel elle aura lieu. Mais en défendant l'entrée de la farine étrangere, nous autoriserons encore pendant quelque tems celle du biscuit étranger, pour donner un peu plus de facilité à la nourriture des negres, que nous jugeons devoir être toujours extrêmement à charge aux habitans, jusqu'à ce que les racines, les bananes, & le manioc viennent entiérement à leur secours.

A CES CAUSES, & en vertu du pouvoir qui nous est confié par Sa Majesté, nous avons statué & ordonné, statuons & ordonnons ce qui suit.

ARTICLE PREMIER.

L'entrée de la farine étrangere dans cette colonie, demeurera interdite comme ci-devant, au 15 de juin prochain exclusivement, avec défense d'en introduire depuis ledit jour, sous les peines portées par les ordonnances & déclarations du ROI.

II. L'entrée du biscuit étranger continuera d'être permise jusques au premier août prochain, passé lequel tems, elle sera interdite sous les peines portées par l'article ci-dessus.

III. Tous les autres articles dont l'entrée est permise, continueront d'être reçus jusqu'à nouvel ordre de Sa Majesté.

Sera la présente ordonnance enrégistrée au greffe de l'Intendance, & au bureau du domaine. Enjoignons au directeur général du domaine, de la faire publier & afficher par-tout où besoin sera, afin que personne n'en ignore, & de tenir la main exactement à son exécution.

Donné à la Martinique, sous le sceau de nos armes, & le contre-seing de nos secretaires, le *6* mai 1767. *Signé*, D'ENNERY, & le Président de PEINIER. Et plus bas, Par Monsienr le Général. *Signé*, VIARD. & Par Monsieur l'Intendant. *Signé*, BORDIE'.

CODE DE LA MARTINIQUE.

SIXIEME PARTIE.

DE LA MARINE.

ORDONNANCE DU ROI,

SUR les Congés pour France.

Du 3 Septembre 1690.

SA MAJESTE' ayant été informée que quelques corsaires & Capitaines de vaisseaux armés en course qui ont abordé aux isles françoises de l'Amérique, y ont embarqué pour renforcer leur équipage, plusieurs habitans, dont la plupart étant chargés de dettes, se sont servis de cette occasion pour se dispenser de les payer; ce qui peut dans la suite, causer un préjudice & une diminution considérable aux colonies: A quoi étant nécessaire de pourvoir, Sa Majesté a fait tres expresses inhibitions & défenses à tous capitaines de vaisseaux armés en course, & de tous autres bâtimens qui aborderont auxdites isles, de recevoir sur leurs bords aucun habitant, sans un congé exprès du Gouverneur de l'isle d'où ils seront, à peine contre lesdits capitaines & maîtres, de 500 liv. d'amende. Mande, &c.

DECLARATION
DU ROI,

PORTANT défenses à tous Capitaines de Vaisseaux, tant de guerre, que marchands, d'embarquer sur leurs vaisseaux aucun habitant, soldat, ni negre, sans la permission du Commandant.

Du 20 Octobre 1694.

DE PAR LE ROI.

SA MAJESTÉ étant informée que quelques défenses qui aient été faites aux capitaines de ses vaisseaux, & à ceux des bâtimens marchands qui naviguent aux isles françoises de l'Amérique, d'embarquer aucun habitant ou soldat, sans la permission du S[r]. Comte de Blenac, Lieutenant général desdites isles, ou des Gouverneurs particuliers qui y commandent, sous quelque prétexte que ce soit, elles n'ont point eu jusqu'à présent leur exécution, par la facilité que les capitaines ont eu d'embarquer les habitans & les soldats, qui leur ont demandé passage : quelques-uns même, ont pris & enlevé des negres des habitans, qui faisant la principale partie de leurs effets, en ce qu'ils servent au défrichement & à la culture des terres pour leur subsistance & pour leur commerce, leur perte cause un préjudice considérable. A quoi voulant pourvoir, & empêcher la continuation de ce désordre, Sa Majesté a fait & fait très-expresses inhibitions & défenses aux capitaines commandants ses vaisseaux, & à ceux des bâtimens marchands qui reviennent des isles françoises de l'Amérique, d'y embarquer aucun habitant ni soldat sans congé du Lieutenant-général, ou des gouverneurs qui y commandent, ni aucun negre sous quelque prétexte que ce soit, à peine d'interdiction pour six mois contre les capitaines de ses vaisseaux, & de cinq cens livres d'amende; & contre les capitaines de bâtimens marchands, de six mois de prison, de cinq cens livres d'amende, & de payer par les uns & les autres, quatre cens livres pour chaque negre qu'ils auront embarqué, aux habitans auxquels ils se seront trouvés appartenir. Veut Sa Majesté, que ladite amende soit appliquée moitié aux hôpitaux des ports où les bâtimens auront abordé, & moitié au dénonciateur, lorsqu'il y en aura, ou cent livres aux officiers de l'Amirauté, qui, en faisant la visite des bâtimens, ou recevant les rapports des capitaines, auront découvert qu'ils ont contrevenu à la présente ordonnance, à l'exécution de laquelle elle enjoint aux intendans & commissaires de la marine des isles, & auxdits officiers de l'Amirauté, & à tous ses autres officiers de tenir la main chacun en droit soi, & de la faire publier

&

& afficher à ce qu'aucun n'en ignore. Fait à Fontainebleau, le 20 octobre mil six cent quatre-vingt-quatorze. *Signé*, LOUIS. Et plus bas par le Roi. *Signé*, PHELYPEAUX.

ORDONNANCE

DE MM. LES GENERAL ET INTENDANT,

POUR que les Capitaines envoient à l'hôpital ou dans des magasins à terre, leurs gens & équipages qui auront les fievres ou autres maladies dangereuses, & fassent exactement avertir les Curés, afin qu'ils leur donnent les secours spirituels.

Du 8 Mars 1715.

LE Marquis DUQUESNE, &c. Et NICOLAS-FRANÇOIS-ARNOULT DE VAUCRESSON, &c.

ETANT informés que les capitaines des navires marchands qui viennent commercer en ces isles, négligent extrêmement les matelots & autres gens de leurs équipages qui tombent malades pendant le séjour qu'ils y font, & qu'au lieu de les envoyer à l'hôpital ou de les mettre dans des magasins à terre, ils les gardent à bord par un esprit d'avarice, sont cause par-là qu'ils meurent, manque de soin & de traitement nécessaire, & même les privent de l'administration des sacremens, faute d'Aumônier ou d'avertir les Curés des lieux: Nous ordonnons à tous capitaines des navires & autres bâtimens marchands, de faire porter à l'hôpital ou mettre dans des magasins à terre, ceux de leurs gens d'équipage qui auront les fievres ou autres maladies dangereuses, & de faire exactement avertir les Curés pour qu'ils donnent les secours spirituels aux malades, sous peine de cent livres d'amende, applicable à la construction de l'hôpital du Fort-Royal, contre ceux qui contreviendront à la présente ordonnance, laquelle sera lue, publiée & affichée par-tout où besoin sera, à la diligence des Procureurs-généraux, ou de leurs substituts.

Donné à la Martinique, sous le cachet de nos armes, & contresignée par nos secretaires, le 8 mars, mil sept cent quinze.

REGLEMENT

CONCERNANT les Sieges d'Amirauté que le Roi veut être établis dans tous les ports des Isles Françoises, en quelque partie du monde qu'elles soient situées, avec les Lettres Patentes pour l'enrégistrement dudit Réglement.

Du 12 Janvier 1717.

LE ROI s'étant fait représenter l'Ordonnance rendue par le feu Roi en l'année 1681, sur le fait de la marine, pour être gardée & observée dans son royaume, terres & pays de son obéissance ; ce qui n'a point eu lieu jusqu'à présent, attendu qu'il n'y a point encore d'Amirauté établie dans les colonies de l'Amérique, ni des indes orientales ; ce qui donne occasion à toutes sortes de Juges & Praticiens de s'attribuer la connoissance des affaires maritimes sans aucune capacité ni connoissance des ordonnances ; ce qui cause un préjudice considérable au commerce & à la navigation, que les Rois prédécesseurs de Sa Majesté ont toujours regardée comme affaire très-importante, & qui ne pouvoit être bien administrée que par des ordonnances particulieres, & par des jurisdictions établies exprès pour les faire observer : Sa Majesté, de l'avis du Duc d'Orléans son oncle Régent, a résolu le présent Réglement.

TITRE PREMIER.

Des Juges d'Amirauté & de leur compétence.

ARTICLE PREMIER.

Il y aura à l'avenir dans tous les ports des isles & colonies françoises, en quelque partie du monde qu'elles soient situées, des Juges pour connoître des causes maritimes, sous le nom d'officiers d'Amirauté, privativement à tous autres Juges, & pour être par eux, lesdites causes, jugées suivant l'ordonnance de 1681, & autres ordonnances & réglemens touchant la marine.

II. La nomination desdits Juges appartiendra à l'Amiral, comme en france, sans toutefois qu'ils puissent exercer qu'après avoir, sur ladite nomination, obtenu une commission de Sa Majesté, au grand sceau, laquelle commission sera révocable, *ad nutum*.

III. Ils pourront être choisis parmi les Juges des Jurisdictions ordinaires, sans être obligés de prendre des Lettres de compatibilité :

Ils rendront la justice au nom de l'Amiral, conformément à l'ordonnance de 1681, & au réglement de 1669, & les appels de leurs sentences seront relevés en la maniere prescrite par ladite ordonnance, & ainsi qu'il sera expliqué ci-après : ils ne pourront en même tems être Juges de l'Amirauté, & officiers des conseils supérieurs.

IV. Leur compétence sera la même qui est expliquée par l'ordonnance de 1681, livre premier, titre second, & par l'Edit de 1711.

V. Il y aura dans chaque siege d'Amirauté, un Lieutenant, un Procureur du Roi, un Greffier, & un ou deux huissiers, suivant le besoin, avec les mêmes fonctions qui leur sont attribuées dans l'ordonnance de 1681.

VI. Les Lieutenans & les Procureurs du Roi seront reçus au tribunal, où se porteront les appels de leurs sentences; les Greffiers & les huissiers seront reçus par les officiers de leur siege.

VII. Les Lieutenans & les Procureurs du Roi ne pourront être reçus qu'ils ne soient âgés de vingt-cinq ans; seront dispensés d'être gradués, pourvu toutefois qu'ils aient une connoissance suffisante des ordonnances & des affaires maritimes sur lesquelles ils seront interrogés avant que d'être reçus.

VIII. Les Lieutenans rendront la justice, & tiendront les audiences dans le lieu où se rendra la justice ordinaire, & on conviendra des jours & des heures, afin que cela ne fasse point de confusion

IX. En cas d'absence, mort, maladie, ou récusation d'aucuns desdits officiers, ses fonctions seront faites par le Juge ordinaire le plus prochain, jusqu'à ce qu'il y ait été pourvû; lequel Juge sera tenu de faire mention expresse dans ses sentences & procédures, de sa commission.

X. Le Greffier sera tenu de se conformer exactement à l'ordonnance de 1681, pour ce qui regarde ses fonctions; & en cas d'absence, mort, ou maladie, il y sera commis par le Lieutenant, jusqu'à ce qu'il y ait été pourvu.

XI. Les huissiers seront reçus, & exploiteront conformément à l'ordonnance de 1681, excepté ce qui regarde la vente des bâtimens, dont les officiers d'Amirauté sont chargés par l'Edit de 1711, & qui se fera en la maniere expliquée ci-après.

XII. Les Procureurs du Roi & les Greffiers seront obligés de tenir des registres, ainsi qu'il est prescrit par l'ordonnance de 1681, & si les officiers sont choisis parmi ceux des Jurisdictions ordinaires, ils tiendront leurs registres distincts & séparés par chaque jurisdiction, & sans que les affaires de l'une soient confondues avec celles de l'autre.

TITRE II.

Du Receveur de l'Amiral.

ARTICLE PREMIER.

Dans tous les lieux où il y aura des officiers de l'Amirauté, l'Amiral pourra établir un Receveur pour délivrer ses congés, & faire les fonctions prescrites au titre VI, liv. premier de l'ordonnance de 1681.

TITRE III.

Des Procédures & des Jugemens.

ARTICLE PREMIER.

Les affaires de la compétence de l'Amiral, seront instruites & jugées conformément à l'ordonnance de 1681, & les appels seront portés au Conseil Supérieur où ressortit la justice ordinaire du lieu.

II. Les demandes pour le paiement de partie ou du total de la cargaison d'un vaisseau prêt à faire voile pour revenir en france, seront jugées sommairement, & exécutées nonobstant l'appel & sans préjudice d'icelui, & les détenteurs desdites marchandises, contraints par la vente de leurs effets, même par corps s'il est besoin, a en acquitter le prix, lorsqu'il ne s'agira que d'un paiement non contesté; & s'il y a quelque question incidente, la sentence de l'Amirauté sera toujours exécutée par provision nonobstant l'appel & sans préjudice d'icelui, en donnant caution.

TITRE IV.

Des Congés & Rapports.

ARTICLE PREMIER.

Aucun vaisseau ne sortira des ports & havres desdites colonies & établissemens françois, pour faire son retour en france ou dans quelqu'autre colonie, ou pour aller directement en france ou dans les autres colonies, sans congé de l'Amiral, enrégistré au greffe de l'Amirauté du lieu de son départ, à peine de confiscation du vaisseau & de son chargement.

II. Fait Sa Majesté, défenses à tous Gouverneurs desdites colonies, ou Lieutenans-généraux particuliers des places, & autres officiers de guerre, de donner aucun congé, passe-port, & sauf conduit pour aller en mer, & à tous maîtres capitaines de vaisseaux d'en prendre, sous peine, contre les maîtres & capitaines qui en auront pris, de confiscation

fiscation du vaisseau & marchandises; & contre ceux qui auront donné lesdits congés, passe-ports & sauf conduits, d'être tenus des dommages & intérêts de ceux à qui ils en auront fait prendre.

III. Ne seront néanmoins les maîtres tenus de prendre aucun congé pour retourner au port de leur demeure, s'il est situé dans l'étendue de l'Amirauté où ils auront fait leur décharge.

IV. Lorsque les gouverneurs généraux ou particuliers auront à donner à quelques maîtres ou capitaines de vaisseau, des ordres dont l'exécution sera importante pour le service de Sa Majesté, ils les mettront au dos des congés de l'Amiral signé d'eux, & suivant la formule qui sera mise ci-apres.

V. Les maîtres des bâtimens dont la navigation ordinaire consiste à porter des sucres ou autres marchandises d'un port à un autre dans la même isle, comme aussi ceux qui navigueront d'isle en isle, & iront de la Martinique aux isles de la Guadeloupe, Grenade, Grenadins, Tabac, Marie-Galante, Saint Martin, Saint-Barthelemy, Saint-Vincent, Sainte-Alousie, & la Dominique; & ceux qui iront de l'isle de Cayenne à la Province de Guyanne, & de la côte de Saint-Domingue à l'isle de la Tortue, prendront des congés de l'Amiral, lesquels leur seront donnés pour un an.

VI. Ceux qui font leur commerce ordinaire à l'isle royale, de port en port, ou qui iront aux isles adjacentes, isle de sable, à celle du golfe, St. Laurent, & aux côtes dudit golfe, prendront aussi des congés de l'Amiral, lesquels leur seront donnés pour un an; mais s'ils viennent à Quebec, ils y prendront un nouveau congé.

VII. Les maîtres desdits bâtimens, avant de recevoir leur congé, feront au greffe leur soumission, de n'aller dans aucune isle ou côte étrangere, à peine de confiscation du vaisseau & marchandises, & de trois cens livres d'amende, dont ils donneront caution.

VIII. Les maîtres des bâtimens qui navigueront dans le fleuve & golfe de Saint-Laurent, prendront aussi des congés de l'Amiral, qui leur seront donnés pour un an, lesquels congés pour un an, seront toujours datés du premier janvier de l'année où ils seront délivrés.

Ceux de Quebec iront à l'isle Royale, & seront tenus d'en prendre pour chaque voyage.

IX Les congés pour les vaisseaux qui doivent retourner en france, ne pourront être délivrés par le Receveur, ni enrégistrés à l'Amirauté, qu'après avoir averti le Gouverneur de la colonie, & ne pourront lesdits vaisseaux ramener aucun passager ni habitant, sans la permission expresse desdits Gouverneurs.

X. Les congés pour la pêche ne pourront être délivrés que du consentement des Gouverneurs qui auront attention à empêcher qu'on n'en abuse, pour faire le commerce avec les étrangers.

XI. Tous les maîtres ou capitaines des navires arrivant dans les colonies & autres établissemens françois, seront tenus de faire leur rapport au lieutenant de l'Amirauté, vingt-quatre heures après leur arrivée au port, à peine d'amende arbitraire.

XII. Excepté seulement ceux qui arrivant à l'isle royale pour la pêche, entreront dans les ports & havres où il n'y aura point d'Amirauté; auquel cas, ils seront seulement tenus de faire leur rapport à l'Amirauté la plus prochaine dans un mois au plus tard du jour de leur arrivée, sous les mêmes peines.

XIII. Dispense Sa Majesté, les maîtres des bâteaux énoncés dans les articles 3, 5 & 6 du présent titre, de faire leur rapport; ils seront seulement tenus de faire viser par le greffier de l'Amirauté, leur congé à chaque voyage, si ce n'est qu'ils aient trouvé quelques débris, vû quelque flotte, ou fait quelque rencontre considérable à la mer, dont ils feront leur rapport aux officiers de l'Amirauté, qui le recevront sans frais.

XIV. Défend Sa Majesté aux maîtres de décharger aucunes marchandises avant que d'avoir fait leur rapport, si ce n'est en cas de peril & événement, à peine de punition corporelle contre les maîtres, & de confiscation des marchandises déchargées.

XV. Le Procureur du Roi de chaque siége d'Amirauté sera tenu à la fin de chaque année, d'envoyer à l'Amiral, un état des officiers de sa jurisdiction, & de ce qui s'y est passé de plus considérable; comme aussi la liste des bâtimens qui y sont arrivés, le jour de leur arrivée & de leur départ, suivant la formule qui lui en sera donnée.

XVI. Il est défendu à tous marchands, maîtres, capitaines & autres gens de mer naviguant dans les mers de l'Amérique, d'y faire aucun commerce avec les étrangers, & d'aborder à dessein aux côtes ou isles de leur établissement, sous peine pour la premiere fois, de confiscation des vaisseaux qui y auront été, & de leur chargement, & de galere en cas de récidive, contre le maître & les matelots qui auront fait cette navigation.

XVII. Les maîtres & pilotes en faisant leur rapport, représenteront leurs congés, déclareront le tems & le lieu de leur départ, le port & le chargement de leurs navires, la route qu'ils auront tenue, les hasards qu'ils auront trouvés, les désordres arrivés dans leurs vaisseaux & toutes les circonstances de leur voyage; représenteront aussi leur journal de voyage qui leur sera remis, s'ils le desirent, par les officiers de l'Amirauté au bout de huit jours & sans frais, après qu'ils en auront extrait les choses qui pourront servir à assurer ou perfectionner la navigation des isles: ils auront soin d'en rendre compte à l'Amiral tous les trois mois.

XVIII. Les capitaines & maîtres des vaisseaux arrivant des colonies françoises dans les ports de france, seront tenus en faisant leur rapport, de déclarer comme ils ont été reçus dans les colonies; de quelle maniere s'y rend la justice ; quels frais & quelles avaries ils ont été obligés de payer depuis leur arrivée jusqu'à leur départ. Enjoint Sa Majesté, aux officiers d'Amirauté, d'interroger exactement les maîtres & capitaines sur ces articles ; de recevoir les plaintes des passagers & matelots qui en auront à faire, & d'en dresser procès verbal, qu'ils seront tenus d'envoyer à l'Amiral de France.

TITRE V.

De la visite des Vaisseaux.

ARTICLE PREMIER.

A l'arrivée des vaisseaux, la visite sera faite par les officiers de l'Amirauté, suivant l'édit de 1711 : ils observeront de quelles marchandises ils seront chargés, quel est leur équipage, quels passagers ils amenent ; & feront mention du jour de l'arrivée du vaisseau, & en dresseront leur procès verbal.

II. La visite des vaisseaux destinés à retourner en france, se fera avant leur chargement par les officiers d'Amirauté, avec un charpentier nommé, & en présence du maître, qui sera tenu d'y assister, sous peine d'amende arbitraire, pour examiner si le vaisseau est en état de faire le voyage ; sera faite aussi la visite des agrêts & apparaux en présence d'un ou de deux capitaines nommés par les officiers d'Amirauté, à l'effet de voir s'ils sont suffisans pour le voyage ; & seront tenus les maîtres qui se préparent à charger leurs vaisseaux, d'en avertir les officiers d'amirauté, deux jours avant de commencer, sous peine contre les contrevenans, de les faire décharger & recharger à leurs dépens.

III. Ils prendront la déclaration du maître & de l'écrivain ou du dépensier, de l'état, qualité, & quantité de victuailles, pour juger si elles sont convenables & suffisantes pour la longueur du voyage, & le nombre de l'équipage & des passagers ; & ne pourra la quantité de vituailles, être moindre de soixante rations, & de deux tiers de barrique d'eau pour chaque personne.

IV. Si les deux tiers de l'équipage soutiennent contre la déclaration du maître & de l'écrivain ou du dépensier, que les victuailles ne sont pas de bonne qualité, ou qu'il n'y en a pas la quantité portée par la déclaration, les officiers d'Amirauté en feront la vérification ; & en cas que la déclaration se trouve fausse, le maître & l'écrivain seront condamnés chacun à cent livres d'amende, & à prendre les victuailles, ainsi qu'il sera ordonné ; ce qui sera exécuté à la diligence du Procureur du Roi & de celui des maîtres que les deux tiers de l'équipage nommeront : le prix desdites victuailles, sera pris sur le corps du vaisseau, & même sur le chargement, dont on pourra vendre jusqu'à la concurrence du prix desdites victuailles, sauf à être supportée ladite dépense, par qui il appartiendra ; ce qui sera réglé par les officiers d'Amirauté du lieu où le vaisseau fera son retour.

V. Sera par lesdits officiers d'Amirauté, dressé un procès verbal de l'état du vaisseau, des agrêts & apparaux & des vivres, duquel procès verbal, il sera délivré aux maîtres une copie qu'ils seront tenus de représenter à l'Amiral du lieu de leur retour, sous peine d'amende arbitraire.

Pour ce qui est des frais de justice, expéditions des congés & autres procédures, ils seront reçus par les officiers d'Amirauté, sur le même pied qu'ils ont été reçus jusqu'à présent par les Juges ordinaires ; & s'il arrivoit quelque difficulté à cet égard, elle sera réglée par provision, par le conseil supérieur, se réservant Sa Majesté, de les régler particuliérement & en détail, par un tarif exprès qu'elle fera arrêter en son conseil, sur les avis & instructions que les officiers des conseils supérieurs, intendans, négocians & autres que Sa Majesté jugera à propos de consulter, auront ordre d'envoyer incessamment ; lequel tarif ordonné par Sa Majesté, sera imprimé, exposé dans le lieu le plus apparent du greffe, afin que tout le monde puisse y avoir recours.

Mande & ordonne Sa Majesté, à Monsieur le Comte de Toulouse, Amiral de france, de tenir la main à l'exécution du présent Réglement, de le faire publier, afficher & enrégistrer par-tout où besoin sera. Fait à Paris, le douzieme jour de janvier mil sept cent dix-sept. *Signé*, LOUIS. *Et plus bas*, PHELIPEAUX.

ENREGISTRÉ au Conseil Souverain le 5 Juillet 1717.

LETTRES-PATENTES

LOUIS PAR LA GRACE DE DIEU, ROI DE FRANCE ET DE NAVARRE ; A tous ceux qui ces présentes lettres verront, SALUT. Nous avons fait un Réglement en date de cejourd'hui, concernant les sieges d'Amirauté, que nous voulons être établis dans tous les ports des isles & colonies françoises, en quelque partie du monde qu'elles soient situées, pour l'exécution duquel nous avons jugé nécessaire de faire expédier nos Lettres Patentes adressées à nos cours & conseils supérieurs. A CES CAUSES, de l'avis de notre très-cher & très-amé oncle le duc d'Orléans, régent, de notre très-cher & très-amé cousin, le duc de Bourbon, de notre trèss-cher & très-amé oncle le duc du Maine, de notre très-cher & très-amé oncle le comte de Toulouse ; & autres Pairs de France, Grands & notables Personnages de notre Royaume :

Royaume: Nous, en confirmant ledit Réglement ci-attaché sous le contre-scel de notre chancellerie, l'avons autorisé & autorisons par ces présentes signées de notre main: voulons qu'il soit enrégistré en nos cours & conseils supérieurs, & exécuté selon sa forme & teneur.

Si donnons en Mandement, à nos amés & féaux Conseillers les gens tenant nos cours de Parlement & Conseils Supérieurs à l'Amérique & aux Indes orientales, que ces présentes, ensemble ledit Réglement, ils aient à faire lire, publier & régistrer, & le contenu en iceux, garder & observer selon sa forme & teneur, nonobstant tous Edits, Ordonnances, Réglemens, usages & autres choses à ce contraires, auxquels nous avons dérogé & dérogeons par ces présentes; aux copies desquelles & dudit Réglement, collationnées par l'un de nos amés & féaux Conseillers-Secretaires, voulons que foi soit ajoutée comme à l'original: Car tel est notre plaisir. En témoin de quoi nous avons fait apposer notre scel à cesdites présentes. Donnée à Paris, le dixieme jour du mois de janvier, l'an de grace mil sept cent dix-sept, & de notre regne le deuzieme. *Signé*, LOUIS. *Et plus bas*; Par le Roi, le Duc d'Orleans, Régent présent. Phelipeaux. Et scellé du grand sceau de cire jaune.

ORDONNANCE
DU ROI,

QUI défend aux Capitaines des Vaisseaux qui apporteront des Negres aux Isles, de descendre à terre, ni d'y envoyer leurs Equipages, sans en avoir obtenu les permissions des Gouverneurs.

Du 3 Avril 1718.

DE PAR LE ROI.

SA MAJESTE' étant informée que les capitaines des vaisseaux qui portent des Noirs dans les isles de l'Amérique, ont communication avec les habitans desdites colonies, & souffrent que les équipages de leurs vaisseaux descendent à terre, quoique les negres qu'ils amenent, & même partie desdits Equipages aient des maladies contagieuses, ce qu'il est de conséquence d'empêcher, afin que par cette fréquentation, lesdites maladies contagieuses ne se communiquent point aux habitans desdites isles: Sa Majesté, de l'avis de Monsieur le duc d'Orléans, régent, fait défenses à tous capitaines des vaisseaux qui porteront des noirs dans lesdites isles, de descendre à terre, ni de permettre à leurs équipages d'y aller; comme aussi d'avoir aucune fréquentation avec les habitans, tant par eux que par les perſonnes de leurs équipages, qu'ils n'en aient auparavant obtenu la permiſſion de celui qui commandera dans l'endroit où ils arriveront, laquelle permiſſion leur ſera accordée s'il n'y a point de maladies contagieuſes dans leur bord ; & en cas qu'il y en ait, il leur ſera indiqué un endroit où ils pourront mettre les malades à terre pour les y faire traiter, ſans que pendant le tems que leſdites maladies dureront, ils puiſſent avoir communication avec leſdits habitans. Mande & ordonne Sa Majeſté, à M. le comte de Toulouſe, Amiral de france, aux Gouverneurs & ſes lieutenans-généraux en l'Amerique méridionale, Gouverneurs particuliers & autres ſes officiers qu'il appartiendra, de tenir chacun en droit ſoi, la main à l'exécution de la préſente ordonnance, qui ſera lue, publiée & affichée par-tout où beſoin ſera, à ce que perſonne n'en ignore. Fait à Paris le troiſieme jour d'avril mil ſept cent dix-huit. *Signé*, LOUIS. *Et plus bas*, PHELYPEAUX.

ORDONNANCE DU ROI,

QUI défend de tirer des coups de canon dans les rades des colonies, à moins que ce ne ſoit pour faire ſignal d'incommodité, ou de quelqu'autre néceſſité.

Donnée à Paris, le 8 Avril 1721.

DE PAR LE ROI.

SA MAJESTÉ étant informée que les capitaines des vaiſſeaux marchands tirent très-ſouvent des coups de canon, dans les rades des colonies, ſur-tout dans celles du Fort-Royal & du Bourg St. Pierre de la Martinique, lorſqu'ils font entr'eux des fêtes, ou qu'ils veulent ſaluer des perſonnes qui vont à leur bord ; ce qui conſtitue les armateurs de ces vaiſſeaux dans des dépenſes inutiles & ſuperflues, & eſt même ſouvent cauſe de la priſe de leurs vaiſſeaux, parce qu'il ne leur reſte plus de poudre pour ſe défendre contre les corſaires & les forbans : étant auſſi informée que dans ces ſortes de ſaluts, le défaut de précaution cauſe les malheurs qui y arrivent ; les canoniers étant tués ou eſtropiés en tirant, & le même accident arrivant quelquefois à ceux à qui on fait ces ſortes de ſaluts ; qu'outre ces inconvéniens les coups de canon qui ſont ſouvent tirés pendant la nuit, ne ſervent qu'à cauſer de l'allarme dans les colonies ; il a paru néceſſaire à Sa Majeſté d'empêcher la continuation d'un pareil uſage, qui ne peut être que nuiſible & préjudiciable à ſes ſujets : pour à quoi remédier Sa Majeſté de l'avis de M. le duc d'Orléans, Régent, fait très-expresses inhibitions & défenses à tous capitaines, maîtres & autres officiers des vaisseaux marchands, de tirer à l'avenir, sous quelque prétexte que ce puisse être, aucun coup de canon, lorsqu'ils seront mouillés dans les rades des colonies françoises, à moins que ce soit pour faire signal d'incommodité ou de quelqu'autre nécessité, sans permission expresse de l'officier du Roi qui commandera dans les lieux & les rades où seront mouillés lesdits vaisseaux, à peine contre les contrevenans, de cent livres d'amende, & du double en cas de récidive. Mande & ordonne Sa Majesté, à M. le Comte de Toulouse, Amiral de france, de tenir la main à l'exécution de la présente ordonnance, qui sera lûe, publiée & affichée par-tout où besoin sera. Fait à Paris, le huitiéme jour d'avril mil sept-cent vingt-un. *Signé*, LOUIS. *Et plus bas*, FLEURIAU.

ENREGISTRÉE au Conseil Souverain le 7 Juillet 1721.

ORDONNANCE DU ROI,

En interprétation de celle du 3 Avril 1718, au sujet des Vaisseaux qui font la traite des Negres aux isles françoises de l'Amérique.

Du 25 Juillet 1724.

DE PAR LE ROI.

SA MAJESTÉ s'étant fait représenter l'ordonnance par elle rendue le 3 avril 1718, par laquelle il est fait défenses à tous capitaines de vaisseaux qui porteront des negres dans les isles de l'Amérique, de descendre à terre, ni de permettre à leurs équipages d'y aller, comme aussi d'avoir aucune fréquentation avec les habitans, tant par eux que par les personnes de leurs équipages, qu'ils n'en aient auparavant obtenu la permission de celui qui commandera dans l'endroit où ils arriveront; laquelle permission leur sera accordée s'il n'y a point de maladies contagieuses dans leur bord; & en cas qu'il y en ait, il leur sera indiqué un endroit où ils pourront mettre les malades à terre, pour les y faire traiter, sans que pendant le tems que lesdites maladies dureront, ils puissent avoir communication avec les habitans. Et Sa Majesté ayant été informée que des capitaines de vaisseaux negriers, vendent leurs negres aux habitans desdites isles, avant que la visite de santé ait été faite, & la permission de mettre les negres à terre accordée; ce qui donne occasion aux capitaines de vendre en fraude des negres qu'ils prétendent leur appartenir comme pacotilles : A quoi étant nécessaire de remédier, Sa Majesté en interprétant en tant que de besoin, l'ordonnance dudit jour 3 avril 1718, qui sera au surplus exécutée selon sa forme & teneur, a fait & fait très-expresses inhibitions & défenses aux capitaines desdits vaisseaux negriers, de vendre aucuns negres, & aux habitans desdites isles, de quelque qualité & condition qu'ils soient, d'en acheter d'eux, avant que la visite de santé desdits bâtimens ait été faite, & la permission de mettre les negres desdits navires à terre accordée, à peine contre chacun des contrevenans, de mille livres d'amende applicable au profit du dénonciateur, & en outre contre les capitaines d'être déclarés incapables de commander.

Mande & ordonne Sa Majesté, à Monsieur le Comte de Toulouse, Amiral de france, aux Gouverneurs & ses Lieutenans généraux en l'Amérique méridionale, Gouverneurs particuliers, & autres ses officiers qu'il appartiendra, de tenir chacun en droit soi la main à l'exécution de la présente ordonnance, qui sera lûe, publiée & affichée par-tout où besoin sera. Fait à Chantilly, le vingt-cinquieme juillet mil sept centvingt-quatre. *Signé*, LOUIS. *Et plus bas*, Par le Roi, PHELIPEAUX.

ENREGISTRE' au Conseil Souverain le 18 Janvier 1725.

REGLEMENT

DES Droits, Salaires & vacations des Officiers des Sieges d'Amirauté, des Isles du vent de l'Amérique.

Du 26 Décembre 1724.

LE ROI s'étant fait représenter le réglement du 7 décembre 1722, concernant la taxe des droits, salaires & vacations des officiers des sieges d'Amirauté des isles du vent de l'Amérique : Sa Majesté étant informée que les droits, salaires & vacations attribués auxdits officiers, sont trop modiques en certains cas, eu égard au travail qu'ils sont obligés de faire, & la cherté des choses nécessaires à la vie, elle a résolu le présent Réglement, qu'elle veut être exécuté selon sa forme & teneur.

ARTICLE PREMIER.

Le Réglement du 7 décembre 1722, ne sera plus exécuté à l'avenir du jour de l'enrégistrement du présent, dans les Amirauéts des isles du vent.

II. Il

II. Il sera payé pour l'enrégistrement des congés des navires qui feront voyage en europe, ou autres voyages de long cours, au Juge trois livres, au Procureur de Sa Majesté deux livres, & autant au greffier, y compris son expédition.

III. Pour les vaisseaux qui feront voyage dans les ports des autres isles & colonies, le Juge prendra trente sols, le Procureur de Sa Majesté vingt sols, & le Greffier autant, y compris son expédition.

IV. Pour l'enrégistrement des congés qui seront donnés pour un an aux bâtimens dont la navigation ordinaire consiste à porter des sucres ou autres marchandises d'un port à un autre dans la même isle, comme aussi ceux qui navigueront d'isle en isle & iront de la Martinique aux isles de la Guadeloupe, Grenade, Grenadins, Tabago, Marie-Galante, Saint-Martin, Saint-Barthelemy, Saint-Vincent, Sainte-Alousie & la Dominique, & ceux qui iront de l'isle de Cayenne à la province de Guianne, sera payé au Juge trente sols, au Procureur de Sa Majesté vingt-sols, & autant au Greffier, y compris son expédition.

V. Les pêcheurs ne prendront qu'un seul congé par an, pour l'enrégistrement duquel ils payeront au Juge trente sols, au Procureur de Sa Majesté vingt-sols, & autant au Greffier, y compris son expédition.

VI. Pour le rapport & déclaration qui seront faits au retour des navires, il sera payé au Juge, cinq livres, au Procureur de Sa Majesté trois livres six sols huit deniers, & au Greffier autant, y compris son expédition, à la réserve toutefois des pêcheurs, qui ne seront tenus de faire leur rapport & déclaration, qu'en cas qu'ils aient trouvé quelque debris ou quelque flotte, ou fait quelque rencontre considérable à la mer, lesquels rapports & déclarations seront reçus sans frais; & à la reserve aussi de ceux qui font leur commerce ordinaire d'un port à un autre dans la même isle, ceux qui navigueront d'isle en isle, & iront de la Martinique aux isles de la Guadeloupe, Grenade, Grenadins, Tabac, Marie-Galante, Saint-Martin, Saint-Barthelemy, Saint-Vincent, Sainte-Alousie & la Dominique, & ceux qui iront de l'isle de Cayenne à la Province de Guianne, lesquels ne seront point sujets à faire leurs déclarations & rapports que dans les mêmes cas des pêcheurs, mais seulement de faire viser leurs congés à chaque voyage par le greffier de l'Amirauté, ce qu'il sera tenu de faire sans frais.

VII. Pour l'enrégistrement des commissions en guerre, passe-ports & autres, requérant la permission du Juge pour en faire l'enrégistrement, prendront les officiers, savoir; le Juge trois livres, le Procureur de Sa Majesté deux livres, & le Greffier autant, y compris son expédition.

VIII. Pour les rapports & déclarations des prises faites en guerre ou en commerce étranger, auront les officiers pareille ſomme que celle qui leur eſt taxée pour l'enrégiſtrement des commiſſions données pour armer en guerre, & prendront outre ce, pour l'audition de chaque témoin qu'ils entendront pour la vérification deſdits rapports, ſavoir; le Juge quinze ſols, & le Greffier dix.

IX. A l'égard des enquêtes & informations, non concernant les priſes & commerce étranger, prendra le Juge, pour l'audition de chaque témoin, quinze ſols, & le Greffier dix: Et quant aux matieres criminelles, il ſera procédé au recollement & confrontation, le Juge prendra pour le recollement de chaque témoin, dix ſols, & le Greffier ſix ſols huit deniers; ſera pareillement pris par le Juge, pour la confrontation de chaque témoin, vingt ſols, & par le Greffier treize ſols quatre deniers; & pour le décret ſera pris par le Juge trente ſols, par le Procureur du Roi, pour ſes concluſions, trente ſols, & par le Greffier pour le décret, y compris ſon expédition, vingt ſols.

X. Pour les deſcentes à bord des navires à leur arrivée, à l'effet de dreſſer le procès verbal de viſite, conformément à l'article premier du titre 5 du réglement du 12 Janvier 1717, auront les officiers, ſavoir; le Juge, ſept livres dix ſols, le Procureur de Sa Majeſté cinq liv., le Greffier cinq liv., y compris ſon expédition, & l'huiſſier quarante-cinq ſols.

XI. Pour les deſcentes à bord des navires avant leur départ, & leur chargement, à l'effet de dreſſer autre procès verbal de viſite conformément à l'article 2 du titre 5 dudit réglement du 12 janvier 1717, auront leſdits officiers, ſavoir; le Juge, ſept livres dix ſols, le Procureur de Sa Majeſté, cinq liv., le Greffier cinq liv., y compris ſon expédition, & le charpentier ſix liv.

XII. La déclaration du maître, de l'écrivain ou du dépenſier, de l'état, qualité & quantité de victuailles ordonnés par l'article 3 du titre 5 dudit réglement du 12 janvier 1717, ſera reçu ſans frais par les officiers d'Amirauté, & il ne ſera point fait de nouvelle viſite à cet effet, à moins que les deux tiers de l'équipage ne ſoutiennent contre ladite déclaration; auquel cas il ſera payé pour ladite viſite au Juge, ſept livres dix ſols, au Procureur de Sa Majeſté, cinq liv., & au Greffier cinq liv., y compris ſon expédition.

XIII. Pour les confections d'inventaires, procès verbaux, eſtima[illegible]s, ventes, adjudications des marchandiſes & choſes mobiliaires, [illegible]tes & autres actes qui ſeront expédiés hors l'audience, dans le [illegible] la demeure des officiers, le Juge prendra pour chaque vaca[illegible] trois heures, ſix liv., & le Greffier quatre liv., outre ſon ex[illegible]dition, pour laquelle il prendra cinq ſols par rôle de trente lignes.

XIV. Pour les vacations des interrogatoires & les épices des jugemens & ſentences par rapport, les Juges les taxeront en leur conſcience : les Procureurs de Sa Majesté ne pourront prendre pour leurs conclusions définitives, que les deux tiers des épices que le Juge se sera taxé ; & seront tenus les officiers, d'écrire de leur main sur les minutes de tous actes & expéditions dont ils prendront des émolumens, les taxes qu'ils se seront faites, & les Greffiers sur les grosses, à peine de concussion.

XV. Lorsque les officiers seront tenus de sortir du lieu de leurs demeures pour les fonctions de leurs charges, le Juge prendra pour chaque jour, 15 liv., le Procureur de Sa Majesté, 10 liv., & le Greffier dix liv., non compris les voitures que les parties fourniront, ainsi que la subsistance desdits officiers, suivant l'usage qui se pratique aux isles.

XVI. Pour les sentences d'adjudications des marchandises, soit des prises faites en guerre ou pour commerce étranger, le Juge prendra cinq liv., le Procureur de Sa Majesté, trois liv. six sols huit deniers, & le Greffier trois liv. six sols huit deniers ; & lorsqu'il y aura des remises ausdites adjudications, le Juge prendra en outre pour chacune, trente sols, & le Greffier vingt sols ; leur défend Sa Majesté, de donner plus d'une seule sentence pour chaque prise, à peine de concussion.

XVII. Pour l'adjudication aux greffes des bâtimens par saisie ou volontairement, le Juge prendra quatre liv. dix sols, le Procureur de Sa Majesté trois liv., & le Greffier trois liv., & pour chaque remise avant l'adjudication, ils prendront comme à l'article ci-dessus, & pour la reception de caution, le Juge prendra une liv. cinq sols, & le Greffier seize sols huit deniers.

XVIII. Pour un jugement portant recollement & confrontation, le Juge prendra trente sols, le Procureur de Sa Majesté, vingt sols, & le Greffier vingt sols : ils prendront les mêmes droits pour un jugement portant élargissement d'un prisonnier.

XIX. Les interprêtes auront par vacation de trois heures, sept liv. dix sols, & seront en outre payés des traductions des pieces, suivant qu'il sera réglé par le Juge.

XX. Ceux qui seront établis gardiens auront par jour, tant pour salaire que pour nourriture, six livres.

XXI. Les huissiers & sergens prendront pour chaque publication aux lieux accoutumés, trente sols, non compris l'affiche, qui sera taxée par le Juge ; pour chaque criée, pour vente par vacation de trois heures, trois liv. ; pour exploit simple & copie dans les lieux de leur demeure, quinze sols, & pour un exploit, libelle & copie aussi dans les lieux de leur demeure, trente sols.

XXII. Les experts & visiteurs qui seront nommés par justice, seront payés suivant la taxe ordinaire, qui en sera faite par le Juge, eu égard à la différence des cas & la distance des lieux ; & lorsqu'ils auront employé une vacation entiére de trois heures, ils auront par vacation, ſept liv. dix ſols, outre les chevaux ou canots pour leur tranſport en campagne, & la ſubſiſtance ſuivant l'uſage des iſles.

XXIII. Les Chirurgiens nommés pour faire les rapports, auront pour chaque rapport & viſite de bleſſure ou maladie, cinq liv., pour l'ouverture des cadavres, & leur rapport quinze liv., & pour leurs tranſports en campagne, cinq liv. par jour, non compris leurs opérations, outre les chevaux ou canots & la ſubſiſtance, ſuivant l'uſage des iſles.

XXIV. Les concierges auront pour chaque extrait d'empriſonnement, recommandation, ou élargiſſement, quinze ſols.

XXV. Ne pourront les officiers deſdites Amirautés, prendre aucuns droits, ſalaires & vacations, que ceux ci-deſſus, ni en exiger aucuns pour les actes & jugemens d'audience, preſtation de ſerment, ordonnances appoſées au bas des requêtes concernant l'inſtruction, permiſſion d'enlever par les héritiers les coffres, hardes & équipages, tant des maîtres & matelots, que de toute autre perſonne décédée en mer, non plus que pour la levée des corps de ceux qui auront été noyés, réception des officiers, publication des Edits & Déclarations de Sa Majeſté, réglemens & arrêts, à peine de concuſſion, hors de ceux qui ſeront donnés au ſujet des priſes faites en guerre ou pour commerce étranger, dont l'enrégiſtrement ſera fait à la requête des parties, pour l'enrégiſtrement & publication deſquels le Juge prendra trois liv., le Procureur de Sa Majeſté deux liv., & le Greffier une liv. dix ſols.

XXVI. Défend Sa Majeſté auxdits officiers de porter aucunes affaires d'audience à l'extraordinaire, hors celles qui demandent célérité comme voies de fait, crimes, fuites, départ des parties ou des vaiſſeaux, à peine contre leſdits officiers, d'interdiction de perte de leurs vacations, nullité des procédures, dommages & retardement des parties: veut Sa Majeſté, que lorſqu'une audience ne ſuffira pas pour juger les affaires qui y ſeront pendantes, elles ſoient continuées à la premiere audience.

Mande & ordonne Sa Majeſté à Monſieur le Comte de Toulouſe, Amiral de France, de tenir la main à l'exécution du préſent Réglement, & de le faire publier, afficher & régiſtrer par-tout où beſoin ſera. Fait à Verſailles, le vingt-ſix décembre mil ſept cent vingt-quatre. *Signé*, LOUIS. *Et plus bas*, PHELYPEAUX.

ENREGISTRE' au Conſeil Souverain le 3 Juillet 1725.

ORDONNANCE DU ROI,

QUI défend aux Capitaines des Navires désarmés aux Isles, de payer, dans lesdites Isles, la solde dûe à leurs Equipages: Leur enjoint d'en faire les décomptes en présence des Officiers chargés du détail des classes, & régle les formalités à observer à ce sujet.

Du 19 Juillet 1742.

DE PAR LE ROI.

SA MAJESTE' étant informée que les paiemens à faire aux Equipages des navires qui sont désarmés dans les colonies françoises de l'Amérique, ont donné lieu dans chacune de ces différentes colonies, à une diversité d'usages contraires au bien du commerce, & aux dispositions portées par ses ordonnances, pour la discipline des gens de mer, & la sûreté de leur retour dans les ports de leur département: Et Sa Majesté desirant établir pour lesdits paiements dans lesdites colonies, une régle uniforme, en conformité de celle qui est observée dans les ports du Royaume, en vertu de sa déclaration du 18 décembre 1728, & de l'arrêt de son conseil du 19 janvier 1734, elle a ordonné ce qui suit.

ARTICLE PREMIER.

Les capitaines des navires qui seront désarmés à l'avenir dans les colonies françoises de l'Amérique, soit pour y avoir été jugés hors d'état de naviguer, ou pour d'autres causes, seront tenus de faire le décompte de la solde due à chacun des gens de mer de leurs équipages, en présence du commissaire de la marine, ou de tel autre officier qui sera chargé en chaque colonie, de ce qui concerne l'expédition des bâtimens & des autres fonctions relatives au détail des classes.

II. Lesdits décomptes seront remis auxdits commissaires de la marine ou autres officiers qui en feront les fonctions, avec une lettre de change du montant en argent de france, tirée par le capitaine sur les armateurs du navire, pour être lesdites pieces envoyées par les susdits officiers au commissaire de la marine du port où le navire aura été armé, lequel, après avoir reçu la valeur des lettres de change, en fera faire la distribution aux équipages ou à leurs familles, en conformité des décomptes.

III. Les commissaires de la marine ou autres officiers chargés du détail des classes dans les colonies, tiendront un registre exact, cotté & paraphé par l'Intendant ou le commissaire ordonnateur, contenant l'extrait des comptes & lettres de change dont il leur sera fait remise en exècution du précédent article : ils feront mention sur lesdits registres, des noms des capitaines qu'ils chargeront desdites pieces, pour les porter en france, & des récépissés qui leur seront ensuite envoyés par les commissaires de la marine, établis dans les ports du royaume, auxquels ils les auront adressés.

IV. Lorsqu'il y aura dans la colonie où un navire aura été désarmé, d'autres bâtimens, dans lesquels les gens de mer de l'équipage du navire désarmé pourront être embarqués, & gagner des salaires pour revenir dans les ports de leur département, il ne sera rien payé ausdits gens de mer, sous prétexte de la conduite qu'ils pourroient prétendre pour leur retour.

V. En cas qu'il n'y ait point actuellement dans la colonie où le navire aura été désarmé, d'autres bâtimens où lesdits gens de mer puissent être employés, il leur sera accordé une conduite sur le pied d'un ou deux mois de solde, à proportion du retardement que pourra leur causer le défaut d'occasions pour leur retour, ce qui sera réglé par les Intendans ou les commissaires de la marine, établis dans les colonies.

VI. Enjoint Sa Majesté, aux capitaines des navires qui seront désarmés dans les isles françoises de l'Amérique, d'exécuter ponctuellement tout ce qui est porté par la présente ordonnance, à peine de cent liv. d'amende ; & leur défend, sous la même peine, de faire par eux-mêmes aucun paiement de la solde due aux gens de mer de leurs équipages, à moins que dans des circonstances particulieres, ils n'obtiennent pour cet effet une permission expresse des Intendans ou commissaires ordonnateurs, lesquels pourront seuls & à l'exclusion de tous autres officiers, donner de pareilles permissions dans les cas où ils les jugeront nécessaires.

Mande & ordonne Sa Majesté à Monsieur le duc de Penthievre, Amiral de France, aux Gouverneurs & ses Lieutenans généraux en ses colonies de l'Amérique, Intendans, Commissaires ordonnateurs & Subdélégués dans lesdites colonies, de tenir la main chacun en droit soi à l'exécution de la présente ordonnance, laquelle sera registrée, lûe, publiée & affichée par-tout où besoin sera. Fait à Versailles, le dix-neuvieme jour de Juillet mil sept cent quarante-deux. *Signé*, LOUIS. *Et plus bas*, PHELYPEAUX.

ORDONNANCE DU ROI,

PORTANT Réglement sur la Réception des Capitaines, Maîtres, & Patrons dans les Colonies Françoises de l'Amérique.

Du 13 Juin 1743.

DE PAR LE ROI.

SA MAJESTÉ étant informée qu'il est survenu des difficultés dans les colonies françoises de l'Amérique, à l'égard de la réception des capitaines, maîtres ou patrons destinés pour commander les navires qui y sont armés, attendu que les navigateurs établis dans lesdites colonies, ne sont point en état de satisfaire à toutes les conditions prescrites par le réglement du 15 août de l'année 1725 pour lesdites réceptions; & Sa Majesté voulant bien accorder aux négocians des colonies, les facilités dont ils ont besoin pour la navigation des bâtimens qu'ils font armer, Elle a ordonné & ordonne ce qui suit:

ARTICLE PREMIER.

Les navigateurs établis dans les colonies françoises de l'Amérique, pourront y être reçus en qualité de capitaine, maître ou patron, pourvu qu'ils soient âgés de vingt-cinq ans, & qu'ils aient navigué pendant cinq années sur les bâtimens des sujets de Sa Majesté, conformément à ce qui est porté par l'ordonnance du mois d'août 1681, & par le réglement du 15 août de l'année 1725.

II. Ils seront tenus de justifier leur âge par leur extrait-baptistaire, & les cinq années de navigation, par des certificats des capitaines ou des armateurs des navires où ils auront servi, visés du commissaire de la marine, ou autres officiers chargés de l'expédition des bâtimens dans la colonie où lesdits capitaines & armateurs seront habitués, lesquels certificats contiendront la durée des voyages.

III. Ils seront examinés publiquement sur le fait de la navigation, & trouvés capables en présence des officiers de l'Amirauté, & du Professeur d'hidrographie, s'il y en a, par deux anciens maîtres nommés d'office par lesdits officiers de l'Amirauté.

IV. Défend Sa Majesté, auxdits officiers, à peine d'interdiction, de recevoir en qualité de capitaine, maître ou patron, d'autres gens de mer que ceux qui seront établis dans l'étendue de leur jurisdiction, sous quelque prétexte que ce puisse être.

V. Les navigateurs qui auront été reçus en qualité de capitaine, maître ou patron dans les colonies françoises de l'Amérique, ainsi qu'il est porté par les articles précédens, pourront commander les navires qui y seront armés pour naviguer seulement d'une colonie à une autre, sans qu'il leur soit permis de prendre le commandement des bâtimens qui pourroient être destinés pour les ports du Royaume.

VI. Permet néanmoins Sa Majesté aux capitaines des navires reçus dans les siéges d'Amirautés du Canada & de l'isle Royale, de commander les navires qui pourroient être armés dans lesdits pays, pour les ports de france, dans les cas où il sera estimé nécessaire par l'Intendant ou le commissaire ordonnateur, de leur laisser entreprendre lesdits voyages.

Mande & ordonne Sa Majesté, à Monsieur le duc de Penthievre, Amiral de france, aux Gouverneurs & ses Lieutenans généraux en ses colonies de l'Amérique, Intendans & commissaires ordonnateurs dans lesdites colonies, & à tous autres officiers qu'il appartiendra, de tenir la main à l'exécution du présent Réglement, qui sera lû, publié & affiché par-tout où besoin sera. Fait à Versailles le treiziéme Juin mil sept cent quarante-trois. *Signé*, LOUIS. *Et plus bas*; PHELIPEAUX.

ORDONNANCE DU ROI,

CONCERNANT les convois pour les isles Françoises de l'Amérique.

Du 14 Mai 1745.

DE PAR LE ROI.

SA MAJESTE' ayant résolu de faire armer des vaisseaux de guerre pour escorter les bâtimens marchands qui seront destinés pour le commerce des isles françoises de l'Amérique, & voulant assurer le succès desdites escortes, tant de la part des capitaines marchands qui seront à portée d'en profiter, que de la part des officiers auxquels elle en confiera le commandement, Elle a ordonné & ordonne ce qui suit.

ARTICLE PREMIER.

Les capitaines & maîtres des bâtimens marchands qui seront armés pour les isles françoises de l'Amérique, & pour lesquels il sera fourni des escortes, seront tenus de se rendre dans l'endroit qui leur sera indiqué,

indiqué, en vertu des ordres qui en seront donnés par Sa Majesté, & dans le tems qui leur sera pareillement fixé, pour profiter desdites escortes jusqu'aux lieux de leurs destinations respectives.

II. Ils seront pareillement tenus, avant leur départ des isles, de se rendre dans les ports ou rades qui seront désignés suivant les ordres qui seront expédiés à cet effet par les Gouverneurs Lieutenans généraux de Sa Majesté auxdites isles, en conséquence de ceux que Sa Majesté leur donnera, tant pour le rendez-vous d'où les convois devront partir, que pour les précautions à prendre à l'effet d'assurer le passage des navires des ports ou rades où ils auront fait leur commerce, au port du rendez-vous.

III. Fait Sa Majesté, très-expresses inhibitions & défenses auxdits capitaines & maîtres de partir sans escorte, soit des ports de france, pour lesquels il sera fourni des escortes, soit des ports des isles, à peine de cinq cens liv. d'amende, & de servir pendant un an, en qualité de simples matelots, & sans solde, sur les vaisseaux de Sa Majesté : veut néanmoins & entend Sa Majesté, que les navires qui, par quelqu'accident forcé, n'auront pû joindre le convoi avant son départ, ou qui étant partis avec le convoi seront forcés de relâcher, puissent dans l'espace d'un mois seulement après le départ du convoi, suivre leur destination sans attendre l'escorte prochaine, & ce, moyenant des certificats justifiant des motifs légitimes du retardement, qu'ils seront tenus de prendre, savoir ; les capitaines des navires qui voudront partir ainsi des ports de france, des directeurs des chambres de commerce, ou des chefs des Jurisdictions consulaires, visé des commissaires de la marine auxdits ports ; & les capitaines qui partiront de l'Amérique, de l'officier commandant & du commissaire de la marine, ou de l'officier, en faisant les fonctions au port de leur partance.

IV. Fait pareilles inhibitions & défenses auxdits capitaines & maîtres, de quitter lesdites escortes, à peine contre ceux qui les auront quittées volontairement, & sans y être forcés, de mille livres d'amende, d'un an de prison, & d'être déclarés incapables de commander aucun bâtiment de mer : pourront ceux qui seront accusés d'être tombés dans le cas, faire valoir pour leur défense, leurs journaux de navigation, les procès verbaux qu'ils auront dressés avec leurs officiers, des causes de leur séparation, & les déclarations de leurs équipages.

V. Veut Sa Majesté, que dans les cas où lesdits capitaines & maîtres seront partis sans escorte, ou se seront séparés volontairement de la flotte, sur les ordres qui leur en auront été donnés par les propriétaires des navires, lesdits propriétaires soient condamnés en leur propre & privé nom, à dix mille livres d'amende, outre les peines portées dans les deux articles précédens, contre lesdits capitaines & maîtres.

VI. Enjoint Sa Majesté, aux officiers commandans lesdites escortes, d'apporter tous leurs soins à la sûreté des flottes, de les accompagner & de les tenir toujours sous leur pavillon; leur faisant Sa Majesté, très-expresses inhibitions & défenses de les abandonner, pour quelque cause & sous quelque prétexte que ce soit, à peine de cassation, & même de plus grande peine, suivant l'exigence des cas & des circonstances: Veut & entend que dans les cas de séparation forcée, lesdits officiers fassent tout ce qui leur sera possible pour rallier les bâtimens de convoi, & que lorsqu'ils arriveront dans les ports sans lesdits bâtimens, ils remettent au contrôle des ports où ils aborderont, des extraits de leurs journaux, lesquels seront examinés par les commandans desdits ports, assistés des officiers que Sa Majesté jugera à propos de nommer à cet effet, pour, sur le compte qu'ils rendront ensuite à Sa Majesté des causes de séparation, être par elle ordonné ce qu'elle jugera à propos, à l'effet de quoi seront lesdits officiers, obligés de tenir de journaux exacts de leur navigation, à peine d'interdiction.

VII. Pour l'exécution de ce que dessus, lesdits officiers donneront aux capitaines & maîtres, des signaux de route & de reconnoissance, auxquels lesdits capitaines & maîtres seront tenus de se conformer, à peine contre les contrevenans, de servir pendant un an en qualité de simple matelot, & sans solde, sur les vaisseaux de Sa Majesté.

Mande & ordonne Sa Majesté à Monsieur le duc de Penthievre, Amiral de France, aux Vice-Amiraux, Lieutenans-généraux, Intendans, Chefs d'escadres, Capitaines de vaisseaux, Commissaires & autres Officiers de la marine, comme aussi aux Gouverneurs ses Lieutenans généraux aux colonies, Intendans, Gouverneurs particuliers, & autres Officiers qu'il appartiendra, de tenir la main à l'exécution de la présente ordonnance, laquelle sera publiée & enrégistrée, par-tout où besoin sera, afin que personne n'en prétende cause d'ignorance. Fait au Camp de Tournay, le quatorze Mai mil sept cent quarante-cinq. *Signé*, LOUIS. *Et plus bas*, PHELYPEAUX.

REGLEMENT

SUR la Police à observer à l'égard des Matelots qui désertent aux isles de l'Amérique, des navires armés dans les ports du Royaume.

Du Camp de Tournay, le 19 Mai 1745.

SA MAJESTE' étant informée que le commerce que les négocians de son Royaume font dans ses colonies de l'Amérique, se trouve continuellement interrompu par les désertions des équipages des navires qui y sont employés ; qu'il y a des capitaines, maîtres ou Patrons, tant des navires même de france, que des bâtimens servans au cabotage desdites colonies, qui débauchent des matelots engagés sur d'autres navires que ceux qu'ils commandent ; & que d'autre part plusieurs matelots abandonnent les navires où ils servent, & se cachent jusqu'à leur départ, pour ensuite s'engager avec d'autres capitaines dont ils exigent des salaires excessifs, lesquels sont forcés de les leur promettre, & de consentir même quelquefois à embarquer lesdits matelots sans les faire comprendre dans les rôles d'équipage, ne pouvant faire leur retour en france sans remplacement, à cause des désertions qu'ils ont eux-mêmes souffertes ; & étant nécessaire de faire cesser de pareils abus qui ne sont pas moins préjudiciables au commerce des colonies, que contraires à l'ordre & à la discipline des classes ; Sa Majesté, aprés s'être fait représenter ses ordonnances des 22 mai 1719, & 25 décembre 1721, a jugé à propos d'en renouveller les dispositions, & d'y en ajouter d'autres : A quoi voulant pourvoir, Sa Majesté a ordonné & ordonne ce qui suit.

ARTICLE PREMIER.

Tout capitaine, maître ou patron d'un navire de france qui débauchera dans les colonies un matelot engagé dans un autre navire des ports du Royaume, sera condamné à une amende de 300 liv. applicable moitié à l'Amiral, & moitié au premier maître, lequel pourra reprendre son matelot, si bon lui semble, conformément à l'ordonnance de Sa Majesté, du 22 mai 1719.

II. En conséquence de celle du 23 décembre 1721, toutes les conventions que les matelots pourront faire dans les colonies, pour raison de leurs salaires ou autrement, avec les capitaines des navires de france, seront nulles & de nul effet, à moins qu'elles ne soient autorisées par les Intendans, Commissaires ordonnateurs desdites colonies, ou leurs Subdélégués dans les lieux où ils ne résideront point, & lesdits salaires seront réglés par les Intendans, Commissaires ordonnateurs, ou leurs Subdélégués, à un quart de moins que ceux que lesdits matelots auroient gagné sur les navires qu'ils auront abandonné.

III. En exécution aussi de ladite ordonnance du 23 décembre 1721, tous les matelots de france qui se trouveront dans lesdites colonies, après le départ des vaisseaux dans lesquels ils y seront arrivés, seront arrêtés & mis dans les prisons, à moins qu'ils ne soient porteurs d'un congé de leur capitaine, visé de l'Intendant ou Commissaire ordonnateur : ils resteront dans lesdites prisons, jusqu'à ce qu'ils puissent être renvoyés en france sur des navires ausquels il manquera des matelots ; les capitaines auxquels ils seront donnés en remplacement, seront tenus de payer par avance sur la solde desdits matelots, leur gîte, geolage & subsistance dans les prisons, depuis le jour de leur entrée jusqu'au jour de leur sortie, dont ils prendront les quittances des geoliers, visées des Intendans, Commissaires ordonnateurs, ou leurs subdélégués, pour, sur la représentation desdites quittances, les sommes y contenues être déduites auxdits matelots sur leurs salaires, dans le paiement qui leur sera fait au désarmement en france, & lesdites quittances à eux remises.

IV. Lesdits matelots seront tenus, aussitôt leur arrivée en france, de se rendre conformément à ladite ordonnance, à leurs départemens, & de se représenter aux commissaires des classes, à peine contre les contrevenans, de trois mois de prison, conformément à la même ordonnance.

V. Fait Sa Majesté, très-expresses inhibitions & défenses à tous matelots de s'embarquer aux colonies sur des navires de france, & à tous capitaines, maîtres ou patrons desdits navires, de les y embarquer, qu'ils n'aient été inscrits sur les rôles d'équipage, par les officiers des classes: Veut & ordonne Sa Majesté, que les matelots qui se seront embarqués sans cette formalité, soient punis d'un mois de prison à leur arrivée en france, qu'ils soient en outre privés de la solde qui leur aura été promise pour la traversée de l'Amérique en france, & qu'en cas qu'ils l'aient reçue d'avance, ils soient tenus de la restituer, à l'effet de quoi la retenue leur en sera faite dans les voyages qu'ils feront ensuite; pour ladite solde suivre l'application qui sera ordonnée par Sa Majesté; & lesdits capitaines, maîtres ou patrons de navires seront de leur côté punis de trois mois de prison, & même de plus grande peine en cas de récidive.

VI. Tout capitaine, maître ou patron de bâtimens armés aux colonies pour le cabotage & la navigation d'icelles, qui débauchera un matelot engagé dans l'équipage d'un navire de France, sera condamné à une amende de 300 liv., applicable moitié à l'Amiral & moitié au maître du matelot, & en outre à trois mois de prison pour la premiere fois; & en cas de récidive, déclaré incapable de commander aucun bâtiment de mer. Et pourra toujours le capitaine ou maître du navire de France, reprendre son matelot, si bon lui semble.

VII. Défend Sa Majesté à tous maîtres ou patrons des bâtimens des colonies, d'engager aucun matelot provenant des équipages des navires de France, sans la permission par écrit des Intendans, Commissaires ordonnateurs, ou leurs Subdélégués, laquelle permission ne pourra leur être accordée, que dans le cas où le matelot n'aura pas abandonné son navire sans congé de son capitaine, & où il ne se trouveroit pas d'ailleurs des navires de France qui aient besoin de remplacement, à peine contre lesdits maîtres ou patrons contrevenans, de 300 liv. d'amende, applicable comme ci-dessus, & en outre d'un mois de prison.

VIII.

VIII. Défend pareillement Sa Majesté à tous cabaretiers & hôtelliers auxdites colonies, de recevoir chez eux aucuns matelots, sans en donner avis le même jour au commandant du lieu, & leur ordonne de s'assurer de la personne desdits matelots, conformément à l'ordonnance du 22 mai 1719, & sous la peine de 100 liv. d'amende y portée.

Mande & ordonne Sa Majesté, à Monsieur le duc de Penthievre, Amiral de france, Gouverneur & Lieutenant général en la Province de Bretagne, aux Gouverneurs & ses Lieutenans généraux des isles de l'Amérique, Intendans commissaires généraux & ordinaires, aux Subdélégués établis dans lesdites isles de l'Amérique, & à tous autres qu'il appartiendra, de tenir la main à l'exécution du présent Réglement, qui sera lû, publié & affiché par-tout où besoin sera. Fait au Camp de Tournay, le dix-neuf Mai mil sept cent quarante-cinq. *Signé*, LOUIS. *Et plus bas*; PHELIPEAUX.

Enrégistré à l'Amirauté du Bourg Saint-Pierre, le 24 Novembre 1745.

DECLARATION DU ROI,

CONCERNANT les dettes de cargaison des Navires des Ports du Royaume, aux Colonies Françoises de l'Amérique.

Donnée au Camp de Tournay, le 12 Juin 1745.

LOUIS PAR LA GRACE DE DIEU, ROI DE FRANCE ET DE NAVARRE; A tous ceux qui ces présentes lettres verront, SALUT. Par l'article deux du titre trois de notre Réglement du 12 Janvier 1717, concernant les siéges d'Amirauté en nos colonies, Nous avons ordonné que les demandes pour le paiement de partie ou du total de la cargaison d'un navire prêt à faire voile pour revenir en france, seront jugées sommairement, & exécutées nonobstant & sans préjudice de l'appel; que les détenteurs des marchandises seront contraints par la vente de leurs effets, même par corps, s'il est besoin, à en acquitter le prix, lorsqu'il ne s'agira que d'un paiement non contesté; & que s'il y a quelque question incidente, la sentence de l'Amirauté sera toujours exécutée par provision, nonobstant & sans préjudice de l'appel, en donnant caution: Nous sommes informés que les dispositions de cet article ayant été differemment entendues dans les différentes colonies, y ont donné lieu à une diversité de jurisprudence sur les cas auxquels doit être appliqué le privilege, tant du jugement sommaire & de l'exécution provisoire, que de la contrainte par corps, pour le paiement des dettes & cargaisons: qu'en effet, dans certaines colonies on accorde le jugement sommaire & l'exécution provisoire, mais sans la contrainte par corps, aux dettes dont le paiement est poursuivi, avant le départ du navire; & que lorsque le navire est parti, on ne regarde plus les dettes de cargaison, comme dettes de commerce maritime, & l'on y prétend qu'elles ne doivent être poursuivies & jugées qu'aux jurisdictions royales, ainsi que les dettes ordinaires: & que dans d'autres colonies les dettes de cargaison sont toujours regardées comme dettes de commerce maritime, soit avant, soit après le départ des navires; mais que ce n'est que dans le premier cas qu'elles y sont sujettes au privilege du jugement sommaire de l'exécution provisoire & de la contrainte par corps: Nous avons reconnu d'un autre côté que si les dispositions de l'article deux du titre trois de notre Réglement du 12 janvier 1717, étoient alors suffisantes relativement à l'état où se trouvoit le commerce de nos colonies, ce commerce mérite à présent une faveur plus particuliere pour le recouvrement des ventes; les cargaisons qui sont apportées aux colonies étant d'une conséquence & d'un prix qui permettent rarement aux navires de france d'en rapporter tout le produit dans un même voyage. Nous avons donc jugé nécessaire, en établissant une jurisprudence uniforme dans toutes nos colonies sur cette matiere, de faire de nouvelles dispositions qui puissent assurer dans tous les tems le paiement des dettes de cargaison, & qui ne laissent plus de doute sur la compétence des Juges qui en doivent connoître; & nous nous y sommes déterminés d'autant plus volontiers, que nous donnerons en même tems une nouvelle marque de notre protection à nos sujets des colonies, puisque ces nouvelles dispositions, en contribuant à leur procurer les secours des denrées & marchandises dont ils ont besoin, serviront aussi à les empêcher de prendre des engagemens au-dessus de leurs forces. A CES CAUSES, & autres à ce nous mouvant, de l'avis de notre Conseil & de notre certaine science, pleine puissance & autorité royale, nous avons dit, déclaré & ordonné, & par ces présentes signées de notre main, disons, déclarons & ordonnons, voulons & nous plaît ce qui suit.

ARTICLE PREMIER.

Les dettes de cargaison seront jugées sommairement aux sieges d'amirauté dans nos colonies, à quelque échéance qu'elles soient payables, & quelque tems que le paiement en soit poursuivi, avant ou après le départ des navires pour revenir en france.

II. Les jugemens qui interviendront sur lesdites dettes, seront exécutés nonobstant l'appel & sans préjudice d'icelui; les débiteurs seront contraints au paiement, soit avant, soit après le départ des navires; par la vente de leurs effets, même par corps, si besoin est, lorsqu'il ne s'agira que d'un paiement non contesté; & s'il y a quelque question incidente; la sentence de l'Amirauté sera toujours exécutée par provision nonobstant l'appel, & sans préjudice d'icelui, en donnant caution.

III. Ne seront censées dettes de cargaison & jugées comme telles, que celles qui seront constatées & fondées sur des comptes arrêtés, ou des billets consentis au capitaine du navire duquel auront été achetées les marchandises pour lesquelles ils seront censés, ou au négociant gérant la cargaison pendant la traite dudit navire & son séjour dans la colonie; & déclarons toutes les autres dettes qui ne seront point ainsi établies par des comptes arrêtés ou des billets consentis avant le départ du navire, ne devoir point jouir du privilege accordé par ces présentes lettres aux dettes de cargaison.

IV. N'entendons néanmoins déroger ni rien changer aux régles établies, tant sur la compétence, que sur le jugement des dettes & contestations entre les négocians & marchands de nos colonies, dont la connoissance appartiendra toujours aux Juges de nos jurisdictions ordinaires, lesquels seront tenus de se conformer dans leurs jugemens aux dispositions des ordonnances de 1667 & de 1673 & autres réglemens sur les matieres de commerce.

Si donnons en Mandement à nos amés & féaux les gens tenant nos Conseils Supérieurs des isles & colonies françoises de l'Amérique, que ces présentes ils aient à faire lire publier, régistrer & le contenu en icelle garder observer & exécuter selon leur forme & teneur; nonobstant tous Edits, Déclarations, Ordonnances, Réglemens, Us, Coutumes & autres choses à ce contraires; auxquels nous avons dérogé & dérogeons par ces présentes. Car tel est notre plaisir. En témoin de quoi nous y avons fait mettre notre scel. Donné au Camp de Tournay, le douzieme jour du mois de Juin, l'an de grace, mil sept cent quarante-cinq, & de notre regne le trentieme. *Signé*, LOUIS. *Et plus bas*; Par le Roi, Phelypeaux.

ENREGISTRÉE au Conseil Souverain le 7 Janvier 1746.

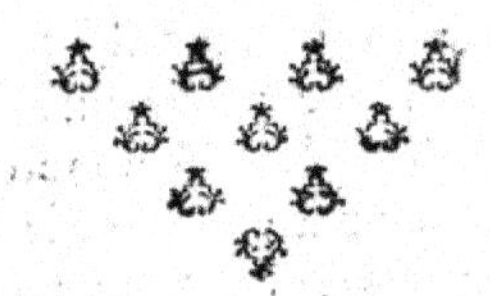

REGLEMENT

POUR la Police & discipline des Equipages des Navires expédiés pour les Colonies de l'Amérique.

Du 22 Juin 1753.

DE PAR LE ROI.

SA MAJESTE' s'étant fait représenter ses ordonnances & réglemens des 22 mai 1719, 23 décembre 1721; 19 juillet 1742, & 19 mai 1745, sur la police qui doit être observée aux colonies françoises de l'Amérique, pour les gens de mer des équipages des navires, ensemble sa déclaration du 18 décembre 1728, & l'arrêt de son conseil du 19 janvier 1734, au sujet de l'embarquement & débarquement des matelots dans les ports du Royaume & les pays étrangers; Et étant informée que les dispositions portées par lesdites ordonnances, ne sont pas exactement observées dans lesdites colonies, & qu'elles ne sont pas d'ailleurs suffisantes pour réprimer divers abus qui s'y sont introduits au préjudice du bon ordre & de la discipline des gens de mer, & qui occasionnent particuliérement leur désertion des bâtimens du commerce: A quoi desirant pourvoir, Elle a arrêté le présent réglement ainsi qu'il suit.

ARTICLE PREMIER.

Il sera fait à bord des navires, aussitôt après leur arrivée aux colonies françoises de l'Amérique, une revue exacte de tous les gens de mer dont l'équipage sera composé, & des passagers & engagés qui auront été embarqués en france.

II. L'officier chargé du détail des classes, par lequel ladite revue sera faite, entendra les plaintes qui pourront être faites, tant par les capitaines & officiers contre les matelots & autres gens des équipages, que par les matelots contre les capitaines & officiers: il constatera, autant qu'il sera possible, les faits qui y auront donné occasion, & sur le compte qu'il en rendra, l'Intendant ou commissaire ordonnateur fera sur le champ arrêter les coupables, s'il y a lieu, soit pour leur faire subir quelques jours de prison suivant les circonstances, soit pour les remettre aux officiers de l'Amirauté, s'ils sont dans le cas de mériter de plus grandes peines; & dans le cas où lesdits officiers de l'Amirauté jugeront devoir procéder contre ceux qui auront été ainsi arrêtés, lesdits prisonniers leur seront remis à cet effet par les ordres desdits Intendans ou ordonnateurs.

III. Ledit

III. Ledit officier vérifiera s'il se trouve à bord des matelots ou autres gens de mer qui n'aient point été compris sur le rôle de l'équipage, & il fera arrêter sur le champ tous ceux qui se trouveront dans ledit cas; Sa Majesté voulant qu'ils soient détenus en prison aux frais des capitaines, jusqu'à ce qu'ils puissent être renvoyés sur un autre navire de la même Province du Royaume où lesdits matelots auront été embarqués; ce qui sera constaté par un procès verbal qui sera envoyé par l'Intendant ou commissaire ordonnateur des colonies, au commissaire de la marine du port où les navires auront été armés, pour être les capitaines de navires, poursuivis à leur retour en france, devant les officiers de l'Amirauté, conformément aux dispositions portées par la déclaration du 18 décembre 1728.

IV. Les matelots ainsi retirés d'un navire, qui seront ensuite renvoyés en france sur un autre où ils feront partie de l'équipage, ne pourront y prétendre d'autres salaires que ceux qui seront fixés sur le rôle de l'équipage, en vertu des ordres de l'Intendant ou commissaire ordonnateur, laquelle fixation ne pourra excéder celle des gages que gagneront ceux qui se seront embarqués en France.

V. Il ne pourra pendant le séjour des navires auxdites colonies, être fait aucun paiement ni aucun prêt, ni avance d'aucune espece aux gens de mer des équipages engagés en france, ni à ceux embarqués par remplacement aux colonies, soit pour achat de hardes ou pour quelqu'autre cause que ce puisse être, si les capitaines n'y sont autorisés par un ordre de l'officier chargé du détail des classes, mis au bas du rôle de l'équipage, à peine contre les contrevenans, d'être poursuivis à leur retour en france, conformément aux dispositions de la déclaration du 18 décembre 1728.

VI. S'il déserte des matelots ou autres gens des équipages, le capitaine ou autre officier commandant le navire, sera tenu d'en faire la déclaration dans les vingt-quatre heures, à l'officier chargé du détail des classes, pour être par ledit officier, envoyé sur le champ à la poursuite desdits déserteurs, après avoir pris les ordres de l'Intendant ou commissaire ordonnateur: Enjoint Sa Majesté, aux Gouverneurs & commandans auxdites colonies, de donner main-forte à cet effet, toutes les fois qu'ils en seront requis.

VII. Ceux desdits déserteurs qui pourront être arrêtés, seront détenus en prison pendant le tems qui sera réglé par l'Intendant ou commissaire ordonnateur, & ils seront ensuite renvoyés à bord du navire: seront néanmoins lesdits déserteurs, remis aux officiers de l'Amirauté lorsqu'ils les réclameront pour procéder contr'eux.

VIII. Ils seront interrogés sur le motif de leur désertion; & en cas qu'il soit reconnu qu'elle a été occasionnée, de quelque maniere que ce puisse être, par le capitaine ou d'autres officiers du bord, il sera fait sur les circonstances relatives audit cas, un procès verbal, qui sera adressé par l'Intendant ou commissaire ordonnateur, au Secretaire d'état ayant le département de la marine, pour, sur le compte qui en sera par lui rendu à Sa M. être par elle ordonné ce qu'il appartiendra, sans préjudice néanmoins des procédures qui pourront être faites à ce sujet par les officiers de l'Amirauté; Sa Majesté n'entendant point interdire auxdits gens de mer, les voies de droit devant lesdits officiers, auxquels elle se réserve même de renvoyer la connoissance des faits résultans desdits procès verbaux, suivant l'exigence des cas.

IX. Tout capitaine ou autre officier commandant un navire, qui aura différé plus de trois jours à faire à l'officier chargé du détail des classes, la dénonciation des matelots & autres gens de mer désertés, sera réputé complice de la désertion; & il en sera pareillement fait un procès verbal, pour être envoyé au secretaire d'état ayant le département de la marine, pour en être par lui rendu compte à Sa Majesté.

X. La date de la désertion sera apostillée sur le rôle de l'équipage, seulement à compter du jour que l'officier chargé du détail des classes, aura reçu la dénonciation; & les salaires des déserteurs seront payés jusqu'audit jour, sans égard au tems pendant lequel les capitaines auront différé de faire lesdites dénonciations. Lesdites apostilles seront exactement détaillées pour chaque homme, & signées par l'officier chargé du détail des classes. La même formalité sera observée en ce qui concernera les apostilles mises sur lesdits rôles, au sujet des morts & des débarquemens pour raison de maladie, ou pour d'autres causes, tant en ce qui concernera les gens des équipages, qu'à l'égard des passagers & des engagés.

XI. Tout capitaine, maître ou patron qui débauchera un matelot aux colonies, sera condamné à une amende de trois cens livres, dont moitié applicable à l'Amiral, & l'autre moitié au premier maître, lequel pourra reprendre le matelot, si bon lui semble, conformément à ce qui est porté par l'ordonnance du 22 mai 1719, & par le réglement du 19 mai 1745.

XII. Entend Sa Majesté, qu'en conséquence de son ordonnance du 23 décembre 1721, & dudit réglement du 19 mai 1745, les conventions que les matelots & autres gens de mer embarqués auxdites colonies, pourront faire pour leurs salaires, soient réputées nulles & de nul effet, si elles ne sont autorisées par les Intendans ou commissaires ordonnateurs, & portées en conséquence sur le rôle de l'équipage arrêté par l'officier chargé du détail des classes: Voulant & ordonnant Sa Majesté, qu'il n'y ait que lesdits rôles qui puissent servir de titre sur les prétentions des gens de mer pour raison desdits salaires.

XIII. Aucun matelot, novice ou mousse de l'équipage des navires venus de france aux colonies, ne pourra descendre ni rester à terre, ſans un congé par écrit donné par le capitaine, ou autre officier commandant le navire, dans lequel congé ſera fait mention du tems limité pour l'abſence hors du bord; & ceux deſdits gens de mer qui ſeront trouvés à terre ſans de pareils congés, ou qui en auront excédé le terme, ſeront arrêtés & détenus pour la premiere fois en priſon pendant trois jours, & pendant huit jours en cas de récidive.

XIV. Les capitaines des navires de france qui ſeront déſarmés aux colonies, ſoit pour y avoir été déclarés hors d'état de naviguer, ou pour d'autres cauſes, feront, en conſéquence de l'ordonnance du 19 juillet 1742, le décompte de la ſolde dûe à chacun des gens de mer de leurs équipages, en préſence de l'officier chargé du détail des claſſes, & remettront auxdits officiers, copie deſdits décomptes, & une lettre de change tirée ſur les armateurs, pour le montant de ladite ſolde en argent de france.

XV. Leſdits décomptes & lettres de change contiendront non-ſeulement ce qui ſera dû aux officiers, mariniers & matelots préſens au déſarmement, mais encore ce qui reviendra aux familles des morts, tant pour la ſolde, que pour le produit d'inventaires, & le montant de la ſolde revenant auſſi aux déſerteurs juſqu'au jour de leur déſertion dénoncée; ce qui ſera exactement conſtaté dans les décomptes, dont les officiers chargés du détail des claſſes auxdites colonies, feront enſuite l'envoi, ainſi que des lettres de change, aux commiſſaires des ports du royaume où les navires auront été armés. Ils ſeront tenus d'adreſſer en même tems auxdits commiſſaires, des copies des rôles de déſarmement, leſquels ſeront faits dans la même forme que celui de l'armement préſenté par le capitaine, & contiendront en marge de chaque homme qui aura été embarqué dans le navire, ſoit comme faiſant partie de l'équipage, ſoit en qualité de paſſager ou d'engagé, toutes les mutations qu'il y aura eu pour raiſon de mort ou déſertion, ou pour d'autres cauſes de débarquement, en y faiſant mention des dates & des ſignatures des officiers qui auront certifié leſdits émargemens.

XVI. L'article III. de ladite ordonnance du 19 juillet 1742, au ſujet du regiſtre qui doit être tenu par les officiers chargés du détail des claſſes, pour y tranſcrire leſdits décomptes & lettres de change, ſera ponctuellement exécuté: Enjoint Sa Majeſté aux Intendans ou commiſſaires ordonnateurs, de ſe faire repréſenter au moins tous les trois mois, leſdits regiſtres, à l'effet de vérifier s'ils ſont dans la forme convenable, & ſi les envois en france, ci-deſſus preſcrits, ont été faits réguliérement.

XVII. S'il ſe trouve dans le quartier des colonies où un navire aura été déſarmé, d'autres bâtimens prêts à revenir en france dans la même province où ſera ſitué le port où ledit navire aura été armé, & dans leſquels les gens de mer du bâtiment déſarmé puiſſent être embarqués & gagner des salaires, il ne leur sera rien payé pour la conduite du retour; mais s'il n'y a point alors de navires où ils puissent être employés, il leur sera accordé un ou deux mois de solde, à droportion du retardement que pourra leur causer le défaut d'occasion pour leur retour, suivant la fixation qui en sera faite par les Intendans ou commissaires ordonnateurs, conformément à ce qui est porté par la susdite ordonnance du 19 juillet 1742.

XVIII. Il sera donné par les capitaines desdits navires désarmés, un congé par écrit à chacun des gens de mer de leurs équipages, contenant leurs noms & qualités, & leur signalement détaillé de maniere que lesdits congés ne puissent point servir à d'autres matelots : le nom du navire y sera pareillement expliqué, & le tems qu'ils y auront servi. Lesdits congés seront visés par l'officier chargé du détail des classes, pour être ensuite représentés par lesdits gens de mer, toutes les fois qu'ils en seront requis, & notamment lorsqu'ils se présenteront pour repasser en france.

XIX. Les capitaines de navires qui reviendront en france, donneront de pareils congés aux matelots & autres gens de mer de leurs équipages qu'ils seront obligés de laisser aux colonies pour raison de maladie, ou pour d'autres causes pour lesquelles le débarquement aura été autorisé, par les Intendans ou commissaires ordonnateurs, & lesdits congés seront pareillement visés de l'officier chargé du détail des classes.

XX. Lesdits capitaines seront tenus, à l'égard des matelots restés malades, de donner une caution pour le paiement, non seulement des frais de maladie, mais encore de la solde qui sera réglée par les Intendans ou commissaires ordonnateurs, pour ceux dont la santé se rétablira, pour pourvoir à leur subsistance jusqu'au tems où ils pourront être rembarqués pour france.

XXI. Les officiers chargés du détail des classes, feront au moins tous les trois mois, une visite dans les hôpitaux, à l'effet de vérifier ce que seront devenus les matelots qui y auront été traités : ils se feront remettre, à l'égard de ceux qui seront morts, les certificats nécessaires pour le constater, & ils adresseront lesdits certificats aux commissaires des départemens du royaume d'où les matelots seront provenus, avec des listes exactes contenant la destination qui aura été faite du produit de leurs hardes & autres effets.

XXII. Les habitans des différentes colonies qui auront pris la profession de matelot, aussitôt après la publication du présent réglement, seront tenus de prendre, des officiers chargés du détail des classes des lieux de leur naissance, ou dans lesquels ils auront résidé assez long-tems pour y être suffisamment connus, un certificat en parchemin, contenant leurs nom, surnom, ceux de leur pere & mere, & de leur femme en cas qu'ils soient mariés, l'âge desdits matelots,

&

& toutes les circonstances propres à caractériser leur signalement, de maniere que ledit certificat ne puisse point servir à d'autres qu'à ceux auxquels ils seront délivrés.

XXIII. Ils seront pareillement tenus de porter toujours sur eux ledit certificat, pour servir à constater leur origine & leur état toutes les fois qu'ils en seront requis, & notamment lorsqu'ils se présenteront pour s'embarquer.

XXIV. Tous matelots & autres gens de mer qui ne seront point porteurs de pareils certificats, ou de congés donnés par les capitaines de navires, & visés par les officiers chargés du détail des classes, conformément à ce qui est porté par les articles XVIII & XIX du présent réglement, seront réputés déserteurs des navires de france, & comme tels, arrêtés dans tous les lieux où ils seront trouvés, pour être détenus en prison jusqu'à ce qu'ils puissent être renvoyés sur des navires de la même Province, où sera situé le département dont ils se trouveront.

XXV. La solde que devront gagner lesdits gens de mer, dans les navires sur lesquels ils seront ainsi renvoyés, sera réglée par les Intendans ou Commissaires ordonnateurs, sur le pied de la fixation prescrite par l'article IV du présent réglement, à l'égard de ceux qui auront été embarqués en france sans avoir été inscrits sur les rôles des équipages; & les capitaines seront tenus de rembourser d'avance, à compte des salaires que gagneront lesdits matelots déserteurs, les frais qui auront été faits pour leur emprisonnement, gîte, geolage & subsistance pendant leur détention, conformément à ce qui est porté par l'ordonnance du 23 décembre 1721, & par le réglement du 19 mai 1745; & il sera fait mention du tout sur le rôle de l'équipage, en suite des noms desdits déserteurs.

XXVI. Lorsqu'il sera donné entrée aux colonies à quelque navire étranger, relativement aux dispositions des lettres patentes du mois d'octobre 1727, les Gouverneurs & Intendans, ou commissaires ordonnateurs, feront veiller soigneusement, dans le tems du départ desdits navires, à ce qu'il n'y soit embarqué aucuns matelots françois.

XXVII. Lesdits Gouverneurs, Intendans ou Commissaires ordonnateurs feront faire des visites fréquentes chez les cabaretiers & hôteliers, pour arrêter tous les matelots qui s'y trouveront, & qui ne seront point porteurs de congés ou passe-ports, conformément à ce qui est porté par le présent réglement.

XXVIII. En conséquence de l'article V du réglement du 19 mai 1745, aucuns matelots ni autres gens de mer ne pourront être embarqués aux colonies sur les navires destinés pour revenir en france, s'ils n'ont été inscrits sur les rôles de l'équipage par les officiers chargés du détail des classes; à peine contre ceux qui auront été embarqués sans cette formalité, d'être punis, d'un mois de prison, à leur arrivée en france, & d'être en outre privés de la solde qui leur aura été promise pour la traversée, le montant de laquelle solde sera déposé au bureau des classes, pour suivre l'application qui sera ordonnée par Sa Majesté ; & les capitaines, maîtres ou patrons seront de leur côté punis d'un mois de prison.

XXIX. Il sera fait à l'arrivée dans les ports du royaume, des navires venant desdites colonies, une revue exacte sur le bord, par les officiers chargés du détail des classes, lesquels feront provisoirement arrêter les matelots qui se trouveront avoir été embarqués sans être compris sur le rôle de l'équipage, en contravention du précédent article. Ils auront soin de distinguer entre les gens de mer portés sur lesdits rôles, que les capitaines auront embarqués aux colonies, ceux qui seront tombés dans le cas d'avoir déserté des navires sur lesquels ils avoient passé auxdites colonies, & ils vérifieront s'ils y ont été punis par la prison & par la privation de leurs salaires, conformément à ce qui est porté par le présent réglement ; dans lequel cas les matelots pourront rester libres, s'ils ont tenu une bonne conduite durant la traversée : mais si le rôle de l'équipage ne justifie point qu'ils ont été punis à l'Amérique, lesdits matelots, reconnus déserteurs, seront incessamment arrêtés par les ordres des Intendans ou commissaires de la marine ; ils seront détenus en prison pendant quinze jours, & les salaires qui leur auront été promis, seront réduits conformément à ce qui est porté par l'article IV du présent réglement. Veut Sa Majesté, qu'en cas qu'ils eussent reçu d'avance lesdits salaires, au préjudice des défenses ci-dessus faites, ils ne puissent être mis en liberté qu'après qu'ils auront restitué ce qui leur aura été payé au-delà de la fixation expliquée dans ledit article.

Mande & ordonne Sa Majesté, à Monsieur le duc de Penthievre, Amiral de france, Gouverneur & Lieutenant général en la Province de Bretagne, aux Gouverneurs & ses Lieutenans généraux des isles de l'Amérique, Intendans commissaires généraux & ordinaires, aux Subdélégués établis dans lesdites isles de l'Amérique, & à tous autres qu'il appartiendra, de tenir la main à l'exécution du présent Réglement, qui sera lû, publié & affiché par-tout où besoin sera. Fait à Versailles, le vingt-deux juin mil sept cent cinquante-trois. *Signé*, LOUIS. *Et plus bas*, ROUILLÉ.

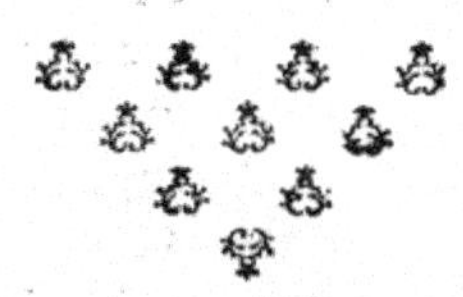

REGLEMENT

POUR la police & discipline des équipages des navires marchands expédiés pour les colonies françoises de l'Amérique, & sur ce qui doit être observé pour les remplacemens des équipages, tant des vaisseaux de Sa Majesté, que des navires marchands.

Du 11 Juillet 1759.

DE PAR LE ROI.

SA MAJESTE' s'étant fait représenter ses ordonnances & réglemens des 22 mai 1719, 23 décembre 1721, 19 juillet 1742, 19 mai 1745 & 22 juin 1753 sur la police qui doit être observée aux colonies françoises de l'Amérique pour les gens de mer des équipages des navires, ensemble sa déclaration du 18 décembre 1728, & l'arrêt de son conseil du 19 janvier 1734, au sujet de l'embarquement & débarquement des matelots dans les ports du royaume & les pays étrangers; & étant informée que les dispositions portées par lesdites ordonnances ne sont pas exactement observées dans lesdites colonies, & qu'elles ne sont pas d'ailleurs suffisantes pour réprimer divers abus qui s'y sont introduits au préjudice du bon ordre & de la discipline des gens de mer; & desirant pourvoir en même tems au remplacement des équipages des vaisseaux & autres bâtimens de Sa Majesté, & à ceux des navires de ses sujets qui se trouveroient dans le cas d'en avoir besoin, Elle a arrêté le présent Réglement, ainsi qu'il suit.

ARTICLE PREMIER.

Il sera fait à bord des navires marchands, aussitôt après leur arrivée aux colonies françoises de l'Amérique, par le commissaire ou autres officiers chargés du détail des classes, une revue exacte de tous les gens de mer, dont les équipages seront composés, & des passagers & engagés qui auront été embarqués en france, & le capitaine de chaque navire leur en remettra le rôle en dépôt jusqu'à son départ.

II. L'officier chargé du détail des classes pour laquelle ladite revue sera faite, entendra les plaintes qui pourront être portées, tant par les capitaines & officiers contre les matelots & autres gens des équipages, que par les matelots contre les capitaines & officiers: il constatera, autant qu'il ſera poſſible, les faits qui y auront donné occaſion, & ſur le compte qu'il en rendra, l'Intendant ou commiſſaire ordonnateur, fera ſur le champ arrêter les coupables, s'il y a lieu, ſoit pour leur faire ſubir quelques jours de priſon, ſuivant les circonſtances, ſoit pour les remettre aux officiers de l'amirauté, s'ils ſont dans le cas de mériter plus grandes peines; & dans le cas où leſdits officiers de l'Amirauté jugeront de vouloir procéder contre ceux qui auront été ainſi arrêtés, leſdits priſonniers leur ſeront remis à cet effet par les ordres deſdits intendants ou ordonnateurs.

III. Ledit officier vérifiera s'il ſe trouve à bord des matelots ou autres gens de mer, qui n'aient point été compris ſur le rôle de l'équipage, & il fera arrêter ſur le champ tous ceux qui ſe trouveront dans ledit cas; Sa Majeſté voulant qu'ils ſoient détenus en priſon aux frais des capitaines, juſqu'à ce qu'ils puiſſent être renvoyés ſur un autre navire de la même province du royaume où leſdits matelots auront été embarqués; ce qui ſera conſtaté par un procés verbal qui ſera envoyé par les Intendans ou commiſſaires ordonnateurs des colonies, au commiſſaire de la marine, du port où les navires auront été armés, pour être, les capitaines de navire, pourſuivis à leur retour en france, devant les officiers de l'Amirauté, conformément aux diſpoſitions portées par la déclaration du 18 décembre 1728.

IV Cet officier des claſſes fera mention ſur chaque rôle, des mouvemens arrivés dans l'équipage pendant la traverſée du bâtiment, de même que de ceux qui auront lieu juſqu'à ſon départ.

V. Aucun capitaine ne pourra congédier un ſeul homme de ſon équipage, ſans la permiſſion dudit commiſſaire, laquelle il apoſtillera & ſignera ſur le rôle; il lui rendra compte pareillement de ceux qui lui déſerteront, pour être auſſi apoſtillés; & il ne pourra prendre un ſeul homme en remplacement ou comme paſſager, qu'il ne ſoit auſſi établi ſur ſon rôle par ledit commiſſaire, lequel fera une ſeconde revue avant le départ du navire, ſous peine de trois cens livres d'amende envers le capitaine, pour chaque homme qu'il aura débarqué ou remplacé ſans l'aveu de l'officier des claſſes, & d'être déchu de ſa qualité de capitaine.

VI. Il ne pourra, pendant le ſéjour des navires auxdites colonies, être fait aucun paiement ni aucun prêt ni avance d'aucune eſpece aux gens de mer des équipages engagés en france, ni à ceux embarqués par remplacement aux colonies, ſoit pour achat de hardes ou pour quelqu'autre cauſe que ce puiſſe être, ſi les capitaines n'y ſont autoriſés par un ordre de l'officier chargé du détail des claſſes, mis au bas du rôle de l'équipage, à peine contre les contrevenans, d'être pourſuivis à leur retour en france, conformément aux diſpoſitions de la déclaration du 18 décembre 1728.

VII. Aucun matelot, novice ou mouſſe de l'équipage des navires venus

venus de france aux colonies, ne pourra descendre ni rester à terre sans un congé par écrit donné par le capitaine ou autre officier commandant le navire; dans lequel congé, sera fait mention du tems limité pour l'absence hors du bord; & ceux sans de pareils congés desdits gens de mer qui seront trouvés à terre, ou qui en auront excédé le terme, seront arrêtés & détenus pour la premiere fois en prison pendant trois jours, & pendant huit jours en cas de récidive.

VIII. S'il déserte des matelots ou autres gens des équipages, le capitaine ou autres officiers commandant le navire, sera tenu d'en faire à l'officier chargé du détail des classes, la dénonciation dans trois jours, sous peine d'être réputé complice de la désertion, pour être, par ledit officier, envoyé sur le champ à la poursuite desdits déserteurs, aux frais dudit capitaine, aprés avoir pris les ordres de l'Intendant ou commissaire ordonnateur: Enjoint Sa Majesté, aux Gouverneurs & commandans auxdites colonies, de donner main-forte à cet effet, toutes les fois qu'ils en seront requis.

IX. Ceux desdits déserteurs qui pourront être arrêtés, seront détenus en prison pendant le tems qui sera réglé par l'intendant ou commissaire ordonnateur, & ils seront ensuite renvoyés à bord du navire, après avoir été interrogés sur le motif de leur désertion; & en cas qu'il soit reconnu qu'elle a été occasionnée de quelque maniere que ce puisse être, par le capitaine ou autres officiers du bord, il sera fait, sur les circonstances relatives audit cas, un procès verbal qui sera adressé par ledit Intendant ou commissaire ordonnateur, au Secretaire d'Etat ayant le département de la marine, pour, sur le compte qui en sera par lui rendu à Sa Majesté, être par elle ordonné ce qu'il appartiendra, sans préjudice néanmoins des procédures qui pourront être faites à ce sujet par les officiers de l'amirauté; Sa Majesté n'entendant point interdire auxdits gens de mer, les voies de droit devant lesdits officiers, auxquels elle se réserve même de renvoyer la connoissance des faits résultans desdits procès verbaux, suivant l'exigence des cas.

X. La date de la désertion sera apostillée sur le rôle de léquipage seulement, à compter du jour que l'officier chargé du détail des classes, aura reçu la dénonciation, & les salaires des déserteurs seront payés jusqu'audit jour, sans égard au tems pendant lequel les capitaines auront différé de faire lesdites dénonciations; lesdites apostilles seront exactement détaillées pour chaque homme, & signées par l'officier chargé du détail des classes; la même formalité sera observée en ce qui concernera les apostilles mises sur lesdits rôles, au sujet des morts & des débarqués pour raison de maladie ou pour d'autres causes, tant en ce qui concernera les gens des équipages, qu'à l'égard des passagers & des engagés.

XI. Il sera donné par les capitaines desdits navires, auxdits officiers chargés des classes, les noms, surnoms, qualités, demeures, & autres signalemens détaillés de chaque homme qui aura débarqué ou déserté de leurs navires.

XII. Lesdits officiers des classes tiendront un registre de ces gens de mer débarqués ou désertés : ils y porteront leur signalement, y feront mention du nom du navire d'où ils proviennent, du nom du capitaine, de celui du port où il aura armé, & suivront les mouvemens desdits gens de mer jusqu'à ce qu'ils aient obtenu la permission de retourner en france & qu'ils aient été inscrits sur un rôle d'équipage.

XIII. Enjoignons auxdits officiers chargés des classes, de porter sur ledit registre, les gens restés des équipages aux hôpitaux, ainsi que ceux provenans des navires qui seront désarmés ou condamnés dans la colonie & de suivre pareillement leurs mouvemens.

XIV. Les capitaines des navires de france qui seront désarmés aux colonies, soit pour y avoir été déclarés hors d'état de naviguer ou pour d'autres causes, feront en conséquence de l'ordonnance du 19 juillet 1742, le décompte de la solde dûe à chacun des gens de mer de leurs équipages, en présence de l'officier chargé du détail des classes, & remettront auxdits officiers, copie desdits décomptes, & une lettre de change tirée sur les armateurs, pour le montant de ladite solde, en argent de france, sans que sous quelque prétexte que ce soit, aucune desdites lettres de change puisse être tirée sur les trésoriers de la marine ou des colonies.

XV. Lesdits décomptes & lettres de change contiendront non-seulement ce qui sera dû aux officiers mariniers & matelots présens au désarmement, mais encore ce qui reviendra aux familles des morts, tant pour la solde que pour le produit d'inventaire, & le montant de la solde revenant aussi aux déserteurs, jusqu'au jour de leur désertion dénoncée ; ce qui sera exactement constaté dans les décomptes dont les officiers chargés du détail des classes auxdites colonies, feront ensuite l'envoi, ainsi que des lettres de change, aux commissaires des ports du royaume où les navires auront été armés ; ils seront tenus d'adresser en même tems auxdits commissaires, des copies des rôles de désarmement, lesquels seront faits dans la même forme que celui de l'armement présenté par le capitaine, & contiendront en marge de chaque homme qui aura été embarqué dans le navire, soit comme faisant partie de l'équipage, soit en qualité de passager ou d'engagé, toutes les mutations qu'il y aura eu pour raison de mort ou désertion ou pour d'autres causes de débarquement, en y faisant mention des dates & des signatures des officiers qui auront certifié lesdits émargemens.

XVI. L'article III. de ladite ordonnance du 19 juillet 1742, au sujet du registre qui doit être tenu par les officiers chargés du détail des classes, pour y transcrire lesdits décomptes & lettres de change, sera ponctuellement exécuté. Enjoint Sa Majesté aux Intendans ou commissaires ordonnateurs, de se faire représenter au moins tous les trois mois lesdits registres, à l'effet de vérifier s'ils sont dans la forme convenable, & si les envois en france ci-dessus prescrits, ont été faits réguliérement, & les Intendans ou commissaires ordonnateurs mettront leur vû à chaque article desdits décomptes.

XVII. S'il se trouve dans le quartier des colonies où un navire aura été désarmé, d'autres bâtimens prêts à revenir en france dans la même province où sera situé le port où ledit navire aura été armé, ou dans lesquels les gens de mer du bâtiment désarmé puissent être embarqués & gagner des salaires, le capitaine ne sera pas tenu à leur payer de conduite pour leur retour en france ; mais s'il n'y a point alors de navire où ils puissent être employés, il leur sera accordé un ou deux mois de solde à proportion du retardement que pourra leur causer le défaut d'occasion pour leur retour, suivant la fixation qui en sera faite par les Intendans ou commissaires ordonnateurs, conformément à ce qui est porté par la susdite ordonnance du 19 juillet 1742.

XVIII. Lesdits capitaines seront tenus, à l'égard des matelots restés malades, de donner une caution pour le paiement, non-seulement des frais de maladie, mais encore de la solde qui sera réglée par les Intendans ou commissaires ordonnateurs, pour ceux dont la santé se rétablira, pour pourvoir à leur subsistance jusqu'au tems où ils pourront être embarqués pour france.

XIX. Les officiers chargés du détail des classes feront tous les mois une visite dans les hôpitaux, à l'effet de vérifier ce que seront devenus les matelots qui y auront été traités ; ils se feront remettre, à l'égard de ceux qui seront morts, les certificats nécessaires pour le constater, & ils adresseront lesdits certificats aux commissaires des départemens du royaume d'où les matelots seront provenus, avec des listes exactes contenant la destination qui aura été faite du produit de leurs hardes & autres effets.

XX. Il sera délivré à tous les gens de mer françois débarqués, congédiés ou déserteurs, & aux habitans des différentes colonies qui auront pris la profession de matelot, un certificat en papier, conforme au modele, en suite du présent réglement ; lequel certificat ils seront tenus de porter toujours sur eux, pour servir à constater leur origine & leur état.

XXI. Tous matelots & autres gens de mer qui ne seront point porteurs de pareils certificats, seront réputés déserteurs des navires de france, & comme tels arrêtés dans tous les lieux où ils seront trouvés, pour être détenus en prison jusqu'à ce qu'ils puissent être renvoyés sur des navires de la même province où sera situé le département dont ils se trouveront.

XXII. Lesdits gens de mer seront obligés de déclarer aux commissaires & autres chargés des classes, le lieu de leur domicile, dont il sera fait mention à côté du nom de chacun d'eux, & ils seront tenus de passer en revue pardevant lesdits commissaires, le premier jour de chaque mois, & de leur déclarer s'ils ont changé de domicile, sous peine de quinze jours de prison.

XXIII. Les gouverneurs, intendans ou commissaires ordonnateurs, feront faire des visites fréquentes chez les cabaretiers & hôteliers, pour arrêter tous les matelots qui s'y trouveront & qui ne seront point porteurs de congés ou passe-ports, conformément à ce qui est porté par le présent Réglement.

XXIV. Les habitans des colonies ne pourront employer aucuns des gens de mer françois non domiciliés auxdites colonies, sans une permission par écrit des officiers qui seront chargés du détail des classes, & ne pourront les cacher ou recéler auxdits officiers lorsqu'ils les réclameront, sous peine de vingt livres d'amende pour chaque homme de mer employé sans permission, & de cent livres par chaque homme qu'ils auront caché ou recélé.

XXV. Tout capitaine, maître ou patron qui débauchera un matelot aux colonies, sera condamné à une amende de trois cens livres, dont moitié applicable à l'Amiral, & l'autre moitié au premier maître, lequel pourra reprendre le matelot, si bon lui semble, conformément à ce qui est porté par l'ordonnance du 22 mai 1719, & par le réglement du 19 mai 1745.

XXVI. En conséquence de l'article V du réglement du 19 mai 1745, défend Sa Majesté auxdits gens de mer, de s'embarquer sur aucun de ses vaisseaux, ni de s'engager sur les navires appartenans à ses sujets pour revenir dans le royaume, qu'ils n'en aient obtenu la permission du commissaire chargé des classes, qui dans ce cas, les établira sur les rôles des équipages en remplacement de ceux qui manqueront, à peine contre ceux qui auront été embarqués sans cette formalité, d'être punis d'un mois de prison à leur arrivée en france, & d'être en outre privés de la solde qui leur auroit été promise pour la traversée; le montant de laquelle solde sera déposé au bureau des classes, pour suivre l'application qui sera ordonnée par Sa Majesté; & les capitaines qui les auront embarqués, seront interdits pendant un an.

XXVII. Défend aussi Sa Majesté, relativement aux lettres patentes du mois d'octobre 1727, auxdits gens de mer, de prendre parti sur aucun des bâtimens étrangers qui pourroient avoir entrée dans les colonies, sous peine d'être arrêtés comme déserteurs, & leurs procès être faits suivant la rigueur des ordonnances; & les gouverneurs, intendans, ou commissaires ordonnateurs feront veiller soigneusement dans le tems du départ desdits navires, à ce qu'il n'y soit embarqué aucun matelot françois.

XXVIII. Entend

XXVIII Entend Sa Majesté que dans les cas où il seroit besoin d'officiers mariniers & matelots pour compléter les équipages de ses vaisseaux & autres bâtimens armés pour les colonies, que les officiers qui les commanderont s'adressent aux intendans ou commissaires ordonnateurs, pour en obtenir le nombre de gens de mer qu'ils auront à remplacer, lesquels seront pris dans les matelots françois congédiés, débarqués ou désertés des bâtimens marchands.

XXIX. Sa Majesté voulant que toute protection soit accordée au commerce de ses sujets, défend aux officiers commandant ses vaisseaux, de retirer, sous quelque prétexte que ce soit, aucuns officiers mariniers & matelots des navires marchands, pour remplacer ceux qui pourroient leur manquer pour compléter leur équipage, voulant que dans les cas où il ne se trouveroit pas assez de gens de mer dans la colonie, qu'ils s'adressent aux gouverneurs & intendans ou commissaires ordonnateurs, pour y pourvoir, lesquels pourront de concert, si les remplacemens sont nécessaires, leur destiner des matelots desdits navires marchands, par proportion au nombre d'hommes d'équipage qu'ils auront, en observant de les prendre dans les navires dont les retours dans le royaume seront les plus éloignés.

XXX. La solde que devront gagner lesdits gens de mer sur nos vaisseaux où ils seront destinés, sera la même que celle qu'ils auroient eue, s'ils s'étoient embarqués dans les ports de france.

XXXI. Celle des gens de mer qui sera donnée aux navires marchands, sera aussi celle qu'ils avoient sur ceux d'où ils auront été congédiés, débarqués ou désertés, sans qu'ils puissent en prétendre une plus forte, quelques conventions qu'ils aient d'ailleurs faites; & sera ladite solde portée sur le rôle d'équipage par le commissaire de la marine, ou autre officier chargé du détail des classes dans les colonies; voulant Sa Majesté, qu'il n'y ait que ledit rôle qui puisse servir de titre sur les prétentions des gens de mer pour raison desdits salaires, conformément à son ordonnance du 23 décembre 1721, & au réglement du 19 mai 1745.

XXXII. Il sera fait, à l'arrivée des navires venant desdites colonies, dans les ports du royaume, une revue exacte par les officiers chargés du détail des classes, lesquels feront provisoirement arrêter les matelots qui se trouveront avoir été embarqués sans être compris sur le rôle de l'équipage, en contravention du précédent article, & auront soin de distinguer entre les gens de mer portés sur lesdits rôles que les capitaines auront embarqué aux colonies, ceux qui seront tombés dans le cas d'avoir déserté des navires sur lesquels ils avoient passé auxdites colonies, & ils vérifieront s'ils y ont été punis par la prison & par la privation de leurs salaires, conformément à ce qui est porté par le présent Réglement; dans lequel cas les matelots pourront rester libres, s'ils ont tenu une bonne conduite durant la traverſée; mais ſi le rôle de l'équipage ne juſtifie point qu'ils ont été punis à l'Amérique, leſdits matelots reconnus déſerteurs, ſeront inceſſamment arrêtés par les ordres des intendans ou commiſſaires de la marine; ils ſeront détenus aux priſons pendant quinze jours, & les ſalaires qui leur auront été promis, ſeront réduits, conformément à ce qui eſt porté par l'article quatre du précédent Réglement; veut Sa Majeſté, qu'en cas qu'ils euſſent reçu d'avance leſdits ſalaires au préjudice des défenſes ci-deſſus faites, ils ne puiſſent être mis en liberté qu'après qu'ils auront reſtitué ce qui leur aura été payé au-delà de la fixation expliquée dans ledit article.

Mande & ordonne Sa Majeſté, à Monſieur le duc de Penthievre, Amiral de france, Gouverneur & Lieutenant général en la Province de Bretagne, aux Gouverneurs & ſes Lieutenans généraux des iſles de l'Amérique, Intendans commiſſaires généraux & ordinaires, aux dites iſles, & à tous autres qu'il appartiendra, de tenir la main à l'exécution du préſent Réglement, qui ſera enrégiſtré dans les Conſeils Supérieurs deſdites iſles, & ſera en outre lû, publié, affiché & régiſtré par-tout où beſoin ſera. Fait à Verſailles, le onze juillet mil ſept cent cinquante-neuf. *Signé*, LOUIS. *Et plus bas*, BERRYER.

ENREGISTRE' au Conſeil Souverain le 6 Mai 1760.

ORDONNANCE

DE M. L'INTENDANT.

SUR les Pirogues faiſant le cabotage.

Du 7 Juillet 1760.

ETant parvenu à notre connoiſſance que la plupart des pirogues de cette iſle & des iſles voiſines faiſant le cabotage autour d'une iſle, ou d'une iſle à une autre, partoient & arrivoient ſans faire les ſoumiſſions exigées par les ordonnances, au bureau du domaine le plus prochain du lieu de leur départ ou de leur arrivée, ce qui eſt une contravention formelle aux ordonnances de Sa Majeſté, d'où il peut réſulter de très-grands inconvéniens: Nous, pour remédier à cet abus, ordonnons que les armateurs & maîtres de pirogues, tant de cette iſle que des iſles voiſines, ſe conformeront aux ordonnances des fermes, avant leur départ du lieu de leur armement, & à leur arrivée en quelque iſle que ce ſoit, à peine contre les contrevenans, d'encourir les peines portées par leſdites ordonnances; en conſéquence faiſons défenſes à tous armateurs, capitaines ou maîtres de pirogues, de sortir du lieu de leur armement, & mettre à la voile pour faire le cabotage autour d'une isle, ou d'une isle à une autre, sans avoir préalablement fait leur soumission au bureau du domaine le plus prochain du lieu de leur départ ou de leur arrivée, & ce, à peine de confiscation au profit de Sa Majesté, desdites pirogues, de leur équipage & de leur cargaison, & contre les contrevenans de toutes autres peines portées par les ordonnances, suivant l'exigence des cas. Enjoignons sous les mêmes peines, à tous capitaines & maîtres de pirogues, de faire leurs soumissions audit bureau du domaine dans les vingt-quatre heures de leur arrivée, & avant la décharge d'aucune marchandise hors de leur bord. Et pour que personne n'en prétende cause d'ignorance, nous ordonnons que les présentes seront enrégistrées au bureau général du domaine établi en cette isle, enrégistrées, lûes & publiées par-tout ailleurs où besoin sera, à la diligence des procureurs du Roi des siéges d'Amirauté établis en cette isle. Donné à la Martinique sous le sceau de nos armes & le contre-seing de notre secretaire, le sept juillet mil sept cent soixante. *Signé* De la RIVIERE. *Et plus bas*, par Monseigneur. *Signé*, ROIGNAN.

ORDONNANCE

DE MM. LEVASSOR DE LA TOUCHE, & DE LA RIVIERE, *GENERAL & INTENDANT.*

Concernant les Filibustiers.

Du 18 Juin 1761.

SUR la connoissance que nous avons que la facilité avec laquelle les filibustiers trouvent du crédit, non-seulement pour leur nécessaire, mais encore pour leur superflu, ce qui flatte leurs passions, chez les marchands du bord de la mer, cabaretiers & autres, ce qui consomme le gain qu'ils font sur les ennemis de l'état, en enrichissant des gens qui ne les attirent chez eux que pour les dépouiller, & occasionne des désordres dont il résulte plusieurs inconvéniens préjudiciables à la course : Nous avons vu qu'il étoit important d'y remédier; c'est dans cette vue, qu'en vertu du pouvoir à nous confié par Sa Majesté, nous avons, sous son bon plaisir, ordonné & statué, ordonnons & statuons ce qui suit.

ARTICLE PREMIER.

Faisons défenses à tous marchands en détail, hôteliers, cabaretiers

& aubergistes établis en cette isle, de faire crédit aux filibustiers, matelots & gens de mer faisant la course pendant le cours de la guerre présente, à peine de perdre leur dette.

II. Déclarons nuls tous pouvoirs donnés aux personnes ci-dessus dites, par les filibustiers, de recevoir pour eux des quartiers-maîtres de leurs corsaires, leurs lots & parts dans les prises à faire : défendons auxdits quartiers-maîtres d'avoir égard auxdits pouvoirs, à peine de nullité des paiemens faits en conséquence, & de payer deux fois : permettons seulement l'usage desdits pouvoirs pour les lots dans les prises déja faites, & ce, en faveur seulement des filibustiers malades & hors d'état d'agir; de ceux réformés à la mer ou détenus prisonniers chez l'ennemi; à condition seulement dans le premier cas, que les porteurs desdits pouvoirs seront munis de certificats des médecins & chirurgiens connus, qui attesteront l'état desdits filibustiers malades.

III. Défendons pareillement à tous armateurs de faire aucune avance en argent aux filibustiers; leur permettons seulement de faire des avances de hardes aux maîtres, à peine de perdre lesdites avances, qu'ils ne pourront répéter sur les lots desdits filibustiers.

IV. Déclarons les parts dans les prises faites revenant aux filibustiers qui ont contribué à les faire, franches & exemptes de toutes poursuites pendant la guerre actuelle, de la part des cabaretiers & autres dénoncés dans l'article premier : faisons défenses à tous huissiers & procureurs, de prêter leur ministere à de telles poursuites, & à tous Juges de connoître d'aucune cause d'instance, celles qui auront pour objet de priver lesdits filibustiers de leurs parts dans les prises dans le cas ci-dessus exprimé, à peine contr'eux de nullité de leurs procédures détenues en paiement, & de tous dépens, dommages & intérêts envers les parties. Prions Messieurs les Gouverneurs Lieutenant de Roi & autres officiers commandant dans les différens quartiers de notre gouvernement, de faire publier les présentes, en icelle observer dans les lieux principaux de leur district. Prions aussi Messieurs les officiers du Conseil supérieur de la Martinique, & mandons à ceux des jurisdictions du ressort dudit Conseil, de faire lire & publier à l'audience, enrégistrer sur les registres destinés à cet effet, les présentes, & faire observer en tout leur contenu. Donné à Saint-Pierre de la Martinique, sous le sceau de nos armes & le contre-seing de nos secretaires, le dix-huit juin 1761.

ENREGISTRÉE au Conseil Souverain le 8 Juillet 1761.

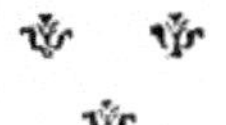

CONSIGNE

CONSIGNE GÉNÉRALE,

DONNE'E PAR MM. LES GENERAL ET INTENDANT,

POUR tous les Ports & Rades de la Martinique:

Du 20 Octobre 1763.

DE PAR LE ROI.

LA sûreté des Ports & Rades de cette isle, dépendant de l'exacte police qui s'y doit observer, Nous, en vertu du pouvoir que le Roi nous a donné, avons statué & ordonné, statuons & ordonnons ce qui suit.

Port & Rade du Fort-Royal.

ARTICLE PREMIER.

Le capitaine de port, au Fort-Royal, prendra tous les jours les ordres du Général & de l'Intendant, ou en leur absence, du commandant de la place, & du commissaire de la marine qui les représenteront, & leur rendra un compte exact de tout ce qui se passera dans la rade & bassin dudit port, concernant son emploi.

II. Il ne pourra s'absenter sans avoir obtenu la permission du Général & de l'Intendant, ou des officiers qui les représenteront en cas d'absence.

III. Il aura le plus grand soin d'établir l'ordre convenable dans la rade & bassin dudit port; de veiller à l'arrangement des vaisseaux, navires & autres bâtimens qui y seront mouillés; d'indiquer aux capitaines, la place que leursdits bâtimens doivent occuper; & aura la plus grande attention à ce qu'ils soient placés de façon à ne se point gêner ou incommoder réciproquement; & à ne se causer aucune avarie en cas de gros tems.

IV. Les capitaines de navire & maîtres de bâtimens, seront tenus, au moment de leur arrivée, de se rendre chez le capitaine de port, ou chez l'officier de port qui fait le service en son absence, pour se conformer à ce qu'il leur prescrira pour la place que doivent occuper leurs bâtimens; & ne les pourront faire mouiller dans une autre place que celle qu'il leur aura indiquée, à peine de cinq cens livres d'amende, applicables à l'entretien du port.

V. Le capitaine de port recommandera très-expressément à tous capitaines & maîtres de bâtimens, d'avoir toujours de bons cables &

de bonnes ancres en état, ainsi que des orins & bouées suffisantes pour se soutenir, & ne point s'exposer à aller en dérive : aura également soin de leur indiquer l'endroit où il est à propos qu'ils déchargent leur lest. Faisons très-expresses inhibitions & défenses à tous capitaines & maîtres de bâtimens, de décharger leur lest ailleurs qu'à l'endroit qui leur sera indiqué par le capitaine de port, à peine de mille livres d'amende.

VI. Il aura également la plus grande attention à ce que les capitaines & maîtres de bâtimens tiennent leurs bâtimens propres ; qu'ils aient soin de les faire pomper matin & soir, & précisément à l'heure qui sera fixée, sur-tout dans le bassin dudit port, où la mauvaise odeur des eaux pompées incommode la forteresse.

VII. Etant d'usage que le capitaine le plus ancien fasse fonction de commandant de la rade, à moins qu'il ne s'y rencontre de vaisseaux commandés par des officiers de Sa Majesté, le capitaine désigné pour commandant, portera la flamme pour être reconnu ; il mettra la flamme d'ordre toutes les fois que le service du port l'exigera, & fera fournir exactement par chaque navire à tour de rôle, un canot de ronde pour le service.

VIII. Quand le commandant de la rade aura mis flamme d'ordre, tous les navires qui y sont mouillés, seront tenus d'envoyer sur le champ à son bord, un canot & un officier pour prendre l'ordre, & exécuter ce que leur prescrira le commandant, à peine de cent livres d'amende contre les contrevenans pour chaque fois qu'ils auront manqué de se rendre à l'ordre.

IX. La ronde se fera par un officier du navire désigné par le commandant de la rade, réguliérement trois fois par chaque nuit ; savoir, le soir au coup de canon de retraite, à minuit & à quatre heures du matin.

X. Lorsque l'officier de ronde dans la rade, passera auprès d'un navire pendant la nuit, & qu'il aura helé, si personne ne lui répond à bord du bâtiment qu'il côtoyera, il montera à bord de ce bâtiment, & y ayant fait prendre le matelot qui doit être de quart, il ira le remettre à bord du commandant, pour le faire punir suivant l'exigence du cas, & la décision de Messieurs les Général & Intendant ou leurs représentans, auxquels il en sera rendu compte.

XI. L'officier de ronde ira à bord de tous les bâtimens qui entreront la nuit dans la rade ou bassin du port, pour en rendre compte le lendemain matin au capitaine de port.

XII. Le navire chargé de la ronde sera tenu d'envoyer à terre sa chaloupe ou canot, toutes fois & quantes il le requerra pour le service.

XIII. Le capitaine de port se fera rendre compte par l'officier de ronde de la rade, de tout ce qui s'y sera passé, pour en faire son rapport chaque jour au général & à l'intendant, ou leurs représentans en cas d'absence.

XIV. Lorsqu'il appercevra à l'une des pointes de la rade, quelque bâtiment faisant signal d'incommodité, il avertira le commandant de la rade pour isser flamme d'ordre, & il ira en personne avec la chaloupe de ronde, & celles des autres navires, ou canots les plus à la portée, pour porter secours au navire incommodé.

XV. Il veillera à ce que le bon ordre & l'exacte police s'observe le long du bord de mer, & à l'ouverture des principales cales où se font les embarquemens & débarquemens; empêchant que le bord de mer & cales soient embarrassées de façon à gêner le public: il tiendra particulierement la main avec les officiers de police, à l'entretien, netteté & propreté des cales, & rendra compte de tous ces objets au Général & à l'Intendant ou leurs représentans: il aura pareillement attention à ce que les capitaines de navires, à leur départ, levent exactement leurs ancres, pour ne point embarrasser la rade; & dans le cas où ils seroient forcés de les laisser, il les obligera à marquer par une bouée, l'endroit où elles restent, pour pouvoir les faire relever.

XVI. Il aura le plus grand soin d'empêcher que les bâtimens qui seront condamnés, soient échoués dans la rade, en d'autres lieux que ceux qu'il indiquera; & fera relever les carcasses des bâtimens échoués, ou les fera dépecer aux frais du propriétaire. Défendons à toutes personnes de faire échouer aucuns bâtimens de façon à gêner la rade, & sans la permission du capitaine de port, à peine de confiscation du bâtiment, & de cinq cens livres d'amende.

XVII. En l'absence du capitaine de port, son lieutenant ou tout autre officier de port, feront les fonctions ci-dessus en sa place, & se conformeront exactement à tout ce qui est prescrit ci-dessus pour le capitaine de port.

Port & Rade St. Pierre, la Trinité, & autres de la Martinique.

XVIII. Le lieutenant de port, aides, maîtres ou autres officiers de port du Fort St. Pierre, la Trinité, le Marin, & autres ports & havres de cette isle, se conformeront chacun en droit soi, à tout ce qui est prescrit par la présente Consigne générale, qui sera exécutée selon sa forme & teneur.

Recommandons à tous commandans de place, commissaires & autres officiers par nous préposés dans l'étendue de cette isle, de tenir la main à l'exécution de la présente Consigne.

Mandons aux Officiers de l'Amirauté, de l'enrégistrer & faire lire, publier & afficher par-tout où besoin sera, à ce que personne n'en ignore.

Donné à la Martinique sous le sceau de nos armes & le contre-seing de nos secretaires, le vingt octobre mil sept cent soixante-trois. *Signé*, Le Marquis de FENELON & De la RIVIERE. *Et plus bas*, par Monseigneur. *Signé*, VAUCHELLE. Et par Monseigneur, *Signé*, PERDRIGEON.

ORDONNANCE

DE M. L'INTENDANT.

CONCERNANT la Navigation, le Commerce, & le Cabotage de la Martinique.

Du 16 Août 1763.

LA perception des droits, tant à la sortie des denrées de la colonie pour france, qu'à l'entrée de celles de france dans la colonie, demande une police d'autant plus exacte, que la fraude en cette partie, est un vol fait sur les contribuables tenus de remplir l'imposition ordonnée par le Roi, & qui nous dérobant la connoissance exacte du produit des cultures & des consommations, nous met hors d'état de prendre les mesures nécessaires pour procurer les secours dont diverses parties pourroient avoir besoin. La proximité du port neutre de Sainte-Lucie, & des isles angloises de la Dominique & de St. Vincent, offrant des facilités pour le commerce interlope, l'intérêt du commerce de france se trouve ici réuni à celui des habitans, pour exiger que nous prenions toutes les précautions possibles, afin d'éviter les contraventions en cette partie : c'est pour y parvenir que nous avons cru devoir faire publier de nouveau les dispositions portées, tant dans notre ordonnance commune du 29 juillet dernier, que dans l'ordonnance du Roi concernant les droits des fermes, du mois de février 1687, afin que personne n'en puisse prétendre cause d'ignorance, & y ajouter quelques réglemens particuliers que le local semble exiger.

A CES CAUSES, Nous, en vertu du pouvoir à nous donné par le Roi, avons statué & statuons ce qui suit :

ARTICLE PREMIER.

Dans l'espace de huit jours, pour ceux qui sont dans la Rade de St. Pierre ou du Fort-Royal, & d'un mois pour ceux qui sont en voyage, à compter du jour de la publication de la présente ordonnance, tous propriétaires de bâteaux, goelettes, pirogues pontées ou non pontées, & autres bâtimens de cabotage, seront tenus de venir au au domaine donner la déclaration du nom & du port de leurs bâtimens, à peine de confiscation au profit du Roi.

II. Comme il est nécessaire que nous soyons instruits de ce que ces bâtimens sont devenus, aucun d'eux ne pourra être dépecé, qu'au préalable il n'en ait pareillement été fait déclaration au bureau du domaine, ni être vendu sans que semblable déclaration soit faite audit bureau par l'acquéreur, à peine de confiscation du bâtiment au dernier cas, & d'une amende arbitraire au premier cas, laquelle ne pourra être moindre que la valeur d'un semblable bâtiment qui seroit en état de naviguer.

III. Tous capitaines & commandans des bâtimens, caboteurs arrivant dans une rade de cette isle, seront tenus dans les vingt-quatre heures de leur arrivée, de faire leur déclaration au bureau du domaine, dans le lieu le plus prochain de celui où ils auront mouillé, de la nature, quantité & qualité des marchandises dont ils sont chargés, de celui qui les a chargées, ou à qui elles sont adressées: leur défendons de rien débarquer desdits bâtimens, qu'ils n'en aient préalablement obtenu le permis ou congé du bureau du domaine, à peine de 500 liv. d'amende contre les capitaines ou maîtres des bâtimens caboteurs, & d'être déclarés incapables de commander à l'avenir aucun bâtiment, ainsi qu'il est porté dans l'article XVII. de notre ordonnance du 29 juillet; & seront en outre, les marchandises non déclarées ou déchargées sans le congé du domaine, confisquées au profit du Roi, ainsi que le bâtiment caboteur, conformément aux dispositions du titre 2 de l'ordonnance du Roi du mois de fév. 1687.

IV. Seront exécutés selon leur forme & teneur, les articles XI, XII, XIII & XIV, de notredite ordonnance du mois de juillet dernier, ainsi que les titres 1 & 2 de l'ordonnance du mois de février 1687: en conséquence, aucun capitaine ou autre commandant un bâtiment venant de long cours, ne pourra rien décharger de son bord, ni même reverser de bord à bord, qu'après sa déclaration au domaine, qui doit être faite dans les vingt-quatre heures de son arrivée, & en avoir obtenu le congé: ne pourra pareillement charger sur son bâtiment aucune marchandise, sans avoir aussi obtenu le congé du domaine, & sera tenu de justifier ses déclarations par les factures, connoissemens, livres, & journaux de bord, ainsi qu'il est porté dans les dernieres ordonnances, le tout à peine de 500 l. d'amende & de confiscation du bâtiment & des marchandises. Voulons que lorsque les bâtimens pourront charger plusieurs rangs de barriques, on avertisse au bureau avant de commencer le second rang, & il en sera ainsi du troisieme: ordonnons qu'à défaut de cet avertissement, le bâtiment pour être visité, sera déchargé aux frais du capitaine.

V. Aucun bâtiment caboteur ne pourra partir pour aller d'un lieu à un autre dans cette isle, qu'il n'ait fait ses déclarations, & pris ses expéditions au bureau du domaine le plus voisin, lesquelles il sera tenu de représenter, lorsqu'il ira faire sa déclaration d'arrivée.

VI. Tout bâtiment caboteur qui sera expédié pour une de nos isles françoises, sera tenu de rapporter des expéditions en regle du bureau de ladite isle, à l'effet de constater qu'il y a déposé son chargement; quelles sont les marchandises dont il a été chargé en retour, le tems de son arrivée en ladite isle, de son départ pour revenir à la Martinique, & généralement toutes les circonstances qu'il est tenu de déclarer, suivant les ordonnances ci-dessus mentionnées; à défaut de ces pieces en formes, il sera poursuivi comme pour commerce étranger, & puni suivant la rigueur des ordonnances rendues à ce sujet.

VII. Les secours dont les autres isles françoises peuvent avoir besoin, se trouvant au Fort-Royal ou à Saint-Pierre, & non dans les autres ports ou rades de cette isle, il sera permis d'expédier pour lesdites isles dans les bureaux seulement du Fort-Royal & de Saint-Pierre: ne pourront aussi les bâtimens caboteurs à leur retour, ni même ceux expédiés desdites autres isles françoises, être admis dans aucun autre lieu que dans ceux des deux bureaux ci-dessus dits: défendons aux directeurs des autres bureaux de les recevoir ni expédier, à moins qu'ils ne soient porteurs d'une permission signée de nous, ou de notre subdélégué général; & seront lesdits bâtimens ainsi trouvés hors les lieux où sont établis les deux bureaux ci-dessus dits, confisqués avec les marchandises dont ils se trouveront être chargés, & les capitaines ou autres qui les commandent, condamnés à l'amende de 500 liv.

VIII. Tout bâtiment qui se dira expédié de Sainte-Lucie, de la Guadeloupe ou de Marie-Galante, sans être porteur d'expéditions prises au Bureau du domaine du lieu d'où il prétendra être parti, sera réputé de droit naviguer en interlope, & seront ledit bâtiment & les marchandises sujets à la confiscation, sauf à procéder contre le capitaine & les équipages, par la voie ordinaire, si lieu y a, pour raison du commerce étranger.

IX. Déclarons encore sujet à l'amende de 500 liv., & à la confiscation du bâtiment & des marchandises, tout capitaine ou maître qui après avoir fait sa déclaration au domaine, se trouvera avoir dépassé le lieu pour lequel il avoit été expédié, & ce conformément à l'article II du titre second de l'ordonnance de 1687. Seront pareillement condamnés aux mêmes peines, ceux qui ayant été expédiés dans un de nos bureaux, pour quelque port & rade de cette isle, seroient arrêtés faisant route pour Sainte-Lucie, ou faisant toute autre route que celle requise pour sa destination connue par sa déclaration.

X. Le port de Sainte-Lucie étant un port franc où tous les vaisseaux étrangers sont admis, & l'isle de Sainte-Lucie ne pouvant, quant à présent, produire des objets d'un commerce respectif bien considérable entr'elle & la Martinique, nous déclarons que ceux qui n'ayant point pris une expédition du domaine, seroient trouvés allant à Ste. Lucie, ou à leur retour convaincus d'y avoir été, seront poursuivis comme pour raison de commerce étranger : ordonnons en outre que ceux dont les expéditions seroient en régle, mais qui seroient trouvés portant à Ste. Lucie des denrées du cru de la Martinique, autre que le taffia, ou rapportant de Ste. Lucie des marchandises seches, quand même elles seroient réputées françoises, seront pareillement poursuivis comme faisant le commerce avec l'étranger ; déclarant que le commerce d'exportation de la Martinique à Ste. Lucie, ne peut & ne doit être que du taffia, des vivres & des marchandises de france, & celui d'importation de Ste. Lucie à la Martinique, des denrées que Ste. Lucie peut tirer de son propre fonds, comme caffé, cotton, ris, manioc, légumes secs & verds, bestiaux, volailles, bois de toute espece ; toute autre sorte de marchandises devant être réputée provenir de son commerce avec l'étranger, & par conséquent être marchandises étrangeres & prohibées pour la Martinique.

XI. Nul bâtiment, soit de long cours, soit de cabotage, de quelque espece qu'il soit, à la réserve des canots passagers, ne pourra appareiller de nuit, encore qu'il ait eu ses expéditions du domaine ; & seront les contrevenans au présent article, condamnés à une amende de mille liv.

XII. Les canots passagers chargés de sucre, de caffé, ou autres denrées de la colonie, ainsi que ceux chargés de vivres, seront tenus de faire leur déclaration au domaine, à leur départ & à leur arrivée, en cas qu'il y ait un bureau de domaine dans le lieu d'où ils partiront, ou pour lequel ils auront été expédiés.

XIII. Seront au surplus exécutés selon leur forme & teneur, les lettres patentes du mois d'octobre 1727, concernant le commerce étranger ; en conséquence, tout bâtiment étranger navigeant à une lieu de cette isle, sera sujet à confiscation ; & il en sera de même de tous les effets qui seront trouvés à terre venant de l'étranger, ou de tous bâtimens étrangers qui seroient trouvés mouillés dans les ports ou rades de cette isle, hors les cas de relâche forcé, dont par eux sera justifié en la maniere ordinaire & prescrite par nos ordonnances.

Prions Messieurs du Conseil Supérieur, de faire enrégistrer les présentes par-tout où besoin sera.

Donné à la Martinique, sous le sceau de nos armes & le contreseing de notre secretaire ce 16 août 1763. *Signé*, De la RIVIERE, *Et plus bas*, par Monseigneur. *Signé*, PERDRIGEON.

ENREGISTRE'E au Conseil Souverain le 8 Mars 1765.

ARRÊT
DU CONSEIL SUPERIEUR, DE L'ISLE MARTINIQUE.
SUR les Huissiers de l'Amirauté.

Du 2 Janvier 1764.

EXTRAIT DES REGISTRES DU CONSEIL SUPERIEUR.

LA COUR...... ordonne que les Déclarations du Roi, & Arrêts du Conseil d'Etat, seront exécutés selon leur forme & teneur; en conséquence a maintenu & réintégré les supplians dans le droit & possession de faire seul tous les actes judiciaires de quelque sorte & nature qu'ils puissent être, qui sont du ministere des Huissiers au Siége de l'Amirauté de Saint-Pierre. Fait très-expresses inhibitions & défenses à tous huissiers & sergens de la Jurisdicton dud. Bourg, d'instrumenter à l'avenir pour ledit siege d'Amirauté, & d'y faire aucuns exploits de premiere demande, d'instructions de procédures, saisies & ventes d'effets, soit volontaires ou forcées sur les débiteurs domiciliés ni autres, saisies arrêts, commandemens, sommations, significations de jugemens, ni aucuns autres actes judiciaires du ministere des huissiers dud. Siége d'Amirauté, de quelque nature & sous quelque prétexte que ce puisse être généralement quelconque, à peine de nullité de ce qui pourroit être par eux fait, & de 500 liv. d'amende, qui sera & demeurera encourue contre chaque contrevenant, au profit de M. l'Amiral, sauf aux supplians à se pourvoir ainsi qu'ils aviseront, envers lesdits huissiers & sergens royaux, en rapport des vacations & émolumens par eux faits & perçus audit siege de l'Amirauté, depuis la notification du 16 novembre dernier, jusqu'au jour du présent arrêt, les défenses réservées au contraire, si aucunes y a.

Mandons au premier huissier ou sergent sur ce requis, mettre le présent arrêt à due & entiére exécution, & de faire pour raison de ce, tous actes, exploits, significations, sommations, commandemens & autres actes du justice requis & nécessaire. De ce faire lui donnons pouvoir & commission.

Fait en notre dite cour tenue au Fort-Royal, le deuxieme jour du mois de janvier, l'an de grace mil sept cent soixante-quatre, & de notre regne le quarante-neuvieme. *Signé*, BOURDIN.

ORDONNANCE

DE MM. LES GENERAL ET SUBDELEGUE' GENERAL:

CONCERNANT Les Charpentiers & Calfats de Navires.

Du 10 Juillet 1764.

IL eſt ordonné à tous charpentiers & calfats de navires, tant blancs que gens de couleur libres, demeurant dans la ville du Fort-Royal & dans le Bourg Saint-Pierre ou aux environs, de ſe préſenter dans la huitaine au bureau des claſſes de chacun de ces endroits où ils font leur réſidence, pour y être enrégiſtrés par leurs noms & ſurnoms, & y donner le lieu de leur demeure, ſous peine aux contrevenans, de quinze jours de priſon.

Ordonnons pareillement à toutes perſonnes de quelque qualité & condition qu'elles puiſſent être, qui ont des eſclaves ouvriers des métiers ci-deſſus, de les faire auſſi enrégiſtrer dans le même terme, ſous peine de cinquante livres d'amende.

Enjoignons aux officiers de port & aux commiſſaires de la marine, ou autres chargés du détail des claſſes, de tenir la main à l'exécution de la préſente ordonnance, qui ſera lue, publiée & affichée, afin que perſonne n'en ignore.

Donné au Fort-Royal, ſous le ſceau de nos armes & le contreſeing de nos ſecretaires, le 10 juillet 1764.

Signé, le Marquis de FENELON, & GUIGNARD. *Et plus bas*, par Monſeigneur. *Signé*, VAUCHELLE. Et plus bas, par mondit ſieur le Subdélégué général. *Signé*, MARLET.

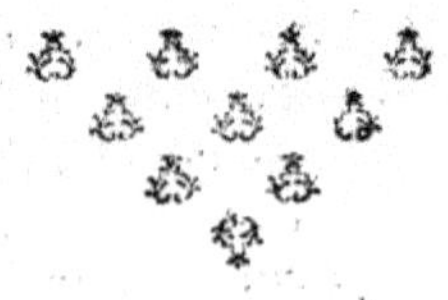

ORDONNANCE

DE MM. LES GENERAL ET INTENDANT,

CONCERNANT Les Parlementaires qui vont dans les isles voisines.

Du 13 Février 1765.

MONSIEUR l'Amiral Tyrrel, & M. Higginson, Gouverneur de l'isle de Saint-Vincent, nous ayant porté des plaintes réitérées contre l'abus que font de nos permissions, les bâtimens Parlementaires que nous expédions de ces colonies pour les isles Angloises, en y faisant un commerce illicite, & portant dans leur cale des canons & des munitions de guerre, pour être armés, & sur la défensive à tout événement, ce qui est contre le droit des gens & des nations; & en prêtant la main à des enlévemens de negres desdites isles Angloises.

Tout considéré, eu égard à l'illégitimité de pareilles manœuvres; & aux représentations de Monsieur Tyrrel & de M. Higginson, & voulant obvier à de pareils abus, Nous, en vertu du pouvoir à nous départi par Sa Majesté, avons déclaré & déclarons ce qui suit.

ARTICLE PREMIER.

Que dorénavant nous n'accorderons de permissions Parlementaires qu'avec caution.

II. Que nous ne les accorderons que pour un tems limité qui sera spécifié dans la permission; & qu'en conséquence nous écrirons à tous les Gouverneurs de Sa Majesté britannique, dans les isles angloises, pour les informer de la présente disposition, & les requérir de vouloir bien tenir la main à ce que les Parlementaires mettent à la voile à l'expiration du terme.

III. Qu'ils ne pourront mouiller que dans le principal port de chaque isle angloise; que par-tout ailleurs, nous les déclarons en contravention formelle, & dans le cas d'être traités en conséquence.

IV. Que tout maître Parlementaire qui sera pris & convaincu d'avoir à son bord des armes offensives ou défensives, sera non-seulement dans le cas d'être jugé pour la confiscation de son bâtiment, & des effets qu'il auroit à son bord, par les Amirautés de Sa Majesté britannique; mais nous requérons les Gouverneurs desdites isles, de les faire juger personnellement suivant les loix & coutumes de la couronne d'angleterre, comme nous en agirions de même dans les colonies de la domination du Roi, en pareil cas.

Donné à la Martinique, sous le sceau de nos armes & le contre-seing de nos secretaires, le 13 février 1765. *Signé*, le Marquis de FENELON, & le Président de PEINIER. *Et plus bas*, Par Monseigneur. *Signé*, VAUCHELLE. Et par Monseigneur. *Signé*, REY DE LAMORANDE.

ORDONNANCE

DE MM. LES GENERAL ET INTENDANT,

CONCERNANT La police à observer pour les navires marchands, & autres bâtimens mouillés dans le bassin du Fort-Royal.

Du 8 Juin 1765.

ETANT nécessaire d'établir l'ordre le plus exact pour l'entretien & conservation du bassin de la ville du Fort-Royal, & pour la sûreté des navires & autres bâtimens de mer qui y séjournent: Nous, en vertu du pouvoir à nous desparti par Sa Majesté, avons statué & ordonné, statuons & ordonnons ce qui suit:

ARTICLE PREMIER.

Tous capitaines de navires & autres bâtimens allant au Fort-Royal, seront tenus avant d'entrer dans le bassin, de débarquer leur poudre, flacons de feu, grenades, gargousses, & autres matieres semblables.

II. Les capitaines & maîtres des bâtimens entrant dans ledit bassin pour y mouiller, seront tenus de mettre leur navires en haie dans la place qui leur sera indiquée par le capitaine ou officier de port, & de les y amarrer, conformément à l'article III de la consigne générale du 20 octobre 1763, donnée par MM. le Marquis de Fenelon & de la Riviere, lors général & intendant: ils ne pourront, sous aucun prétexte, rien changer dans la position de leurs navires, sans permission dudit officier de port, le tout à peine de 100 liv. d'amende applicable à l'entretien du port.

III. Les cables desdits navires seront bien garnis & embossés; & la visite s'en fera au moins une fois la semaine, par l'officier de port.

IV. Il restera à bord de chaque navire, au moins le nombre d'hommes nécessaire pour armer la chaloupe; il y sera aussi gardé une quantité de séaux suffisante pour servir au besoin; le tout à peine de 100 liv. d'amende, applicable comme dessus.

V. On ne pourra pomper à bord des navires que le matin, depuis quatre heures jusqu'à cinq, jamais plus tard, à peine de 200 liv. d'amende pour chacune contravention, applicable comme dit est, indépendamment de la peine des arrêts que subira l'officier de service dans le navire.

VI. Faisons très-expresses inhibitions & défenses de jetter dans le bassin aucunes immondices: seront tenus lesdits capitaines & maîtres, d'y tenir exactement la main, & de faire porter tout ce qu'ils voudront jetter hors des navires, dans les lieux qui leur seront indiqués par l'officier de port, le tout à peine de 100 liv. d'amende applicable comme dessus.

Pareilles défenses sont faites, & sous les mêmes peines, à toutes personnes domiciliées ou résidentes dans la ville.

VII. Ne pourront lesdits capitaines & maîtres, lester ni délester leurs navires, sans la permission de l'officier de port, & sans qu'il y ait un des officiers mariniers présent, pour veiller à ce qu'il ne tombe point de lest dans le bassin; le tout à peine de 300 liv. d'amende applicable comme dit est.

Se conformeront au surplus lesdits capitaines & maîtres, pour le déchargement de leur lest, à l'article V de ladite consigne générale, donnée par MM. le Marquis de Fenelon, & de la Riviere, lors Général & intendant, sous les peines y exprimées, n'entendant y déroger par ces présentes.

VIII. Défendons auxdits capitaines & maîtres de bâtimens de mer, de ne commencer à faire leur chargement, qu'après avoir fait visiter leurs navires par les officiers de l'Amirauté; & seront tenus de rapporter à l'officier de port, le certificat en forme de ladite visite, à peine de 300 liv. d'amende applicable comme dessus.

IX. Il y aura dans chaque navire en sus des amarres à la mer, un ancre avec un cable & quelques amarres à la main toutes parées, à portée de servir au besoin.

X. Les précautions contre les accidens du feu, ne pouvant être prises trop exactement, faisons expresses défenses auxdits capitaines & maîtres des navires qui se trouveront au premier rang, amarrés à la savanne du Fort-Royal, de faire aucun feu à bord, mais seulement à terre, à peine de 100 liv. d'amende pour chaque contravention, applicable comme dessus.

Pourra cependant l'officier de service ou de garde à bord, tenir une lumiere dans un fanal, depuis l'entrée de la nuit, jusqu'à neuf heures du soir.

XI. Les capitaines & maîtres des navires qui seront amarrés au Fort, pourront faire à bord leur cuisine; leur défendons d'y faire chauffer le brai. Enjoignons à l'officier qui sera de service dans chaque navire, d'y faire éteindre le feu de la cuisine, à huit heures précises

cises du soir, & toutes les lumieres à neuf, le tout à peine de 100 liv. d'amende pour chaque contravention, applicable comme dessus.

XII. Ne pourront les capitaines desdits navires, ou ceux qui y commanderont en leur absence, permettre qu'aucun officier marinier ni matelot couche à terre ; s'il se trouve quelqu'un de l'équipage de leurs navires dans ce cas, lesdits capitaines ou commandans seront tenus de le dénoncer sur le champ à bord du navire commandant.

XIII. Enjoignons à tous officiers mariniers & matelots de se retirer à bord de leurs navires, au plus tard à huit heures du soir, à peine d'être mis aux fers pour la premiere fois, & d'être plus rigoureusement punis en cas de récidive.

XIV. Tous capitaines ou autres officiers commandans les navires, auront attention de faire retirer chaque soir leurs chaloupes & canots à leur bord, au plus tard à dix heures précises ; & s'il en est trouvé à terre passé ladite heure, ils seront retenus jusqu'à ce qu'il ait été payé une amende de soixante livres applicable comme dessus.

Pourront cependant lesdits canots & chaloupes, aller à terre en tout tems, sans encourir d'amende, dans le cas où l'on seroit forcé de tirer de terre des secours spirituels ou temporels, en observant toutefois d'avertir à bord du navire commandant avant d'aller à terre.

XV. Ne pourront aucuns navires sortir du bassin, sans la permission de l'officier de port, à peine de 300 liv. d'amende, applicable comme dit est.

Sera au surplus ladite consigne générale, du 20 octobre 1763, exécutée selon sa forme & teneur, en tout ce qui n'est point contraire aux dispositions des présentes.

Ordonnons à tous commandans de place, commissaires de la marine & officiers de port dans ladite ville du Fort-Royal, de tenir la main à l'exécution des présentes.

Mandons aux officiers de l'Amirauté de les enrégistrer, faire lire, publier & afficher par-tout où besoin sera, à ce que personne n'en ignore.

Donné à la Martinique, sous le sceau de nos armes & le contreseing de nos secretaires, le 8 juin 1765. *Signé* D'ENNERY, & le Président de PEINIER. *Et plus bas ;* par Monsieur le Général. *Signé*, BEZOMBES, & par Monsieur l'Intendant. *Signé*, REY DE LAMORANDE.

ARRÊT

EN REGLEMENT, ET TARIF,

CONCERNANT Les Canots passagers.

Du 5 Juillet 1765.

EXTRAIT DES REGISTRES DU CONSEIL SUPERIEUR.

SUR la remontrance faite en la Cour par le procureur général du Roi, que depuis quelque-tems il s'est introduit un arbitraire dans le paiement du fret des canots passagers, extrêmement préjudiciable, non-seulement aux habitans de cette colonie, mais même à son commerce, en sorte que les patrons desdits canots rançonnent tous les particuliers qui ont besoin de leurs voitures, & ne les louent qu'à ceux qui leur en offrent un plus grand prix; que cet abus vient de ce que quelques propriétaires de canots font des abonnemens avec leurs patrons pour une certaine somme par semaine, & par-là mettent leurs patrons dans la nécessité de vexer le public, pour pouvoir satisfaire, tant à cet abonnement, que pour se conserver dans un état d'indépendance toujours contraire au bon ordre.

La Cour, faisant droit sur la remontrance du procureur général, & pour remédier à de pareils abus, a trouvé indispensable de faire un réglement qui régle la police des canots passagers, & en fixe invariablement le fret.

ARTICLE PREMIER.

La Cour ordonne que dans la quinzaine de la publication du présent réglement, tous propriétaires de canots passagers, seront tenus de faire enrégistrer au greffe de l'Amirauté de leur jurisdiction, le numéro & la lettre initiale du nom desdits propriétaires, qu'ils seront tenus de faire imprimer sur la proue & gouvernail desdits canots, sous peine d'y être contraints à la diligence des Procureurs du Roi desdites Amirautés, & de 50 liv. d'amende applicable aux réparations du palais.

II. Il sera établi à Saint-Pierre & au Fort-Royal, deux bureaux au bord de la mer, tenus par les commis à la police, & un seulement dans les autres endroits de l'isle où navigent les canots passagers, auxquels bureaux les patrons de canots seront tenus, sitôt leur arrivée, de porter leurs gouvernails, sous peine de deux heures de carcan contre les patrons contrevenans, & de plus forte peine en cas de récidive.

III. Il sera tenu un registre au bureau, des numéros des canots, suivant l'ordre, de leur arrivée & l'heure, afin que lorsque quelques particuliers auront besoin d'un canot, il leur soit délivré par le buraliste, suivant l'ancienneté de leur arrivée, sans cependant gêner le choix du freteur; de tout quoi sera délivré expédition, contenant l'heure que le canot aura été freté, & le nom du freteur: pour l'expédition, il sera payé par le freteur 7 sols 6 deniers.

IV. Lorsque le gouvernement aura besoin de canots passagers, il en aura la préférence, quoique lesdits canots soient fretés, & les expéditions seront délivrées gratis.

V. Fait défenses à tous propriétaires de canots passagers, de faire des abonnemens avec leurs patrons, comme par le passé, sous peine de 500 liv. d'amende, au profit de la caisse de la colonie.

VI. Ne pourront lesdits propriétaires, faire naviger leurs canots, avec moins de quatre nages, à peine d'être déchus du fret.

TARIF.

Du Fort-Royal à St. Pierre & au Carbet.

Pour les canots armés de six nages, 13 l. 10 s.
Pour ceux armés de cinq, ... 11 l.
Pour ceux armés de quatre, . . . 9 l.

Du Fort-Royal au Fond-Capot & à la Case-Pilote.

Pour les canots armés de six nages, 10 l.
Pour ceux armés de cinq, ... 8 l.
Pour ceux armés de quatre, . . . 6 l.

Du Fort-Royal à la Case des Navires. & environs.

Pour les canots armés de six nages, 7 l. 10 s.
Pour ceux armés de cinq, ... 6 l.
Pour ceux armés de quatre, . . . 5 l.

Du Fort-Royal au Lamentin.

Pour les canots armés de six nages, 8 l.
Pour ceux armés de cinq, ... 7 l.
Pour ceux armés de quatre, . . . 6 l.

Du Fort-Royal au Trou-au-Chat, & Riviere-Salée.

Pour les canots armés de six nages, 9 l.
Pour ceux armés de cinq, ... 7 l. 10 s.
Pour ceux armés de quatre, . . . 6 l.

Du Fort-Royal aux Trois-Islets & environs.

Pour les canots armés de six nages, 8 l.
Pour ceux armés de cinq, ... 7 l.
Pour ceux armés de quatre, . . . 6 l.

De St. Pierre au Prêcheur.

Pour les canots armés de six nages, 9 l.
Pour ceux armés de cinq, ... 7 l. 10 s.
Pour ceux armés de quatre, . . . 6 l.

Du Fort-Royal aux Ances d'Arlets.

Pour les canots armés de six nages, 13 l.
Pour ceux armés de cinq, ... 11 l.
Pour ceux armés de quatre, . . . 9 l.

Du Lamentin, du Trou-au-Chat, de la Riviere-Salée, des Trois-Islets, & environs, à Saint-Pierre en droiture.

Pour les canots armés de six nages, 18 l.
Pour ceux armés de cinq, ... 16 l.
Pour ceux armés de quatre, . . . 15 l.

Les canots loués pour la journée, 20 l.
Pour ceux armés de cinq nages, . . 18 l.
Pour ceux armés de quatre nages, 16 l.

Si les freteurs retardent les canots plus de trois heures, après les avoir demandés au bureau, ils seront tenus de payer 20 s. par heure de retardement en sus du fret.

Le fret des barriques de sucre & autres denrées & marchandises, continuera d'être payé comme par le passé.

La Cour ordonne que le présent réglement sera enrégistré, imprimé, lû, publié & affiché par-tout où besoin sera, à la diligence du Procureur général ou de ses substituts, & que copie en sera envoyée au siege des Amirautés du ressort, pour y être pareillement enrégistrée.

Fait au Conseil Souverain de la Martinique, le cinquieme juillet mil sept cent soixante-cinq. *Signé*, GOURAUD, fils.

ARRÊT

EN REGLEMENT DU CONSEIL SUPERIEUR,

CONCERNANT Les Canots passagers de cette Isle.

Du 9 Janvier 1766.

SUR le rapport fait en la cour, par Me. Laurent, Conseiller, d'un écrit à elle adressé par les propriétaires des canots de cette isle, contenant leurs très-humbles représentations sur l'arrêt en réglement & tarif, en date du 5 juillet dernier, concernant lesdits canots passagers; au bas duquel écrit, est l'ordonnance de la Cour du 3 septembre dernier, de soit communiqué au Procureur général du Roi; son requisitoire ensuite du 2 novembre suivant; l'arrêt de la Cour du 11 dudit mois, portant que ledit écrit seroit remis entre les mains dudit Me. Laurent, pour en faire son rapport, lors au premier jour, & sur icelui être statué ce qu'il appartiendroit. La matiere mise en délibération.

La Cour, oui Me. Laurent, Conseiller, en son rapport, faisant droit sur les conclusions dudit Procureur général du Roi, & ayant aucunement égard aux représentations qui ont été faites par les propriétaires des canots passagers, a sursis à l'établissement des bureaux ordonnés par les articles II & III de l'arrêt du 5 juillet dernier, sauf à y revenir au cas que les propriétaires des canots, ne tiennent pas exactement la main à ce que leurs patrons ne se refusent pas à ceux qui se présenteront pour les freter; ordonne à ce moyen, que le surplus dudit arrêt sera exécuté selon sa forme & teneur.

Et cependant ordonne que les patrons qui se refuseront aux freteurs, ou qui exigeront plus que le prix fixé par ledit arrêt, seront condamnés en deux heures de carcan, par les juges des lieux, sur la seule plainte fondée qui leur en sera portée, & sur la simple ordonnance desdits Juges.

Ordonne que le présent arrêt sera imprimé, lu, publié & affiché par-tout où besoin sera, à ce que personne n'en prétende cause d'ignorance, & copies envoyées au greffe des Amirautés de cette isle, pour y être enrégistrées, & ce, à la diligence dudit procureur gé-

néral

néral du Roi, qui en certifiera la Cour à la prochaine séance.

Fait au Conseil Souverain de la Martinique, le neuf janvier 1766. *Signé*, Gouraud, fils.

ORDONNANCE

DE MM. LES GENERAL ET INTENDANT,

QUI oblige tous Capitaines & Patrons de Vaisseaux, Bâtimens, Goelettes & Bâteaux de la Martinique & Sainte-Lucie, à porter un Pavillon distinctif qui fixe celui de ces deux Colonies.

Du 4 Août 1766.

TOUTES les places du Royaume, & la Colonie de Saint-Domingue ayant un pavillon distinctif & particulier pour chacune d'elles, afin qu'on puisse reconnoître de loin, de quels ports, ou pais sont les bâtimens qui paroissent, lorsqu'ils veulent entrer dans quelques ports ou rades des colonies françoises, ou du Royaume, ou lorsqu'ils approchent des côtes, il nous a paru nécessaire d'en indiquer un pour les colonies de la Martinique & Sainte-Lucie, qui sera ci-après désigné.

Nous, en vertu du pouvoir qui nous est confié par Sa Majesté, avons statué & ordonné, statuons & ordonnons ce qui suit.

ARTICLE PREMIER.

Tous propriétaires de vaisseaux, bâtimens, goelettes & bâteaux, dépendans du Gouvernement de la Martinique & de Ste. Lucie, feront pourvoir leurs bâtimens d'un pavillon bleu, avec une croix blanche qui partagera ledit pavillon en quatre; dans chaque quarré bleu, & au milieu du quarré, il y aura la figure d'un serpent en blanc, de façon qu'il y aura quatre serpens blancs dans ledit pavillon, qui sera reconnu dorénavant pour celui de la Martinique & Ste. Lucie.

II. Lorsque les capitaines ou patrons voudront entrer dans les ports, rades, & aborder les côtes de ce gouvernement, de quelqu'autre colonie françoise, ou du Royaume de france, ils auront soin de faire metre le pavillon désigné ci-dessus, afin qu'on les reconnoisse pour être des bâtimens de la Martinique & de Ste. Lucie, & ils le porteront ainsi que les capitaines des autres ports du Royaume, portent le leur.

III. Tous propriétaires d'un bâtiment, qui trois mois après la publication de la présente ordonnance, ne l'aura pas pourvu du pavillon prescrit ci dessus, sera condamné à une amende de 300 liv., applicable aux réparations du port du Fort-Royal.

IV. Tout capitaine ou patron qui ne se conformera pas à la présente ordonnance, & ne portera pas le pavillon distinctif des deux colonies, lorsqu'il en approchera des côtes, sera puni d'une amende de 100 liv. applicable comme dessus.

Mandons aux Amirautés de ce Gouvernement, d'enrégistrer la présente ordonnance, & aux Procureurs du Roi desdites jurisdictions, de tenir la main à son exécution.

Donnée à la Martinique, sous le sceau de nos armes, & le contre-seing de nos secretaires, le 4 août *1766. Signé*, D'ENNERY & le président de PEINIER. *Et plus bas*, par Monsieur le Général. *Signé*, VIARD. & par Monsieur l'Intendant. *Signé*, BORDIE'.

ORDONNANCE

DE MM. LES GENERAL ET INTENDANT,

CONCERNANT L'Hivernage.

Du 4 Juin *1767.*

ETANT nécessaire de pourvoir à la sûreté du commerce, & de prévenir les accidens qui pourroient arriver pendant la saison de l'hivernage, dans la rade du Fort Saint-Pierre de l'isle Martinique, ordonnons que du dix du mois de juillet prochain inclusivement, il ne restera dans ladite rade aucun des vaisseaux, senaus, brigantins, bâteaux ou goelettes qui y sont actuellement mouillés, ni même aucun de ceux qui pourroient y arriver encore avant ou après ledit jour dix du mois de juillet, & ce jusqu'au dix-sept octobre prochain, & qu'ils se retireront dans le bassin du Fort-Royal, le tout à peine contre les capitaines, de punition exemplaire, & de répondre en leur propre & privé nom, de tous dommages & avaries qui pourroient en résulter : seront en outre les capitaines qui se trouveroient dans le cas de désobéissance, détenus en prison tant que nous le jugerons convenable, & sera par nous commis d'autres capitaines pour conduire leurs bâtimens dans le bassin du Fort-Royal : prévenons de plus tous les caboteurs & tous propriétaires de bâteaux, que si pendant ladite saison de l'hivernage ils venoient à perdre leurs bâteaux dans la rade de St. Pierre, par quelque coup de vent ou ras-de-marée, il leur sera refusé toute permission d'acheter des bâteaux aux isles étrangeres, quelques soient les raisons & motifs qu'ils pourroient alléguer. Recommandons à M. de Baſſignac, commandant à Saint-Pierre, & en ſon abſence à l'officier commandant audit Bourg, de tenir la main à l'exécution de la préſente ordonnance, laquelle ſera lue, publiée, affichée & enrégiſtrée par-tout où beſoin ſera, à la diligence des procureurs du Roi de l'Amirauté, tant de la ville du Fort-Royal, que du Bourg Saint-Pierre, lequel en donnera communication au ſieur Caſtel, lieutenant de port à Saint Pierre, à l'effet de la faire exécuter ſelon ſa forme & teneur.

Donné à la Martinique, ſous le ſceau de nos armes, & le contre-ſeing de nos ſecretaires, le 4 juin mil ſept cent ſoixante-ſept. *Signé*, D'ENNERY, & le Préſident de PEINIER. *Et plus bas*, Par Monſieur le Général. *Signé*, VIARD. Et par Monſieur l'Intendant. *Signé*, BORDIE'.

ARRÊT

EN REGLEMENT DU CONSEIL SOUVERAIN

DE L'ISLE MARTINIQUE.

PORTANT défenſe d'embarquer des negres pour outre mer, ſans permiſſion du Gouvernement.

Du 10 Juillet 1767.

EXTRAIT DES REGISTRES DU CONSEIL SUPERIEUR.

LA Cour, &c. faiſant droit ſur le requiſitoire du Procureur général du Roi, fait défenſes à toutes perſonnes de quelques qualités & conditions qu'elles puiſſent être, d'embarquer leurs negres pour outre mer ſans en avoir obtenu la permiſſion du gouvernement, à peine de cinq cens livres d'amende par chaque tête de negres qu'ils auront embarqués, laquelle amende ſera applicable aux réparations du palais royal de cette ville.

Fait pareilles défenſes à tous maîtres de bâteaux, goelettes & barques, d'embarquer leſdits eſclaves ſans permiſſion du Gouvernement, même du conſentement de leurs maîtres, à peine contre leſdits maîtres de bâteaux, goelettes ou barques, de cinq cens liv. d'amende par chaque tête de negres, applicables auſſi aux réparations du palais.

Ordonne que le préſent arrêt ſera imprimé, lû, publié & affiché dans toutes les paroiſſes de cette iſle, & enrégiſtré aux juriſdictions du reſſort de la Cour, à la diligence du Procureur général du Roi ou de ſes ſubſtituts, qui en certifieront la Cour à la prochaine ſéance.

Fait audit Conseil Souverain de la Martinique, les jour & an que dessus. *Signé*, GOURAUD, fils.

ARRÊT
DU CONSEIL D'ETAT
DU ROI,

QUI ordonne l'établissement de deux Entrepôts, l'un au Port du Carénage, dans l'isle de Sainte-Lucie, & l'autre au Môle Saint-Nicolas, dans l'isle de Saint-Domingue; & qui permet aux Etrangers d'y introduire & d'en exporter certaines denrées & marchandises.

Du 29 Juillet 1767.

EXTRAIT DES REGISTRES DU CONSEIL D'ETAT.

SUR ce qui a été représenté au Roi, que les isles & Colonies Françoises formoient la branche la plus importante du commerce du royaume, mais qu'elles n'étoient véritablement utiles que par la prohibition du commerce & de la navigation des Etrangers dans lesdites isles & colonies; que cette prohibition, consacrée par les Lettres Patentes de 1727, n'avoit jamais pu souffrir d'exceptions que par le malheur des circonstances; que ces exceptions elles-mêmes avoient d'autant plus fait sentir la nécessité de revenir promptement à cette loi premiere & constitutive des établissemens françois en Amérique, & qu'ainsi il étoit de la justice de Sa Majesté & de son attention à ce qui intéresse la prospérité de son état, de faire exécuter ponctuellement cette loi dans l'étendue des isles & colonies françoises; que néanmoins il étoit devenu indispensable de procurer à ces colonies les moyens d'avoir quelques marchandises de premiere nécessité que le commerce de france ne leur fournit pas, & de déboucher plusieurs denrées inutiles à ce même commerce; que l'établissement de deux ports où les étrangers seroient admis, en prenant les précautions convenables, pourroient, en remplissant l'un & l'autre objet, augmenter encore la consommation des denrées & marchandises de france. A quoi Sa Majesté desirant pourvoir: Oui le rapport; Le Roi, étant en son Conseil, a ordonné & ordonne ce qui suit.

ARTICLE PREMIER.

Les Ordonnances, Edits, Déclarations, Arrêts & Réglemens ci-devant intervenus sur le commerce & la navigation des étrangers dans

dans les isles & colonies françoises, seront exécutés selon leur forme & teneur; en conséquence, tout commerce & toute navigation des étrangers seront & demeureront prohibés dans les isles & colonies françoises en Amérique, sous les peines y portées.

II. Permet néanmoins Sa Majesté aux navires étrangers uniquement chargés de bois de toute espece, même du bois de teinture, d'animaux & bestiaux vivans de toute nature, de cuirs verts, en poil ou tannés, de pelleteries, de raisines & goudron, d'aller aux isles du vent dans le seul port du Carénage, situé dans l'isle de Sainte-Lucie; & aux isles sous le vent, dans le seul port du Môle de Saint-Nicolas, situé dans l'isle de Saint-Domingue, d'y décharger & commercer lesdites marchandises, en payant, à leur arrivée dans lesdits ports, un pour cent de leur valeur.

III. Permet aussi Sa Majesté auxdits navires étrangers qui viendront, soit uniquement chargés de marchandises permises par l'article précédent, soit à vuide dans lesdits deux ports du Carénage & du Môle Saint-Nicolas, de charger dans lesdits ports pour l'Etranger, uniquement des sirops & taffias, & des marchandises apportées d'Europe, en payant pareillement à la sortie desdits ports, un pour cent de la valeur desdits sirops & taffias, & des marchandises d'Europe.

IV. Les capitaines des navires étrangers qui viendront dans lesdits deux ports, seront tenus, sous peine de confiscation desdits navires & de leur cargaison, & de trois cens livres d'amende, d'avertir dans l'instant de leur arrivée, & de faire au bureau de Sa Majesté, dans les vingt-quatre heures de ladite arrivée, une déclaration exacte, par qualité & quantité des marchandises de leur chargement, & de représenter leurs connoissemens & chartes parties. A l'arrivée desdits navires, il sera sur le champ envoyé au moins deux commis à bord, soit pour en faire la visite, soit pour empêcher qu'il n'en soit rien déchargé sans un congé ou permis par écrit dudit bureau; comme aussi les navires qui partiront desdits deux ports, ne pourront faire aucun chargement sans une pareille déclaration, sans un semblable permis & sans la présence au moins de deux commis, qui signeront lesdits permis, soit pour charger, soit pour décharger, afin de certifier de l'embarquement ou du débarquement.

V. Si lors de la visite faite avant, pendant ou après le chargement ou déchargement, il se trouvoit sur les navires étrangers venant dans lesdits deux ports, d'autres marchandises que celles permises par l'article II, & sur lesdits navires partant desdits ports, d'autres marchandises que celles permises par l'article III, veut Sa Majesté, qu'il soit procédé à la saisie des navires & des marchandises de leur chargement par les officiers de l'Amirauté, & que la confiscation du tout soit prononcée avec amende de trois cens livres.

VI. Les navires français qui partiront des ports de france pour aller dans lesdits deux ports du Carénage & du Môle Saint-Nicolas, pourront y porter toutes marchandises quelconques prises en france, lesquelles ne seront point sujettes au droit d'un pour cent, ordonné par l'article II.

VII. Les navires françois qui, du port du Carénage dans l'isle de Sainte-Lucie, feroient directement leur retour dans les ports de france, pourront y charger, tant les marchandises permises par l'article II, que toutes sortes de marchandises du cru des colonies, sans payer ledit droit de sortie; mais afin d'assurer leur arrivée en france, dans un des ports permis pour le commerce des isles & colonies françoises, ils seront expédiés par acquit à caution, lequel contiendra toutes les marchandises du chargement, pour en être les droits du domaine d'occident, payés à leur arrivée en france, en la maniere accoutumée.

VIII. Ledit acquit à caution sera déchargé en la maniere accoutumée, lors de l'arrivée dudit navire dans le port de france; & faute de rapporter ledit acquit à caution déchargé dans les délais portés par icelui, la caution sera poursuivie solidairement avec l'Armateur du navire, & les marchandises de son chargement seront saisies avec amende de trois cens livres, sauf leur recours contre le capitaine.

IX. Les navires françois qui voudront aller des isles & colonies françoises dans lesdits ports du Carénage & du Môle Saint-Nicolas, ne pourront partir que d'un des ports desdites isles & colonies françoises où il y aura Amirauté & bureau de Sa Majesté; de même les navires françois qui auront chargé des marchandises dans lesdits ports du Carénage & du Môle Saint-Nicolas, ne pourront arriver aux isles & colonies françoises que dans les ports où il y aura Amirauté & bureau de Sa Majesté, à peine de dix mille liv. d'amende.

X. Les capitaines desdits navires qui viendront, soit des isles & colonies françoises dans lesdits deux ports, soit desdits deux ports dans les isles & colonies françoises, seront tenus, avant que d'arriver dans le port de leur destination, & à trois lieues au large, d'arborer une flamme ou marque distinctive, telle quelle sera indiquée par les Amirautés, afin qu'au moment de l'arrivée desdits navires dans le port, il puisse être envoyé à bord des commis par le bureau de Sa Majesté.

XI. Les navires françois qui partiront des isles & colonies françoises pour se rendre dans lesdits deux ports, ne pourront, sous les peines portées par l'article V, charger dans lesdites isles & colonies, que des sirops & taffias, & des marchandises exportées de france.

XII. Les navires françois qui partiront desdits deux ports pour se rendre dans les isles & colonies françoises, ne pourront, sous les mêmes peines, charger dans lesdits deux ports, que les seules marchandises permises par l'article II, qui sont les bois de toute espece, même de teinture, les animaux & bestiaux vivans de toute nature, les cuirs verts, en poil ou tannés, les pelleteries, les raisines & le goudron.

XIII. Les formalités prescrites par l'article IV, seront observées par les navires françois, à leur départ ou à leur arrivée, lors de leur chargement ou déchargement, tant dans les ports desdites isles & colonies françoises, que dans les deux ports du Carénage & du Môle Saint Nicolas.

XIV. Pendant tout le tems du chargement ou déchargement, les clefs des écoutilles seront remises au Bureau de Sa Majesté, pour tenir toutes lesdites écoutilles fermées tant que l'ouverture n'en sera pas nécessaire au chargement ou au dechargement. Après le chargement complet, & après la visite qui sera faite des navires, les officiers dudit bureau apposeront leur cachet sur lesdites écoutilles avec les précautions nécessaires, pour qu'il ne puisse être endommagé dans la route.

XV. Les Marchandises chargées aux isles & colonies françoises pour aller dans lesdits deux ports, ou dans lesdits deux ports pour lesdites isles & colonies françoises, seront expédiées par acquit à caution; sur cet acquit sera empreint le cachet dont lesdites écoutilles auront été scellées, pour assurer, par ledit acquit, l'arrivée & la vérification dudit scellé dans le port de la destination. A défaut du rapport dudit acquit déchargé dans le port de la destination, ou dans le cas de bris de scellés, la caution sera poursuivie & condamnée à une amende de dix mille livres, sauf la peine de confiscation de la valeur du navire & cargaison, & de trois cens liv. d'amende en cas de fraude prouvée.

XVI. Au cas que lors du départ ou de l'arrivée, il fût découvert de fausses écoutilles dans le navire, ou que par la visite qui sera faite dudit navire, il se trouvât des marchandises chargées sous voiles, ou d'autre espece que celles permises par les articles II & XII, les capitaines & armateurs desdits navires seront condamnés aux peines portées par l'article V.

XVII. Néanmoins si l'objet desdites marchandises prohibées ne montoit qu'au dixieme de la valeur de celles qui composeront le chargement entier dudit navire, il ne sera pas procédé à la saisie dudit navire & de son chargement; mais seulement à celles desdites marchandises prohibées, dont la confiscation sera prononcée avec amende de trois cens livres; & il n'y aura lieu à la saisie & confiscation du navire, & de la totalité de son chargement, qu'autant que la valeur des marchandises en fraude excédera le dixieme du prix de la totalité du chargement.

XVIII. Les navires françois, partis des ports de france pour la destination des isles & colonies françoises, & ceux revenans desdites isles & colonies françoises dans les ports de france, ne pourront aborder dans lesdits deux ports du Carénage & du Môle Sainc Nicolas; de même les navires françois qui auront chargé des marchandises dans lesdits deux ports, soit qu'ils soient destinés à revenir directement dans les ports de france, soit à faire leur retour à l'Etranger, ne pourront aborder dans aucun autre port desdites isles & colonies françoises; le tout sous les peines portées par l'article V.

XIX. Il ne pourra aborder dans lesdits deux ports du Carénage & du Môle Saint Nicolas, que des navires, soit françois, soit étrangers, du port de cent tonneaux & au-dessus; il ne pourra même aller desdits deux ports dans les isles & colonies françoises, que des navires françois du même port de cent tonneaux & au-dessus, le tout sous les mêmes peines.

XX. Sur le produit des amendes & confiscations, il en sera attribué le tiers au dénonciateur, & les deux autres tiers aux commis du bureau de Sa Majesté; & s'il n'y a point de dénonciateur, la totalité appartiendra aux commis dudit bureau.

XXI. Ordonne Sa Majesté que toutes les dispositions ci-dessus, seront exécutées selon leur forme & teneur, dérogeant à cet effet, à tout ce qui pourroit y être contraire: Enjoint Sa Majesté aux Gouverneurs, Commandans, Intendans, & aux Officiers des Amirautés auxdites isles & colonies françoises, de donner toute protection & assistance aux commis des bureaux du Roi, & de tenir exactement, chacun en ce qui les concerne, la main à l'exécution du présent arrêt, qui sera lû, publié & affiché par-tout où besoin sera. Fait au Conseil d'Etat du Roi, Sa Majesté y étant, tenu à Compiegne, le vingt-neuf juillet mil sept cent soixante-sept. *Signé*, Choiseul Duc de Praslin.

ENREGISTRÉ au Conseil Souverain le 4 Novembre 1766.

CODE

CODE DE LA *MARTINIQUE.*

SEPTIEME PARTIE.

DE LA JUSTICE.

LETTRES-PATENTES

PORTANT l'établissement du Conseil Supérieur de la Martinique.

Du 11 Octobre 1664.

LOUIS PAR LA GRACE DE DIEU, ROI DE FRANCE ET DE NAVARRE; A tous ceux qui ces présentes lettres verront, SALUT. Par notre Edit du mois de mai dernier ayant créé & établi une Compagnie pour faire le commerce des indes occidentales, & à icelle concédé plusieurs pays & terres en l'étendue desquels il est nécessaire d'établir des Conseils Souverains pour juger & terminer souverainement & en dernier ressort, les procès & différends, tant civils que criminels qui naissent journellement entre nos sujets habitans desdits pays, sur les appellations interjettées des sentences & jugemens des premiers Juges, & obvier à plusieurs abus & inconvéniens qui arriveroient, si les crimes demeuroient impunis; les créanciers, frustrés du paiement de leur dû, ne sachant à qui s'adresser pour demander justice en cas d'appel desdits premiers juges, la plupart aimant mieux abandonner leurs légitimes prétentions que de venir en france les poursuivre, ne le pouvant faire sans s'exposer aux risques de la mer, & se consommer en dépenses & frais extraordinaires; & d'autant que par ledit Edit les officiers desdits Conseils Souverains nous doivent être nommés & présentés par les directeurs généraux de ladite compagnie pour leur en être expédié sur ce nos lettres de provision ; lesdits directeurs nous auroient représenté qu'en attendant qu'il se présente des officiers de judicature de la suffisance & qualité requises pour l'établissement d'un seul Conseil Souverain pour toutes les isles de l'Amérique concédées à ladite Compagnie, il seroit nécessaire d'en établir un particulier en l'isle de la Martinique, composé du Gouverneur d'icelle, des officiers & des principaux habitans, ainsi qu'il a été fait ci-devant en faveur des seigneurs propriétaires desdites isles, afin de juger & terminer souverainement & en dernier ressort, les procès & différends mûs & à mouvoir sur lesdites appellations de ladite isle de la Martinique, & des petites isles & dépendances, corriger ou infirmer lesdites sentences ou les confirmer si besoin est, & maintenir nosdits sujets dans le devoir, par les voies de la justice ; lesdits directeurs généraux nous ayant sur ce supplié d'expédier nos lettres. A CES CAUSES, & desirant pourvoir au bien & soulagement de nos sujets habitans de ladite isle & ses dépendances, nous avons par ces présentes signées de notre main, établi & établissons en ladite isle de la Martinique, un Conseil Supérieur composé du Gouverneur d'icelle qui a été, ou qui sera par nous pourvu sur la nomination desdits directeurs, & des officiers que ces directeurs trouveront à propos d'y faire entrer, & auxquels ils donneront leur commission expresse pour, avec le nombre de gradués requis par nos ordonnances, si tant y en a dans ladite isle, & au défaut de gradués des principaux habitans d'icelle jusqu'au nombre de six, juger souverainement & en dernier ressort, tous les procès & différends, tant civils que criminels mûs & à mouvoir entre nosdits sujets habitans de ladite isle de la Martinique, & de celles qui en dépendent, & les appellations qui auront été interjettés des sentences & jugemens des Juges seigneuriaux desdites isles, & ce sans aucuns frais ; voulant qu'après la publication & enrégistrement des présentes, le Gouverneur de ladite isle de la Martinique, avec ceux qui le voudront assister à l'administration de la justice souveraine, s'assemblent à certains jours & heure, au lieu qui sera par eux avisé le plus commode, au moins une fois le mois, sans qu'il soit besoin de prendre autre procureur pour nous audit Conseil, que celui de la justice ordinaire, ni d'autre greffier que celui de la même justice, lequel sera tenu de tenir regiftre separé de ce qui se traitera devant le premier Juge & devant ledit Conseil Supérieur ; le tout jusqu'à ce qu'il ait été pourvu aux charges de ladite justice souveraine, & qu'autrement en ait été par nous ordonné, nonobstant tous Edits, Ordonnances, Réglemens & autres choses à ce contraires : Si donnons en mandement, au Gouverneur de ladite isle de la Martinique, qu'~~après qu'il~~ lui sera apparu de bonne vie, mœurs, conversation & R. C. A. R. de ceux qui devront composer avec lui ledit Conseil Supérieur & qu'il aura d'eux pris & reçu le serment en tel cas requis & accoutumés, il les mette & institue dans les fonctions de leur charge, les faisant reconnoître obéir & entendre à tous ceux qu'il appartiendra. Car tel est notre plaisir &c.

ENREGISTRÉES au Conseil Souverain le 19 Octobre 1664.

LETTRES PATENTES

PORTANT confirmation de l'établissement du Conseil Supérieur de la Martinique.

Du premier Avril 1674.

LOUIS PAR LA GRACE DE DIEU, ROI DE FRANCE ET DE NAVARRE; A tous ceux qui ces présentes Lettres verront, SALUT. Ayant révoqué par notre Edit du mois de décembre mil six cent soixante & quatorze, la compagnie des indes occidentales; & en conséquence en ayant repris l'entiere possession, nous avons estimé important au bien de notre service, & au soulagement de nos sujets habitans dudit pays, de pourvoir aux charges de Conseillers au Conseil supérieur que nous avons établi en l'isle de la Martinique & ses dépendances, par notre déclaration du 11 octobre 1664; laquelle nous étant fait représenter, ensemble notre Edit de révocation de la Compagnie, nous avons estimé à propos de déclarer nos intentions tant sur l'établissement dudit Conseil, que sur le nombre, qualité & fonction des officiers qui le composeront à l'avenir, & qui seront par nous pourvus. A CES CAUSES, & autres considérations à ce nous mouvans, nous avons, de l'avis de notre conseil, & de notre certaine science, pleine puissance & autorité royale, confirmé, & par ces présentes signées de notre main, confirmons l'établissement de notre Conseil Supérieur par nosdites Lettres du 11 octobre 1664, que nous voulons être exécutées selon leur forme & teneur, en ce qui ne sera point dérogé par ces présentes; & en conséquence nous avons déclaré & déclarons, voulons & nous plaît que ledit Conseil soit toujours composé du Gouverneur & Lieutenant général, de l'Intendant de justice, police & Finance audit pays, du Gouveneur particulier & Lieutenant pour nous en ladite isle, & de six Conseillers audit Conseil dont nous avons pourvus nos chers & bien amés Louis de Cacqueray de Valmeniere, François Picquet de la Calle, Edmond Dugas & Jean Roy, lesquels auront séance & tiendront rang suivant l'ordre auquel ils sont ci-dessus nommés; de Gabriel Turpin, Juge de la Jurisdiction ordinaire qui entrera audit Conseil, & aura voix délibérative pour les affaires extraordinaires, & dont il n'y aura point appel de ses jugemens; d'Alexandre l'Homme, Procureur Général en ladite isle, & Jean Gervais de Salvert, Greffier, auxquelles charges, vacations avenantes, nous pourvoirons à l'avenir de plein droit: Voulons que le Gouverneur & Lieutenant général pour nous auxdites isles, préside audit Conseil, & en son absence, l'Intendant de la Justice, Police & Finance en icelle, lequel, en présence ou absence dudit Gouverneur & Lieutenant général pour nous, demandera les avis, recueillira les voix, & prononcera les Arrêts, & ait au surplus les mêmes fonctions & jouissent des mêmes avantages que les premiers Présidents de nos Cours, & que notre déclaration du 11 octobre 1664, soit exécutée selon leur forme & teneur.

Si donnons en Mandement à nos amés & féaux Conseillers, les gens tenant notre Conseil Supérieur à la Martinique, ils aient à régistrer, & le contenu aux présentes, garder & observer selon leur forme & teneur, nonobstant tous Edits, Déclarations, Arrêts & autres choses à ce contraires, auxquelles nous avons dérogé & dérogeons; Car tel est notre plaisir: En témoin de quoi nous avons fait mettre notre scel à cesdites présentes. Donné à Saint-Germain en l'Haye, le premier jour du mois d'avril mil six cent soixante & dix-neuf, & de notre regne le trente-sixieme. *Signé*, LOUIS. *Et au dos*, par le Roi, Colbert. Et scellé du grand sceau de cire jaune.

ENREGISTRÉES au Conseil Souverain, le 7 Août de la même année.

EXTRAIT

D'UNE LETTRE DU ROI,

A M. LE COMTE DE BLENAC, GÉNÉRAL,

SUR le nombre des Juges nécessaires pour faire Arrêt, adressée aux Chefs.

Du 11 Juin 1680.

LA proposition que vous faites d'augmenter le nombre des Conseillers du Conseil Souverain, ne m'a pas paru nécessaire, & j'ai estimé seulement à propos d'expédier une Déclaration dont vous aurez connoissance, pour donner pouvoir audit Conseil de juger au nombre de cinq, quoique celui de sept soit nécessaire par les ordonnances du Royaume, auxquelles je veux bien déroger en ce point, pour empêcher que la difficulté d'assembler ce nombre ne fit durer plus long-tems les procès. Sur ce je prie Dieu &c.

DECLARATION

DECLARATION DU ROI,

SUR les Evocations & les Requêtes Civiles.

Du Septembre 1683.

LOUIS PAR LA GRACE DE DIEU, ROI DE FRANCE ET DE NAVARRE: A tous présens & à venir, *SALUT*. Nous avons ordonné par notre déclaration du 2 juin 1680, que les procès pendants dans l'un de nos Conseils Souverains des isles de l'Amérique, dans lesquels aucuns de nos Présidents ou Conseillers seroient parties, seroient renvoyés sur la simple requisition de l'une des parties devant l'Intendant de justice, police, finance auxdits pays, pour juger par lui & deux officiers de justice non suspects, tels qu'il voudra choisir, à la charge d'appel, dont nous réservons la connoissance à notre Conseil; & depuis ayant été informés que la plupart des parties qui sont en procès contre aucun desdits Présidens & Conseillers, aiment mieux être jugés dans le conseil où leurs parties sont officiers, que d'être renvoyés devant l'Intendant à la charge d'appel, qui pouvoit devenir un objet de vexation, pour tirer desdits pays nos pauvres sujets qui n'auroient pas de quoi supporter les frais d'un si long voyage & du séjour qu'ils seroient obligés de faire à la suite de notre Cour: A quoi il est besoin de pourvoir, & particuliérement aux abus qu'on pourroit faire des requêtes civiles dans nosdites isles contre les arrêts qui y sont rendus sans le ministere des Avocats & Procureurs, entre les parties qui ignorent les formalités prescrites par notre ordonnance de 1667, il n'y auroit point d'arrêt auqel on ne pût donner atteinte s'il n'étoit soutenu par le mérite du fond, duquel néanmoins notre ordonnance défend de prendre connoissance esdites requêtes civiles.

A CES CAUSES, voulons & nous plaît, en interprétant & réformant notredite Déclaration du 2 juin 1680, que le renvoi des procès pendants en nosdits Conseils, où aucun desdits Présidents & Conseillers sont partie, ne puisse être demandé pardevant lesdits intendans, par lesdits Présidens & Conseillers, mais seulement par les parties contre lesquelles ils sont en procès, si bon leur semble, & qu'ils soient tenus le déclarer avant la contestation en cause, autrement n'y seront plus recevables; & en cas de renvoi, les parties seront jugées en dernier ressort par l'Intendant à l'un des Conseils Souverains, tel qu'il voudra choisir, autre que celui dans lequel les

Présidens & Conseillers qui sont partie, sont officiers ; & sera, au surplus notredite Déclaration du 2 Juin 1680, exécutée selon sa forme & teneur : donnons en outre, pouvoir auxdits Conseils Souverains, en jugeant les requêtes civiles, lesquelles nous permettons à nos sujets desdites isles, de présenter par simple requête, de prononcer en même tems sur le rescindant & le rescisoire, nonobstant notre ordonnance de 1667, à laquelle nous avons dérogé pour cet égard. Si donnons en mandement à nos amés & féaux Conseillers les gens tenant notredit Conseil Souverain établi dans l'isle Martinique &c. Donné à Fontainebleau, au mois de septembre 1683, & de notre regne le quarante-uniéme. *Signé*, LOUIS. *Et sur le répli*, Par le Roi, COLBERT. Et scellé du grand sceau de cire verte.

ENREGISTRÉE au Conseil Souverain le 2 Mai 1784.

ARRÊT
DU CONSEIL D'ETAT
DU ROI,

SUR les Inventaires.

Du 17 Janvier 1688.

Extrait des Registres du Conseil d'Etat.

VU par le Roi étant en son Conseil, l'Ordonnance rendue par les Officiers du Conseil Souverain de l'isle de la Martinique, le 5 mai dernier, en l'absence du Sr. Dumaitz de Goimpy, Intendant de Justice, Police & Finance des isles françoises de l'Amérique, portant que les inventaires & partages qui avoient été faits jusqu'alors, par les officiers de la Jurisdiction ordinaire, seroient faits à l'avenir par les notaires ; celle du Sr. Dumaitz de Goimpy, du 24 juillet, portant que lesdits officiers continueront leurs mêmes fonctions dans lesdits inventaires & partages jusqu'à ce qu'autrement par Sa Majesté en ait été ordonné, & Sa Majesté estimant nécessaire d'établir en ladite isle, l'ordre qui s'observe dans tout le Royaume à cet égard : Le Roi, étant en son Conseil, a ordonné & ordonne que les inventaires & partages seront faits à l'avenir en ladite isle de la Martinique par les notaires seuls, sans que les officiers de la jurisdiction puissent s'en entremettre, sinon en cas de contestation & qu'ils soient requis d'y assister ; veut néanmoins Sa Majesté, que son Procureur en ladite jurisdiction continue d'y assister, lorsque quelqu'un des héritiers présomptifs se trouvera absent, ou qu'il n'aura donné sa procuration à personne; & en cas qu'il y ait des mineurs qui n'aient point de tuteurs, que ledit Procureur en fasse créer, & qu'en attendant il assiste à leurs inventaires & partages; lui enjoignant de se retirer aussi-tôt que la création aura été faite. Au surplus, fait S. M. très-expresses défenses & inhibitions auxdits officiers du Conseil Souverain, de rien changer aux usages établis en ladite isle; ni de faire aucun réglement à l'avenir sans la participation dudit Intendant, auquel elle enjoint de tenir la main à l'exécution du présent arrêt &c.

ENREGISTRE' au Conseil Souverain le 5 Avril 1688.

ARRET
DU CONSEIL D'ETAT
DU ROI,

QUI déclare les Jugemens des premiers Juges, sans appel, jusqu'à quarante livres.

Du 24 Septembre 1688.

SUR ce qui a été représenté au Roi en son Conseil, que ce qui y a jusqu'à présent empêché le plus le défrichement des terres des isles de l'Amérique, & l'établissement des manufactures & du commerce dans lesdites isles, est la nécessité dans laquelle la plupart des habitans se trouvent réduits au moindre procès qu'ils ont, de quitter celles où ils demeurent, pour aller plaider par appel dans les isles où sont établis les Conseils Souverains, & que pour des affaires souvent d'une très-petite conséquence, ils sont obligés de perdre autant de tems, & de faire autant de frais que si elles étoient bien considérables; & d'autant que cela porte autres notables préjudices à la colonie qui ne pourroit s'établir solidement, s'il n'y étoit pourvu.

Sa Majesté étant en son Conseil, a donné & donne pouvoir aux officiers des Jurisdictions ordinaires des isles, de juger en dernier ressort & sans appel, jusqu'à la somme de 40 liv. & au-dessous, & en conséquence ordonne que leurs jugemens en ce cas soient exécutés de la même maniere & avec la même force & autorité que si c'étoit des arrêts des Conseils Souverains. Enjoint Sa Majesté au sieur Dumaitz de Goimpy, Conseiller en ses conseils, Intendant de la Justice, Police & Finance desdites isles, & aux officiers des Conseils Souverains d'icelles, de tenir la main à l'exécution du présent arrêt. *Signé*, BOUCHERAT.

ORDONNANCE DU ROI,

AU sujet des Gardiens Nobles & Bourgeois usufruitiers, amodiateurs & autres.

Du 20 Avril 1711.

DE PAR LE ROI.

SA MAJESTÉ ayant par son ordonnance du mois de mars 1685, concernant les esclaves des isles de l'Amérique, article LIV, ordonné que les gardiens nobles & bourgeois usufruitiers, amodiateurs & autres, jouissant des fonds auxquels sont attachés des esclaves qui travaillent, ne seroient point tenus, après leur administration finie, de rendre le prix de ceux qui seront décédés ou diminués par maladie, vieillesse ou autrement; comme aussi qu'ils ne pourroient retenir comme fruits à leur profit, les enfans nés desdits esclaves pendant leur administration, lesquels seroient conservés & rendus à ceux qui en seroient les maîtres & propriétaires; mais l'usage ayant fait connoître que les fermiers ne repondant point de la mortalité des esclaves, les excédoient par le grand travail, les nourrissoient très-mal, & n'en avoient aucun soin dans leurs maladies, ce qui causoit la mort de plusieurs; cela auroit porté ceux qui afferment leurs biens à déroger à l'article LIV de ladite ordonnance du mois de mars 1685, en stipulant par une condition particuliere, que le fermier seroit tenu de payer le prix des esclaves morts, conformément à l'estimation qui en auroit été faite dans les baux à ferme, & que les fermiers auroient en dédommagement les enfans qui naîtroient pendant le tems de ladite ferme; que les Juges ont stipulé les mêmes conditions, lorsqu'ils ont donné à ferme les biens des mineurs; & Sa Majesté étant informée que plusieurs fermiers ont demandé d'être déchargés de ces conditions, fondées sur ce qu'elles sont contraires à l'article LIV de ladite ordonnance; ce qui leur a été accordé par les Juges: & comme cela cause de grands inconvéniens & est capable de ruiner les biens des mineurs, & de ceux qui donnent leurs habitations à ferme; A quoi Sa Majesté desirant pourvoir, a ordonné & ordonne que les stipulations & conventions particulieres qui ont été faites dans les baux à ferme, & celles qui

seront

seront faites à l'avenir seront exécutées nonobstant qu'elles soient contraires à l'article LIV de ladite ordonnance, Sa Majesté y dérogeant à cet égard seulement; veut Sa Majesté au surplus, que ledit article soit exécuté selon sa forme & teneur, lorsqu'il n'y aura point de stipulation contraire. Enjoint Sa Majesté, au Gouverneur Lieutenant général, aux Gouverneurs particuliers, à l'Intendant & aux commissaires ordonnateurs, aux officiers des Conseils Supérieurs des isles du vent, de la Tortue, & côte Saint-Domingue, de tenir la main à l'exécution de la présente ordonnance, qui sera régistrée par-tout où besoin sera. Fait à Marly, le 20 avril 1711. *Signé*, LOUIS. *Et plus bas*; Par le Roi, PHELYPEAUX.

ENREGISTRE' au Conseil Souverain, le 20 Septembre 1711.

REGLEMENT DU ROI,

AU sujet de la compétence des Juges ordinaires, à l'égard des châtimens imposés aux noirs esclaves, par l'Ordonnance d'Avril 1685.

Du 20 Avril 1711.

DE PAR LE ROI.

SA MAJESTE' ayant par son ordonnance du mois de mars 1685, concernant les esclaves des isles de l'Amérique, article XXXII, ordonné que toutes les peines afflictives prononcées par les Juges ordinaires contre les noirs esclaves, seroient portées par appel aux Conseils Supérieurs, il auroit été représenté à Sa Majesté que le nombre des noirs s'étant considérablement augmenté, les crimes étant plus fréquens, l'appel des sentences desdits Juges ordinaires causoit de grands inconvéniens, & empêchoit que les esclaves ne fussent punis même pour les plus grands crimes, la longueur des procédures facilitant souvent les moyens de leur évasion, ce qui, joint à la dépense que leur nourriture cause aux habitans pendant le tems de leur détention, les empêchoit de les dénoncer & de les livrer à la justice; A quoi étant nécessaire de pourvoir, & en assurant la punition des crimes, faire cesser les prétextes dont les habitans se servent pour ne point découvrir ceux que leurs negres pourront commettre: Sa Majesté a ordonné & ordonne qu'à l'avenir les noirs esclaves qui auront encouru les peines du fouet, la fleur-de-lys & les oreilles coupées seulement, seront condamnés en dernier ressort par les Juges ordinaires des isles du vent, de l'isle de la Tortue & côte Saint Domingue, & pour cet effet que leurs jugemens seront exécutés, sans que pour raison de ce il soit nécessaire qu'ils soient confirmés par les conseils supérieurs desdites isles, Sa Majesté dérogeant à cet égard à l'article XXXII. de son ordonnance du mois de mars 1685 : veut Sa Majesté, que la peine de mort & du jarrêt coupé, à laquelle les esclaves auront été condamnés en premiere instance par les Juges ordinaires, soient portés par appel aux Conseils Supérieurs sur la même instruction & avec les mêmes formalités que les personnes libres.

Ordonne Sa Majesté, qu'au surplus ladite ordonnance du mois de mars 1685, sera exécutée selon sa forme & teneur, en ce qui n'y sera pas dérogé par des ordonnances, &c. Fait à Marly, le 20 du mois d'avril 1711. *Signé*, LOUIS. *Et plus bas*, PHELYPEAUX.

ENREGISTRE'E au Conseil Souverain le 9 Septembre 1711.

ARRÊT

DU CONSEIL SUPERIEUR,

SUR les procès au rapport.

Du 11 Septembre 1711.

LE Conseil faisant droit sur la remontrance du Procureur général du Roi, a ordonné & ordonne qu'à l'avenir les officiers qui sont nommés rapporteurs des procès après que toutes les pieces dont les parties entendront se servir, leur auront été produites, en feront leur rapport à la chambre par un extrait naturel & sincere du procès dans lequel, après avoir établi les qualités des parties, ils détailleront réguliérement la procédure & les pieces qui la soutiennent, & établissent les droits desdites parties qui seront cotées par les lettres alphabétiques, à commencer depuis la plus ancienne en date, jusqu'à la derniere; que le rapport demeurera joint à l'arrêt qui interviendra dessus, & sera annexé aux minutes du greffe de la Cour, après avoir été paraphé par le Président de la Cour pour y avoir recours, si besoin est; ordonne qu'à l'avenir dans la distribution des procès, le président, après le choix du rapporteur, fera celui de l'évangeliste (sans néanmoins qu'il en soit mention dans l'arrêt) pour la vérification des pieces sur l'appel; de sorte que le rapporteur remettra audit évangeliste, les procès trois jours auparavant la séance où la matiere sera jugée définitivement, sans qu'ils puissent, sous aucun prétexte, se dispenser de cette régle, qui ne va qu'au bien des peuples & à la sûreté des consciences des Juges; & pour l'exécution du présent réglement, qu'il en sera livré à chacun des officiers de la Cour, une expéditon par le greffier d'icelle. Fait audit Conseil, ce 11 septembre 1711.

ORDONNANCE

SUR La nourriture des Esclaves & leur punition.

Du 30 Décembre 1712.

DE PAR LE ROI.

SA MAJESTE' étant informée qu'au préjudice de ses ordonnances & réglemens, ses sujets des isles françoises de l'Amérique ne nourrissent point leurs negres esclaves, & sous différens prétextes leur font souffrir, de leur autorité privée, la question avec une cruauté inconnue, même parmi les nations les plus barbares; ensorte que plusieurs de ces esclaves sont par là long tems hors d'état de pouvoir rendre aucun service; qu'il y en a même qui restent estropiés, & que ceux qui n'ont point encore subi telles peines, intimidés par l'exemple, se portent à la désertion, pour se soustraire d'une telle inhumanité, ce qui cause un grand désordre dans lesdites isles: A quoi étant nécessaire de pourvoir. Sa Majesté a ordonné & ordonne que les negres seront nourris & entretenus conformément aux ordonnances & réglemens qu'elle a rendus sur ce sujet, lesquels seront exécutés selon leur forme & teneur. Fait Sa Majesté très-expresses défenses à tous ses sujets des isles françoises de l'Amérique, de quelque qualité & condition qu'ils soient, de donner à l'avenir à leurs esclaves, de leur autorité privée, la question, sous quelque prétexte que ce soit, à peine de 500 liv. d'amende applicable aux hôpitaux des lieux. Ordonne Sa Majesté, que lorsque lesdits esclaves auront commis des crimes & délits, il sera procédé contr'eux par les Juges ordinaires, conformément aux ordonnances & réglemens; enjoint au sieur Phelypeaux, Gouverneur & Lieutenant général auxdites isles, au sieur de Vaucresson, Intendant, aux Gouverneurs particuliers & commissaires ordonnateurs, & aux officiers des Conseils Supérieurs établis esdites isles, de tenir la main à l'exécution de la présente ordonnance, & de la faire enrégistrer, publier & afficher par-tout où besoin sera, à ce que personne n'en ignore. Fait à Versailles, le 30 jour de décembre 1712. *Signé*, LOUIS. *Et plus bas*, PHELIPEAUX.

ENRÉGISTRE'E au Conseil Souverain le 8 Mai 1713.

ARRET

DU CONSEIL SUPERIEUR,

SUR Les Regiſtres pour les productions au Greffe.

Du 4 Juillet 1714.

SUR les remontrances du procureur général, le Conſeil ordonna qu'à l'avenir il y auroit dans les Greffes, tant du Conſeil que des Sieges de ſon reſſort, des regiſtres cotés & paraphés par premier & dernier feuillet, ſur leſquels ſeront enrégiſtré les productions faites par parties, & marqué les pieces contenues dans chaque ſac qui ſera dépoſé, avec la date du jour auquel elles auront été apportées, pour pouvoir y avoir recours par les parties, après le jugement des procès pour les retirer, dont les greffiers ſeront reſponſables à ce moyen, en leur payant ſallaire.

Nota. Le 2 Janvier 1715 on enrégiſtra un ordre de M. de Vaucreſſon, qui défend aux Greffiers, tant du Conſeil que des Juriſdictions, de ne rien prendre ni exiger pour le dépôt des productions des parties au greffe, ſous peine de concuſſion.

EXTRAIT

D'UNE LETTRE DU MINISTRE,

SUR le Fauteuil du Conſeil Souverain.

Du 23 Août 1714.

» SA Majeſté a auſſi appris que dans la tenue du Conſeil du mois » de mai dernier, M. de la Malmaiſon, profitant de l'abſence de » M. de Vaucreſſon, ſe plaça dans le fauteuil deſtiné au Gouverneur » général ſeul, & qui par conſéquent ne doit être occupé que par » lui & reſter vuide, lorſqu'il n'aſſiſte point au Conſeil, elle a été » mal ſatisfaite de l'entrepriſe de M. de la Malmaiſon; elle veut qu'à » l'avenir le fauteuil ne ſoit jamais occupé que par le Gouverneur » général en aucun cas, ni pour quelque cauſe que ce ſoit; il eſt » néceſſaire que vous faſſiez exécuter ſur cela les intentions de Sa » Majeſté, &c.

ENREGISTRÉ au Conſeil Souverain le 2 Janvier 1715.

ARRET

ARRÊT

DU CONSEIL SOUVERAIN,

En forme de Réglement de Police & de Justice.

Du 4 Mai 1716.

EXTRAIT DES REGISTRES DU CONSEIL SOUVERAIN.

ORDONNE qu'à l'avenir & à commencer du premier jour de la séance de janvier, la mercuriale sera faite suivant l'usage des Cours du Royaume, par le Président & les gens du Roi, sur les abus qui seront commis dans les fonctions des Ministres de justice de tout état.

Qu'à pareil jour les assises générales des officiers du ressort, seront tenues publiquement dans la salle de l'audience où tous les Juges & officiers, ainsi que les Notaires, Procureurs & huissiers seront obligés de se trouver, même ceux des autres isles du ressort, tous les trois ans seulement à leur égard; auxquelles assises, seront reçues toutes les plaintes des parties, pour y être pourvû, ainsi qu'il appartiendra, à l'effet de quoi elles seront publiées à la diligence du Procureur général & de ses substituts, à ce que personne n'en ignore.

Que dans les quartiers de l'isle où il n'y aura point de siege de Justice établi les officiers du Conseil qui y demeurent, voudront bien volontairement & sans tirer à conséquence, se charger du soin de la police, & y pourvoir sur le champ & provisionnellement, à la charge par eux d'en rendre compte à la séance qui suivra, à moins que ce ne fût pour faits graves & délits publics, auquel cas il en informera le Procureur général, après avoir fait mettre le criminel en sûreté; sur quoi le Procureur général donnera les ordres nécessaires à ses substituts.

Qu'aux séances de janvier, mai, & septembre, deux Conseillers à l'ordre du tableau successivement, accompagnés du procureur général, feront la visite des prisons, recevront les plaintes des prisonniers, tant sur le tems que sur le sujet de leurs détentions & sur la nourriture que les Geoliers leur donneront & autres incommodités, dont ils dresseront procès verbal, sur lequel il sera pourvu sans retardement, conformément à l'ordonnance.

Enjoint à tous les substituts du procureur général, de lui donner avis de tous les crimes qui arriveront dans l'étendue de leurs sieges pour recevoir ses ordres, & qu'ils tiennent la main à la prompte instruction des procès criminels, dont la longueur qui a passé aux isles en habitude, fait périr les preuves, empêche l'exemple public, cause des frais & des dépenses inutiles au Roi, & fait perdre le tems & la valeur des esclaves à leurs maîtres, par une trop longue détention.

Enjoint pareillement aux Juges, d'instruire & juger les procès criminels dans l'intervale d'une séance à l'autre, & le cas arrivant que cela ne puisse être exécuté de leur part, le substitut informera le procureur général, des raisons qui ont causé ce retardement.

Enjoint aussi au Procureur du Roi & ses substituts, de tenir la main chacun dans l'étendue de leur district, à ce que les poids & mesures des marchands, habitans & cabaretiers soient justes & conformes à l'ordonnance : le Conseil leur ordonne de faire mesurer & étalonner lesdits poids & mesures par les jurés jaugeurs établis en cette isle, & faire faire dans la suite des tems par lesdits jaugeurs, des visites pour voir si on n'y est point contrevenu, dont ils dresseront leurs procès verbaux, sur lesquels les délinquants seront poursuivis suivant l'ordonnance.

Ordonne que les articles 15, 16, 17, 18, 22, 23, 24 & 25 de l'ordonnance de 1685, ainsi que le réglement du premier janvier 1707, ensemble les arrêts des 26 juillet & 14 août 1710, concernant la police des negres & des cabarets, seront de nouveau publiés & affichés dans tous le ressort de la Cour, à la diligence dud. Procureur général & de ses substituts, auxquels la Cour enjoint de poursuivre extraordinairement les contrevenants de quelque qualité & condition qu'ils soient, à peine d'en répondre en leur propre & privé nom, & d'interdiction de leur charge; que dans les lieux où il y a des sieges établis, lesdits substituts, & sous leurs ordres les huissiers tiennent la main à leur exécution, & fassent leur descente de police & visites réguliérement; & dans les autres quartiers de l'isle, Mrs. de la Cour qui y demeureront, tiendront la main de leur autorité, ainsi qu'il est ordonné ci-dessus; & pour plus grande sûreté, que M. le Général sera prié & requis de le faire lire aux revues & à la tête des Compagnies de Milices, & qu'il lui plaira enjoindre à tout commandant de quartier, officiers à hausse-col & sergens, d'y tenir la main avec la derniere régularité, sur-tout pour les billets, ports de bâtons & d'armes, & assemblées de negres; & même donner main-forte à l'officier de justice qui les en requerra sur les cas, à peine d'en répondre par eux, &c.

Que les cabaretiers dans les lieux détournés & retirés non-seulement à Saint-Pierre & au Fort-Royal, mais aussi dans les autres lieux des isles, soient absolument chassés, avec défenses aux autres de donner à boire pendant le service divin, & passé sept heures du soir; de recevoir les negres à table, & de leur donner à jouer, sous quelque prétexte que ce soit, à peine d'être chassés du quartier & de huit jours de prison, sans préjudice des autres peines portées dans les ordonnances, arrêts & réglemens sus datés; & qu'à l'avenir ils ne pourront lever & tenir cabaret sans permission des Juges des lieux.

Et à l'effet de tout ce que dessus &c.

ARRÊT

DU CONSEIL SOUVERAIN,

SUR Les Jugemens des affaires de Milice.

Du 6 Mai 1716.

SUR la remontrance du Procureur général du Roi, qu'il avoit approfondi certaines plaintes à lui faites de l'entreprise de quelques officiers de milice, qui, sous prétexte de l'autorité que leur donne leur charge, attirent à eux la connoissance des querelles & dissentions, & même d'autres affaires qu'ont les habitans de leurs quartiers, les condamnent à des amendes, & les mettent dans des prisons établies sans l'autorité de la Cour; ce qui est contraire aux ordonnances du Roi, & aux privileges des habitans qui ne doivent être jugés que par les Juges établis par Sa Majesté, & ne peuvent être mis en prison que par les ordres du Gouverneur général ou de la justice, requérant qu'il y fut pourvû.

LA Cour a donné acte au procureur général du Roi, du contenu en sa remontrance, & y faisant droit a ordonné que tous les habitans qui avoient été dans les cas susdits, rapporteroient au greffe de la Cour les jugemens contr'eux rendus, avec les déclarations de l'exécution d'iceux, pour reconnoître ceux qui ont été rendus en vertu d'ordres supérieurs, d'avec ceux qui ont été rendus d'autorité particuliére, pour y être pourvu suivant le cas; que M. le Général seroit prié de défendre aux officiers de Milice, de s'ingérer à l'avenir en de pareilles fonctions, ni d'envoyer de leur chef aucun habitant en prison; fait le Conseil, inhibitions & défenses à quelque personne que ce soit, de se mêler d'aucunes affaires entre habitans qui regardent la justice, ni de prononcer aucune peine ni châtiment contr'eux, à peine d'être poursuivis extraordinairement par le procureur général: ordonne que les prisons autres que les royales établies dans les sieges de Justice, seront détruites & abolies, & défenses à tous habitans en pareil cas, de ne répondre qu'au tribunal de l'intendance & autres sieges de justice, sous quelque prétexte que ce soit, hors les cas purement militaires qui regardent le gouvernement de l'isle. Et sera le présent Arrêt, lû, publié, &c.

LETTRE

DU CONSEIL DE MARINE,

ECRITE A M. D'HAUTERIVE, Procureur Général,

SUR les Procédures Civiles & Criminelles.

A Paris, le 19 Octobre 1716.

LE Conseil a examiné le Mémoire que vous lui avez envoyé par votre lettre du 10 mars dernier, sur deux difficultés que vous proposez; la premiere regarde l'exécution de l'article XXXV des requêtes civiles de l'ordonnance de 1667; cet article s'explique avec tant de netteté, qu'il n'a pas besoin d'éclaircissement : l'usage de toutes les cours du Royaume est de porter les requêtes civiles dans les Cours & Jurisdictions où les Arrêts & Jugemens ont été rendus, tous les officiers qui se trouvent présens peuvent connoître des requêtes civiles, & il n'est pas nécessaire d'appeller au jugement, les officiers qui ont assisté au premier arrêt; ils peuvent être Juges de la requête civile; mais en leur absence, les autres officiers présens y sont appellés par l'ordonnance, & il ne s'agit que de remplir le nombre de Juges qu'elle prescrit.

La seconde difficulté regarde les jugements en matiere criminelle; le Conseil ne peut se départir de la régle générale, qui est suivie dans tout le Royaume; & quoique le Conseil Supérieur de la Martinique soit autorisé de juger au nombre de cinq Juges, les arrêts doivent toujours passer de deux voix.

Le Conseil examinera, sur l'avis de Mrs. de la Varenne & Ricouard, s'il convient d'augmenter le nombre d'officiers dans votre compagnie, comme vous le proposez. *Signé*, L. A. de Bourbon. Le Maréchal d'Estrées.

ENREGISTRÉE au Conseil Souverain le Janvier 1717.

DECLARATION

DECLARATION

SUR La publication des affaires, à l'issue de la Messe Paroissiale.

Du 2 Août 1717.

LOUIS &c. . . . . Le feu Roi notre très-honoré Seigneur & Bisayeul, voulant procurer que le service divin fût célébré avec toute la décence & la dignité convenable, a dispensé par l'article 32 de son Edit du mois d'avril 1655, concernant la Jurisdiction Ecclésiastique, les Curés, leurs Vicaires & autres Ecclésiastiques, de publier aux Prônes, ni pendant l'office divin, les actes de justice ni autres qui regardent l'intérêt particulier de nos sujets; & par sa déclaration du 16 décembre 1698, il a ordonné que cet article auroit lieu même à l'égard de nos propres affaires; & comme nous avons été informés que ledit article 32 de l'Edit du mois d'avril 1695, & ladite Déclaration du 16 décembre 1698, ne sont point exécutés dans toutes les colonies soumises à notre obéissance, nous avons estimé nécessaire d'y pourvoir en ordonnant en même tems que conformément à notre Déclaration du 25 février 1708, l'Edit du Roi Henri II, du mois de février 1556, qui établit peine de mort contre les femmes qui cachent leur grossesse & laissent périr leurs enfans, soit publié tous les trois mois aux Prônes des Paroisses.

A CES CAUSES, de l'avis &c. & de notre certaine science &c. nous avons ordonné, dit & déclaré, & par ces présentes signées de notre main desdites ordonnances & déclarations, voulons & nous plaît que dans toutes les colonies soumises à notre obéissance, les Curés, leurs Vicaires & autres Ecclésiastiques séculiers ou réguliers faisant les fonctions curiales, soient dispensés comme par ces présentes nous les dispensons de publier aux prônes, ni pendant l'office divin, les actes de Justice & autres qui regardent nos propres affaires, excepté cependant l'Edit du Roi Henri II. du mois de février 1556, qui établit peine de mort contre les femmes qui cachent leur grossesse, & laissent périr leurs enfans, lequel sera exécuté selon sa forme & teneur, & publié de trois mois en trois mois, aux prônes des messes Paroissiales: Enjoignons aux Curés, Vicaires & autres faisant les fonctions curiales, de faire ladite Déclaration & d'en envoyer un certificat signé d'eux à nos Procureurs des Jurisdictions, dans lesquelles leurs Paroisses sont situées, à peine d'y être contraints par saisie de leur temporel, à la requête de nos Procureurs généraux en nos Conseils Supérieurs: Voulons que les publications des actes de Justice & autres qui regardent l'intérêt particulier de nos sujets, soient faits par les huissiers, Sergens ou Notaires, à l'issue des grandes Messes de Paroisse, & que ces publications avec les affiches qui en seront par eux posées aux grandes portes des Eglises, soient de pareille force & valeur, même pour les décrets, que si lesdites publications avoient été faites auxdits Prônes; & qu'à l'égard de ce qui regarde nos propres affaires, les publications en soient faites seulement à l'issue des Messes de Paroisse par les officiers qui en seront chargés, & soient de même effet & vertu, que si elles étoient faites aux Prônes desdites Messes, nonobstant tous Edits, Déclarations & coutumes à ce contraires, auxquels nous avons par ces présentes, dérogé & dérogeons à cet égard. Si mandons &c.

ENREGISTRÉE au Conseil Souverain le 8 Novembre 1718.

DECLARATION DU ROI,

SUR Les Minutes des Notaires.

Du 2 Août 1717.

LOUIS PAR LA GRACE DE DIEU, ROI DE FRANCE ET DE NAVARRE; A tous ceux qui ces présentes Lettres verront, SALUT. La conservation des Minutes des actes & contrats qui sont passés pardevant Notaires étant d'une importance extrême pour assurer le bien & le repos des familles, l'article 83 de l'ordonnance d'Orléans, a obligé tous les Notaires d'enrégistrer leurs notes & minutes, & de signer le registre; cet article veut aussi qu'après le décès d'un notaire, inventaire soit fait par le Juge ordinaire des lieux, des registres & protocoles du décédé, & qu'ils soient mis au greffe pour y être grossoyés, signés & délivrés par le greffier aux parties qui le requerront moyenant salaire comptant, dont moitié demeurera au Greffier, & l'autre moitié sera délivrée à l'héritier ou héritiers du décédé; mais ayant été informé que cette ordonnance n'est point exécutée dans les colonies soumises à notre obéissance, où les Notaires n'étant point érigés en charge, il arrive souvent que des minutes & protocoles des notaires décédés, ne sont point enrégistrés ni même attachés ensemble, & que restant entre les mains d'héritiers quelquefois inconnus aux parties intéressées, elles ne savent à qui s'adresser pour en avoir des expéditions, & quand les héritiers les leur ont indiquées; outre qu'elles soient en mauvais ordre, il s'en trouve souvent de soustraites ou perdues: un pareil abus pouvant causer de grands désordres dans les familles, nous avons estimé nécessaire d'y pourvoir : A CES CAUSES, de l'avis &c. & de notre certaine science &c. nous avons dit, déclaré & ordonné, disons, déclarons & ordonnons, voulons & nous plaît ce qui suit :

ARTICLE PREMIER.

Du jour de la publication des présentes, tous les Notaires, tant royaux que des Seigneuries, établis dans les colonies soumises à notre obéissance; seront tenus de lier ensemble, par ordre d'année & de date, les minutes de tous les actes & contrats qui auront été passés pardevant eux dans les années précédentes à celle de la publication des présentes; de distinguer les minutes, année par année, & de mettre chaque année séparément dans un carton ou papier double, en maniere de registre, sur le dos duquel ils coteront l'année.

II. Ils seront aussi tenus de lier ensemble par ordre de date, les minutes des actes & contrats qui seront par eux passés pendant le cours de chacune année, au fur & à mesure que les actes auront été passés, & de mettre lesdites minutes ainsi liées, dans un carton ou papier double, comme dit est, sur le dos duquel ils coteront pareillement l'année.

III. Le Procureur du Roi des Jurisdictions ordinaires & les Procureurs fiscaux des justices seigneuriales, seront tenus de se transporter sans frais dans l'étude de chaque Notaire de leur district, trois mois après la publication des présentes, pour visiter les minutes de toutes les années qui auront précédé celle de ladite publication, & voir si les notaires auront exécuté ce qui est prescrit par le premier article des présentes.

IV. Ils seront aussi tenus de s'y transporter sans frais dans les trois premiers mois de chacune année, pour visiter les minutes de l'année précédente, & voir si les notaires auront exécuté le second article des présentes, & conservé leurs minutes des années antérieures en bon & dû état.

V. Ils dresseront des procès verbaux sans frais, de l'état où ils auront trouvé les minutes des Notaires de leur district, & seront tenus d'envoyer les procès verbaux dans les trois mois de leur date, au Procureur général du Conseil Supérieur dans le ressort duquel ils seront, pour en être fait rapport audit Conseil, par ledit Procureur général, & sur icelui ordonné par arrêt, que lesdits procès verbaux demeureront au greffe dud. Conseil, & en outre fait droit à qui il appartiendra.

VI. Les Notaires qui n'auront pas satisfait aux deux premiers articles des présentes, seront condamnés par ledit Conseil Supérieur, à une amende arbitraire, qui ne pourra pourtant pas excéder six liv. pour la premiere fois, & à plus grande peine, même interdit en cas de récidive.

VII. Incontinent après la publication des présentes, les Juges ordinaires des lieux, à la requête des Procureurs du Roi de leur Jurisdiction, & les Juges des justices seigneuriales, à la requête des procureurs fiscaux desdites justices, seront tenus de se transporter sans frais aux domiciles des héritiers des Notaires décédés dans leurs districts, ou de ceux qui se seront démis de l'emploi de notaire avant la publication des présentes, pour se faire représenter les minutes & protocoles des défunts ou de ceux qui se seront démis, desquels ils feront inventaire sans frais; feront délivrer gratis une expédition dudit inventaire aux héritiers des Notaires décédés, ou à ceux qui se seront démis dudit emploi; après lequel inventaire, ils feront lier ensemble lesdites minutes & protocoles par ordre d'année & de date, par leur greffier, comme il est dit ci-devant, & ensuite déposés en leurs greffes.

VIII. Lesdits Juges seront encore tenus de se transporter sans délai ni frais, à la même requête, aux domiciles des Notaires qui décéderont dans leur district, ou qui se démettront de leur emploi après la publication des présentes, y feront inventaire sans frais de leurs minutes & protocoles; duquel inventaire ils feront délivrer gratis une expédition aux héritiers, comme il est dit à l'article ci-devant, & feront ensuite déposer lesdites minutes & protocoles en leurs greffes.

IX. Lesdits Procureurs du Roi & Procureurs fiscaux enverront aud. Procureur général, dans les trois mois de leurs dates, les procès verbaux de transport desdits Juges aux domiciles des héritiers des notaires décédés, ou de ceux qui se seront démis de leur emploi avant la publication des présentes, & aux domiciles des Notaires décédés, ou qui se seront démis depuis ladite publication, ensemble une expédition de l'inventaire qu'ils auront fait des minutes & protocoles trouvés chez lesdits Notaires, pour en être de même fait rapport audit Conseil Supérieur, par ledit Procureur général, & sur icelui ordonner par arrêt que lesdits procès verbaux & expéditions d'inventaire, demeureront au greffe dudit Conseil, & en outre fait droit, ainsi qu'il appartiendra.

X. Enjoignons à tous nos sujets desdites colonies qui auront des minutes de Notaires, de les rapporter aux Juges de leurs domiciles, quinzaine après la publication des présentes, pour en être sur le champ fait inventaire, duquel il leur sera délivré une expédition gratis, & être ensuite déposé au greffe; & faute par eux de les rapporter, permettons aux Procureurs du Roi & fiscaux d'en faire & faire faire toutes les perquisitions nécessaires, le tout aussi sans frais.

XI. Les greffiers qui seront dépositaires desdites minutes & protocoles, seront tenus de donner pendant cinq ans, à compter du jour de l'inventaire desdites minutes ou protocoles, à l'héritier ou héritiers des Notaires décédés, & à ceux qui se seront démis de leur emploi ou ou à leurs héritiers, la moitié des salaires qu'ils recevront pour les greffes & expédition des actes & contrats qu'il pourroit signer & délivrer aux parties qui en requerront; desquelles grosses & expédition, ils seront tenus de tenir un état année par année, où sera fait mention des sommes qu'ils auront reçues, qu'ils affirmeront véritables pardevant les juges, & dont ils remettront moitié, comme il est dit ci-dessus; & ledit tems de cinq ans passé, lesdits salaires appartiendront entiérement auxdits Greffiers.

Si donnons en Mandement, à nos amés & féaux les gens tenans nos Conseils Supérieurs à l'Amérique, & aux Indes orientales, que ces présentes ils aient à faire lire, publier & enrégistrer, & le contenu en icelles garder & observer selon sa forme & teneur, non obstant tous Edits, Réglemens & ordonnances à ce contraires, auxquels nous avons dérogé & dérogeons; Car tel est notre plaisir: En témoin de quoi nous avons fait mettre notre scel à cesdites présentes. Donné à Paris, le 2 jour d'août l'an de grace 1717, & de notre regne le second. *Signé*, LOUIS. *Et plus bas*; par le Roi. Le Duc d'Orleans, Régent présent. Et *Signé*, Phélipeaux.

ENREGISTRÉE au Conseil Souverain le 8 Novembre 1718.

ARRÊT

DU CONSEIL SOUVERAIN,

SUR Les Notaires devenus officiers de Justice

Du 9 Novembre 1718.

EXTRAIT DES REGISTRES DU CONSEIL SOUVERAIN.

La Cour fait défenses à tous Officiers des Jurisdictions du ressort qui ont été Notaires, de connoître & porter jugement ou conclusions dans les affaires où il s'agira de prononcer sur les actes & contrats qu'ils auront passés en cette qualité, à peine d'interdiction & des dépens, dommages & intérêts des parties.

Mande, &c.

LETTRE
DU CONSEIL DE MARINE
A MM. DE FEUQUIERE & SILVECANE,
GENERAL & INTENDANT.

SUR Les séances du Conseil Souverain.

Du 14 Août 1718.

SUR ce que le sieur Mesnier a informé, Messieurs, qu'il avoit assemblé extraordinairement à Saint-Pierre, le Conseil Supérieur de la Martinique, pour des affaires qui ne pouvoient pas souffrir du retardement, le Conseil a jugé à propos de vous expliquer qu'il ne doit jamais y avoir aucune assemblée du Conseil Supérieur, ailleurs qu'au Fort-Royal de la Martinique, qui est le lieu ordinaire de sa résidence, & que le Conseil ne doit jamais être assemblé extraordinairement par l'Intendant ni par le Commissaire ordonnateur en son absence, que du consentement du Gouverneur & Lieutenant général, ou de l'officier qui en son absence se trouvera commander dans l'isle : vous aurez soin de vous y conformer l'un & l'autre, & de faire enrégistrer cette décision afin qu'il n'y soit pas contrevenu dans la suite.

ENREGISTRÉE au Conseil Souverain le 8 Novembre 1718.

DÉCLARATION
DU ROI,

QUI régle la maniere d'élire des Tuteurs & des Curateurs aux Enfans dont les Peres possédoient des biens, tant dans le Royaume, que dans les Colonies, & qui défend à ceux qui seront émancipés, de vendre leurs Negres.

Donnée à Paris, le 15 Décembre 1721.

LOUIS PAR LA GRACE DE DIEU, ROI DE FRANCE ET DE NAVARRE : A tous ceux qui ces présentes Lettres verront, SALUT. Depuis l'établissement des colonies françoises dans l'Amérique, plusieurs de nos sujets y ont transporté une partie de leur fortune & de leur famille, soit qu'ils y aient établi un véritable domicile, soit qu'ils se soient contentés d'y passer un tems considérable pour faire valoir les habitations qu'ils y ont acquises; mais comme il arrive souvent que la succession des peres de famille qui ont fait ces sortes d'établissemens, est composée en partie de biens situés dans notre royaume, & en partie de biens qu'ils possédoient dans nos colonies; les tutelles ou curatelles, les émancipations & les mariages de leurs enfans mineurs qu'ils laissent ou en france ou en amérique, font naître un doute considérable sur la jurisdiction du tribunal, auquel il appartient d'y pourvoir, les Juges de france se croyant bien fondés à en connoître, même par rapport aux biens situés en amérique, lorsqu'il est certain que le pere des mineurs avoit conservé son ancien domicile au-dedans de notre Royaume, & les officiers que nous avons établis dans nos colonies, soutenant par la même raison, que c'est à eux d'y pourvoir, même par rapport aux biens situés en france, lorsque le domicile du pere a été véritablement transferé dans une des parties de l'amérique qui sont soumises à notre domination; mais quoique cette distinction paroisse juste en elle-même, & conforme aux principes généraux de la Jurisprudence, l'expérience nous a fait voir qu'elle peut être sujette à de grands inconvéniens, soit parce qu'elle donne lieu à plusieurs contestations sur le véritable domicile du pere des mineurs, qu'il est assez souvent difficile de déterminer dans les différentes circonstances de chaque affaire particuliere, soit parce qu'il est presqu'impossible qu'un tuteur établi en france, puisse veiller exactement à l'administration des biens que les mineurs ont dans l'amérique, & réciproquement qu'un tuteur établi dans nos colonies, puisse gérer la tutelle avec une attention suffisante par rapport aux biens qui sont situés en france; ensorte qu'il arrive souvent que l'une ou l'autre partie du patrimoine des mineurs est négligée ou confiée par le tuteur à des mains peu sûres, qui abusent de son absence, pour dissiper un bien dont il est fort difficile au tuteur de se faire rendre un compte fidele: Nous avons cru qu'à l'exemple des législateurs romains qui avoient introduit l'usage de donner des tuteurs différens aux mineurs, par rapport aux biens qu'ils possédoient dans des pays fort éloignés les uns des autres, Nous devions aussi partager l'administration des biens qui appartiennent aux mêmes mineurs en france & en amérique, ensorte que ces différens patrimoines soient régis à l'avenir par des tuteurs différents, en confiant néanmoins le soin de l'éducation des mineurs, & la préférence à l'égard de leur mariage au tuteur du lieu où le pere desdits mineurs avoit son domicile, qui est toujours regardé comme celui des mineurs, suivant les régles établies par les ordonnances que les Rois nos prédécesseurs ont faites sur cette matiere.

Enfin, comme nous avons été informés que les negres employés à la culture des terres, étant regardés dans nos colonies, comme des effets mobiliers, suivant les loix qui y sont établies, les mineurs abusent souvent du droit que l'émancipation leur donne de disposer de leurs negres, & en ruinant par-là les habitations qui leur sont propres, font encore un préjudice considérable à nos colonies, dont la principale utilité dépend du travail des negres qui font valoir les terres, Nous avons jugé à propos de leur en interdire la disposition jusqu'à ce qu'ils aient atteint l'âge de vingt-cinq ans; & nous nous portons d'autant plus volontiers à faire une loi nouvelle sur ces différentes matieres, qu'elle sera en même tems un effet de la protection que nous donnons à ceux de nos sujets, à qui la foiblesse de leur âge la rend encore plus nécessaire qu'aux autres, & une preuve de l'attention que nous aurons toujours pour ce qui peut favoriser le commerce des colonies françoises, & le rendre utile à tout notre royaume, dont l'abondance & le bonheur font le principal objet de nos soins & de nos vœux. A CES CAUSES, de l'avis &c. & de notre certaine science, &c. voulons & nous plaît ce qui suit.

ARTICLE PREMIER.

Lorsque nos sujets mineurs ausquels il doit être pourvu de tuteur ou de curateur auront des biens situés en france, & d'autres situés dans les colonies françoises, il leur sera nommé des tuteurs dans l'un & dans l'autre pays; savoir, en france, par les Juges de ce royaume, auxquels la connoissance en appartient, & ce, de l'avis des parens ou amis desdits mineurs qui seront en france, pour avoir par lesdits tuteurs ou curateurs, l'administration des biens de france seulement, même des obligations, contrats de rentes & autres droits & actions à exercer sur des personnes domiciliées en france, & sur les biens qui y sont situés; & dans les colonies, par les Juges qui y sont établis, aussi de l'avis des parens & amis qu'ils y auront, lesquels tuteurs ou curateurs élûs dans les colonies, n'auront pareillement l'administration que des biens qui s'y trouveront appartenans auxdits mineurs, ensemble des obligations, contrats de rentes, & autres droits & actions à exercer sur des personnes domiciliées dans les colonies, & sur les biens qui y sont situés; & seront lesdits tuteurs ou curateurs de france, & ceux des colonies françoises, indépendans les uns des autres, sans être responsables que de la gestion & administration des biens du pays dans lequel ils auront été élûs, de laquelle ils ne seront tenus de rendre compte que devant les Juges qui les auront nommés.

II. L'éducation des mineurs sera déferée au tuteur qui aura été élû dans le pays où le pere avoit son domicile dans le tems de son décès, soit que tous les mineurs enfans du même pere fassent leur demeure dans le même pays, ou que les uns demeurent en france,

&

& les autres aux colonies, le tout à moins que sur l'avis des parens & amis desdits mineurs, il n'en soit autrement ordonné par le Juge du lieu où le pere avoit son domicile au jour de son décès.

III. Les lettres d'émancipation que lesdits mineurs obtiendront, seront entérinées tant dans les tribunaux de france, que dans ceux des colonies, dans lesquels la nomination de leur tuteur aura été faite, sans que lesdites lettres d'émancipation puissent avoir aucun effet que dans celui des deux pays où elles auront été entérinées.

IV. Les mineurs, quoiqu'émancipés, ne pourront disposer des negres qui servent à exploiter leurs habitations, jusqu'à ce qu'ils aient atteint l'âge de vingt-cinq ans accomplis, sans néanmoins que lesdits negres cessent d'être réputés meubles, par rapport à tous autres effets.

V. Les mineurs qui voudront contracter mariage, soit en france, soit dans les colonies françoises, ne pourront le faire sans l'avis & le consentement par écrit du tuteur ou curateur nommé dans le pays où le pere avoit son domicile au jour de son décès, sans néanmoins qu'il puisse donner ledit consentement que sur l'avis des parens qui seront assemblés à cet effet pardevant le Juge qui l'aura nommé tuteur; & sauf audit Juge, avant que d'homologuer leur avis, d'ordonner que l'autre tuteur qui aura été établi en france ou dans les colonies, ensemble les parens que les mineurs auront dans l'un ou dans l'autre pays, seront pareillement entendus dans le délai compétent pardevant le Juge qui aura nommé ledit tuteur, pour, leur avis rapporté, être statué ainsi qu'il appartiendra sur le mariage proposé pour lesdits mineurs; ce que nous ne voulons néanmoins être ordonné que pour de grandes considérations, dont le Juge sera tenu de faire mention dans la sentence qui sera par lui rendue.

Si donnons en Mandement, à nos amés & féaux Conseillers, les gens tenant notre Cour de Parlement à Paris, que ces présentes ils aient à faire régistrer, & le contenu en icelles garder & observer selon sa forme & teneur, cessant & faisant cesser tous troubles & empêchemens, nonobstant tous Edits, Déclarations, Ordonnances, Réglemens, Arrêts, Us & Coutumes à ce contraires, ausquels nous avons dérogé & dérogeons par cesdites présentes: Car tel est notre plaisir; En témoin de quoi nous avons fait mettre notre scel à cesdites présentes. Donné à Paris, le quinzieme jour du mois de décembre, l'an de grace mil sept cent vingt-un, & de notre regne le septieme. *Signé*, LOUIS. *Et plus bas*; Par le Roi. Le Duc d'Orleans, Régent présent. Fleuriau. Et scellé du grand sceau de cire jaune.

ENREGISTRÉE au Conseil Souverain le 11 Juillet 1722.

DÉCLARATION DU ROI,

CONCERNANT *Les Terres concédées aux Isles du Vent de l'Amérique*

Du 3 Août 1722.

LOUIS PAR LA GRACE DE DIEU, ROI DE FRANCE ET DE NAVARRE : A tous ceux qui ces présentes Lettres verront, SALUT. Les abus qui se sont passés aux isles de l'Amérique par rapport aux concessions des terres, ont déterminé le feu Roi notre très-honoré Seigneur & Bisayeul, à ordonner par arrêt de son Conseil du 26 septembre 1696, que dans six mois, du jour & date dudit arrêt pour toute préfixion & délai, les habitans qui auroient encore quelque partie de leurs terres en friche, seroient tenus de les mettre en culture de sucres, vivres & autres denrées nécessaires pour la subsistance & le commerce de ladite colonie, à faute de quoi, & ledit tems passé, qu'elles seroient réunies à notre domaine, à la diligence de notre Procureur général du Conseil Supérieur, sur les ordonnances qui en seroient rendues par le Gouverneur général pour nous, & l'Intendant desdites isles, pour être ensuite par eux fait de nouvelles concessions desdites terres en la maniere accoutumée; & étant informés que ces abus subsistent toujours, & que même plusieurs habitans ont obtenu à diverses fois jusqu'à cinq & six concessions de terres, lesquelles ils ne mettent point en valeur; que d'autres se sont contentés de faire seulement des abatis dessus, sans y faire aucune culture, croyant par là se mettre à couvert de la réunion, & qu'enfin il s'en est trouvé dont les uns ont vendu le bois qui étoit dessus, ce qui cause un préjudice notable à ceux qui veulent s'établir auxdites isles, lesquels ne trouvent point de terre où pouvoir se placer, quoiqu'il y en ait encore plus de la moitié aux isles de la Guadeloupe & de la Grenade qui ne sont point en valeur, il est de notre justice d'empêcher la continuation d'un pareil désordre : A CES CAUSES, de l'avis &c. & de notre certaine science, &c. Nous avons par ces présentes signées de notre main, dit, statué & ordonné, disons, statuons & ordonnons, voulons & nous plaît que les propriétaires des terres situées en nos isles & colonies du vent de l'Amérique, soit par concession, contract d'acquisition, succession, donation ou autrement, même les propriétaires desdites terres en minorité, soient tenus de faire un établissement dessus, & d'en commencer le défrichement dans un an du jour & date de l'enrégiſtrement des préſentes ; d'en défricher les deux tiers dans le terme de ſix années ſuivantes ; ſavoir, un tiers dans les trois premieres années, & l'autre tiers dans les trois ſuivantes ; ſinon, & à faute de ce faire par eux, ordonnons qu'à la diligence de nos Procureurs des Juriſdictions où ſeront ſituées les terres, elles ſoient réunies à notre domaine, ſur les ordonnances du Gouverneur & Lieutenant général pour nous, & intendant de Juſtice, Police, & Finances auxdites iſles, que nous avons pour ce commis & par eux concédés à d'autres habitans en la maniere accoutumée ; voulons auſſi que dans toutes les nouvelles conceſſions qu'ils donneront à l'avenir, les clauſes de former un établiſſement la premiere année & de commencer à les défricher, & celle d'en mettre les deux tiers en valeur dans les ſix années ſuivantes ; ſavoir, un tiers dans les trois premieres années, & l'autre tiers dans les années ſuivantes, y ſoient inſérées, le tout à peine d'être déchus deſdites conceſſions qui ſeront réunies à notre domaine, ainſi qu'il eſt dit ci-devant ; & concédées à d'autres en la maniere ordinaire ; permettons aux propriétaires deſdites terres, d'en conſerver un tiers en bois de bout, & leur défendons de vendre les terreins qui leur ſeront concédés ou qu'ils auront acheté, à moins qu'ils ne ſoient au tiers défrichés, à peine de réunion à notre domaine, de reſtitution du prix de la vente, & de mille livres d'amende applicable aux fortifications deſdites iſles ; leur défendons auſſi de vendre aucun bois deſdites terres ; à moins que ce ne ſoit des bois de teinture, qu'ils n'en aient défriché le tiers, à peine de cent livres d'amende applicable comme ci-devant ; & du double en cas de récidive : Voulons en outre que ceux qui poſſedent des haſtes & corails, ſoit par conceſſion ou autrement, ſoient obligés d'y mettre des bêtes à cornes & des cochons par proportion aux terreins qu'ils poſſéderont, & que faute par eux d'y en avoir ; leſd. haſtes & corails, ſoient réunis à notre domaine, ainſi qu'il eſt dit ci-devant pour les terres ; exceptons des réunions ci-devant ordonnées, les conceſſions de terres appartenantes aux mineurs qui ſe trouvent en non valeur, à cauſe du mauvais état de leurs affaires ; pourvu cependant qu'elles aient été miſes en valeur par ceux qui les poſſédoient avant eux ; & que leurs tuteurs faſſent déclaration aux greffes des Juriſdictions où ſeront ſitués leſdits biens, portant qu'ils ne ſont point en état de les faire valoir, à cauſe du dérangement des affaires deſdits mineurs ; l'expédition de laquelle déclaration, ſera viſée par ledit Gouverneur & Lieutenant général & Intendant : Voulons & nous plaît que toutes les peines de réunion & d'amendes portées par ces préſentes, ne puiſſent être réputées en aucun cas, peines comminatoires, & que toutes les diſcuſſions & affaires qui pourront arriver pour l'exécution des préſentes, ſoient jugées par leſdits Gouverneur & Lieutenant général & Intendant deſdites iſles, & que les réunions &

condamnations d'amendes soient faites à la diligence de nos Procureurs des jurisdictions où les terres seront situées, à peine d'interdiction contr'eux, s'ils ne donnent pas avis auxdits Gouverneur & Lieutenant général & Intendant des délinquants aux présentes, laquelle interdiction sera déclarée avoir été encourue par l'intendant, sans qu'il la puisse lever que par nos ordres; de tout ce faire leur donnons pouvoir, autorité & mandement spécial.

Si donnons en Mandement, à nos amés & féaux les gens tenant nos Conseils Supérieurs à la Martinique & à la Guadeloupe, que ces présentes ils aient à faire lire, publier & régistrer, & le contenu icelles garder & observer selon leur forme & teneur, nonobstant tous Edits, Déclarations, Arrêts, Réglemens & autres choses à ce contraires, auxquels nous avons dérogé par ces présentes: Car tel est notre plaisir; En témoin de quoi nous avons fait mettre notre scel à cesdites présentes. Donné à Versailles, le trois août l'an de grace mil sept cent vint-deux, & de notre regne le septieme. *Signé*, LOUIS. *Et plus bas*; Par le Roi. Le duc d'Orleans, Régent présent. *Signé*, Fleuriau.

ENREGISTRÉE au Conseil Souverain le 12 Novembre 1722.

ORDONNANCE

DU GOUVERNEMENT,

SUR Les Huissiers.

Du 12 Août 1723.

LES différentes plaintes qui nous sont portées tous les jours contre les huissiers qui négligent, souvent même refusent de faire les significations qui leur sont confiées, & les autres actes judiciaires dépendans de leurs fonctions, nous ont donné lieu de rechercher les causes de cet abus qui intertompt le cours de la justice, & ôte la confiance du commerce par la difficulté que trouvent les marchands & les créanciers de se faire payer de leurs dettes; ce qui, par une suite naturelle, interrompt la circulation si nécessaire au maintien du commerce & au bon ordre; nous avons remarqué que lesdits huissiers eux-mêmes donnent lieu à ces plaintes par leur mauvaise volonté, leur avarice, & suivant leur connivence avec les parties contre lesquellles les saisies sont ordonnées: pour leur ôter à l'avenir tout prétexte d'excuse, & les obliger de remplir exáctement leur devoir indifféremment à l'égard des premiers habitans & des petits habitans, après en avoir conféré avec M. le Procureur général.

Nous

Nous ordonnons à tous huissiers & sergens de faire à la premiere réquisition, les significations & autres actes de leurs fonctions, tant dans les villes qu'à la campagne, indistinctement à toutes personnes de quelque rang, qualité & condition qu'elles soient; défendons en conséquence de les troubler dans lesdites fonctions, à peine contre ceux qui tomberont dans le cas, d'être poursuivis extraordinairement, & punis suivant la rigueur des ordonnances; en cas de refus desdits huissiers, nous les interdisons pour un mois, & les condamnons en 50 livres d'amende envers les hôpitaux, au paiement de laquelle ils seront contraints par corps; seront les peines ci-dessus déclarées encourues sur une simple plainte, pour la preuve de laquelle, en cas de déni, il suffira de produire un seul témoin digne de foi.

Pour mieux juger de la justice des plaintes qu'on pourroit faire de la négligence desdits huissiers ou sergens, nous ordonnons qu'ils donneront, lorsqu'on leur demandera, des reconnoissances ou récépissés des comptes, contrats, sentences, arrêts & autres procédures qu'on leur confiera pour faire des significations ou mettre en exécution, lesquels seront datés du jour de la remise desdites pieces, à peine, en cas de refus, de cinquante livres d'amende comme ci-dessus, suffisant pareillement à cet égard, que la plainte soit appuyée d'un seul témoin.

En cas de négligence desdits Huissiers ou sergens, ce qui sera aisé à connoître par la date des récépissés, nous les condamnons pareillement en 50 liv. d'amende, remettant l'exécution de cet article à la prudence des Juges, pardevant qui les plaintes en seront portées.

En ce qui concerne les salaires desdits huissiers & sergens, lorsqu'ils exploiteront dans les villes, bourgs & campagne où ils seront demeurans, nous leur enjoignons de se conformer au tarif qui sera incessamment renouvellé à cause de la cherté des vivres, & rectifié tous les ans à la séance de janvier du Conseil souverain, duquel nous prendrons les avis; & en cas de contestation sur lesdits salaires, quand il y aura transport, lesdits huissiers ou sergens seront tenus de faire taxer leur exploit par celui de M^{rs}. du Conseil Souverain qui se trouvera dans le quartier où il n'y a point de justice établie; & dans ceux où il y en a, par le Juge ou par le Procureur du Roi & ses Substituts; ce qui sera fait par lesdits Juges, sans frais & sur le champ.

Permettons auxdits huissiers & sergens de retenir les pieces des parties pour sûreté de leurs salaires, & jusqu'à ce qu'ils en aient été payés; sans qu'après le paiement d'iceux ils les puissent retenir, sous quelque prétexte que ce soit, & seront alors contraints par corps, à la remise desdites pieces.

Seront tenus les huissiers qui se feront recevoir dans la suite, de donner caution de la somme de cinq cens livres, pour la sûreté des sommes que l'on ne peut se dispenser de leur confier.

ordonné, & par ces présentes signées de notre main, disons, déclarons, & ordonnons, voulons & nous plaît ce qui suit; que ces minutes des Notaires destitués par autorité de justice ou autrement, ainsi que celles des notaires décédés ou qui se seroient démis de leurs emplois, seront déposées aux greffes des Jurisdictions, dans le ressort desquelles cesdits notaires auront été établis, en se conformant aux formalités prescrites par notre dite déclaration dudit jour 2 août 1717, laquelle sera exécutée suivant sa forme & teneur; voulons en conséquence, que sans s'arrêter audit arrêt du Conseil Supérieur de la Guadeloupe, les minutes dudit Neys, destitué en vertu dudit arrêt, soient remises au greffe de la jurisdiction ordinaire de la Basse terre de ladite isle, & que toutes les autres minutes des notaires qui auroient pû être destitués de leurs emplois par autorité de justice ou autrement, dans l'étendue de nosdites colonies, soient pareillement remises, si fait n'a été aux greffes des jurisdictions de leurs districts, à ce faire les dépositaires contraints; quoi faisant, déchargés.

Si donnons en Mandement, à nos amés & féaux les gens tenans nos Conseils Souverains dans nos Colonies, &c.

Donné à Versailles, le quatrieme jour du mois de janvier, l'an de grace mil sept cent vingt-quatre, & de notre regne le neuvieme. *Signé*, LOUIS. *Et plus bas*, Par le Roi. Phelypeaux.

ENREGISTRÉE au Conseil Souverain le 15 Mai 1724.

LETTRE
DU ROI,
AU CONSEIL SOUVERAIN
SUR les séances du Conseil.

Du 18 Janvier 1724.

NOS amés & féaux, nous avons jugé qu'il convenoit mieux pour l'administration de la justice, que notre Conseil Supérieur de la Martinique tienne ses séances depuis six heures précises du matin, jusqu'à midi & demi, lesquelles séances pourront cependant être cessées pendant une demie heure, & qu'il ne s'assemble point de relevée, attendu la grande chaleur; c'est à quoi nous vous recommandons de vous conformer exactement, si n'y faites faute; Car tel est notre plaisir.

Donné à Versailles, le 18 Janvier 1724. Signé, LOUIS. *Et plus bas, Par le Roi. Phelypeaux.*

ENREGISTRÉE au Conseil Souverain le 18 Mai 1724.

REGLEMENT

REGLEMENT

CONCERNANT Les Officiers de la Jurisdiction du Bourg Saint Pierre de la Martinique.

Du 22 Mai 1724.

DE PAR LE ROI.

SA MAJESTE' s'étant fait représenter le Réglement rendu le 4 novembre 1723 par les sieurs de Feuquieres, Gouverneur & Lieutenant général des isles du vent, & Blondel, Intendant desdites isles, au sujet des fonctions des officiers de la jurisdiction de la Martinique; & desirant expliquer à ce sujet ses intentions, elle a, par le présent Réglement, ordonné ce qui suit.

ARTICLE PREMIER.

Les audiences pour la justice royale pour la Martinique, qui se tiendront au Bourg Saint Pierre, se tiendront deux fois la semaine, les Lundi & Samedi, depuis huit heures précises du matin, jusqu'à midi.

Et en cas qu'il y ait fête l'un de ces deux jours, l'audience sera remise au jour d'avant ou d'après; ce que le Juge sera tenu d'indiquer à la derniere audience qu'il tiendra avant la fête, & dont sera fait mention sur le registre du Greffier.

II. Les officiers de la Jurisdiction se trouveront exactement auxd. audiences, pour les affaires y être décidées par le Juge, après y avoir pris les conclusions du Procureur du Roi ou de l'un de ses substituts, & l'avis du Lieutenant.

III. Seront portées auxdites audiences toutes les affaires sommaires, pour y être jugées sans pouvoir être renvoyées à l'extraordinaire, ni appointées à écrire & produire, à moins qu'il n'y ait beaucoup de pieces à examiner, & qu'il ne s'agisse de faits embrouillés, ou de discussions qui demandent une instruction plus particuliere.

IV. Sera tenu par le Greffier, un rôle exact des affaires qui devront être jugées à l'audience, lequel sera arrêté avant l'ouverture par l'officier qui tiendra le siege; & en cas que toutes les affaires du rôle n'aient pû être examinées le matin, l'audience sera continuée le même jour de relevée, depuis trois heures, jusqu'à soleil couchant.

V. Les affaires dans lesquelles il y aura beaucoup de pieces à examiner & qui étant chargées de faits embrouillés & de discussions, ne pourront être jugées à l'audience, seront jugées à l'extraordinaire, ainsi que les affaires criminelles, & toutes distribuées à l'officier qui tiendra l'audience.

VI. Les séances pour l'extraordinaire se tiendront les mardi, jeudi & vendredi, depuis huit heures du matin, jusqu'à midi, & continuées de relevée, si cela est nécessaire.

VII. Les officiers de ladite jurisdiction se rendront exactement au palais & au greffe à sept heures & demi, pour conférer ensemble des affaires de la Jurisdiction, entendre les parties & appointer les requêtes & tenir réguliérement l'audience à huit heures précises du matin, sans que l'heure en puisse être retardée, sous quelque prétexte que ce soit; & en cas d'absence du Juge, du Procureur du Roi ou de l'un d'eux, l'audience sera ouverte par le Lieutenant & le substitut.

VIII. Le Procureur du Roi de la justice royale, sera tenu de faire exactement la police, tant par lui que par ses substituts, lesquels Sa Majesté autorise à la faire dans les cas qu'ils croiront nécessaires, en rendant par eux compte audit Procureur du Roi.

Enjoint Sa Majesté, aux huissiers & sergens de leur obéir, & de faire en conséquence chez les marchands, artisans & autres, la visite des poids & mesures, de tenir la main à ce que les negres se contiennent sans faire aucun tumulte les fêtes & les dimanches, & qu'il ne se passe aucun désordre dans les cabarets, soit à vin, soit à tafia, conformément au réglement de police.

Mande Sa Majesté, aux officiers du Conseil Souverain de la Martinique, de tenir la main à l'exécution du présent Réglement, lequel sera lû, publié & enrégistré au greffe dudit Conseil, & exécuté selon sa forme & teneur, nonobstant tous Edits, Déclarations, Ordonnances, Réglemens à ce contraires, auxquels Sa Majesté a dérogé & déroge par le présent: ordonne aux officiers de la jurisdiction de Saint-Pierre & autres du ressort du Conseil Souverain de la Martinique, de s'y conformer exactement. Fait à Versailles, le 22 mai mil sept cent vingt-quatre. *Signé* LOUIS. *Et plus bas*; PHELIPEAUX.

ENREGISTRE' au Conseil Souverain le 4 Septembre 1724.

REGLEMENT

DE MM. LES GENERAL ET INTENDANT,

SUR Les amendes.

Du 8 Juillet 1724.

LE directeur général du domaine d'occident en ces isles, nous ayant présenté un état des amendes prononcées au profit du Roi en la Jurisdiction principale de cette isle, depuis le 19 novembre 1717 jusques & compris l'année 1723, délivré & certifié véritable par le sieur Doissin, greffier de ladite Jurisdiction, lesquelles amendes montent ensemble à la somme de 6209 liv., sur laquelle il n'y a de reçu que celle de 830, & nous ayant présenté sa requête à ce sujet pour prévenir à l'avenir une pareille négligence dans le recouvrement desdites amendes, nous avons cru ne pouvoir mieux faire que de rappeller les dispositions des ordonnances du Roi, rendues à ce sujet.

1°. Conformément à l'article 27 du titre 3 de l'ordonnance de François I, du mois d'octobre 1535, enjoignons aux greffiers des Jurisdictions & Conseils Souverains, de tenir bon & fidele registre des amendes envers le Roi; sous peine d'interdiction & d'amende arbitraire, état desquelles ils délivreront tous les trois mois aux receveurs du domaine, lorsqu'ils en seront par eux requis, lequel état sera en quatre colonnes, la premiere contiendra la date du jugement, la seconde, la qualité & quantité des amendes, la troisieme l'appel qui en sera fait, & la quatrieme l'événement de l'appel.

2°. Afin que sous prétexte de l'appel, les condamnés esdites amendes n'en éludent le paiement, ordonnons que faute par eux d'avoir fait statuer sur leurs appels, dans six mois pour tout délai, du jour & date d'iceux, ils seront contraints au paiement desdites amendes, sauf néanmoins, au cas que la sentence fût infirmée par la suite, à leur rendre par le receveur des domaines, les sommes par eux payées pour lesdites amendes.

3°. Les condamnés esdites amendes seront tenus de payer ès mains desdits receveurs, les sommes auxquelles se monteront lesdites amendes, huitaine après la signification de l'extrait du jugement qui en portera la condamnation, à peine, après ce terme expiré, d'être contraints par corps au paiement desdites sommes, pour quoi tiendront prison jusqu'après le paiement fait, sans pouvoir être élargis que sur la quittance desdits receveurs, ou que les deniers soient consignés au greffe, conformément aux ordonnances de Louis XII de 1498, de François I de 1535, & de Henry III de 1585.

4° A l'égard des autres amendes qui auront été prononcées à des destinations particulieres, il en sera pareillement fait nn registre par lesdits greffiers sous les mêmes peines que dessus, l'état desquelles amendes ils nous apporteront tous les six mois, ensemble un autre au Procureur général, pour être à sa diligence pourvû à ce que lesdites amendes soient exactement payées & employées suivant leur destination, dont il nous rendra compte. Seront ces présentes, enrégistrées au greffe des Conseils Souverains & des Jurisdictions, expédition desquelles sera ensuite délivrée au directeur général du domaine en ces isles. Donné au Fort-Royal, &c.

ENREGISTRÉ au Conseil Souverain le 4 Septembre 1724.

ARRÊT
DU CONSEIL SOUVERAIN,

SUR Les consignations d'amendes d'appel.

Du 7 Novembre 1724.

EXTRAIT DES REGISTRES DU CONSEIL SOUVERAIN.

SUR ce que le Procureur général du Roi a remontré au Conseil que par un abus qui s'est jusqu'à présent pratiqué en cette isle, les greffiers, receveurs des consignations d'appel ont toujours remis lesdites consignations sur les désistemens desdits appels, ce qui est contraire aux ordonnances du Roi, requérant qu'il y soit pourvu pour l'avenir : Sur quoi faisant droit, Le Conseil fait défenses au greffier en chef du Conseil, & à ses commis receveurs des consignations d'appel, de remettre à l'avenir aux parties, les amendes lorsqu'ils se désisteront de leursdits appels, à moins qu'il n'en soit ainsi ordonné par arrêt de la Cour, à peine d'en répondre en leur propre & privé nom; ce qui leur sera notifié à la diligence du Procureur général du Roi. Fait à la Martinique, &c.

REGLEMENT

POUR l'établissement & l'entretien des chemins royaux, publics & de communication, aux isles du Vent de l'Amérique.

Du 17 Avril 1725.

LE ROI ayant été informé de la nécessité indispensable d'entretenir & réparer les chemins royaux ou publics, & de communication aux isles du vent de l'Amérique, & d'en ouvrir de nouveaux pour la commodité de ses Sujets qui sont établis & qui s'établiront ci-après dans les différens quartiers desdites isles, afin qu'ils puissent, par la communication de ces chemins, se procurer des secours mutuels, tirer des lieux destinés au commerce, des bords de la mer, & des ports où les vaisseaux abordent, les vivres & autres denrées venant de france, dont ils ont besoin, & en même tems faire voiturer commodément de chacune de leurs habitations dans les ports, les sucres & autres marchandises de la colonie, pour être embarqués sur

sur les vaisseaux qui sont leurs retours en france. Et s'étant fait représenter les différens réglemens rendus à ce sujet par les Gouverneurs & Intendans desdites isles, & entr'autres celui rendu par les sieurs de Feuquiere Gouverneur, Lieutenant général, & Blondel, Intendant, le 11 septembre de l'année derniere, Sa Majesté a approuvé les principaux articles dudit Réglement: mais ne voulant rien laisser à desirer à l'occasion des difficultés & contestations qui pourroient naître, ni sur l'attribution de jurisdiction desdites contestations, Elle a résolu d'expliquer ses intentions par le présent Réglement, qu'elle veut être exécuté selon sa forme & teneur.

Article Premier.

Il sera distingué trois sortes de chemins, qui sont les chemins royaux ou publics, les chemins particuliers & ceux de communication; & déterminé trois sortes de façons dans les chemins; Savoir, l'ouverture, l'entretien, & la réparation.

II. L'ouverture des chemins consiste à abbatre les arbres, arracher les souches & les racines, ôter les grosses roches, combler les trous & crevasses qui se rencontrent, ferrer les ravines, faire les escarpes & les saignées nécessaires, & enfin à mettre les chemins dans un état praticable & commode au public.

III. L'entretien consiste au soin de sarcler les herbes & arracher les halliers ou haziers qui y croissent, & autres menus ouvrages de peu de conséquence.

IV. La réparation consiste à combler les crevasses, les trous & les ravines qui s'y forment, de quelques causes qu'elles proviennent, à ouvrir les saignées, refaire les escarpes & en faire de nouvelles où il sera nécessaire, faire des ponts, rétablir ceux qui sont faits, paver les endroits bourbeux & marécageux & autres qui en ont besoin; & enfin à faire tous les autres ouvrages nécessaires pour rendre les passages libres, fermes, commodes & assurés.

V. L'ouverture des chemins royaux sera faite par tous les habitans des Paroisses, sur lesquelles lesdits chemins passeront, & elle sera ordonnée par le Gouverneur général & Intendant des isles du vent, contradictoirement avec les parties intéressées, sur le procès verbal & rapport du grand Voyer, & à son défaut du Voyer du département duquel il s'agira, ou de tel autre qui sera commis à cet effet; & l'ordonnance qui sera rendue à ce sujet, contiendra le lieu par où le chemin doit passer, & le nom des Paroisses qui devront y contribuer.

VI. La connoissance de l'ouverture des chemins particuliers & de communication, ainsi que de l'entretien & réparation desdits chemins & des chemins royaux, appartiendra à l'Intendant.

VII. Après que l'ouverture des chemins royaux aura été ordonnée, les travaux qui devront y être faits, seront déterminés par le grand voyer, qui prendra sur cela les avis des officiers de milice des Paroisses intéressées, même des habitans qui se trouveront à cette ouverture; & en cas d'avis différent, celui du grand Voyer sera suivi, & conformément à icelui, il sera travaillé sans retardement ni délai, sauf cependant les représentations desdits habitans devant le Gouverneur général & l'Intendant.

VIII. Comme la différence des lieux & la qualité des terreins empêchent de déterminer précisément la largeur des chemins, tant dans les bois que dans les pays habitués, ladite largeur sera déterminée par le grand Voyer, conformément à l'article précédent; ce qui sera pareillement observé dans les chemins déja établis, en appellant cependant, lors de ladite ouverture, les habitans sur le terrein desquels lesdits chemins passeront, à l'effet de faire leurs représentations, dont le Voyer dressera procès verbal pour en faire son rapport au Gouverneur & à l'Intendant, qui en décideront.

IX. Dans le cas des deux articles précédens, sera dressé procès verbal par le grand Voyer de ce qui aura été déterminé, tant pour les travaux que pour la largeur des chemins; & contiendra, ledit procès-verbal, les différens avis qu'il y aura eu, ainsi que les protestations qui pourront être faites, desquelles il sera donné acte par le grand Voyer, sans que sous ce prétexte, les travaux puissent être ni différés, ni retardés, sauf à y être fait droit dans la suite, ainsi qu'il appartiendra.

X. La quantité de negres pour travailler à l'ouverture des chemins, sera déterminée par le grand Voyer; & seront lesdits negres commandés par les capitaines de milice des Paroisses, qui en feront la répartition sur chaque habitant, à proportion de ce que chacun aura de negres, & ce sur le pied du dernier dénombrement qui aura été donné; & ceux desdits habitans qui n'auront pas de negres ou qui en auront peu, serviront de commandeurs, ce qui leur tiendra lieu de contingent.

XI. Les travaux des chemins seront conduits par les officiers de milice de la Paroisse, chacun à tour de rôle, conformément à ce qui aura été déterminé, & sans qu'ils puissent s'en écarter; ils seront assistés de leurs sergens, aussi chacun à tour de rôle, ce qui sera observé, tant dans l'ouverture que dans la réparation des chemins.

XII. Chaque particulier privilégié ou non privilégié, entretiendra les chemins royaux ou publics qui passent sur ses terres, suivant la disposition de l'article III; & il y sera procédé deux fois par chaque année, réguliérement dans les mois de février & d'août, sous les peines qui seront ci-après ordonnées.

XIII. Cependant s'il se trouve quelque particulier surchargé de chemins, il y sera soulagé par ses voisins qui en auront le moins, ou qui n'en auront point; & s'il a d'autres droits à ce sujet sur aucun de sesdits voisins, il pourra se pourvoir, & seront lesdits droits, réglés contradictoirement par l'intendant ou ses subdélégués, sans cependant que dans le cours de l'instance, l'habitant surchargé puisse se dispenser de travailler auxdits chemins, en conformité des articles ci-dessus.

XIV. Les réparations des chemins royaux seront faites dans chaque Paroisse par les habitans d'icelles, & ainsi qu'il sera ci-après expliqué, & il sera procédé une fois l'année au premier d'avril; & seront les travaux desdites réparations, déterminés par le grand Voyer, comme il est porté à l'article VII.

XV. Nonobstant l'article ci-devant, le chemin qui va du Bourg Saint-Pierre à la Basse-Pointe, sera réparé par ceux qui y ont toujours contribué ou dû contribuer, & ce jusqu'à ce qu'il en soit autrement ordonné, s'il y a lieu.

XVI. Les réparations des chemins seront faites par corvées de negres, qui seront commandés aux habitans qui doivent y contribuer; & seront les travaux desdites réparations, conduits par les officiers de milice, le tout conformément à ce qui est ordonné pour l'ouverture des chemins à l'article X.

XVII. Dans les réparations des chemins royaux qui servent aux particuliers pour le transport de leurs denrées, ceux qui se servent de cabrouets ou traînes, fourniront le triple de negres, à la proportion de trois pour un; & ceux qui ne se servent que de chevaux & mulets, en fourniront seulement le double, à la proportion de deux pour un; ce qui n'aura lieu pour chaque particulier, que dans les endroits desdits chemins dont il fera usage pour ledit transport.

XVIII. Nonobstant les deux articles précédens, les habitans des grandes Paroisses où il y a beaucoup de chemins royaux, pourront se partager entr'eux les réparations desdits chemins, de façon que chacun fasse ceux de son côté; & à cet effet ils pourront s'assembler après que les officiers de milice en auront pris la permission de l'officier major ou commandant du quartier, pour en convenir entr'eux conformément à l'esprit du présent règlement, à la charge que les conventions seront rapportées à l'intendant, pour être par lui autorisées, & ensuite exécutées en tout leur contenu.

XIX Outre la réparation générale annuelle, il en sera fait d'autres toutes les fois que le cas le requerra, & y sera procédé conformément aux articles ci-dessus.

XX. Pourra le grand Voyer, quand il le jugera nécessaire, visiter les chemins royaux ou publics de l'isle, & sera tenu de ce faire, au moins une fois chaque année, quinze jours avant qu'on travaille à la réparation desdits chemins; dans laquelle visite il sera accompagné du capitaine de la Paroisse, ou à son défaut, du Lieutenant ou de l'enseigne, de façon qu'il ait toujours avec lui un officier.

XXI. Aura soin le grand Voyer d'informer le Capitaine de chaque Paroisse où il ira, du jour qu'il s'y rendra, afin de visiter les lieux conjointement, prendre les mesures nécessaires pour lesdites réparations, en convenir à l'amiable, si faire se peut, & déterminer la quantité des negres qui seront nécessaires pour accélérer les ouvrages; sur laquelle quantité le capitaine fera la répartition suivant la disposition de l'article X.

XXII. Les capitaines de milice auront soin dans ces visites, de se faire accompagner de leurs autres officiers, même d'avertir les notables & autres habitans desdites Paroisses, afin que si aucuns ont quelques remontrances à faire au sujet des chemins, ils puissent être écoutés dans leurs raisons, dont le grand Voyer dressera procès verpal, si besoin est, & se chargera même de leurs remontrances, pour être sur le tout statué ce qu'il appartiendra.

XXIII. Pourra le grand Voyer, dans ses visites génerales, s'il se trouve des ouvrages considérables à faire, tels que sont les ponts sur les rivieres, les levées, les pavés & autres travaux de conséquence, requérir de l'officier major de l'isle, commandant dans le quartier, l'assemblée des Paroissiens des lieux où lesdits travaux doivent être faits, recevoir leurs avis, en dresser procès verbal, donner acte des protestations & oppositions, si aucunes y a, pour sur le tout, être sur son rapport ordonné ce qu'il appartiendra.

XXIV. Seront au cas ci-dessus, les assemblées convoquées par le capitaine de milice, suivant les ordres qu'il en aura de l'officier major de l'isle commandant dans le quartier, ou à son défaut par les autres officiers de la Paroisse, sur une simple publication, si c'est à jour de fête ou de dimanche, ou par billets qui seront écrits par lesdits officiers aux habitans les plus notables & les plus intéressés; & ne pourront être les délais pour lesdites assemblées, plus courts que de deux jours francs; & sera le lieu de ladite assemblée, indiqué par le grand Voyer, à moins que l'officier major commandant dans le quartier, ne soit présent & ne veuille assister à ladite assemblée, auquel cas il la convoquera & indiquera le lieu où elle se fera.

XXV. Faute par les habitans d'assister aux assemblées ainsi convoquées, il sera passé outre, & ordonné ce qui sera nécessaire sur le simple rapport du grand Voyer.

XXVI. Sera tenu le grand Voyer, d'informer l'officier major commandant du quartier, des travaux que l'on aura déterminé, & de ce qui se sera passé dans les differentes paroisses de son commandement; ce que le grand Voyer pourra faire par lui-même, si sa commodité le lui permet, ou par le voyer du quartier, auquel il en donnera l'ordre.

XXVII.

XXVII. Personne ne pourra être exempt de fournir les negres qui lui seront commandés pour les ouvrages des chemins, sous prétexte de privileges ou exemptions, pas même les maisons religieuses, & officiers majors qui auront des habitations; & seront les réparations faites sans avoir aucun égard auxdits privileges & exemptions, de quelque espece qu'elles puissent être, lesquelles nous déclarons n'avoir pas lieu au fait des chemins.

XXVIII. Les voyers du quartier visiteront les chemins de leur département, le plus souvent qu'il leur sera possible; ils seront tenus & obligés d'en faire deux visites au moins par chaque année, accompagnés d'un officier, & ce, après le tems fixé pour l'entretien des chemins, dont ils dresseront procès verbal, & dans lequel ils feront mention de l'état auquel ils auront trouvé lesdits chemins, & des personnes qui auront manqué audit entretien; & sera ledit procès verbal, signé desdits Voyers & de l'officier de milice, même des autres habitans qui se trouveront à ladite visite, pour ledit procès verbal envoyé à l'Intendant, être pourvu à ce qui sera nécessaire, & les délinquants condamnés, conformément à ce qui sera ci-après ordonné.

XXIX. Seront tenus en outre les Voyers des quartiers, en cas qu'ils trouvent des délinquants, d'en donner avis à l'instant au capitaine de la Paroisse, lequel donnera sur le champ ordre audit délinquant, de travailler audit entretien, sans cependant que la peine encourue & ci-après ordonnée, puisse être remise.

XXX. Tous capitaines & officiers des milices se conformeront à ce que dessus, à peine d'interdiction pour la premiere fois, & de cassation en cas de récidive.

XXXI. Les Voyers des quartiers, chacun dans leur département, seront tenus de bien & fidélement procéder en leurs visites & procès verbaux, à peine, en cas de contravention, de cinquante livres d'amende pour la premiere fois, du double en cas de récidive, & pour la troisieme fois, à peine, outre l'amende de cent livres, d'être cassés & punis comme prévaricateurs.

XXXII. Les particuliers qui manqueront d'entretenir leurs chemins dans le tems ordonné, seront condamnés en 30 livres d'amende, & s'ils y manquent sur le second ordre qui leur en sera donné, l'amende sera de 60 liv.; mais en cas d'obstination, ils y seront contraints par corps; & seront lesdites amendes encourues sur le simple fait, sans qu'elles puissent être remises ni modérées.

XXXIII. Les habitans qui manqueront d'envoyer le nombre de negres qui leur seront commandés, tant pour l'ouverture que pour la réparation des chemins, payeront trois liv. par jour, pour chaque negre qu'ils auront manqué d'envoyer; à quoi l'officier de milice, qui assistera auxdits travaux & les conduira, tiendra exactement la main, à peine d'en répondre en son propre & privé nom, même en cas de grande négligence, sous les peines portées en l'article XXX ; & ne pourra non plus ladite peine être remise ni moderée, sous quelque prétexte que ce soit, & sera ainsi encourue sur le simple fait.

XXXIV. L'officier qui assistera auxdits travaux, tiendra un état-journal, sur lequel il marquera les negres que chacun aura envoyé par chaque jour, & mettra en marge ceux que chacun auroit dû envoyer; lequel état sera remis à la fin des ouvrages, pour sur icelui les délinquants être condamnés conformément à l'article ci-dessus.

XXXV. Le grand Voyer ou les Voyers des quartiers, chacun dans leur département, auront soin d'aller visiter les travaux, & de voir si on les exécute conformément à ce qui aura été déterminé, & en cas d'inexécution, il en sera donné avis à l'Intendant, pour y être par lui pourvû ainsi qu'il appartiendra.

XXXVI. La largeur des chemins royaux ou publics, sera déterminée de façon que la rampe des cannes, des lisieres & autres cultures, n'incommode point le public : ceux qui planteront des cannes, lisieres, arbres ou arbrisseaux, à la largeur déterminée, seront tenus de les tailler deux fois l'an, à peine de dix livres d'amende; & dans les bois de bout & marécageux, on pourra suivant la nécessité, étendre la largeur desdits chemins royaux ou publics, depuis 30 jusqu'à 50 & 60 pieds. Fait Sa Majesté, inhibitions & défenses aux particuliers, de planter aucunes hayes vives, mortes, ou cultures, dans les chemins qu'ils doivent à leurs voisins, soit par obligation ou redevance, afin que ceux qui ont le droit de passage sur eux, aient toujours la largeur franche qui leur aura été réglée, à peine, comme dessus, de dix liv. d'amende.

XXXVII. Et comme il est d'une grande nécessité de pourvoir aux passages des rivieres sur lesquelles on n'a pû encore faire des ponts, & dont les débordemens fréquens interrompent non-seulement toute communication, mais encore exposent souvent la vie des hommes; les habitans des quartiers où il y a de pareilles rivieres, prendront incessamment les mesures les plus justes pour y faire des ponts : Veut Sa Majesté, qu'ils soient aidés & favorisés dans ces entreprises, par le Gouverneur général & l'Intendant ; & cependant il sera pourvû auxdits passages, dans les endroits les plus faciles & les moins dangéreux, & seront rendus lesdits passages, les plus assurés que faire se pourra, à quoi sera procédé suivant la disposition des articles 7, 8 & 9.

XXXVIII. Les levées qui seront faites dans les lieux marécageux, lorsqu'elles passeront dans les savannes où sont nourris & où l'on éleve des bestiaux, seront une fois bien faites par le public ; & celles qui sont déja faites, une fois bien réparées, & ensuite demeureront lesdites levées à la charge des propriétaires, tant pour l'entretien que pour les réparations, à moins que par des hayes ou autres moyens, lesdits propriétaires n'empêchent leurs bestiaux d'aller & communiquer en aucune façon ſur leſdites levées, qui eſt ce qui contribue le plus à leur deſtruction ; auquel cas ils ne ſeront tenus que du ſimple entretien, ſuivant la diſpoſition de l'article 3.

XXXIX Lorſque ces levées paſſeront dans des lieux plantés en cannes ou autres, dans leſquels les beſtiaux ne communiquent point, ne ſeront tenus les propriétaires, que de l'entretien ; & s'ils s'en ſervent à leur uſage particulier, ſi c'eſt avec des traînes ou cabrouets, ils fourniront tous leurs negres lors des réparations ; & ſi c'eſt avec des chevaux ou mulets, la moitié de leurs negres ; & les autres particuliers fourniront ſeulement leur part contingente, comme pour les autres chemins.

XL. Seront tenus les propriétaires, de faire & réparer les ponts ſur les foſſés ou canaux qu'ils auront faits pour égouter leurs terres, ou pour leurs autres néceſſités particulieres ; & à l'égard de ceux qui ſeront néceſſaires ſur les foſſés que le public aura faits, ils ſeront faits & réparés par le public, à moins que les propriétaires ne s'en ſervent ſeuls à leurs uſages, auquel cas ils ſeront tenus de les réparer.

XLI. Si aucuns propriétaires ou autres font paſſer des traînes ou cabrouets ſur les ponts, tant des levées que des autres chemins royaux, ils ſeront tenus d'entretenir & réparer leſdits ponts à leurs dépens ; & dans les lieux où cela ſera poſſible, ſeront faits des ponts particuliers pour les gens de pied & de cheval, leſquels ſeront bons, ſolides, & d'une largeur convenable ; & ſeront leſdits ponts, faits par les propriétaires, s'ils y ont donné occaſion ; ſinon par le public.

XLII. Les particuliers qui auront des barrieres dans les grands chemins, ſeront obligés de les entretenir en bon état, même de réparer les paſſages deſdites barrieres, leſquelles ſeront batantes & faciles à ouvrir, à peine de 10 liv. d'amende.

XLIII. Toutes les amendes pour fait des chemins, ſeront applicables à la réparation deſdits chemins, & à la conſtruction & réparation des ponts & autres ouvrages néceſſaires. Veut Sa Majeſté, qu'elles ſoient levées par les capitaines de milice, & remiſes aux Voyers des quartiers, chacun dans leur département, leſquels en tiendront un état exact, pour le remettre avec leſdites amendes, au grand Voyer qui en rendra compte au Gouverneur général & à l'Intendant, dont il reſtera dépoſitaire ; & ſera le fonds deſdites amendes, employé ainſi qu'il appartiendra.

XLIV. Tout particulier aura droit de chemin, ſur celui aux étages duquel il ſe trouvera le plus court & le plus commode ; & ſera la largeur dudit chemin, en cas de conteſtation, réglée par l'Intendant, ſur l'avis & rapport du grand Voyer, ou du Voyer du quartier, qui ſera appellé à cet effet.

XLV. Les étages ſeront conſidérés eu égard aux chaſſes des habitations, même eu égard aux villes, ports, embarquemens & chemins royaux, dans les cas néceſſaires.

XLVI Lorſqu'un particulier découvrira un chemin plus court & plus commode que celui dont il eſt en poſſeſſion, il pourra ſe pourvoir, & il y ſera fait droit ſur le procès verbal de commodité ou incommodité, du Voyer du quartier du département duquel il s'agira, enſemble ſur les dommages & intérêts que pourra prétendre à cauſe de ce changement, celui qui devra ledit chemin.

XLVII. Si un habitant pour aller à ſon embarquement d'où il tire & où il porte ſes denrées, ne peut trouver ſur celui aux étages duquel il eſt, un chemin praticable, en ce cas il pourra demander un chemin aux autres habitans ſes voiſins, aux étages deſquels il n'eſt pas, & ſera ledit chemin, ordonné contradictoirement avec les parties intéreſſées, ſur le procès verbal du grand Voyer ou des voyers du quartier.

XLVIII. Dans les cas ci-deſſus, le chemin ſera ordonné dans le lieu le plus commode que faire ſe pourra; mais le moins ruineux & le moins à charge à celui ou ceux ſur leſquels il paſſera.

XLIX. Seront les propriétaires des terres, dans le cas des trois articles précédens, ſur leſquels leſdits chemins paſſeront, dédommagés par ceux qui les auront obtenus, & ce, à dire d'arbitres, qui auront égard à la nature des terres, aux plantations & même aux incommodités & dommages que pourroient en recevoir leſdits propriétaires; & ſeront leſdits dédommagemens, prononcés en ordonnant leſdits chemins, par une ſeule & même ordonnance.

L. L'ouverture des chemins particuliers ſera faite par celui où ceux qui devront s'en ſervir; ils ſeront entretenus dans les bois de boût, par ceux qui y paſſeront, & dans les pays habitués, par les propriétaires; & ſeront réparés & entretenus toutes les fois qu'ils en auront beſoin, par tous ceux qui s'en ſerviront, même par les propriétaires s'ils en font uſage, ſous les peines portées par les articles 32 & 33.

LI. Les chemins de communication étant d'une grande utilité, ils ne doivent point être refuſés par les habitans les uns aux autres; & en cas de refus, ils pourront être ordonnés en connoiſſance de cauſe: ceux qui ſont déja établis ſubſiſteront, ſauf à être changés & placés dans les lieux les plus commodes aux propriétaires ſur leſquels ils paſſeront, & ſeront ouverts, entretenus & réparés tant par les propriétaires, que par ceux qui en feront uſage, ſous les peines portées par leſdits articles 32 & 33.

LII. Les chemins qui ont été ordonnés dans différens lieux des iſles pour les uſages de l'eau, ſubſiſteront ainſi qu'ils ont été ordonnés; & en cas qu'il en ſoit demandé d'autres dans d'autres lieux, il y ſera procédé ſuivant le droit des parties.

LIII. Aucun ne pourra faire des balcons ſur les rues, qu'après y avoir appellé le grand Voyer, pour l'intérêt public; & ne pourra ledit grand Voyer, accorder aucune permiſſion d'en bâtir, que du conſentement

tement des parties qui pourront y avoir intérêt; lesquels, en cas de contestation pour leurs intérêts particuliers, pourront se pourvoir devant les Juges des lieux, pour y être statué suivant & conformément à l'usage & coutume de Paris pour les vues; & sur leur jugement, pourra ledit grand Voyer accorder lesdites permissions, s'il y a lieu; lesquelles seront visées par le Procureur de Sa Majesté en la jurisdiction ordinaire.

LIV. Seront tenues les personnes qui voudront faire bâtir des maisons dans les villes & bourgs, de prendre l'alignement du grand Voyer ou de celui qui sera par lui commis à cet effet, en présence du Procureur de Sa Majesté, & ce à peine de démolition des bâtimens qui sera ordonnée par les Juges des lieux, en cas que lesdits bâtimens ne se trouvent pas dans un juste alignement.

LV. Seront les alignemens, pentes & ruisseaux des rues, & les égouts, réglés par ledit grand Voyer, en présence du Procureur de Sa Majesté, & les propriétaires des maisons, tenus de se conformer à ce qui aura été ainsi réglé, à peine d'y être contraints pardevant les Juges des lieux, & lesdites choses faites ou réparées à leurs dépens.

LVI. Pourra le grand Voyer dans chaque jurisdiction, commettre un Expert, tant pour les alignemens des maisons, que pour les façons des rues, en nommant ledit Expert au Greffe, dont le Greffier dressera acte; & seront tenus les Juges, d'employer ledit Expert dans toutes les affaires concernant la Voyerie, & ses vacations par eux taxées eu égard au travail, après toutefois que lesdits Experts auront prêté serment devant lesdits Juges, en présence du Procureur de Sa Majesté.

LVII. Lorsque les rues & chemins seront encombrés ou incommodés, ledit grand voyer, les voyers ou commis, enjoindront aux particuliers de faire ôter lesdits empêchemens, ordures & encombremens, sinon les particuliers désobéissans seront condamnés par les Juges des lieux, à l'amende de vingt livres.

LVIII. Défend Sa Majesté, à tous particuliers de jetter dans les rues, eau ni ordures par les fenêtres, de jour ni de nuit; faire préaux ni aucuns jardins en saillies aux hautes fenêtres; ni pareillement tenir fumier, terreaux, bois ni autres choses, dans les rues & voyes publiques, plus de vingt-quatre heures, & encore sans incommoder les passans, à peine de vingt livres d'amende contre les contrevenans, qui seront condamnés par les Juges des lieux; à l'effet de quoi les voyers ou commis se transporteront par toutes les rues, de quinze en quinze jours, afin de commander qu'elles soient délivrées & nettoyées, & que les passans ne puissent en recevoir aucune incommodité.

LIX. Aucun ne pourra faire faire des éviers ou égouts, plus haut que le rez-de-chaussée, s'ils ne sont couverts jusqu'audit rez-de-chausssée, & même sans la permission dudit grand voyer ou commis.

LX. Fera au surplus, ledit grand Voyer les mêmes fonctions que ceux du Royaume.

Enjoint Sa Majesté au Gouverneur & Lieutenant général desdites isles du vent, à l'Intendant & à tous ses autres officiers & justiciers qu'il appartiendra, de tenir chacun en droit soi la main à l'exécution du présent réglement, qui sera régistré aux greffes des Conseils Supérieurs & autres jurisdictions desdites isles, lû, publié & affiché partout où besoin sera, à ce que nul n'en ignore. Fait à Versailles, le 17 avril mil sept cent vingt-cinq. *Signé*, LOUIS. *Et plus bas*; PHELYPEAUX.

ENREGISTRÉ au Conseil Souverain le 1 Juillet 1726.

ORDONNANCE

DE MM. LES GENERAL ET INTENDANT,

SUR Les Duels.

Du 8 Mai 1725.

SA MAJESTÉ ayant été informée qu'il se fait dans les isles du Vent, & principalement à la Martinique, des appels en place publique, & en présence de nombre de personnes, & même en particulier & par des lettres, ce qui est très contraire à ses ordonnances & édits contre les duels, Elle nous a ordonné de ne le pas souffrir & de faire joindre le Procureur du Roi aux parties civiles en pareil cas, & même de le faire agir d'office, en cas qu'il n'y ait pas de parties civiles; & étant nécessaire que le public sache les intentions de Sa Majesté, qui sont qu'on ne tolere en façon quelconque, soit par l'impunité ou autrement, les violences dans les pays de sa domination.

Nous ordonnons aux Procureurs du Roi des Jurisdictions de ces isles, d'agir d'office contre ceux qui tireront l'épée, de quelque qualité & condition qu'ils soient, & pour quelque cause que ce soit; ordonnons que sur le champ ils nous enverront & à M. le Procureur général, copie de leurs plaintes, pour recevoir nos ordres à ce sujet.

Prions Messieurs du Conseil Souverain, d'enrégistrer notre présente Ordonnance dans le greffe dudit Conseil, & de la faire enrégistrer dans ceux des Jurisdictions, publier & afficher par-tout où besoin sera, afin que personne n'en ignore. Fait &c.

ENREGISTRÉE au Conseil Souverain le 9 Mai 1725.

ARRÊT DU CONSEIL SOUVERAIN,

QUI défend d'appeller des Ordonnances du Juge ordinaire, de permis d'assigner, & sur les délais des assignations.

Du 16 Mai 1725.

EXTRAIT DES REGISTRES DU CONSEIL SOUVERAIN.

LE CONSEIL faisant droit sur le requisitoire du Procureur général du Roi, fait défenses à tous Procureurs ou autres personnes, d'appeller des ordonnances de permis d'assigner, sauf à eux à proposer pardevant les Juges leurs exceptions dilatoires & péremptoires, pour, par le Juge, y avoir tel égard que de raison, sauf l'appel à la Cour, & cependant ordonné que les délais des ordonnances seront exactement observés, sur-tout à l'égard des domiciliés. Et sera le présent arrêt, lû, publié, & enrégistré en l'audience des Jurisdictions, à la diligence du Procureur général du Roi ou de ses substituts. Fait au Conseil Souverain de la Martinique, le 16 mai mil sept cent vingt-cinq.

LETTRE DU ROI,

SUR Les Séances du Conseil Souverain.

Du 17 Octobre 1725.

DE PAR LE ROI.

NOS amés & féaux, nous vous aurions par notre lettre du 18 Janvier 1724, ordonné de tenir une seule séance par jour pour l'administration de la justice en notre Conseil Supérieur, depuis six heures du matin, jusqu'à midi & demi, à cause de la grande chaleur; mais ayant égard aux représentations que vous nous avez faites, qu'il importe au bien de nos sujets & à l'accélération de la Justice, de tenir deux séances par chaque jour, Nous vous faisons cette lettre pour vous dire que notre intention est, qu'aux jours que notre Conseil Supérieur s'assemblera, il soit tenu deux séances; savoir, celle du matin, depuis sept heures jusqu'à midi; & celle de relevée, depuis trois heures jusqu'à six, si n'y faites faute : Car tel est notre plaisir &c.

ENREGISTRÉE au Conseil Souverain le 11 Mars 1726.

DÉCLARATION
DU ROI,

EN interprétation de l'Edit de 1685 contre les Esclaves.

SUR les donations faites à des personnes de sang mêlé, & le recelé d'Esclaves.

Du 5 Février 1726.

LOUIS PAR LA GRACE DE DIEU, ROI DE FRANCE ET DE NAVARRE: A tous ceux qui ces présentes Lettres verront, SALUT. Le feu Roi notre très-honoré Seigneur & bisayeul auroit par ses lettres patentes en forme d'Edit du mois de mars 1685, établi une loi & des régles certaines, sur ce qui concerne l'état & la qualité des esclaves aux isles de l'Amérique; mais sur les représentations qui nous ont été faites, qu'il convient au bien & à l'avantage de nosdites colonies, d'ajouter à certaines dispositions dudit Edit, & d'en retrancher d'autres, eu égard aux circonstances présentes. A CES CAUSES, de notre certaine science, pleine puissance & autorité royale, Nous, en interprétant en tant que besoin est ledit Edit du mois de mars 1685, avons dit, déclaré & ordonné, & par ces présentes, disons, déclarons & ordonnons, voulons & nous plaît ce qui suit; que l'article 39 dudit Edit soit exécuté selon sa forme & teneur; & en conséquence que les affranchis qui auront donné retraite dans leurs maisons aux esclaves fugitifs, soient condamnés par corps envers le maître, en l'amende de 300 livres de sucre par chacun jour de rétention; & les autres personnes libres qui leur auront donné pareille retraite, en 10 liv. tournois d'amende par chacun jour de rétention; & en ajoutant à cet article, ordonnons que conformément à ce qui est porté par notredit Edit du mois de mars 1724, qui sert de loi pour les esclaves de notre Province de la Louisiane, faute par lesdits negres affranchis ou libres qui auront donné retraite auxdits esclaves, de pouvoir payer ladite amende de 300 livres de sucre, par chacun jour

jour de rétention des esclaves fugitifs, ils soient réduits à la condition d'esclaves, & comme tels vendus au plus offrant & dernier enchérisseur, à la diligence de notre Procureur en la jurisdiction, en laquelle ils seront demeurans: Voulons que si le prix provenant de la vente qui en sera faite excéde l'amende encourue, le surplus soit adjugé au profit de l'hôpital le plus prochain; voulons aussi que conformément à ce qui est porté par l'article 52 de notredit Edit du mois de mars 1724, tous esclaves affranchis, ou negres libres, leurs enfans & descendans, soient incapables de recevoir à l'avenir des blancs, aucune donation entre-vifs, à cause de mort ou autrement, sous quelque dénomination ni prétexte que ce puisse être, nonobstant ce qui est porté par les articles 56, 57 & 59 dudit Edit du mois de mars 1685, auxquels nous avons dérogé & dérogeons par ces présentes, pour cet égard seulement; & ordonnons qu'en cas qu'il soit fait auxdits negres affranchis ou libres, ou à leurs enfans & descendans aucuns dons ou legs en quelque maniere que ce soit, ils demeurent nuls à leur égard, & soient appliqués au profit de l'hôpital le plus prochain: ordonnons au surplus que notredit Edit du mois de mars 1685, soit exécuté selon sa forme & teneur. Si donnons en Mandement &c. Donné à Versailles, le 5 février 1726.

ENREGISTRÉE au Conseil Souverain, le 1 Juillet 1726.

LETTRE
DU ROI,
AU CONSEIL SOUVERAIN

SUR le rang des Conseillers n'étant point en Corps.

Du 5 Mars 1726.

DE PAR LE ROI.

NOS amés & féaux, nous avons été informés qu'il y a eu l'année derniere des difficultés entre le sieur Marquis de Champigny, Gouverneur, & quelques Officiers de notre Conseil Supérieur établi en ladite isle, pour le rang dans la marche à la procession de la Paroisse du Bourg St. Pierre; & nous vous faisons cette Lettre pour vous dire que les Officiers qui composent notre Conseil, ne peuvent faire corps en quelque nombre qu'ils soient, que dans notre ville du Fort-Royal, qui est le lieu où notre Conseil tient ses séances par nos ordres; & que lorsque les officiers de notre Conseil ou partie de ceux qui le composent, se trouveront dans d'autres endroits de notre isle, ils ne pourront marcher aux Processions ni dans aucunes autres cérémonies publiques, qu'après l'Officier Major ou commandant dans le quartier, & à la tête des jurisdictions, s'il y en a. Le feu Roi a bien voulu laisser subsister par tolérance, le banc qui est pour le Conseil, dans l'Eglise du Bourg Sr. Pierre, quoiqu'il eût transféré les séances au Fort-Royal, dudit Conseil, nous voulons bien aussi que ledit banc subsiste; mais notre intention est qu'il ne soit occupé que par les officiers de notre Conseil; sans que leurs femmes & leurs enfans puissent s'y mettre avec eux. Vous vous conformerez en ce qui est de nos intentions, si n'y faites faute: Car tel est notre plaisir.

ENREGISTRE' au Conseil Souverain le 16 Mai 1726.

ORDRE DU ROI,

AU sujet des Vacations des Sieges dans les isles du Vent.

Du 12 Mars 1726.

DE PAR LE ROI.

SA MAJESTE' ayant ordonné entr'autres choses par son Réglement du 22 mai 1724, que les audiences de la justice royale de la Martinique, établie au Bourg St. Pierre, se tiendront deux fois la semaine, les lundi & samedi, depuis huit heures du matin jusqu'à midi, & étant informés que sous prétexte qu'il n'y a point de tems de vacations limité par ce Réglement, les officiers de cette jurisdiction s'en indiquent quand ils le jugent à propos; ce qui éloigne les jugemens des affaires, & est trés préjudiciable à ceux qui ont des causes pendantes en la jurisdiction: A quoi voulant pourvoir; Sa Majesté a ordonné & ordonne que les vacations de ladite jurisdiction de St. Pierre de la Martinique & des autres jurisdictions établies en ladite isle, ne dureront que pendant la quinzaine de Pâques; passé lequel tems, veut Sa Majesté que les audiences soient tenues à l'ordinaire les lundi & les samedi de chaque semaine, conformément audit Réglement, sans que sous quelque prétexte que ce soit, les Juges & officiers de ladite jurisdiction & des autres, puissent indiquer d'autres vacations, à peine d'interdiction.

Mande &c.

ENREGISTRE' au Conseil Souverain, le 16 Mai 1726.

DECLARATION DU ROI,

QUI confirme la vente des terres en bois de bout, appartenant à des Mineurs.

Donnée à Versaille, le 13 Août 1726.

LOUIS PAR LA GRACE DE DIEU, ROI DE FRANCE ET DE NAVARRE; A tous ceux qui ces présentes Lettres verront, SALUT. Depuis notre avénement à la couronne, nous avons eu une singuliere attention à procurer l'augmentation du commerce dans nos colonies de l'Amérique, en accélérant & facilitant la culture des terres qui ont été concédées en notre nom; nous aurions à cet effet réglé par notre déclaration du 3 août 1722, ce que voulons être observé aux isles du vent de l'Amérique pour obliger de mettre en valeur dans les délais y portés, les terres en bois de bout, provenant tant de concession que d'acquisition; & étant informés que depuis l'établissement desdites isles on y a toléré les ventes des terres en bois de bout appartenant à des mineurs, que leurs tuteurs ou curateurs ont été dans la nécessité de vendre, sur le fondement que leurs pupilles n'avoient point assez d'esclaves pour les habituer, ni suffisamment de biens pour subsister & les mettre en valeur; que dans ces sortes de ventes il n'a été observé aucune des formalités prescrites par la coutume de Paris, ou par nos ordonnances & celles de nos Rois nos prédécesseurs, qui étoient la plupart ignorées dans nos colonies; & voulant prévenir tous les procès que les défauts de formalités dans les acquisitions faites des terres en bois de bout desdits mineurs pourroient faire naître, & empêcher que les acquéreurs de bonne foi qui ont mis la plus grande partie de ces terres en valeur, ne puissent être troublés dans la propriété & possession d'icelles dans lesquelles il paroît d'autant plus juste de les maintenir, que lesdites terres en bois de bout échues auxdits mineurs, auroient pû tomber dans le cas de la réunion à notre domaine, faute d'avoir été mises en valeur dans le tems prescrit par les titres de concession, & que les acquéreurs, en les mettant en valeur, ont concouru à nos intentions.

A CES CAUSES, de notre certaine science, pleine puissance & autorité royale, Nous avons approuvé, confirmé & autorisé, par ces présentes signées de notre main, approuvons, confirmons & autorisons tous les contrats de vente faits jusqu'au jour de l'enrégistrement des présentes, des terres en bois de bout appartenantes à des mineurs, lesquelles se trouvent établies par les acquéreurs & propriétaires d'icelles, nonobstant qu'ils aient été faits sans observer les formalités prescrites par la coutume de Paris ou par nos ordonnances, & celles des Rois nos prédécesseurs, dont nous avons relevé & dispensé, relevons & dispensons les acquéreurs par cesdites présentes, dérogeant à cet effet, & pour cet égard seulement auxdites coutumes & ordonnances; voulons en conséquence que lesdits acquéreurs, leurs héritiers ou ayans cause, soient maintenus & conservés comme nous les maintenons & conservons en la propriété & possession desdites terres, pourvu toute fois qu'il ne paroisse aucune mauvaise foi, tant de la part des acquéreurs que des tuteurs, curateurs ou autres qui auroient fait lesdites ventes, & sauf à nos Juges à faire droit sur les lésions qui pourroient être alléguées.

Si donnons en Mandement, à nos amés & féaux les gens tenans nos Conseils Supérieurs à la Martinique & à la Guadeloupe, que ces présentes ils aient à faire lire, publier & régistrer, & le contenu en icelles garder & observer selon leur forme & teneur, nonobstant tous Édits, Déclarations, Ordonnances, Coutumes & autres choses à ce contraires, auxquels nous avons dérogé & dérogeons: Car tel est notre plaisir. ; En témoin de quoi nous avons fait mettre notre scel à cesdites présentes.

Donné à Versailles, le treizieme jour du mois d'août, l'an de grace mil sept cent vingt-six, & de notre regne le onzieme. *Signé*, LOUIS. *Et plus bas*; par le Roi. *Signé*, Phelypeaux. Et scellé du grand sceau de cire jaune.

ENREGISTRÉE au Conseil Souverain le 10 Janvier 1727.

DÉCLARATION DU ROI,

SUR les déguerpissemens.

Du 24 Août 1726.

LOUIS PAR LA GRACE DE DIEU, ROI DE FRANCE ET DE NAVARRE: A tous ceux qui ces présentes Lettres verront, *Salut*. Il a été établi par les ordonnances des Rois nos prédécesseurs, & par les différentes coutumes, de régler certaines formalités pour parvenir aux saisies réelles, & décrets des biens fonds dans l'étendue de notre royaume: nos isles du vent de l'Amérique qui sont régies par la coutume

tume de notre bonne ville, prévôté & vicomté de Paris; sont assujetties aux mêmes formalités; mais ayant été informés qu'il se fait de fréquentes mutations auxdites isles par les ventes & reventes des biens fonds auxquels sont attachés des esclaves & bestiaux, pour l'entretien des différentes manufactures qui sont établies dessus; que nonobstant les conventions avantageuses & les longs termes qui sont accordés aux acquéreurs des fonds, pour satisfaire à leurs engagemens, ils éludent très-souvent le paiement du prix desdits fonds & dépendances, par l'assurance où ils sont qu'ils ne peuvent être troublés dans la possession & propriété desdites acquisitions, que par voie de saisie réelle, à quoi les vendeurs ne se déterminent presque jamais, dans l'appréhension de perdre leur dû; cette sorte de procédure entraînant infailliblement par la mauvaise administration des commissaires ou des fermiers judiciaires, la perte ou la désertion desdits negres, qui sont le principal objet desdites habitions, & sans lesquels les manufactures ne peuvent se soutenir, joint aux longues procédures, aux frais immenses, & à la difficulté d'observer les formalités prescrites par les ordonnances & par la coutume dont la plupart sont ignorées auxdites isles; & voulant prévenir les abus qui arrivent à l'occasion desdites mutations, & établir auxdites isles une jurisprudence, qui en levant les difficultés prescrites par lesdites ordonnances & coutumes, assure aux vendeurs leur paiement, ou la faculté de rentrer dans leurs fonds, faute par les acquéreurs d'avoir satisfait à leurs engagemens dans les tems prescrits. A CES CAUSES, de notre certaine science, pleine puissance & autorité royale, nous avons dit, déclaré & ordonné, & par ces présentes signées de notre main, disons, déclarons & ordonnons, voulons & nous plaît que dans les cas où les acquéreurs des biens fonds auxdites isles du vent seront en défaut de payer dans les termes prescrits par leurs engagemens, il soit loisible aux vendeurs de les poursuivre en déguerpissement ou résolution de vente, ensemble pour les dommages & intérêts qui pourront résulter, eu égard à l'état des biens lors de la rentrée, à celui où ils se trouveront lors du déguerpissement, à dire d'arbitres qui seront choisis par les parties, ou nommés d'office par nos Juges des jurisdictions où lesdits biens seront situés: voulons en ce cas que les arbitres aient égard tant aux dépérissemens qu'aux améliorations qui auront pû être faites sur lesdits biens, & que sur les uns & sur les autres, ainsi que sur les jouissances, nos Juges prononcent, suivant l'exigence des cas, sauf l'appel aux Conseils Superieurs établis auxdites isles: ordonnons pareillement que le déguerpissement & résolution de vente, puissent avoir lieu, quand même les vendeurs auroient reçu un ou plusieurs paiemens à compte, lesquels en ce cas ils seront tenus de rendre à l'acquéreur dans les mêmes termes & délais qu'ils les auront reçus, déduction faite des dommages & intérêts prononcés, ainsi que dit est;

dérogeant à toutes ordonnances us & coutumes à ce contraires pour cet égard seulement : n'entendons néanmoins par ces présentes, priver les vendeurs de se servir de la voie de saisie réelle & décrets, pour parvenir aux paiemens de ce qui pourra leur être dû, pour raison des ventes par eux faites ; auquel cas ils seront tenus de se conformer aux formalités prescrites par lesdites coutumes & ordonnances sous les peines y portées.

Si donnons en Mandement, à nos amés & féaux les gens tenans nos Conseils Supérieurs à la Martinique & à la Guadeloupe, que ces présentes ils aient à faire lire, publier & régistrer, & le contenu en icelles garder & observer selon leur forme & teneur, nonobstant tous Édits, Déclarations, Ordonnances, Us, Coutumes & autres choses à ce contraires ; auxquels nous avons dérogé & dérogeons par nosdites présentes : Car tel est notre plaisir. En témoin de quoi nous avons fait mettre notre scel à cesdites présentes.

Donné à Versailles, le vingt-qatrieme jour du mois d'août, l'an de grace mil sept cent vingt-six, & de notre regne le onzieme. *Signé*, LOUIS. *Et plus bas* ; par le Roi. *Signé*, Phelypeaux. Et scellé du grand sceau de cire jaune.

ENREGISTRÉE au Conseil Souverain le 10 Janvier 1727.

DECLARATION DU ROI,

SUR Les licitations & partages.

Du 24 Août 1726.

Louis par la grace de Dieu, Roi de France et de Navarre : A tous ceux qui ces présentes Lettres verront, Salut. La plus grande partie des biens fonds des isles du vent de l'Amérique, étant d'une espece à ne pouvoir être partagés sans détruire les manufactures qui y sont établies, & sans exposer les familles à être ruinées, l'usage d'en partager seulement la valeur s'y est introduit jusqu'à présent ; ensorte que presque tous lesdits partages de succession & communautés, soit entre majeurs ou mineurs, s'y sont faits par licitation, & sur le pied que l'un des héritiers où le survivant a eu le principal établissement avec une grande partie des terres, & tel nombre d'esclaves & de bestiaux nécessaires pour leur culture & l'entretien des manufactures établies sur l'habitation, à la charge de faire à chacun des co-partageans, dans les termes convenus, lesdits retours d'eux, à proportion de l'estimation des biens qui composent chaque succession, ou communauté; & lorsque dans lesdites successions il s'est trouvé plusieurs établissemens, ils ont été partagés aussi par licitation entre les parties, de la maniere qui a été jugée la plus convenable & sans tirer au sort, par l'impossibilité de faire les lots égaux, en faisant pareillement des retours aux co-partageans, sur le pied de l'estimation, & ce, à dire d'arbitres choisis par les parties ou nommés d'office par les Juges des lieux, & en présence des tuteurs ou curateurs en cas de minorité.

Nous sommes informés que la plupart de ces sortes de partages ont été faits de bonne foi, sans que les formalités pour l'aliénation des biens des mineurs, prescrites par nos ordonnances & celles de nos prédécesseurs, même par la coutume de notre bonne ville, prévôté & vicomté de Paris, sous laquelle nosdites isles sont régies, aient été observés; ce qui donneroit matiere à une infinité de procès, s'il n'y étoit par nous pourvû; & notre intention étant de procurer la sûreté des biens dans les anciennes familles desdites isles, accoutumées à l'air & à la nourriture du pays & formées à la culture des terres, à l'entretien des manufactures, & à la maniere de contenir les esclaves. A CES CAUSES, de notre certaine science, pleine puissance & autorité royale, nous avons dit, déclaré & ordonné, & par ces présenres signées de notre main, disons, déclarons & ordonnons, voulons & nous plaît ce qui suit.

Article Premier.

Tous les partages de successions & communautés faits aux isles de l'Amérique, soit entre majeurs ou entre mineurs, par licitation & sans tirer au sort, & dans lesquels il ne s'est trouvé qu'un principal établissement qui n'a pu être partagé, & qui a été laissé au survivant ou à un des héritiers avec la plus grande partie des terres, & tel nombre d'esclaves & de bestiaux convenable pour la culture d'icelles & l'entretien des manufactures, en faisant à chacun des co-partageans les retours d'eux à proportion de l'estimation des biens qui composoient chaque succession ou communauté, à dire d'arbitres convenus entre les parties, ou nommés d'office, en présence des tuteurs ou curateurs en cas de minorité, seront censés & réputés bons & vaiables, nonobstant que les formalités prescrites par nos ordonnances & celles des Rois nos prédécesseure, & par la coutume de Paris, n'aient point été observés.

II. Les partages ci-devant faits des successions, ou communautés auxdites, isles par licitation & sans tirer au sort, dans le cas où il s'est trouvé plusieurs établissemens qui ont été situés, tant pour les terres que pour les esclaves & bestiaux, de la maniere la plus convenable, en faisant par ceux qui ont eu lesdits établissemens les retours à leurs co-partageans, à proportion de l'estimation desdits biens, à dire d'arbitres, & en présence des tuteurs ou curateurs en cas de minorité, sans avoir pareillement observé lesdites formalités réquises par lesdites ordonnances & coutumes, seront censés & réputés bons & valables.

III. En cas cependant qu'il y ait eu lésion dans les partages faits en la maniere prescrite par les deux précédens articles, les parties qui auront été lezées, pourront se pourvoir pardevant nos Juges des jurisdictions ordinaires, où lesdits biens seront situés, ainsi qu'il appartiendra, & eu égard au tems desdits partages.

IV. Les successions & communautés qui auront été partagées auxdites isles, à compter du jour de l'enrégistrement & publication des présentes, tant entre majeurs qu'entre mineurs, le seront en la même forme & maniere ci-devant usités auxdites isles, & conformément à ce qui est marqué par les articles I & II des présentes, à condition néanmoins que lesdits partages seront autorisés par délibérations des parens & amis assemblés à cet effet, au nombre de trois au moins devant les Juges des lieux en la maniere ordinaire.

V. Pourront les Juges, sur l'avis desdits parents & amis assemblés, même sur l'avis d'un seul, contre celui de tous les autres, ordonner que les biens, dont les partages seront faits à l'avenir, seront criés & publiés par trois dimanches consécutifs, pour être ensuite adjugés à l'audience, après une remise de huitaine seulement, au plus offrant & dernier enchérisseur, supposé qu'il s'en trouve qui fassent monter lesd. biens à des prix plus hauts que ceux portés par lesd. partages.

VI. Les adjudicataires ne pourront néanmoins se mettre en possession des biens à eux adjugés, qu'après la quinzaine expirée, pendant lequel tems il sera loisible à celui ou ceux des co-partageans qui auront été mis en possession par lesdits partages, de demander à y être maintenus, en offrant de payer le prix porté par l'adjudication; ce qui s'exécutera par un simple acte au greffe ou pardevant Notaires, signifié aux autres co-partageans & à l'adjudicataire, lequel à ce moyen, demeurera bien & valablement déchargé de l'adjudication envers tous les co-partageans, à la diligence desquels ou de l'un d'eux, il sera donné acte par lesdits Juges; sinon ladite quinzaine expirée, les co-partageans n'y seront plus reçus, & l'adjudication demeurera en sa force & vertu.

VII. Dérogeant, à l'effet de tout ce que dessus & pour cet égard seulement, à tous Edits, Déclarations, Ordonnances, Réglemens, Arrêts, Coutumes & autres choses à ce contraires &c. Donné à Versailles, ce 24 jour d'août 1726, & de notre regne le onzieme.

ENREGISTRÉE au Conseil Souverain le 10 Janvier 1727.

DECLARATION

DÉCLARATION DU ROI,

AU sujet des retraits lignagers.

Du 24 Août 1726.

LOUIS PAR LA GRACE DE DIEU, ROI DE FRANCE ET DE NAVARRE; A tous ceux qui ces présentes Lettres verront; SALUT. Quoique la coutume de notre bonne ville, prévôté & vicomté de Paris ait été publiée dans nos isles du vent de l'Amérique, & enrégistrée au greffe du Conseil Souverain de la Martinique, dès le troisieme novembre 1681; néanmoins nous avons été informés que la plupart des articles de cette coutume n'ont point été suivis auxdites isles, entr'autres l'article CXXXII, qui porte que l'an du retrait de propre héritage tenu en Franc-Aleu, ne court que du jour que l'acquisition a été publiée & insinuée en jugement au plus prochain siege royal; que ce défaut de formalité donne ouverture aux retraits lignagers contre les ventes des fonds faites depuis l'année 1681 jusqu'à présent, la plupart des fonds de l'Amérique étant en franc-aleu; ensorte qu'il n'y a presque point d'habitations vendues depuis cette époque, qui ne fût dans le cas de retrait, si les lignagers vouloient en revenir; & comme la nécessité de publication & insinuation de contrats de vente n'a été établie que pour prévenir & empêcher les fraudes qu'on pourroit faire pour se soustraire à l'action du retrait; qu'il est notoire que les ventes qui se sont faites aux isles, ont été assez publiques pour n'être point ignorées par les lignagers; & que plusieurs acquéreurs de bonne foi se verroient à la veille d'être ruinés par ce défaut de formalité, s'il n'y étoit par nous pourvu; & voulant prévenir & empêcher les procès qui pourroient naître à ce sujet, & constater l'état & la fortune des habitans desdites isles.

A CES CAUSES, de notre certaine science, pleine puissance & autorité royale, nous avons dit, déclaré & ordonné, & par ces présentes signées de notre main, disons, déclarons & ordonnons, voulons & nous plaît que tous les immeubles vendus auxdites isles du vent avant l'enrégistrement des présentes, ne soient plus sujets à retrait, quoique les contrats d'acquisition n'aient point été publiés, ni insinués conformément à l'article CXXXII de la coutume de Paris, auquel nous avons dérogé & dérogeons pour cet égard seulement, pourvu toutefois qu'il ne paroisse aucune mauvaise foi de la part des acquéreurs, & qu'ils se soient mis publiquement en possession des terres par eux acquises, de sorte que les lignagers n'aient pû en ignorer la vente par le fait desdits acquéreurs; voulons néanmoins que ledit article CXXXII. ait lieu auxdites isles à l'avenir, & à compter du jour de l'enrégistrement des présentes aux Conseils Souverains desdites isles.

Si donnons en Mandement, à nos amés & féaux les gens tenans nos Conseils Supérieurs à la Martinique & à la Guadeloupe, que ces présentes ils aient à faire lire, publier & régistrer, & le contenu en icelles garder & observer selon leur forme & teneur, nonobstant l'article CXXXII de la Coutume de Paris & autres choses à ce contraires, auxquelles nous avons dérogé & dérogeons : Car tel est notre plaisir. En témoin de quoi nous avons fait mettre notre scel à cesdites présentes.

Donné à Versailles, le vingt-qatrieme jour du mois d'août, l'an de grace mil sept cent vingt-six, & de notre regne le onzieme. *Signé*, LOUIS. *Et plus bas*; par le Roi. *Signé*, Phelypeaux. Et scellé du grand sceau de cire jaune.

ENREGISTRÉ au Conseil Souverain le 10 Janvier 1727.

REGLEMENT

DU CONSEIL SOUVERAIN,

QUI autorise les Notaires à recevoir le serment des Arbitres.

Du 17 Janvier 1728.

EXTRAIT DES REGISTRES DU CONSEIL SOUVERAIN.

SUR ce que le Procureur général du Roi a dit qu'il lui a été fait plusieurs représentations dans les cas où il est ordonné des estimations être faites par arbitres, & qu'iceux prêteront préalablement serment devant les Juges des lieux, plusieurs habitans, pour s'éviter les peines d'un voyage souvent très-long & toujours couteux, refusent d'être arbitres; que ceux qui en acceptent la qualité sont obligés de faire lesdits voyages pour se rendre au siége des Jurisdictions & y prêter le serment, ce qui éloigne considérablement l'expédition des affaires; pour quoi ledit Procureur général du Roi a requis qu'il plut à la Cour y pourvoir & autoriser les Notaires à recevoir le serment des arbitres; pour quoi la matiere mise en délibération. LA COUR, faisant droit sur le requisitoire dudit Procureur général du Roi, ordonne que dans les cas où les arbitres nommés en exécution des sentences ou arrêts de la Cour ou par iceux, ne feront point résidens dans le lieu du siége des jurisdictions, & qu'ils procéderont à des visites, estimations ou vacations en leurs qualités d'arbitres, & dans d'autres lieux que celui des siéges royaux, en ce cas les Notaires qui travailleront aux partages, inventaires ou autres actes dans lesquels leur ministere sera nécessaire, iceux Notaires seront autorisés à recevoir le serment desdits arbitres dont ils feront mention en tête de leurs actes; Et sera le présent arrêt, enrégistré au greffe des Jurisdictions du ressort, à la diligence dudit Procureur général du Roi ou de ses substituts, & exécuté selon sa forme & teneur. Fait à la Martinique au Conseil Souverain, le dix-sept janvier mil sept cent vingt-huit.

ORDONNANCE

DE M. L'INTENDANT.

SUR les prisons.

COPIE *d'une Ordonnance rendue par M. l'Intendant, en conséquence d'une rémontrance à lui donnée par M. de Laneuville, Directeur général du Domaine.*

Du 27 Novembre 1733.

VU la requête, nous faisons défenses à tous geoliers & autres personnes chargées de la garde des prisons aux isles du vent, d'élargir ni laisser sortir aucuns des negres esclaves qui y auront été conduits pour cause de marronage, sans en avoir reçu les ordres par écrit du Procureur du Roi de la Jurisdiction du lieu, à peine contre les geoliers & gardes des prisons qui contreviendront aux présentes défenses, de trois cens livres d'amende. Mandons &c.

Fait au Fort Saint-Pierre de la Martinique, le 27 novembre 1733. *Signé*, D'ORGEVILLE.

ORDONNANCE

DE MM. LES GENERAL ET INTENDANT,

SUR La taxe des Negres justiciés & la régie des biens vacans.

Du 7 Janvier 1734.

AYANT jugé nécessaire de décharger le Domaine du Roi de la recette de la taxe pour les negres justiciés, & de pourvoir à celle des impositions que les habitans sont obligés de faire sur eux-mêmes, pour les ouvrages qu'ils jugent nécessaires à la commodité & à la sûreté publique, & de mettre un ordre dans la régie des successions vacantes par l'absence des héritiers, nous avons cru qu'il convenoit de renvoyer la connoissance de ces articles, qui regardent uniquement les habitans, & qui ne concernent point les affaires de Sa Majesté, devant leurs Juges naturels, tant pour faire les réglemens convenables, que pour les faire exécuter. A CES CAUSES, Nous ordonnons ce qui suit.

ARTICLE PREMIER.

Qu'il sera incessamment fait un réglement par les Conseils Supérieurs de la Martinique & de la Guadeloupe, tant pour l'imposition que pour le recouvrement, & la distribution de la taxe des negres justiciés, que pour les autres dépenses qui regardent uniquement les habitans, & pour la régie des biens vacans par l'absence des héritiers, chacun dans l'étendue de leur ressort.

II. La connoissance des affaires concernant lesdits réglemens, appartiendra auxdits Conseils Supérieurs, d'où ils seront émanés, & néanmoins lesdites affaires n'y pourront être traitées qu'en présence du Général & de l'Intendant, ou du Gouverneur & Subdélégué.

III. Qu'à l'avenir les receveurs de la taxe pour les negres justiciés, & pour les autres impositions que les habitans pourroient faire sur eux-mêmes, & les curateurs aux successions vacantes, seront nommés par lesdits Conseils Supérieurs.

IV. Nous faisons défenses aux receveurs du Domaine du Roi, de recevoir aucuns deniers publics, autres que ceux qui sont dûs au au Domaine de Sa Majesté.

V. Ordonnons que les Receveurs du Domaine aux isles du vent, qui ont fait recette de l'imposition des negres justiciés, rendront compte de leur recette aux commissaires nommés par les Conseils Supérieurs de de leur ressort, depuis le dernier compte arrêté par l'Intendant ou ses subdélégués.

VI. Que les curateurs aux biens vacans rendront pareillement compte de leur recette & de leur gestion pardevant lesdits commissaires, depuis le dernier compte arrêté par le Directeur général du Domaine.

Sera la présente ordonnance, enrégistrée ès greffes desdits Conseils Supérieurs de la Martinique & de la Guadeloupe, lûe, publiée & affichée par-tout où besoin sera, à la diligence des Procureurs généraux desdits Conseils.

Donné au Fort Royal de la Martinique, sous le sceau de nos armes & le contre-seing de nos Secretaires, le 7 janvier 1734. *Signés*, CHAMPIGNY & D'ORGEVILLE. *Et plus bas;* Par Monseigneur. DUVAL de VIRGINY. Par Monseigneur. ROZE. Et scellées des sceaux de leurs armes empreintes sur cire d'Espagne rouge.

ENREGISTRÉE au Conseil Souverain, le 8 Janvier 1734.

ARRÊT

EN REGLEMENT

DU CONSEIL SOUVERAIN,

SUR La Caisse des Negres justiciés, & les successions vacantes.

Du 8 Mai 1734.

Extrait des Registres du Conseil Souverain.

LA COUR, oui le Procureur général du Roi en ses conclusions, & Messieurs Pocquet, Rahault de Choisy & Houdin Dubochet, Conseillers Commissaires en leur rapport, ordonne.

ARTICLE PREMIER.

Que les deniers de ladite imposition seront à l'avenir perçus par les habitans des isles du ressort, & qu'à cet effet il sera établi un receveur particulier par chaque Paroisse.

II. Que le receveur particulier sera toujours le marguillier sortant de charge, lequel entrera en exercice de recette pour l'étendue de sa Paroisse, au premier janvier suivant; & en cas de mort de ce receveur particulier dans l'année de sa recette, le Marguillier en charge en informera le Procureur général du Roi pour y être pourvu; &

quant au recouvrement à faire desdits deniers dûs pour les années 1732 & 1733, la Cour a nommé pour receveurs particuliers les Marguilliers qui sont sortis de charge pendant le courant de l'année derniere.

III. Que lesdits receveurs particuliers seront tenus de remettre dans le courant du mois de septembre de chaque année au plus tard, au Receveur général, les deniers qu'ils auront reçus, l'état de leur recette, & les noms de ceux qui n'auront pas payé; & au cas que lesd. receveurs n'eussent pas remis la somme par eux perçue avec ledit état, ils seront tenus de se rendre à l'ouverture de la séance de novembre, pour en rendre compte, & ce, sans qu'il soit besoin d'autre intimation.

IV. Le Receveur général sera le greffier en chef de la Cour; sauf néanmoins à y pourvoir autrement en cas d'inconvénient lequel Receveur général jouira des appointemens qui lui seront ordonnés par la Cour, en connoissance de cause, après la premiere année de son exercice.

V. Que les sommes nécessaires à recouvrer pour le paiement desdits negres justiciés, seront répartis comme ci-devant par tête de negres payans droits.

VI. Que pour parvenir à l'imposition desdits deniers, les officiers du domaine, sous le bon plaisir de Sa Majesté, remettront au greffier en chef de la Cour, dans le mois de décembre de chaque année, un double des recensemens des negres payans droits dans les isles du ressort, & qu'à l'ouverture de la séance du mois de janvier de chaque année, le greffier en chef remettra sur le bureau, les doubles qui lui auront été fournis desdits recensemens, ensemble un état général des arrêts intervenus dans l'année précédente, portant homologation des procès verbaux d'estimation des negres justiciés, pour, après avoir fixé & arrêté la somme à imposer, être icelle répartie par tête de negres payans droits; & pour régler les impositions & répartitions des années 1732 & 1733, ordonne qu'à la prochaine séance, les états & recensemens concernant lesdites deux années, seront remis par le greffier en chef sur le Bureau.

VII. Les particuliers qui voudront être employés audit état, continueront de se pourvoir en la Cour, & d'y poursuivre arrêt, ainsi qu'il s'est pratiqué ci-devant; desquels arrêts, ainsi que des délibérations qui pourront concerner l'exécution du présent arrêt, il sera tenu un registre particulier, & seront les paiemens faits par le receveur général, à la vue desdits arrêts, au bas desquels il en prendra quittance.

VIII. Le Greffier en chef remettra à chaque receveur particulier, deux extraits du recensement général, en ce qui concerne les habitans de sa Paroisse, ensemble un extrait de l'arrêt qui aura reglé le montant de la répartition; laquelle remiſe il ſera tenu de faire auxdits receveurs particuliers dans le mois de janvier incluſivement.

IX. Les receveurs particuliers ſeront tenus de faire afficher dans le mois de février, à la porte de l'Egliſe paroiſſiale de leur quartier, à l'iſſue de la grande Meſſe; & ce, les jours de Dimanche & de Fête, un des extraits qui leur aura été remis, de quoi mention ſera faite au bas de l'autre extrait, & icelle certifiée par ledit receveur & deux Paroiſſiens.

X. La répartition étant rendue notoire par leſdites affiches, chaque habitant ſera tenu de payer ſa cote part dans les quatre mois, entre les mains deſdits receveurs particuliers; & ſeront leſdits extraits de répartition, exécutoires contre les particuliers débiteurs, comme pour deniers publics.

XI. Quant à la recette qui a été faite des deniers en queſtion du paſſé, juſqu'à la préſente année, les officiers du domaine en rendront compte, conformément à l'ordonnance du 7 janvier dernier, & à l'arrêt d'enrégiſtrement d'icelle; & après ledit compte rendu, il ſera pourvu au recouvrement de ce qui ſe trouvera dû du reſtant de la taxe des negres juſticiés; & en même tems au paiement de ce qui ſera dû pour le prix des negres juſticiés.

XII. Dans les Paroiſſes ſituées dans l'étendue du reſſort dans leſquelles il n'y a point de Marguillier en charge, il ſera, le premier dimanche du mois de décembre de chaque année, fait une aſſemblée dans la forme ordinaire des aſſemblées de Paroiſſe, & ce, à la diligence des Subſtituts dudit Procureur général, à laquelle le Juge & ledit Subſtitut préſideront ou l'un d'eux, pour être, le receveur de la Paroiſſe élû à la pluralité des voix, dont il ſera dreſſé acte, lequel ſera remis par leſdits Subſtituts, au Receveur général avant le mois de janvier.

XIII. A l'égard des iſles de Marie-Galante & la Grenade, dans leſquelles les impoſitions ſe répartiſſent en particulier, la Cour y a commis pour receveur général, le greffier principal de chaque juriſdiction, & ce, ſubordinement au greffier en chef de la Cour, lequel leur enverra les extraits mentionnés en l'article VIII., pour être enſuite par eux remis aux receveurs particuliers de chacune de ces deux iſles, leſquels receveurs généraux paieront aux habitans desdites iſles de Marie-Galante & de la Grenade, les ſommes dûes pour les negres juſticiés, ainſi & de la maniere qu'il eſt expliqué en l'article VII.

XIV. Le Greffier en chef & les receveurs généraux des iſles de Marie-Galante & de la Grenade, remettront ſur le Bureau de la Cour, à l'ouverture de la ſéance de janvier de chaque année, leurs comptes, tant en recette que paiemens, leſquels comptes ſeront remis à deux commiſſaires qui ſeront nommés à cet effet, pour, ſur le référé, être donné arrêt de décharge, ainsi qu'il appartiendra.

XV. En ce qui concerne les ouvrages nécessaires à faire dans ces isles, & dont la dépense doit être supportée par les habitans, il y sera pourvu par un réglement particulier.

XVI. A l'égard des successions ouvertes dont les héritiers peuvent être absens, il y sera pourvu par la Cour, d'un curateur général dans chaque jurisdiction du ressort, pour veiller à la conservation desdites successions, lequel curateur donnera caution, qui sera reçue contradictoirement avec les gens du Roi; & les substituts du Procureur général, feront chacun en droit soi, le dû de leur charge dans l'étendue de leur jurisdiction, pour la conservation desdites successions.

XVII. Seront tenus, lesdits curateurs, de rendre compte toutes fois qu'ils en seront requis; & après deux ans de l'ouverture desdites successions, ils seront tenus d'en informer le Procureur général, & ce, à peine de mille livres d'amende, applicable aux réparations du Palais, pour, par ledit Procureur général, requérir ce que de droit, & sur ses conclusions être ordonné ce qu'il appartiendra; & sera le présent arrêt, lû, publié & affiché par-tout où besoin sera, & régistré dans les registres des délibérations des Paroisses, à la diligence du Marguillier en charge.

Fait à la Martinique au Conseil Souverain, le 8 mai 1734.

ORDONNANCE

DE M. L'INTENDANT,

SUR Le service des Huissiers.

Du 18 Septembre 1737.

SUIT la teneur de l'Ordonnance de M. d'ORGEVILLE.

VU la remontrance du Procureur du Roi, nous ordonnons que les sergens & huissiers de ladite jurisdiction, lorsqu'ils devront aller en campagne, en avertiront le Procureur du Roi, vingt-quatre heures avant leur départ de cette ville, recevront ses ordres pour les quartiers où ils doivent aller, les exécuteront & lui en rendront compte aussitôt qu'ils seront de retour: Enjoignons pareillement à tous huissiers & sergens, de se rendre en la maison dudit Procureur du Roi les jours de Dimanche & Fête, le matin & de relevée, pour y recevoir ses ordres pour la police, auxquels nous leur ordonnons

nons de se conformer, le tout à peine d'interdiction & de cassation en cas de récidive ; ce qui leur sera notifié à la diligence du Procureur du Roi. Mandons, &c. Fait au Fort-Royal, le 18 septembre 1737. *Signé*, D'ORGEVILLE.

ARRÊT

EN REGLEMENT DU CONSEIL SOUVERAIN DE LA MARTINIQUE.

CONCERNANT Les Procureurs & les Huissiers de St. Pierre.

Du 4 Novembre 1737.

EXTRAIT DES REGISTRES DU CONSEIL SOUVERAIN.

LA COUR ordonne que lesdits Huissiers, outre les salaires de leurs exploits, auront aussi droit de copie de tous les actes qui seront de leur ministere, ensemble de tous les jugemens préparatoires & définitifs de chaque cause, tant en cause principale, que d'appel, & de toutes les pieces qui leur seront remises par les parties, pour en faire la copie & signification ; & quant à toutes les autres pieces qui dans les procès sont du ministere des Procureurs, ainsi que les titres pour constater ou soutenir le droit des parties, le droit de copie appartiendra aux Procureurs; Enjoint aux Huissiers de recevoir lesdites copies de la main des Procureurs, & d'eux certifiées; défend aux Procureurs de refuser leur ministere dans les causes sommaires où ils en seront requis, sous prétexte que les exploits contenant les conclusions des parties, ne leur ont pas été communiqués avant l'assignation; Enjoint, tant aux Procureurs qu'aux Huissiers, de se conformer au présent arrêt, à peine de concussion : Ordonne en outre que les Procureurs & les Huissiers tiendront un registre en forme, & paraphé des Juges des lieux, sur lesquels ils porteront exactement les sommes qu'ils recevront des parties pour leurs salaires & vacations. Et sera le présent Arrêt &c.

ORDONNANCE
DU ROI,

SUR le témoignage des Negres contre les Blancs.

Du 15 Juillet 1738.

LE ROI s'étant fait repréſenter en ſon Conſeil, l'article XXX. de l'Ordonnance du mois de mars 1685, concernant les eſclaves des iſles françoiſes de l'Amérique, par lequel il eſt dit entre autres choſes, que leſdits eſclaves ne pourront être témoins, tant en matiere civile, que criminelle; & en cas qu'ils ſoient ouis en témoignage, leur dépoſition ne ſervira que de mémoire, pour aider les Juges à s'éclaircir d'ailleurs, ſans qu'on en puiſſe tirer aucune préſomption ni adminicule de preuve. L'arrêt du Conſeil d'Etat du 13 octobre 1686, par lequel le feu Roi, ſur les repréſentations qui lui furent faites par le Conſeil Supérieur de la Martinique, & pour les motifs y contenus, ordonna que ſans avoir égard audit article, les eſclaves ſeroient reçus en témoignage au défaut des blancs, hormis contre leurs maîtres, ainſi qu'il s'étoit pratiqué auparavant ladite ordonnance du mois de mars 1685, enſemble l'article XXIV de l'Edit du mois de mars 1724, portant réglement pour les eſclaves de la Louiſiane, par lequel article Sa Majeſté auroit ordonné que leſdits eſclaves ne pourront ſervir de témoins, à moins qu'ils ne ſoient témoins néceſſaires; mais que dans aucuns cas ils ne pourront en ſervir contre leurs maîtres ou pour eux; & Sa Majeſté étant informée que les diſpoſitions de l'article de l'ordonnance du mois de mars 1685, par rapport au témoignage des eſclaves, ſont encore ſuivies & ſervent de régle aux Conſeils & en diverſes juriſdictions de l'iſle où celles dudit arrêt n'ont point été connues, ce qui pourroit cauſer l'impunité de pluſieurs crimes. A quoi voulant pourvoir par une même régle que celle qui eſt ſuivie dans les autres colonies; Le Roi étant en ſon Conſeil, ſans avoir égard à l'article XXX. de l'ordonnance du mois de mars 1685, ordonne qu'au défaut de blancs, les eſclaves ſeront reçus en témoignage, hormis contre leurs maîtres. Mande &c.

ARRÊT

EN REGLEMENT

DU CONSEIL SOUVERAIN,

SUR l'instruction des Procédures.

Du 2 Janvier 1739.

Extrait des Registres du Conseil Souverain.

LA COUR faisant droit sur le requisitoire dudit Procureur général a ordonné & ordonne ce qui suit :

ARTICLE PREMIER.

Que dans toutes les causes où les parties plaideront par Procureur, toutes les significations tendantes à l'instruction des procès, seront faites à domicile du Procureur, & ne seront passées en taxe que sur ce pied, sauf néanmoins les demandes incidentes ou principales qui seront signifiées à domicile des parties.

II. Si au jour de l'assignation, les causes enrôlées n'ont pû être appellées, soit du matin, soit de relevée, elles seront continuées à l'audience la plus prochaine, sans qu'il soit nécessaire d'une nouvelle assignation, ni d'aucun autre acte, ce qui sera publié à l'issue de chaque audience, par l'huissier de service.

III. Fait défenses à tous Huissiers & Sergens, de faire entr'eux ou avec des Procureurs, des sociétés qui aient rapport aux fonctions de leurs charges, à peine de cassation, de dommages & intérêts des parties, & de cinq cens livres d'amende contre chacun des contrevenans.

IV. Fait pareillement défenses à tous Huissiers & Sergens, de prendre pour adjoints leurs parens ou alliés au quatrième degré inclusivement, à peine de faux, de dommages & intérêts des parties, & de cent livres d'amende, payable par moitié, & solidairement entr'eux pour la premiere fois, & de plus grande peine, même de cassation en cas de récidive.

V. Ordonne à tous sergens & huissiers d'être à l'avenir plus corrects dans leurs exploits & procès verbaux ; leur fait défenses de changer ou réformer aucun mot principalement dans les dates ; leur enjoint de rapporter au bas de leurs exploits & procès verbaux, le nombre des mots rayés, & d'approuver les interlignes d'une écriture égale à l'arrêté de l'exploit, sans laisser aucuns blancs dans le corps de leurs actes, ni entre la derniere ligne & leur signature, sous telles peines qu'il appartiendra.

VI. Ordonne que le réglement du 12 août 1723, sera exécuté suivant sa forme & teneur; enjoint à tous Huissiers & Sergens de s'y conformer; & en conséquence de procéder sans délai aux actes dont ils seront requis par les parties, & notamment à l'exécution des sentences & arrêts dont ils seront chargés, le tout à peine de cinquante livres d'amende encourue sur le simple fait, même d'être responsables si le cas y échet, des dommages & intérêts causés aux parties par leur retardement; ordonne que sur la simple plainte verbale des parties, il y sera à l'instant pourvu par le Juge des lieux.

VII. Ordonne que lorsqu'un Sergent qui sera Huissier à la Cour, sera interdit par le Juge des lieux, il demeurera de droit interdit des fonctions d'Huissier: Fait défenses à tous Sergens d'exercer en ce cas aucunes fonctions d'Huissier, qu'il n'ait été rélevé de son interdiction, à peine de faux, des dommages & intérêts des parties, & de cent livres d'amende pour la premiere fois, & de plus grande peine en cas de récidive: Enjoint aux substituts du Procureur général dans les sieges du ressort, de donner avis desdites interdictions au Procureur général.

VIII. Ordonne qu'à l'avenir après la contestation en cause, s'il intervient des appointemens qui ne concernent que les mêmes parties, il y sera fait droit sur la premiere assignation, sans qu'il soit nécessaire d'obtenir défaut pour réassigner aux fins de voir faire droit sur lesdits appointemens; pourront néanmoins les Juges, donner nouveau délai en connoissance de cause, & pour excuses légitimes; auquel cas, le jugement sera poursuivi sur un simple acte signifié au Procureur, ou à la partie, si elle n'a point de Procureur.

IX. Ordonnons pareillement qu'à l'avenir les rôles contiendront quinze lignes de vingt-quatre lettres, & que sur ce pied, les grosses seront taxées; enjoint aux Greffiers, Notaires, Huissiers & Sergens, de les expédier sur ce pied, à peine de concussion, ne seront néanmoins comprises dans le présent article, les significations des pieces, lesquelles se doivent faire par rôles de minutes, conformément au tarif du 10 octobre 1712, auquel les Huissiers & Sergens seront tenus de se conformer à cet égard.

Et sera le présent arrêt en réglement, lû, publié, l'audience tenante, & registré ès registres des Jurisdictions du ressort, à la diligence du Procureur général du Roi ou de ses Substituts, qui en certifieront la Cour à la prochaine séance. Fait au Conseil Souverain de la Martinique, le 2 janvier 1739.

ARRET

ARRÊT

DU CONSEIL SOUVERAIN,

CONCERNANT les vus des Sentences & Arrêts.

Du 2 Janvier 1739.

Extrait des Regiſtres du Conſeil Souverain.

VU l'arrêt de la Cour rendu le 11 novembre dernier, ſur le requiſitoire du Procureur général du Roi, qui ordonne que par M^es^. Rahoult de Choiſy & Aſſier, que la Cour a nommé à cet effet, il ſeroit dreſſé un mémoire ſur la forme dans laquelle doivent être rédigés les vus des ſentences & arrêts, pour icelui communiqué au Procureur général du Roi, & rapporté à ladite Cour, être par elle ordonné ce qu'il appartiendroit; & le Mémoire dreſſé en conſéquence par leſdits M^es^. Rahoult de Choiſy & Aſſier, icelui communiqué au Procureur général du Roi. La Cour, oui leſdits M^es^. Rahoult de Choiſy & Aſſier, Conſeiller en leur rapport, & ledit Procureur général du Roi en ſes concluſions, ordonne que le Mémoire en queſtion ſigné du Préſident de la Cour & deſdits Commiſſaires, ſera régiſtré ès regiſtres de la Cour, & dépoſé aux minutes d'icelle, & que copies collationnées dudit Mémoire, ſeront envoyées aux greffes des juriſdictions du reſſort, pour y être pareillement régiſtrées, à la diligence dudit Procureur général ou de ſes Subſtituts, qui en certifieront la Cour à la prochaine ſéance; enjoint à tous les greffiers de s'y conformer, & aux Juges d'y tenir la main. Fait au Conſeil Souverain de la Martinique, le 2 jour de janvier 1739.

SUIT LA TENEUR DUDIT MEMOIRE,

CONCERNANT les vus des Sentences & Arrêts.

MÉMOIRE

QUE les Commiſſaires ſouſſignés remettent au Conſeil Supérieur, en conſéquence de l'Arrêt du 11 novembre 1738.

LES abus qui depuis quelque tems ſe ſont gliſſés dans les vus des ſentences & des arrêts, & dont les plaintes ont été publiques, ayant mérité l'attention de la Cour, elle a cru devoir y pour-

Gggg

voir, & à cet effet elle a nommé les Commissaires soussignés pour travailler aux moiens de les réformer, & d'établir une régle à laquelle les greffiers soient obligés de se conformer.

Lesdits Commissaires estiment que les vus ont dû & doivent être faits ainsi qu'il suit.

1°. A l'égard des sieges inférieurs, les Juges & leurs Greffiers doivent dans les jugemens d'audience, prendre les qualités des parties, faire mention de leurs demandes & conclusions respectives, comme aussi de leurs dires à l'audience, ensuite énoncer leurs motifs de décision; mais tout cela de la maniere la plus simple & la plus brieve qu'il soit possible, & qui s'éloigne de toute affectation.

Quant aux affaires appointées, après l'établissement des qualités qui doivent être certaines par l'appointement en droit où elles ont dû être contestées, s'il y a lieu, il est de régle de viser toutes les pieces produites devant eux, mais seulement par dates & par le nom de la piece & celui des officiers qui ont instrumenté; comme aussi toutes les demandes respectivement formées par les parties plaidantes, & les jugemens préparatoires, s'il en a été rendu, afin de marquer l'ordre & la suite de la procédure, qui doit faire le principal objet de la composition du vû d'un jugement, ensuite dire les motifs: mais toutes ces énonciations doivent pareillement être très-succintes, le nom des actes & les dates étant les principales circonstances de l'énonciation.

Exemple. Si c'est un acte de partage, il faut énoncer de quelle succession sont les biens à partager, succinctement; le nom des copartageans & celui des officiers de Justice qui y ont été présens, particuliérement du Notaire, de même d'un contrat de vente & de tout autre acte, de quelque nature & qualité qu'il puisse être; mais il n'est point nécessaire, & on ne doit jamais entrer dans l'explication des clauses de ces actes, quelque relation qu'elles puissent avoir à la contestation à décider, parce que si on laisse cette liberté pour en user arbitrairement par le Greffier ou les commis, le même mal subsistera; & parce que d'ailleurs s'il étoit d'un usage indispensable d'entrer dans l'examen de cette prétendue nécessité, il faudroit que le Greffier en sut autant que les Juges, pour décider dans la composition d'un jugement, des clauses & endroits nécessaires à énoncer des piéces produites.

On doit cependant excepter de cette prohibition certains cas, comme celui de l'inscription de faux & autres semblables, dans lesquels il est nécessaire de faire le vu des moiens.

2°. A l'égard des procès par écrit appointés au Conseil Supérieur sur l'appel des sentences des sieges inférieurs, les Greffiers doivent, de même qu'on l'a dit ci devant, commencer par établir exactement les qualités des parties, celles des appellans & des intimés en cause d'appel; les demandes incidentes, s'il en est formé; les défenses & les écritures fournies contre ces demandes; les arrêts qui les joignent au principal; les productions nouvelles; les contredits & salvations, & généralement tous les autres actes de la procédure instruite sur l'appel, en observant toujours de ne rapporter de ces pieces que la date, sans rien dire du contenu.

Quant à toutes les autres pieces de la cause principale, elles ne doivent point être rappellées ni visées dans l'arrêt par une spécification particuliere, mais sous une énonciation générale conçue en ces termes: *Vu aussi toutes les pieces de la cause principale énoncées & datées dans la sentence dont est appel.*

Quant aux arrêts d'audience rendus au Conseil Supérieur sur les appellations verbales, & sur les demandes en exécution d'arrêts, il n'y a point de vû, & la forme qui y est usitée aujourd'hui est très-bonne; elle consiste seulement dans l'établissement exact des qualités des parties, c'est-à-dire, de l'appellant & de l'intimé; du demandeur & du défendeur dans la sentence dont est appel, & de la demande sur laquelle il s'agit de prononcer, dans la mention de la comparution des Procureurs ou des parties, & enfin dans celle de la présence des gens du Roi, s'il en est question, après quoi la Cour confirme ou infirme.

Il y a encor une autre sorte d'arrêts qui sont ceux sur requête, portant défenses d'exécuter les sentences des premiers Juges, ou qui renferment d'autres dispositions provisoires sur des matieres sommaires: dans ces sortes d'arrêts, il est nécessaire que le vu renferme la substance de l'exposé des requêtes, & toutes les conclusions qui y sont prises; & même il faut viser succinctement les titres & pieces qui peuvent servir à établir les cas provisoires, & qui se trouvent attachés à la requête, & cela parce que ces arrêts sont rendus sans parties appellées, & qu'ils doivent renfermer en eux-mêmes la justice de leurs dispositions en ce qui concerne le provisoire.

Signé, Rahault de Choisy, Assier, Delacroix.

ARRET

EN REGLEMENT DU CONSEIL SOUVERAIN SUR les successions vacantes.

Du 9 Novembre 1741.

EXTRAIT DES REGISTRES DU CONSEIL SOUVERAIN.

CEJOURD'HUI les Gens du Roi étant entrés, ont dit qu'ils ont été informés qu'il se commettoit des abus considérables au sujet des successions vacantes, malgré les sages précautions que l'on prend pour les faire passer aux légitimes héritiers du sang; les successions devenant souvent la proie de la cupidité de quelconque osoit s'en emparer; que des particuliers, sous le prétexte d'une parenté très-équivoque & fondée uniquement sur une liaison formée par le hasard, ou à l'occasion d'une traversée de france ici, usurpoient le titre d'héritier, se mettoient en possession des effets de ces successions, les dissipoient, ou les transportoient dans les isles voisines, pour en dérober la connoissance aux curateurs aux biens vacans, qui, avertis trop tard & presque toujours par hasard, ne pouvoient ni obvier, ni remédier à ces desordres, ou du moins n'y pouvoient remédier que difficilement & avec des frais considérables; que d'autres particuliers poussant plus loin la hardiesse, & ne prenant pas même la précaution de se couvrir d'aucun prétexte, s'emparoient sans aucune apparence de droit, de tout ce qu'ils trouvoient à leur bienséance dans ces successions, comme si les biens délaissés par un défunt, dont les héritiers sont absens, étoient dévolus au premier occupant; qu'ils n'auroient que trop d'exemples à citer à la Cour, & qu'ils se contenteroient de lui en rapporter seulement deux tous récens: qu'il n'y avoit pas long-tems qu'il étoit mort aux coulisses de cette isle, chez le sieur Cailland, un nommé Nolland; que ledit Cailland, sans aucun ordre de justice, s'étoit saisi de l'argent de cette succession, & s'étoit ingéré de payer lui-même différens créanciers: que le sieur Thuillier, marchand à St. Pierre, étoit venu de son autorité privée, enlever une barrique de vin de cette succession: que les sieurs Pinel Lapalun & Tartanson, ont dit au curateur aux successions vacantes, du ressort de la jurisdiction de cette ville du Fort-Royal, que ledit Nolland, quelques jours avant son décès, avoit apporté de St. Pierre quelques barrils de bœuf, & quelques malles de marchandises seches qui ne se sont point trouvés, le fait étant cependant prouvé par les comptes que fournissoit ledit Thuillier: qu'il étoit mort aussi nouvellement au Vauclin, un nommé Marquet, perruquier: que le nommé

nommé Descoubet, & plusieurs autres s'étoient emparés des effets de cette succession, & les avoient partagés entr'eux ; que le curateur ayant appris ce fait par hasard, fit assigner ledit Descoubet, qui fut condamné à remettre ces effets, & cependant la succession condamnée aux dépens ; ce qui étoit arrivé dans nombre d'autres occasions, même lorsqu'il avoit fallu décreter des particuliers ; pour les obliger à remettre les effets qu'ils avoient pris. Que les gens du Roi ayant pensé que de pareils abus devoient exciter leur ministere, & méritoient d'être réprimés, ils croyoient qu'il convenoit d'arrêter le mal dans sa source même ; qu'ayant cherché quelle pouvoit être la cause premiere de ces désordres, afin que la connoissance de la cause du mal put indiquer le remede le plus propre à le guérir ; ils n'avoient point trouvé de cause si plausible de ces abus, que la connoissance tardive que les curateurs aux biens vacans avoient de la mort de ceux qui décédoient intestat, sans héritiers apparens ; qu'il se passoit le plus souvent un tems considérable, avant qu'ils en fussent informés, & que pendant ce tems-là les biens étoient exposés à la cupidité d'un chacun ; que si c'étoit là la cause du mal, comme on n'en pouvoit guere douter ; le remede étoit donc de faire ensorte que les curateurs pussent être promptement instruits de ce qui se passoit. Que quelque attention que la Cour eût à ne mettre que des personnes d'une probité reconnue & non suspecte ; le plus grand zele ne pourra les mettre en état de se bien acquitter de leurs fonctions, si elle ne leur en facilite les moyens ; pouvant dire qu'elle doit être d'autant plus excité à le faire, qu'outre l'amour de la justice & du bon ordre qui l'animoit toujours ; ces officiers étant choisis par elle, la louange ou le blâme qu'ils peuvent mériter dans l'exercice de leur emploi, réjailliroit sur elle. Pour quoi dans ces circonstances les Gens du Roi auroient requis qu'il fut fait par la Cour un Réglement à ce sujet ; surquoi eux retirés, & la matiere mise en délibération.

La Cour a ordonné & ordonne ce qui suit.

1°. Que les aubergistes, cabaretiers & autres personnes de quelque qualité & condition qu'elles soient, ès maisons desquels seront décédés intestat des étrangers en cette isle, ou habitans d'icelle, sans héritiers apparens ; en donneront avis au Procureur du Roi du Siege, ou au curateur aux successions vacantes du ressort, dans les vingt-quatre heures, à peine d'en répondre, & de tous dépens, dommages & intérêts.

2°. Que les particuliers qui se trouveront saisis de quelques effets des successions vacantes, en donneront avis au plutôt au curateur auxdites successions du ressort, aussi à peine, faute de ce faire, de tous dépens, dommages & intérêts, & de telles autres qu'il appartiendra suivant l'exigence du cas, sauf après lesdites déclarations, à être fait droit par le Juge des lieux, sur les demandes en bienveillance qui pourront être formées d'aucunes desdites successions, ainsi qu'il appartiendra, & sans que sous prétexte desdites demandes, personne puisse se dispenser de donner avis desdites successions & desdits effets. Ordonne que le présent arrêt sera lû, publié & enrégistré aux audiences des Jurisdictions du ressort de la Cour, & affiché par-tout où besoin sera, à la diligence du Procureur général du Roi, ou de ses substituts, qui en certifieront la Cour à la prochaine séance. Fait au Conseil Souverain de la Martinique, le neuf novembre mil sept cent quarante-un.

LETTRES-PATENTES *DU ROI*,

PORTANT création de Conseillers-Assesseurs aux Conseils Souverains des Colonies.

Du mois d'Août 1742.

LOUIS PAR LA GRACE DE DIEU, ROI DE FRANCE ET DE NAVARRE: A tous ceux qui ces présentes Lettres verront, *SALUT*. L'attention continuelle que nous donnons à l'administration de la justice dans nos colonies, nous a portés depuis quelques années à autoriser les Gouverneurs & Intendans à établir des Assesseurs dans nos Conseils Souverains, non-seulement pour y accélérer l'expédition des affaires, mais encore pour mettre ces Assesseurs à portée de se rendre de plus en plus capables de remplir les charges de Conseillers en ces Conseils ou d'autres places de judicature qui viendroient à vaquer: nous avons la satisfaction de reconnoître par expérience, que cet établissement répond à nos vues, & qu'il est tems de lui donner une forme stable & authentique, & nous nous y déterminons d'autant plus volontiers, que nous donnerons en même tems à nos sujets des Colonies, une nouvelle marque des soins que nous apportons à tout ce qui peut contribuer à leur tranquilité & à leur bonheur. A CES CAUSES, nous plaît ce qui suit.

ARTICLE PREMIER.

Les Gouverneurs & Lieutenans généraux pour nous & les Intendans de nos Colonies, continueront de commettre conjointement pour Assesseur à nos Conseils Souverains, des sujets capables d'en faire les fonctions, à l'effet de quoi nous leur donnons l'autorité & le pouvoir nécessaire. Voulons néanmoins & entendons qu'il ne puisse y avoir sans une permission expresse de nous, que le nombre de quatre Assesseurs dans chacun desdits Conseils Souverains.

II. Attendu l'éloignement des colonies de l'isle royale, louisiane & cayenne, des lieux de la résidence des gouverneurs, lieutenans-généraux & des Intendans desquelles elles dépendent, nous donnons aux gouverneurs particuliers & commissaires ordonnateurs des trois dites colonies, le même pouvoir de commettre conjointement ledit nombre d'Assesseurs dans les Conseils Souverains qui y sont établis.

III. Les Assesseurs ainsi commis par lesdits Gouverneurs, Intendans & Ordonnateurs, seront reçus auxdits Conseils Souverains, avec les mêmes formalités qui s'observent pour la réception des Conseillers établis par provisions de Nous, ils y prendront rang & séance par ordre d'ancienneté entr'eux, & après lesdits Conseillers dont ils seront toujours précédés; mais ils n'y auront voix délibérative que dans les jugemens des affaires dont ils seront rapporteurs, à moins que dans les autres affaires il ne se trouvât pas un nombre suffisant de Juges, auquel cas ils auront pareillement voix délibérative; comme aussi dans le cas de partage d'opinions entre les autres Juges.

IV. Lesdits Assesseurs ne jouiront aux isles du vent & sous le vent, que de la moitié des exemptions dont jouissent lesdits Conseillers, pour les droits du domaine ou d'octroi qui se perçoivent auxdites isles; mais ils auront toutes les autres exemptions, prérogatives, honneurs & privileges attachés auxdites charges de Conseillers.

V. Voulons au surplus que les commissions qui seront expédiées auxdits Assesseurs par les Gouverneurs & Intendans ou ordonnateurs, ne soient que pour trois années, à compter du jour de leur réception auxdits Conseils Souverains; & à l'expiration desdites trois années, nous permettons auxdits Gouverneurs, Intendans ou Ordonnateurs, de donner de pareilles commissions d'Assesseurs à d'autres sujets, ou d'en accorder de nouvelles, s'ils le jugent à propos, à ceux dont le tems sera expiré, & d'en user ainsi à l'égard des uns & des autres, de trois en trois années, auxquels cas lesdits Assesseurs conserveront dans lesdits Conseils, le rang qu'ils avoient en vertu de leur premiere commission; & lors que lesdits Assesseurs n'auront pas de nouvelles commissions à l'expiration desdites trois années, ils cesseront d'en prendre la qualité, & de jouir des exemptions, honneurs & privileges y attachés. Si donnons en mandement &c.

DECLARATION DU ROI,

CONCERNANT les concessions de terres dans les Colonies Françoises de l'Amérique.

Donnée à Versailles, le 17 Juillet 1743.

LOUIS PAR LA GRACE DE DIEU, ROI DE FRANCE ET DE NAVARRE: A tous ceux qui ces présentes Lettres verront, *SALUT*. Nous avons, à l'exemple des Rois nos prédécesseurs, autorisé les Gouverneurs & Intendans de nos colonies de l'Amérique, non-seulement à faire seuls les concessions de terres que nous faisons distribuer à ceux de nos sujets qui veulent y faire des établissemens, mais aussi à procéder à la réunion à notre domaine, des terres concédées qui se trouvent dans le cas d'y être réunies, faute d'avoir été mises en valeur; & ils connoissent pareillement, à l'exclusion des Juges ordinaires, de toutes les contestations qui s'élevent entre les concessionnaires ou leurs ayans cause, tant par rapport à la validité & à l'exécution des concessions, que pour raison de leurs positions, étendues & limites; mais nous sommes informés qu'il n'y a eu jusqu'à présent rien de certain ni sur la forme de procéder, soit aux réunions des concessions, soit à l'instruction & aux jugemens des contestations qui naissent entre les concessionnaires ou leurs ayans cause, ni même sur les voies qu'on doit suivre pour se pourvoir contre les ordonnances rendues par les Gouverneurs & Intendans sur cette matiere; en sorte que non-seulement il s'est introduit des usages différens dans les diverses colonies, mais encore qu'il y a eu de fréquentes variations à cet égard dans une seule & même colonie. C'est pour faire cesser cet état d'incertitude sur des objets si intéressans pour la sûreté & la tranquillité des familles, que nous avons résolu d'établir par une loi précise, des régles fixes & invariables, qui puissent être observées dans toutes nos colonies, tant sur la forme de procéder à la réunion à notre domaine, des concessions qui devront y être réunies, & à l'instruction des discussions qu'elles pourront occasionner, que pour les voies auxquelles pourront avoir recours ceux qui croiront avoir lieu de se plaindre des jugemens qui seront rendus: A CES CAUSES, & autres à ce nous mouvans, de l'avis de notre Conseil, & de notre certaine science, pleine puissance & autorité royale, nous avons dit, déclaré & ordonné, & par ces présentes signées de notre main, disons, déclarons & ordonnons, voulons & nous plaît ce qui suit.

ARTICLE

ARTICLE PREMIER.

Les Gouverneurs, Lieutenans-généraux pour nous, & les Intendans de nos colonies ou les officiers qui les repréſenteront à leur défaut ou en leur abſence des colonies, continueront de faire conjointement les conceſſions de terres aux habitans qui ſeront dans le cas d'en obtenir pour les faire valoir, & leur en expédieront les titres aux clauſes & conditions ordinaires & accoutumées.

II. Ils procéderont pareillement à la réunion à notre domaine, des terres qui devront y être réunies, & ce à la diligence de nos procureurs des Juriſdictions ordinaires, dans le reſſort deſquelles ſeront ſituées leſdites terres.

III. Ils ne pourront concéder les terres qui auront été une fois concédées, quoiqu'elles ſoient dans le cas d'être réunies, qu'après que la réunion en aura été prononcée, à peine de nullité des nouvelles conceſſions, & ſans préjudice néanmoins de la réunion, laquelle pourra toujours être pourſuivie contre les premiers conceſſionnaires.

IV. Les Gouverneurs & Lieutenans-généraux pour nous, & les Intendans ou les Officiers qui les repréſenteront à leur défaut ou en leur abſence des colonies, continueront auſſi de connoître, à l'excluſion de tous autres Juges, de toutes conteſtations qui naîtront entre les conceſſionnaires ou leurs ayans cauſe, tant ſur la validité & exécution des conceſſions, qu'au ſujet de leurs poſitions, étendues & limites: & dans le cas où il y aura des mineurs qui feront partie dans leſdites conteſtations, elles ſeront communiquées à nos Procureurs des Juriſdictions ordinaires, dans le reſſort deſquelles les Gouverneurs & Intendans feront leur réſidence, pour y donner leurs concluſions de la même maniere que ſi les conteſtations étoient portées auxdites juriſdictions: n'entendons néanmoins comprendre dans la diſpoſition du préſent article, les conteſtations qui naîtront ſur les partages de famille, dont les Juges de nos juriſdictions ordinaires continueront de connoître.

V. Déclarons nulles & de nul effet toutes conceſſions qui ne ſeront pas faites conjointement par le gouverneur & l'Intendant, ou par les officiers qui doivent les repréſenter reſpectivement; comme auſſi toutes réunions qui ne ſeront pas prononcées, & tous jugemens qui ne ſeront pas rendus en commun par eux ou leurs repréſentans: Autoriſons néanmoins l'un des deux dans le cas de décès de l'autre, ou de ſon abſence de la colonie, & de défaut d'officiers qui puiſſent repréſenter celui qui ſera mort ou abſent, à faire ſeul les conceſſions, même à procéder aux réunions à notre domaine & aux jugemens des conteſtations formées entre les conceſſionnaires, en appellant cependant pour les jugemens deſdites conteſtations ſeulement, tels officiers des Conſeils ſupérieurs ou des juriſdictions qu'il jugera à propos ; & il sera tenu de faire mention, tant dans les concessions & réunions, que dans les jugemens des contestations particulieres, de la nécessité où il se sera trouvé d'y procéder ainsi, & ce à peine de nullité.

VI. Dans le cas où les Gouverneurs & Intendants se trouveront d'avis différens sur les demandes qui leur seront faites de concessions de terres, voulons qu'ils suspendent, sans expédier les titres, jusqu'à ce que nous leur ayons donné nos ordres sur le compte qu'ils nous rendront de leurs motif ; & dans le cas de partage d'opinions entr'eux, soit pour les jugements de réunions, soit pour ceux des contestations d'entre les propriétaires de concessions, ils seront tenus d'y appeller le doyen du conseil supérieur, ou en cas d'absence ou d'empêchement légitime, le conseiller qui le suit selon l'ordre du tableau : le tout sans préjudice de la prépondérance de la voix des Gouverneurs dans les affaires concernant notre service, où elle doit avoir lieu.

VII. Dans les affaires où il écherra d'ordonner des descentes sur les lieux, & des nominations & rapports d'experts, ou de faire des enquêtes, les dispositions prescrites à cet égard par les titres XXI. & XXII. de l'ordonnance de 1667, seront observées, à peine de nullité.

VIII. Pourront les parties se pourvoir par appel en notre Conseil, contre les jugemens qui seront rendus par les Gouverneurs & Intendans, tant sur lesdites contestations particulieres, que pour les réunions à notre Domaine ; lesdits appels pourront être interjettés par de simples actes, & les requêtes qui seront présentées en conséquence, seront remises avec les productions des parties, ès mains du secrétaire d'état ayant le département de la marine, pour, sur le rapport qui en sera par lui fait en notre Conseil, être par nous statué ce qu'il appartiendra. SI DONNONS EN MANDEMENT, à nos amés & féaux conseillers en nos Conseils les Gouverneurs & Lieutenans généraux pour nous, & les Intendans des Colonies Françoises de l'Amérique, & aux officiers de nos Conseils Supérieurs desdites colonies, que ces présentes ils aient à faire lire, publier & régistrer, & le contenu en icelles garder observer & exécuter selon leur forme & teneur, nonobstant tous Edits, déclarations, arrêts, ordonnances, réglemens & autres choses à ce contraires, auxquels nous avons dérogé & dérogeons par ces présentes : CAR TEL EST NOTRE PLAISIR. En témoin de quoi nous y avons fait mettre notre scel. Donné à Versailles, le dix-septieme jour de Juillet ; l'an de grace mil sept cent quarante-trois, & de notre regne le vingt-huitieme. *Signé*, LOUIS. *Et plus bas* ; Par le Roi. PHELYPEAUX.

ENREGISTRÉE au Conseil Souverain, le 7 Janvier 1744.

DÉCLARATION DU ROI,

SUR les Tutelles ou Curatelles.

LOUIS PAR LA GRACE DE DIEU, ROI DE FRANCE ET DE NAVARRE: A tous ceux qui ces présentes Lettres verront, SALUT. Par notre déclaration du premier octobre 1721, nous nous sommes proposés de régler ce qui seroit observé, soit pour l'élection des tuteurs ou curateurs des mineurs qui ont des biens situés en france, & d'autres situés dans les colonies françoises, soit au sujet de l'administration & emploi de leurs biens, comme aussi de leur éducation émancipation & mariage; mais différentes réflexions qui ont été faites sur quelques articles de cette déclaration, nous ayant porté à la faire examiner de nouveau dans notre conseil, nous avons jugé à propos d'expliquer plus amplement nos intentions sur cette matiere, pour suppléer à des cas qui n'y avoient pas été prévus, & prévenir les doutes & les difficultés qui pourroient naître dans son exécution. A CES CAUSES, & autres à ce mouvants, de l'avis de notre Conseil, & de notre certaine science, pleine puissance & autorité royale; nous avons par ces présentes signées de notre main, dit, déclaré & ordonné, disons, déclarons & ordonnons, voulons & nous plait ce qui suit.

ARTICLE PREMIER.

Lorsque nos sujets à cause de leur minorité auront besoin d'être pourvus de tuteurs ou curateurs, n'ayant plus ni pere ni mere, & qu'ils posséderont des biens situés en France, & d'autres situés dans les colonies Françoises, il leur sera nommé des tuteurs & curateurs dans l'un & l'autre pays; laquelle nommination sera faite en France par les juges auxquels la connoissance en appartient, & ce, de l'avis des parents; ou amis des mineurs qui seront en France, pour avoir par lesdits tuteurs ou curateurs, l'administration des biens de France seulement, même des obligations contrats de vente, & autres droits & actions à exercer sur des personnes domiciliées en France, & sur les biens qui y sont situés; ce qui aura lieu pareillement dans les colonies, où la nommination du tuteur ou curateur sera faite par les juges qui y sont établis, de l'avis des parents ou amis qu'ils y auront: lesquels tuteurs ou curateurs élus dans les colonies, n'auront pareillement l'administration, que des biens qui s'y trouveront appartenants auxdits mineurs, ensemble des obligations, contrats de vente, & autres droits & actions à exercer sur des personnes domiciliées dans les colonies, & sur des biens qui y seront situés; & seront lesdits tuteurs & curateurs de France, ou ceux des colonies Françoises indépendants les uns des autres, sans être responsables de la gestion & administration des biens du pays, dans lequel ils auront été élus, de laquelle ils ne seront tenus de rendre compte que devant les Juges qui les auront nommés.

II. En cas que le pere ou la mere soit encore vivant dans le tems de la donation de tutelle ou curatelle, il sera permis au Juge du lieu de leur domicile, de les nommer tuteur ou curateur indéfiniment, & sous restriction, si les parens ou amis des mineurs en sont d'avis; auquel cas lesdits pere & mere survivans auront l'administration générale de tous les biens desdits mineurs, en quelques lieux que lesdits biens soient situés; en sorte qu'il n'y ait en ce cas qu'une seule tutelle ou curatelle; & si ledit Juge, de l'avis des parens & amis, ne juge pas à propos de déferer la tutelle ou curatelle auxdits pere ou mere, ni même de les nommer tuteur ou curateur en partie, l'article premier ci-dessus sera exécuté.

III. Les dispositions des deux articles précédens auront pareillement lieu à l'égard des mineurs ayant pere & mere vivans, auxquels il seroit nécessaire de nommer un tuteur ou curateur pour des biens qui leur appartiendront en france ou dans les colonies.

IV. Si dans le cas de l'article II., il se trouvoit que les pere & mere prédécédés, qui avoient leur domicile en france, aient laissé des enfans dans les colonies, ou qu'au contraire leur domicile étant dans les colonies, ils aient laissé des enfans demeurants en france, voulons que par provision, de l'avis de leurs parens ou amis, & par l'usage des lieux de leur demeure, il leur soit nommé un tuteur pour administrer leurs biens qu'ils auront dans le pays où ils habitent, jusques au jour que le tuteur élu, ou indistinctement pour tous les biens des mineurs, ou seulement pour les pais ou le tuteur provisionnel aura été nommé, lui ait notifié sa qualité, en lui faisant donner copie de l'acte de tutelle; & sera ledit tuteur provisionnel, tenu de rendre compte de sa gestion à celui qui aura été nommé définitivement.

V. Si le pere ou la mere à qui la tutelle générale auroit été déférée, vient à passer à de secondes nôces, il pourra être pourvu d'un autre tuteur auxdits mineurs, si leurs parens ou amis en sont d'avis, & ce, par le Juge du domicile qui avoit déféré la tutelle générale auxdits pere ou mere; auquel cas, il sera procédé suivant l'article premier, à la nomination de deux tuteurs, l'un pour les biens situés en france, l'autre pour les biens situés dans les colonies; à quoi

quoi le Juge du pays où les mineurs auront les biens sans y avoir leur domicile, sera tenu de procéder aussitôt qu'il sera instruit de la destitution du pere ou de la mere, & de la nomination d'un autre tuteur, faite par le Juge du domicile.

VI. Le tuteur nommé dans le pays où les mineurs ne feroient pas leur demeure; sera tenu d'envoyer tous les ans au tuteur nommé dans le pays où les mineurs seront élevés, des états de sa recette & dépense; il sera pareillement tenu; si les parens & amis des mineurs étant dans ledit pays; le jugent à propos; & qu'il soit ainsi ordonné par le Juge dudit pays, de faire remettre audit tuteur en tout ou en partie, les revenus qu'il aura reçu, à l'exception de ceux qu'il sera obligé d'employer à l'entretien des biens dont l'administration lui est confiée; à l'effet de quoi ledit tuteur sera tenu audit cas, d'assurer ses envois, & les frais d'assurance lui seront passés en dépense dans son compte; comme aussi sera tenu le tuteur auquel les envois auront été faits, de s'en charger en recette dans son compte, & d'en faire emploi suivant l'avis des parens ou amis desdits mineurs.

VII. Lorsque les mineurs seront élevés dans les colonies; le Juge de la tutelle dans lesdites colonies, pourra, de l'avis des parens ou amis desdits mineurs, ordonner l'emploi de leurs revenus, même des fonds qui leur seront rentrés en acquisition des biens situés audit pays; mais lorsque les mineurs seront élevés en france; l'emploi dans les colonies ne pourra être ordonné que de l'avis des parens ou amis desdits mineurs assemblés à cet effet devant le Juge de la tutelle qui aura été déférée en france.

VIII. L'éducation des enfans mineurs appartiendra à leur pere; s'il a survécu à la mere, dont la mort aura donné lieu à l'élection d'un tuteur ou d'un curateur; ce qui sera observé en quelques pays que les enfans soient élevés, si ce n'est néanmoins que sur l'avis de leurs parens & amis pour de grandes considérations; le Juge du pays où le pere aura son domicile, n'en ait autrement ordonné; & lorsque ce sera la mere qui aura survécu, l'éducation de ses enfans lui appartiendra pareillement; en cas qu'elle soit nommée tutrice; ou que si elle ne l'est pas, lesdits parens ou amis aient jugé à propos de lui en déférer l'éducation, laissant à la prudence du Juge du pays où le pere avoit son domicile au jour de son décès; de régler par l'avis des parens ou amis desdits enfans mineurs, si leur éducation sera confiée à la mere, en quelque pays qu'ils habitent, ou si elle n'aura l'éducation que de ceux qui seront dans les pays où elle fait sa demeure.

IX. Lorsque les mineurs n'auront plus ni pere ni mere; leur éducation sera déférée au tuteur élu dans le pays où le pere avoit son domicile au tems de son décès; si tous lesdits enfans ont leur demeure dans ledit pays, & en cas que les uns demeurent en france & les autres dans les Colonies, l'éducation des uns & des autres apparriendra au tuteur nommé dans lesdits pays où ils habitent, le tout à moins que les parens ou amis de l'un ou de l'autre pays n'estiment également que l'éducation desdits enfans mineurs doit être confiée à un seul desdits tuteurs.

X. Les lettres d'émancipation ou de bénéfice d'âge qui seront obtenues par les mineurs, ne seront entérinées sur l'avis de leurs parens ou amis, que par le Juge du lieu où les mineurs auront leur domicile, soit en france ou dans les colonies, & ils ne seront tenus seulement que de les faire enrégistrer dans les siéges d'où dépendent les lieux où ils ont des biens, sans y avoir leur domicile; faute de quoi les lettres par eux obtenues n'auront aucun effet à l'égard desdits biens.

XI. Les mineurs émancipés ne pourront disposer des negres qui servent à exploiter les habitations dans les colonies, qu'ils n'aient atteint l'âge de vingt-cinq ans accomplis, sans néanmoins que lesdits negres puissent être réputés meubles par rapport à tous autres effets.

XII. Les mineurs qui n'ayant plus de pere voudront contracter mariage, soit en france, soit dans les colonies françoises, ne pourront le faire sans l'avis & le consentement par écrit du tuteur ou curateur nommé dans le pays où le pere avoit son domicile au jour de son décès, sans néanmoins que ledit tuteur ou curateur puisse donner son consentement que de l'avis des parens assemblés, pardevant le Juge qui l'aura nommé, sauf audit Juge avant que d'homologuer leur avis, à ordonner que l'autre tuteur ou curateur qui aura été établi dans le pays où le pere desdits mineurs qui n'avoit pas son domicile, ensemble les parens ou amis que les mineurs auront dans les pays, seront pareillement entendus dans le délai compétent, devant le Juge qui aura nommé ledit tuteur ou curateur, pour leur avis rapporté, être statué ainsi qu'il appartiendra sur le mariage proposé par ledit mineur; ce que nous ne voulons néanmoins être ordonné que pour de grandes considérations, dont le Juge sera tenu de faire mention dans la sentence qui sera par lui rendue.

XIII. N'entendons rien innover par notre présente déclaration, en ce qui concerne les dispositions de loix romaines, soit sur les droits de la puissance paternelle, soit au sujet de la dation & de la privation des tutelles ou de l'âge auquel elles doivent finir; voulons que lesdites dispositions continuent d'être observées ainsi que par le passé, dans les provinces & lieux de notre royaume qui se régissent par le droit écrit, & ce à l'égard des biens situés en france, ou des effets dont le recouvrement y doit être fait, sans préjudice de l'exécution de notre présente déclaration, tant pour ce qui regarde les tutelles ou curatelles qui seront déférées dans les colonies françoises, ou pour celles qui auront lieu en france dans les provinces & lieux qui suivent le droit coutumier, à la réserve néanmoins de ce qui sera écrit dans l'article suivant.

XIV. N'entendons pareillement déroger aux dispositions de la coutume de Bretagne ou autres, sur ce qui concerne l'article des pere & mere sur leurs enfans, & les regles qui sont observées au sujet de la tutelle ou curatelle, lesquelles dispositions continueront d'être suivies ainsi qu'elles l'ont été jusques à présent, notamment celle de notre Edit du mois de décembre 1732, en ce qui concerne notre Province. SI DONNONS EN MANDEMENT, à nos amés les gens tenans notre Conseil Supérieur à la Martinique, que ces présentes ils aient à faire lire, publier & registrer, & le contenu en icelles garder, observer & exécuter selon leur forme & teneur, nonobstant tous Edits, Déclarations, Arrêts, ordonnances, Réglemens & autres choses à ce contraires, auxquels nous avons dérogé & dérogeons par ces présentes; CAR TEL EST NOTRE PLAISIR: En témoin de quoi nous y avons fait mettre notre scel. Donné à Versailles, le premier février l'an de grace 1743, & de notre regne le vingt-huitieme. *Signé*, LOUIS. *Et plus bas*, Par le Roi PHELYPEAUX.

ENREGISTRE'E au Conseil Souverain le 7 Mars 1744.

DÉCLARATION
DU ROI,

SUR les saisies mobiliaires, & sur les gardiens des effets saisis.

Du 24 Mars 1724.

LOUIS PAR LA GRACE DE DIEU, ROI DE FRANCE ET DE NAVARRE: A tous ceux qui ces présentes Lettres verront, SALUT. Nous sommes informés que dans nos isles, les créanciers éprouvent des difficultés pour se faire payer de leurs débiteurs; que les saisies des sucres, negres & autres choses mobiliaires qui se font dans les habitations, & principalement dans celles qui sont éloignées des villes & bourgs, sont presque impossibles, faute de trouver des gardiens; qu'il y a un grand inconvénient à charger de cette fonction le plus proche voisin, attendu qu'il n'y peut vaquer sans se distraire du soin de la culture des terres de son habitation, où sa présence est d'autant plus nécessaire pour contenir ses negres, & régler les travaux journaliers, que souvent il s'y trouve seul, & que d'un autre côté le transport des sucres qui sont toujours la meilleure partie des effets qui peuvent être ainsi saisis, n'est pas praticable sans une perte considérable ; c'est pour remédier à ces inconvéniens que nous avons réglé, statué & ordonné, & par ces présentes réglons, statuons & ordonnons ce qui suit :

1°. Tout huissier ou sergent qui procéderont par voie de saisie mobiliaire dans les habitations de nosdites isles du le vent, pourront établir pour gardiens les propriétaires des choses saisies, à la représentation desquelles lesdits propriétaires seront contraints même par corps ; ce qui n'aura cependant lieu que dans les habitations & non dans les villes & bourgs.

2°. Lesdits huissiers ou sergens seront tenus avant d'établir pour gardien lesdits propriétaires, de faire mention dans leur procès verbal de saisie, de l'impossibilité où ils auront été d'en trouver d'autres, à peine de nullité.

3°. Dérogeons à l'effet de ce que dessus, & pour cet égard seulement à l'article XIII. du titre 19 de l'ordonnance de 1667. Si mandons &c.

ENREGISTRÉE au Conseil Souverain, le 3 Juillet 1724.

LETTRE DU ROI,

A MM. LES GENERAL ET INTENDANT,

SUR les enrégistremens au Conseil Souverain.

Du 26 Octobre 1744.

MONS. LE MARQUIS DE CHAMPIGNY ET MONS. DE RANCHÉ, Quoique je vous aie déja expliqué ce que vous devez observer par rapport à l'enrégistrement en mes Conseils Supérieurs des isles du vent, de mes Edits, Déclarations & autres expéditions, je vous fais cette lettre pour vous dire que mon intention est que vous empêchiez qu'il ne soit enrégistré auxdits Conseils Supérieurs, non-seulement aucuns Edits, Déclarations, Arrêts, Réglemens & Ordonnances, autres que ceux qui par mes ordres vous seront adressés par mon Secretaire d'Etat ayant le département de la Marine, mais encore aucunes lettres de grace & de remission ou d'abolition ; lettres d'annoblissement, confirmation de noblesse, de reliefs de surannation ou dérogeant à noblesse ; lettres de naturalité, ni autres expéditions de mon sceau ou de mon Conseil d'Etat, qu'après que

que mondit Secretaire d'Etat vous aura fait savoir de ma part que je trouve bon qu'on procede auxdits enrégistremens : Sur ce je prie Dieu &c. Monf. de Champigny & Monf. de Ranché, qu'il vous ait en sa sainte garde &c.

ENREGISTRE'E *au Conseil Souverain le 8 Mai 1745.*

LETTRE DU ROI,

AU CONSEIL SOUVERAIN

SUR *la surséance aux Arrêts, en matiere criminelle.*

Du 27 Août 1744.

NOS AME'S ET FEAUX. *C'est avec surprise que nous avons appris que vous avez fait grace au nommé Le Genti, pour l'hommicide par lui commis en la personne du nommé Roch Gaudonin Desfossés, & que vous avez expédié à cet effet le 3 janvier 1744, un Arrêt, par lequel vous l'avez dispensé de l'obtention de lettres de remission en chancellerie pour raison dudit hommicide, comme étant involontaire; vous n'avez point à cet effet pouvoir, non plus que nos autres Conseils Supérieurs des Colonies, de faire dans aucun cas, grace de crimes capitaux; & c'est ce qui nous a obligés de rendre en notre Conseil d'Etat, un Arrêt par lequel nous avons déclaré nul celui que vous avez expédié : Vous vous conformerez aux dispositions qui y sont contenues. Nous vous faisons cependant cette lettre pour vous dire que notre intention n'est point que dans les cas d'hommicide involontaire ou commis dans la necessité d'une légitime défense de la vie, vous suiviez la rigueur des loix; vous pouvez, dans ces sortes de cas, surseoir le jugement du procès, jusqu'à ce que nous ayons expliqué nos intentions sur le compte qui nous sera rendu des informations par notre Secretaire d'Etat ayant le département de la Marine, à qui elles seront envoyées par le Gouverneur notre Lieutenant général & l'Intendant de la Colonie, auxquels nous voulons que notre Procureur général les remette à cet effet, si n'y faites faute, &c.*

ENREGISTRE'E *au Conseil Souverain le 12 Janvier 1745.*

ARRÊT
EN REGLEMENT
DU CONSEIL SOUVERAIN,
SUR les droits du premier Huissier du Conseil.

Du 5 Mai 1746.

EXTRAIT DES REGISTRES DU CONSEIL SOUVERAIN.

LA COUR ordonne,

ARTICLE PREMIER.

Que dans toutes les causes qui seront jugées au rapport ou sur référé en la Cour, il sera payé au premier huissier de ladite Cour, trois livres, qui seront perçues par le greffier ou commis-greffier, en délivrant les expéditions des arrêts qui interviendront, pour être remis audit premier huissier.

II. Ordonne aussi qu'il sera payé un droit audit premier huissier sur chaque enrégistrement des lettres de noblesse & autres qui seront ordonnées par la Cour, lequel droit sera par elle taxé lors desdits enrégistremens, & sera payé comme dessus.

III. Ordonne en outre qu'il sera payé audit premier huissier, un droit sur la présentation de chaque huissier qui sera reçu en la Cour, qu'elle a fixé à la somme de trente liv., & un autre sur la réception de chaque Procureur, que ladite Cour a aussi taxé à la somme de soixante livres; lesquels droits seront par lesdits Procureurs & huissiers récipiendaires, payés ès mains dudit premier huissier sur sa quittance, qu'ils seront tenus de joindre à leurs commissions, pour être reçus.

IV. Ordonne qu'il sera payé par les Procureurs ou parties qui feront enrôler leurs causes aux greffes des Jurisdictions de cette isle, pour être portées à l'audience ordinaire, sept sols six deniers par chaque cause; lequel droit sera à partager entre les greffiers desdites Jurisdictions, & ledit premier huissier, auquel la Cour en a accordé la moitié, qui sera perçu par ledit greffier pour lui être remise.

V. Ordonne au surplus que l'arrêt de ladite Cour dudit jour treize juillet 1725 sera exécuté selon sa forme & teneur, & que le présent réglement sera lû, publié & enrégistré dans tous les sieges des

Jurisdictions de cette dite isle, à la diligence dudit Procureur général du Roi ou de ses substituts esdites jurisdictions, afin que personne n'en prétende cause d'ignorance, & pour être exécuté suivant sa forme & teneur. Fait à la Martinique au Conseil Souverain, le cinquiéme mai mil sept cent quarante-six.

LETTRE DU ROI,

AU CONSEIL SOUVERAIN;

SUR l'enrégistrement des Lettres de Noblesse.

Du 9 Décembre 1746.

NOS AMÉS ET FÉAUX. Je vous ai déja fait savoir que mon intention est que vous ne procédiés à l'enrégistrement d'aucun de mes Edits, Déclarations, Arrêts, Ordonnances, Lettres de Grace, Remission, ou abolition; Lettre d'annoblissement ou autres concernant la noblesse; Lettre de naturalité, ni autres expéditions de mon sceau & de mon Conseil d'Etat, qu'après que le S^r. Gouverneur mon Lieutenant-général & le S^r. Intendant des isles du vent vous auront expliqué que je le desire ou le trouve bon: comme je suis informé que mes Conseils Supérieurs des Colonies, sont encore plus exposés à être surpris; malgré toute l'attention que je suis persuadé qu'ils y apportent dans l'examen des titres qui sont présentés par les particuliers qui veulent jouir des privileges de la noblesse, attendu la difficulté, & pour ainsi dire, l'impossibilité où peuvent se trouver lesdits Conseils, de faire les vérifications nécessaires dans une matiere si susceptible d'abus, je vous fais cette lettre pour vous dire que je veux & entends que vous ne procédiez à l'enrégistrement d'aucun titre de cette espece, que lorsqu'il vous apparoîtra d'une permission expresse de ma part, que je n'accorderai que sur le compte qui me sera rendu desdits titres, par mon Secretaire d'Etat ayant le département de la Marine, & des Colonies auquel ils seront remis à cet effet par les particuliers qui voudront les faire enrégistrer dans mon Conseil Supérieur séant au Fort-Royal, pour jouir des privileges de la noblesse dans ma Colonie de la Martinique: Vous vous conformerez à ce qui est de mes intentions à cet égard, si n'y faites faute, &c.

ENREGISTRÉE au Conseil Souverain, le 9 Novembre 1748.

DECLARATION DU ROI,

SUR l'exécution provisoire des jugemens sur les concessions & réunions au domaine des terres concédées.

Du 1 Octobre 1747.

LOUIS PAR LA GRACE DE DIEU, ROI DE FRANCE ET DE NAVARRE : A tous ceux qui ces présentes lettres verront, SALUT. Par notre Déclaration du 17 juillet 1743, nous avons réglé la forme de procéder, soit aux concessions des terres dans nos colonies françoises, soit à la réunion à notre domaine des terres concédées qui se trouvent dans le cas d'y être réunies, soit à l'instruction & au jugement des contestations qui naissent entre les concessionnaires ou leurs ayans cause; & par l'article VIII de la même Déclaration nous avons ordonné que les parties pourront se pourvoir par appel en notre Conseil, contre les jugemens qui seront rendus par les sieurs Gouverneur Lieutenant-général & Intendant desdites colonies, sur toutes ces matieres dont la compétence leur est dévolue, à l'exclusion de tous autres; que lesdits appels pourront être interjettés par des simples actes, & que les requêtes qui seront présentées en conséquence, seront remises avec les productions des parties, ès mains de notre Secretaire d'Etat ayant le département de la Marine, pour sur le rapport qui en sera par lui fait en notre Gonseil, être par nous statué ce qu'il appartiendsa; mais il nous a été représenté sur ce dernier article, qu'à cause de l'éloignement des lieux il conviendroit pour le bien de la justice, de rendre exécutoires par provision, les jugemens rendus sur lesdites matieres par lesdits sieurs Gouverneur & Intendans, & que cette nouvelle disposition empêcheroit beaucoup d'appels que les parties condamnées n'interjettent que pour se maintenir dans leur injuste possession.

A CES CAUSES, Nous, en interprétant notre Déclaration du 17 juillet 1743, avons dit, déclaré & ordonné, disons, déclarons & ordonnons, voulons & nous plaît ce qui suit : Que les jugemens qui seront rendus en conséquence de notre Déclaration par les Gouverneurs nos Lieutenans généraux & les Intendans en nos Colonies, ou par les officiers qui les représenteront sur lesdites matieres, dont la connoissance leur est attribuée, privativement à tous autres Juges, soient exécutoires par provision, & nonobstant l'appel qui pourra en être interjetté, & sans préjudice d'icelui; laissons néanmoins à la prudence

dence desdits Gouverneurs & Intendans, dans les cas où ils le jugeront à propos, de n'ordonner l'exécution provisoire de leur jugement, qu'à la charge de donner bonne & suffisante caution par la partie, en faveur de laquelle ils auront été rendus; & sera au surplus notredite Déclaration, exécutée selon sa forme & teneur.

ENREGISTRÉE au Conseil Souverain, le 9 Novembre 1748.

ARRET

EN REGLEMENT DU CONSEIL SOUVERAIN

POUR les enrôlemens des causes extraordinaires:

Du 3 Janvier 1748.

LA COUR faisant droit sur le requisitoire du Procureur général du Roi, ordonne que de ce jour à l'avenir il sera fait un rôle où toutes les causes des audiences extraordinaires des jurisdictions de cette isle, seront enrégistrées & ensuite jugées à tour dudit rôle, suivant l'usage observé pour les audiences ordinaires; sauf aux Juges à rabbattre les défauts ou congés qui seront obtenus dans les mêmes audiences, suivant l'ordonnance; ce qui sera exécuté à la diligence dudit Procureur général du Roi ou de ses Substituts, qui en certifieront la Cour au premier jour. Fait à la Martinique au Conseil Souverain, le 3 janvier 1748.

ARRÊT

DU CONSEIL SOUVERAIN

CONCERNANT les successions vacantes:

Du 3 Novembre 1749.

VU &c. La Cour faisant droit sur le requisitoire dudit Procureur général, ordonne que toutes saisies-arrêts qui ont été ou seront faites à l'avenir de la part des créanciers des successions vacantes, entre les mains des débiteurs d'icelles, seront par les Juges des lieux, converties en opposition entre les mains du curateur auxdites successions vacantes, pour, ensuite être par lesdits Juges, fait droit sur la délivrance des deniers desdites successions, ainsi qu'il appartiendra de droit; ordonne que le présent arrêt sera enrégistré &c. Fait au Conseil de la Martinique, le 3 novembre 1749.

ORDONNANCE

DE MM. LES GENERAL ET INTENDANT,

SUR les publications & affiches des Congés de ceux qui veulent sortir de cette isle.

Du 9 Décembre 1749.

NOUS ordonnons qu'outre les trois publications & affiches qui se font à la porte des Eglises par trois dimanches consécutifs, lesdits congés seront encore publiés & affichés un jour d'audience à la porte du Palais : Enjoignons aux huissiers de faire lesdites publications à haute & intelligible voix, & d'écrire lesdites affiches d'une maniere lisible, à peine de huit jours d'interdiction pour la premiere fois, & de plus grande peine en cas de récidive ; à quoi il sera tenu la main par les officiers des Jurisdictions, au greffe desquelles nous ordonnons que les présentes seront enrégistrées, après avoir été lûes & publiées à l'audience, &c.

ORDONNANCE

DE MM. LES GENERAL ET INTENDANT,

PORTANT Tarif des droits du scel de l'Isle.

Du 8 Novembre 1751.

SUR le compte que nous nous sommes fait rendre de ce qui se pratique en ces isles à l'égard du sceau, & par la connoissance que nous en avons prise, nous avons remarqué que c'est abusivement que jusqu'ici on n'a point scellé plusieurs actes & pieces de procédure, quoique la regle exige que les mêmes actes & pieces de procédures soient revêtues de l'autorité du sceau royal, pour recevoir l'authenticité qui leur est nécessaire, & pour pouvoir sortir leur exécution, conformément à ce qui se pratique dans le Royaume. Nous avons encore fait attention que par la révolution des tems & le changement considérable des choses arrivées depuis la fixation des droits du sceau, cet objet est si modique, qu'il n'est guere possible que les personnes à qui la garde en est confiée, puissent exciter ceux qu'ils commettent dans les différentes jurisdictions, à s'acquitter de leurs fonctions avec fidélité & exactitude, par une récompense proportionnée aux soins que ce détail exige : à quoi étant nécessaire de pourvoir.

Nous, en vertu du pouvoir & de l'autorité que Sa Majesté nous a départis, avons ordonné & ordonnons que toutes les lettres de dispense seront payées pour droit du sceau à raison de six livres pour chacun impétrant; les légalisations & actes de Notaire, en forme exécutoire, trois livres.

Les arrêts définitifs ou en forme exécutoire, jugement d'intendance, actes d'appel, permission d'anticiper & d'intimer, & exécutoires de dépens de la Cour, deux livres. Les sentences en forme exécutoire, celles d'adjudication par vente, ou baux judiciaires, d'insinuation & ensaisinement, d'entérinement d'arrêts par bénéfice de lettres, permission de vendre, ordonnance pour saisies, decrets, pareatis & exécutoires de dépens décernés par le Juge, une liv.

Prions Messieurs les officiers des Conseils Souverains de la Martinique & Guadeloupe, & mandons aux officiers des Jurisdictions dépendantes de leur ressort, de faire enrégistrer dans leurs greffes notre présente ordonnance, pour être exécutée selon sa forme & teneur.

Donné au Fort-Royal de la Martinique, sous le sceau de nos armes, & le contre-seing de nos secretaires, le 8 novembre 1751. *Signé*, BOMPAR & HURSON. *Et plus bas*, Par Monseigneur. TROCHEREAU DE LA BERLIERE. Et par Monseigneur. DUPRADEL.

ENREGISTRÉE au Conseil Souverain le 8 Novembre 1751.

ARRÊT

DU CONSEIL SOUVERAIN

CONCERNANT les Notaires.

Du 8 Mars 1752.

Extrait des Regiſtres du Conseil Souverain.

LA COUR faisant droit sur le requisitoire du Procureur général, enjoint à tous Notaires du ressort d'icelie, de faire parapher les *verso* des actes qu'ils passeront à l'avenir, tant par les parties que par les témoins desdits actes, & de les parapher eux-mêmes suivant les régles prescrites par les ordonnances & réglemens à ce sujet ; comme aussi leur enjoint de faire mention dans lesdits actes, des qualités & demeures des témoins qui y seront appellés, sous telles peines de droit qu'il appartiendra ; & sera le présent Arrêt, lû, publié &c.

REGLEMENT

ET TARIF GE'NE'RAL.

Fait par Mrs. les Ge'ne'ral et Intendant.

Du 24 Décembre 1753.

MAXIMIN de BOMPAR, Capitaine des Vaisseaux du Roi, Chevalier de l'Ordre Royal & Militaire de Saint-Louis, Gouverneur & Lieutenant-Général des isles françoises du vent de l'Amérique.

CHARLES-MARIN HURSON, *Chevalier, Conseiller du Roi en ses Conseils, & en sa Cour de Parlement de Paris, Intendant de Justice, Police, Finance & Marine desdites isles.*

NOUS étant revenu plusieurs plaintes de la part des habitans de ces isles, ou autres qui se trouvent dans l'étendue du gouvernement général des isles françoises du vent de l'Amérique, au sujet des taxes arbitraires que se font payer les Religieux desservant les Paroisses desdites isles; les fabriques, les officiers de justice, sous prétexte que les anciens tarifs établis, l'un par M. de Baas en 1671, l'autre Par Mrs. de Phelypeaux & Vaucresson, Général & Intendant de ces isles, en 1713, ne pouvoient être exécutés, à cause de la modicité des sommes taxées, & du changement arrivé dans le prix des denrées, loyers de maisons & autres choses nécessaires à la vie. Et voulant mettre un prix fixe à tous les droits qui peuvent être exigés dans toute l'étendue du gouvernement, par ceux dont les fonctions en sont susceptibles, Nous nous sommes fait représenter les tarifs de 1671 & de 1713, & nous avons vu qu'effectivement la taxe de tous ces droits fixée par ces tarifs, ne pouvoit être admise dans ce tems, où le grand nombre des habitans & l'augmentation des especes qui ont cours en ces isles, ont augmenté de plus du double le prix des denrées de france & de celles du pays, & nous avons cru nécessaire d'établir un tarif général pour tous les droits qui se perçoivent par les Religieux desservans les Paroisses, Fabriques, les différens Officiers de justice & autres qui sont dans le cas d'en recevoir,

cevoir, nous réservant de faire des réglemens particuliers pour quelques articles que nous ne croyons pas devoir être insérés dans ce Tarif.

En conséquence, après avoir mûrement pesé & examiné l'état présent des choses, & avoir fait à ce sujet toutes les réflexions nécessaires & convenables, nous avons fait & dressé le présent réglement & tarif général, sous le bon plaisir de Sa Majesté; pour être suivi & exécuté dans toutes les isles du Gouvernement général.

CHAPITRE PREMIER.

Droits Curiaux.

ARTICLE PREMIER.

LES Baptêmes, . Gratis.

Art. 2. Les Mariages, Gratis.

Art. 3. Pour chaque publication de bancs, . . 15 sols.

Art. 4. Pour une Messe basse, ... 1 liv. 10 sols.

Art. 5. Pour l'administration des Sacremens, . . Gratis.

Art. 6. Pour la levée d'un corps dans les villes & Bourgs, . . 10 liv.

Art. 7. Pour inhumation & enterrement simple, 10 liv.

Art. 8. Pour un Nocturne ou les Vêpres des Morts, 6 liv.

Art. 9. Pour la grand'Messe 6 liv.

Art. 10. Pour un enterrement solemnel avec Diacre, Soudiacre, Chape & Encens, ... 15 liv.

Art. 11. Pour chaque extrait de Baptême, Mariage, ou inhumation, 1 liv. 10 sols.

Art. 12. Pour les Services, mêmes droits que pour les Enterremens.

Art. 13. Pour la levée du corps, ouverture de la fosse des pauvres Blancs ou autres libres, . . . Gratis.

Art. 14. Pour ce qui concerne les esclaves, droit seulement pour le fossoyeur, 15 s.

Art. 15. Les offrandes du Pain béni, de la bénédiction des femmes après leurs couches, les ciergés pour les baptêmes, ceux pour les pains benis, & autres offrandes avec la patène & l'étole, appartiendront aux Religieux desservant les Cures, auxquels la Fabrique payera dans chaque paroisse, la somme de cent livres par an, & lui fournira un fer pour faire le pain; au moyen de laquelle somme, dont le Religieux desservant donnera quittance, ledit Religieux se fournira de pain & de vin, & la fabrique lui fournira en sus, la cire & tous les ornemens nécessaires pour la célébration des saints Sacrifices & des Cérémonies, ci . . . . 100 liv.

CHAPITRE DEUXIEME.

Droits de la Fabrique.

ARTICLE PREMIER.

ETANT très-dangéreux dans ces pays chauds, d'enterrer les corps dans les Egliſes qui ſont petites, où il n'y a point de caveaux & dans leſquelles on ne peut creuſer les foſſes auſſi avant qu'il ſeroit néceſſaire : pour éviter les inconvéniens qui réſultent de l'odeur cadavéreuſe que donnent ces corps nouvellement enterrés, & la contagion qui en peut arriver, défendons d'enterrer dans l'Egliſe toutes perſonnes de quelle qualité & condition qu'elles ſoient.

Art. 2. N'entendons néanmoins annuller les conceſſions qui auront pû être ci-devant accordées à quelques familles ou perſonnes en particulier par les Egliſes ou fabriques. Ordonnons ſeulement que dans ſix mois, à compter du jour de la publication des préſentes, pour toute préfixion & délai, les familles ou perſonnes qui prétendront avoir ce droit, préſenteront leurs titres & conceſſions à la Fabrique de leur Paroiſſe, pour y être examinés & renouvellés ſi lieu y a, & ſans être obligées de payer aucune nouvelle redevance ; & faute de ladite repréſentation dans ledit tems, les en déclarons déchus.

Art. 3. N'entendons pareillement comprendre dans le nombre de ceux qui ont ce droit, ceux qui ont la conceſſion de quelque banc pour eux & leur famille : déclarons que la jouiſſance & conceſſion d'un banc, ne peut emporter le droit de ſe faire enterrer ſous ce banc, ni dans aucun endroit de l'Egliſe, à moins que ce droit ne ſoit préciſément accordé & exprimé dans ladite conceſſion, lequel droit de ſépulture nous défendons d'accorder à l'avenir.

Art. 4. Ordonnons que les cimetieres ſeront fermés & clos de mûrs, & que les Fabriques pourvoiront inceſſamment à avoir des cimeteires ſuffiſans pour la Paroiſſe.

Art. 5. Pour ouverture de foſſe dans les cimetieres, 1 liv. 10 ſols.

Art. 6. Pour la tenture de l'Autel & des crédences, 10 liv.

Art. 7 Pour la tenture de l'Autel, des crédences & de tout le Sanctuaire, ... 20 liv.

Art. 8. Pour la tenture de toute l'Egliſe, des bancs & de la porte, ... 40 liv.

Art. 9. Pour le drap mortuaire. . . . 2 liv. 5 ſols.

Art. 10. Pour la croix & chandeliers, benitier ordinaire, 3 liv.

Art. 11. Pour l'argenterie, ... 9 liv.

Art. 12. Pour la ſonnerie par glas, pour chaque ſonnerie, 2 liv. 5 ſ.

CHAPITRE TROISIEME.

Droits des Chantres, Sacristains, Clercs & Sonneurs.

ARTICLE PREMIER.

POUR le Chantre, dans un enterrement ordinaire, 2 l. 5 s.
Art. 2. Avec Nocturne ou Vêpres, . . . 4 l. 10 s.
Art. 3. Lorsqu'il y aura grande Messe, pour le tout; 6 l.
Art. 4. Pour un Service avec Nocturne, . . 6 l.
Art. 5. Pour le Sacristain dans un enterrement ordinaire, 2 l. 5 s.
Art. 6. Lorsqu'il y aura tenture & argenterie; . 4 l. 10 s.
Art. 7. Au Porte-Croix pour un enterrement ordinaire, 1 l. 10 s.
Art. 8. En un enterrement solemnel, . . 2 l. 5 s.
Art. 9. Au Diacre & Soudiacre, chacun; . . 1 l. 10 s.
Art. 10. Aux Acolites & Turiféraires, chacun, . . 15 s.
Art. 11. Aux Clercs chacun, ... 15 s.
Art. 12. Au Sonneur pour chaque enterrement & service, 1 l. 10 s.

CHAPITRE QUATRIEME.

Prix des Bancs dans les Eglises, & Quêtes annuelles.

ARTICLE PREMIER.

LAissons subsister le prix des bancs, fixé par le Tarif de 1713; avec la distinction qui y est établie pour les Bancs depuis la porte jusqu'à la moitié de l'Eglise, & ceux de la moitié de l'Eglise jusques au chœur; en conséquence ordonnons qu'à l'avenir tous les bancs qui seront vacans par mort ou autrement, & ceux qui seront placés dans les nouvelles Eglises ou Paroisses, seront adjugés au plus offrant & dernier enchérisseur: seront toutes personnes de quelque qualité & condition qu'elles soient, reçues à enchérir sur lesdits bancs sans distinction ni déférence. Ordonnons néanmoins qu'après la mort d'un des concessionnaires desdits bancs, le banc dont il aura eu la concession, sera accordé à sa veuve ou à ses enfans mâles en ligne directe seulement, en payant à la Fabrique par ladite veuve ou par ses enfans, la moitié du prix primordial que le défunt aura payé à ladite Fabrique.

Art. 2. Lesdits bancs seront censés vacans, & pourront être adjugés en la maniere ci-dessus, non seulement par le décès du concessionnaire, mais encore par sa retraite volontaire & son changement de domicile dans un autre isle ou paroisse, quand il ne gardera aucuns biens-fonds dans ladite paroisse, dans lequel cas lesdits bancs ne pourront être concédés, qu'au bout de six mois dudit changement de domicile.

Art. 3 Les marguilliers seront obligés de faire faire la quête dans leurs Paroisses certains jours de l'année au profit de l'œuvre & de la Fabrique.

SAVOIR,

Le premier jour de l'An, à Pâques, à la Pentecôte, à la Fête-Dieu, à la Toussaint, à Noël, toutes les fêtes de la Vierge, la fête du Patron, & le premier dimanche de chaque mois.

Et faute par eux de remplir cette obligation, ils seront condamnés à faire bon à la Fabrique, des quêtes qu'ils n'auront pas fait faire, sur le pied de la plus haute quête de l'année.

Art. 4. Les élections de Marguillier & toutes autres délibérations concernant la construction & réparation des Eglises, achats d'ornemens ou autres besoins, continueront de se faire conformément aux ordonnances & réglemens. Ordonnons en conséquence que les assemblées qui se tiendront pour y parvenir, seront composées du Religieux desservant, des Marguilliers & notables habitans, pour remplir le nombre de douze au moins, non compris le Religieux; n'entendons néanmoins exclure ni prohiber un plus grand nombre d'habitans auxdites assemblées; les exhortons au contraire à s'y trouver régulièrement.

Art. 5. Dans les susdites assemblées, le Marguillier en charge y fera les propositions, recueillera les voix tout haut, & le Religieux desservant opinera le dernier.

Art. 6. Les délibérations étant passées à la pluralité des voix, seront transcrites sur le Registre, & signées par le Religieux desservant, le Marguillier & tous les Paroissiens qui y auront assistés; & en cas d'opposition ou autres où il sera nécessaire de les faire homologuer, le Marguillier se pourvoira pour l'homologation pardevant qui il appartient.

CHAPITRE CINQUIEME.

Juges Royaux.

ARTICLE PREMIER.

ENjoignons aux Juges de se conformer pour la tenue de leurs audiences, & les jours & heures auxquels ils doivent les tenir, au Réglement du Roi du 22 mai 1724, enrégistré au Conseil le 4 septembre

ſeptembre audit an, de maniere que les affaires du public ne ſouffrent aucun retardement.

Art. 2. Les Juges pourront faire dans leurs maiſons, les élections des tutelles, curatelles, avis de parens, aſſemblées, enquêtes, reddition de comptes, rapport d'experts, comparaiſons de ſeings & écritures, vérification d'icelles, taxes de dépens, liquidations de fruits, & dommages-intérêts.

Art. 3. Les Juges ne prendront aucun droit pour les appointemens & ordonnances ſur requête, pour quelque cauſe que ce ſoit.

Art. 4. Pour les appoſitions, levées ou reconnoiſſance de ſcellés, dans les villes & bourgs de leur demeure, . . . 9 liv.

Art. 5. Pour les actes de Tutelle, Curatelle & émancipation, 6 liv.

Art. 6. Pour les actes d'affirmation & clôture d'inventaire, 3 liv.

Art. 7. Pour les Pauvres, ... *gratis.*

Art. 8. Lorſqu'il y aura conteſtation pour la perſonne des Tuteurs ou pour les deſtituer à la requête des parens, ou pour quelque motif que ce ſoit, à proportion du tems que les Juges y auront employé & à leur conſcience.

Art. 9. Pour les actes de délibérations & avis de parens ſur l'intérêt & état des affaires des mineurs, pour vendre, louer, gérer & conſerver leurs biens, & autres cas, ... 6 liv.

Art. 10. Et lorſqu'il s'agira d'examiner les inventaires, partages & autres pieces, à leur conſcience ſuivant le tems qu'ils y auront employé.

Art. 11. Pour inſinuations de donations, publications de ſubſtitutions & autres enrégiſtremens qui doivent être faits à l'audience, *gratis.*

Art. 12. Pour ſimple ordonnance & autres actes de pareille nature à l'extraordinaire, & ſur les requêtes, dont le dépôt eſt ordonné être fait ès minutes du greffe, & tous appointemens rendus à l'extraordinaire, ci. . . . . . . 3 liv.

Art. 13. Pour preſtation de ſerment & acceptation de caution, 3 liv.

Art. 14. Pour le premier défaut à l'extraordinaire, 1 liv. 10 ſols.

Art. 15. Pour ſentence par défaut, . . 3 liv.

Art. 16. Pour ſentence ou jugement contradictoire à l'extraordinaire, ... 4 liv. 10 ſols.

Art. 17. Pour taxe de dépens de trente articles ou au-deſſous, ... 4 liv. 10 ſols.

Art. 18. Pour taxe de dépens de trente articles, trois ſols par article.

Art. 19. Pour vacations aux ventes d'immeubles par décrets forcés ou volontaires, licitations ou baux à ferme, pour chaque vacation, 6 l.

Art. 20. Pour la derniere vacation à l'adjudication, . 9 l.

Art. 21 Pour interrogatoire ſur faits & articles, par heure, 4 l.

Art. 22. Pour audition de chaque témoin en matiere civile &

criminelle, répétition, recollement & confrontation, par chaque témoin, ... 2 liv. 5 sols.

Art. 23. Pour les décrets & jugemens de recollement & confrontation, ... 3 liv.

Art. 24. Pour interrogatoire des accusés d'une heure & au-dessous, 3 l.

Art. 25. Et au-dessus d'une heure, 4 liv. par heure.

Art. 26. Pour jugement d'élargissement sous caution ou qui renvoie les parties à fins civiles, ... 3. liv.

Art. 27. Aux inventaires & partages où les Juges peuvent être appellés, conformément à l'arrêt du Conseil d'Etat du 17 janvier 1688, reddition de comptes, comparaisons d'écritures & signatures, & autres actes non ci-dessus exprimés qu'ils peuvent expédier dans leurs maisons ou en celles des particuliers des villes & bourgs de leur demeure, par vacation de trois heures, ci. . . 12 liv.

Art. 28. Lorsqu'ils se transporteront hors des lieux de leurs demeures, soit en exécution d'arrêt ou de leurs jugemens, ils se taxeront sur le pied de 45 livres par jour, pour vacation de six heures; dans lesquelles 45 livres seront compris leurs frais de voyage, chevaux & nourriture, à compter du jour de leur départ, jusques & compris celui de leur retour; & s'ils se trouvent dans l'obligation pour expédier les parties, de travailler plus de six heures par jour, ils augmenteront leurs taxes à raison de cent sols par heure; dont ils feront mention au bas du procès verbal de clôture de chaque vacation, sans que sous quelque prétexte que ce soit, lesdits procés verbaux puissent passer en taxe.

Art. 29. Les épices & vacations des procès par écrit, tant en matiere civile que criminelle, sentence d'ordre & de distribution entre les créanciers, seront réglées par les Juges, suivant la difficulté de l'affaire, & le tens qu'ils y auront en conscience employé; lesquelles épices & vacations ils marqueront sur les minutes de leurs sentences & jugemens, dont sera fait mention par les greffiers sur la premiere expédition qu'ils en délivreront, & qui seront payées ès mains desdits greffiers, de qui les Juges les recevront, sauf en cas d'appel & que les épices & vacations fussent portées trop haut, à être modérées par les Conseils Supérieurs, & les Juges condamnés à la restitution de l'excédent.

Art. 30. Pour légalisation de tous actes, . . . 3 liv.

Art. 31. Pour procès verbal de visite de l'état d'une personne blessée, levée d'un cadavre, vérification d'effraction dans les villes & bourgs de leur demeure, ci. . . . . 9 liv.

Art. 32. S'il y a information sommaire sur les lieux, par heure, 4 liv.

Art. 33. S'il y a transport hors du lieu de leur domicile, ils se taxeront à 45 livres par jour pour les personnes libres seulement, y compris leurs frais de voyage, nourriture & frais de monture.

Art. 34. Et à l'égard des visites, levée des cadavres de Blancs sans aveu & inconnus, ou esclaves, ils les feront gratis, quand ils en seront requis par le Procureur du Roi, sauf, en cas de transport, à être payés par le Domaine, des frais de leur voyage, suivant qu'ils leur seront taxés.

Art. 35. Les procès criminels poursuivis à la requête des Procureurs du Roi, seront instruits & jugés sans frais; pourront néanmoins les Juges prendre leurs droits sur les biens de l'accusé, s'il y en a, & s'il y est condamné.

Art. 36. Pour toutes instructions de procédures & jugemens contre les negres esclaves, en matiere criminelle, *gràtis*, à moins que leurs maîtres ne prennent leur fait & cause, & qu'ils y succombent.

Art. 37. Ne pourront les Juges, prendre aucunes épices ni vacations pour tout ce qui se juge & expédie à l'audience ordinaire, en matieres civile & criminelle, & en quelque cas que ce soit, même pour enrégistrement d'Edits, Déclarations, Lettres Patentes, Arrêts, Réglemens, ni aux causes où le Roi & le public auront intérêt.

CHAPITRE SIXIEME.

Lieutenans de Juge.

LES Lieutenans prendront les mêmes droits que ceux ci-dessus accordés aux Juges, & s'abstiendront d'en prendre, dans le cas où il ne leur est pas permis d'en exiger.

CHAPITRE SEPTIEME.

Procureurs du Roi.

ARTICLE PREMIER.

DANS tous les cas où les Procureurs du Roi donnent leurs conclusions & font leurs fonctions avec les Juges, soit au civil, soit au criminel, à l'extraordinaire & sur procès par écrit, ils prendront les deux tiers des vacations des Juges.

Art. 2. Aux ventes ordinaires des effets mobiliers, pour chaque vacation, ... 9 liv.

Art. 3. Pour la vente des negres, chevaux, mulets & autres effets mobiliers qui se vendront au bout du pont, ou dans la place publique, 4 liv. dix sols par chaque remise, & 6 liv. pour l'adjudication, dans quelque nombre que soient les effets ci-dessus.

Art. 4. Lorsqu'ils seront requis seuls aux inventaires, & partages, où leur présence sera nécessaire pour l'intérêt des absens ou autrement, & à tous actes de leur ministere, ils prendront 12 livres par vacation de trois heures dans le lieu de leur demeure, & 45 livres par jour en campagne, y compris leurs frais de voyage, nourriture & voiture.

Art. 5. Pour les alignemens des maisons ou des rues, dans les villes & bourgs de leur demeure, ... 15 liv.

Art. 6. Hors les lieux de leur demeure, ... 30 liv.

CHAPITRE HUITIEME.

Greffiers du Conseil.

Article Premier.

Pour relief d'appel, anticipation & autres actes de même nature, y compris l'expédition, ci. . . . . 3 liv.

Art. 2. Pour dispense de lettres d'émancipation, bénéfice d'âge, bénéfice d'inventaire, y compris l'expédition, . . 9 liv.

Art. 3. Pour enrégistrement des causes d'audience dont moitié à l'huissier audiencier, ci. . . . . . 2 liv. 5 sols.

Art. 4. Pour enrégistrement d'Edits, Déclarations, Ordonnances, Reglemens, & en toutes affaires concernant le Roi & le public, *gratis*.

Art. 5. Pour les défauts & congés, ... 3 liv.

Art. 6. Pour les arrêts d'appointement & d'instruction, 6 liv.

Art. 7. Pour les arrêts d'audience définitifs, . . . 9 liv.

Art. 8. Pour les arrêts sur requête portés sur le plumitif y compris l'expédition, ... 9. liv.

Art. 9. Les arrêts rendus sur procès par écrit, seront taxés par le Rapporteur suivant l'usage ordinaire.

Art. 10. Les arrêts rendus pour enrégistrement de lettres de noblesse, enthérinement de lettres de grace, & autres brevets, à la requisition des parties, seront taxés par le Rapporteur, qui aura égard dans sa taxe, à l'état, condition & fortune des parties.

Art. 11. Dans les isles du Gouvernement où il y a lieu aux actes de foi & hommage, aveu & dénombrement, y compris l'expédition, ... 100 liv.

Art. 12. Pour droit de consignation d'especes, deux & demi pour cent.

Art. 13. Pour l'acte de dépôt, ... 3 liv.

Art. 14. Dans les isles du Gouvernement où l'usage est de produire au greffe, pour l'acte de produit, ... 3 liv.

Art. 15.

Art. 15. Pour seconde & autres expéditions, 22 sols 6 deniers par rôle d'écriture, qui seront de deux pages 18 lignes à la page, & dix sillabes à la ligne.

Art. 16. Pour recherche de minutes, dont la date est certaine, *gratis*; & après un an de ladite date, . . 1 liv. 10 sols.

Art. 17. Quand il faudra plus de tems pour l'incertitude de la date, 4 liv. par heure.

Art. 18. Pour la réception de tous officiers de justice, subalternes & autres ayans serment en la Cour, qui sont obligés de se faire recevoir & reconnoître au Conseil Supérieur, . . *gratis*.

Art. 19. Leur sera seulement payé l'expédition, les arrêts de réception & actes qui en dépendent, sur le pied de 3 liv. par rôle, reglé comme ci-dessus.

Art. 20. Dans le cas où les Greffiers travailleront avec les commissaires des Conseils, les vacations leur seront payées sur le pied de 12 liv. par vacation de 3 heures.

Art. 21. Les greffiers de l'intendance & des subdélégations, prendront les mêmes droits & vacations que les Greffiers des Conseils Supérieurs.

Au criminel.

Art. 22. Dans toutes les procédures criminelles à la requête des gens du Roi, les Greffiers ne prendront rien, si ce n'est sur les biens des accusés, & dans le cas où ils y succomberont.

Art. 23. Pour lecture des arrêts aux condamnés, pour biffer les croues ou en décharger les geôliers, & toutes procédures criminelles contre les esclaves, ... *gratis*.

Art. 24. Pour les extraits d'arrêts portant remboursement des negres justiciés, ils seront payés comme pour les arrêts d'audience y compris les expéditions.

CHAPITRE NEUVIEME.

Greffiers des Jurisdictions.

ARTICLE PREMIER.

LES Greffiers des Jurisdictions royales auront soin de se conformer à tous les réglemens déja faits, soit pour leur assistance aux audiences, soit pour la tenue exacte de leurs plumitifs, l'exactitude de les faire signer tous les huit jours par le Juge, ainsi que le registre des insinuations & ensaisinemens pour être paraphé; à l'exécution desquels réglemens, les Procureurs du Roi tiendront la main, & en rendront compte au Procureur général du Conseil Supérieur où la jurisdiction ressortit.

Art. 2. Pour tous Jugemens à l'extraordinaire, procès verbaux, actes de tutelle, curatelle, émancipation, audition de témoins, interrogatoires & autres actes, tant en matiere civile que criminelle, où le Greffier travaillera avec le Juge, il prendra les deux tiers de la taxe du Juge, & en outre ses expéditions à raison de quinze sols par rôle de deux pages, 18 lignes à la page & 10 sillabes à la ligne.

Art. 3. Pour les sentences ou Jugemens sur procès par écrit, il aura l'option ou de prendre les deux tiers de la taxe du Juge, y compris l'expédition, ou de se faire payer l'expédition à raison de 20 sols le rôle, pour la premiere expédition, avec le même nombre de lignes & de sillabes.

Art. 4. Pour toutes expéditions qui seront levées du greffe, non compris la premiere expédition des sentences sur procès par écrit, 15 sols par rôle, de 18 lignes à la page, & de 10 sillabes à la ligne.

Art. 5. Dans les transports & commissions où ils iront avec les Juges hors jugement, ils prendront les deux tiers des vacations des Juges & leurs expéditions.

Art. 6. Pour l'enrégistrement des causes d'audience, 7 sols 6 deniers, dont moitié au greffier, moitié au premier huissier, ci. 7 s. 6 d.

Art. 7 Pour un défaut ou congé, ... 10 sols.

Art. 8. Pour les appointemens à mettre, en droit, ou autres sentences préparatoires qui n'excéderont un rôle, 1 liv. 2 sols 6 den.

Art. 9. Pour actes de soumission de caution, de renonciation à succession & communauté, & autres de pareille nature, 1 liv. 10 s.

Art. 10. Pour acte de produit, ... 1 liv. 10. sols.

Art. 11. Pour l'enrégistrement des procurations & autres actes, insinuation de donation, substitution & pareils actes sujets à publication, 3 livres; sauf s'ils sont d'une longueur trop considérable, à les faire taxer par le Juge, ci. . . . . . . 3 liv.

Art. 12. Pour l'enrégistrement des procès verbaux de saisie réelle, établissement de Commissaire, Sequestre ou Gardien, ci. . 6 liv.

Art. 13 Pour recherche d'acte ou de minute, dont la date sera certaine, *gratis*; & après un an de ladite date, ci. 1 liv. 2 s. 6 d.

Art. 14. Et où il faudroit un plus long tems par l'incertitude de la date, par heure, 2 liv. 5 sols.

Art. 15. Pour droit de consignation d'especes, deux pour cent.

Art. 16. Pour l'acte de dépôt, ... 3 liv.

Art. 17. Pour les dépôts de papiers, ils ne prendront d'autres droits que celui de l'acte, & pour la vérification desdits papiers, il leur sera alloué 3 livres par heure, ci. . . 3 liv.

Art. 18. Ils ne pourront rien prétendre ni rien exiger pour les enrégistremens d'Edits, Déclarations, Ordonnances & Réglemens concernant le Roi & le public.

Au Criminel.

Art. 19. Dans tous les procès criminels instruits & poursuivis d'office, à la requête du Procureur du Roi, il ne sera rien alloué au Greffier, si non sur les biens des condamnés, s'ils en ont.

Art. 20. Toutes les procédures criminelles contre les esclaves, de quelque espece qu'elles soient, ... *gratis.*

Art. 21. Les expéditions de déclarations de marronage & autres concernant les negres, ... *gratis.*

Art. 22. Les greffiers ne délivreront aucune expédition, tant au civil qu'au criminel, qu'ils ne soient payés des droits & vacations des Juges & des Procureurs du Roi; dans le cas où ils ont droit d'en exiger, ils en feront mention sur lesdites expéditions, & en demeureront comptables auxdits Juges & Procureurs du Roi.

CHAPITRE DIXIEME.

Les Notaires.

ARTICLE PREMIER.

POUR Contrat de mariage passé dans les Etudes, y compris l'expédition, ... 18 liv.

Art. 2. Hors l'Etude, dans les villes & bourgs de leur demeure, non compris l'expédition, ... 24 liv.

Art. 3. Pour donation, testament, démission, substitution & autres actes équivalens, reçus dans l'Etude, y compris l'expédition, ... 18 liv.

Art. 4. Mêmes actes, hors l'Etude non compris l'expédition, . 24 l.

Art. 5. Pour Contrats de vente & baux à loyer, dans l'Etude, y compris l'expédition, ... 15 liv.

Art. 6. Hors l'Etude, non compris l'expédition, . . 18 liv.

Art. 7. Pour les Contrats de vente d'habitation, sucrerie, ou baux à ferme, avec détail des negres, bestiaux, ustensiles, &c. non compris l'expédition, ... 36 liv.

Art. 8. Hors l'Etude, non compris l'expédition, . . 42 liv.

Art. 9. Pour les actes communs & simples, comme procuration, quittance, émargement & autres sans minute, . . 4 liv. 10 sols.

Art. 10. Avec minute & expédition, . . . 6 liv.

Art. 11. Les mêmes actes hors l'Etude sans minute, . 6 liv.

Art. 12. Avec minute & expédition, ... 9 liv.

Art. 13. Pour inventaires & partages dans les lieux de leur demeure, 9 livres par vacation de trois heures ci. . . . 9 liv.

Art. 14. Les expéditions desdits inventaires & partages, ainsi que de tous les actes ci-dessus, leur seront payées à raison de 15 sols par rôle de deux pages, 18 lignes à la page & 10 sillabes à la ligne, tant pour la premiere que pour la seconde expédition.

Art. 15. Pour les inventaires & partages faits à la campagne, ils prendront 36 liv. par jour, savoir 24 liv. pour deux vacations de trois heures chacune, & 12 liv. pour leurs frais de voyage, en outre leur expédition taxée comme ci-dessus, . . . 36 liv.

Art. 16. Pour les autres actes à la campagne, ils prendront les mêmes droits que ceux déja taxés, lorsqu'ils les passeront dans leurs Etudes, & en outre 12 livres pour leurs frais de voyage.

Art. 17. Pour les transactions & réglemens de comptes, y compris les expéditions, ils seront payés suivant leur travail, & la convention faite avec les parties, sinon seront taxés par le Juge.

Art. 18. Pour dépôt des pieces qui doivent demeurer annexées aux actes reçus par les Notaires, ils ne prendront rien; le coût desdits actes étant suffisamment taxé, mais ils prendront seulement l'augmentation du travail que leur occasionneront lesdites pieces dans l'expédition desdits actes, & ce, à raison du rôle comme ci-dessus.

Art. 19. Pour dépôt d'autres pieces pour la sûreté des particuliers, les Notaires ne prendront d'autre droit que le coût de l'acte & de l'expédition qui seront payés 4 liv. 10 sols; & pour la vérification desdites pieces, 3 livres par heure.

Art. 20. Pour consignation ou dépôt d'especes, ils prendront un & demi pour cent, & pour le coût de l'acte & expédition, 3 liv.

Art. 21. Pour protest fait dans les lieux de leur demeure, dans le cas où on se serviroit de leur ministere, 9 liv. pour l'original & la copie dudit protest; & s'il y a transport en campagne, ils y ajouteront 12 livres par jour pour leurs frais de voyage, ci. . 9 liv.

Art. 21. Pour compulsoires, 3 liv. par heure, outre le coût du procès verbal, ci. . . . . . . 3 liv.

Art. 23. Pour recherche d'acte, dont la date est certaine, *gratis*; après un an de la date, 1 liv. 2 s. 6 d.; & si la date n'est pas certaine, 2 liv. 5 sols par heure.

Art. 24. Pour reconnoissance de sous seing privé avec dépôt, non compris l'expédition, ci. . . . . . 6 liv.

Art. 25. Pour collation de pieces qui leur seront représentées, 7 sols 6 den. par rôle; & s'ils en font les copies, seront payés par rôle comme ci-dessus.

Art 26. Par chaque sommation respectueuse, 15 liv. dans le lieu de leur demeure, & en campagne 36 liv. par jour, y compris les frais de nourriture & de voyage.

Art. 27. Enjoignons auxdits Notaires, de mettre au bas de toutes leurs expéditions, les droits, vacations & frais de voyage qu'ils auront pris, à peine de restitution & d'amende arbitraire qui seront prononcées

prononcées par les Juges des lieux, suivant l'exigence des cas, & même de privation de leurs offices en cas de récidive.

Art. 28. Ordonnons aux Notaires de tenir à l'avenir un répertoire exact & fidele, par ordre de date, de tous les actes qu'ils passeront, dans lequel ils intituleront, la nature de l'acte & le nom des parties entre lesquelles il est passé ; sous telles peines qu'il appartiendra.

Art. 29. Les Notaires qui passeront en France, ou d'une isle à l'autre, même dans une autre jurisdiction où ils ne pourront plus exercer leurs fonctions, & ceux qui auront quitté leurs offices, seront tenus de remettre avant leur départ, & un mois au plus tard ; après qu'ils auront quitté, toutes leurs minutes au greffe de la Jurisdiction dans laquelle ils travailloient, & les formalités de ces remises ; se feront en la maniere accoutumée & prescrite par la déclaration du Roi du deuxieme août 1717, à peine de 500 livres d'amende contre les Notaires qui auront quitté & resté dans l'isle, ou contre ceux qui après leur départ retiendront leursdites minutes, lesdites amendes applicables aux réparations des sieges & prisons, ce qui sera exécuté à la diligence des Procureurs du Roi.

CHAPITRE ONZIEME.

Les Procureurs.

ARTICLE PREMIER.

POUR droit de consultation en toutes affaires aux Jurisdictions, ... 1 liv. 10 sols.

Art. 2. Au Conseil, ... 3 liv.

Art. 3. Pour toutes requêtes simples devant les premiers Juges, ci. . . . . 1 liv. 10 sols.

Art. 4. Au Conseil, ... 3 liv.

Art. 5. Pour les Requêtes libellées, suivant la taxe des Commissaires ou des Juges.

Art. 6. Droit pour faire répondre les Requêtes, . 15 sols.

Art. 7. Au Conseil ou devant les Commissaires, 1 liv. 2. s. 6 d.

Art. 8. Droit de levée de tous actes, . . 10 sols.

Art. 9. Au Conseil, ... 1 liv.

Art. 10. Droit au sceau. . . . . . 10 sols.

Art. 11. Au Conseil, ... 1 liv.

Art. 12. Droit de port & rapport de toutes les significations qui seront faites sous leurs noms, . . . 7 sols 6 den.

Art. 13. Au Conseil, ... 15 sols.

Art. 14. Pour les qualités qu'ils seront obligés de donner au Greffier, & droit à l'enrégistrement de la cause, . . 15 sols.

Art. 15. Au Conseil, . . . 1 liv. 10 sols.

Art. 16. Droit de comparution aux audiences ordinaires, 1 l. 10 s.

Art. 17. Aux audiences extraordinaires . . 2 l. 5 s.

Art. 18. Aux audiences du Conseil, pour les Procureurs domiciliés au Fort-Royal, ... 4 liv. 10 sols.

Art. 19. Pour les Procureurs non domiciliés au Fort-Royal, à cause du transport, séjour & retour, pour chacune comparution, 24 liv. sans qu'ils puissent prétendre aucun autre droit, ci. . 24 liv.

Art. 20. Lequel droit accordé aux Procureurs non domiciliés au Fort Royal, n'aura lieu, quand ils feront comparoître à leur place quelqu'un de leurs confréres, auquel cas il ne leur sera alloué que 4 liv. 10 sols.

Art. 21 Pour la communication au parquet, lorsqu'elle est nécessaire, ... 1 liv. 10 sols.

Art. 22. Pour toutes écritures signifiées en premiere instance, suivant le mérite desdites écritures, qui seront taxées par les Juges, outre la grosse, à raison de 15 sols chaque rôle, de 18 lignes à la page, & de dix sillabes à la ligne.

Art. 23. Pour les inventaires de production & avertissement ne contenant que des conclusions, par chacun rôle, . 15 sols.

Art. 24. Au Conseil Supérieur, lesdites écritures seront taxées par le Conseiller Rapporteur suivant leur mérite, laquelle taxe mise au bas de la piece d'écriture, servira de mémoire pour la taxe générale des frais, & sera faite par le rapporteur, tant pour le mérite de la piece, que pour la grosse.

Art. 25. Toutes copies desdites écritures seront payées à 7 sols 6 deniers par évaluation de chacun rôle de grosse.

Art. 26. Tous actes de Procureur à Procureur tels qu'ils soient, ... 1 liv. 17 sols 6 d.

Art. 27. Au Conseil, . . . 3 liv. 15 sols.

Art. 28. Les comparutions particulieres aux greffes des sieges inférieurs, pour faire des productions, déclarations, affirmations consignations, dépôts, &c. . . . . 1 liv. 10 sols.

Art. 29. Aux greffes du Conseil, . . . 3 liv.

Art. 30. Comparutions aux taxes devant les Juges, 1 liv. 10 sols.

Art. 31. Devant les Commissaires du Conseil, . 3 liv.

Art. 32. Pour les états des frais & déclarations de dépens en premiere instance, 2 sols par chaque article qui sera alloué.

Art. 33. Au Conseil, ... 4 sols.

Art. 34. Pour comparution dans les assemblées de parens quelques nombreuses qu'elles soient, ... 3 liv.

Art. 35. Dans les longues délibérations ou assemblées, ils seront taxés par le Juge.

Art. 36. Tous plaidoyers par écrit en matiere simple sommaire, ne seront passés en taxe, & ne pourront être regardés que comme frais préjudicieux pour la partie qui les aura fait faire, encore qu'ils aient été signifiés.

Art. 37. Lorsque les Procureurs seront appellés par les parties, pour leur servir de Conseil dans les transactions, compromis & autres actes, ils prendront 3 liv. par heure, dans les lieux de leur demeure; & s'il y a transport, ils prendront 30 liv. par jour, pour deux vacations de 3 heures chaque, dans lesquelles seront compris leurs frais de voyage & de nourriture.

Art. 38. Enjoignons aux Procureurs d'avoir à l'avenir un registre paraphé par premiere & derniere page, sur lequel ils écriront exactement tout ce qu'ils recevront des parties pour fournir aux frais, sous peine, en cas de contravention au présent article, ou qu'on puisse prouver qu'ils n'ont pas écrit exactement ce qu'ils auront reçu des parties, de restitution du double de ce qu'ils auront reçu, & d'être privés de leurs honoraires, & en cas de récidive, d'être interdits pendant six mois, même d'être privés de leurs places, si le cas y échet.

Art. 29. Les droits des Procureurs à l'intendance & aux subdélégations, seront les mêmes qu'aux Conseils Supérieurs.

CHAPITRE DOUZIEME.

Les Huissiers.

ARTICLE PREMIER.

POUR exploits simples dans les villes & bourgs de leur demeure, ci. . . . . . . 1 liv. 2 sols 6 den.

Art. 2 A la campagne & hors des villes & bourgs de leur demeure, lorsqu'ils seront obligés d'y aller pour signifier les actes, ils se feront taxer par le Juge, qui aura égard à l'éloignement même à la nature du chemin par où l'huissier aura été obligé de passer; ne pourront pourtant lesdits Juges, taxer aux huissiers plus de 20 liv. par jour, y compris les frais de voyage & de nourriture.

Art. 3 Pour copies de pieces qui seront signifiées, ils prendront pour rôle de minute dont ils seront tenus de faire mention sur les originaux, ... 15 sols.

Art. 4. Dans toutes les affaires où les Huissiers & Sergens assisteront les Juges, il leur sera alloué la moitié des droits desdits Juges.

Art. 5. Pour les exploits libellés, saisies, exécutions, enlévemens de meubles, annotations de biens, perquisitions, ajournemens, décrets, sommations & autres actes de même nature, ils se feront taxer par les Juges, eu égard au mérite desdits actes, & suivant ce qui est ordonné à l'article second du présent chapitre.

Art. 6. A chaque publication de vente à cri public, défenses d'embarquer, publication d'Ordonnances, Edits, Déclarations, Réglemens, ils prendront un tambour des troupes actuellement en garnison dans le lieu où sera faite ladite publication; ils le demanderont à l'officier de garde au Fort, ou à la citadelle dudit lieu, & indépendamment de ce qui sera donné à chaque tambour, leur accordons pour eux 20 sols, excepté dans le cas qui regarderoit le Roi ou le public, où ils seront tenus de le faire gratis.

Art. 7. Par chaque publication de vente de meubles, 3 livres, y compris l'affiche, lorsqu'il n'y a que quatre affiches ou moins; & lorsqu'il y en aura plus de quatre, 2 liv. 5 sols, y compris l'affiche pour celles qui seront audessus dudit nombre.

Art. 8. Pour les ventes d'immeubles & baux à ferme, les affiches étant plus longues, elles seront taxées par les Juges à proportion de l'ouvrage & de la taxe ci-dessus.

Art. 9. Pour chaque vacation aux ventes de meubles y compris les procès verbaux, d'entrée & de clôture, les huissiers prendront les deux tiers des vacations de Procureur du Roi, & en outre les six deniers pour livre du montant desdites ventes, lorsqu'ils seront chargés du recouvrement, duquel ils seront responsables par corps.

Art. 10. Pour chaque vacation aux ventes d'immeubles & baux à ferme, ils prendront la moitié des vacations des Juges.

Art. 11. Pour les grosses des ventes & baux, il leur sera alloué 15 sols par rôle, fixé comme ci-dessus.

Art. 12. Pour capture & emprisonnement de personnes libres, tant au civil qu'au criminel, l'huissier porteur de pieces prendra pour lui deux autres huissiers, sergens ou records, & y compris les procès verbaux & l'écroue, ... 36 liv.

Art. 13. En campagne, outre lesdites 36 livres, ils prendront leurs frais de voyage & nourriture, suivant qu'il leur sera taxé par le Juge.

Art. 14. Lorsque les huissiers ou sergens seront employés à la requête des gens du Roi dans les affaires civiles & criminelles où le Roi & le public seront intéressés, & où il n'y aura point de partie, il ne leur sera alloué que 15 livres par jour pour salaire & voyage, quelque expédition ou exploit qu'ils fassent; & dans les villes & bourgs de leur demeure, il ne leur sera alloué que les deux tiers des sommes taxées par le présent Tarif pour les particuliers, sans qu'ils puissent rien prétendre ni exiger pour les corvées, assistances aux audiences des Conseils Supérieurs & Jurisdictions royales, conduite & assistance aux exécutions, si non en campagne; & pour ce dernier cas seulement, ils seront taxés par le Juge conformément à ce qui est dit ci-dessus, à raison de 15 liv. par jour.

CHAPITRE

CHAPITRE TREIZIEME.

Les Voyers.

ARTICLE PREMIER.

DANS les isles où il y a grand voyer, lorsqu'ils se transporteront pour faire des visites par ordre de justice ou sur la requisition des parties, ils en dresseront procès verbal, & ils prendront pour vacation 36 livres par jour, y compris les frais de voiture & de nourriture, depuis le jour de leur départ jusqu'à leur retour; & seront tenus d'envoyer gratis leurs avis cachetés, sur les contestations des parties, aux greffes des Juges qui l'auront ordonné, ci. . . . . 36 liv.

Art. 2. Ils prendront pour les expéditions qu'ils délivreront, s'ils en sont requis, 20 sols par rôle de grosse; la page de 18 lignes, & la ligne de 10 sillabes.

Art. 3. Pour les alignemens dans les villes & bourgs de leur demeure, ... 15 liv.

Non compris l'expédition du procès verbal qui sera payé comme il est reglé par l'article ci-dessus.

Art. 4. Toutes les visites & autres opérations qu'ils feront, & à quoi ils sont tenus par le Réglement du Roi du 13 avril 1725 concernant les chemins, ... gratis.

Art. 5. Hors des lieux de leur demeure, si leur transport est requis pour lesdits alignemens, ils prendront comme dessus 36 livres par jour, y compris les frais de nourriture & voiture.

Art. 6. Les voyers particuliers pour leur transport en campagne, prendront 30 liv. par jour y compris leurs frais de voyage, voiture & nourriture; à la charge aussi d'envoyer gratis leurs avis cachetés aux greffes des Juges qui l'auront ordonné, ci. . . 30 liv.

Art. 7. Pour leurs expéditions s'ils en sont requis, par rôle de 18 lignes, & la ligne de 10 sillabes; ci. . . . 15 sols.

Art. 8. Pour les alignemens qu'ils feront dans les villes & bourgs de leur demeure, non compris l'expédition du procès verbal qui sera payé comme ci-dessus, ci. . . . . . 12 liv.

Art. 9. Hors les lieux de leur demeure, ils prendront 12 livres par vacation de trois heures, outre leurs frais de nourriture & voyage qu'ils feront taxer par les Juges qui les auront commis.

Art. 10. Ils seront tenus de faire gratis tout ce qui concernera le Roi & le public.

CHAPITRE QUATORZIEME.

Arpenteurs Royaux.

ARTICLE PREMIER.

L'ARPENTEUR général des isles du vent, prendra par jour à compter de son départ jusques à son retour, 36 liv., y compris les frais de voyage & de nourriture.

ART. 2. Pour les expéditions de ses rapports & procès verbaux, il prendra 20 sols par rôle de grosse, ainsi qu'il est reglé dans le chapitre ci-dessus pour les grands Voyers.

ART. 3. Les arpenteurs particuliers prendront par jour 30 livres, y compris les frais de voyage, voiture & nourriture, & pour leurs expéditions, à raison de 15 sols par rôle.

ART. 4. Les Portes chaînes auront par jour, . 7 liv. 10 sols.

ART. 5. Tous leurs plans seront taxés, Savoir ;

Ceux des arpenteurs particuliers, par l'arpenteur général.

Ceux de l'arpenteur général, par qui il appartiendra, le tout en cas de contestation.

ART. 6. L'arpenteur général & autres, seront tenus de remettre au greffe des Juges qui l'auront ordonné, leurs avis cachetés, concernant les contestations des parties, & sans frais.

ART. 7. Nous étant revenu plusieurs plaintes sur le peu de soin qu'on a eu des anciens procès verbaux & plans qui ont été faits par les arpenteurs, nous ordonnons qu'à compter du jour de la publication du présent réglement, toutes les minutes, plans, procès verbaux & autres actes concernant les fonctions des arpenteurs, seront déposés lors du décès ou retraite d'un Arpenteur particulier, soit en France, soit dans une autre isle, chez l'Arpenteur général, qui en donnera son reçu à la Veuve & héritiers de l'Arpenteur décédé ; & lors du décès ou retraite de l'Arpenteur général, entre les mains du plus ancien Arpenteur, qui pareillement en donnera son reçu, & les remettra à l'Arpenteur général qui sera nommé ; & dans les isles où l'arpenteur général ne fera point sa résidence, entre les mains du plus ancien Arpenteur, qui en instruira sur le champ l'arpenteur général, laquelle remise se fera sans frais, & sous peine, contre les contrevenans, de 500 livres d'amende applicable aux réparations des auditoires & prisons, ou plus grande peine s'il y échet, nous réservant à pourvoir par un réglement particulier, au recouvrement des anciennes minutes & anciens plans.

CHAPITRE QUINZIEME.

Les Experts Estimateurs, Visiteurs & Vérificateurs nommés par Justice.

ARTICLE PREMIER.

LEURS salaires & vacations, s'ils en requiérent, seront taxés par les Commissaires ou Juges, ainsi que leurs procès verbaux, selon l'étendue & la difficulté de leur travail & la distance des lieux de leur demeure.

ART. 2. Lorsqu'ils seront nommés d'office aux inventaires & partages, ils pourront prendre par jour pour deux vacations de 3 heures chaque, y compris leurs frais de voyage & nourriture, ci. 24 liv.

CHAPITRE SEIZIEME.

Les Interprêtes des Langues Etrangeres.

LEURS salaires, tant pour chaque interrogatoire en matiere civile ou criminelle, que pour les traductions d'écritures, leur seront taxés par les Commissaires ou les Juges, suivant le travail, sa conséquence & sa durée.

CHAPITRE DIX-SEPTIEME.

Les Curateurs aux successions vacantes.

ARTICLE PREMIER.

ENjoignons aux curateurs aux successions vacantes de se conformer exactement aux arrêts de réglemens rendus dans les différens conseils supérieurs, par rapport à leurs fonctions, sous peine de privation de leurs emplois, même de plus grande peine, si le cas y échet.

ART. 2. Lesdits curateurs auront & prendront pour leurs droits & vacations sur les sommes qui se trouveront en especes dans la succession, deux & demi pour cent.

ART. 3. Sur le produit des sommes dont ils auront fait recette effective, provenante soit de la vente des effets mobiliers de la succession, soit du recouvrement des dettes actives, dix pour cent.

Art. 4. Sur le revenu net des habitations, dont les économes ou régisseurs doivent leur rendre compte, ils auront cinq pour cent.

Art. 5. Pour leur présence aux inventaires dans le lieu de leur résidence & aux ventes, ils prendront par vacation de trois heures, 6 liv.

Art. 6. En campagne, pour frais de voyage, nourriture, présence aux inventaires & ventes, 24 liv. par jour, à compter du jour de leur départ, jusqu'à celui de leur retour.

Art. 7. Les frais de justice, tant en demandant qu'en défendant, leur seront alloués comme aux Procureurs, & ils pourront même, s'ils le jugent à propos, instruire & défendre leurs causes par eux-mêmes.

Art. 8. La nourriture des negres & bestiaux qu'ils seront obligés de garder jusqu'à la vente, leur sera allouée à raison de 15 sols par jour pour chaque negre, 30 sols, en cas de maladie; pour les chevaux & bêtes à cornes, 37 sols 6 deniers; & quant aux frais de transport des negres, meubles & effets, pour être vendus dans les lieux principaux, & autres menues dépenses, elles leur seront allouées sur les quittances qu'ils en rapporteront, & néanmoins réduites, si elles sont excessives.

Art. 9. Leur enjoignons de rendre leurs comptes exactement aux Commissaires nommés pour les recevoir; & cependant leur ordonnons de déposer tous les ans, l'argent qu'ils se trouveront avoir dans la caisse du domaine, dont le receveur leur fournira un reçu, qui leur servira de décharge.

CHAPITRE DIX-HUITIEME.

Médecins & Chirurgiens.

ARTICLE PREMIER.

LORSQUE les Médecins du Roi, Chirurgiens jurés des prisons, seront nommés par justice, pour visite & rapport de blessures, ouverture de cadavre, & présence aux questions des criminels, poursuivis à la requête du procureur du Roi, & où il n'y aura point de partie civile, ni de biens pour satisfaire aux frais de justice, ils ne pourront rien prétendre ni exiger, ... *gratis.*

Art. 2. S'ils sont obligés de se transporter à la campagne, les Médecins du Roi prendront par jour, pour leurs frais de voyage & nourriture seulement, ... 20 liv.

Art. 3. Et les Chirurgiens, ... 15 liv.

Art. 4. Les sommes ci-dessus leur seront allouées par les Juges & Commissaires, depuis le jour de leur départ, jusqu'à celui de leur retour.

Art. 5.

Art. 5. Dans le cas où les Juges seroient obligés de nommer des Chirurgiens dans les lieux éloignés, pour éviter à frais, & dans l'absence des Chirurgiens jurés aux rapports, ou Chirurgiens des prisons, il sera alloué auxdits Chirurgiens, pour leur rapport, visite & affirmation, ... 10 liv.

Art. 6. Pour l'ouverture des cadavres, rapport & affirmation, 25 l.

Art. 7. Et pour les frais de voyage, à raison de 10 livres par jour pour venir affirmer.

Art. 8. Pour l'assistance aux questions, pour chaque Chirurgien nommé dans l'absence du Médecin du Roi & Chirurgien des prisons, ou Chirurgiens jurés commis aux rapports, : : 10 liv.

Art. 9. Dans les procès criminels où il y aura partie civile, les Médecins du Roi, Chirurgiens jurés aux rapports, & des prisons, seront toujours nommés par préférence, & leur sera alloué pour leur rapport, visite & affirmation, Savoir;

Aux Médecins du Roi, : : : : : 24 liv.

Aux autres Médecins, : : : : : 18 liv.

Aux Chirurgiens jurés commis aux rapports & des prisons, 15 liv.

Aux autres. : : : : : : : 12 liv.

Art. 10. Pour ouverture de cadavre, rapport & affirmation, aux Chirurgiens commis aux rapports & des prisons, : : 36 liv.

Art. 11. Aux autres Chirurgiens, : : : 30 liv.

Art. 12. Aux Médecins du Roi, s'ils y sont appellés, pour leurs droits de présence, : : : : : 36 liv.

Art. 13. Aux autres, : : : : : 30 liv.

Art. 14. Hors des lieux de leur demeure, outre les sommes ci-dessus taxées, sera alloué pour frais de voyage, savoir;

Aux Médecins du Roi, : : : : 20 liv.

Aux autres, : : : : : : : 18 liv.

Aux Chirurgiens jurés commis aux rapports & des prisons, 15 liv.

Aux autres, : . . . : : . 12 liv.

Art. 15. En cas que pour l'absence des Chirurgiens jurés commis aux rapports & des prisons, le Juge trouve à propos de commettre le Chirurgien major, il sera payé pour toutes les opérations ci-dessus, sur le même pied que les Chirurgiens jurés commis aux rapports & des prisons, & le Juge aura attention de lui faire prêter serment pour chaque opération, ainsi qu'aux autres Chirurgiens qui ne sont ni commis aux rapports, ni Chirurgiens des prisons.

Art. 16. Ordonnons qu'à l'avenir tous les comptes fournis par les Chirurgiens, aux habitans & particuliers, contiendront en détail, date par date, tous les remedes qu'ils auront fournis, les pansemens & opérations qu'ils auront faits, & qu'ils feront mention des drogues dont les médecines & autres remedes auront été composés, à peine de radiation desdits articles, lesquels comptes ils seront tenus d'affirmer en jugement, s'ils y sont portés & renvoyés ensuite devant les Médecins du Roi pour être examinés & taxés, ou en leur absence devant les Chirurgiens jurés commis aux rapports ou des prisons, même devant les Chirurgiens majors, si le cas y échet, en leur faisant prêter serment, comme il est ordonné ci-dessus.

Art. 17. Pour chaque taxe, les Médecins du Roi prendront 9 liv.

Art. 18. Les Chirurgiens jurés commis aux rapports & des prisons, ... 6 liv.

Art. 19. Laquelle somme leur sera payée par celui qui levera ladite taxe, & remboursée par celui qui succombera dans l'instance.

Art. 20. Si les comptes sont longs & sujets à discussion, les honoraires des Médecins du Roi ou Chirurgiens commis à leur défaut pour faire ladite taxe, seront taxés par les Juges à proportion du travail & du tems qu'ils y auront employé.

Art. 21. Abrogeons l'usage introduit depuis quelque tems, par les Médecins du Roi ou Chirurgiens commis en leur absence pour faire lesdites taxes, la commission à cinq, même à dix pour cent; enjoignons auxdits Médecins & Chirurgiens, sur les peines de droit, de se conformer au présent tarif; leur défendons de prendre pour lesdites taxes, plus grande somme que celle qui leur est fixée.

CHAPITRE DIX-NEUVIEME.

Jaugeurs & Etalonneurs.

ARTICLE PREMIER.

LES poids, mesures & aunes, seront vérifiés & étampés dans toutes les isles, par les étalonneurs royaux, suivant les us & coutumes de la ville, prévôté & vicomté de Paris.

Art. 2. L'Etalonneur royal de chaque jurisdiction, sera tenu de mettre & déposer à ses frais au greffe, un étalon ou matrice, du poids de 10 livres, de fonte ou de cuivre, & ce, dans un mois du jour de la publication des présentes, & tous les autres poids y seront en diminuant en forme de marc; une aune de fer, & un pot ou pinte de cuivre, pour servir d'épreuve dans tous les cas nécessaires, même pour la sûreté des poids & mesures dont il se sert pour vérifier ceux des habitans marchands & détailleurs, lesdits étalons ou matrices bien vérifiés, étalonnés & étampés, à peine de privation de son emploi.

Art. 3. Défendons aux habitans & à tous marchands en gros & en détail, boulangers, bouchers, cabaretiers, poissonniers & tous autres faisant commerce ou débit, de se servir des poids, mesures & aunes, qu'ils n'aient été auparavant vérifiés & étampés par lesdits étalonneurs, à peine de confiscation desdits poids, mesures & aunes, & de 20 livres d'amende.

Art 4. Les poids, mesures & aunes des marchands & autres détailleurs ci dessus dénommés, qui seront trouvés faux lors des visites générales & particulieres des officiers de police, soit à la requête des Procureurs du Roi, soit sur les plaintes des particuliers, seront confisqués avec les marchandises & denrées vendues à faux poids & fausses mesures, & toutes celles qui se trouveront dans les boutiques déja pesées & mesurées, & les délinquans condamnés en l'amende, suivant l'exigence des cas, & en plus grande peine en cas de récidive.

Art. 5. Dans toutes les visites générales ou particulieres qui seront faites chez les marchands en gros & en détail, regratiers & autres par les officiers de police, les étalonneurs seront tenus à la premiere requisition qui leur sera faite de la part desdits officiers, de s'y trouver, & d'y assister pour vérifier en leur présence les poids, mesures & aunes, sans qu'ils puissent prétendre aucune vacation ni droit.

Art. 6. Enjoignons aux Juges & autres officiers de police, de faire leur visite générale dans les lieux principaux des sieges, au moins deux fois par an, chez tous les marchands & détailleurs.

Art. 7. Lorsque les étalonneurs seront nommés par justice, pour faire des vérifications de poids, mesures & aunes en présence des Procureurs du Roi, chez les habitans, marchands & autres détailleurs, soit à la requête desdits Procureurs du Roi, ou sur les plaintes des particuliers, ils seront tenus de s'y transporter sans délai, & leur sera alloué dans les villes & bourgs de leur demeure, pour vérification, procès verbal & affirmation, ... 9 liv.

Art. 8. A la campagne, outre les 9 liv. ci-dessus, leurs frais de voyage, tels qu'ils leur seront taxés par les Juges.

Art. 9. Enjoignons & ordonnons aux habitans d'envoyer au moins une fois l'an, tous leurs poids & mesures chez l'Etalonneur royal de la Jurisdiction dont ils relevent, pour les faire vérifier & étamper, sous les peines ci-dessus prononcées, en cas qu'il y ait plainte contr'eux, ou que leurs poids soient trouvés faux, ou sans étampe.

Art 10. Pourront néanmoins pour la facilité des habitans, les étalonneurs, faire leur tournée dans le cours de chaque année, chez les habitans du district de la Jurisdiction où ils sont établis, pour y faire la vérification de leurs poids & mesures, les étalonner & étamper.

Art. 11. Les étalonneurs seront tenus de distribuer à ceux qui les en requerront, de petits poids de plomb jusqu'à 10 liv. pesant, des aunes, demi-aunes, pots, pintes, chopines, demi septiers, ou autres petites mesures bien vérifiées & étampées.

Art. 12. Ils prendront pour chaque livre de plomb, . 15 sols.

Art. 13. Pour chaque aune, ... 4 liv. 10 sols.

Art. 14. Pour demi-aune, ... 2 liv. 5 sols.

Art. 15. Et quant aux pots, pintes, chopines, ils les vendront en conscience suivant leur qualité, soit cuivre, étain ou fer blanc; sera néanmoins loisible à tous habitans, marchands & détailleurs, de se fournir eux-mêmes de poids, mesures & aunes, à la charge, comme il est ordonné, de les porter chez les étalonneurs pour les faire vérifier & étamper.

Art. 16. Les étalonneurs prendront 6 deniers par livre pesant de la quantité de poids qu'ils vérifieront.

Art. 17. Pour chaque étampe sur poids & mesures, 7 sols 6 d.

Art. 18. Pour ajuster les aunes, les garnir de plomb par les deux bouts & les étamper, ... 2 liv. 5 s.

Art. 19. Et pour les demi-aunes, . . 1 liv. 2 s. 6 d.

Art. 20. A la campagne, outre les droits ci-dessus, ils prendront 3 liv. par lieue pour leurs frais de voyage, sauf à faire taxer par le Juge, en cas de contestation.

Art. 21. Toutes les amendes & confiscations prononcées pour les contraventions ci-dessus, seront applicables, savoir;

Les marchandises, denrées, & la moitié des amendes au profit des hôpitaux; & les poids qui ne sont point étampés, & l'autre moitié des amendes au profit des étalonneurs.

Art. 22. Les commis à la police établis dans les différens quartiers des isles où il n'y a point de jurisdiction, profiteront du passage & séjour des étalonneurs, pour faire les visites & vérifications des poids, mesures & aunes des marchands, détailleurs, bouchers, cabaretiers, boulangers, poissonniers établis dans les bourgs de leur district, dont ils dresseront leurs procès verbaux qu'ils enverront au Procureur du Roi de leur jurisdiction, & se conformeront ou présent réglement & Tarif.

Art. 23. Les denrées qui seront trouvées par les commis à la police, vendues à faux poids ou déja pesées dans les boutiques, comme pain, viande &c. & qui ne pourront pas être conservées pour être envoyées aux hôpitaux, seront portées chez les Religieux desservans les Cures, pour être par eux distribuées aux pauvres de leur Paroisse.

CHAPITRE VINGTIEME.

Les Orfevres.

ARTICLE PREMIER.

Enjoignons à tous ceux qui font la profession d'Orfevres, d'exécuter exactement les arrêts & réglemens qui regardent leur profession

ession, nous réservant, par rapport aux matieres d'or & d'argent & la police des poinçons, de faire incessamment tels réglemens que nous jugerons nécessaires.

Art. 2. Leur défendons expressément, sous quelque prétexte que ce soit, d'acheter d'aucuns blancs, gens sans aveu ou inconnus, enfans de famille ou gens de couleur, même libres, dont ils ne pourroient répondre, ainsi que d'aucuns esclaves, aucunes pieces d'orfévrerie neuves ou usées, bijoux, galons brûlés, & autres de même espece : leur ordonnons tres-expressément de retenir toutes lesdites pieces d'orfévrerie & autres, même d'arrêter ceux ci-dessus dénommés qui les voudroient vendre, & de les conduire au Procureur du Roi, ou dans les quartiers éloignés, aux commandans desdits quartiers, auxquels ils feront leur déclaration & dénonciation, pour leur procès leur être fait & parfait, si lieu y a, à la diligence des Procureurs du Roi & d'office : lequel article sera exécuté par les Orfevres, à peine d'être procédé extraordinairement contre ceux qui y auront contrevenu.

CHAPITRE VINGT-UNIEME.

Les Geoliers & Concierges.

ARTICLE PREMIER.

LES Concierges & Geoliers se conformeront au titre 13 de l'ordonnance de 1670, sous les peines y portées, & auront une attention toute particuliere à bien loger, nourrir & tenir proprement les prisonniers, tant en santé qu'en maladie. Enjoignons aux Procureurs du Roi d'y tenir la main, & de visiter les prisons au moins une fois la semaine.

Art. 2. Les Concierges & Geoliers prendront pour chaque extrait d'emprisonnement, recommandation ou décharge de personnes libres, ... 1 liv. 2 s. 6 d.

Art. 3. Pour la nourriture des blancs en santé, par jour, 1 l. 10 s.

Art. 4. En maladie, ... 3 liv.

Art. 5. Pour la nourriture des esclaves, lorsque la farine de manioc vaudra 24 livres le barril, & au-dessous, par jour, . 15 sols

Art. 6. Lorsqu'elle vaudra plus de 24 livres, . 1 liv. 2 s. 6 d.

Art. 7. Pour la nourriture des mulâtres & negres libres, malades ou en santé, ils prendront comme pour les esclaves.

Leur défendons très-expressément de traiter comme malades & d'inscrire sur leurs états, comme pour extraordinaire, tous blancs, negres & gens de couleur, libres ou esclaves, sans un certificat du Chirurgien de la prison, visé dès le jour même, par le Procureur du Roi, qui mettra la date de son vu, sous peine de privation de leurs emplois, & même de peine afflictive, si le cas y échet.

Art. 8. Pour gîte & geolage, un jour & une nuit, . 7 s. 6 d.

Art. 9. Pour ferrage & déferrage, si le cas y échet, 1 l. 2 s. 6 d.

Art. 10. Pour l'entrée & la sortie, ... 15 sols.

Art 11. La nourriture des prisonniers pour dettes, sera payée par les créanciers auxdits géoliers, à raison de 56 liv. 5 sols par mois, c'est-à-dire, de 37 sols 6 deniers par jour.

CHAPITRE VINGT-DEUXIEME.

Salaires des Témoins.

ARTICLE PREMIER.

LES Juges continueront de faire la taxe des frais & salaires des témoins, en forme d'exécutoires sur le domaine, lorsque les Procureurs du Roi agiront d'office en matiere criminelle; & qu'ils seront seuls parties; & dans le cas où lesdits témoins requerront taxe, ils se conformeront exactement au présent tarif & réglement.

Savoir; A toutes personnes du commun par leur naissance ou emploi, à leurs femmes & enfans demeurans dans les villes, bourgs & banlieue de la Jurisdiction où ils devront déposer & qui exigeront taxe, ... 7 sols 6 d.

Aux habitans, marchands & autres personnes qui vivent bourgeoisement & qui requerront taxe, . . . 15 sols.

Aux gens de métiers & autres qui travaillent pour gagner leur vie, ... 4 liv. 10 sols.

A leurs femmes, enfans, compagnons & apprentifs, 2 liv. 5 s.

Aux commis, précepteurs, économes, raffineurs, commandeurs & autres domestiques blancs ou libres, . . 3 livres

A leurs femmes & enfans, . . . 1 liv. 10 sols.

Aux femmes qui ont des métiers, . . . 3 liv.

Aux esclaves de l'un & de l'autre sexe, soit qu'ils aient des métiers ou qu'ils n'en aient point, ... 15 sols.

Art. 2. Aux témoins qui viendront de la campagne, de quelque condition qu'ils soient, laissons à l'arbitrage du Juge, le montant de leur taxe, attendu la difficulté de prévoir les différens cas.

Enjoignons aux Juges de considérer & peser, s'ils viennent à pied, à cheval, ou par mer; & de songer que lorsque le Roi fait les frais des procédures criminelles, ils doivent les réduire au seul nécessaire.

Art. 3. Quant aux procès criminels qui s'instruiront à la requête des parties civiles, les Juges se conformeront à ce qui est prescrit par le présent tarif pour la taxe des témoins, en taxant suivant leur connoissance, les frais de voyage & de nourriture desdits témoins, lorsqu'ils viendront de la campagne.

Art. 4. Et dans les cas où les parties voudroient faire venir des campagnes, des habitans ou autres, pour déposer comme témoins, ils seront tenus de consigner préalablement ès mains du greffier, le montant de leur salaire & frais de voyage, tels qu'ils seront réglés par le Juge.

Art. 5. Les officiers des amirautés se conformeront au présent réglement & tarif, en ce qui peut les concerner.

Ordonnons que le présent réglement & tarif sera exécuté selon sa forme & teneur, dans toutes les isles françoises du vent de l'Amérique, nonobstant tous autres Tarifs, Réglemens, jugemens & usages contraires.

Faisons défenses à tous ceux qui y sont dénommés, d'y contrevenir, sous quelque prétexte que ce soit, & de prétendre, exiger ni percevoir autres & plus grands droits, vacations, frais, honoraires & salaires, que ceux que nous avons alloué, taxé, ordonné, ou laissé à l'arbitrage des Commissaires & Juges, sous peine de restitution du double, même d'être poursuivis & punis comme concussionnaires, si le cas y échet; & sera le présent Réglement & Tarif, registré aux greffes des Conseils Supérieurs & Jurisdictions royales & d'Amirautés, à la diligence des Procureurs généraux desdits Conseils ou de leurs Substituts, & lû & publié par-tout où besoin sera.

Donné à la Martinique, sous le sceau de nos armes, & le contre-seing de nos secrétaires, le 24 jour de Décembre, mil sept cent cinquante-trois. *Signe*, BOMPAR & HURSON.

ENREGISTRE' au Conseil Souverain le 10 Janvier 1754.

ARRÊT

EN REGLEMENT

DU CONSEIL SOUVERAIN,

CONCRNANT les successions vacantes.

Du 5 Juillet 1754.

VU par la Cour, la remontrance du Procureur général du Roi, contenant que la présentation qui a été faite à la présente séance des comptes des successions vacantes qui ont été gérées & administrées par le feu sieur Thiercelin qui en étoit curateur, & l'examen qu'il a fait desdits comptes, ont donné lieu à quelques remarques & observations dont il croit devoir rendre compte à la Cour, pour qu'elle ait à pourvoir à ce qu'elle jugera nécessaire, pour mettre en régle de plus en plus cette partie du service public confiée à ses soins, & remédier à tout ce qui peut s'y trouver d'inconvéniens; que pour cet effet il a l'honneur de présenter à la Cour, qu'encore bien que le compte qui a été dressé des successions vacantes dont celle dudit Thiercelin est comptable, contienne un nombre assez considérable de successions, dont la valeur & le montant peuvent être vérifiés & constatés par les pieces qui seront rapportées au soutien, il ne lui paroît pas que le nombre desdites successions soit constaté ni justifié par aucun acte ni piece en régle; ensorte que sans taxer ni ledit feu sieur Thiercelin, ni d'autres curateurs de prévarication à cet égard, il n'est pas moins certain qu'ils peuvent en omettre par négligence, ou en supprimer par dessein formel de s'en approprier le produit; qu'il lui a paru facile de remédier à cet inconvénient, en ordonnant que par ses substituts en chaque jurisdiction du ressort de la Cour, il soit tenu un registre sur lequel les curateurs desdites jurisdictions feroient inscrire chaque succession qui tombera à leur charge par noms & surnoms des défunts, & dates de leurs décès, & donneront note du montant des inventaires desdites successions; qu'il sera d'autant plus difficile auxdits curateurs d'en imposer à cet égard, ni de soustraire quelque succession auxdits substituts, que leur ministere les obligeant d'assister auxdits inventaires, ils seront par eux-mêmes en état de savoir & connoître l'exactitude des déclarations desdits curateurs.

Secondo. Que par l'examen sommaire qu'il a fait du compte général ci-dessus mentionné, il a remarqué qu'il y a quelques successions dont les effets n'ayant pas paru assez considérables pour supporter les frais de transport des officiers de justice sur les lieux où les défunts étoient décédés, le curateur se contentoit dans ce cas, de se faire envoyer lesdits effets pour en faire la vente sans inventaire préalable, & que ladite vente servant alors d'inventaire, il arrivoit qu'il n'étoit fait aucune mention des papiers, si aucun y avoit; que par cette omission d'inventaire de papiers, le curateur restoit le maître de tous ceux qui pouvoient être & dépendre de la succession; & que pouvant y en avoir d'utiles, soit en comptes, billets ou autres titres de créance, soit de papiers ou titres de famille, ce curateur étoit le maître d'en disposer ou de les supprimer, sans qu'on pût l'en convaincre, à quoi il peut aussi être remédié, en ordonnant que dans tous les cas de vacance de succession, par faute d'héritiers connus des défunts, lesdits curateurs feront inventorier tout ce qui dépendra

desdites

desdites successions, après avoir fait lever le scellé apposé sur les cofres & malles qu'on leur aura envoyé, même dans les cas où la modicité apparente desdites successions ne permettra pas le transport des officiers & où les effets en seront apportés aux chefs-lieux des Jurisdictions.

Tertio. Et enfin, que la seule inspection du compte dudit Thiercelin & de la somme considérable dont sa succession est reliquataire; prouve combien il est dangereux de laisser vieillir ces affaires, & les dépôts qui en sont une suite nécessaire & indispensable; que la tranquilité & l'espece de sécurité où restent à ce moien les curateurs, leur inspirent la hardiesse d'employer en acquisitions à leur profit, & (ce qui est encore pire) de consommer, ou tout au moins de risquer le produit des successions; d'où il résulte des pertes ou totales, ou de parties considérables de ce produit par leur décès; & les insolvabilités qui en sont la suite; que le remede à ce désordre se présente de lui-même; que le réglement de Messieurs les Général & Intendant pour le tarif, en a déja indiqué une partie, en ordonnant auxdits curateurs de déposer chaque année l'argent qu'ils se trouveront avoir en caisse provenant de leur exercice, dans celle du domaine, mais que cela n'est pas suffisant; qu'il estime qu'il faut encore les obliger à rendre leurs comptes annuellement, ou tout au moins de remettre chaque année un état sommaire de leur exercice annuel, en debit & crédit, distingué par successions; entre les mains du Remontrant, pour, sur le rapport qu'il en fera à la Cour, être par elle statué ce qu'il appartiendra; que ce sont les articles qui lui ont paru mériter l'attention de la Cour, & qu'il soumet à ses lumieres & décision: Surquoi la matiere mise en délibération, & oui ledit Procureur général du Roi en ses conclusions:

La Cour, a ordonné & ordonne qu'à compter du jour de la publication & enrégistrement des présentes ès jurisdictions du ressort, il sera par les substituts dudit Procureur général en icelles, tenu un registre qui sera paraphé par les Juges, sur lequel les curateurs aux successions vacantes dans chacune desdites jurisdictions, feront inscrire les noms, qualités & demeures de ceux dont les successions tomberont en vacance; comme aussi la note du montant des inventaires desdites successions, lesquelles notes lesdits curateurs signeront; & seront lesdits Substituts, tenus d'envoyer audit Procureur général, avant la séance de mars de chaque année, un extrait sommaire d'eux certifié, de toutes les successions & notes du montant des inventaires qui auront été portés sur ledit registre, à commencer du premier Janvier, jusqu'au trente-unieme décembre de l'année précédente, audit mois de mars.

Que dans tous les cas, même dans ceux où les particuliers décédés sans héritiers connus, ne paroîtront pas assez considérables pour exiger le transport des officiers des Jurisdictions sur les lieux, & où ils ne feront transporter les effets au chef-lieu des Jurisdictions, il en sera fait inventaire exact, qui contiendra non-seulement lesdits effets, mais encore le détail des papiers de toute nature qui dépendront desdites successions.

Ordonne que l'article 9 du chapitre 17 du Réglement de M^rs. les Général & Intendant, en forme de Tarif, sera exécuté selon sa forme & teneur, à la diligence dudit Procureur général, auquel lesdits curateurs seront tenus de représenter chaque année à la séance de mars, le récépissé du receveur du Domaine de leur quartier, chez lequel ils auront déposé l'argent qu'ils auront eu en caisse à la fin de chaque année, ou copie dudit reçu d'eux certifié pour ceux desdits curateurs qui sont éloignés, & qu'en outre ils seront aussi tenus de remettre ou faire remettre audit Procureur général à la même séance de mars, un état sommaire de leur exercice annuel en débit & crédit distingué par successions, pour, sur le rapport qui en sera fait à la Cour par ledit Procureur général, être statué ce qu'il appartiendra, & ordonné la reddition en forme des comptes de celles desdites successions qui seront en état d'être rendus, devant tel Commissaire qu'elle jugera à propos de nommer; & faute par lesdits curateurs de satisfaire à tout ce que dessus, & sur le compte qui sera rendu à la fin de chaque séance de mars, de l'omission desdits curateurs, il sera par ladite Cour statué & ordonné sur les conclusions dudit Procureur général, ce qu'il appartiendra, suivant l'exigence des cas. Et sera le présent arrêt, lû, publié aux audiences, & enrégistré ès registres des Jurisdictions du ressort, à la diligence dudit Procureur général & de ses Substituts, qui en certifieront la Cour à la prochaine séance.

Fait au Conseil Souverain de la Martinique, le 5 Juillet 1754.

ARRÊT

DU CONSEIL SOUVERAIN

CONCERNANT les Curateurs aux successions vacantes.

Du 6 Novembre 1754.

LA COUR faisant droit sur le requisitoire du procureur général du Roi, ordonne que par les Curateurs aux successions vacantes établis dans les Jurisdictions du ressort de lad. Cour, il sera tenu un registre paraphé par le juge de chaque jurisdiction, lequel contiendra toutes les successions qui viendront à vaquer, &

dont l'administration lui sera dévolue par *in testat*, ou faute d'héritiers sur les lieux, ou par abandon & renonciation d'iceux auxdites successions, par ordre de date de l'échéance de chacune desdites successions.

Que pour assurer l'exécution de l'article II. du réglement qui ordonne qu'il sera fait inventaire de toutes les successions vacantes quelconques, & afin que la modicité d'aucune desdites successions, ne puisse servir audit curateur de prétexte de s'en dispenser, il sera commis dans chaque jurisdiction, un notaire qui sera seul autorisé à faire des inventaires des successions vacantes, à la charge d'y vaquer, sans prétention de vacation à celle desdites successions vacantes où il ne se trouvera pas de quoi les payer, lequel notaire dans les cas de maladie ou autres empêchemens légitimes, pourra substituer tel autre de ses confreres qu'il avisera, pour la même fin & aux mêmes conditions.

Ordonne aussi que le registre des mêmes successions vacantes qu'il étoit ordonné par l'article premier du même réglement, que les procureurs du Roi des jurisdictons tiendront, sera tenu aux greffes desdites Jurisdictions, par le greffier ou ses commis, & que néanmoins lesdits procureurs du Roi ou substituts, qui auront assisté aux inventaires desdites successions, les feront inscrire sur ledit registre, au fur & à mesure qu'elles se présenteront : & seront lesdits articles du présent Arrêt rendus sur le requisitoire dudit procureur général, lu & publié aux audiences des Jurisdicton du ressort, & registrés aux registres des greffes desdites Jurisdictions, à la diligence du substitut dudit procureur général en chacune d'icelles. Fait au Conseil supérieur ledit jour 6 novembre 1754.

ARRET

EN REGLEMENT DU CONSEIL SOUVERAIN

SUR les Conventions d'appel en opposition.

Du 9 Novembre 1754.

LA COUR faisant droit sur la remontrance du procureur général du Roi, ordonne qu'il ne sera reçu à l'avenir aucunes demandes de conversion d'appel en opposition, que lorsque l'appel aura été interjetté dans la huitaine de la signification de la sentence par défaut, & la demande en conversion formée avant l'expiration de cette même huitaine de la signification de cette même sentence, auquel cas on sera reçu à faire convertir l'appel en opposition sur simple requête présentée au juge qui aura rendu la sentence par défaut, par laquelle requête on demandera acte de ce qu'on entend convertir l'appel en opposition, sans que dans aucun autre cas & sous quelque prétexte que ce puisse être les parties puissent être admises à se pourvoir en conversion d'appel en opposition; ordonne en outre que le présent Arrêt sera lu, publié &c.

ARRÊT

EN REGLEMENT

DU CONSEIL SOUVERAIN,

SUR la tenue des rôles audit Conseil.

Du 8 Novembre 1755.

EXTRAIT DES REGISTRES DU CONSEIL SOUVERAIN.

SUR ce qui a été remontré à la Cour par le Procureur général du Roi, que l'usage qui s'est suivi jusqu'à présent d'enrôler les causes qui doivent être portées à chacune de ses séances, sans aucune distinction des jurisdictions du ressort où ont été rendus les sentences & jugemens dont est appel, donne lieu à plusieurs inconvéniens, qu'il s'est cru obligé de lui mettre sous les yeux; que cet usage lui paroît être une des principales causes du peu d'ordre qu'il y a depuis quelque-tems dans les plaidoiries; par les différentes exceptions & demandes de remises & de délai qui s'y font journellement à chaque séance, par les Procureurs chargés des causes des parties qui y ont des procès; que d'ailleurs de ce défaut de distinction des jurisdictions & des lieux, il arrive que des habitans éloignés qui ont des procès pour lesquels ils se rendent à la suite de la Cour, au commencement de la séance, sont obligés d'attendre jusqu'à la fin de la même séance pour avoir jugement, soit que leur cause se trouve enrôlée à la fin du rôle, soit qu'ils en aient plusieurs qui y soient portées en différens endroits; qu'indépendamment du soulagement des parties qui ont le malheur d'avoir des procès, on peut encore considérer comme un objet intéressant pour le public, le renvoie & la prompte expédition des procureurs en la Cour, postulans aux Jurisdictions éloignées de cette ville par rapport aux affaires qu'ils ont pour d'autres parties aux jurisdictions des lieux où ils sont établis, & pour raison desquelles ils sont assez souvent obligés de s'en retourner avant que toutes leurs causes au Conseil aient été appellées & jugées, & d'en charger des Procureurs résidens en cette ville, qui faute

faute d'instruction, ne se trouvent pas en état de défendre lesdites causes & d'en expliquer suffisamment les moyens de fait & de droit, ce qui peut influer sur la décision & causer à leurs parties un préjudice d'autant plus considérable, qu'il est presque irréparable; qu'en examinant tous ces inconvéniens, il a jugé qu'on pouvoit y remédier en substituant à l'ancien usage d'enrôler les causes de chaque séance indistinctement, & dans un seul & même rôle; celui de les enrôler par rôle séparé de chacune des jurisdictions du ressort; qu'il lui paroîtroit cependant convenable de réunir dans un même rôle les affaires des jurisdictions de St. Pierre, de la Grenade & de Marie-Galante, parce que ce sont ordinairement les Procureurs de St. Pierre qui sont aussi chargés des causes de ces deux autres jurisdictions; qu'on pourroit par cette raison distribuer toutes les causes qui se portent à chaque séance dans trois rôles particuliers, dont le premier contiendroit les causes des jurisdictions de Saint Pierre, de la Grenade, & de Marie-Galante; le second, celles de la jurisdiction de la Trinité; & le troisieme & dernier, celles de la jurisdiction de cette ville: qu'à ce moyen les Procureurs n'étant retenus à la suite de la Cour, que le tems nécessaire pour l'expédition des causes dont ils sont chargés, en deviendront plus exacts à se rendre aux séances; & on ne les verra plus se substituer les uns aux autres pour la défense des causes dont ils sont chargés; ce qu'ils ne doivent jamais faire que dans les cas d'une nécessité indispensable; que les parties qui souhaitent être à la suite de leurs causes, trouveront aussi un grand avantage dans cet arrangement, qui les mettra à portée de savoir dans quel tems de la séance elles pourront être expédiées & jugées; que ces objets qui lui ont paru mériter l'attention de la Cour, l'ont porté à prendre les conclusions par écrit qu'il remet sur le bureau; qu'il a crû devoir y joindre quelques dispositions qu'il a jugé nécessaires pour maintenir la décence des audiences, pour établir une police plus exacte dans les plaidoiries des Procureurs, & pour les assujettir à donner plus d'attention à bien rédiger les qualités des parties qui doivent être remises avant de plaider, pour être portées sur le plumitif; requérant qu'il soit délibéré sur le tout. Surquoi oui ladite remontrance, & vû les conclusions par écrit dudit Procureur général du Roi, & après en avoir délibéré.

ARTICLE PREMIER.

LA COUR a ordonné & ordonne que de ce jour à l'avenir, & en commençant la prochaine séance du Conseil qui se tiendra au mois de janvier 1756, il sera fait sur le registre destiné aux enrôlemens, trois rôles différens & séparés, le premier desquels contiendra toutes les causes qui seront portées en la Cour, par appels des Jurisdictions royales & des amirautés de St. Pierre, des isles de la Grenade & de Marie-Galante, ou en premiere instance desdits lieux, s'il y échet.

II. Que le second rôle contiendra les causes qui seront portées en la Cour comme dessus, des Jurisdictions royales & de l'Amirauté de la Trinité.

III. Et que la troisieme contiendra aussi les causes qui seront portées des jurisdictions royales & de l'amirauté de la ville du Fort-Royal, pour être toutes lesdites causes, inscrites sur lesdits trois rôles, appellées par un des huissiers de service, & jugées par ordre de numéros, sans que ledit ordre puisse être interverti que dans les cas où pour quelque considération particuliere qui exige célérité & prompte expédition, le Président jugeroit à propos de donner audience à deux parties qui seroient convenues de plaider contradictoirement; & sera audit cas, fait mention par le premier huissier, en marge du rôle, que ladite cause a été appellée & plaidée hors de son rang par permission du Président.

Enjoint aux Procureurs de se trouver assidûment aux audiences, & à la suite de la Cour, pour plaider les causes dont ils seront chargés, leur défendant de se substituer les uns aux autres, si ce n'est en cas de maladie dont ils seront tenus de justifier par exoine certifié du substitut du Procureur général en la Jurisdiction où ils sont établis, ou d'autre empêchement légitime qui sera justifié par telle piece que le cas le requerra; leur enjoint pareillement d'être exacts à s'instruire des causes dont ils se seront chargés, & de se tenir prêts à les plaider, sans que sous aucun prétexte ils puissent demander de remise, à moins qu'ils n'en soient convenus avec le Procureur de la partie-adverse, auquel cas, sera passé arrêt d'expédient pour la remise à une autre audience ou à une autre séance, lequel contiendra le consentement du Procureur adverse, & sera visé au parquet en la maniere accoutumée.

Ordonne en outre que lesdits Procureurs continueront de donner par écrit avant la plaidoirie de leurs causes, les qualités de leurs parties, & celle de la partie-adverse, lesquelles ils remettront sur le bureau du greffier, & contiendront les noms, surnoms desdites parties, les qualités sous lesquelles elles procédent dans l'instance, les dates des assignations sur lesquelles elles viennent plaider, celles des sentences dont appel, & généralement tout ce qui est nécessaire & peut servir à établir valablement les qualités desdites parties qui doivent précéder l'arrêt; & en cas de contestation sur lesdites qualités, lesquelles ils seront tenus de se communiquer les uns aux autres, qu'ils les feront préalablement régler, soit au parquet ou à l'audience, si le cas le requiert; & enfin enjoint auxdits Procureurs d'être brefs autant que la matiere le permettra, clairs & précis dans leurs plaidoyers & conclusions, retenus, modérés & décens dans leurs expressions,

& de s'écouter réciproquement sans interruption, le tout sous les peines de droit.

Ordonne que le présent arrêt sera lû & publié en l'audience publique de la Cour, & qu'expédition en sera envoyée aux Substituts dudit Procureur général ès jurisdictions, pour en requérir l'enrégistrement & faire faire la publication à l'audience publique de leurs sieges, & afficher ez chambres du palais & greffes desdits sieges à ce qu'il n'en soit prétendu cause d'ignorance.

Fait au Conseil Supérieur de la Martinique, le 8 novembre mil sept cent cinquante-cinq.

ARRÊT

DU CONSEIL SOUVERAIN

SUR les successions vacantes.

Du 8 Novembre 1755.

LA COUR faisant droit sur le requisitoire du procureur général du Roi, ordonne que par les Curateurs aux successions vacantes établis dans les Jurisdictions du ressort de lad. Cour, il sera tenu un registre paraphé par le juge de chaque jurisdiction, lequel contiendra toutes les successions qui viendront à vaquer, & dont l'administration lui sera dévolue par *intestat*, ou faute d'héritiers sur les lieux, ou par abandon & renonciation d'iceux auxdites successions, par ordre de date de l'échéance de chacune desdites successions.

Que pour assurer l'exécution de l'article 2 du Réglement qui ordonne qu'il sera fait inventaire de toutes les successions vacantes quelconques, & afin que la modicité d'aucunes desdites successions ne puisse servir audit curateur de prétexte de s'en dispenser, il sera commis dans chaque jurisdiction un notaire, qui sera seul autorisé à faire les inventaires des successions vacantes, à la charge d'y vaquer sans prétention de vacation à celles desdites successions vacantes où il ne se trouvera pas de quoi les payer; lequel notaire, dans le cas de maladie ou autres empêchemens légitimes, pourra substituer tel autre de ses confreres qu'il avisera, par la même fin & aux mêmes conditions.

Ordonne aussi que le registre des mêmes successions vacantes, qu'il étoit ordonné par l'article premier du même réglement, que les Procureurs du Roi des jurisdictions tiendroient, sera tenu aux greffés desdites jurisdictions, par le greffier ou ses commis; & que néanmoins lesdits Procureurs du Roi ou Substituts qui auront assisté aux inventaires desdites successions, les feront insérer sur ledit registre, au fur & à mesure qu'elles se présenteront.

Et seront les articles du présent arrêt, rendus sur le requisitoire dudit Procureur général, lu, & publié aux audiences des Jurisdictions du ressort, & registrés aux registres des greffes desdites Jurisdictions, à la diligence du Substitut dudit Procureur général en chacune d'icelle.

ARRET

EN REGLEMENT DU CONSEIL SOUVERAIN

SUR diverses parties de l'administration de la Justice aux isles françoises du vent de l'Amérique.

Du 12 Novembre 1756.

LOUIS PAR LA GRACE DE DIEU, ROI DE FRANCE ET DE NAVARRE: A tous ceux qui ces présentes lettres verront, *SALUT.* La Cour, oui le Procureur général du Roi en ses conclusions, & Mes. Menant & Perinelle Dumay Conseillers rapporteurs en leur rapport, sans s'arrêter aux requête & Mémoire mentionnés dans l'arrêt du 9 Juillet dernier, qu'elle a rejettés comme procédure irréguliere, faisant droit sur la remontrance & requisitoire dudit Procureur général du Roi, a arrêté, réglé, statué & ordonné ce qui suit.

Juges Royaux.

Que les audiences, tant ordinaires qu'extraordinaires, seront tenues aux jours & heures fixés par le réglement du Roi du 22 mai 1724. Enjoint aux Juges de s'y conformer, & notamment à l'article VI. dudit réglement.

Seront toutes les affaires, de quelqu'espece & nature qu'elles soient, portées à l'audience ordinaire, sauf aux Juges à renvoyer à l'extraordinaire, celles qui demanderont ou exigeront discussion, & excepté aussi les cas qui requerront célérité, & où il y auroit danger à attendre les délais de l'audience ordinaire; dans lesquels cas les Juges pourront en connoissance de cause, permettre d'assigner à l'extraordinaire; leur enjoint d'en user à cet égard avec réserve & circonspection.

Leur enjoint pareillement de juger & décider les affaires portées devant eux dans l'un & l'autre cas, le plus sommairement & le plus promptement qu'il leur sera possible, ayant attention de ne rendre aucuns

aucuns jugemens préparatoires, interlocutoires, que lorsqu'ils seront absolument nécessaires pour l'éclaircissement & instruction plus ample desdites affaires.

Fait défenses auxdits Juges d'ordonner l'exécution provisoire de leurs sentences pendant l'appel, que dans les cas portés par l'ordonnance; leur enjoint à cet effet, lorsqu'ils prononceront l'exécution provisoire d'une sentence, d'y inserer le motif qui les y aura déterminé.

Leur enjoint aussi d'être exacts à signer les registres des audiences, tant ordinaires qu'extraordinaires, conformément aux ordonnances & aux réglemens de la Cour.

Ne seront les soumissions des cautions ordonnées par sentence, & qui auront été reçues, faites pardevant les Juges, mais par simple acte au greffe, conformément à l'ordonnance.

Ne pourront pareillement lesdits Juges assister, ni être employés aux enrégistremens simples à faire au greffe, de billets, lettres de change ou autres pieces qui ne concernent que les particuliers, & la sûreté & conservation desdites pieces.

Seront tenus de parapher les livres des négocians & marchands, tant en gros qu'en détail, sans frais, & sans pouvoir en exiger, sous quelque prétexte que ce soit, conformément à l'ordonnance de 1673.

Les légalisations seront faites par le Juge seul, sans qu'il soit besoin de la signature du greffier, & au cas qu'elle y fut apposée, ne sera pris aucun droit pour ledit greffier; & continueront lesdites légalisations, d'être scellées du sceau public de l'isle.

Demeureront lesdits Juges, autorisés à taxer les dépens par état & déclaration, conformément à l'article 32 du titre 31 de l'ordonnance de 1667; leur enjoint en procédant auxdites taxes, de se conformer à l'ordonnance & aux Réglemens & tarifs enrégistrés en la Cour, & d'avoir attention de ne passer dans lesdites taxes que les procédures nécessaires & non frustratoires.

Procureurs du Roi.

Ordonne que les Procureurs du Roi dans les différentes Jurisdictions du ressort, continueront d'assister aux audiences, tant ordinaires qu'extraordinaires, & qu'ils y donneront leurs conclusions dans tous les jugemens préparatoires & sentences définitives, tant contradictoires que par défaut.

Ne pourront néanmoins lesdits Procureurs du Roi, être employés ni prendre vacations dans les défauts simples, même des audiences extraordinaires.

Ne pourront pareillement être employés dans les actes de clôture d'inventaires, soumissions de caution, ni aux actes d'enrégistremens qui doivent être faits par le greffier seul ou son commis.

Greffiers.

Fait défenses aux greffiers, sous telles peines qu'il appartiendra, de délivrer aucunes expéditions de sentences & jugemens, qu'ils n'aient été signés par le Juge.

Leur enjoint de se conformer exactement, pour ce qui concerne lesdites expéditions, à l'article 4 du tarif de 1754; en conséquence leur fait inhibition & défense de délivrer aucunes expéditions qui ne contiennent, conformément audit article, dix-huit lignes à la page, & 10 sillabes à la ligne, lorsque lesdites expéditions seront délivrées en grosse.

Leur sera cependant permis d'expédier en demi grosse dont le rôle contiendra 24 lignes à la page, & 12 sillabes à la ligne, pour lesquelles expéditions leur sera payé 22 sols six deniers par rôle.

Ne pourront lesdits greffiers, lorsqu'ils seront requis d'enrégistrer des actes contenant clauses de donations & substitutions, enrégistrer lesdits actes dans leur entier, mais seulement lesdites clauses de donations & substitutions; & au surplus seront tenus, pour ce qui concerne lesdits enrégistremens, de se conformer à l'article 11 dudit Tarif de 1754.

Officiers de l'Amirauté.

Ordonne & enjoint aux officiers de l'Amirauté, de se conformer au tarif du 26 décembre 1724, pour la perception de leurs droits & vacations dans les cas y exprimés; déclarant que le tarif du 10 janvier 1754, ne doit avoir lieu à l'égard des affaires & expéditions de l'Amirauté, que pour les cas où ledit tarif de 1724 ne s'en est pas expliqué, & ne contient point de fixation des droits appartenans auxdits officiers.

Ne pourront en conséquence lesdits officiers, prendre pour les cas ci dessous exprimés, d'autres droits que,

SAVOIR;

Pour l'enrégistrement des congés de cabotage, trois livres dix sols, conformément à l'article 4 dudit réglement de 1724.

Pour l'enrégistrement des commissions en guerre, sept livres, conformément à l'article 7 dudit réglement.

Pour l'enrégistrement des permissions pour la côte d'espagne ou autres, sept livres; lesdites permissions étant censé comprises dans ledit article 7, & en outre sera encore dû au greffier pour l'enrégistrement des pieces jointes à ladite permission & expédition à délivrer au domaine, six livres.

Pour tous droits d'entrée des bâtimens étrangers introduits dans l'isle avec permission, quarante livres cinq sols.

SAVOIR;

Au Lieutenant général, pour déclaration & visite, ci. . .	12 l. 10 f.
Au Procureur du Roi, ...	8 l. 10 f.
A l'Interprête, ...	8 l. 10 f.
Au Greffier, ...	8 l. 10 f.
A l'Huissier qui assistera à la visite seulement, .	2 l. 5 f.
Total.	40 l. 5 f.

Pour les déclarations que doivent faire les bâtimens à leur arrivée, en exécution de l'article 12 dudit réglement, quatorze livres treize sols quatre deniers, conformément audit article.

Et à l'égard des autres déclarations simples où le ministere du Lieutenant général & du Procureur du Roi n'est point nécessaire, sera dû au greffier seulement trois livres dix sols.

Seront tenus lesdits officiers de l'Amirauté, de se conformer audit réglement de 1724, dans tous les autres articles qu'il contient; ordonne à cet effet, que ledit réglement sera de nouveau lu & publié à l'audience tenante, dans tous les sieges, & affiché dans tous les greffes des Amirautés du ressort, à la diligence du Procureur général du Roi qui en certifiera la Cour.

Procureurs.

Seront toutes demandes & assignations données sans commissions & par simple exploit suivant l'ordonnance, sans qu'il soit besoin pour former lesdites demandes, de présenter requête pour obtenir permission d'assigner, que dans les cas où lesdites requêtes seront absolument nécessaires, aux vacations desquelles requêtes le tarif de 1754 a déjà pourvu.

Seront tous lesdits exploits de premiere demande, dressés par les Procureurs, & remis à l'huissier pour en faire les significations; & sera passé & alloué en taxe auxdits Procureurs pour la dresse desdits exploits contenant libel & conclusions, trente sols, en ce non compris les salaires de l'huissier.

Leur enjoint d'être exacts à s'instruire des causes dont ils seront chargés, pour être en état de les plaider clairement, précisément & briévement à la premiere comparution; & dans le cas où il seroit ordonné qu'ils fourniroient défenses ou interviendroit quelqu'autre préparatoire, leur enjoint également de fournir & faire signifier lesd. défenses, & de satisfaire à ce qui seroit ordonné par lesd. préparatoires dans l'intervalle de la signification desdits jugemens, à l'échéance de l'assignation donnée en conséquence, faute de quoi seront condamnés en leurs propres & privés noms & sans répétition contre les parties, aux frais qu'ils auront occasionné, sans que le présent article puisse être réputé comminatoire.

Leur enjoint pareillement d'être exacts & attentifs à rédiger les qualités respectives des parties, conformément & relativement aux demandes, tant principales qu'incidentes qui auront été formées, & aux qualités sous lesquelles les parties procéderont, sous peine des dommages intérêts des parties qui pourroient résulter des omissions ou augmentations par eux faites dans lesdites qualités.

Fait défenses auxdits Procureurs de faire faire dans les affaires où ils occuperont, & dans lesquelles il y aura Procureur adverse, aucune signification à partie pour procédure d'instruction, si ce n'est dans le cas où la présence des parties est absolument requise par l'ordonnance, hors desquels cas lesdites significations à parties ne passeront en taxe & ne pourront même être employées par les Procureurs dans les états & mémoires de frais qu'ils fourniront à leurs parties; Seront lesdits Procureurs, tenus pour ce qui concerne les copies de pieces; écritures & autres qu'ils feront signifier, de se conformer à l'article 25 du Tarif de 1754, conformement auquel ne pourront lesdites copies, leur être passées en taxe que sur le pied de sept sols six deniers par rôle de grosse évaluée.

Ne pourront lesdits Procureurs, faire aucune poursuite autre que simple saisie conservatoire en exécution de sentences obtenues par défaut, ni requérir taxe des dépens adjugés par icelles, que huitaine après qu'elles auront été signifiées, & ladite huitaine passée, seront lesdites sentences exécutées par toutes voyes de droit, sans qu'il soit besoin d'itératifs commandemens, qui ne pourront être regardés que comme procédures frustratoires, & comme tels rejettés des états & déclarations de dépens.

Ne seront néanmoins comprises dans l'article ci-dessus, les sentences obtenues sur assignation de jour ou d'heure à autre, lesquelles après avoir été signifiées, pourront être exécutées sans aucun délai.

Ne sera porté par lesdits Procureurs dans les états & déclarations de dépens, aucun droit de comparution en la Cour, pour les requêtes quelconques qui y seront présentées, & ne leur sera passé que la dresse desdites requêtes & vacations à les faire répondre.

Il ne sera à l'avenir procédé à aucune taxe de dépens, que huitaine après que la déclaration de dépens aura été signifiée, pendant laquelle huitaine, la partie condamnée auxdits dépens, aura la liberté de prendre communication des pieces justificatives des articles, par les mains & au domicile du Procureur poursuivant la taxe, & de faire ses offres, conformement à l'article 5 du titre 31 de l'Ordonnance.

En cas que pendant ladite huitaine il n'y ait point eu d'offres faites ou qu'elles ne soient point acceptées, la déclaration de dépens avec les pieces justificatives, seront remises sans requête, mais avec simple requisitoire, pour lequel ne sera dû aucun droit, entre les mains du taxateur qui mettra au bas de la déclaration, le jour auquel il sera procédé à la taxe, auquel jour, la partie condamnée sera assignée à comparoître, pour être procédé à ladite taxe en sa présence ou par défaut.

Si nonobstant les offres, le demandeur fait procéder à la taxe & que par le calcul, non compris en ce les frais de la taxe, les dépens ne se trouvent excéder les offres faites, les frais de ladite taxe seront supportés par le démandeur, & ne seront compris dans l'exécutoire.

Les déclarations de dépens se feront par ordre de date, eu égard aux incidens qui y seront employés; & à cette fin les expéditions des requêtes & procédures sujettes à la taxe y seront datées sans qu'on puisse passer en taxe celles qui ne seront point rapportées, si ce n'est qu'il en fût fait mention dans le vu des jugemens, sentences ou arrêts.

Seront tenus les Procureurs, dans les déclarations de dépens par eux dressés, de se conformer à l'article 7 du titre 31 de l'ordonnance; ne pourront en conséquence faire qu'un seul & même article de tous les droits, quels qu'ils soient, qui concerneront une même piece, sous les peines portées audit article.

Lorsqu'il y aura plusieurs parties condamnées aux dépens qui occuperont par différens Procureurs, & que les articles les concerneront conjointement, la copie de la déclaration de dépens ne sera donnée qu'à l'ancien Procureur, vis à-vis de qui seul la taxe sera poursuivie, en le déclarant néanmoins aux autres Procureurs par un simple acte; & en cas que l'intérêt des condamnés soit distinct & séparé, il ne sera donné à chacun des Procureurs, copie que des articles qui concerneront leurs parties.

Seront encore tenus les Procureurs dans les productions & remises de pieces par eux faites, tant en causes principales que d'appel, de coter & dater exactement les actes, pieces & procédures qui composeront leurs dossiers, en tête desdites pieces.

Huissiers.

Enjoint aux huissiers & sergens de se conformer exactement pour leurs droits, salaires & vacations, aux différens réglemens de la Cour, & notamment au tarif du 10 Janvier 1754.

Seront les frais de voyage desdits huissiers pour les exploits, commandemens, saisies & autres actes qu'ils auront faits en campagne, répartis sur chacun desdits actes à proportion de l'éloignement & de la distance des lieux & habitations où ils auront fait lesdites significations : seront tenus à cet effet lesdits huissiers, lorsqu'ils iront exploiter en campagne, de présenter au Juge de la Jurisdiction où ils seront établis, un état d'eux certifié des affaires dont ils se trouveront chargés, & du nombre des exploits qu'ils auront à donner, lequel état sera visé par le Juge : Seront aussi tenus lesdits huissiers à leur retour, de représenter au Juge ledit état & les exploits par eux donnés, pour être par ledit Juge, taxés sur le champ & sans frais à proportion de la distance des lieux où ils auront donné lesdits exploits, & du tems qu'ils y auront employé, pour laquelle taxe lesdits Juges se conformeront à l'article 2 du titre des huissiers dudit Tarif.

Ne pourront les exploits faits en campagne qui n'auront été ainsi taxés par le Juge, être passés en taxe, & seront rejettés des états & déclarations de dépens.

Ne sera alloué pour les procès verbaux de saisie & exécution à faire dans les villes & bourgs, que la somme de douze livres, laquelle somme sera pareillement allouée pour les saisies à faire en campagne, non compris les frais de voyage.

Ceux qui ne seront suivis de saisie d'effets, soit à défaut desdits effets saisissables, soit qu'il n'y ait lieu à saisie par exhibition d'appel ou autrement ; ne seront passés en taxe que pour la somme de six livres dans les villes & bourgs, à laquelle seront ajoutés les frais de voyage lorsqu'ils se feront en campagne, & auront attention, les Juges taxateurs, de n'allouer & passer en taxe, que les procès verbaux de perquisition qui leur paroîtront avoir été nécessairement & légitimement faits, & de rayer & rejetter de leurs taxes ceux qui auront été inutilement multipliés.

Les saisies conservatoires, les sommations aux gardiens de représenter les effets saisis & exécutés, les assignations à la partie saisie pour être présenté à la vente, même les commandemens de payer, s'il y échet, seront faits par un seul huissier sans assistans de records, & seront passés comme simple exploit, conformément au tarif ; sauf toutefois les commandemens recordés, requis & nécessaires pour parvenir aux saisies réelles.

Se feront les huissiers, dans les protêts de lettres de change, mandats & billets de commerce, assister de deux records, conformément à l'article 8 du titre 5 de l'ordonnance de 1673, & leur sera payé pour lesdits protêts, six livres, dont trois livres pour l'huissier porteur de piece, & 30 sols pour chaque record ; en ce non compris les frais de voyage, s'ils sont faits en campagne.

Ne pourront néanmoins les frais desdits protêts, être passés en taxe contre les débiteurs, que lorsqu'ils auront été faits dans les délais de l'ordonnance, sauf aux huissiers, dans le cas où lesdits protêts seroient faits après l'échéance desdits délais, à se faire payer de leurs salaires, par les parties qui les auront employés & requis.

Enjoint à tous & un chacun les officiers des jurisdictions du ressort, de se conformer au présent réglement en tout son contenu; enjoint aussi aux Juges & procureurs du Roi desdites Jurisdictions, de veiller & tenir la main à ce que les officiers subalternes de leurs sieges s'y conforment, & de remédier par eux-mêmes aux abus qui pourroient s'introduire au préjudice de ses dispositions, même d'informer le Procureur général du Roi, des contraventions qui pourroient s'introduire au préjudice de ses dispositions, même d'informer le Procureur général du Roi des contraventions qui pourroient tirer à conséquence & avoir besoin de l'autorité de la Cour pour les réprimer. Et sera le présent réglement, lu & publié aux audiences publiques desdites Jurisdictions, enrégistré & affiché aux greffes d'icelles à ce que personne n'en prétende cause d'ignorance, à la diligence, dudit Procureur général, qui en certifiera la Cour au premier jour. Fait à la Martinique en notre Conseil Supérieur le 12 novembre, l'an de grace mil sept cent cinquante-six, & de notre regne le quarante-deuxieme.

ARRÊT

DU CONSEIL SOUVERAIN

SUR les scellés & inventaires après décès.

Du 13 Novembre 1756.

EXTRAIT DES REGISTRES DU CONSEIL SOUVERAIN.

VU la remontrance donnée en la Cour par le Procureur général du Roi, contenant qu'il y avoit un usage dans les Jurisdictions du ressort, qu'il croyoit très-contraire au bien de la justice, qui consistoit dans la permission que donnoient les Juges de lever, incontinent après l'apposition, les scellés apposés dans les maisons de ceux qui décédoient, sans que les créanciers, qui avoient intérêt d'en être avertis, eussent eu connoissance du décès & de l'apposition du scellé; que cette procédure pourroit être considérée comme illusoire à Justice, & comme un moyen d'éluder les formes qui avoient été très sagement établies par les ordonnances, pour assurer les biens dans les familles, & pour donner une sûreté légitime aux créanciers; que ces raisons l'obligeoient d'avoir recours à l'autorité de la Cour, & de requérir qu'il lui plut faire défenses à tous les officiers du ressort, de permettre la levée des scellés apposés sur les biens des défunts, & de ne procéder aux inventaires dans les Jurisdictions du ressort, que trois jours après funérailles faites publiquement, à peine de nullité des inventaires ; & ordonner que l'arrêt qui interviendroit seroit lu, publié & registré dans les jurisdictions du ressort ; La matiere mise en délibération.

La Cour, faisant droit sur la remontrance & requisitoire du Procureur général du Roi, fait défenses à tous les officiers des jurisdictions du ressort, de permettre, ni de faire la levée des scellés qui auront été apposés sur les biens des défunts, & de procéder aux inventaires desdits biens, dans lesdites Jurisdictions, avant trois jours expirés après les funérailles faites publiquement des défunts, à peine de nullité desdits inventaires. Et sera le présent arrêt, lu, publié & régistré au greffe desdites jurisdictions, à la diligence dudit Procureur général, qui sera tenu d'en certifier la Cour au premier jour. Fait au Conseil Souverain de la Martinique, le 13 novembre mil sept cent cinquante-six.

ARRÊT

DU CONSEIL SOUVERAIN,

CONCERNANT les Registres de Baptêmes, Mariages, Sépultures, Vêtures, Noviciats, Professions &c.

Du 13 Mai 1758.

LOUIS PAR LA GRACE DE DIEU, ROI DE FRANCE ET DE NAVARRE : A tous ceux qui ces présentes lettres verront, SALUT. Savoir faisons que vû par notre Conseil Supérieur de la Martinique, la remontrance du procureur général du Roi, contenant que par le compte qu'il s'est fait rendre de la maniere dont s'observe le titre 20 de l'ordonnance de 1697, au sujet des registres de baptêmes, mariages & sépultures dans l'étendue du ressort de la Cour, il a reconnu que cette partie des ordonnances, si importante au bon ordre de la société & au repos des familles, est tombée dans une inexécution presque générale, & que les Missionnaires desservans les Paroisses situées dans ladite étendue, ont presque toujours négligé de mettre au greffe du siege royal, un double desdits registres ; que ce désordre est tel dans certaines paroisses, que dans celle de St. Pierre il ne s'est pas trouvé un seul registre déposé au greffe de la jurisdiction du lieu ; & que dans la Paroisse de Bon-port du même bourg, il ne s'est trouvé audit greffe, qu'un seul cahier de papier servant de registre pour l'année 1753. Si quelques-uns desdits Missionnaires ont l'attention de tenir deux registres, les inconvéniens qu'on a voulu prévenir

les

les faisant déposer en deux lieux différens, n'en subsistent pas moins, si lesdits Missionnaires ne sont pas exacts à déposer un desdits registres au greffe de la Jurisdiction royale, dans l'étendue de laquelle lesdites Eglises sont situées. La nécessité de cette précaution est cependant encore plus indispensable dans ces colonies que partout ailleurs, à cause des déplacemens fréquens que les Supérieurs font de leurs Missionnaires, lesquels prennent & quittent la desserte d'une Paroisse sans aucune formalité, & sans que le Juge des lieux ni le Procureur du Roi, chargés par état de veiller à la conservation des registres publics, en soient instruits; de sorte qu'ils entrent dans une paroisse & prennent possession des registres sans donner aucun récépissé qui en constate le nombre & les années; & lorsqu'ils sont rappellés par leurs Supérieurs, ils abandonnent leurs Paroisses sans plus de formalités, & laissent leurs registres entre les mains du negre attaché au presbitere ou du Sacristain, comme il est arrivé depuis peu en différentes Paroisses de ces isles. Cet objet mérite toute l'attention de la Cour, tant pour remédier promptement & efficacement au passé, que pour perfectionner à l'avenir un ordre si nécessaire au bien public. Les dispositions des anciennes loix sur cette matiere furent rassemblées dans le titre 20 de l'Ordonnance du mois d'avril 1667. * La Cour, par son arrêt de réglement du 9 janvier 1690, ordonna que les Missionnaires desservans les Paroisses situées dans l'étendue du ressort de la Cour, satisferoient à l'avenir à ladite ordonnance. Ces dispositions n'ayant pas été observées exactement, il en arriva plusieurs inconvéniens, & elles furent renouvellées par une ordonnance de M. de Vaucresson, registrée en la Cour le 3 janvier 1704; mais par le compte que ledit Procureur général s'est fait rendre en dernier lieu, de la maniere dont les réglemens sont observés, il est prouvé que les Missionnaires qui ont successivement desservi lesdites Paroisses, ont presque toujours négligé de remettre aux greffes des sieges royaux, un double de leurs registres, à l'exception des Paroisses situées dans l'étendue de la jurisdiction de la Trinité, qui sont un peu plus en régle, quoiqu'il s'en manque beaucoup qu'elles y soient entiérement; mais indépendamment de l'inexécution totale du titre 20 de l'ordonnance du mois d'avril 1667, les dispositions de cette ordonnance sur cette matiere, ne paroissent pas même entiérement suffisantes pour remplir l'objet qu'elle s'est proposé. Il seroit donc indispensable de faire un réglement aussi général & aussi facile dans son exécution, qu'il est nécessaire & important dans son objet, afin d'établir à l'avenir un ordre certain & uniforme dans une matiere à laquelle la société civile a un si grand intérêt, en réglant exactement ce qui re-

* Il y a un arrêt de réglement de la Cour antérieur, au sujet des formalités pour les mariages & des registres des baptêmes, mariages & sépultures. Cet arrêt est du 18 mai 1683.

garde la forme des registres, & celle des actes qui y seront inscrits, & en obligeant les Missionnaires desservans lesdites paroisses, à tenir deux registres, dont tous les actes seront signés en même tems par les parties; en sorte que l'un de ces deux registres également originaux, soit déposé au greffe du siege royal, l'autre registre double demeurant entre les mains desdits Missionnaires, les sujets du Roi y trouveront l'avantage de s'assurer par leurs signatures, une double preuve de leur état; & comme chacun de ces registres acquerra toute sa perfection à mesure qu'ils se rempliront, il ne restera plus aucun prétexte auxdits Missionnaires pour différer au-delà du tems qui sera fixé par la Cour, de faire le dépôt d'un de ces doubles registres au greffe du siege royal. Enfin, il seroit à propos de régler ce qui doit être observé à l'avenir à l'égard des registres des vêtures, noviciats & professions, afin que rien ne manque aux dispositions d'un réglement, dont l'objet est d'assurer l'état des sujets du Roi qui habitent ces colonies: requérant ledit Procureur général, qu'il plut à la Cour pourvoir par un réglement général sur la matiere, suivant les conclusions par écrit qu'il a laissé sur le bureau. L'arrêt du 6 mars dernier, par lequel ladite Cour, avant faire droit sur lesdites conclusions, auroit nommé M^es^. Houdin du Bochet & Erard, Conseillers Commissaires, pour dresser un projet de réglement au sujet de l'ordre à observer à l'avenir dans la tenue des registres des baptêmes, mariages & sépultures, & remédier aux désordres passés, pour ledit projet fait & rapporté en la Cour, être ordonné ce qu'il appartiendroit: Le projet de réglement dressé en conséquence par lesdits M^es^. Houdin du Bochet, & Erard, Conseillers Commissaires, icelui communiqué audit Procureur général du Roi; le tout mûrement examiné, & attentivement considéré.

LA COUR, faisant droit sur les conclusions dudit Procureur général du Roi, a ordonné & ordonne ce qui suit.

ARTICLE PREMIER.

Incontinent après la publication du présent arrêt en réglement, les Juges des lieux, à la diligence du substitut du Procureur général, se transporteront dans chacune des paroisses situées dans l'étendue de leur jurisdiction, se feront représenter par les Missionnaires desservans, tous les anciens registres desdites Paroisses, & dresseront un procès verbal du nombre & des années desdits registres, & de l'état où ils sont actuellement.

II. Il sera constaté par le même procès verbal, si quelques-uns desdits registres ont été tenus & se trouvent doubles, faute d'avoir fait en son tems le dépôt de l'un desdits doubles registres, auquel cas le dépôt en sera à l'instant ordonné par ledit sieur Juge, & ledit registre remis entre les mains du greffier pour être transporté au greffe,

& l'autre double regiſtre ſera remis auſſi à l'inſtant au Miſſionnaire deſſervant, lequel ſignera ledit procès verbal avec le Juge, le Procureur du Roi & le Greffier.

III. Leſdits procès verbaux ſeront enrégiſtrés ſur les regiſtres de la juriſdiction des lieux, à la diligence des ſubſtituts dudit Procureur général, qui lui en rendront compte pour en certifier la Cour à la ſéance du mois de ſeptembre prochain, au plus tard.

IV. A l'égard des anciens regiſtres des Paroiſſes qui n'auront pas été tenus doubles, il en ſera tiré copie authentique à la requête & diligence des Procureurs du Roi, laquelle copie ſera collationnée par le Juge des lieux, & dépoſée enſuite au greffe de la juriſdiction royale, pour y ſervir de groſſe & y avoir recours.

V. Les frais deſdits procès verbaux, vacations & expéditions d'iceux, ainſi que les frais qu'il conviendra faire pour les copies authentiques qu'il faudra tirer de pluſieurs deſdits anciens regiſtres & vacations à les collationner, ſeront payés par le domaine comme frais de juſtice.

VI. Dans chaque Paroiſſe du reſſort, il y aura à l'avenir deux regiſtres qui ſeront réputés tous deux authentiques, & feront également foi en juſtice, pour y inſcrire les baptêmes, mariages, & ſépultures qui ſe feront dans le cours de chaque année, ſoit des blancs, ou des negres libres; & il y aura pareillement deux autres regiſtres pour y inſcrire les baptêmes & mariages des eſclaves; & ſeront leſdits regiſtres, fournis par les marguilliers aux dépens de la fabrique, un mois avant le commencement de chaque année, à peine de ſoixante livres d'amende contre leſdits Marguilliers.

VII. Leſdits regiſtres ſeront cotés & paraphés par premier & dernier ſur chaque feuillet, le tout ſans frais, par le Juge royal des lieux où les Egliſes ſeront ſituées.

VIII. Tous les actes de baptêmes, mariages & ſépultures, ſeront inſcrits ſur chacun deſdits regiſtres doubles, de ſuite & ſans aucun blanc; & ſeront leſdits actes, ſignés ſur les deux regiſtres, par ceux qui les doivent ſigner, le tout en même tems qu'ils ſeront faits.

IX. Dans les actes de baptêmes, * il ſera fait mention du jour de la naiſſance, du nom qui ſera donné à l'enfant, de celui de ſes Parrains & marraines, & de celui de ſes pere & mere, s'il eſt né en légitime mariage; mais s'il n'eſt pas né en légitime mariage, il ne ſera point fait mention du nom du pere.

X. Lorſqu'un enfant aura été ondoyé, en cas de néceſſité, & que

* L'Ordonnance du 15 Juin 1736, regiſtrée le 10 mai 1737, défend aux Religieux de baptiſer comme libres, aucuns enfans, à moins que l'affranchiſſement des meres ne leur ſoit prouvé par des actes de liberté, revêtus de la permiſſion par écrit des Gouverneur & Intendant ou Commiſſaires Ordonnateurs, deſquels actes ils ſeront tenus de faire mention ſur les Regiſtres des baptêmes.

l'ondoyement aura été fait par le Missionnaire desservant la Paroisse, il sera tenu d'en inscrire l'acte sur lesdits deux registres.

Et si l'enfant a été ondoyé par la sage-femme ou autre, celui ou celle qui l'aura ondoyé, sera tenu, à peine de dix livres d'amende qui ne pourra être remise ni modérée, & de plus grande peine en cas de récidive, d'en avertir sur le champ ledit Missionnaire desservant, à l'effet d'en inscrire l'acte sur lesdits registres; dans lequel acte sera fait mention du jour de la naissance de l'enfant, du nom des pere & mere, & de la personne qui aura fait l'ondoiement, & ledit acte sera signé sur lesdits deux registres, tant par le Missionnaire desservant, que par le pere & par celui ou celle qui aura fait l'ondoyement, s'ils sont présens; & à l'égard de ceux qui ne sauront & ne pourront signer, il sera fait mention de la déclaration qu'ils en feront.

XI. Lorsque les cérémonies du baptême seront suppléées, l'acte en sera dressé, ainsi qu'il a été prescrit ci-dessus pour les baptêmes, & en outre il y sera fait mention du jour de l'acte d'ondoiement.

XII. Dans les actes de célébration de mariages, seront inscrits les noms, surnoms, âges, qualités & demeures des contractans, & il y sera marqué s'ils sont enfans de famille, en tutelle ou curatelle ou en la puissance d'autrui, & les consentemens de leurs pere & mere, tuteurs ou curateurs y seront aussi énoncés; quatre témoins dignes de foi & sachant signer, assisteront auxdits actes, s'il peut s'en trouver aisément dans le lieu qui sachent signer; leurs noms, qualités & domiciles, seront aussi mentionnés dans lesdits actes, & lorsqu'ils seront parens ou alliés des contractans, ils déclareront de quel côté & en quel dégré, & l'acte sera signé sur les deux registres, tant par celui qui célébrera le mariage, que par les contractans, & par lesdits quatre témoins au moins; & à l'égard de ceux desdits contractans ou desdits témoins, qui ne sauront ou ne pourront signer, il sera fait mention de la déclaration qu'ils en feront.

Au surplus, tout ce qui a été prescrit par les Ordonnances, Edits, Déclarations & Réglemens de la Cour sur les formalités qui doivent être observées dans la célébration des mariages & dans les actes qui en seront rédigés, sera exécuté suivant sa forme & teneur, sous les peines y portées.

XIII. Lesdits actes de célébration de mariages seront inscrits sur les registres de l'Eglise paroissiale du lieu où le mariage sera célébré.

XIV. Lesdits actes de célébration ne pourront en aucun cas être écrits & signés sur des feuilles volantes; ce qui sera exécuté à peine d'être procédé extraordinairement contre le Missionnaire desservant ou autre Prêtre qui auroit fait lesdits actes, lesquels seront condamnés en telle amende ou autres plus grandes peines qu'il appartiendra, suivant l'exigence des cas.

XV.

XV. Dans les actes de sépulture, il sera fait mention du jour du décès, du nom & qualité de la personne décédée, ce qui sera observé, même à l'égard des enfans, de quelqu'âge que ce soit, & l'acte sera signé sur les deux registres, tant par celui qui aura fait la sépulture, que par deux des plus proches parens ou amis qui y auront assisté, s'il y en a qui sachent ou puissent signer, sinon, sera fait mention de la déclaration qu'ils en feront.

XVI. S'il y a transport hors de la Paroisse, il en sera fait un acte en la forme marquée par l'article précédent sur les deux registres de la Paroisse où le corps sera transporté; & il sera fait mention dudit transport dans l'acte de sépulture, qui sera mis pareillement sur les deux registres de l'Eglise où se fera ladite sépulture.

XVII. Les corps de ceux qui auront été trouvés morts avec des signes ou indices de mort violente, ou autres circonstances qui donnent lieu de le soupçonner, ne pourront être inhumés qu'en conséquence d'une ordonnance du Juge royal des lieux, rendue sur les conclusions des Procureurs du Roi, après avoir fait les procédures & pris les instructions qu'il appartiendra à ce sujet, & toutes les circonstances ou observations qui pourront servir à indiquer ou à désigner l'état de ceux qui seront ainsi décédés; & celui où leurs corps auront été trouvés, seront insérés dans les procès-verbaux qui en seront dressés, desquels procès verbaux, ensemble de l'ordonnance dont ils auront été suivis, la minutte sera déposée au greffe, & ladite ordonnance sera datée dans l'acte de sépulture qui sera écrit sur les deux registres de la Paroisse, ainsi qu'il est prescrit ci-dessus, à l'effet d'y avoir recours quand besoin sera.

* XVIII. Ne seront pareillement inhumés ceux auxquels la sépulture Ecclésiastique ne sera pas accordée, qu'en vertu d'une ordonnance du Juge des lieux, rendue sur les conclusions du Procureur du Roi, dans laquelle ordonnance sera fait mention du jour du décès, du nom & qualité de la personne décédée; & sera fait au greffe un registre des ordonnances qui seront données audit cas, sur lequel il sera délivré des extraits aux parties intéressées, en payant au greffier le salaire qui sera réglé par l'article vingt deux ci-après.

XIX. Toutes les dispositions des articles précédens seront observées dans les hôpitaux établis en ces isles, pour les inhumations de ceux qui y décéderont, à l'effet de quoi les Supérieurs desdits hôpitaux seront tenus d'avoir deux registres cotés & paraphés par le Juge des lieux, ainsi qu'il a été prescrit par l'article 7 ci-dessus.

XX. Dans un mois au plus tard, après l'expiration de chaque année, les Missionnaires ou autres Prêtres desservans les Paroisses de ces

* Cet article est pour constater la mort des Protestans publics qui ne seroient pas inhumés en terre-sainte.

illes & les Supérieurs des hôpitaux, feront tenus de porter ou envoyer sûrement un desdits deux regiſtres au greffe du ſiege royal, dans le reſſort duquel leſdites Egliſes feront ſituées pour y être déposé.

XXI. Lors de l'apport deſdits regiſtres au greffe, s'il y a des feuillets qui ſoient reſtés vuides ou s'il s'y trouve d'autres blancs, ils feront barrés par le Juge, & ſera fait mention du jour de l'apport ſur ledit regiſtre par le greffier, qui en donnera ou enverra une décharge auxdits Miſſionnaires ou autres deſſervans & auxdits Supérieurs d'hôpitaux; pour raiſon de quoi ſera donné pour tous droits, 3 livres au Juge, & deux livres au Greffier, ſans qu'ils puiſſent exiger ni recevoir d'avantage, à peine de concuſſion; & ſera ledit honoraire, payé aux dépens de la fabrique pour les regiſtres de la Paroiſſe, & aux dépens des hôpitaux pour leurs regiſtres.

XXII. Il ſera au choix des parties intéreſſées, de lever les extraits des actes de baptêmes, mariages & ſépultures, ſoit ſur le regiſtre qui ſera au greffe; ou ſur celui qui reſtera entre les mains des Miſſionnaires ou autres Prêtres deſſervans ou Supérieurs d'hôpitaux; pour leſquels extraits il ne pourra être pris par les uns & les autres, qu'une livre dix ſols, & ne pourront recevoir plus grande ſomme, quoiqu'offerte librement, à peine de concuſſion, & feront tenus de délivrer leſdits extraits dans vingt-quatre heures au plus tard, aprés qu'ils en feront requis.

XXIII. En cas de changement de Miſſionnaire deſſervant dans une Paroiſſe, le nouveau deſſervant ne pourra, ſous quelque prétexte que ce ſoit, ſe mettre en poſſeſſion de la deſſerce de ladite paroiſſe, ſans en avoir préalablement donné avis au Procureur du Roi; & lorſque le ſucceſſeur en prendra poſſeſſion, l'ancien deſſervant ſera tenu de lui remettre les regiſtres dont il étoit chargé, dont il lui ſera donné décharge par ledit ſucceſſeur, contenant le nombre & les années deſdits regiſtres, & mention de l'état dans lequel ils ſe trouveront; & ledit ſucceſſeur ſera tenu ſous 15 jours, de porter ou envoyer inceſſamment au Procureur du Roi, copie de lui ſignée de ladite décharge, pour ſervir de récépiſſé de ſa part, lequel ſera régiſtré ſans frais à la diligence dudit Procureur du Roi, qui vérifiera ſi ledit récépiſſé ſe trouve conforme à celui précédemment donné par l'ancien deſſervant, lors de ſon entrée dans ladite Paroiſſe; & en cas qu'il ait été omis dans ledit récépiſſé quelques regiſtres contenus dans le précédent, il en ſera rendu compte par ledit Procureur du Roi, au Procureur général, & informé à ſa diligence, de ce que leſdits regiſtres feront devenus, pour être fait droit ainſi qu'il appartiendra.

Et pour aſſurer l'exécution du préſent article, enjoint aux Procureurs du Roi de tenir la main très exactement à ce que leſdits Miſſionnaires aient à s'y conformer; & en cas de contravention de leur part, leſdits Procureurs du Roi feront tenus d'en donner avis au Procureur général, qui en rendra compte à la Cour, pour y être par elle pourvu ainsi qu'il appartiendra.

XXIV. Lors du décès des Missionnaires desservans les Paroisses du ressort, le Juge des lieux, sur la requisition du Procureur du Roi, se transportera au presbytere & dressera procès-verbal du nombre & des années des registres qui étoient en la possession du défunt, de l'état où il les aura trouvé, & des défauts qui pourroient s'y rencontrer, & paraphera chacun desdits registres au commencement & à la fin; & si le desservant successeur du défunt, est déja sur les lieux, la remise desdits registres lui sera faite à l'instant, & mention en sera faite à la suite dudit procès verbal, qui sera signé du Juge, du Procureur du Roi; du Greffier & du Missionnaire successeur; qui en donnera à l'instant son récépissé en suite dudit procès verbal.

Le présent article aura pareillement lieu lorsqu'une Paroisse sera abandonnée par le desservant.

XXV. En cas que le desservant successeur ne soit pas encore sur les lieux après la confection du procès verbal dont il est parlé en l'article précédent, lesdits registres seront enfermés au presbytere ou autre lieu sûr, dans un coffre ou armoire fermant à clef, laquelle clef sera gardée par le marguillier; qui s'en chargera & signera led. procès verbal, & la remettra ensuite au successeur Missionnaire, en par lui, donnant une décharge audit Marguillier; & en envoyant une copie de lui signée au Procureur du Roi, pour servir de récépissé de sa part, & être registré conformément à l'article 23 ci-dessus.

XXVI. Ne pourra être pris plus d'une vacation pour le procès verbal dont il est parlé ès articles 24 & 25, & ce suivant la taxe portée au dernier tarif; & lorsque les Juges se transporteront hors des lieux de leur demeure, ils se conformeront dans leurs taxes, audit tarif; & sera ladite taxe; payée par la fabrique.

XXVII. Dans les maisons religieuses, il y aura deux registres pour inscrire les actes de vêtures, noviciats, & professions; lesquels registres seront cotés par premier & dernier, & paraphés sur chaque feuillet par le Supérieur ou la Supérieure, à quoi faire ils seront autorisés par un acte capitulaire, qui sera inséré au commencement de chacun desdits deux registres.

XXVIII. Tous les actes de vêtures, noviciats & professions, seront inscrits en françois sur chacun desdits deux registres de suite, sans aucun blanc; & lesdits actes seront signés sur ces deux registres par ceux qui les doivent signer; le tout en même tems qu'ils seront faits, & en aucun cas lesdits actes ne pourront être inscrits sur des feuilles volantes.

XXIX. Dans chacun desdits actes, il sera fait mention du nom & surnom, & de l'age de celui ou de celle qui prendra l'habit ou qui fera profeſſion, des noms qualités & domicile de ſes pere & mere, du lieu de ſon origine, & du jour de l'acte qui ſera ſigné ſur leſd. regiſtres, par le ſupérieur ou la ſupérieure, par celui ou celle qui prendra l'habit ou fera profeſſion, par la perſonne Eccléſiaſtique qui aura fait la cérémonie, & par deux des plus proches parens ou amis qui y auront aſſiſté.

XXX. Leſdits regiſtres ſerviront pendant dix années conſécutives, & l'apport au greffe s'en fera, ſavoir; pour les regiſtres qui ſeront faits en vertu du préſent arrêt en réglement, dans un mois après la fin de l'année 1768, enſuite de dix en dix ans. Sera au ſurplus obſervé tout le contenu aux articles 20 21 & 22 ci-deſſus, ſur l'apport des regiſtres & la décharge qui en ſera donnée au Supérieur ou Supérieure, & au ſujet des extraits qui en ſeront délivrés.

XXXI. En cas que par la Cour ou par le Juge des lieux il ſoit ordonné quelque réforme ſur les actes qui ſe trouveront dans les regiſtres des baptêmes, mariages & ſépultures, vêtures, noviciats & profeſſions, ladite réforme ſera faite ſur les deux regiſtres en marge de l'acte qu'il s'agira de réformer, ſur laquelle le jugement ſera tranſcrit en entier ou par extrait. Enjoint à tous miſſionnaires & aux Supérieurs & Supérieures dépoſitaires deſdits regiſtres, de faire ladite réforme ſur leſdits deux regiſtres, s'ils les ont encore en leur poſſeſſion, ſinon ſur celui qui ſera reſté entre leurs mains; enjoint pareillement aux Greffiers de faire la même réforme ſur celui qui aura été dépoſé au greffe.

XXXII. Enjoint aux Supérieurs des Miſſions établies en ces iſles, en envoyant leurs Religieux deſſervir les Paroiſſes du reſſort, de les inſtruire des diſpoſitions du préſent réglement.

XXXIII. Enjoint pareillement aux Religieux Miſſionnaires ou autres Prêtres deſſervans les Paroiſſes ſituées dans l'étendue du reſſort de la Cour, & aux Supérieurs & Supérieures, de ſe conformer aux diſpoſitions du préſent arrêt, chacun à leur égard, à peine d'y être contraints par ſaiſie de leurs temporels, & d'être condamnés en tels dépens, dommages & intérêts qu'il appartiendra, & d'être en outre condamnés au paiement des débourſés des Procureurs du Roi, en cas de pourſuite de leur part; laiſſant à la prudence des Juges de prononcer de plus grandes peines ſuivant l'exigence des cas, notamment en cas de récidive.

XXXIV. Enjoint en outre aux marguilliers de veiller à la conſervation des regiſtres de leurs Paroiſſes.

XXXV. Enjoint au Procureur général du Roi, & à ſes Subſtituts dans les juriſdictions du reſſort, de faire toutes les pourſuites & diligences néceſſaires pour l'exécution du préſent arrêt; & leſdits ſubſtituts ſeront tenus d'envoyer audit Procureur général, avant le 15 du mois de février de chaque année, un état certifié du Greffier, des Supérieurs

Supérieurs & des Missionnaires qui auront satisfait aux dispositions du présent arrêt, & de ceux qui n'y auront pas satisfait, & le Procureur général du Roi sera tenu de rapporter lesdits états en la Cour, & de lui en rendre compte à l'ouverture de la séance du mois de mars de chaque année, pour, sur icelui compte rendu, être ordonné ce qu'il appartiendra.

XXXVI. Le présent arrêt en réglement sera exécuté selon sa forme & teneur, à commencer du jour de l'enrégistrement & publication d'icelui dans chacune des Jurisdictions du ressort; à l'effet de quoi les registres actuels des Paroisses & hôpitaux seront, à la diligence des Substituts du Procureur général du Roi, cotés & paraphés par les Juges des lieux, & continués jusqu'à la fin de la présente année. Et en cas qu'il se trouvât dans quelques-unes desdites Paroisses ou hôpitaux, n'avoir pas été tenu de doubles des registres actuels, il en sera fourni un double par les marguilliers des Paroisses, ou Supérieurs des hôpitaux, incessamment après la publication & enrégistrement du présent arrêt, pour être tenu suivant la forme prescrite ci-dessus, & déposé à la fin de la présente année, conformément à l'article 20 ci-dessus.

Ordonne qu'à la diligence du Procureur général du Roi ou de ses Substituts, le présent arrêt sera imprimé, lu, publié, l'audience tenante, & registré ès registres des Jurisdictions royales du ressort, & ès registres des délibérations des Paroisses situées dans l'étendue du ressort de la Cour, à l'effet de quoi il sera convoqué une assemblée en chacune desdites Paroisses en la maniere accoutumée, & que le présent arrêt sera notifié aux Supérieurs & Supérieures des maisons réligieuses des Missions & des hôpitaux établis en ces isles, à ce qu'ils n'en prétendent cause d'ignorance; & sera tenu, ledit Procureur général, d'en certifier la Cour à la prochaine séance.

Mande au premier notre huissier ou autres sur ce requis, de mettre le présent arrêt à dûe & entiére exécution, & de faire pour raison de ce, toutes significations, commandemens, & autres actes de justice nécessaires; de ce faire te donnons pouvoir.

Fait en notre dit Conseil Souverain de la Martinique, le treizieme jour du mois de mai, l'an de grace, mil sept cent cinquante-huit, & de notre régne le quarante-troisieme.

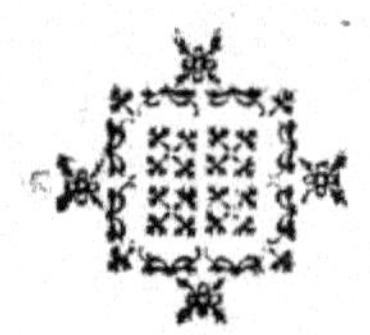

DECLARATION DU ROI,

En interprêtation de celles des 17 juillet 1743, & 1 février 1747; & qui attribue aux Juges ordinaires, & par appel au Conseil Souverain des isles du vent, la connoissance de toutes les contestations & procès qui naîtront pour raison des concessions de terres faites & à faire par le Gouverneur Lieutenant général & intendant desdites isles.

Donnée à Marly, le 10 Décembre 1759.

LOUIS PAR LA GRACE DE DIEU, ROI DE FRANCE ET DE NAVARRE: A tous ceux qui ces présentes lettres verront, SALUT. Nous avons par nos Déclarations des 17 juillet 1743, & premier février 1747, autorisé & confirmé nos Gouverneurs Lieutenans généraux & Intendans en nos colonies de l'Amérique, non seulement à faire seuls les concessions des terres que nous faisons distribuer à ceux de nos Sujets qui veulent y faire des établissemens, mais aussi à procéder à la réunion à notre domaine des terres concédées qui se trouvent dans le cas d'y être réunies, faute d'avoir été mises en valeur; & nous leur avons attribué, à l'exclusion de tous autres Juges, la connoissance de toutes les contestations qui naîtroient, tant sur l'exécution desdites concessions, qu'au sujet de leurs positions, étendues & limites, en ordonnant que les jugemens qu'ils rendroient pour raison desdites concessions, seroient exécutés par provision & nonobstant l'appel qui pourroit en être interjetté en notre Conseil; mais ayant considéré que les soins continuels que les Gouverneur Lieutenant-général & Intendant des isles du vent sont obligés de donner aux affaires générales desd. isles, ne leur permettent pas de vaquer à ces discussions particulieres, autant qu'il seroit nécessaire, & de les terminer aussi promptement qu'exige l'intérêt des habitans, nous aurions reconnu qu'il seroit plus convenable à l'administration générale desdites isles & à l'avantage de chaque concessionnaire en particulier, de soulager lesd. Gouverneur-Lieutenant-général & Intendant des isles du vent, d'une partie de leurs fonctions à cet égard, pour en charger nos Juges ordinaires. A CES CAUSES & autres, à ce nous mouvans, de l'avis de notre Conseil, & de notre certaine science, pleine puissance & autorité royale, nous avons dit, déclaré & ordonné, disons, déclarons & ordonnons, voulons & nous plaît ce qui suit:

ARTICLE PREMIER.

Les Gouverneur-Lieutenant-général & Intendant des isles du vent ou les officiers qui les représenteront à leur défaut, ou en leur absence, les Gouverneurs particuliers & Commissaires de la Marine ordonnateurs continueront comme par le passé, de faire conjointement les concessions de terres aux habitans qui seront dans le cas d'en obtenir pour les faire valoir, & leur expédieront les titres aux clauses & conditions ordinaires & accoutumées, sans que dans aucun cas, & sous quelque prétexte que ce soit, nuls autres que les Gouverneur-Lieutenant-général & Intendant, ou les officiers qui le représenteront, Gouverneurs particuliers & Commissaires de la marine ordonnateurs, puissent faire pareil don ou concession.

II. Lesdits Gouverneur-Lieutenant-général & Intendant continueront pareillement de prendre, lorsque le cas y écherra, à la réunion à notre domaine des terres qui devront y être réunies, à la diligence de nos Procureurs des Jurisdictions ordinaires, dans le ressort desquelles seront situées lesdites terres.

III. Lesdits Gouverneur Lieutenant-général & Intendant, Gouverneurs particuliers & Commissaires de la marine ordonnateurs, après avoir fait lesdites concessions & expédié en conséquence les titres nécessaires, ne pourront plus à l'avenir & à compter du jour de la publication des présentes, connoître des contestations qui naîtront desdites concessions & pour raison de leurs positions, étendues, limites & arrosages, dont nous attribuons par ces présentes, toute Cour, Jurisdiction & connoissance en premiere instance, à nos Juges ordinaires des lieux, & par appel à notre Conseil Supérieur des isles du vent.

IV. N'entendons néanmoins que les contestations qui pourroient avoir été jugées jusqu'au jour de la publication des présentes par lesd. Gouverneur-Lieutenant-général & Intendant, soient portées de nouveau pardevant les Juges ordinaires; validant en tant que de besoin, les jugemens rendus sur lesdites contestations ou qui pourroient l'être, jusqu'à la publication des présentes, contre lesquelles les parties ne pourront se pourvoir, comme par le passé, que par appel en notre conseil: Voulons que celles desdites contestations qui seroient pendantes devant lesdits Gouverneur-Lieutenant-général & Intendant, & sur lesquelles il ne seroit point intervenu de jugement au jour de l'enrégistrement & publication des présentes, ne puissent par eux être retenus; leur ordonnons de les renvoyer sans délai, ensemble les titres produits avec tous les actes & procédures qui peuvent avoir été faits sur lesdites contestations, aux Juges ordinaires, dans le ressort desquels seront situées les terres qui auront donné lieu auxdites contestations, pardevant lesquels les parties auront à se pourvoir, sauf l'appel à notre Conseil Supérieur desdites isles du vent.

V. Pourront les parties se pourvoir en notre conseil par la voie de cassation, contre les arrêts qui seront rendus par ledit Conseil Supérieur des isles du vent, sur lesdites contestations; & les demandes en cassation contre lesdits arrêts, seront formées, & il sera procédé sur icelles en la maniere prescrite par nos réglemens rendus au sujet des procédures qui doivent être faites en notredit Conseil, pour l'instruction des affaires qui y sont portées: ordonnons au surplus que nos déclarations des 17 juillet 1743 & 1 février 1747, seront exécutées selon leur forme & teneur, en tout ce qui n'y est pas dérogé par ces présentes. SI DONNONS EN MANDEMENT, à nos amés & féaux Conseillers, le Gouverneur Lieutenant général pour nous, & Intendant des isles françoises du vent de l'Amérique, & aux officiers de notre Conseil Supérieur desdites isles, que ces présentes ils aient à faire lire, publier & régistrer, & le contenu en icelles garder & observer selon leur forme & teneur, nonobstant tous Edits, Déclarations, Arrêts, Réglemens & autres choses à ce contraires, auxquels nous avons dérogé par ces présentes; CAR TEL EST NOTRE PLAISIR. Donné à Marly, le 10 jour du mois de décembre l'an de grace 1759, & de notre regne le quarante-cinquieme. *Signé*, LOUIS. *Et plus bas*, Par le Roi, BERRYER. Et scellé du grand sceau de cire jaune.

ENREGISTRÉE au Conseil Souverain le 7 Février 1761.

ARRÊTÉ

FAIT AU CONSEIL SOUVERAIN, *DE LA MARTINIQUE*

SUR la Remontrance du Procureur général du Roi.

Du 9 Juillet 1760.

LA COUR a arrêté que tous Messieurs ne se chargeront point à l'avenir de connoître d'aucune affaire des particuliers, soit comme arbitres ou Juges amiables, duquel présent arrêté ils seront instruits & avertis par le Procureur général du Roi, afin qu'ils puissent s'y conformer.

ARRET

ARRÊT
DU CONSEIL SOUVERAIN
DE LA MARTINIQUE.

SUR les enrégistremens aux Jurisdictions ordinaires.

Du 4 Mars 1761.

LA COUR, faisant droit sur le requisitoire du Procureur général du Roi, fait défenses aux officiers de toutes les Jurisdictions du ressort, de procéder à aucun enrégistrement sans mandement émané de son autorité; à l'effet de quoi ordonne qu'à la diligence du Procureur général qui en certifiera la Cour à la prochaine séance, le présent arrêt sera lu, publié & enrégistré dans toutes lesdites Jurisdictions. *Signé*, BOURDIN.

ARRÊT
DU CONSEIL D'ETAT
DU ROI,

PORTANT établissement d'une Commission pour la législation des Colonies françoises.

Du 19 Décembre 1761.

Extrait des Registres du Conseil d'État.

LE ROI s'étant fait représenter l'Arrêt rendu en son Conseil le 26 mars dernier, par lequel Sa Majesté, en ordonnant que les parties procéderoient comme par le passé, sur toutes les affaires contentieuses qui concernoient les habitans de ses colonies ou les biens qui y sont situés, & qui seroient de nature à être portées en sondit Conseil, se seroit réservé de pourvoir de tel réglement qu'il appartiendroit pour la réformation des abus & pour l'ordre de la justice dans lesdites colonies : Et Sa Majesté étant informée, par le compte qui lui a été rendu par le duc de Choiseul, ayant actuellement le département de la guerre & de la marine, de l'état actuel desdites colonies, elle auroit jugé nécessaire de remplir incessamment les vues qu'elle s'étoit proposées pour l'avantage de ceux de ses sujets qui les habitent, & d'établir en même tems pour le jugement des affaires contentieuses qu'ils peuvent avoir en son Conseil, un ordre propre à concourir à la plus grande perfection & au maintien desdits réglemens. A quoi voulant pourvoir; oui le rapport, & tout considéré: Le Roi étant en son Conseil, a ordonné & ordonne que les Mémoires, piéces & projets concernant lesdits réglemens présentés à Sa Majesté par le sieur Petit, Conseiller en l'un de ses Conseils Supérieurs de Saint-Domingue, à ce député par Sa Majesté pour les Conseils des colonies; comme aussi tous ceux qui pourroient lui être présentés par la suite sur le même objet, seront remis ès mains des sieurs de Bacquencourt, Bastard, Dagay & de Monthion, maîtres des Requêtes, que Sa Majesté a commis & commet pour être, par chacun d'eux, suivant la distribution qui leur en sera faite par M. le Chancelier, communiqués au duc de Choiseul, Pair de France, ayant actuellement le département de la guerre & de la marine; au sieur d'Aguesseau de Fresnes, Conseiller d'Etat ordinaire, & aux sieurs de la Bourdonnay, de Senozan & de Boynes, Conseillers d'Etat, pour, sur le compte qui en sera rendu par eux à Sa Majesté, au rapport de celui desdits sieurs Maîtres des Requêtes qui en aura été chargé, être par elle pourvu de tels réglemens qu'il appartiendra, pour la réformation desdits abus, & pour l'ordre de la justice dans lesdites colonies. Ordonne pareillement que les requêtes en cassation, en contrariété ou en révision des arrêts émanés des Conseils Supérieurs établis dans lesdites colonies, les instances d'évocations, de réglemens de Juges & d'appels des ordonnances rendues par les Gouverneurs & Intendans, & de toutes autres affaires contentieuses qui concerneront leurs habitans ou les biens qui y sont situés, seront distribuées par M. le Chancelier, en la maniere accoutumée, à l'un desd. sieurs Maîtres des Requêtes seulement, pour, après en avoir communiqué auxdits sieurs Conseillers d'Etat, y être fait droit en son Conseil des parties, ainsi qu'il appartiendra: & à l'égard des appels des ordonnances desdits Gouverneurs & Intendans, qui concerneroient les dons, concessions & réunions de terreins dans lesdites colonies, ou autres contestations qui seroient de nature à être portées devant Sa Majesté en son Conseil des dépêches; ordonne que lesdites affaires seront remises pareillement à l'un desdits sieurs Maîtres des Requêtes, pour, après en avoir communiqué auxdits sieurs Conseillers d'Etat, y être à son rapport, en leur présence & de leur avis, statué par Sa Majesté, en sondit Conseil des dépêches, ce qu'il appartiendra. Fait au Conseil d'Etat du Roi, Sa Majesté y étant, tenu à Versailles, le 19 décembre 1761. *Signé*, Le Duc de CHOISEUL.

ARRÊT DU CONSEIL D'ETAT DU ROI,

QUI fixe les bornes du pouvoir militaire dans les Colonies, par rapport à la Justice.

Du 21 Mai 1762.

Extrait des Registres du Conseil d'Etat.

LE ROI étant informé qu'il s'éléve dans ses colonies des difficultés entre les Gouverneurs, Commandans & autres officiers de Justice, sur l'étendue ou les limites du pouvoir que les uns & les autres ont reçu de Sa Majesté pour le bien de son service & pour la sûreté & la tranquillité de ses Sujets; & Sa Majesté voulant prévenir tout ce qui pourroit altérer l'ordre qui y doit regner, en attendant qu'elle soit en état de régler plus particulierement ce qui peut concerner l'administration & la police desdits pays, suivant ce qu'elle a ordonné par l'arrêt de son Conseil du 19 décembre 1761, elle auroit résolu d'expliquer ses intentions à ce sujet. A quoi voulant pourvoir; oui le rapport, & tout considéré: Le Roi étant en son Conseil, a ordonné & ordonne qu'en toutes affaires contentieuses, civiles ou criminelles, dans lesquelles seront intéressés les habitans desdites colonies, les parties ne pourront se pourvoir que devant les Juges des lieux qui en doivent connoître; leur fait défenses de s'adresser à autres, & autrement que dans les formes prescrites pour lesdites affaires, à peine de dix mille livres d'amende, applicable moitié à Sa Majesté, & moitié à l'hôpital du domicile de la partie qui aura contrevenu auxdites défenses: Ordonne que les Gouverneurs, Commandans & autres officiers d'Etat-Major, prêteront main-forte pour l'exécution des décrets, sentences, jugemens ou arrêts, à la premiere requisition qui leur en sera faite, sans néanmoins qu'ils puissent rien entreprendre sur les fonctions desdits Juges ordinaires, ni s'entremettre, sous quelque prétexte que ce puisse être, dans les affaires qui auront été portées pardevant lesdits Juges, ou en général, dans toutes matieres contentieuses.

Mande Sa Majesté aux Gouverneurs, Lieutenans-généraux, aux commandans en chef dans lesdites colonies, aux Commissaires déparris pour Sa Majesté dans lesdits pays pour l'exécution de ses ordres, & à tous officiers de Justice, de tenir la main à l'exécution du présent arrêt, qui sera enregistré, publié & affiché par tout où il sera nécessaire. Fait au Conseil d'Etat du Roi, Sa Majesté y étant, tenu à Versailles le vingt-un mai mil sept cent soixante-deux. *Signé*, Le Duc de CHOISEUL.

ARRET
DU CONSEIL SOUVERAIN,
SUR les amendes d'appel.

Du 12 Mars 1763.

EXTRAIT DES REGISTRES DU CONSEIL SOUVERAIN.

LA COUR ordonne qu'à l'avenir toutes les consignations d'amendes en fait d'appel & autres, à la réserve des appels incidents qui pourront être formés sur le bureau se feront, savoir; celle du Fort-Royal, au greffier en chef; celle de la Jurisdiction de St. Pierre, entre les mains de Me. Malherbe de Contest, greffier ordinaire; & celle de la Jurisdiction de la Trinité, entre les mains de Me. Rochery, ou de tels autres que le greffier en chef proposera à cet effet dans l'étendue de ladite Jurisdiction, tous lesquels commis seront tenus de se conformer à l'arrêt de la Cour du 7 janvier dernier; en conséquence duquel établissement desdits commis, la Cour enjoint à tous les Procureurs des Jurisdictions du ressort, de ne poursuivre le jugement d'aucun appel ou demande susceptible de consignation d'amende, sans avoir joint à tous dossiers ou productions, les quittances desdites consignations, & les avoir fait signifier, à peine contre les Procureurs contrevenans, d'être condamnés en leurs propre & privés noms, & sans répétition contre leurs parties, en tels dommages qu'il appartiendra à la Cour d'arbitrer; ordonne que le présent arrêt sera lu & publié aux audiences ordinaires des Jurisdictions du ressort, & enrégistrée au greffe d'icelle, à ce que personne n'en prétende cause d'ignorance; ce qui sera exécuté à la diligence des substituts du Procureur général du Roi, qui sera tenu d'en certifier la Cour à la prochaine séance.

DECLARATION

DECLARATION DU ROI,

CONCERNANT les actes de justice faits & passés aux isles Martinique & Guadeloupe, pendant le tems qu'elles ont été sous la domination Angloise.

Du 18 Avril 1763.

LOUIS PAR LA GRACE DE DIEU, ROI DE FRANCE ET DE NAVARRE: A tous ceux qui ces présentes lettres verront, *SALUT*. Nos isles de la Martinique & de la Guadeloupe étant tombées au pouvoir des Anglois pendant la derniere guerre, & devant rentrer sous notre domination, conformément au traité de paix fait avec notre bon frere le Roi de la grande Bretagne, il nous a paru nécessaire d'expliquer nos intentions sur tous les actes de justice faits & passés auxdites isles, pendant le tems qu'elles ont été gouvernées au nom des Rois George II. & III. de la grande Bretagne, afin d'assurer l'état de nos sujets qui sont dans le cas de s'en servir & de les faire valoir. A CES CAUSES & autres, à ce nous mouvans, de l'avis de notre Conseil, & de notre certaine science, pleine puissance & autorité royale, nous ordonnons:

ARTICLE PREMIER.

Tous les actes faits & passés à la Martinique & à la Guadeloupe sous l'autorité des Rois George II & III de la grande Bretagne, soit par les Notaires ou les Huissiers, même les jugemens rendus, tant en premiere instance que sur les appels au Conseil Supérieur, seront bons & valables, sauf aux parties à se pourvoir, s'il y a lieu, contre lesdits actes & jugemens suivant nos ordonnances.

II. Autorisons, tant les Juges ordinaires que les Conseils Supérieurs, & leur donnons pouvoir d'ordonner la validité des actes desdits notaires & huissiers, autant qu'ils seront d'ailleurs conformes à nos loix, réglemens & ordonnances.

III. N'entendons cependant confirmer par ces présentes, dans leurs charges & emplois de judicature, ceux qui en auront été pourvus au nom desdits Rois de la grande Bretagne, & seront lesdits pourvus, tenus de se retirer pardevant nos Gouverneurs, Lieutenans-généraux & Intendans desdites isles de la Martinique & de la Guadeloupe, pour avoir de nouvelles commissions, en attendant que sur le compte qui nous en sera rendu, nous puissions leur faire expédier les provisions, commissions ou autres lettres sur ce nécessaires.

Mandons & ordonnons &c. Donné à Versailles, le 10 avril 1763. *Signé*, LOUIS. *Et plus bas*, Par le Roi. Le Duc de CHOISEUL.

ENREGISTRÉE au Conseil Souverain le 11 Juillet 1763.

ARRÊT
DU CONSEIL D'ETAT
DU ROI,

PORTANT réglement sur les procédures dans les affaires qui sont de nature à être portées au Conseil, par les habitans de la Martinique.

Du 30 Juillet 1763.

Extrait des Registres du Conseil d'Etat.

LE ROI étant informé que le grand éloignement & les difficultés de la correspondance, privent souvent les habitans de la Martinique de l'avantage des regles que Sa Majesté a établies pour la plus prompte expédition des affaires de ceux qui sont obligés de se pourvoir en son Conseil, elle auroit jugé à propos de faire examiner par les Commissaires de sondit Conseil députés par l'arrêt du 19 décembre dernier, les moyens qui pourroient être employés pour procurer auxdits habitans la facilité d'avoir plus promptement les pieces & instructions qui leur sont nécessaires, pour mettre Sa Majesté en état de prononcer sur leurs demandes & contestations, & de faire cesser ainsi cette incertitude dans laquelle elles jettent les propriétaires, qui est aussi contraire à la tranquilité du Colon, qu'au bien général de la colonie; Et S. M. voulant témoigner auxdits habitans qu'elle ne les a pas moins en considération que ses autres sujets, elle auroit jugé à propos d'expliquer ses intentions à cet égard, en attendant qu'elle puisse les faire connoître plus précisément, par les réglemens qu'elle s'est proposée de faire pour tout ce qui peut intéresser leur bonheur & leur tranquillité. A quoi voulant pourvoir; oui le rapport, & tout considéré: Le Roi étant en son Conseil, a ordonné & ordonne ce qui suit.

ARTICLE PREMIER.

Dans tous les cas où les habitans de la Martinique auront à se pourvoir au Conſeil de Sa Majeſté, ſoit en matiere d'évocation de réglemens de Juges, de contrariété d'arrêts d'appels, d'ordonnances & jugemens, & en toutes les affaires contentieuſes, autres néanmoins que les demandes en caſſation, le demandeur ſera ſignifier à la partie adverſe, à ſon domicile, un mémoire ſigné de lui ou du fondé de ſa procuration, paſſée pardevant Notaire, & dont il reſtera minute, contenant la demande qu'il entend former au Conſeil de Sa Majeſté, les moyens & les pieces ſur lesquelles elle eſt fondée, & d'y joindre lesdites pieces en copies bien & dûement collationnées.

II. La partie à laquelle ledit Mémoire aura été ſignifié, fera ſignifier audit demandeur dans un mois pour tout délai, à compter du jour de ladite ſignification, un mémoire en réponſe ſigné d'elle ou de ſon fondé de procuration, paſſée en la forme portée par l'article précédent, contenant ſes demandes, ſes moyens, & l'énonciation des pieces qu'elle y joindra, en la forme ſuſdite.

III. En cas que ladite partie ne juge pas à propos de faire ſignifier ledit mémoire, elle le déclarera au demandeur par un acte ſigné d'elle, ou de ſon fondé de procuration, paſſée en la forme ſusdite; lequel acte ſera ſignifié au domicile dudit demandeur.

IV. Quinzaine après la ſignification dudit mémoire, le demandeur pourra y répondre par un mémoire ſignifié, auquel il pourra joindre de nouvelles pieces ou copies dûement collationnées.

V. Le défendeur pourra réjoindre audit ſecond mémoire, par un mémoire pareil, accompagné des pieces dûement collationnées qu'il y voudra joindre; lequel ſera ſignifié dans la quinzaine du jour de la ſignification qui lui aura été faite dudit ſecond mémoire.

VI. Après l'expiration des délais portés par les deux articles précédens, lesdits ſeconds mémoires ne pourront plus être ſignifiés.

VII. En cas que la collation de quelques-unes des pieces jointes aux mémoires ſe trouvât conteſtée; la vérification en ſera pourſuivie en la maniere accoutumée, devant les Juges des lieux, & ce dans les délais preſcrits pour la ſignification desdits mémoires, ou dans la quinzaine de la ſignification du ſecond mémoire dudit défendeur, paſſé lesquels délais, elles n'y ſeront plus reçues, & lesdites pieces ſeront tenues pour reconnues.

VIII. La ſignification du premier mémoire de chacune desdites parties ou de l'acte porté par l'article 3, contiendra élection de domicile en la ville de Paris, chez telle perſonne qu'ils voudront choiſir, avec un pouvoir à ladite perſonne de conſtituer un Avocat ès Conſeils de Sa Majeſté, pour y inſtruire la conteſtation juſqu'au jugement définitif incluſivement, & de lui en ſubſtituer un autre à même fin, s'il étoit néceſſaire.

IX. Dans tous les cas où il eſt permis par la déclaration du 17 juillet 1743, d'interjetter par un ſimple acte, appel des ordonnances

& jugemens rendus par les Gouverneur & Intendant & Commissaires départis dans la Martinique ; ledit acte contiendra élection de domicile, ainsi qu'il est porté par l'article précédent, à peine de nullité, & seront au surplus observées les dispositions du présent arrêt concernant les significations & envois des mémoires & pieces, & la vérification desdites pieces.

X. Quinzaine après la signification des mémoires ci-dessus portés, chacune des parties les remettra avec les pieces y jointes, ainsi que les mémoires, pieces ou actes à elle signifiés par la partie-adverse, au greffe des amirautés suivantes : savoir ; pour l'isle St. Domingue, à celui de l'amirauté du Cap, lorsque le défendeur sera domicilié dans le ressort du Conseil Souverain dudit Cap, & au greffe de celles des Amirautés de St. Marc, du Port au Prince, du petit Gouave & de St. Louis, les plus proches du domicile du défendeur, quand il sera domicilié dans le ressort du Conseil Supérieur du Port-au-Prince ; comme aussi aux greffes des amirautés du Fort-Royal & du Fort St. Pierre de la Martinique, les plus proches du domicile du défendeur ; au greffe de l'Amirauté de la Guadeloupe, lorsque le défendeur sera domicilié dans ladite isle ; & au greffe de l'Amirauté de Cayenne, lorsque le défendeur sera domicilié dans l'étendue du gouvernement de la Guyane françoise, le tout si mieux n'aiment lesdites parties, pour une plus prompte expédition, convenir par écrit de les remettre au greffe d'une autre Amirauté.

XI. Le greffier dudit siege tiendra un registre particulier paraphé par le premier officier du siege, dans lequel il portera le titre & la date desdites pieces & mémoires & significations d'iceux, & il en donnera son récépissé aux parties au pied d'un état sommaire ; lui défend néanmoins Sa Majesté, de recevoir aucune desdites pieces, si les significations portées par les articles 1 2 & 3 ci-dessus, ne contiennent pas élection de domicile à Paris, ainsi qu'il est porté par les articles 8 & 9.

XII. Le récépissé porté par l'article précédent, sera signifié à la partie-adverse, & l'original de ladite signification ou copie collationnée, sera remis audit greffier par la partie qui l'aura fait faire.

XIII. Les mémoires, pieces ou actes qui auront été remis au greffe par les parties, seront mis par le greffier, dans un ou plusieurs sacs scellés du sceau de l'Amirauté, sur lesquels seront écrits les noms des parties, & l'adresse de celui chez lequel elles auront élu domicile à Paris.

XIV. Quinzaine après la signification du récépissé, portée par l'article 11, lesdits sacs seront remis par le Greffier, au premier capitaine de vaisseau marchand qui fera enrégistrer son congé audit greffe, & ledit capitaine reconnoîtra dans l'acte d'enrégistrement, qu'il s'est chargé desdits sacs, avec soumission de les remettre au greffe de l'Amirauté

rauté du port de son débarquement. Enjoint Sa Majesté audit capitaine, ainsi qu'auxdits Greffiers, de se conformer aux dispositions du présent article, à peine de répondre par eux des dommages & intérêts des parties.

XV. Dans tous les délais portés par les articles précédens, ne sera compris le tems nécessaire pour porter les significations sur les lieux, lequel sera compté à raison d'un jour, pour dix lieues.

XVI. Le greffier de l'Amirauté du port dudit débarquement, sera tenu de faire mention dans l'expédition du rapport desdits capitaines, que lesdits sacs lui ont été remis en bon état; lui fait défenses Sa Majesté, de livrer ladite expédition, sans ladite mention, & ce sous les peines portées par l'article 13.

XVII. Les sacs ainsi remis par lesdits capitaines, seront envoyés par lesdits greffiers sur le champ, aux personnes chez lesquelles les parties auront élu leur domicile, suivant l'adresse qui en aura été mise sur lesdits sacs, ainsi qu'il est porté par l'article 13, à peine de répondre par eux, des dommages & intérêts qui résulteroient du retard dudit envoi.

XVIII. Il sera payé par chaque partie, la somme de 24 liv. pour tous frais de remise, dépôt & envoi desdits mémoires & Pieces, comme aussi celle de vingt-quatre livres pour le fret, & celle de neuf livres pour le greffier de l'Amirauté du lieu du débarquement en france, le tout monnoie d'espagne.

XIX. Lesdites sommes seront remises au greffier de l'Amirauté desdites colonies, à l'effet d'être par lui délivré celle de 33 liv. audit capitaine, qui lui en donnera son récépissé; sur laquelle somme de 33 liv., ledit capitaine remettra celle de six liv. monnoie de france, au greffier de l'Amirauté du lieu de son débarquement; & seront lesdites sommes, comprises dans l'exécutoire des dépens, qui sera délivré au Conseil contre la partie qui succombera, ainsi que les frais des procédures ci-dessus prescrites.

XX. En cas de perte du chargement entier par naufrage, échouement de navire ou autrement, le capitaine & l'armateur seront tenus d'en justifier en la maniere accoutumée, sinon ils demeureront responsables desdits sacs envers les parties intéressées, sans qu'en aucun cas ils puissent être reçus à alleguer le jet des papiers à la mer.

XXI. Faute par le défendeur d'avoir remis au greffe de l'Amirauté les mémoires & pieces ou l'acte prescrit par l'article 3 dans le délai porté par l'article 10, ledit greffier sera tenu d'envoyer les mémoires & pieces du demandeur, ainsi qu'il est porté par les articles précédens, & d'y joindre son certificat, qu'il ne lui a rien été remis de la part du défendeur; & si les demandes se trouvent suffisament justifiées, elles seront adjugées par un arrêt rendu sur sa simple requête, & sur le vu dudit certificat; lequel arrêt sera exécuté par provision & nonobstant toutes oppositions, jusqu'à ce qu'il en ait été autrement ordonné.

XXII. Lorsque les parties auront élu domicile en la ville de Paris, conformément à ce qui est porté par les articles 8 & 9 du présent arrêt, les assignations au Conseil de Sa Majesté, ne pourront être données, & les significations des arrêts de communiqué, faites qu'au domicile élû, ainsi que toutes autres significations qui seroient de nature à être faites à domicile.

XXIII. Les délais prescrits par l'article 11 du titre second de la deuxieme partie du réglement du Conseil, pour se pourvoir par restitution contre les arrêts rendus par défaut contre les parties domiciliées dans les colonies, auront lieu pareillement à l'égard des arrêts rendus par défaut, sur les assignations & significations portées par l'article précédent, & les délais ne courront que du jour que l'arrêt par défaut aura été signifié à la personne ou au domicile du défaillant dans la colonie.

XXIV. Seront au surplus observées les régles & formalités prescrites par le réglement du Conseil, pour l'introduction & le jugement des instances.

XXV. En cas que la demande formée au Conseil de Sa Majesté se trouve de nature à être portée au Conseil qu'elle tient pour les dépêches, elle y sera instruite en la maniere accoutumée, par simples mémoires signés des Avocats constitués par les fondés de procuration du demandeur.

XXVI. Le présent réglement sera observé à la Martinique, par provision seulement, & jusqu'à ce qu'il en ait été autrement ordonné par Sa Majesté. Fait au Conseil d'Etat du Roi, Sa Majesté y étant, tenu à Compiegne, le trente juillet mil sept cent soixante-trois. *Signé*, Le Duc de CHOISEUL.

A Versailles, le 3 septembre 1763.

LE ROI a rendu, MESSIEURS, le 30 juillet dernier, un arrêt du Conseil portant réglement sur les formalités à remplir par les habitans des colonies qui auront à se pourvoir au Conseil de Sa Majesté dans les affaires contentieuses. Vous verrez, par l'expédition que je vous envoye de cet arrêt, que l'intention de Sa Majesté est, que les dispositions qu'il contient, soient observées à la Martinique; Vous aurez agréable pour cet effet, de le faire enrégistrer au Conseil Supérieur de la Colonie.

J'ai l'honneur d'être avec un sincere attachement, MESSIEURS, Votre très-humble & très-obéissant serviteur. *Signé*, Le Duc de CHOISEUL.

Mrs. le Marquis de FENELON & de la RIVIERE.

ORDONNANCE

DE MM. LES GENERAL ET INTENDANT,

PORTANT Commutation des peines de mort.

Du 3 Janvier 1764.

DE PAR LE ROI.

LE ROI ayant consideré que la condamnation aux galeres, soit à tems, soit à perpétuité, ne pouvoit pas être envisagée comme une peine pour les negres esclaves, & que la peine de mort prononcée contr'eux pour le crime de marronage au troisieme cas, ne produisoit pas tout l'effet qu'on auroit dû en attendre; qu'il seroit plus utile à la colonie, au bien du service du Roi, & à la discipline qui convient à des esclaves, de changer ces condamnations de mort & des galeres, en une sorte de peine qui permît de retirer des services de ceux qui seroient dans le cas de subir lesdites condamnations. Sa Majesté, en conséquence, nous ayant adressé ses intentions, & donné toute autorité nécessaire pour les mettre à exécution, par une lettre en date du 23 septembre dernier: Nous, en vertu du pouvoir à nous conféré par ladite lettre, avons statué & ordonné, statuons & ordonnons ce qui suit.

ARTICLE PREMIER.

La peine de mort pour crime de marronage au troisieme cas, & celle des galeres, soit à tems, soit à perpétuité, pour tous les cas qui pourroient y donner lieu, seront désormais & pour toujours, jusqu'à ce qu'il ait plû au Roi d'en ordonner autrement, commuées en condamnation à la chaîne; à l'effet de quoi, les esclaves ainsi condamnés, seront enchaînés séparément & deux à deux, selon l'exigence des cas, pour, en cet état, être employés aux travaux du Roi, & à leur défaut, aux réparations des chemins, ou autres travaux publics de la colonie.

II. Ne pourront, les esclaves, être condamnés à la chaîne qu'à perpétuité, soit pour crime de marronage au troisieme cas, soit pour autres crimes qui, suivant nos Loix, seroient punis de la peine des galeres, à tems ou à perpétuité.

III. Les esclaves ainsi condamnés à la chaîne, seront payés aux maîtres qui les auront dénoncés, suivant l'appréciation qui en sera faire en la maniere ordinaire, par le conseil Supérieur de cette isle, & ce, sur les fonds qui seront faits à cet effet par la colonie, ainsi que cela s'est pratiqué jusqu'à ce jour, en vertu des ordonnances du Roi.

V. Les esclaves ainsi condamnés à la chaîne, seront nourris & entretenus aux frais du Roi en tout tems, à la réserve de celui pendant lequel ils seroient employés à des travaux publics de la colonie, comme à la réparation des chemins, ou autres ouvrages à sa charge; auxquels cas lesdits travailleurs seront nourris par ceux qui seroient obligés de contribuer aux dépenses desdits travaux.

V. Lorsque lesdits esclaves seront employés aux travaux propres à la colonie, ils y seront sous la garde d'un Soldat, Sergent, ou autres personnes de cette espece, ou de plusieurs, si besoin est, suivant le nombre des travailleurs; & seront, lesdits gardiens, payés par les intéressés auxdits travaux, à raison de 4 liv. par jour argent des isles, sans qu'ils puissent exiger ni subsistances, ni aucunes autres rétributions desdits intéressés.

VI. Pourront pareillement être mis à la chaîne, sans cependant être marqués, comme il sera dit ci-après, & sans être confondus avec les condamnés, les esclaves mauvais sujets, auxquels il seroit difficile de faire faire le procès faute de preuves; mais dans ce cas cette correction ne sera mise en pratique que du consentement de maîtres desdits esclaves, & leur dédommagement, si lieu y a, ser. réglé à l'amiable entr'eux & l'intendant de la colonie.

VII. Les esclaves condamnés à la chaîne seront, conformémen aux intentions du Roi, insérés dans sa lettre ci-dessus réferée, mar qués à la joue gauche, d'une fleur-de-lys, afin qu'en cas d'évasion ils puissent être facilement reconnus.

Prions Messieurs du Conseil Supérieur, d'enrégistrer la présente or donnance, qui sera lue, publiée & affichée par-tout où besoin sera

Donné à la Martinique, sous le sceau de nos armes, & l contre-seing de nos secretaires, le 3 Janvier 1764. *Signé*, le Marqui de FENELON & de la RIVIERE. *Et plus bas*, par Monseigneur *Signé*, VAUCHELLE. & par Monseigneur *Signé*, DUPRADEL.

ENREGISTRÉE au Conseil Souverain le 4 Janvier, 1764.

ARRE

ARRÊT DU CONSEIL SOUVERAIN

PORTANT défenses à tous Greffiers, Notaires, Procureurs & Huissiers, d'employer des gens de couleur, pour le fait de leur profession.

Du 9 Mai 1765.

Extrait des registres du Conseil Souverain.

VU par la Cour la rémontrance donnée en icelle par le Procureur général du Roi, contenant qu'il a été informé que Me. Nior, Notaire royal en cette isle, résidant au bourg du Lamentin, employoit un mulâtre libre à faire les expéditions des actes qu'il passoit en cette qualité; que même il lui servoit de Clerc dans son Etude; que des fonctions de cette espece ne devant être confiées qu'à des personnes dont la probité soit reconnue, ce qu'on ne pouvoit présumer se rencontrer dans une naissance aussi vile que celle d'un mulâtre; que d'ailleurs la fidélité de ces sortes de gens devoit être extrêmement suspecte; qu'il étoit indécent de les voir travailler dans l'étude d'un notaire, indépendamment de mille inconvéniens qui en pouvoient résulter; qu'il étoit nécessaire d'arrêter un pareil abus; pourquoi auroit requis qu'il soit fait expresses inhibitions & défenses à tous notaires, greffiers, Procureurs & huissiers, de se servir de gens de couleur, quoique libres, pour les employer à faire ces expéditions des actes dont ils sont chargés par leur état, sous peine de cinq cens livres d'amende pour la premiere fois, & du double en cas de récidive; & pour les gens de couleur qui auroient été employés, d'un mois de prison; ordonner que l'arrêt qui interviendroit seroit lu, publié & affiché par-tout où besoin seroit, & enrégistré ez greffes des jurisdictions du ressort de la Cour, ladite remontrance datée du jour d'hier, & signée, Rampont.

La Cour faisant droit sur ladite remontrance, a fait très-expresses inhibitions & défenses à tous greffiers, notaires, procureurs & huissiers, de se servir de gens de couleur, quoique libres, pour les employer à faire ces expéditions des actes dont ils sont chargés par leur état, sous peine de cinq cens livres d'amende pour la premiere fois, & du double en cas de récidive; & pour les gens de couleur qui seroient employés, d'un mois de prison.

Ordonne que le présent arrêt sera imprimé, lu, publié & affiché dans toutes les paroisses de cette isle, & enrégistré ez greffes des

Jurisdictions du ressort de la Cour; le tout à la diligence dudit Procureur général du Roi.

Fait au Conseil Souverain de la Martinique, le 9 mai 1765.

ARRET
EN REGLEMENT
DU CONSEIL SOUVERAIN

QUI fixe le nombre & la compatibilité des Offices de Notaires, Procureurs & Huissiers.

Du 12 Juillet 1766.

CE JOUR, M. de Peinier, Président de la Cour, a dit que depuis quelque-tems les offices de Notaires, Procureurs & Huissiers s'étoient multipliés beaucoup au-delà du nombre nécessaire pour l'expédition des affaires, d'où il arrivoit que quelques-uns de ceux qui en étoient pourvus, ne trouvant point à se procurer par leur travail, un entretien honnête & légitime, cherchoient à y suppléer, soit en suscitant des affaires qui auroient pû facilement se concilier entre les parties, soit en multipliant inutilement & au détriment de ces mêmes parties, des frais qui les ruinoient; que par un autre abus non moins préjudiciable au bon ordre, & provenant de la même source, quelques-uns de ces officiers se trouvoient avoir remis sur leurs têtes les offices de notaires & Procureurs, malgré l'incompatibilité de ces différentes fonctions, d'où il résultoit des inconvéniens très-contraires au bien de la Justice: que par ces considérations, il estimoit très-nécessaire que la Cour se portât à faire un réglement qui fixât pour l'avenir d'une maniere invariable, le nombre de ces officiers, & qui forçât ceux d'entr'eux qui sont actuellement pourvus de ces deux offices, d'opter & de déclarer celui qu'ils entendent conserver; la matiere mise en délibération.

La Cour, oui le Procureur général du Roi en ses conclusions, & après s'être fait représenter les précédens réglemens faits à ce sujet, notamment l'arrêt du 13 juillet 1725, a réglé & arrêté que le nombre des notaires demeurera fixé à l'avenir pour toute l'étendue de l'isle, à 26; savoir: huit dans la jurisdiction du Fort-Royal; douze dans celle du Fort-St. Pierre, & six dans celle de la Trinité; que le nombre des Procureurs demeurera fixé à 24; savoir: huit dans la Jurisdiction du Fort-Royal; dix dans celle de St. Pierre, & 6 dans celle de la Trinité : Qu'enfin le nombre des Huissiers & Sergens demeurera fixé à 28 ; savoir : dix dans la Jurisdiction du Fort-Royal, douze dans celle du Fort St. Pierre, & six dans celle de la Trinité.

Déclare qu'il ne pourra à l'avenir, sous quelque prétexte que ce soit, être reçu aucun Notaire, Procureur & Huissier, au-delà du nombre fixé par le présent réglement ; en conséquence ordonne que dans les Jurisdictions où il se trouve y en avoir actuellement un plus grand nombre, les premieres places vacantes demeureront supprimées.

Ordonne en outre qu'aucune personne ne pourra à l'avenir être pourvue en même tems des offices de Notaires & Procureurs : Enjoint aux officiers qui en sont actuellement pourvus, de faire leur option dans la quinzaine de la publication des présentes entre les mains du Procureur général du Roi ; faute de quoi ils seront déclarés déchus de l'un & de l'autre office à la prochaine séance de la Cour, se réservant la Cour, de fixer le nombre d'officiers qu'il conviendra d'établir dans la jurisdiction de l'isle Ste. Lucie, après la tournée de Mrs. les Général & Intendant ; ordonne que le présent arrêt, &c.

ARRÊT

EN REGLEMENT DU CONSEIL SOUVERAIN

SUR les Procureurs & les Huissiers.

Du 12 Juillet 1766.

Extrait des Regiftres du Conseil Souverain

LA COUR, oui le Procureur général du Roi en ses conclusions, & Me. Perinelle en son rapport, faisant droit sur la requête respective des Procureurs & des Huissiers de la Jurisdiction de St. Pierre, en interprétant en tant que de besoin seroit, les réglemens de la Cour des 10 janvier 1754, & 12 novembre 1756, ordonne que lesdits Procureurs demeureront maintenus dans le droit de dresser tous exploits introductifs d'instance & autres exploits, dans le cours de l'instruction, contenant demande ou conclusion, sans toutefois aucune diminution du droit attribué aux Huissiers pour la signification ; maintient également lesdits Procureurs dans le droit de copie de toutes pieces, écritures ou jugemens interlocutoires ou définitifs qui seront signifiés dans les procédures : déclare que l'article 3 du tarif de 1754 concernant le droit de copie attribué aux Huissiers, ne doit être entendu que des pieces du ministere desdits Huissiers ou de celles qui

qui leur seroient remises, à signifier par les parties hors d'instance.

Fait défenses aux Procureurs de se tenir pour signifiés dans le cours de l'instruction, les pieces, écritures & Jugemens qui doivent être signifiés; ordonne que lesdites pieces seront signifiées conformément à l'ordonnance, par le ministere des huissiers.

Fait pareilles défenses à tous Procureurs, de faire ni souffrir qu'il soit fait par leurs cleres, aucuns pactes, accords ni conventions avec les huissiers, pour faire les significations qui sont de leur ministere, au-dessous du taux fixé par l'ordonnance, & à tous huissiers d'accéder à pareils accords, à peine, tant contre les Procureurs contrevenans, que contre les huissiers, de 300 liv. d'amende solidaires, applicables aux réparations du Palais à laquelle ils seront contraints, à la diligence du Procureur général du Roi, tous dépens compensés.

ARRÊT

DU CONSEIL SOUVERAIN,

SUR la vente des biens des Mineurs.

Du 13 Mars 1767.

Extrait des Registres du Conseil Souverain.

LA COUR, faisant droit sur le requisitoire du Procureur général du Roi, ordonne que les Substituts dudit Procureur général du Roi aux Jurisdictions du ressort de la Cour, ne pourront faire les adjudications aux ventes des biens des mineurs, que du consentement des tuteurs, à la requête desquels elles seront faites.

ORDONNANCE

DE MM. LES GENERAL ET INTENDANT,

CONCRNANT les legs pies & les libertés accordées par testament.

Du 11 Février 1767.

LES dispositions de derniere volonté, qui doivent être sacrées dans la société, & respectables à ceux à qui l'exécution en est confiée, se trouvent cependant communément négligées dans cette colonie, en ce qui regarde principalement les legs pies & les libertés données par testament. Cette inexécution n'a d'autre cause que l'avidité des héritiers, qui ne voient qu'avec répugnance des conditions qui leur paroissent onéreuses, parce qu'elles diminuent d'autant le produit de l'héritage qu'ils recueillent; ou la négligence impardonnable des exécuteurs testamentaires, peu empressés de répondre à la confiance honorable qu'on leur a témoignée; ou des curateurs aux biens vacans, qui, à ce moyen, jouissent sans diminution, du produit d'une succession souvent opulente. De là vient que d'un côté les intentions pieuses ne sont point remplies, & les services réels rendus par des esclaves, demeurent sans récompense, contre la volonté du testateur; & que de l'autre les esclaves ainsi affranchis, sont alors abandonnés à eux-mêmes, sans qu'on les inscrive dans aucun dénombrement. Il arrive aussi que les biens du testateur se trouvent quelquefois dissipés, aux mépris de ses dernieres dispositions, sans qu'on ait réservé les sommes qu'il avoit destinées pour remplir ses intentions; souvent même par une ingratitude honteuse envers leur bienfaicteur, des légataires ont maltraité indignement les sujets dont le soin de leur procurer la liberté leur étoit confiée; ce qui a donné lieu plusieurs fois aux plaintes portées au Gouvernement, qui a été obligé de nommer des curateurs auxdits esclaves, pour faire poursuivre l'obtention de leurs libertés contre ceux qui, par de mauvaises contestations, ont occasionné des frais onéreux aux successions. Ces différens abus dont nous avons été instruits, exigeant un remede indispensable, nous nous sommes déterminés, en vertu du pouvoir qui nous est confié, à ordonner & statuer ce qui suit.

ARTICLE PREMIER.

Les testamens contenant des legs pies ou des dispositions de liberté en faveur d'un ou de plusieurs esclaves, seront présentés par extrait au Gouvernement, accompagnés d'une requête tendante à l'obtention desdits affranchissemens d'esclave, & ce, dans un délai de 3 mois, à compter du jour de l'ouverture du testament, soit par les héritiers, soit par les exécuteurs testamentaires, pour être statué par le Gouvernement, si lesdites libertés doivent être accordées ou non; lesquels testamens & requêtes, soit qu'ils aient été admis ou refusés, seront déposés au greffe de l'intendance, pour qu'on puisse y avoir recours au besoin.

II. Tous les anciens testamens, depuis le premier janvier 1757 inclusivement, contenant les legs pies, ou des dispositions d'affranchissement sur lesquelles il n'aura point encore été statué, seront présentés au gouvernement par les héritiers exécuteurs testamentaires, qui n'auront pas encore rendu leurs comptes, ou par les curateurs aux successions vacantes, dans le cas de renonciation de l'héritier, où à défaut d'héritier présent, dans un délai de 3 mois, à compter du jour de la publication des présentes, sinon & à faute de ce faire dans ledit délai, & icelui expiré, nous autorisons les esclaves destinés par leurs maîtres à être affranchis, à nous présenter requête à cet effet, pour être par nous ordonné ce qu'il appartiendra, & ce au plus tard dans un an, du jour de ladite publication; faute de quoi nous les déclarons dès maintenant comme pour lors, déchus de leurs prétentions.

III. Les exécuteurs testamentaires ou légataires, ou curateurs aux successions vacantes, qui n'auront point satisfait aux articles ci-dessus dans le délai y exprimé, seront condamnés à 500 liv. d'amende applicable au profit du Roi, & aux frais des affranchissemens dont ils seront chargés en leur propre & privé nom, sans répétition sur la succession, au cas que le Gouvernement juge à propos d'accorder lesdites libertés, sur les demandes qui en seront faites par les esclaves destinés par leurs défunts maîtres, à être affranchis.

IV. Pour assurer l'acquittement des legs pies, & éviter en même tems qu'aucun des esclaves qui se trouveront au cas des articles précédens, ne soient abandonnés à leurs volontés, jusqu'à la décision de leur sort, nous ordonnons qu'après l'ouverture des testamens, les notaires qui les auront reçus, seront obligés d'en envoyer des extraits au Procureur général, en ce qui concerne les legs pies, pour qu'il en poursuive le paiement en son nom; & au Procureur du Roi de leur ressort, en ce qui concerne les dispositions d'affranchissement, tant pour nous en être rendu compte par ledit Procureur du Roi, que pour par lui, poursuivre les délinquants, & les faire condamner à la même amende de 500 liv.: nous ordonnons la même chose aux greffiers des jurisdictions, pour les testamens olographes qui auront été déposés dans leurs greffes, à peine de 300 liv. d'amende contre lesdits greffiers & notaires qui auroient contrevenu aux dispositions du présent article, applicable comme à l'article ci-dessus.

Prions Messieurs du Conseil Souverain de cette isle, d'enrégistrer la présente ordonnance, & la faire lire, publier dans toutes les Paroisses du Gouvernement, à l'issue de la grande messe, & affichée ensuite par-tout où besoin sera, afin que personne n'en ignore.

Mandons aux officiers des Jurisdictions, de tenir la main à son exécution.

Donné à la Martinique, sous le sceau de nos armes, & le contre-seing de nos secretaires, le 11 Février mil sept cent soixante-sept. *Signé*, D'ENNERY, & le Président de PEINIER. *Et plus bas*, Par Monsieur le Général. *Signé*, VIARD. Et par Monsieur l'Intendant. *Signé*, BORDIE.

ENREGISTRÉE au Conseil Souverain le 17 Mars 1767.

ORDONNANCE

DE MM. LES GENERAL ET INTENDANT.

SUR les Commissions de Notaires, Procureurs & Huissiers.

Du 4 Mai 1767.

SI dans l'enfance de la colonie, nos prédécesseurs se sont relâchés de la juste sévérité dont on use en Europe, dans le choix des sujets qui se présentent pour exercer des places de notaires, procureurs & huissiers, ils y ont été forcés, tant par la modicité des affaires, d'ailleurs très-simple alors, que par la rareté des sujets; mais aujourd'hui que la colonie a pris un accroissement considérable, que le tems & la nécessité y ont fait introduire une infinité de loix aussi sages qu'indispensables, & qu'enfin les aspirans se présentent en foule, nous nous imputerions tout le mal qui pourroit en résulter, si nous négligions d'établir un ordre & une régle fixe & permanente, sur les commissions de justice à expédier à l'avenir. En conséquence & en vertu du pouvoir que nous a donné Sa Majesté, nous avons établi, réglé & ordonné, & par ces présentes, établissons, réglons & ordonnons, qu'il ne sera plus délivré aucune commission de notaire, procureur & huissier dans l'étendue de ce gouvernement, pour remplir les places qui viendront à vaquer, que le sujet qui se présentera pour l'une de ces places n'ait subi un examen public sur ce qui concerne sa profession, par deux de ses confreres, en présence des officiers de l'une des jurisdictons royales de l'isle, que l'intendant commettra à cet effet, ses occupations ne lui permettant pas de vaquer lui-même à cet examen; lesquels officiers dresseront procès verbal de la capacité ou de l'insuffisance du récipiendaire, après ledit examen public, pour, sur ledit procès verbal, lui être au premier cas, délivré commission, dans laquelle ledit procès verbal sera rapporté, & être au second cas, renvoyé ou pour un tems, ou pour toujours selon le dégré de son insuffisance.

Prions Messieurs du Conseil Souverain de la Martinique, de faire enrégistrer la présente, lire, publier & afficher par-tout où besoin sera, afin que personne n'en ignore.

Mandons aux officiers des différentes jurisdictions de l'isle, de tenir la main à son exécution.

Donné à la Martinique, sous le sceau de nos armes, & le contre-seing de nos secretaires, le 4 mai mil sept cent soixante-sept. *Signé*, D'ENNERY, & le Président de PEINIER. *Et plus bas*; Par Monsieur

Monsieur le général. *Signé*, VIARD. Et par Monsieur l'Intendant, *Signé*, BORDIE'.

ENREGISTRE'E au Conseil Souverain le 5 Mai 1767.

ORDONNANCE

DE MM. LES GENERAL ET INTENDANT,

SUR Les cautionnemens, pour suppléer aux publications des Congés.

Du 29 Mai 1767.

SA MAJESTÉ ayant, par son ordonnance du 3 septembre 1690, réglé qu'aucun habitant ne pourroit sortir de l'isle, sans congé du gouvernement général; il fut ensuite ordonné que ces congés seroient publiés pour annoncer aux créanciers le départ de leurs débiteurs; mais les formalités prescrites par l'ordonnance du 9 décembre 1749, entraînant des délais quelquefois nuisibles à l'activité du commerce, nos prédécesseurs se sont portés, pour en faciliter les opérations, à introduire l'usage des cautionnemens, qui en remplissant l'objet de la loi, suppléent aux publications qu'elle exige : ce moyen d'accélérer les départs, qui ne sont point toujours urgents, nous a paru sujet à quelques inconvéniens auxquels il est à propos d'apporter reméde; d'un côté le défaut de publicité de cette régle, fait que les cautionnemens que l'on reçoit au gouvernement, ne parviennent pas toujours à la connoissance des créanciers; que le départ de leurs débiteurs jette dans le plus grand embarras; d'un autre côté, des personnes qui s'offrent pour caution, ne connoissant pas toute l'étendue de leurs engagemens, s'obligent, sans envisager les conséquences de cette démarche, & facilitent par-là, dans la seule vue de rendre service, une évasion souvent préjudiciable aux créanciers, & toujours à charge à la caution, dont la bonne foi a été surprise. C'est pour faire cesser ces abus, que Nous, en vertu du pouvoir que nous en a donné Sa Majesté, nous avons réglé, statué & ordonné, & par ces présentes, réglons, statuons & ordonnons ce qui suit :

ARTICLE PREMIER.

Personne ne pourra sortir de cette isle, qu'après avoir fait publier son congé dans la forme prescrite par l'ordonnance de 1749, hors les cas pressans dont il sera justifié au gouvernement; & alors seulement, on pourra suppléer aux publications ordonnées, en présentant au gouvernement, bonne & solvable caution, résidante & domiciliée en cette isle, pour acquitter les dettes qu'on y laissera.

II. La caution passera en personne les soumissions au Gouvernement, de répondre en son propre & privé nom, sans division ni discussion de toutes les dettes quelconque, que la personne dont elle se rend caution aura contractées dans l'isle, sauf son retour pour les sommes qu'elle justifiera avoir payées en cette qualité.

III. La caution sera contraignable par corps au paiement de la dette, dans le cas où le principal obligé y seroit soumis, ou y seroit condamné après son départ.

IV. La caution pourra être recherchée sur le certificat du Gouvernement, à compter de la date du cautionnement, aussi long-tems que le principal obligé, & sera assigné pardevant le Juge de son domicile.

V. Si cependant le principal obligé revient en cette isle, le cautionnement sera & demeurera éteint de plein droit, du jour du retour du principal obligé.

VI. Tous capitaines, maîtres, ou patrons de bâtimens de mer qui auront facilité l'évasion, ou donné passage à qui que ce soit, sans congé du gouvernement, répondront en leur propre & privé nom de toutes dettes, obligations & engagemens, que ceux qui seront ainsi sortis de l'isle y laisseront, & pourront être contraints à les acquitter de la même maniere & par les mêmes voies que ceux qui se sont rendus caution au gouvernement, ainsi qu'il est réglé par les présentes.

Prions Messieurs du Conseil Souverain de la Martinique, de faire enrégistrer la présente, lire, publier & afficher partout où besoin sera, afin que personne n'en ignore, & la présente demeurera continuellement affichée dans les bureaux du domaine.

Mandons aux officiers des différentes jurisdictions de l'isle, de tenir la main à son exécution.

Donné à la Martinique, sous le sceau de nos armes, & le contreseing de nos secretaires, le 29 mai 1767. *Signé*, D'ENNERY, & le Président de PEINIER. *Et plus bas*, par Monsieur le Général. *Signé*, VIARD. Et par Monsieur l'Intendant. *Signé*, BORDIE'.

ENREGISTRE'E au Conseil Souverain le 6 Juillet 1767.

CODE DE LA *MARTINIQUE*.

HUITIEME PARTIE.

DE LA POLICE.

ARRÊT DU CONSEIL SOUVERAIN,

SUR les Charivaris.

Du 8 Mars 1683.

SUR ce que le Substitut du Procureur général a remontré qu'il se commet des charivaris dans quelques quartiers de cette isle, qui scandalisent les personnes qui se marient ; à quoi il est nécessaire de pourvoir ; le Conseil a fait très-expresses inhibitions & défenses à toutes personnes de quelque qualité & condition qu'elles soient, de faire aucuns charivaris en cette isle, à peine, contre les contrevenans de 3000 liv. d'amende, & de punition exemplaire ; & à l'égard de ceux qui ont été faits, qu'il en sera informé incessamment pardevant le Juge de cette isle, à la diligence du Procureur du Roi. *Signé*, Begons.

ENREGISTRÉ au Conseil Souverain, le 8 Mars 1683.

ORDONNANCE DU ROI,

CONCERNANT la discipline de l'Eglise, & l'état & qualité des Negres esclaves aux isles de l'Amérique.

Donnée à Versailles, au mois de Mars 1685.

LOUIS PAR LA GRACE DE DIEU, ROI DE FRANCE ET DE NAVARRE; A tous présens & à venir SALUT. Comme nous devons également nos soins à tous les peuples que la divine providence a mis sous notre obéissance, nous avons bien voulu faire examiner en notre présence, les mémoires qui nous ont été envoyés par nos officiers de nos isles de l'Amérique, par lesquels ayant été informés du besoin qu'ils ont de notre autorité & de notre justice pour y maintenir la discipline de l'Eglise Catholique, Apostolique & Romaine, & pour régler ce qui concerne l'état des esclaves de nosdites isles; & desirant y pourvoir & leur faire connoître qu'encore qu'ils habitent des climats infiniment éloignés de notre séjour ordinaire, nous leur sommes toujours présens, non-seulement par l'étendue de notre puissance, mais encore par la promptitude de notre application à les secourir dans leurs besoins.

A CES CAUSES & autres, à ce nous mouvans, de l'avis de notre Conseil, & de notre certaine science, pleine puissance & autorité royale, nous avons dit, statué & ordonné, disons, statuons & ordonnons, voulons & nous plaît ce qui suit.

ARTICLE PREMIER.

Voulons que l'Edit du feu Roi de glorieuse mémoire, notre très-honoré Seigneur & Pere, du 23 avril 1615, soit exécuté dans nos isles; ce faisant, enjoignons à tous nos officiers de chasser de nosdites isles, tous les Juifs qui y ont établi leur résidance, auxquels, comme aux ennemis déclarés du nom chrétien, nous commandons d'en sortir dans trois mois, à compter du jour de la publication des présentes, à peine de confiscation de corps & de biens.

II. Tous les esclaves qui seront dans nos isles, seront baptisés & instruits dans la Religion Catholique Apostolique & Romaine; enjoignons aux habitans qui achetent des negres nouvellement arrivés, d'en avertir dans huitaine au plus tard, les Gouverneurs & Intendans desdites isles, à peine d'amende arbitraire, lesquels donneront les ordres

dres nécessaires pour les faire inscrire & baptiser dans le tems convenable.

III. Interdisons tout exercice public d'autre religion que celle de la Catholique Apostolique & Romaine ; voulons que les contrevenans soient punis comme rebelles & désobéissans à nos commandemens ; défendons toutes assemblées pour cet effet, lesquelles nous déclarons conventicules, illicites & séditieuses, sujettes à la même peine, qui aura lieu même contre les maîtres qui les permettront, ou souffriront à l'égard de leurs esclaves.

IV. Ne seront préposés aucuns commandeurs à la direction des negres, qu'ils ne fassent profession de la Religion C. A. & R., à peine de confiscation desdits negres contre les maîtres qui les auront préposés, & de punition arbitraire contre les commandeurs qui auront accepté ladite direction.

V. Défendons à nos sujets de la Religion Prétendue Réformée, d'apporter aucun trouble ni empêchement à nos autres sujets, même à leurs esclaves, dans le libre exercice de la Religion Catholique Apostolique & Romaine, à peine de punition exemplaire.

VI. Enjoignons à tous nos sujets de quelque qualité & condition qu'ils soient, d'observer les jours de dimanche & fêtes, qui sont gardés par nos sujets de la R. C. A. & R. ; leur défendons de travailler ni de faire travailler leurs esclaves auxdits jours, depuis l'heure de minuit jusqu'à l'autre minuit, à la culture de la terre, à la manufacture des sucres, & à tous autres ouvrages, à peine d'amende & de punition arbitraire contre les maîtres, & de confiscation, tant des sucres que des esclaves qui seront surpris par nos officiers dans le travail.

VII. Leur défendons pareillement de tenir le marché des negres & de toutes autres marchandises auxdits jours, sur pareilles peines de confiscation des marchandises qui se trouveront alors au marché, & d'amende arbitraire contre les marchands.

VIII. Déclarons nos sujets qui ne sont pas de la R. C. A. & R. incapables de contracter à l'avenir aucuns mariages valables ; déclarons bâtards les enfans qui naîtront de pareilles conjonctions, que nous voulons être tenues & réputées, tenons & réputons pour vrais concubinages.

IX. Les hommes libres qui auront un ou plusieurs enfans de leur concubinage avec des esclaves, ensemble les maîtres qui l'auront souffert, seront chacun condamnés en une amende de 2000 liv. de sucre ; & s'ils sont les maîtres de l'esclave de laquelle ils auront eu lesdits enfans, voulons, outre l'amende, qu'ils soient privés de l'esclave & des enfans, & qu'elle & eux soient adjugés à l'hôpital, sans jamais pouvoir être affranchis ; n'entendons toutefois le présent article, avoir lieu, lorsque l'homme libre qui n'étoit point marié à autre personne durant son concubinage avec son esclave, épousera dans les formes observées par l'Eglise, ladite esclave, qui sera affranchie par ce moyen, & les enfans rendus libres & légitimes.

X. Les solemnités prescrites par l'ordonnance de Blois & par la déclaration de 1639 pour les mariages, seront exécutées tant à l'égard des personnes libres que des esclaves, sans néanmoins que le consentement du pere & de la mere de l'esclave, y soit nécessaire, mais celui du maître seulement.

XI. Défendons très-expressément aux Curés, de procéder aux mariages des esclaves s'ils ne font apparoir du consentement de leurs maîtres; défendons aussi aux maîtres d'user d'aucune contrainte sur leurs esclaves pour les marier contre leur gré.

XII. Les enfans qui naîtront des mariages entre les esclaves, seront esclaves, & appartiendront aux maîtres des femmes esclaves, & non à ceux de leurs maris, si le mari & la femme ont des maîtres différens.

XIII. Voulons que si le mari esclave a épousé une femme libre, les enfans, tant mâles que filles, soient de la condition de leur mere, & soient libres comme elle, nonobstant la servitude de leur pere, & que si le pere est libre & la mere esclave, les enfans soient esclaves pareillement.

XIV. Les maîtres seront tenus de faire enterrer en terre sainte & dans les cimetieres destinés à cet effet, leurs esclaves baptisés; & à l'égard de ceux qui mourront sans avoir reçu le baptême, ils seront enterrés de nuit dans quelque champ voisin du lieu où ils seront décédés.

XV. Défendons aux esclaves de porter aucunes armes offensives, ni de gros bâtons, à peine du fouet & de confiscation des armes au profit de celui qui les en trouvera saisis, à l'exception seulement de ceux qui seront envoyés à la chasse par leurs maîtres, & qui seront porteurs de leurs billets ou marques connues.

XVI. Défendons pareillement aux esclaves appartenans à différens maîtres, de s'attrouper le jour ou la nuit, sous prétexte de nôces ou autrement, soit chez l'un de leurs maîtres, ou ailleurs, & encore moins sur les grands chemins ou lieux écartés, à peine de punition corporelle, qui ne pourra être moindre que du fouet & de la fleur de lys; & en cas de fréquentes récidives & autres circonstances aggravantes, pourront être punis de mort; ce que nous laissons à l'arbitrage des Juges; enjoignons à tous nos sujets de courir sus aux contrevenans, de les arrêter & de les conduire en prison, bien qu'ils ne soient point officiers, & qu'il n'y ait contr'eux aucun décret.

XVII. Les maîtres qui seront convaincus d'avoir permis ou toléré telles assemblées composées d'autres esclaves que de ceux qui leur appartiennent, seront condamnés en leur propre & privé nom, de réparer tout le dommage qui aura été fait à leurs voisins à l'occasion desdites assemblées, & en dix livres d'amende pour la premiere fois, & au double, en cas de récidive.

XVIII. Défendons aux esclaves de vendre des cannes de sucre, pour quelque cause & occasion que ce soit, même avec la permission de leurs maîtres, à peine du fouet contre les esclaves, de 10 liv. tournois contre le maître qui l'aura permis, & de pareille somme contre l'acheteur.

XIX. Leur défendons d'exposer en vente au marché, ni de porter dans les maisons particulieres, pour vendre aucune sorte de denrées, même des fruits, legumes, herbes pour la nourriture des bestiaux & leurs manufactures, sans permission expresse de leurs maîtres par un billet ou des marques connues, à peine de revendication des choses ainsi vendues, sans restitution du prix par les maîtres, & de 6 liv. tournois d'amende à leur profit contre les acheteurs.

XX. Voulons à cet effet que deux personnes soient préposées par nos officiers dans chacun marché, pour examiner les denrées & marchandises qui y sont apportées par les esclaves, ensemble les billets & marques de leurs maîtres, dont ils seront porteurs.

XXI. Permettons à tous nos sujets habitans des isles, de se saisir de toutes les choses dont ils trouveront les esclaves chargés, lorsqu'ils n'auront point de billets de leurs maîtres ni des marques connues, pour être rendues incessamment à leurs maîtres, si leur habitation est voisine du lieu où les esclaves auront été surpris en délit, si non, elles seront incessamment envoyées à l'hôpital pour y être déposés jusqu'à ce que les maîtres en aient été avertis.

XXII. Seront tenus les maîtres, de faire fournir par chacune semaine à leurs esclaves âgés de 10 ans & au-dessus pour leur nourriture, deux pots & demi mesure de paris, de farine de magnioc, ou trois cassaves, pesant chacune deux livres & demi au moins ou autre chose équivalent, avec deux livres de bœuf sallé, ou trois livres de poisson, ou autres choses à proportion; & aux enfans depuis qu'ils sont sévrés, jusqu'à l'âge de dix ans, la moitié des vivres ci dessus.

XXIII. Leur défendons de donner aux esclaves de l'eau-de-vie, de cannes ou guildive, pour tenir lieu de la subsistance mentionnée en l'article précédent.

XXIV. Léur défendons pareillement de se décharger de la nourriture & subsistance de leurs esclaves en leur permettant de travailler certains jours de la semaine pour leur compte particulier.

XXV. Seront tenus les maîtres de fournir à chaque esclave, par chacun an, deux habits de toile ou quatre aunes de toile au gré des maîtres.

XXVI. Les esclaves qui ne seront point nourris, vêtus & entretenus par leurs maîtres, selon que nous l'avons ordonné par ces présentes, pourront en donner avis à notre Procureur, & mettre leurs mémoires entre ses mains, sur lesquels & même d'office, si les avis lui viennent d'ailleurs, les maîtres seront poursuivis à sa requête & sans frais; ce que nous voulons être observé pour les crimes & traitemens barbares & inhumains des maîtres envers leurs esclaves.

XXVII. Les esclaves infirmes par vieillesse, maladie ou autrement, soit que la maladie soit incurable ou non, seront nourris & entretenus par leurs maîtres; & en cas qu'ils les eussent abandonnés, lesdits esclaves seront adjugés à l'hôpital, auquel les maîtres seront obligés de payer six sols par jour pour la nourriture & entretien de chacun esclave.

XXVIII. Déclarons les esclaves ne pouvoir rien avoir qui ne soit à leurs maîtres; & tout ce qui leur vient par industrie ou par la libéralité d'autres personnes ou autrement, à quelque titre que ce soit, être acquis en pleine propriété à leurs maîtres, sans que les enfans des esclaves leurs peres & meres, leurs parens & tous autres, y puissent rien prétendre par successions, dispositions entre-vifs ou à cause de mort, lesquelles dispositions nous déclarons nulles, ensemble toutes les promesses & obligations qu'ils auroient faites, comme étant faites par gens incapables de disposer & contracter de leur chef.

XXIX. Voulons néanmoins que les maîtres soient tenus de ce que leurs esclaves auront fait par leur commandement, ensemble ce qu'ils auront géré & négocié dans les boutiques, & pour l'espece particuliere de commerce à laquelle leurs maîtres les auront préposés; & en cas que leurs maîtres ne leur aient donné aucun ordre, & ne les aient point préposés, ils seront tenus seulement, jusques & à concurrence de ce qui aura tourné à leur profit, & si rien n'a tourné au profit des maîtres, le pécule desdits esclaves que leurs maîtres leur auront permis d'avoir, en sera tenu, après que leurs maîtres en auront déduit par préférence, ce qui pourra leur en être dû, sinon que le pécule consistât en tout ou partie, en marchandises dont les esclaves auroient permission de faire trafic à part, sur lesquelles leurs maîtres viendront seulement par contribution au sol la livre avec les autres créanciers.

XXX. Ne pourront les esclaves, être pourvus d'offices ni de commissions ayant quelque fonction publique, ni être constitués agens pour autres que pour leurs maîtres, pour gérer & administrer aucun négoce, ni être arbitres experts ou témoins, tant en matiere civile que criminelle; & en cas qu'ils soient ouis en témoignage, leur déposition ne servira que de mémoire pour aider les Juges à s'éclaircir d'ailleurs, sans qu'on en puisse tirer aucune présomption, conjecture, ni adminicule de preuve.

XXXI. Ne pourront aussi les esclaves être parties ni citer en jugement

gement en matiere civile, tant en demandant qu'en défendant, ni être parties civiles dans les matieres criminelles, sauf à leurs maîtres d'agir & défendre en matiere civile, & de poursuivre en matiere criminelle, la réparation des outrages & excès qui auront été commis contre leurs esclaves.

XXXII. Pourront les esclaves être poursuivis criminellement sans qu'il soit besoin de rendre leurs maîtres parties, sinon en cas de complicité, & seront les esclaves accusés, jugés en premiere instance par les juges ordinaires & par appel au Conseil Souverain, sur la même instruction, & avec les mêmes formalités que les personnes libres.

XXXIII. L'esclave qui aura frappé son maître, ou la femme de son maître, sa maîtresse, ou le mari de sa maîtresse, ou leurs enfans avec contusion ou effusion de sang, sera puni de mort.

XXXIV. Et quant aux excès & voies de fait qui seront commis par les esclaves contre les personnes libres; voulons qu'ils soient sûrement punis, même de mort s'il y échet.

XXXV. Les vols qualifiés, même ceux de chevaux, cavales, mulets, bœufs ou vaches, qui auront été faits par les esclaves, ou par les affranchis, seront punis de peines afflictives, même de mort si le cas le requiert.

XXXVI Les vols de moutons, chevres, cochons volailles, cannes à sucre, pois, mil, manioc, & autres legumes faits par les esclaves seront punis selon la qualité du vol, par les Juges, qui pourront, s'il y échet, les condamner d'être battus de verges par l'exécuteur de la haute justice, & marqués d'une fleur de lys.

XXXVII. Seront tenus les maîtres en cas de vol ou d'autre dommage causé par leurs esclaves, outre la peine corporelle des esclaves, de réparer le tort en leur nom, s'ils n'aiment mieux abandonner l'esclave à celui auquel le tort a été fait; ce qu'ils seront tenus d'opter dans trois jours, à compter de celui de la condamnation, autrement ils en seront déchus.

XXXVII. L'esclave fugitif qui aura été enfuité pendant un mois à compter du jour que son maître l'aura dénoncé en justice, aura les oreilles coupées, & sera marqué d'une fleur de lys sur une épaule; & s'il récidive un autre mois à compter pareillement du jour de la dénonciation, il aura le jarret coupé, & il sera marqué d'une fleur de lys sur l'autre épaule; & la troisieme, il sera puni de mort.

XXXIX. Les affranchis qui auront donné retraite dans leurs maisons aux esclaves fugitifs, seront condamnés par corps envers les maîtres, en l'amende de 3000 liv. de sucre par chaque jour de retention, & les autres personnes libres qui leur auront donné une pareille retraite, en 10 liv. tournois d'amende, pour chaque jour de retention.

XL. L'esclave puni de mort sur la dénonciation de son maître, non complice du crime pour lequel il aura été condamné, sera estimé devant l'exécution par deux des principaux habitans de l'isle, qui seront nommés d'office par le Juge, & le prix de l'estimation sera payé au maître, pour à quoi satisfaire, il sera imposé par l'intendant sur chacune tête des negres payans droit, la somme portée par l'estimation, laquelle sera regalée sur chacun des negres, & levée par le fermier du domaine royal pour éviter à frais.

XLI. Défendons au Juge, à nos Procureurs & Greffiers, de prendre aucune taxe dans les procès criminels contre les esclaves, à peine de concussion.

XLII. Pourront seulement les maîtres, lorsqu'ils croiront que leurs esclaves l'auront mérité, les faire enchaîner, & les faire battre de verges ou cordes; leur défendons de leur donner la torture, ni de leur faire aucune mutilation de membres, à peine de confiscation des esclaves, & d'être procédé contre les maîtres extraordinairement.

XLIII. Enjoignons à nos officiers de poursuivre criminellement les maîtres ou commandeurs qui auront tué un esclave étant sous leur puissance ou sous leur direction, & de punir le meurtre selon l'atrocité des circonstances; & en cas qu'il y ait lieu à l'absolution, permettons à nos officiers de renvoyer tant les maîtres que les commandeurs absous, sans qu'ils aient besoin d'obtenir de nous des lettres de grace.

XLIV. Déclarons les esclaves être meubles, & comme tels entrer dans la communauté, n'avoir point de suite par hypotheque, se partager également entre les co-héritiers sans préciput & droit d'aînesse, n'être sujet au douaire coutumier, au retrait féodal & lignager, aux droits seigneuriaux & féaudaux, aux formalités des décrets, ni au retranchement des quatre quints en cas de disposition, à cause de mort & testamentaire.

XLV. N'entendons toutefois priver nos sujets de la faculté de les stipuler propres à leurs personnes & aux leurs, de leur côté & ligne, ainsi qu'il se pratique pour les sommes de deniers & autres choses mobiliaires.

XLVI. Seront dans les saisies des esclaves, observées les formes prescrites par nos ordonnances, & les coutumes, pour les saisies des choses mobiliaires, voulons que les deniers en provenant, soient distribués par ordre des saisies, ou en cas de déconfiture, au sol la livre, après que les dettes privilégiées auront été payées, & généralement que la condition des esclaves soit réglée en toutes affaires, comme celle des autres choses mobiliaires aux exceptions suivantes.

XLVII. Ne pourront être saisies & vendus séparément le mari & la femme & leurs enfans impuberes, s'ils sont sous la puissance d'un même maître; déclarons nulles les saisies & ventes qui en seront faites; ce que nous voulons avoir lieu dans les aliénations volontaires, ſous peine contre ceux qui ſeront les aliénations, d'être privés de celui ou de ceux qu'ils auront gardés, qui ſeront adjugés aux acquéreurs, ſans qu'ils ſoient tenus de faire aucun ſupplément de prix.

XLVIII. Ne pourront auſſi les eſclaves travaillans actuellement dans les ſucreries, indigoteries & habitations, âgés de 14 ans & au deſſus juſqu'à 60 ans, être ſaiſis pour dettes, ſinon pour ce qui ſera dû du prix de leur achat, ou que la ſucrerie, indigoterie ou l'habitation dans laquelle ils travaillent ſoit ſaiſie réellement; défendons à peine de nullité, de procéder par ſaiſie réelle & adjudication par décret ſur les ſucreries, indigoteries & habitations, ſans y comprendre les negres de l'âge ſuſdit, y travaillant actuellement.

XLIX. Le fermier judiciaire des ſucreries, indigoteries ou habitations ſaiſies réellement, conjointement avec les eſclaves, ſera tenu de payer le prix entier de ſon bail, ſans qu'il puiſſe compter parmi les fruits qu'il perçoit, les enfans qui ſeront nés des eſclaves pendant ſon bail.

L. Voulons nonobſtant toutes conventions contraires, que nous déclarons nulles, que leſdits enfans appartiennent à la partie ſaiſie, ſi les créanciers ſont ſatisfaits d'ailleurs, ou à l'adjudicataire s'il intervient un décret; & à cet effet il ſera fait mention dans la derniere affiche, avant l'interpoſition du décret deſdits enfans nés des eſclaves, depuis la ſaiſie réelle dans laquelle ils étoient compris.

LI. Voulons pour éviter aux fraix & aux longueurs des procédures, que la diſtribution du prix entier de l'adjudication conjointe des fonds & des eſclaves, & ce qui proviendra du prix des baux judiciaires, ſoit faite entre les créanciers, ſuivant l'ordre de leurs hypotheques & privileges, ſans diſtinguer ce qui eſt pour le prix des eſclaves.

LII. Et néanmoins les droits féodaux & ſeigneuriaux ne ſeront payés qu'à proportion du prix des fonds.

LII. Ne ſeront reçus les lignagers & les Seigneurs féodaux à retirer les fonds decrétés, s'ils ne retirent les eſclaves vendus conjointement avec les fonds, ni l'adjudicataire à retirer les eſclaves ſans le fonds.

LIV. Enjoignons aux gardiens nobles & bourgeois uſufruitiers, admodiateurs & autres jouiſſans des fonds auxquels ſont attachés des eſclaves qui travaillent, de gouverner leſdits eſclaves comme bons peres de famille, ſans qu'ils ſoient tenus, après leur adminiſtration finie, de rendre le prix de ceux qui ſeront décédés, ou diminués par maladie, vieilleſſe ou autrement, ſans leur faute, & ſans qu'ils puiſſent auſſi retenir comme fruits à leur profit, les enfans nés deſdits eſclaves durant leur adminiſtration, leſquels nous voulons être conſervés & rendus à ceux qui en ſont les maîtres & les propriétaires.

LV. Les maîtres âgés de 20 ans pourront affranchir leurs eſclaves par tous actes entre-vifs ou à cause de mort, sans qu'ils soient tenus de rendre raison de l'affranchissement, ni qu'ils aient besoin d'avis de parens, encore qu'ils soient mineurs de 25 ans.

LVI. Les esclaves qui auront été faits légataires universels par leurs maîtres, ou nommés exécuteurs testamentaires, ou tuteurs de leurs enfans, seront tenus & réputés, les tenous & réputons pour affranchis.

LVII. Déclarons leur affranchissement fait dans nos isles, leur tenir lieu de naissance dans nos isles, & les esclaves affranchis n'avoir besoin de nos lettres de naturalité pour jouir de l'avantage de nos sujets naturels de notre royaume, terres & pays de notre obéissance, encore qu'ils soient nés dans les pays étrangers.

LVIII. Commandons aux affranchis de porter un respect singulier à leurs anciens maîtres, à leurs veuves, & à leurs enfans ensorte que l'injure qu'ils leur auront faite, soit punie plus griévement que si elle étoit faite à une autre personne; les déclarons toutefois francs & quittes envers eux de toutes autres charges, services & droits utiles que leurs anciens maîtres voudroient prétendre, tant sur leurs personnes que sur leurs biens & successions en qualité de patrons.

LIX. Octroyons aux affranchis les mêmes droits, privileges & immunités dont jouissent les personnes nées libres; voulons que le merite d'une liberté acquise, produise en eux, tant pour leur personne que pour leurs biens, les mêmes effets que le bonheur de la liberté naturelle cause à nos autres sujets.

LX. Déclarons les confiscations & les amendes qui n'ont point de destination particuliere, par ces présentes nous appartenir, pour être payées à ceux qui sont préposés à la recette de nos droits, & de nos revenus; voulons néanmoins que distraction soit faite du tiers desdites confiscations & amendes au profit de l'hôpital établi dans l'isle où elles auront été adjugées.

Si donnons en Mandement, à nos amés & féaux les gens tenans notre Conseil Souverain établi à la Martinique, la Guadeloupe & St. Christophle, que ces présentes ils aient à faire lire, publier, enrégistrer, & le contenu en icelles, garder & observer de point en point selon leur forme & teneur, sans y contrevenir ni permettre qu'il y soit contrevenu, en quelque sorte & maniere que ce soit, nonobstant tous Edits, Déclarations, Arrêts & usages à ce contraires, auxquels nous avons dérogé & dérogeons par ces présentes; Car tel est notre plaisir. Et afin que ce soit chose ferme & stable à toujours, nous y avons fait mettre notre scel.

Donné à Versailles, au mois de mars 1685, & de notre regne le quarante-deuxime. *Signé*, LOUS. *Et plus bas;* Par le Roi. Colbert. Et scellé du grand sceau de cire verte.

ENREGISTRÉE au Conseil Souverain le 6 Août 1685.

ORDRE DU ROI,

Au sujet des cinquante pas du bord de mer.

DE PAR LE ROI.

SUR ce qui a été représenté à Sa Majesté par le nommé Graissier, habitant de la Guadeloupe, que les sieurs Comte Dénots & Robert, Gouverneur général & Intendant des isles, ont fait au sieur de la Malmaison, une concession du terrein des cinquante pas du bord de mer au-dessous de leur habitation, le 25 juillet 1701, ce qui la leur rend inutile, & est contraire à l'usage dans lequel on est aux isles de ne point concéder les cinquante pas réservés pour le service de Sa Majesté, ou d'en laisser la jouissance à ceux dont les habitations y confinent; & Sa Majesté voulant y pourvoir, après avoir vû ladite concession & celle qui a été faite à André Graissier pere, par le sieur de Tracy, le 28 juillet 1664, elle a cassé, annullé & révoqué ladite concession du 25 juillet 1701; faisant défenses au sieur de la Malmaison de s'en aider ni de troubler sous ce prétexte ledit Graissier dans la possession & jouissance dudit terrein, voulant que lesdits cinquante pas du bord de la mer demeurent réservés suivant les réglemens faits à ce sujet. Enjoint Sa Majesté, au sieur de Machault, gouverneur général des isles de l'Amérique, & au sieur Mithon, commissaire ordonnateur &c.

Fait à Versailles, le 6 août 1704.

ENREGISTRÉ au Conseil Souverain, le 13 Novembre 1704.

Nota. On n'a pu trouver que cette Loi sur cette matiere, quoiqu'elle fasse mention de précédentes.

DECLARATION DU ROI,

Au sujet de la nourriture & des châtimens des esclaves aux isles.

Du 20 Décembre 1712.

DE PAR LE ROI.

SA MAJESTÉ étant informée qu'au préjudice de ses ordonnances & réglemens, ses sujets des isles françoises de l'Amérique ne nourrissent pas leurs negres esclaves; & sous différens prétextes leur font souffrir de leur autorité privée, la question avec une cruauté inconnue même parmi les barbares, en sorte que par là ces esclaves sont long-tems hors d'état de rendre aucun service; qu'il y en a même qui en demeurent estropiés, & que ceux qui n'ont point encore subi telles peines, intimidés par l'exemple, se prêtent à la désertion, pour se soustraire d'une telle inhumanité, ce qui cause un grand désordre dans lesdites isles: à quoi étant nécessaire de pourvoir, Sa Majesté a ordonné & ordonne que les esclaves seront nourris & entretenus conformément aux ordonnances & réglemens qu'elle a rendus à ce sujet, lesquels seront exécutés selon leur forme & teneur; fait Sa Majesté, très-expresses défenses à tous ses sujets des isles françoises du vent de l'Amérique, de quelque qualité & condition qu'ils soient, de donner à l'avenir à leurs esclaves de leur autorité privée, la question, sous quelque prétexte que ce soit, à peine de 500 liv. d'amende applicable aux hôpitaux desdits lieux: Ordonne, S. M. que lorsque lesdits esclaves auront commis des crimes ou délits, il sera procédé contr'eux par les Juges ordinaires, conformément aux ordonnances & réglemens. Enjoint au sieur Phelypeaux gouverneur & Lieutenant général auxdites isles, & au sieur de Vaucresson, Intendant, aux gouverneurs particuliers & commissaires ordonnateurs & aux officiers des conseils supérieurs établis auxdites isles, de tenir la main chacun en droit soi à l'exécution de la présente ordonnance &c.

Fait à Versailles, ce 20 décembre 1712. *Signé*, LOUIS. *Et plus bas*; Par le Roi. PHELYPEAUX.

ENREGISTRÉE au Conseil Souverain le 8 Mai 1712.

ARRÊT
DU CONSEIL D'ETAT
DU ROI,

CONCERNANT *la liberté des Esclaves.*

Du 24 Octobre 1713.

SA MAJESTÉ ayant par son ordonnance du mois de Mars 1685, concernant les esclaves de l'Amérique, article 55, ordonné que les maîtres pourroient affranchir leurs esclaves par tous actes entrevifs ou à cause de mort, sans qu'ils fussent mineurs de 25 ans; mais l'usage ayant fait connoître que depuis que les esclaves ont été en plus grand nombre aux isles, & que les établissemens y sont considérablement augmentés, il s'est commis & se commet actuellement plusieurs abus par l'avidité de plusieurs habitans, qui sans autre motif que celui de leur avarice, mettoient la liberté des negres esclales à prix d'argent; ce qui porte ceux-ci à se servir des voies les plus illicites pour se procurer les sommes nécessaires pour obtenir cette liberté; & desirant y pourvoir & empêcher les maîtres mercenaires de donner la liberté à leurs esclaves pour de l'argent, ce qui les engageoit dans le vol & dans le désordre; Sa Majesté a ordonné & ordonne qu'à l'avenir il ne sera permis à aucunes personnes de quelque qualité & condition qu'elles soient, d'affranchir leurs esclaves, sans avoir auparavant obtenu la permission par écrit du Gouverneur général & de l'Intendant des isles, pour ce qui regarde les isles du vent, des Gouverneurs particuliers, des Commissaires ordonnateurs des isles de la Tortue, Côte de St. Domingue, & de la Province de Guianne, & de l'isle de Cayenne, pour ce qui regarde lesdites isles, lesquels accorderont lesdites permissions sans aucuns frais, *lorsque les motifs* qui leur *seront exposés par les maîtres* qui voudront affranchir leurs esclaves, leur paroîtront légitimes: Veut Sa Majesté, que tous les affranchissemens qui seront faits à l'avenir sans ces permissions *seront nuls*, & que les affranchis n'en *puissent jouir* ni être reconnus pour tels; Ordonne au contraire Sa Majesté, qu'ils soient vendus à son profit: n'entend néanmoins Sa Majesté, comprendre les negres esclaves qui auront été affranchis avant la présente ordonnance, en conséquence de l'article 55 de l'ordonnance du mois de mars 1685, lesquels elle veut qu'ils jouissent de la liberté conformément à ladite ordonnance, & qu'ils soient réputés libres, & tenus pour tels : ordonne Sa Majesté au surplus, que ladite ordonnance du mois de mars 1685, sera exécutée selon sa forme & teneur, en ce qui n'y est point dérogé par des ordonnances particulieres; enjoint Sa Majesté au Gouverneur & Lieutenant général, Gouverneurs particuliers, & à l'Intendant, Commissaire ordonnateur desdites isles, & tous autres officiers qu'il appartiendra, de tenir la main chacun en droit soi, à l'exécution de la présente ordonnance, qui sera enrégistrée, publiée & affichée par-tout où besoin sera, à ce que personne n'en ignore. Fait à Versailles, le 4 octobre 1713. *Signé*, LOUIS. *& plus bas*; Par le Roi. *PHELYPEAUX.*

ORDONNANCE

DE MM. LES GÉNÉRAL ET INTENDANT,

SUR L'enivrement des rivieres.

Du 2 Avril 1718.

DÉfenses à toutes personnes, de quelque qualité & condition qu'elles soient, d'enivrer les rivieres pour y prendre du poisson, & de se servir du bois à enivrer, chaux ou autres matieres ou drogues quelles que puisse être, sous peine contre les blancs, de 50 livres d'amende pour la premiere fois, moitié à l'hôpital, & l'autre moitié au dénonciateur, & du double & de trois mois de prison, en cas de récidive; & aux negres, à peine d'être mis au carcan pendant 3 jours de marché consécutifs, & d'un mois de prison pour la premiere fois, & à peine du fouet en cas de récidive, & de la fleur de lys & de trois mois de prison.

ENREGISTRÉE au Conseil Souverain le 5 Avril 1718.

ORDONNANCE

ORDONNANCE

DE MM. LES GÉNÉRAL ET INTENDANT.

SUR les Maîtres d'Ecole.

Du 9 Novembre 1718.

RIEN n'étant si nécessaire pour le progrès de la Religion & l'exécution des Loix établies dans les Royaumes, auxquels la fidélité qu'on doit aux Souverains est indispensablement attachée, que l'éducation chrétienne qu'on doit donner à la jeunesse, il est par conséquent du devoir essentiel de ceux à qui l'autorité du Prince est confiée, de pourvoir à ce qui peut servir à la procurer : La permission accordée de tout tems à cet effet d'établir des écoles publiques, est le premier & le plus sûr moyen qui a été mis en pratique ; mais malgré le fruit & le grand bien qu'on en peut recueillir, la multiplicité & l'incapacité des maîtres sont les deux écueils qui les font échouer. On ne sauroit trop prendre de précautions pour donner dans un âge tendre aux jeunes plantes qu'on veut élever, les impressions qui leur sont nécessaires, & qui doivent régler leur raison naissante, qui se fortifie par la suite sur les principes qu'elle a reçus. L'éducation de la jeunesse ne peut donc être confiée qu'aux soins des personnes connues, & éprouvées pour la capacité, les mœurs & la conduite ; en sorte qu'avec une rétribution honnête qui puisse les faire subsister dans leurs emplois & suivant leur condition, ils puissent s'y donner tout entier, & rendre les jeunes gens qu'on leur confie, dans les sentimens de piété & dans le point d'érudition qu'on s'étoit proposé, en les leur remettant entre les mains : ces raisons, si conformes aux loix divines & humaines, nous ont fait approfondir l'état où cette matiere se trouve dans ces isles ; Nous avons consulté là-dessus plusieurs Pasteurs éclairés, & enfin sur leurs lumieres & sur notre connoissance particuliere, nous nous sommes déterminés à faire là-dessus un réglement qui pût à l'avenir assurer l'exécution d'une chose si attachée au bien public.

A CES CAUSES, nous avons par ces présentes dit, statué & ordonné, disons, statuons & ordonnons qu'à l'avenir il ne s'établira aucun maître pour enseigner la jeunesse dans les Paroisses des isles, que dans le nombre qui sera approuvé par les Pasteurs desdites Paroisses, à proportion de la quantité des ames commises à leur charge, & qu'après que lesdits Curés les auront reconnus de mœurs & de capacité requises ; ce qu'ils feront apparoir aux Juges des lieux avant leurs établissemens, par des certificats en bonne forme desdits Curés, sur lesquels lesdits Juges leur donneront leur permission, & non autrement; & que lesdites écoles soient proches des Eglises autant que faire se pourra, afin que les Curés puissent plus facilement y avoir l'œil.

Que les maîtres desdites écoles soient exacts à conduire eux-mêmes leurs écoliers tous les jours à la Messe, & aient soin de les faire assister aux Catéchismes les jours que les Révérends Peres Curés les feront.

Que les garçons & les filles seront séparés dans lesdites écoles, & ne seront point mêlés ensemble, de même que pour en sortir; observant lesdits maîtres d'école à cet égard, de congédier les filles, au moins une demi heure avant les garçons.

Que lesdits maîtres n'exigeront des parens des enfans qu'on enverra chez eux, que la rétribution dont ils seront convenus avec lesdits Curés, & dont ils feront mention dans leurs certificats, pour être ordonnés ensuite par les mêmes Juges, en observant par les Pasteurs de régler cette rétribution sur un pied que lesdits maîtres puissent en subsister.

Défendons à toutes personnes de tenir des écoles publiques, qu'aux conditions établies par le présent réglement, sous peine de cinquante livres d'amende applicable aux pauvres honteux de la Paroisse, auxquels les Curés en feront la distribution, & de trois jours de prison.

Et afin que personne n'en prétende cause d'ignorance, nous ordonnons que ce présent réglement sera enrégistré aux greffes des Conseils Supérieurs & des Jurisdictions des isles du vent de l'Amérique, lu, publié & affiché à l'issue des Messes paroissiales à la diligence des Procureurs généraux ou de leurs substituts, qui en feront remettre des expéditions aux Curés des Paroisses de leur ressort pour s'y conformer.

Enjoignons auxdits substituts des Procureurs généraux, de tenir la main à l'exécution des présentes, & de poursuivre les contrevenans à icelles, ainsi que les maîtres des écoles publiques qui se trouveront à l'avenir de mauvaises mœurs, sur les simples plaintes & dénonciations desdits Curés.

Donné sous le cachet de nos armes, & les contre-seings de nos secretaires, au Fort-Royal de la Martinique, le 9 novembre 1718, *Signé*, DE PAS DE FEUQUIERES, & MESNIER. *Et plus bas ;* Par Monseigneur. *Signé*, MANTET. & par mondit sieur. *Signé*, BERTRAND LEVERRIER. & scellé de deux cachets en cire rouge.

DECLARATION DU ROI,

SUR Les gens sans aveu.

Du 12 Mai 1719.

LOUIS PAR LA GRACE DE DIEU, ROI DE FRANCE ET DE NAVARRE: A tous ceux qui ces présentes lettres verront, SALUT. Les Rois nos prédécesseurs ont pourvu par plusieurs Ordonnances, Edits & Déclarations, aux désordres que causent nécessairement la fainéantise & l'oisiveté, en prononçant différentes peines, & même celles des galeres contre les vagabonds & gens sans aveu; mais le besoin que nous avons de faire passer des habitans dans nos Colonies, nous a fait regarder comme un grand bien pour notre état, de permettre à nos Juges, au lieu de condamner lesdits vagabonds aux galeres, d'ordonner qu'ils soient transportés dans nos colonies comme engagés, pour y travailler aux ouvrages auxquels ils seroient destinés, ainsi qu'il est porté par notre déclaration du 8 janvier dernier, enrégistrée en notre Cour de Parlement de Paris le 10 dudit mois: nous avons cependant appris que quoique ladite déclaration permette en général à toutes les Cours & Juges d'ordonner que les vagabonds & gens sans aveu seroient transportés dans nos colonies, plusieurs de nos Cours & autres Juges ont douté que la disposition de cette déclaration pût être étendue au delà de notre bonne ville de Paris & banlieu d'icelle, parce que son objet principal paroît avoir été d'écarter de ladite ville & banlieu, les vagabonds & ceux qui auroient été ou seroient dans la suite condamnés aux galeres ou au bannissement; & comme notre intention a toujours été, en prononçant les peines portées par ladite déclaration, de permettre à nos Juges dans toute l'étendue de notre Royaume, d'ordonner que tous ceux qui étant convaincus d'être vagabonds auroient pû & dû être condamnés aux galeres suivant la rigueur des ordonnances des Rois nos prédécesseurs, seroient transportés dans nos colonies, nous avons cru qu'il étoit nécessaire d'expliquer sur ce sujet nos intentions d'une maniere si précise, qu'il ne pût rester aucun doute sur une matiere qui intéresse également la sûreté de nos Etats & le bien des colonies.

A CES CAUSES, &c. Nous avons &c. que les Ordonnances, Edits, & Déclarations au sujet des vagabonds & gens sans aveu, soient exécutées selon leur forme & teneur; & cependant voulons que nos

Cours & autres Juges ne notre Royaume, pays, terres & Seigneuries de notre obéissance, dans le cas où lesdites Ordonnances, Edits & Déclarations prononcent la peine des galeres contre lesdits vagabonds, puissent ordonner que ces hommes soient transportés dans nos colonies pour y travailler comme engagés, soit pour un tems, soit pour toujours, conformément à notre Déclaration du 8 janvier dernier, sans que ladite peine puisse être regardée comme une mort civile, ni emporter confiscation; voulons que ceux qui auront été transportés dans nos colonies en vertu des jugemens de condamnation, ne puissent entrer dans notre Royaume pendant le tems prescrit par les jugemens, sous peine d'être mis au carcan & condamnés en outre aux galeres perpétuelles, si nos Juges n'estiment plus à propos qu'ils soient transportés de nouveau dans nos colonies, pour y rester à perpétuité comme engagés, auquel cas leurs biens seront & demeureront confisqués.

Si mandons en Mandement &c. au Parlement de Bretagne.

ORDONNANCE

DE MM. LES GÉNÉRAL ET INTENDANT,

SUR Les Orfévres.

Du 3 Février 1720.

ARTICLE PREMIER.

NOUS défendons à l'avenir à tous Orfevres de s'établir dans les isles du vent, sans avoir été examinés par les Juges des lieux auxquels ils feront apparoir de leurs conditions, bonnes mœurs & renommée, & dont ensuite ils obtiendront permission par écrit, le tout gratis; & ordonnons en conséquence à tous ceux qui sont actuellement établis, d'obtenir permission dans deux mois du jour de la publication des présentes, sous peine de 500 liv. d'amende applicable moitié à l'hôpital du Fort-Royal, & l'autre moitié ainsi qu'il sera ordonné par les Juges des lieux.

II. Enjoignons à tous orfevres d'avoir un registre qui sera paraphé gratis tous les ans par les Juges des lieux, dans lequel ils écriront jour par jour les matieres d'or qu'ils acheteront, le prix d'icelles, le nom, domicile, & la qualité de ceux de qui ils acheteront, & observeront le même ordre pour ce qu'ils vendent au poids & à l'espece de l'ouvrage, le tout sous les peines portées au premier article, & de plus grande, s'il y échet.

III. Ils

III. Ils auront un pareil regiſtre paraphé de même, où ils écriront jour par jour les matieres qu'ils recevront pour mettre en œuvre, le poids d'icelles, les noms, qualités & domiciles de ceux qui les leur remettront, dans lequel ils écriront pareillement la remiſe qu'ils feront de l'ouvrage, avec le poids & la ſomme qu'ils auront reçue pour la façon, le tout auſſi ſous les mêmes peines dudit premier article.

IV. Leur défendons ſous quelque prétexte que ce ſoit, d'acheter aucune matiere d'or ou d'argent, ſoit en poudre, lingots ou mis en œuvre, d'aucuns ſoldats & matelots, ſans permiſſion de leurs capitaines, non plus que d'aucunes perſonnes inconnues & non domiciliées & negres libres, ſans un répondant, de même que d'aucuns eſclaves, ſous peine des galeres & de confiſcation de leurs biens, ſans que cette peine puiſſe être réputée comminatoire.

V. Enjoignons auxdits orfevres d'avoir leurs marques, & leur défendons de vendre aucun ouvrage ſans que l'empreinte de leur marque y ſoit, ſous les mêmes peines portées aux premier & troiſieme articles des préſentes.

VI. Et pour connoître le titre de leur ouvrage & empêcher les malverſations pour le trop d'alliage, leur défendons très-expreſſément de vendre ni délivrer aucun ouvrage ſans avoir été auparavant approuvé & marqué du poinçon par celui auquel nous en confierons la garde dans chaque des principaux Bourgs des Iſles, & qui ſera par nous commis à cet effet à l'avenir, par nos ſucceſſeurs, avec ſerment en juſtice, en payant cinq ſols par chaque marque; & afin que perſonne n'en prétende cauſe d'ignorance &c.

Donné à Saint-Pierre de la Martinique, le 3 février mil ſept cent vingt. *Signés*, DE PAS DE FEUQUIERES, & BENARD.

ENREGISTRÉE au Conſeil Souverain le 4 Mars 1720.

REGLEMENT

LOCAL,

SUR Le luxe des eſclaves.

Du 4 Juin 1720.

ARTICLE PREMIER.

QUE tous mulâtres indiens de tout ſexe eſclaves qui ſervent au jardin & à la culture des terres, ne pourront être à l'avenir habillés que conformément à l'ordonnance de 1685, & de toile de vitré, soit pour chemises ou caleçons, & tout au plus des chemises de gros morlaix & des caleçons & jupes de gros ginga ou grosses indiennes pour les fêtes & dimanches, sans pouvoir porter d'autre habillement, sous peine de prison, & de confiscation de leurs hardes, au profit de ceux qui les arrêteront, par moitié avec l'hôpital du Fort-Royal, & de peine afflictive en cas de récidive.

II. Que tous mulâtres indiens ou negres de tout sexe aussi esclaves qui serviront leurs maîtres & maîtresses à tire de valets & servantes dans les maisons ou à leur suite, seront communement habillés ou de vitré, ou de morlaix, ou vieilles hardes équivalentes, seulement de leurs maîtres & maîtresses, avec colliers & pendans d'oreilles de rassade ou argent, & pourpoints & candalle de livrée, suivant la qualité desdits maîtres & maîtresses, avec chapeaux & bonnets, turbans & bresilienes simples, sans dorures ni dentelles ni autres ajustemens, sous les mêmes peines qu'au précédent article, sans pouvoir porter aucuns bijoux d'or ni de pierreries, ni soie, ni rubans, ni dentelles, sous quelque prétexte que ce soit.

III. Que tous mulâtres indiens & negres affranchis ou libres de naissance de tout sexe, pourront s'habiller de toile blanche, ginga, cotonille, indiennes ou autres étoffes équivalentes de peu de valeur, avec pareils habits dessus sans soie, dorure ni dentelle, à moins que ce ne soit à tres-bas prix; pour ces derniers, chapeaux, chaussures, & coeffures simples, sous les mêmes peines qu'aux deux premiers articles, même de perdre leur liberté en cas de récidive.

IV. Ordonnons au surplus que tous les réglemens concernant la police des negres, ci-devant rendus, seront exécutés selon leur forme & teneur; & afin que personne n'en ignore, &c.

ENREGISTRÉ au Conseil Souverain, le 3 Juillet 1720.

ORDONNANCE DU ROI,

SUR le port d'armes.

Du 23 Juillet 1720.

SA MAJESTÉ étant informée des désordres qui sont causés dans ses colonies par des personnes qui portent l'épée, quoiqu'ils ne dussent pas la porter; & desirant de les faire cesser, Sa Majesté, de l'avis, &c. fait très-expresses inhibitions & défenses à tous négocians, marchands, bourgeois & autres qui ne sont point officiers des vaisseaux marchands, de porter aucunes armes offensives ni défensives, dans les villes & bourgs de ses colonies, à peine de trois mois de prison; permet Sa Majesté, aux capitaines, lieutenans & enseignes desdits vaisseaux, de porter l'épée.

Mande &c.

ARRET

EN RGLEMENT

DU CONSEIL SOUVERAIN

SUR la Police.

Du 14 Mai 1721.

ARTICLE PREMIER.

LE Conseil défend aux Cabaretiers de l'isle, de vendre à aucuns mulâtres ou negres de tout sexe, aucunes liqueurs à quelle heure que ce soit pendant les fêtes & dimanches, soit pour les boire dans leurs cabarets ou les aller boire ailleurs, à peine de cent cinquante livres tournois d'amende, applicable moitié au dénonciateur, & lors qu'il n'y en aura pas, ladite moitié applicable au pont du bourg St. Pierre, pour les contraventions qui arriveront audit lieu; au Fort-Royal & à la Trinité, ladite moitié applicable aux réparations du Palais, & l'autre moitié aux hôpitaux; fait pareilles défenses aux negres & mulâtres libres qui ne sont pas cabaretiers, de recevoir chez eux aux mêmes fins, les esclaves sous les peines ci-dessus.

II. Que ceux qui ont des esclaves attaqués de ladrerie, soient obligés de les sequestrer dans des lieux écartés, & sans communication avec personne, sous peine de cent livres d'amende applicable aux hôpitaux; fait défenses aux chirurgiens & autres traitans des pians, de recevoir chez eux dans les bourgs & villes, des personnes attaquées de ce mal, sous les mêmes peines.

III. Ordonne aux cabaretiers de se conformer aux réglemens de police sur le fait des ouvriers, matelots & domestiques, & à l'article de la coutume de Paris à cet égard, à peine d'être déchus de toutes demandes à ce sujet.

IV. Fait défenses à tous habitans des Bourgs & Villes, de nourrir dans iceux aucuns cochons, soit à l'attache soit autrement, sous peine de confiscation d'iceux, au profit de l'hôpital, & de dix écus d'amende, moitié audit hôpital, & moitié au dénonciateur.

V. Ordonne aux propriétaires des canots passagers à St. Pierre, d'aller les déclarer la surveille des Conseils, au Procureur du Roi, pour recevoir ses ordres pour ceux dont il aura besoin pour le transport de Messieurs du Conseil au Fort-Royal & des prisonniers, sous peine contre les contrevenans de 30 liv. tournois d'amende applicable aux réparations du Palais du Conseil.

VI. Enjoint aux Procureurs du Roi des jurisdictions du ressort, de tenir la main chacun à leur égard à l'exécution du présent réglement, de faire régulierement leur police les fêtes & dimanches, & faire assigner les contrevenans aux audiences de police, pour y être condamnés conformément au présent réglement; ordonne &c.

ORDONNANCE *DU ROI*,

POUR la défense des Jeux aux Colonies françoises de l'Amérique.

Donnée à Versailles, le 15 Décembre 1722.

DE PAR LE ROI.

SA MAJESTÉ ayant été informée qu'au mépris de ses ordonnances concernant les jeux de hasard, plusieurs habitans & autres particuliers des isles & colonies françoises de l'Amérique, même des commerçans de france qui vont auxdites isles, & leurs commissionnaires y jouent des jeux de hasard, dont l'injuste inégalité excite de fréquentes querelles entre les joueurs, donne lieu à des usures odieuses, & par ce moyen cause la ruine de plusieurs familles, en engageant les jeunes gens dans la débauche & le libertinage : A quoi voulant pourvoir, de l'avis de Monsieur le duc d'Orléans Régent, elle a fait & fait très expresses inhibitions & défenses à toutes personnes, de quelque qualité & condition qu'elles soient, de jouer, ni de donner à jouer dans leurs maisons, aux jeux de bassette, pharaon, lansquenet, hoca, quinquenove, beriby, aux dez, & autres jeux de hasard ; comme aussi à tous hôteliers, cabaretiers, aubergistes, limonadiers & autres, de souffrir qu'on joue dans leurs maisons, à peine de cinq cens livres d'amende contre chacun des contrevenans pour la premiere fois, & de plus grande en cas de récidive, applicables lesdites amendes, un quart au dénonciateur, un autre quart à l'hôpital le plus prochain, & l'autre moitié aux ouvrages publics; veut Sa Majesté,

jesté, qu'au défaut de dénonciateur, le quart qui doit lui revenir soit aussi appliqué aux ouvrages publics, & que lesdites amendes soient prononcées par les Intendans desdites colonies, commissaires ordonnateurs ou leurs subdélégués en leur absence, à la poursuite & diligence des Procureurs de Sa Majesté dans les Jurisdictions.

Mande & ordonne Sa Majesté, aux Lieutenans-généraux ses Gouverneurs dans ses colonies de l'Amérique septentrionale & méridionale, Intendans, Gouverneurs particuliers, Commissaires-Ordonnateurs & à tous autres ses officiers & justiciers qu'il appartiendra, de tenir chacun en droit soi la main à l'exécution de la présente ordonnance, qui sera lue, publiée & affichée par-tout où besoin sera, à ce que personne n'en ignore, & enrégistrée ez greffes des Jurisdictions desdites colonies. Fait à Versailles, le 15 décembre 1722. *Signé*, LOUIS. *& plus bas ;* Par le Roi. FLEURIAU.

ORDONNANCE

DE MM. LES GÉNÉRAL ET INTENDANT,

AU sujet des Lotteries.

Du 20 Septembre 1723.

NOUS sommes informés que par un abus très-contraire au bon ordre d'une exacte police, on admet des esclaves à des jeux publics & des especes de lotteries qu'on fait de nippes qui leur sont propres ; & cet abus est devenu si commun, que ce qui pouvoit n'être d'abord qu'un amusement indifférent, est devenu d'une très-dangereuse conséquence : on a vû des personnes libres se mêler publiquement sans scrupule, avec des esclaves, & ne pas faire difficulté de se les égaler, en jouant avec eux : outre le scandale que cela cause, & que les domestiques sont par là détournés de leur devoir & du service de leurs maîtres, il est dangereux d'inspirer la passion du jeu à des esclaves qui n'étant retenus par aucun motif d'honneur & de religion, pourroient, pour se satisfaire, se porter dans la suite à de très-grands désordres : Si nous devons nos soins à la punition du crime ; ce qui peut y donner occasion & troubler l'ordre de la société, doit être aussi l'objet de nos intentions.

A CES CAUSES, nous avons fait très-expresses inhibitions & défenses à toutes personnes de quelque qualité & condition qu'elles soient, de faire des lotteries sans permission des Juges des lieux ; défendons très-expressément d'y admettre des esclaves de l'un & de l'autre sexe, directement ni indirectement, de leur donner à jouer ou de jouer pour eux ou avec eux, à quelque fin & pour quelque raison que ce puisse être, à peine contre les contrevenans, de 500 liv. d'amende, & de confiscation des marchandises, le tout à l'hôpital pour la premiere fois, & en cas de récidive, à peine de 1000 liv. d'amende & de confiscation des marchandises, applicable comme dessus, & d'être poursuivis extraordinairement, sans que ces peines puissent être réputées comminatoires par les Juges, auxquels nous enjoignons de tenir la main exactement à l'exécution des présentes. Donné au Fort-Royal, le 20 septembre mil sept cent vingt-trois. *Signé*, DE PAS DE FEUQUIERES, & BLONDEL.

ENREGISTRÉE au Conseil Souverain, le 20 Septembre 1723.

ORDONNANCE DU ROI,

POUR la plantation des Magnocs.

Du 6 Décembre 1723.

DE PAR LE ROI.

SA MAJESTÉ s'étant fait représenter l'ordonnance rendue par les sieurs de Feuquieres, Gouverneur Lieutenant-général, & Blondel, Intendant des isles du vent de l'Amérique, le 16 août dernier, à l'occasion des plantes de magnoc qui sert de nourriture ordinaire aux domestiques blancs, & esclaves negres, dont la disette est devenue si grande, & le prix augmenté si considérablement par la négligence des habitans des isles à cultiver cette plante, qu'ils sont hors d'état d'en acheter, & par conséquent de fournir auxdits domestiques & esclaves, la subsistance ordonnée par les Réglemens rendus à ce sujet; & ayant reconnu qu'il est de l'intérêt de ses sujets desdites colonies de continuer la culture desdits magnocs pour la conservation de leurs negres & le soutien de leur commerce, Sa Majesté a confirmé & autorisé ladite ordonnance, & conformément à icelle, a ordonné & ordonne ce qui suit, qu'elle veut être exécuté selon sa forme & teneur.

ARTICLE PREMIER.

Tous les habitans desdites isles du vent, de quelque qualité & condition qu'ils soient, seront tenus d'avoir dorénavant par chacune année sur leurs habitations, pour la subsistance de chacun de leurs domestiques blancs & noirs, la quantité de 500 fosses de magnoc par tête desdits domestiques, à peine contre ceux qui y contreviendront, de 50 liv. d'amende, applicable aux travaux des fortifications que Sa Majesté fait faire dans lesdites isles, pour chacune quantité de 500 fosses de magnoc qu'ils se trouveront n'avoir point cultivé.

II. Veut à cet effet Sa Majesté, qu'il soit fait à l'avenir au mois de décembre de chaque année, une visite exacte dans toutes les habitations, par le capitaine de milice de chaque quartier, accompagné de quatre habitans qui seront nommés par lesdits Général & Intendant ou par les Gouverneurs particuliers & les Subdélégués dudit Intendant, lesquels prêteront serment entre les mains desdits capitaines de milice, pour faire le dénombrement, tant desdits domestiques blancs & noirs, que de la quantité de 500 fosses de magnoc par tête, qu'ils auront trouvé sur chaque habitation, conformément au modele qui leur sera remis par lesdits Gouverneur, Lieutenant-général, & Intendant, Gouverneurs particuliers & subdélégués, chacun dans l'étendue de leur département.

III. Lesdits capitaines de milice seront tenus de remettre lesdits dénombremens signés & affirmés véritables, tant par eux que par lesdits habitans, entre les mains desdits Gouverneur général & Intendant, Gouverneurs particuliers & subdélégués, avant le premier janvier suivant.

IV. Enjoint Sa Majesté, auxdits Gouverneurs particuliers & Subdélégués, auxquels lesdits dénombremens auront été remis, de les envoyer après ledit jour premier Janvier, le plutôt que faire se pourra, auxdits Général & Intendant, pour être ensuite par eux envoyés à Sa Majesté, la liste des habitans desdites isles qui auront contrevenu à la présente ordonnance.

V. En cas que par les vérifications & dénonciations qui seront faites auxdits Gouverneur, Lieutenant général, Intendant, Gouverneurs particuliers, & Subdélégués, lesdits dénombremens ne se trouvent pas exacts & véritables, l'amende sera de 100 liv., applicable au dénonciateur, contre chaque habitant dont la déclaration ne sera pas véritable, outre & par-dessus celle de 50 liv. encourue par chaque quantité de 500 fosses de magnoc qui se trouvera n'avoir point été cultivée par tête de domestiques blancs & noirs, comme il est dit à l'article 1.

VI. Les quatre habitans qui auront signé un dénombrement qui ne se trouvera pas véritable, seront condamnés solidairement en 100 liv. d'amende, applicable pareillement au dénonciateur.

VII. Le capitaine de milice qui aura pareillement signé un dénombrement qui ne sera pas véritable, sera interdit des fonctions de sa charge, sauf de plus grande peine, si le cas y écher, sur l'avis qui en sera donné à Sa Majesté par lesdits Général & Intendant.

VIII. Ordonne en outre Sa Majesté, que les habitans qui seront convaincus de n'avoir pas exécuté les articles 22, 23, 24, 25, 26 & 27 des lettres patentes en forme d'Edit du mois de mars 1685 en ce qui concerne la subsistance & l'habillement desdits negres esclaves, soient condamnés en 500 liv. d'amende applicable aux travaux des fortificasions desdites isles. Mande & ordonne &c.

ENREGISTRÉE au Conseil Souverain le 15 Mars 1724.

EXTRAIT

DE L'ORDONNANCE RENDUE

PAR Messieurs de CHAMPIGNY & D'ORGEVILLE, Général & Intendant des isles, en date du premier septembre 1736.

CONCERNANT la plantation de certain nombre de pieds de Bananiers sur chaque habitation des isles du vent de l'Amérique.

A été extrait ce qui suit :

ARTICLE PREMIER.

QU'outre les plantations ordinaires de magnoc, prescrites par les ordonnances précédentes, chaque habitant plantera incessamment sur ses terres, 25 pieds de bananiers par chaque tête de ses negres, & qu'il laissera & entretiendra après la premiere récolte, cinquante rejettons par chaque tête.

II. La visite de ces plantations sera faite par les capitaines de milice de chaque quartier, accompagnés de quatre habitans, au mois de décembre de chaque année, conformément à l'ordonnance du Roi, du 6 décembre 1723.

III. Lesdits capitaines de milice, remettront par tout le mois de mars au plus tard, au Général & à l'Intendant en cette isle, & dans les autres isles, aux Gouverneurs & Subdélégués, les procès verbaux de la visite qu'ils auront faite des magnocs & bananiers de leur quartier, lesdits procès verbaux signés d'eux & des quatre habitans qui les auront accompagnés.

IV. Les voisins limitrophes de l'habitant qui n'aura pas la quantité de vivres, tant en magnoc qu'en bananiers, prescrite par les ordonnances, & qui par là expose leurs vivres au pillage de ses negres, seront tenus d'en avertir le Général & Intendant ou les Gouverneurs & Subdélégués, pour y être par eux pourvu.

V. Les

V. Les Juges, en nommant des arbitres pour estimer les negres tués en marronage, & même les negres justiciés, que les maîtres n'auront pas d'eux-mêmes remis à justice, nommeront en même tems les mêmes, ou deux autres arbitres pour faire la visite des vivres que le maître desdits negres a sur son habitation, & le paiement desd. negres ne pourra être ordonné que sur le certificat desdits arbitres, affirmé par serment, qu'ils ont trouvé sur ladite habitation la quantité de vivres ordonnée, tant en magnoc qu'en bananiers.

VI. L'habitant qui pour des raisons qu'on ne peut pas prévoir, ne pourra pas planter la quantité des vivres prescrite sur ses terres, sera tenu d'en faire la déclaration au Général & à l'Intendant, ou aux Gouverneurs & Subdélégués, dans trois mois de la publication de la présente ordonnance, & les avertira des mesures qu'il a prises pour y suppléer, pour être par eux statué sur ladite déclaration ce qu'ils aviseront; & faute par ledit habitant d'avoir fait ladite déclaration, il sera non recevable à proposer aucune excuse, lorsqu'il sera trouvé en contravention.

VII. Les habitans qui seront convaincus de n'avoir pas sur leurs terres la quantité de magnoc prescrite par les anciennes ordonnances, seront condamnés aux peines qui y sont portées; & ceux qui n'auront pas la quantité de bananiers, ordonnée ci-dessus, seront condamnés à payer 10 s. par chaque pied de bananier qui leur manquera, applicable à la caisse des negres justiciés, & en cas de récidive, outre ladite amende, à deux mois de prison.

VIII. Les voisins limitrophes de l'habitant surpris en contravention, qui n'en auront pas donné avis conformément à l'article 4 de la présente ordonnance, seront condamnés à une amende arbitraire, applicable comme dessus, en punition du peu de soin qu'ils ont eu à la conservation des vivres destinés pour la nourriture de leurs esclaves.

ENREGISTRÉE au Conseil Souverain le 7 Septembre 1736.

ORDONNANCE

DE MM. LES GÉNÉRAL ET INTENDANT.

CONCERNANT les plantations de Patates.

Du 10 Mars 1740.

LA disette des vivres du pays que nous éprouvons actuellement, nous a déterminé à nous faire rendre compte des causes qui peuvent l'occasionner ; nous avons reconnu qu'elle provenoit principalement de l'inexécution des anciens réglemens pour les plantations des magnocs & des bananiers, & qu'elle a été encore augmentée par le défaut des bœufs salés : comme la guerre qu'on a lieu de craindre pourroit rendre les envois qui en sont faits annuellement de france plus difficiles & plus rares, nous croyons indispensablement nécessaire de pourvoir à une plantation des vivres capables d'obvier aux suites de ces événemens ; c'est pourquoi nous ordonnons.

ARTICLE PREMIER.

Qu'outre les plantations de magnoc & de bananiers prescrites par l'ordonnance, chaque habitant sera tenu de planter incessamment des patates, à raison d'un quarré pour 30 negres.

II. Que ceux que la qualité ou la situation de leur terrein mettra dans l'impossibilité de satisfaire aux plantations de magnoc & de bananiers, seront obligés d'y suppléer par des plantations de patates ou de ris, ou de toute autre denrée propre à la nourriture des hommes, sur le pied & indépendamment de celles ci-dessus ordonnées.

III. Que ceux qui se trouveront convaincus de n'avoir point satisfait à toutes leurs plantations, seront condamnés aux peines prononcées par les anciennes ordonnances, pour celles de magnoc & de bananiers qu'ils n'auront point faite, & au prorata pour le défaut des plantations de patates ci-dessus ordonnée.

IV. Que les capitaines de milice seront tenus de faire dans le mois de juin prochain les visites de l'étendue de leur compagnie, & de nous en remettre les procès verbaux dans le mois de juillet suivant, dans la forme prescrite par les anciens réglemens, pour, sur lesdits procès verbaux, être par nous prononcé ce qu'il appartiendra ; sera la présente ordonnance, enrégistrée aux Conseils Supérieurs de la Martinique & de la Guadeloupe, & à la chambre royale de la Grenade, lue, publiée & affichée par-tout où besoin sera, à la diligence des Procureurs généraux desdits Conseils Supérieurs. Mandons &c.

Donné sous le sceau de nos armes, & le contre-seing de nos sécretaires, au Fort-Royal de la Martinique, le 10 mars 1740. *Signés*, CHAMPIGNY & de la CROIX. *Et plus bas :* Par Monseigneur. *Signé*, DE St. ANDRÉ, Et par Monseigneur, LOUBIERE.

ENREGISTRÉE au Conseil Souverain le 10 Mars 1740.

ORDONNANCE DU ROI,

SUR les vénéfices & poisons.

Du mois de Février 1724.

LOUIS PAR LA GRACE DE DIEU, ROI DE FRANCE ET DE NAVARRE: A tous ceux qui ces présentes lettres verront, SALUT. Nous avons été informés qu'au préjudice de l'Édit de notre très-honoré Seigneur & bisayeul, du mois de juillet mil six cent quatre vingt deux, pour la punition de différents crimes, & entr'autres de ceux qui se commettent par les vénéfices & le poison, il s'est trouvé dans nos colonies des isles du vent de l'Amérique, principalement parmi les negres esclaves, des personnes assez méchantes pour se servir desdits vénéfices & poisons au détriment de la vie de nos sujets desdites colonies; & rien n'étant plus important que d'arrêter le cours de ces crimes énormes, nous avons cru devoir renouveller les dispositions portées par ledit Edit.

A CES CAUSES, nous avons dit, déclaré & ordonné, disons, déclarons & ordonnons ce qui suit.

ARTICLE PREMIER.

Que toutes personnes, de quelque qualité & condition qu'elles soient, qui sont établies & qui s'établiront dans nos colonies des isles du vent de l'Amérique, negres esclaves & autres qui seront convaincus de s'être servis de vénéfices & de poisons, soit que la mort s'en soit ensuivie ou non, comme aussi ceux qui seront convaincus d'avoir composé ou distribué du poison pour empoisonner, seront punis de mort; & parce que ces sortes de crimes sont non-seulement les plus détestables & les plus dangereux de tous, mais encore les plus difficiles à découvrir, nous voulons que tous ceux sans exception, qui auront connoissance qu'il aura été travaillé à faire du poison, qu'il en aura été demandé ou donné, soient tenus de dénoncer incessamment ce qu'ils en sauront à nos Procureurs généraux des Conseils Supérieurs de la Martinique & de la Guadeloupe, à leurs Substituts ou aux Procureurs pour nous des jurisdictions ordinaires desdites isles du vent, & en cas d'absence au premier officier public des lieux, à peine d'être extraordinairement procédé contr'eux, & punis selon les circonstances & exigence des cas, comme fauteurs & complices desdits crimes, & sans que les dénonciateurs soient sujets à aucunes peines, ni même aux intérêts civils, lorsqu'ils ont déclaré & articulé des faits ou des indices considérables qui seront trouvées véritables & conformes à leur dénonciation, quoique dans la suite les personnes comprises dans lesdites dénonciations soient déchargées des accusations, dérogeant à cet effet à l'article 73 de l'ordonnance d'Orléans, pour le fait du vénéfice & poison seulement, sauf à punir les calomniateurs selon la rigueur de ladite ordonnance.

II. Ceux qui seront convaincus d'avoir attenté à la vie de quelqu'un par vénéfice & poison, en sorte qu'il n'ait pas tenu à eux que ce crime n'ait été consommé, seront punis de mort.

III. Seront réputés au nombre des poisons, non-seulement ceux qui peuvent causer une mort prompte & violente, mais aussi ceux qui en altérent peu-à peu la santé, causent des maladies, soit que lesdits poisons soient simples, naturels ou composés & faits de la main de l'artiste; & en conséquence défendons à toutes sortes de personnes, à peine de la vie, même aux médecins, apothicaires & chirurgiens, à peine de punition corporelle, d'avoir & garder de tels poisons simples ou préparés, qui retenant toujours leur qualité de venin, & n'entrant en aucune composition ordinaire, ne peuvent servir qu'à nuire, & sont de leur nature pernicieux & mortels.

IV. A l'égard de l'arsenic, du reagale, de l'orpiment & du sublimé, quoiqu'ils soient poison dangereux de toute leur substance, comme ils entrent & sont employés en plusieurs compositions nécessaires, nous voulons, afin d'empêcher à l'avenir la trop grande facilité qu'il y a eu jusqu'ici d'en abuser, qu'il ne soit permis qu'aux marchands qui demeureront dans les villes & bourgs, d'en vendre & d'en livrer eux-mêmes, seulement aux médecins, apothicaires, chirurgiens, orfevres, teinturiers, maréchaux & autres personnes publiques, qui par leurs professions sont obligés d'en employer, lesquels néanmoins écriront en les prenant sur un registre particulier tenu pour cet effet par lesdits marchands, leurs noms, qualités & demeures, ensemble la quantité qu'ils auront prise desdits mineraux; & si dans le nombre desdits artisans qui s'en servent, il s'en trouve qui ne sachent écrire, lesdits marchands écriront pour eux; quant aux personnes inconnues audit marchand, comme peuvent être les chirurgiens & maréchaux qui demeurent sur les habitations, ils apporteront des certificats en bonne forme, contenant leurs noms, demeures & professions, signés du Juge des lieux, ou d'un notaire & de deux témoins, ou du Curé ou de deux principaux habitans; lesquels certificats & attestations demeureront chez lesdits marchands, pour leur décharge; seront aussi les épiciers, merciers & autres marchands demeurant dans lesdits villages & habitations, tenus de remettre incessamment ce qu'ils auront desdits mineraux, entre les mains des anciens

ciens marchands épiciers ou apothicaires des villes & bourgs les plus prochains des lieux où ils demeureront, lesquels leur en rendront le prix, le tout à peine de trois mille livres d'amende, en cas de contravention, même de punition corporelle s'il y échet.

V. Enjoignons à tous ceux qui ont droit par leurs professions & métiers, de vendre ou acheter des susdits minéraux, de les tenir en des lieux sûrs dont ils garderont eux-mêmes la clef; comme aussi leur enjoignons d'écrire sur un registre particulier la qualité des remedes où ils auront employé desdits minéraux, les noms de ceux pour qui ils auront été faits, & la quantité qu'ils y auront employée, & d'arrêter à la fin de chaque année sur lesdits registres ce qui leur en restera, le tout à peine de mille livres pour la premiere fois, & de plus grande s'il y échet.

VI. Défendons aux médecins, chirurgiens, apothicaires, épiciers, droguistes, teinturiers, maréchaux & tous autres, de distribuer desd. minéraux en substance, à quelque personne que ce puisse être, & sous quelque prétexte que ce soit, sous peine d'être punis corporellement; & seront tenus de composer eux-mêmes ou de faire composer en leur présence par leurs garçons, les remedes où il devra entrer nécessairement desdits minéraux, qu'ils donneront après cela à ceux qui leur en demanderont pour s'en servir aux usages ordinaires.

VII. Défenses sont faites à toutes personnes autres qu'aux médecins & apothicaires, d'employer aucuns insectes vénimeux, comme serpens, crapauds, viperes & autres semblables, sous prétexte de s'en servir à de médicamens, ou à faire des expériences, & sous quelque prétexte que ce puisse être, s'ils n'en ont la permission expresse par écrit.

VIII. Faisons très-expresses défenses à toutes personnes, de quelque qualité, profession & condition qu'elles soient, excepté aux médecins & apothicaires approuvés, d'avoir aucuns laboratoires & d'y travailler aucunes préparations de drogues ou distilations, sous prétexte de remedes chimiques, expériences, secrets particuliers, recherche de la pierre philosophale, conversion, multiplication ou raffinement des métaux, confection de cristaux ou pierre de couleur & autres semblables prétextes, sans en avoir auparavant obtenu de nous par lettres du grand sceau, la permission d'avoir lesdits laboratoires, présenté lesdites lettres & fait déclaration en conséquence à l'Intendant desdites isles. Défendons pareillement à tous distilateurs, vendeurs d'eau-de-vie, de faire autre distilation que celles de l'eau-de-vie & de l'esprit de vin, sauf à être choisi d'entr'eux le nombre qui sera jugé nécessaire pour la confection des eaux fortes dont l'usage est permis, lesquels ne pourront néanmoins y travailler qu'en vertu de nosdites lettres, & après en avoir fait leur déclaration, à peine de punition exemplaire.

Si donnons en Mandement, à nos amés & féaux les gens tenans nos Conseils Supérieurs de la Martinique & la Guadeloupe, que ces présentes ils aient à faire lire, publier & enrégistrer, & icelles exécuter selon leur forme & teneur, sans souffrir qu'il y soit contrevenu en quelque sorte & maniere que ce soit; *Car tel est notre plaisir.* Et afin que ce soit chose ferme & stable à toujours, nous avons fait mettre notre scel à cesdites présentes.

Donné à Versailles, au mois de février, l'an de grace 1724, & de notre regne le neuvieme. *Signé*, LOUIS. *Et plus bas*; Par le Roi. *Phelypeaux*. Et scellé du grand sceau de cire verte.

ARRET

EN REGLEMENT

DU CONSEIL SOUVERAIN

PORTANT enrégistrement de l'Ordonnance du Roi sur les vénéfices & poisons.

Du 18 Mai 1724.

EXTRAIT DES REGISTRES DU CONSEIL SOUVERAIN.

VU l'Edit du Roi pour la punition des crimes qui se commettent par les vénéfices & le poison, en date du mois de février dernier, signé LOUIS. & plus bas, par le Roi, signé, Phelypeaux, & scellé du grand sceau; vu les conclusions de M^e^. Le Sauvage, Conseiller Substitut, pour le procureur général du Roi, & oui le rapport de M^e^. Lhomme de Montigny.

Le Conseil a ordonné & ordonne que ledit Edit sera registré ez registres du greffe de la Cour & des Jurisdictions & Sieges d'Amirautés du ressort, pour être exécuté selon sa forme & teneur, lu, publié & affiché par-tout où besoin sera, & par tableau dans les greffes; & en conséquence de l'article 4, attendu la multiplicité des marchands qui s'établissent sans être connus, ordonne que par Monsieur l'Intendant, il en sera seulement nommé un d'office au Bourg St. Pierre, un en cette ville du Fort-Royal, un au bourg de la Trinité, un au bourg St. Jacques de l'isle de la Grenade, & un autre pour le Bourg de l'isle Marie-Galante, lesquels marchands ainsi nommés, pourront seuls, à l'exclusion de tous autres, faire la distribution des drogues portées audit Edit, & conformément à icelui, après avoir prêté serment devant le Juge des lieux de s'y conformer; seront tenu des faire coter & parapher leurs regiſtres par ledit Juge, qui les viſera de trois en trois mois; ſeront pareillement tenus les marchands & pacotilleurs, tant françois qu'étrangers, de vendre leurs drogues compriſes audit article 4, aux ſusdits marchands, à prix raiſonnable, & non à d'autres marchands, ſous les peines portées audit Edit. Enjoint aux greffiers des amirautés, d'avertir de ce que deſſus, les capitaines de navires à leur arrivée, pour par eux y tenir & faire tenir la main, par leur équipage & paſſagers: des enrégiſtremens & publication duquel Édit, ſera la Cour certifiée au premier jour, icelui & le préſent arrêt préalablement notifié auxdits greffiers des Jurisdictions & amirautés, à la diligence du Procureur général ou de ſes Subſtituts.

Fait à la Martinique au Conſeil Souverain, le 18 mai mil ſept cent vingt-quatre.

EXTRAIT

DES REGISTRES DU CONSEIL SOUVERAIN, *DE LA MARTINIQUE.*

SUR la police des Noirs.

Du 13 Septembre 1726.

VU la remontrance du Procureur général au ſujet d'un réglement général, néceſſaire en ce qui concerne les negres ſaiſis, les épaves & les criminels, l'arrêt de ce jour qui nomme M^re^. Jean Aſſier, Conſeiller en la Cour, pour faire ſon rapport ſur ladite remontrance; tout vû & conſidéré, la matiere miſe en délibération, & oui le rapport dudit M^re^. Jean Aſſier. Le Conſeil ordonne,

ARTICLE PREMIER.

Qu'il ſera permis aux habitans d'envoyer dans les priſons des Jurisdictions, leurs eſclaves prévenus ou ſoupçonnés de crimes, & que les geoliers desdites priſons ſeront tenus de les recevoir.

II. Qu'après que lesdits eſclaves auront été conſtitués priſonniers, les maîtres ſeront tenus de donner ſur le champ & dans les vingt-quatre heures, leur requête en plainte ou en dénonciation contre lesdits eſclaves.

III. Que faute par lesdits maîtres d'avoir donné leursdites requêtes, ils ſupporteront les frais de la nourriture, gîte & geolage de leurs negres, depuis le jour de leur entrée jusqu'au jour desdites requêtes.

IV. Au cas que lesdits esclaves prisonniers soient condamnés & punis pour crimes, les maîtres seront tenus de les retirer & faire retirer le jour ou le lendemain de leur exécution, de même qu'au cas où lesdits esclaves auroient été absous, à peine contre lesdits maîtres, de payer la nourriture, gîte & geolage de leurs esclaves pendant le tems qu'ils les laisseront en prison, à compter du lendemain de ladite exécution du jugement & arrêt qui les aura absous, si ce n'est cependant au cas de la question; auquel cas ceux desdits esclaves qui l'auront subie, pourront être laissés neuf jours esdites prisons à la charge du Roi.

V. Seront tenus les Substituts dudit Procureur général, de travailler incessamment & sans délai, à l'instruction des procès criminels des esclaves prisonniers, & de faire les diligences nécessaires, sitôt que les requêtes en plainte des maîtres leur auront été remises par les parties, ou renvoyées par les Juges, à peine, en cas de négligence de leur part dans l'instruction desdits procès, d'y etre pourvu.

VI. Que les negres épaves seront pareillement mis esdites prisons, à la charge & garde des geoliers. Enjoint auxdits geoliers de tenir registre desdits negres, lequel registre sera paraphé en marge par le Substitut du Procureur général en la jurisdiction desdites prisons; & ce, pour chaque negre qui sera amené, & dans les vingt-quatre heures où ils y auront été amenés, sous telles peines qu'il appartiendra contre les geoliers qui n'auront pas tenu lesdits registres, lesquels ils seront tenus de représenter toutes les fois qu'ils en seront requis.

VII. Que les negres épaves seront à l'avenir vendus tous les trois mois, savoir; en janvier, avril, juillet & octobre, à la diligence des Substituts du Procureur général en chaque jurisdiction, les receveurs du domaine appellés; & seront lesdits negres, criés par trois dimanches consécutifs, à la porte du palais de chaque Jurisdiction, par le premier huissier ou sergent requis. Ordonne qu'à chaque jour des criées, lesdits esclaves seront exposés aux portes desdits Palais, pour y être reconnus par leurs maîtres, qui s'y transporteront à cet effet, si bon leur semble; de tout quoi lesdits huissiers ou sergens dresseront procès verbal en bonne & dûe forme.

VIII. Sera toujours loisible aux habitans d'aller dans les prisons pour y reconnoître leurs esclaves & les retirer, si bon leur semble, auquel cas ils déchargeront les registres desdits geoliers.

IX. Qu'en cas de reconnoissance desdits esclaves avant leurs ventes, les maîtres en les retirant, payeront aux geoliers, les frais de nourriture, gîte & geolage, même ceux des criées, si aucunes y a. Fait défenses aux geoliers de cacher aucun des negres prisonniers, sous telles peines qu'il appartiendra, & d'être poursuivis extraordinairement.

X. Ce

X. Ce faisant, le Conseil ordonne qu'après lesdits trois mois lesdits negres seront vendus & adjugés par les Juges des lieux, au plus offrant & dernier enchérisseur en la maniere ordinaire, & ne pourront être lesdits negres réclamés par leurs maîtres après lesdites ventes, dont le prix sera remis auxdits receveurs du Domaine du Roi; lesquels receveurs seront tenus de le rendre aux anciens maîtres desdits esclaves, dans l'an du jour de leur vente, s'ils justifient que lesdits negres leur appartiennent, si non & ledit délai passé, ils n'y seront plus reçus.

XI. Fait défenses d'exposer auxdites ventes d'autres negres que ceux qui se trouveront aux prisons avant le premier jour desdits mois de janvier, avril, juillet & octobre, & avant la premiere criée.

XII. Ordonne que les Substituts du Procureur général du Roi se conformeront au présent réglement dans les taxes qu'ils feront des États des geoliers. Ordonne que le présent arrêt sera enrégistré aux greffes des jurisdictions du ressort, lu, publié & affiché dans toutes les Paroisses de l'isle, à ce que personne n'en ignore; le tout à la diligence du Procureur général du Roi, ou de ses substituts, qui en certifiera la Cour à la prochaine séance.

Fait à la Martinique, au Conseil Souverain, le 13 septembre mil sept cent vingt-six. *Signé*, Rampont.

ORDONNANCE

DE MM. LES GENERAL ET INTENDANT.

SUR les Etrangers & gens sans aveu.

Du 14 Mars 1729.

ETANT informés que plusieurs étrangers de différentes nations, & que même des François arrivent furtivement en ces isles, y séjournent & les parcourent à notre insu & à celui des Officiers qui commandent pour le Roi dans les différens quartiers desdites isles.

Nous avons cru qu'il étoit du bon ordre & d'une exacte police de prendre de justes mesures pour que nous puissions toujours être informés non-seulement quels sont ces étrangers, mais encore quels sont les François qui arrivent journellement dans les isles du vent, & des affaires qui les y attirent, afin que nous soyons à portée de réprimer sur le champ & même de prévenir les entreprises téméraires qu'ils pourroient faire dans ces isles, soit par rapport au commerce, soit dans les autres parties qui intéressent la société.

A CES CAUSES, nous avons ordonné ce qui suit.

Article Premier.

Aucun étranger ne pourra séjourner à l'avenir dans les isles du vent, sous tel prétexte que ce puisse être, sans en avoir obtenu notre permission par écrit ou celle desdits officiers commandans, & ce sous les peines portées ci-après, à l'exception néanmoins des étrangers qui y sont actuellement établis, ou des matelots qui se trouvent employés sur des bâtimens françois, mouillés dans les ports & rades desdites isles.

II. Les permissions qui seront accordées, soit par nous, soit par lesd. Officiers Commandans pour le Roi, contiendront les noms, surnoms, qualités & pays des personnes arrivées, les noms des bâtimens sur lesquels elles auront passé en ces isles, les affaires pour lesquelles les personnes arrivées auront dit être venues auxdites isles.

III. Défendons à toutes personnes de quelque qualité & condition qu'elles soient, spécialement à tous hôteliers, cabaretiers, traiteurs & aubergistes, de loger, héberger ou retirer aucune personne de telle nation qu'elle puisse être, même de la nation françoise, sans qu'elle lui ait fait apparoir de ladite permission, laquelle ils feront enrégistrer tout au long avec leur déclaration dans les 24 heures de l'arrivée de la personne, par l'officier chargé du soin de la police, sur peine contre les hôteliers, cabaretiers, traiteurs & aubergistes qui auront logé, hébergé ou retiré des gens dont ils n'auront pas fait enrégistrer la déclaration ordonnée ci-dessus, de 500 liv. d'amende applicable un quart à l'hôpital le plus prochain du domicile des contrevenans, un quart aux pauvres de leur paroisse, & les deux autres quarts aux réparations des ouvrages publics; & sur peine contre toutes personnes autres que les hôteliers, cabaretiers, traiteurs ou aubergistes, des amendes qui seront prononcées en connoissance de cause par les Juges de police.

IV. Ces déclarations seront enrégistrées date par date, desuite & sans aucun blanc ni transposition, par les officiers chargés du soin de la police, dans un registre que nous enjoignons à chacun d'eux de tenir à cet effet, les feuillets duquel registre seront cotés & paraphés par premier & dernier par les Juges des lieux.

V. N'entendons néanmoins assujettir les hôteliers, cabaretiers, traiteurs, aubergistes & tous autres aux dispositions des précédens articles, lorsqu'ils logeront chez eux des personnes connues pour être établies & domiciliées dans la même isle qu'eux, ou autres isles dépendantes du gouvernement général, ou lorsqu'ils logeront ou retireront chez eux des officiers mariniers de la nation françoise, dont ils sauront positivement que les bâtimens seront mouillés dans les ports & rades des isles du vent, mais seulement lorsqu'ils logeront des personnes autres que celles exceptées par le présent article.

VI. Les étrangers auxquels il aura été permis de séjourner en ces isles, ne pourront sous aucun prétexte, quitter le lieu où leur séjour aura été fixé par la permission qui leur aura été accordée, pour se transporter dans un autre lieu, sans en avoir obtenu de nous ou des officiers commandans, une nouvelle permission au dos de celle dont ils seront munis; & ils seront tenus à leur retour dans le lieu où leur séjour aura été fixé, de rapporter ensuite de cette nouvelle permission, la certification des officiers commandans pour le Roi ou des capitaines de milice des lieux où il leur aura été permis d'aller, comme ils y auront été effectivement.

VII. Les étrangers autres que ceux exceptés par l'article premier, qui seront trouvés à l'avenir dans les isles du vent, sans être munis de notre permission ou de celle des officiers commandans pour le Roi dans les ports & rades desdites isles, ou qui étant munis d'une permission pour rester dans un lieu, se seroient transportés dans un autre sans avoir à cet effet obtenu une nouvelle permission, ou qui ayant obtenu cette nouvelle permission seront trouvés dans un autre endroit que celui où il leur aura été permis d'aller, ou qui s'étant rendus effectivement dans l'endroit où il leur aura été permis de se transporter, ne rapporteront pas à leur retour le certificat du capitaine de milice du même lieu, ou enfin qui feront dans les isles du vent un plus long séjour que celui qui aura été fixé par la permission qui leur aura été accordée, seront constitués prisonniers à la diligence des officiers chargés du soin de la police, dans les prisons les plus prochaines du lieu où ils auront été arrêtés, d'où ils ne pourront être relâchés sous tel prétexte que ce puisse être, même pour être embarqués pour les isles étrangeres, qu'au préalable ils n'aient payé une amende de mille livres, à laquelle nous les condamnons, ensemble les frais de gîte & geolage, ou donné caution suffisante pour le tout; la moitié de laquelle amende de mille livres appartiendra au dénonciateur, & l'autre moitié sera appliquée aux réparations ou constructions des ouvrages publics.

VIII. Il sera fait par les officiers chargés du soin de la police, de fréquentes & exactes perquisitions chez tous les hôteliers, cabaretiers, traiteurs & aubergistes, à l'effet de connoître par la confrontation des déclarations qu'ils auront faites, & des personnes qui se trouveront logées chez eux, s'ils ont attention de se conformer à la présente ordonnance: de semblables perquisitions pourront être faites chez toutes personnes autres que les hôteliers, cabaretiers, traiteurs & aubergistes, par les officiers chargés du soin de la police; mais elles ne pourront être faites qu'en vertu des ordres qui leur seront par nous donnés à ce sujet.

IX. Et afin que les officiers chargés du soin de la police aient une connoissance exacte de tous les hôteliers, cabaretiers, traiteurs &

aubergistes de leur district, nous ordonnons à ces derniers de se transporter dans les quinze jours qui suivront la publication de la présente ordonnance, chez l'officier chargé du soin de la police du lieu de leur domicile, pour se faire inscrire par lui sur un registre que nous lui enjoignons de tenir des noms, surnoms & demeures desd. hôteliers, cabaretiers, traiteurs & aubergistes, sur peine contre ceux qui après l'expiration des quinze jours ne se seront pas présentés pour se faire inscrire, de trois cens livres d'amende applicable moitié aux pauvres des Paroisses des délinquants, & moitié aux réparations des ouvrages publics. Défendons à toutes personnes d'ouvrir cabaret & de tenir auberge, sur la même peine de trois cents livres d'amende, sans auparavant s'être fait inscrire chez l'officier chargé du soin de la police; & sera notre présente ordonnance, enrégistrée tant aux greffes des Conseils Supérieurs de la Martinique & de la Guadeloupe, qu'à ceux des jurisdictions de leur ressort, lue, publiée & affichée en la maniere ordinaire, à ce que personne n'en ignore.

Donné au Fort-Royal de la Martinique, sous le cachet de nos armes, & le contre-seing de nos secretaires, le 14 mars mil sept cent vingt-neuf. *Signés*, CHAMPIGNY & d'ORGEVILLE. *Et plus bas*; Par Monseigneur. *Signé*, LEFEVRE. Et par Monseigneur, *Signé*, LACHENAYE.

ENREGISTRÉE au Conseil Souverain le 14 Mars 1729.

ORDONNANCE

DE MM. LES GÉNÉRAL ET INTENDANT,

SUR les Mendiants.

Du 14 Mars 1729.

QUoiqu'il soit facile, non-seulement aux personnes qui savent quelque métier, mais encore à celles qui n'en ont aucun, de trouver dans ces isles le moyen de gagner leur vie, nous avons cependant le déplaisir d'y voir actuellement des gens qui par un esprit de nonchalance, de fainéantise & libertinage, aiment mieux mener une vie oisive, errante & misérable, que de se fixer à aucun travail, lesquels ne font d'autre métier que de gueuser & mendier en cette ville du Fort-Royal, dans les différens bourgs de ces isles, & même sur les habitations, où ils ont la hardiesse de pénétrer jusques dans l'intérieur des maisons; ce qui leur donne occasion de voler eux-mêmes ou de receler les vols des esclaves domestiques, avec lesquels on les voit souvent jouer & boire dans des cabarets écartés, ou dans

dans les cases des mulâtres & des negres libres qui les retirent & qui profitent des larcins que ces gueux mendiants peuvent faire. Comme des gens de cette espece sont, non-seulement des membres inutiles, mais à charge à la société, & que son intérêt exige ou qu'ils lui deviennent utiles, ou qu'ils en soient expulsés :

A CES CAUSES, nous ordonnons que tous ceux qui seront trouvés quinze jours après la publication de la présente ordonnance, gueusant & mendiant dans les isles françoises du vent, seront pris & arrêtés à la diligence des officiers qui sont chargés du soin de la police, ou des officiers de milice, pour lesdits gueux mendiants être conduits dans les prisons les plus prochaines du lieu où ils auront été arrêtés, & être ensuite embarqués pour france ou pour les isles neutres voisines, d'où ils ne pourront repasser aux isles françoises du vent, sous peine d'être punis comme vagabonds ; & afin qu'on les puisse reconnoître, il sera fait avant l'embarquement desdits gueux mendiants, par les officiers chargés du soin de la police, des lieux où ils auront été constitués prisonniers, un rôle qui contiendra les noms, surnoms, pays & signalemens desdits gueux mendians : Enjoignons au premier capitaine de navire ou maître de bateau requis, de les embarquer & de les transporter dans les lieux indiqués par les ordres qui leur en seront donnés. Défendons à tous hôteliers, cabaretiers & à tous autres, spécialement aux mulâtres, negres & negresses libres, de loger, héberger ou retirer chez eux directement ni indirectement, soit de jour, soit de nuit, aucun desdits gueux mendians, sous peine de deux cents livres d'amende, applicable aux frais de l'expulsion desdits mendiants ; & en cas de récidive de la part desdits hôteliers, cabaretiers, du double de l'amende, de trois mois de prison, & en outre sous peine contre les mulâtres, negres & negresses libres, d'être bannis des isles françoises du vent ; & sera notre présente ordonnauce enrégistrée, tant aux greffes des Conseils Supérieurs de la Martinique & de la Guadeloupe, qu'à ceux des Jurisdictions de leur ressort, lue, publiée & affichée en la maniere ordinaire, à ce que personne n'en ignore.

Donnée au Fort-Royal de la Martinique, sous le cachet de nos armes & le contre seing de nos Secretaires, le 14 mars mil sept cent vingt-neuf. *Signes*, CHAMPIGNY & d'ORGEVILLE. *Et plus bas ;* Par Monseigneur. *Signé*, LEFEVRE. & par Monseigneur. *Signé*, LACHENAYE.

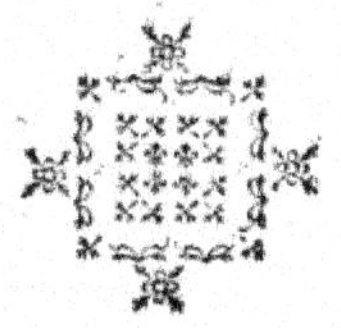

sonne n'en ignore. Fait à la Martinique au Conseil Supérieur, le 10 juillet mil sept cent trente.

ORDONNANCE

DE MM. LES GÉNÉRAL ET INTENDANT,

SUR les Raquettes.

Du 13 Janvier 1733.

NOUS étant apperçu que la paix dont nous jouissons depuis dix-neuf ans, a donné lieu de négliger la conservation des raquettes qui défendoient les bords de la mer, qui ne sont point garnis de palétuviers & de marais, & où l'ennemi peut faire des descentes en tems de guerre ; & comme il convient de se mettre en tems de paix en état de prévenir toutes surprises, nous avons cru qu'il étoit nécessaire de rétablir cette fortification naturelle dans toutes les isles du vent ; & en même tems pour prévenir les inconvéniens que peuvent causer les machenilliers qui sont le long des bords de la mer & ailleurs, jugeant nécessaire de les faire tous couper, & ces travaux qui regardent le bien commun devant être faits par tous les habitans des étages, nous ordonnons,

1°. Que le major de chacune des isles du vent, visitera tous les bords de la mer de l'isle, pour reconnoître les endroits où l'on peut craindre la descente de l'ennemi, & les arbres machenilliers qui s'y trouveront, dont il dressera des procès verbaux en présence des officiers de milice, qui seront appellés à cette visite dans chaque quartier.

2°. Après que lesdits procès verbaux auront été homologués, savoir, par nous à la Martinique, à la Guadeloupe, par le Gouverneur, & par le Commissaire général & subdélégué à l'Intendance, & par les Gouverneurs à la Grenade & à Marie-Galante, il sera planté d'abord dans les lieux désignés par lesdits procès verbaux, trois rangs de raquettes à dix-huit pouces de distance les unes des autres ; & qu'ensuite à mesure que les tiges pousseront des rameaux, il en sera planté jusqu'à douze pieds d'épaisseur, observant toujours de laisser dix-huit pouces d'intervalle entre chaque rang, & le passage libre des cabrouets où sont les embarcadaires.

3°. Ordonnons pareillement que tous les machenilliers, tant ceux désignés par les procès verbaux, que ceux qui se pourroient trouver dans les différens quartiers des isles, seront coupés, & la place qu'ils occupoient

occupoient nettoyée, en sorte que les rejettons ne puissent repousser, & que cet arbre pernicieux soit absolument détruit dans toutes les isles du vent.

4°. Enjoignons aux habitans des étages de fournir pour ces travaux les negres qui seront commandés proportionnellement, & suivant le nombre de leurs negres travaillans, comme aussi de détruire chacun les machenilliers qui se trouveront sur leurs terres.

Sera la présente ordonnance exécutée à la diligence des capitaines, aides major & autres officiers de milice, sous les ordres des Lieutenans de Roi ou commandans dans chaque quartier, icelle lue, & publiée à l'issue de la grande messe de chaque paroisse, par le sergent de milice, affichée à la porte de l'Église, & déposée au greffe de l'Intendance.

Donné au Fort-Royal de la Martinique, sous le cachet de nos armes, & le contre-seing de nos secretaires, le 13 janvier mil sept cent trente-trois. *Signés*, CHAMPIGNY & d'ORGEVILLE. *Et plus bas*; Par Monseigneur. *Signé*, BRUCAR DE VIRGINY. Et par Monseigneur, *Signé*, LACHENAYE.

ARRÊT

DU CONSEIL SOUVERAIN,

SUR les Esclaves tenans maison.

Du 3 Novembre 1733.

LA COUR, oui le Procureur général du Roi en ses conclusions, &c., & faisant droit sur le requisitoire dudit Procureur général, fait défenses à tous maîtres de laisser vaguer leurs esclaves, & de permettre qu'ils tiennent des maisons particulieres, sous prétexte de commerce ou autrement, à peine de confiscation desdits esclaves & des effets dont ils se trouveront chargés & autres peines qu'il appartiendra; ce qui sera lu, publié & affiché dans les quartiers de l'isle, à la diligence dudit Procureur général du Roi ou de ses Substituts. Fait audit Conseil, lesdits jour & an que dessus

ORDONNANCE
DU GOUVERNEMENT,

QUI défend aux Geoliers de donner l'élargissement aux negres détenus dans les prisons pour cause de marronage.

Du 27 Novembre 1733.

VU la requête, nous faisons défenses à tous geoliers & autres personnes chargées de la garde des prisons aux isles du vent, d'élargir ni laisser sortir aucun des negres esclaves qui y auront été conduits pour cause de marronage, sans en avoir reçu les ordres par écrit du Procureur du Roi de la jurisdiction du lieu, à peine contre les geoliers & gardes des prisons qui contreviendront aux présentes défenses, de trois cents livres d'amende.

Mandons, &c.

ORDONNANCE
DU ROI,

CONCERNANT l'affranchissement des Esclaves des isles françoises de l'Amérique.

Du 15 Juin 1736.

DE PAR LE ROI.

SA MAJESTÉ s'étant fait représenter l'ordonnance du 24 octobre 1713, par laquelle, & pour les motifs y contenus, il auroit été défendu à toutes sortes de personnes établies aux isles françoises de l'Amérique, d'affranchir leurs esclaves, sans en avoir auparavant obtenu la permission par écrit des Gouverneur & Intendant ou Commissaires ordonnateurs; & ordonné que les affranchissemens qui seroient faits sans ces permissions, seroient nuls, & que les esclaves ainsi affranchis, seroient vendus au profit de Sa Majesté; & étant informée qu'au préjudice de cette ordonnance, il se trouve des maîtres qui affranchissent leurs esclaves sans en avoir obtenu la permission; & que d'ailleurs il y en a d'autres qui font baptiser comme libres des enfans dont les meres sont esclaves, & qui par ce moyen ſont réputés affranchis : & voulant faire ceſſer des abus auſſi dangéreux, Sa Majeſté a ordonné & ordonne que l'ordonnance du 24 octobre 1713, ſera exécutée ſelon ſa forme & teneur, dans toutes les iſles françoiſes de l'Amérique : Veut en conſéquence, qu'aucunes perſonnes de quelque qualité & condition qu'elles ſoient, ne puiſſent affranchir leurs eſclaves, ſans en avoir auparavant obtenu la permiſſion par écrit du Gouverneur général & de l'Intendant, pour ce qui regarde les iſles du vent & de Saint-Domingue ; & des Gouverneur particulier & Commiſſaire ordonnateur de Cayenne, pour ce qui concerne ladite iſle & la province de Guyanne ; & que tous les affranchiſſemens qui ſeront faits ſans ces permiſſions, ſoient nuls, & que les eſclaves ainſi affranchis n'en puiſſent jouir, qu'ils ſoient tenus, cenſés & réputés eſclaves, que les maîtres en ſoient privés, qu'ils ſoient vendus au profit de Sa Majeſté, & que les maîtres ſoient en outre condamnés à une amende qui ne pourra être moindre que la valeur deſdits eſclaves. Fait Sa Majeſté très-expreſſes inhibitions & défenſes à tous Prêtres & Religieux deſſervant les Cures auxdites isles, de baptiſer comme libres aucuns enfans ; à moins que l'affranchiſſement des meres ne leur ſoit prouvé auparavant par des actes de liberté, revêtus de la permiſſion par écrit des Gouverneurs & Intendans, ou Commiſſaires ordonnateurs ; deſquels actes ils ſeront tenus de faire mention ſur les regiſtres des baptêmes. Ordonne Sa Majeſté que les enfans qui ſeront baptiſés comme libres, quoique leurs meres ſoient eſclaves, ſoient toujours réputés eſclaves ; que leurs maîtres en ſoient privés ; qu'ils ſoient vendus au profit de Sa Majeſté ; & que les maîtres ſoient en outre condamnés à une amende, qui ne pourra être moindre que la valeur deſdits eſclaves.

Mande & ordonne Sa Majeſté aux Gouverneurs & ſes Lieutenans généraux & Intendans des iſles, & autres ſes officiers qu'il appartiendra, de tenir la main chacun en droit ſoi, à l'exécution de la préſente ordonnance, qui ſera regiſtrée, publiée & affichée par-tout où beſoin ſera.

Fait à Verſailles, le 15 juin 1736. *Signé*, LOUIS. *Et plus bas*, Par le Roi. *Phelypeaux.*

ENREGISTRÉE au Conſeil Souverain le 10 Mai 1738.

ORDONNANCE

DE MM. LES GÉNÉRAL ET INTENDANT.

POUR la plantation des Bananiers.

Du 1 Septembre 1736.

NOUS sommes informés qu'un grand nombre d'habitans n'ont point de vivres sur leurs habitations, & qu'ils se contentent de laisser à leurs negres pour se procurer leur nourriture, un jour libre de chaque semaine, qu'ils emploient ordinairement au pillage des vivres de leurs voisins : ces habitans peu attentifs à leurs véritables intérêts, ne considérent pas que les jours bien comptés employés chaque année à planter & cultiver des vivres sur leurs terres, suffiroient pour leur fournir une subsistance abondante & légitime, au lieu qu'une conduite opposée, non-seulement ruine leurs voisins, mais les ruine eux-mêmes, par leurs fréquens marronages, les maladies, les mortalités de leurs esclaves, qui sont des suites naturelles du libertinage, auquel les accoutume la liberté qu'ils leur donnent, & au défaut d'une nourriture réglée que les negres ne savent pas se procurer ; & ces maîtres injustes, pour colorer leur avarice, se plaignent de la cherté du bœuf, de la difficulté d'en avoir, & du peu de valeur de leurs denrées.

Quoique ces plaintes ne soient pas aussi bien fondées qu'ils veulent le persuader, néanmoins pour leur ôter jusqu'au moindre prétexte & suppléer à l'impuissance où ils disent être de fournir à leurs negres la quantité de bœuf prescrite par les ordonnances, nous nous sommes déterminés à ordonner, outre la plantation ordinaire des maniocs, la plantation d'un certain nombre de bananiers sur chaque habitation, proportionnée à la quantité de negres qui y travaillent ; mais comme il seroit inutile qu'une partie des habitans plantât des vivres que l'autre détruiroit, & que la colonie ne pourra tirer le fruit que nous espérons de cette ordonnance, qu'autant qu'elle sera universellement exécutée, nous serons obligés de punir sévérement ceux qui y contreviendront, & de prendre de si justes mesures pour les découvrir, qu'ils ne puissent espérer d'échapper à notre vigilance.

A CES CAUSES, nous ordonnons,

ARTICLE PREMIER.

Qu'outre les plantations ordinaires de manioc prescrites par les ordonnances précédentes, chaque habitant plantera incessamment sur ses

ses terres, vingt-cinq pieds de bananiers pour chaque tête de ses negres, & qu'il laissera & entretiendra après la premiere récolte, cinquante rejettons pour chaque tête.

II. La visite de ces plantations sera faite par le capitaine de milice de chaque quartier, accompagné de quatre habitans, au mois de décembre de chaque année, conformément à l'ordonnance du Roi du 6 décembre 1723.

III. Lesdits capitaines de milice remettront par tout le mois de mars au plus tard, au Général & à l'Intendant en cette isle, & dans les autres isles aux Gouverneur & Subdélégué, les procès verbaux de la visite qu'ils auront faite des maniocs & bananiers de leur quartier, lesdits procès verbaux signés d'eux & des quatre habitans qui les auront accompagnés.

IV. les voisins limitrophes de l'habitant qui n'aura pas la quantité de vivres, tant en manioc qu'en bananiers prescrite par les ordonnances, & qui par là exposent leurs vivres au pillage de ses negres, seront tenus d'en avertir le Général & l'Intendant ou les Gouverneur & Subdélégué, pour y être par eux pourvu.

V. Les Juges, en nommant des arbitres pour estimer les negres tués en marronage, & même les negres justiciés que les maîtres n'auront pas remis d'eux-même à justice, nommeront en même tems les mêmes ou deux autres arbitres, pour faire la visite des vivres que le maître desdits negres a sur son habitation; & le paiement desdits negres ne pourra être ordonné que sur le certificat desdits arbitres, affirmé par serment qu'ils ont trouvé sur ladite habitation la quantité de vivres ordonnée, tant en manioc qu'en bananiers.

VI. L'habitant qui pour des raisons qu'on ne peut pas prévoir, ne pourra pas planter la quantité de vivres prescrite, sur ses terres, sera tenu d'en faire la déclaration au Général & à l'Intendant ou aux Gouverneur & Subdélégué, dans trois mois de la publication de la présente ordonnance, & les avertira des mesures qu'il a prises pour y suppléer, pour être par eux statué sur ladite déclaration ce qu'ils aviseront, & faute par ledit habitant d'avoir fait ladite déclaration, il sera non-recevable à proposer aucune excuse lorsqu'il sera trouvé en contravention.

VII. Les habitans qui seront convaincus de n'avoir pas sur leur terre la quantité de manioc prescrite par les anciennes ordonnances, seront condamnés aux peines qui y sont portées, & ceux qui n'auront pas la quantité de bananiers ordonnée ci-dessus, seront condamnés à payer dix sols par chaque pied de bananier qui leur manquera, applicable à la caisse des negres justiciés, & en cas de récidive, outre ladite amende, à deux mois de prison.

VIII. Les voisins limitrophes de l'habitant surpris en contravention, qui n'en auront pas donné avis conformément à l'article IV de la présente ordonnance, seront condamnés à une amende arbitraire, applicable comme dessus, en punition du peu de soin qu'ils ont de la conservation des vivres destinés à la nourriture de leurs esclaves.

Sera la présente ordonnance enrégistrée aux Conseils Supérieurs de la Martinique & de la Guadeloupe, & à la Chambre Royale de la Grenade, lue, publiée & affichée par tout où besoin sera, à la diligence des Procureurs généraux desdits Conseils Supérieurs. Mandons &c.

Donnée au Fort-Royal de la Martinique, sous le cachet de nos armes & le contre-seing de nos Secretaires, le 1 septembre mil sept cent trente-six. *Signés*, CHAMPIGNY & d'ORGEVILLE.

ENREGISTRÉE au Conseil Souverain, le 7 Septembre 1736.

ORDONNANCE

DE MM. LES GÉNÉRAL ET INTENDANT,

SUR le rabatage des Barriques & la propreté des rues.

Du 29 Novembre 1738.

SUR ce qui nous a été représenté que plusieurs particuliers faisoient rabattre leurs futailles dans les rues des villes & bourgs des isles françoises du vent de l'Amérique, & que les morceaux de fer & les cloux que les tonneliers y laissent tomber, estropioient les chevaux, les negres, & même les blancs; que quelques-uns même étoient morts des blessures que ces cloux & morceaux de fer leur avoient occasionnés; Nous avons jugé qu'il étoit du bien du public de remédier à cet abus.

A CES CAUSES, Nous faisons très-expresses défenses à tous les habitans de quelque qualité & condition qu'ils soient, aux capitaines de navire & à tous les autres particuliers, de faire rabattre leurs barriques dans les rues des villes & bourgs des isles françoises du vent de l'Amérique, à peine de cinquante livres d'amende pour la premiere fois, payable solidairement, moitié par celui auquel appartiendra la futaille, & l'autre moitié par le tonnelier, & sous des peines plus griéves en cas de récidive; enjoignons aux officiers de police de tenir exactement la main à l'exécution de la présente ordonnance, laquelle sera enrégistrée aux Conseils Supérieurs de la Martinique & de la Guadeloupe, & aux greffes des jurisdictions de leur ressort, lue, publiée & affichée par-tout où besoin sera, à la diligence des Procureurs du Roi de ces isles. Mandons &c.

Donné au Fort Royal de la Martinique, sous le cachet de nos armes, & le contre-seing de nos secretaires, le 29 novembre mil sept cent trente-huit. *Signés*, CHAMPIGNY & de la CROIX.

ENREGISTRÉE au Conseil Souverain le 12 Janvier 1739.

DECLARATION DU ROI,

CONCERNANT le passage des negres esclaves des Colonies en France.

Donnée à Versailles, le 15 Décembre 1738.

Registrée au Parlement de Provence.

LOUIS PAR LA GRACE DE DIEU, ROI DE FRANCE ET DE NAVARRE, Comte de Provence, Forcalquier & terres adjacentes : A tous ceux qui ces présentes lettres verront, SALUT. Le compte que nous nous fîmes rendre après notre avénement à la Couronne, de l'état de nos Colonies, nous ayant fait connoître la sagesse & la nécessité des dispositions contenues dans les Lettres Patentes en forme d'Édit, du mois de Mars 1685, concernant les esclaves negres, nous en ordonnâmes l'exécution par l'article premier de notre Édit du mois d'octobre 1716. Et nous ayant été représenté en même tems, que plusieurs habitans de nos isles de l'Amérique desiroient envoyer en france quelques-uns de leurs esclaves, pour les confirmer dans les instructions & dans les exercices de la religion, & pour leur faire apprendre quelqu'art ou métier ; mais qu'ils craignoient que les esclaves ne prétendissent être libres en arrivant en France, nous expliquâmes nos intentions sur ce sujet, par les articles de cet Edit, & nous reglâmes les formalités qui nous parurent devoir être observées de la part des maîtres qui emmeneroient ou envoyeroient des esclaves en france. Nous sommes informés que depuis ce tems-là on y en a fait passer un grand nombre ; que les habitans qui ont pris le parti de quitter les colonies, & qui sont venus s'établir dans le royaume, y gardent des esclaves negres, au préjudice de ce qui est porté par l'article XV du même Edit ; que la plûpart des negres y contractent des habitudes & un esprit d'indépendance, qui pourroient avoir des suites fâcheuses ; que d'ailleurs leurs maîtres négligent de leur faire apprendre quelque métier utile, en sorte que de tous ceux qui sont emmenés ou envoyés en France, il y en a très-peu qui soient renvoyés dans les colonies, & que dans ce dernier nombre il s'en trouve le plus souvent d'inutiles, & même de dangéreux. L'attention que nous donnons au maintien & à l'augmentation de nos colonies, ne nous permet pas de laisser subsister des abus qui y sont si contraires; & c'est pour les faire cesser, que nous avons résolu de changer quelques dispositions à notre Edit du mois d'octobre 1716, & d'y en ajouter d'autres qui nous ont paru nécessaires.

A CES CAUSES & autres, à ce nous mouvant, de notre certaine science, pleine puissance & autorité royale, nous avons dit, déclaré & ordonné, & par ces présentes signées de notre main, disons, déclarons, ordonnons, voulons & nous plaît ce qui suit.

ARTICLE PREMIER.

Les habitans & les officiers de nos colonies, qui voudront emmener ou envoyer en France des esclaves negres de l'un ou de l'autre sexe, pour les fortifier d'avantage dans la religion, tant par les instructions qu'ils y recevront, que par l'exemple de nos autres sujets, & pour leur faire apprendre en même tems quelque métier utile pour les colonies, seront tenus d'en obtenir la permission des Gouverneurs généraux, ou Commandans dans chaque isle; laquelle permission contiendra le nom du propriétaire qui emmenera lesdits esclaves, ou de celui qui en sera chargé, celui des esclaves mêmes, avec leur âge & leur signalement; & les propriétaires desdits esclaves, & ceux qui seront chargés de leur conduite, seront tenus de faire enrégistrer ladite permission, tant au greffe de la jurisdiction ordinaire, ou de l'amirauté de leur résidence avant leur départ, qu'en celui de l'amirauté du lieu de leur débarquement, dans huitaine après leur arrivée: le tout ainsi qu'il est porté par les articles II. III. & IV. de notredit Edit du mois d'octobre 1716.

II. Dans les enrégistremens qui seront faits desdites permissions aux greffes des amirautés des ports de France, il sera fait mention du jour de l'arrivée des esclaves dans les ports.

III. Lesdites permissions seront encore enrégistrées au greffe du siege de la table de marbre du palais à Paris, pour les esclaves qui seront emmenés en notredite ville; & aux greffes des amirautés ou des intendances des autres lieux de notre Royaume, où il en sera emmené pour y résider: & il sera fait mention dans lesdits enrégistremens, du métier que lesdits esclaves devront apprendre, & du maître qui sera chargé de les instruire.

IV. Les esclaves negres de l'un ou de l'autre sexe qui seront conduits en France par leurs maîtres, ou qui y seront par eux envoyés, ne pourront prétendre avoir acquis leur liberté, sous prétexte de leur arrivée dans le royaume; & seront tenus de retourner dans nos colonies

lonies, quand leurs maîtres jugeront à propos; mais faute par les maîtres d'observer les formalités prescrites par les précédens articles, lesdits esclaves seront confisqués à notre profit, pour être renvoyés dans nos colonies, & y être employés aux travaux par nous ordonnés.

V. Les officiers employés sur nos états des colonies, qui passeront en france par congé, ne pourront y retenir les esclaves qu'ils y auront emmenés pour leur servir de domestiques, qu'autant de tems que dureront les congés qui leur seront accordés; passé lequel tems, les esclaves qui ne seront point renvoyés, seront confisqués à notre profit pour être employés à nos travaux dans nos colonies.

VI. Les habitans qui emmeneront ou enverront des negres esclaves en france pour leur faire apprendre quelque métier, ne pourront les y retenir que trois ans, à compter du jour de leur débarquement dans le port; passé lequel tems, les esclaves qui ne seront point renvoyés, seront confisqués à notre profit, pour être employés à nos travaux dans nos colonies.

VII. Les habitans de nos colonies qui voudront s'établir dans notre royaume, ne pourront y garder dans leurs maisons aucuns esclaves de l'un ni de l'autre sexe, quand bien même ils n'auroient pas vendu leurs habitations dans les colonies; & les esclaves qu'ils y garderont, seront confisqués pour être employés à nos travaux dans les colonies: Pourront néanmoins faire passer en france, en observant les formalités ci-dessus prescrites, quelques-uns des negres attachés aux habitations dont ils seront restés propriétaires en quittant les colonies, pour leur faire apprendre quelque métier qui les rende plus utiles par leur retour dans lesdites colonies; & dans ce cas, ils se conformeront à ce qui est prescrit par les articles précédens, sous les peines y portées.

VIII. Tous ceux qui emmeneront ou enverront en france des negres esclaves, & qui ne les renverront pas aux colonies dans les délais prescrits par les trois articles précédens, seront tenus, outre la perte de leurs esclaves, de payer pour chacun de ceux qu'ils n'auront pas renvoyés, la somme de mille livres entre les mains des commis des trésoriers généraux de la marine aux colonies, pour être ladite somme employée aux travaux publics; & les permissions qu'ils doivent obtenir des Gouverneurs généraux & Commandans, ne pourront leur être accordées, qu'après qu'ils auront fait entre les mains desdits commis des trésoriers généraux de la marine, leur soumission de payer ladite somme; de laquelle soumission il sera fait mention dans lesdites permissions.

IX. Ceux qui ont actuellement en France des negres esclaves de l'un ou de l'autre sexe, seront tenus dans trois mois, à compter du jour de la publication des présentes, d'en faire la déclaration au siege de l'amirauté le plus prochain du lieu de leur sejour, en faisant en même tems leur soumission de renvoyer dans un an, à compter du jour de la date d'icelle, lesdits negres dans lesdites colonies, & faute par eux de faire ladite déclaration, ou de satisfaire à ladite soumission dans les délais prescrits, lesdits esclaves seront confisqués à notre profit, pour être employés à nos travaux dans les colonies.

X. Les esclaves negres qui auront été emmenés ou envoyés en france, ne pourront s'y marier, même du consentement de leurs maîtres, nonobstant ce qui est porté par l'article 7 de notre Edit du mois d'octobre 1716, auquel nous dérogeons quant à ce.

XI. Dans aucun cas, ni sous quelque prétexte que ce puisse être, les maîtres qui auront emmené en france des esclaves de l'un ou de l'autre sexe, ne pourront les y affranchir autrement que par testament; & les affranchissemens ainsi faits ne pourront avoir lieu qu'autant que le testateur décédera avant l'expiration des délais dans lesquels les esclaves emmenés en france doivent être renvoyés dans les colonies.

XII. Enjoignons à tous ceux qui auront emmené des esclaves dans le royaume, ainsi qu'à ceux qui seront chargés de leur apprendre quelque métier, de donner leurs soins à ce qu'ils soient élevés & instruits dans les principes & dans l'exercice de la religion catholique, apostolique & romaine.

XIII. Notre Edit du mois d'octobre 1716 sera au surplus exécuté suivant sa forme & teneur, en ce qui n'y est dérogé par les présentes.

Si donnons en Mandement, à nos amés & féaux Conseillers les gens tenans notre Cour de Parlement à Aix, que ces présentes ils aient à faire lire, publier & enrégistrer, & le contenu en icelles garder, observer & exécuter selon leur forme & teneur, nonobstant tous Edits, Ordonnances, Déclarations, Arrêts, Réglemens & usages à ce contraires, auxquels nous avons dérogé & dérogeons par cesdites présentes; aux copies desquelles collationnées par l'un de nos amés & féaux Conseillers-Secretaires, voulons que foi soit ajoutée comme à l'original: *Car tel est notre plaisir.* En témoin de quoi nous avons fait mettre notre scel à cesdites présentes.

Donné à Versailles, le quinzieme jour de décembre, l'an de grace mil sept cent trente-huit, & de notre regne le vingt-quatrieme. *Signé*, LOUIS. *Et plus bas*, Par le Roi Comte de Provence. *Signé*, Phelypeaux.

ENREGISTRÉE au Conseil Souverain le 3 Mai 1739.

ORDRE DU ROI,

SUR Les Caraïbes & Indiens,

Du 2 Mars 1739.

DE PAR LE ROI.

SA MAJESTÉ étant informée qu'il y a des personnes qui vont traiter des Caraïbes & Indiens de nation, contre lesquelles les françois ne sont point en guerre, pour les emmener aux isles du vent de l'Amérique, où ils les vendent comme esclaves; & voulant prévenir les inconvéniens que cette traite pourroit occasionner, Sa Majesté fait très-expresses inhibitions & défenses à tous françois de traiter des esclaves Caraïbes & Indiens, voulant que tous ceux qui seront emmenés ou qui iront à l'avenir dans les isles du vent, soient & demeurent libres. Mande & ordonne, Sa Majesté, au Gouverneur Lieutenant général pour elle, & à l'Intendant desdites isles, & à tous autres officiers qu'il appartiendra, de tenir la main à l'exécution de la présente ordonnance, qui sera enrégistrée, publiée & affichée partout où besoin sera.

Fait à Versailles, le 2 Mars mil sept cent trente neuf. *Signé*, LOUIS. *Et plus bas;* Par le Roi. PHELYPEAUX.

ENREGISTRÉE au Conseil Souverain le 8 Mai 1739.

ORDONNANCE

DE MM. LES GÉNÉRAL ET INTENDANT.

Portant défense de faire vanner des caffés dans les rues des bourgs & villes des isles du vent.

Du 12 Mars 1739.

FAisons très-expresses défenses à tous particuliers & habitans, de faire vanner leurs caffés dans les rues, & d'y jetter les pailles des caffés qu'ils auront vannés chez eux, sous peine de 50 liv. d'amende, applicable à l'hôpital pour la premiere fois, & sous de plus griéves peines en cas de récidive : enjoignons aux officiers de police de tenir exactement la main à l'exécution de la présente, &c.

Au Fort-Royal, le 12 mars 1739. *Signés*, CHAMPIGNY & de la CROIX.

ENREGISTRÉE au Conseil Souverain le 9 Mai 1739.

ORDONNANCE

DE MM. LES GÉNERAL ET INTENDANT.

Au sujet des plantations de Patates & de Ris.

Du 10 Mars 1741.

VU &c. Nous ordonnons, 1°. Qu'outre les plantations de maniocs & de bananiers prescrites par les ordonnances, chaque habitant sera tenu de planter incessamment des patates, à raison d'un quarré pour trente negres.

2°. Que ceux que la qualité & la situation de leur terrein mettra dans l'impossibilité de satisfaire aux plantations de maniocs & de bananiers, seront obligés d'y suppléer par des plantations de patates ou de ris, ou de toutes autres denrées propres à la nourriture des hommes, sur le pied & indépendamment de celle ci-dessus ordonnée.

3°. Que ceux qui se trouveront convaincus de n'avoir point satisfait à toutes leurs plantations, seront condamnés aux peines prononcées par les anciennes ordonnances pour celles des maniocs & des bananiers qu'ils n'auront point faites, & au prorata pour le défaut de plantations de patates ci-dessus ordonnées.

4°. Que les capitaines de milice seront tenus de faire dans le mois de Juin prochain, les visites de l'étendue de leur compagnie, & de nous en remettre les procès verbaux dans le mois de juillet suivant, dans la forme prescrite par les anciens réglemens, pour, sur lesdits procès verbaux, être par nous prononcé ce qu'il appartiendra. Et sera la présente ordonnance, enrégistrée &c.

Donné au Fort-Royal de la Martinique, sous le cachet de nos armes, & le contre-seing de nos secretaires, le 10 mars mil sept cent quarante-un. *Signés*, CHAMPIGNY & de la CROIX.

ENREGISTRÉE au Conseil Souverain, le 10 Mars 1741.

DECLARATION

DECLARATION DU ROI,

SUR les negres qui composent des remedes.

Du premier Février 1743.

LOUIS PAR LA GRACE DE DIEU, ROI DE FRANCE ET DE NAVARRE; A tous ceux qui ces présentes Lettres verront, SALUT. Par l'article premier de notre Edit du mois de février 1724, nous avons ordonné que toutes personnes de quelque qualité & condition qu'elles soient, qui seroient convaincus de s'être servis dans les isles du vent, de vénéfices & poisons, soit que la mort s'en soit ensuivie ou non, comme aussi celles qui seroient convaincues d'avoir composé ou distribué du poison pour empoisonner, seroient punis de mort; nous avons établi la même peine par l'article second, contre ceux qui seront convaincus d'avoir attenté à la vie de quelqu'un par vénéfices ou poison, en sorte qu'il n'ait pas tenu à eux que ce crime n'ait été consommé; & par le même Edit nous avons fait plusieurs autres dispositions, tant pour assurer la punition d'un crime si énorme, que pour le prévenir: nous sommes cependant informés qu'il arrive parmi les bestiaux attachés aux habitations des isles du vent, & même parmi les esclaves de fréquentes mortalités qu'on ne peut attribuer qu'à l'abus que font quelques esclaves de la connoissance qu'ils ont de la propriété de certaines plantes & herbes dont ils composent des poudres & des drogues qu'ils distribuent pour guérir des maladies; que parmi ces remedes il s'en trouve effectivement de salutaires; mais qu'à la faveur de la distribution qu'ils en font, ils composent aussi des poisons dont ils se servent pour faire périr un grand nombre de negres & de bestiaux, ensorte que la vie des hommes est souvent en danger, & que les habitans de nos colonies sont exposés à des pertes considérables; & comme la voie la plus sûre pour empêcher des désordres qui ont des suites si funestes, & d'ôter aux esclaves les moyens & les prétextes dont ils se servent pour les commettre en même tems que nous établirons des peines sévères contre les coupables.

A CES CAUSES & autres, à ce nous mouvans, de l'avis de notre Conseil, & de notre certaine science, pleine puissance & autorité royale, nous avons par ces présentes signées de notre main, fait & faisons défenses à tous esclaves de l'un & de l'autre sexe, de composer & distribuer aucuns remedes en poudre ou en quelqu'autre forme que ce puisse être, & d'entreprendre la guérison d'aucuns malades, à l'exception de la morsure des serpens, à peine de punition afflictive, même de mort, si le cas le requiert : Voulons même que les esclaves qui, sous prétexte de faire des remedes pour la morsure des serpens, en auroient composé ou distribué qui n'y seroient pas propres, & qui ne pourroient servir que pour guérir d'autres maux, soient condamnés aux peines portées par ces présentes ; & sera au surplus notre Edit du mois de février 1724, exécuté selon sa forme & teneur.

Si donnons en Mandement, à nos amés & féaux les gens tenans notre Conseil Supérieur de la Martinique, que ces présentes ils aient à faire lire, publier & enrégistrer, & le contenu en icelles garder, observer & exécuter selon leur forme & teneur, nonobstant tous Edits, Déclarations, Arrêts, Ordonnances, Réglemens & autres choses à ce contraires, auxquelles nous avons dérogé & dérogeons par ces présentes : *Car tel est notre plaisir.* En témoin de quoi nous y avons fait mettre notre seel.

Donné à Versailles, le premier jour du mois de février, l'an de grace 1743, & de notre regne le vingt-huitieme. *Signé*, LOUIS. *Et plus bas ;* Par le Roi. *Phelypeaux.*

ENREGISTRÉE au Conseil Souverain, le 8 Juillet 1743.

ORDONNANCE DU ROI,

QUI défend aux esclaves le port d'armes.

Du 1 Février 1743.

LOUIS PAR LA GRACE DE DIEU, ROI DE FRANCE ET DE NAVARRE : A tous ceux qui ces présentes lettres verront, *Salut*. La discipline des negres esclaves que nos sujets des colonies françoises de l'Amérique, sont obligés d'entretenir pour l'exploitation de leurs habitations, est un des principaux objets des soins que nous apportons à l'administration de ces colonies. Le compte que nous nous fîmes rendre de l'état où elles se trouvent, après notre avénement à la Couronne, nous ayant fait connoître la nécessité des dispositions contenues dans les lettres patentes en forme d'Edit du mois de mars 1685, concernant les esclaves, nous en ordonnâmes l'exécution par l'article premier de notre Edit du mois d'octobre 1716 ; & dans toutes les occasions qui se sont depuis présentées, nous avons eu attention à régler tellement les choses, qu'en même tems que les esclaves seroient entretenus & traités convenablement par leurs maîtres, on prit aussi les précautions nécessaires pour les contenir dans les bornes de leur devoir, & prévenir tout ce que l'on pourroit craindre de leur part; mais il nous a été représenté à cet égard, que les lettres patentes en forme d'Edit du mois de mars 1685, n'ont pas prévenu tous les délits auxquels les esclaves se trouvent sujets; qu'en effet, l'article quinze de ces lettres patentes établit bien la peine du fouet contre les esclaves portant des armes offensives ou de gros batons; mais qu'il arrive quelquefois qu'on en surprend en marronage qui ont des armes, & que ces cas particuliers n'ayant pas été spécifiés, les Juges sont obligés, lorsqu'il s'en présente, de se borner à ordonner la peine du fouet, quoi qu'il soit certain que les negres marrons ne gardent ces armes que dans le dessein de se défendre contre ceux qui leur donnent la chasse, ou qui veulent les arrêter lorsqu'ils les rencontrent; qu'il y en a d'autres qui volent des armes, & que ces sortes de vols, qui ne peuvent avoir non plus d'autres objets de la part des esclaves, que de se servir de ces armes contre les blancs, n'ont cependant été mis au nombre des vols qualifiés, auxquels l'article 35 desdites lettres patentes, impose des peines afflictives, & même celle de mort; qu'on a omis aussi de prévoir dans le même article, les enlévemens des pirogues, canots, ou autres bâtimens de mer, commis par des esclaves; & qu'enfin l'article 38 régle bien les différens dégrés de punition pour la fuite des esclaves du travail, & de l'habitation de leurs maîtres; mais qu'il ne fait aucune mention des cas de leur évasion hors de la colonie, & chez l'étranger, quoique ce soit la plus préjudiciable à leurs maîtres, & la plus contraire au bien de l'état. Ces représentations que nous avons fait examiner en notre Conseil, nous ont paru mériter d'autantplus d'attention, que le nombre des esclaves augmente dans nos colonies, à mesure que les établissemens s'y multiplient.

A CES CAUSES & autres, à ce nous mouvant, de notre certaine science, pleine puissance & autorité royale, nous avons dit, déclaré & ordonné, & par ces présentes signées de notre main, disons, déclarons, ordonnons, voulons & nous plaît ce qui suit.

ARTICLE PREMIER.

Les esclaves qui seront surpris en marronage avec des armes blanches ou à feu, de quelque espece qu'elles soient, seront punis de mort; & ceux qui seront surpris avec des couteaux autres que les couteaux appellés jambettes, sans ressort ni virolle, seront punis de peine afflictive, & même de mort si le cas le requiert.

II. Tout vol d'armes blanches ou à feu, de quelque espece aussi qu'elles soient, commis par les esclaves, sera réputé vol qualifié, & comme tel puni de peines afflictives, même de mort, s'il y échet, ainsi que les autres vols dont il est fait mention dans l'article 35 des lettres patentes en forme d'Edit du mois de mars 1685.

III. Tout enlévement de pirogues, bateaux, canots & autres bâtimens de mer, de la part des esclaves, sera pareillement réputé vol qualifié, & puni comme tel conformément audit article 35 desdites lettres patentes.

IV. Les esclaves convaincus d'avoir complotté l'enlévement d'une pirogue, d'un bateau, de canots & autres bâtimens de mer, & surpris dans l'exécution, seront condamnés aux mêmes peines que ceux qui auront consommé l'enlévement.

V. Dans le cas où un esclave sera surpris passant dans un bateau ou autre bâtiment étranger pour s'évader hors de la colonie, il sera condamné à avoir le jarret coupé, si d'autres circonstances ne déterminent à le condamner à mort.

VI. Les Lettres patentes en forme d'Edit du mois de mars 1685 seront au surplus exécutées selon leur forme & teneur.

Si donnons en Mandement, à nos amés & féaux les gens tenans notre Conseil Supérieur de la Martinique, que ces présentes ils aient à faire lire, publier & enrégistrer, & le contenu en icelles garder, observer & exécuter selon leur forme & teneur, nonobstant tous Edits, Ordonnances, Déclarations, Arrêts, Réglemens & autres choses à ce contraires, auxquels nous avons dérogé & dérogeons par cesdites présentes; *Car tel est notre plaisir*. En témoin de quoi nous y avons fait mettre notre scel.

Donné à Versailles, le premier jour du mois de février, l'an de grace mil sept cent quarante-trois, & de notre regne le vingt-huitieme. *Signé*, LOUIS. *Et plus bas*, Par le Roi Phelypeaux.

Enregistrée au Conseil Souverain le 6 Juillet 1743.

ORDONNANCE *DU ROI*,

Portant défenses des jeux de hasard dans les Colonies.

Du 4 Novembre 1744.

DE PAR LE ROI.

Sa Majesté étant informée que l'inexécution des diverses ordonnances rendues pour défendre les jeux de hasard aux isles françoises de l'Amérique, a donné lieu à la ruine de plusieurs officiers, habitans,

habitans, négocians & capitaines marchands, & qu'elle pourroit occasionner d'autres désordres qui seroient encore d'une plus dangéreuse conséquence auxdites isles que par-tout ailleurs, & voulant y pourvoir; Sa Majesté a fait de nouveau très-expresses inhibitions & défenses à toutes personnes de quelque rang, qualité & condition qu'elles soient, de jouer ni donner à jouer, en quelque tems ni dans quelque maison ou endroit que ce puisse être desdites isles, à aucuns jeux déja prohibés & notamment à ceux appellés les trois dez, le tope & tingue, & le passe-dix, les deux dez, le quinquenove & le mormonique, le hoca, la bassette, le pharaon, le lansquenet, la dupe, le biriby, la roulette, le pair ou non, le quinze, les petits paquets & autres jeux de hasard, sous quelques noms & formes qu'ils puissent être déguisés, à peine de désobéissance & de prison, & sans préjudice des autres condamnations qui pourront être prononcées contre les contrevenans, en exécution des ordonnances précédentes, qui seront exécutées suivant leur forme & teneur.

Mande & enjoint Sa Majesté aux Gouverneurs & ses Lieutenans généraux, & aux Intendans desdites isles, de tenir la main à l'exécution de la présente ordonnance, & de lui rendre compte des contraventions, se réservant Sa Majesté d'y pourvoir d'ailleurs avec toute la sévérité convenable, suivant l'exigence des cas. Et sera la présente ordonnance, lue, publiée, régistrée & affichée par-tout où besoin sera, afin que personne n'en ignore.

Fait au Camp devant Fribourg, le quatre novembre mil sept cent quarante-quatre. *Signé*, LOUIS. *Et plus bas*, PHELYPEAUX.

ORDONNANCE

DE MM. LES GÉNÉRAL ET INTENDANT,

CONCERNANT les incendies qui peuvent arriver.

Du 1 Avril 1745.

L'Incendie arrivé en dernier lieu au bourg St. Pierre, qui pour la seconde fois a consumé la plus grande partie des maisons du mouillage, n'ayant fait des progrès si considérables, que parce qu'on s'est trouvé dépourvu de secours & de la plupart des choses nécessaires pour arrêter le feu; & ce bourg, dont les maisons sont entiérement bâties de bois, se trouvant toujours exposé au même danger, nous avons jugé nécessaire d'établir quelques précautions, pour en cas de pareil accident, être en état d'y porter sur le champ le remede convenable, & empêcher le vol & le pillage des marchandises & effets qu'il faudra déplacer. Pour cet effet nous avons ordonné & ordonnons

ARTICLE PREMIER.

Qu'au lieu de pompes & de seaux de cuir, dont le pays est dépourvu, & qu'on ne sauroit faire venir dans les circonstances présentes, on se servira de seaux de bois cerclés de fer, & de pots de raffinerie, pour porter l'eau dans les endroits où le feu aura pris, lesquels seaux seront déposés partie dans le magasin du Roi, situé au quartier du Fort, sous la garde du sieur Dénoix, & partie dans l'autre magasin du Roi, situé au mouillage, sous la garde du sieur Verguigny.

II. Que les propriétaires des maisons du bourg St. Pierre fourniront à cet effet, dans l'espace de trois mois, chacun un seau pour chaque maison qu'il posséde, lequel il remettra à l'un des deux gardes-magasins du Roi ci-dessus nommés, à peine de trente livres d'amende, applicable à l'achat des seaux, hâches, & autres outils nécessaires pour arrêter le progrès du feu, & à la récompense des ouvriers qui auront été employés à l'éteindre.

III. Que chaque particulier locataire ou propriétaire qui occupe les maisons dudit Bourg, se munira dans ledit tems, & aura toujours chez soi deux seaux de bois ou quatre pots de raffinerie & deux hâches en bon état, sous peine de la même amende.

IV. Dans le cas où le feu prendra à quelque maison du bourg, tous les mulâtres & negres libres de l'un & de l'autre sexe, au-dessus de l'âge de 12 ans, à l'exception de ceux qui travaillent à la charpente ou à la menuiserie, se rendront aux premiers coups du toxin, dans les magasins du Roi pour y prendre les seaux qui leur seront distribués en présence d'un officier de milice & du Commissaire de police, pour, ensuite porter l'eau aux lieux où besoin sera, à peine du carcan contre ceux qui y manqueront, & d'un mois de prison.

V. Tous les maîtres charpentiers, menuisiers & couvreurs, & tous les compagnons & ouvriers, tant blancs que mulâtres & negres libres professant les mêmes métiers, se rendront dès que le toxin sonnera, aux lieux où le feu aura pris, avec chacun une hâche pour travailler au démolissement des maisons qu'on jugera à propos d'abattre, à peine contre ceux qui y manqueront, de cinq cens livres d'amende applicable au dédommagement des incendiés, & de huit jours de prison.

VI. Que les particuliers qui ont des esclaves charpentiers, menuisiers & couvreurs, & qui n'auront rien à craindre du feu pour leurs maisons, seront aussi tenus d'envoyer ces ouvriers avec chacun une hâche, sous peine de cent livres d'amende; ordonnons pour cet effet que tous les particuliers dudit bourg qui ont des mulâtres ou negres exerçant ces métiers, les déclareront au commissaire de police, par noms & âge, dans quinzaine du jour de la publication de la présente ordonnance, sous la même peine.

VII. Qu'il sera employé par ordre de Monsieur le Gouverneur, un détachement des troupes françoises, suisses de la garnison du Fort, aux lieux où le feu aura pris, pour faire travailler les ouvriers préposés à l'éteindre & empêcher le désordre & la confusion.

VIII. Que sur les mêmes ordres de Monsieur le Gouverneur, les milices du bourg s'assembleront en armes, à la porte de leurs capitaines; qu'il en sera envoyé des détâchemens aux avenues du bourg & le long de l'ance au bord de la mer, pour empêcher le transport des marchandises & effets dans les campagnes & dans les canots & chaloupes, arrêter les personnes qui les transporteront, & défendre l'entrée du bourg aux negres des habitations.

IX. Les marchandises & effets qu'on voudra sauver des maisons incendiées ou voisines du feu, seront transportés aux endroits ci-après indiqués, savoir : ceux des maisons depuis la raffinerie jusqu'à la batterie d'Enot, dans la maison & enclos des Religieux Dominicains, & chez les Religieux de la Charité; ceux des maisons qui sont depuis la batterie d'Enot, jusqu'à la riviere, dans la savanne des Dames Religieuses Ursulines, & à l'hôtel de Ste. Marthe; & les effets des maisons depuis la riviere jusqu'à l'extrêmité du bourg, dans la maison & enclos des RR. PP. Jésuites, & dans l'enceinte du Fort; & à cet effet sera établi des sentinelles dans chacun de ces endroits, pour veiller à la garde des effets qui y auront été déposés.

X. Et pour empêcher que dans le transport de ces effets il n'en soit détourné aucun, il sera placé des soldats miliciens sur deux files, depuis les maisons d'où on tirera ces effets jusqu'au lieu où il sera indiqué de les porter, & seront tenus les blancs, mulâtres & negres de l'un & de l'autre sexe, qui porteront lesdits effets, de passer entre ces deux files, à peine contre ceux qui s'écarteront de cette route, d'être arrêtés & mis en prison.

XI. Toutes personnes, de quelque qualité & condition qu'elles soient, blancs ou noirs, libres & esclaves, de l'un & de l'autre sexe qui seront surpris en portant des effets ailleurs que dans l'endroit qui aura été désigné, & les maîtres des maisons chez qui il se trouvera des effets qui auront été détournés & qui n'en auront pas fait leur déclaration dans vingt-quatre heures, seront poursuivis extraordinairement suivant l'exigence du cas.

XII. Faisons défenses à tous capitaines de navires, négocians & autres particuliers, de mettre dans les magasins & maisons du bourg, aucuns barrils de poudre, & enjoignons à ceux qui en ont, de les déposer dans la poudriere du Fort, à peine de cinq cens livres d'amende pour chaque barril, qui sera trouvé chez-eux.

XIII. Ordonnons que par le commissaire de police, il sera fait au moins une fois le mois une visite exacte dans tous les magasins du bourg St. Pierre, à l'effet de voir si les particuliers sont en régle par rapport aux seaux, hâches qu'ils sont tenus d'avoir, & au sujet des poudres qu'il leur est défendu de garder suivant les articles 3 & 12 de la présente ordonnance, laquelle sera lue, publiée & affichée partout où besoin sera, à la diligence du Commissaire de police, à ce que personne n'en ignore, & enrégistrée au greffe de l'intendance.

Donnée à Saint-Pierre de la Martinique, sous le sceau de nos armes & le contre-seing de nos Secretaires, le 1 avril mil sept cent quarante-cinq. *Signés*, CHAMPIGNY & RANCHÉ. *Et plus bas*, par Monseigneur. *Signé*, DE *St.* ANDRE'. Et par Monseigneur, *Signé*, LOUBIERE.

ORDONNANCE

DE M. L'INTENDANT,

Portant défenses de faire galoper les chevaux.

Du 1 Septembre 1745.

VU la remontrance à nous faite par le Procureur du Roi en fonction de la jurisdiction de ce Bourg, portant que malgré l'ordonnance qui a été ci-devant rendue pour défendre de faire galoper les chevaux dans les rues, & le long des quais de ce bourg, on ne laisse pas d'y contrevenir & d'exposer par conséquent les personnes qui se trouvent dans les rues, & particuliérement les enfans, à être renversés & écrasés; nous avons cru nécessaire, pour éviter pareils accidens, de défendre de nouveau à toutes personnes de faire galoper des chevaux dans les rues & le long des quais, sous peine contre les blancs, de cent livres d'amende applicable aux réparations des ponts & autres ouvrages publics, d'être responsables des dommages & intérêts qui pourroient en résulter, & d'être même poursuivis extraordinairement suivant l'exigence des cas; & contre les negres & mulâtres esclaves qui non-seulement feront galoper les chevaux de leurs maîtres, mais qui les meneront autrement que par la bride, ou par la corde, du fouet & de la fleur de lys, sans préjudice des dommages intérêts de ceux qu'ils auroient blessés, dont les maîtres demeureront responsables; & pour que personne n'en prétende cause d'ignorance, sera la présente ordonnance, &c.

DECLARATION

DÉCLARATION DU ROI,

SUR les vénéfices & poisons.

Du 30 Décembre 1746.

LOUIS PAR LA GRACE DE DIEU, ROI DE FRANCE ET DE NAVARRE : A tous ceux qui ces présentes lettres verront, *SALUT*. Sur ce qui nous auroit été représenté qu'au préjudice des dispositions que nous avons faites pour la punition des crimes qui se commettent par les vénéfices & le poison, il se trouvoit dans nos colonies des isles du vent, principalement parmi les negres esclaves, des personnes assez méchantes pour se servir desdits vénéfices & poisons au détriment de la vie des sujets de nosdites colonies, qu'il arrivoit parmi les bestiaux attachés aux habitations desdites isles, & même parmi les esclaves, de fréquentes mortalités qu'on ne pouvoit attribuer qu'à l'abus que faisoient quelques esclaves de la connoissance qu'ils ont de la propriété de certaines plantes & herbes dont ils composoient des poudres & des drogues pour guérir des maladies ; que parmi ces remedes il s'en trouvoit réellement de salutaires ; mais qu'à la faveur de la distribution qu'ils en faisoient ; ils composoient aussi des poisons dont ils se servoient pour faire perir un grand nombre de negres & de bestiaux, en sorte que la vie des hommes étoit souvent en danger, & que les habitans de nosdites colonies étoient exposés à des pertes considérables, nous aurions par un Edit du mois de février 1724, & par une déclaration du premier février 1743, fait les dispositions que nous aurions jugé nécessaire pour arrêter le cours de tous ces crimes ; & étant informés qu'il s'en commet de la même espece dans nos isles sous le vent, nous avons cru devoir donner à nos sujets qui y sont établis, les mêmes marques d'attention & de protection que nous avons donné à nos sujets des isles du vent, en établissant en leur faveur les mêmes dispositions sur cette matiere.

A CES CAUSES, &c. voulons & nous plaît ce qui suit :

ARTICLE PREMIER.

Toutes personnes de quelque qualité & condition qu'elles soient qui sont établies & s'établiront dans nos colonies des isles sous le vent, negres esclaves & autres qui seront convaincus de s'être servis de vénéfices & poisons, soit que la mort s'en soit ensuivie ou non, comme aussi ceux qui seront convaincus d'avoir distribué ou composé du poison pour empoisonner, seront punis de mort ; & parce que ces sortes de crimes sont non-seulement les plus détestables & les plus dangereux de tous, mais encor les plus difficiles à découvrir, nous voulons que tous ceux sans exception qui auront connoissance qu'il a été travaillé à faire du poison, qu'il en aura été demandé, ou donné, soient tenus de dénoncer incessamment ce qu'ils en sauront, à nos Procureurs généraux des Conseils Supérieurs des isles sous le vent, à leurs Substituts ou aux Procureurs pour nous des Jurisdictions ordina,res de ces isles ; & en cas d'absence, au premier officier public des lieux, à peine d'être extraordinairement procédé contr'eux, & punis selon les circonstances & l'exigence des cas, comme fauteurs & complices desdits crimes, & sans que les dénonciateurs soient sujets à aucunes peines, ni même aux intérêts civils, lorsqu'ils auront déclaré ou articulé des faits ou des indices considérables qui seront trouvés véritables & conformes à leur dénonciation, quoique dans la suite les personnes comprises dans les dénonciations soient déchargées des accusations ; dérogeant à cet effet à l'article 73 de l'ordonnance d'Orléans, pour le fait du vénéfice & poison seulement, sauf à punir les calomniateurs suivant la rigueur de ladite ordonnance.

II. Ceux qui seront convaincus d'avoir attenté à la vie de quelqu'un par vénéfices ou poisons, en sorte qu'il n'ait pas tenu à eux que le crime ait été consommé, seront punis de mort.

III. Seront réputés au nombre de poison, non-seulement ceux qui peuvent causer une mort prompte & violente, mais aussi ceux qui en altérant peu à-peu la santé, causent des maladies, soit que lesdits poisons soient simples, naturels ou composés ou faits de la main de l'artiste ; & en conséquence défendons à toutes sortes de personnes, à peine de la vie, même aux médecins, apothicaires, chirurgiens, à peine de punition corporelle, d'avoir ou garder de tels poisons simples ou préparés, qui retenant toujours leur qualité de venin, & n'entrant dans aucune composition ordinaire, ne peuvent servir qu'à nuire, & sont de leur nature pernicieux & mortels.

IV. A l'égard de l'arsenic, du regul & du sublimé, quoiqu'ils soient poisons dangereux de toute leur substance, comme ils entrent & sont employés en plusieurs compositions nécessaires, nous voulons, afin d'empêcher à l'avenir la trop grande facilité qu'il y a eu jusqu'à présent d'en abuser, qu'il ne soit permis qu'aux marchands qui demeurent dans les villes ou bourgs desdites isles sous le vent, d'en vendre & délivrer eux-mêmes seulement aux médecins, chirurgiens & apothicaires, orfevres, teinturiers, maréchaux & autres personnes publiques, qui par leurs professions sont obligés d'en employer ; lesquelles néanmoins en prenant, écriront sur un registre particulier leurs noms, qualités & demeures, ensemble les qualités qu'ils auront prises & desdits mineraux ; & si au nombre desdits artisans qui s'en servent, il y en a qui ne sachent écrire, lesdits marchands écriront pour eux ; quant aux personnes inconnues, ceux desdits marchands, comme peuvent être les chirurgiens & les maréchaux qui demeurent sur les habitations, ils rapporteront des certificats en bonne forme, signés du Juge des lieux, ou d'un notaire & de deux témoins, ou du Curé & de deux principaux habitans, contenant leur noms & demeure & profession, lesquels certificats & attestations demeureront chez lesdits marchands pour leur décharge ; seront aussi les épiciers, merciers & autres marchands demeurant dans lesdits villages & habitations, tenus de remettre incessamment ce qu'ils auront desdits mineraux, entre les mains des anciens médecins, épiciers & apothicaires des villes ou bourgs les plus prochains des lieux où ils demeureront, lesquels leur en rendront le prix ; le tout à peine de 3000 liv. d'amende en cas de contravention, même de punition corporelle s'il y échet.

V. Enjoignons à tous ceux qui auront droit par leur profession & métier de vendre & acheter des susdits mineraux, de les tenir en des lieux sûrs, dont ils garderont eux-mêmes les clefs ; comme aussi leur enjoignons d'écrire sur un registre particulier la quantité de remedes où ils auront employé desdits mineraux, le nom de ceux pour qui ils auront été faits ; & la quantité qu'ils y auront employée, & d'arrêter à la fin de chaque année sur lesdits registres, ce qui leur en restera, le tout à peine de 1000 liv. d'amende pour la premiere fois, & de plus grande peine, s'il y échet.

VI. Défendons aux médecins, chirurgiens, apothicaires, épiciers, droguistes, teinturiers, marechaux & tous autres, de distribuer desd. mineraux en substance à quelque personne que ce puisse être, & sous quelque prétexte que ce soit, sous peine d'être punis corporellement ; & seront tenus de composer eux-mêmes ou de faire composer en leur présence par leurs garçons, les remedes où il devra entrer nécessairement desdits mineraux, qu'ils donneront ensuite à ceux qui leur en demanderont pour s'en servir aux usages ordinaires.

VII. Défendons pareillement à toutes personnes autres qu'aux médecins & apothicaires, d'employer aucuns insectes vénimeux, comme serpens, crapauds, viperes & autres semblables sous prétexte de s'en servir à des médicaments, ou de faire des expériences, & sous quelque prétexte que ce puisse être, s'ils n'en ont la permission expresse & par écrit.

VIII. Faisons très-expresses défenses à toutes personnes de quelque qualité, profession & condition qu'elles soient, excepté aux médecins & apothicaires apprrouvés, d'avoir aucun laboratoire & d'y travailler à aucune préparation de drogues, distilations, sous prétexte de remedes chimiques, expériences, secrets particuliers, recherche de la pierre philosophale, conversion, multiplication ou raffinement des métaux, confection de cristaux ou pierres de couleurs & autres semblables, sans avoir auparavant obtenu de Nous, par lettre du grand sceau, la permission d'avoir lesdits laboratoires, présenté lesdites lettres, & fait déclaration en conséquence devant l'Intendant desdites isles.

IX. Ne pourront les distilateurs & vendeurs d'eau-de-vie, faire d'autres distilations que celle de l'eau-de-vie & esprit de vin, sauf à choisir entr'eux le nombre qui sera jugé nécessaire pour la confection des eaux fortes, dont l'usage est permis, lesquels ne pourront néanmoins y travailler qu'en vertu de nosdites lettres, & après en avoir fait leur déclaration, à peine de punition exemplaire.

X. Défendons pareillement à tous esclaves de l'un & de l'autre sexe, de composer & distribuer aucuns remedes en poudre ou en quelqu'autre forme que ce soit, & d'entreprendre la guérison d'aucune maladie, à l'exception néanmoins de la morsure des serpents, à peine de punition afflictive, même de mort si le cas le requiert; voulant même que les esclaves qui, sous prétexte de faire des remedes pour la morsure des serpens, en auroient composé ou distribué qui n'y seroient pas propres, & qui ne pourroient servir que pour guerir d'autres maux, soient condamnés aux peines portées par le précédent article.

Si donnons en Mandement &c.

ORDONNANCE

DE MM. LES GÉNÉRAL ET INTENDANT.

CONCERNANT la police des negres.

Du 6 Avril 1747.

QUoique les anciennes ordonnances aient suffisamment pourvu à ce qui concerne la police & la discipline des esclaves, & particuliérement à ce qui peut en empêcher le marronage, en prescrivant aux maîtres de leur donner des billets ou marques connues, soit qu'ils leur permettent d'aller vendre des denrées aux marchés, ou lorsqu'ils les envoient hors de chez eux pour quelques messages ou commissions : Nous sommes cependant informés que ces mêmes ordonnances sont tellement négligées par les habitans & par ceux qui sont chargés du détail de la police dans les villes & bourgs, que les rues, les marchés, les chemins publics, & même les canots passagers, sont journellement remplis de negres marrons, lesquels, à la faveur de l'impunité qui en résulte, se multiplient & donnent occasion à des vols & à d'autres désordres dont il est important d'arrêter les progrès, en renouvellant les dispositions desdites ordonnances. Pourquoi nous avons estimé convenable d'y apporter le remede nécessaire, & à cet effet nous avons ordonné & ordonnons,

ARTICLE PREMIER.

Que conformément à l'article dix-neuvieme de l'ordonnance du Roi de 1685, les maîtres qui envoient des esclaves de l'un & de l'autre sexe dans les villes & bourgs, pour y vendre des volailles, fruits, legumes, laitage, farine de manioc, cassaves, bois à bâtir & à brûler, & herbes pour la nourriture des bestiaux, seront tenus de leur donner un billet ou marque connue, soit qu'ils les envoient pour leur compte ou qu'ils permettent aux esclaves d'y aller pour le leur, à peine de confiscation au profit des hôpitaux & des pauvres des lieux, des denrées & effets dont ils seront chargés, & d'emprisonnement desdits esclaves, lesquels ne pourront être remis aux maîtres, qu'après en avoir payé la prise, le gîte & geolage, & autres frais, s'il y en a.

II. Enjoignons aux officiers préposés à la police dans lesdites villes & bourgs, de faire exactement leurs tournées & visites dans les marchés & places, les dimanches, fêtes & autres jours, dans les lieux où les marchés se tiennent journellement, & de se faire représenter par les esclaves qui auront des denrées à vendre, les billets & marques de leurs maîtres, & de faire arrêter sur le champ ceux qui n'en auront pas.

III. Pourront aussi en conformité de l'article 21 de la même ordonnance de 1685, tous autres habitans & particuliers, arrêter les esclaves chargés de denrées & autres effets à vendre, & se faire représenter les billets & marques de leurs maîtres, & arrêter lesdits esclaves, s'ils n'en sont pas munis, pour être emprisonnés, & ne seront relâchés que comme il est dit à l'article précédent.

IV. Défendons à tous maîtres de laisser sortir de leurs habitations, même d'envoyer leurs esclaves faire pour eux des commissions ou messages dans les bourgs & à la campagne, à la distance d'une lieu de leur demeure, sans leur donner un billet contenant le nom de l'esclave & le leur, à peine contre les maîtres, dont les esclaves seront arrêtés sans être munis dudit billet, de douze livres d'amende, & en outre de payer la prise du negre arrêté, les frais de gîte & geolage & autres qui pourroient avoir été faits.

V. Défendons aussi à tous patrons de canots passagers, de donner retraite ni passage à aucuns esclaves de l'un & de l'autre sexe, s'ils ne sont munis d'un billet de leurs maîtres, ou s'ils ne sont à leur suite, sous peine de huit jours de prison aux frais des maîtres & propriétaires desdits canots passagers, sans préjudice d'autre action contre lesdits maîtres de la part de ceux desdits esclaves auxquels ils auroient donné retraite ou passage; & afin que lesdits propriétaires ne puissent alléguer en faveur de leurs patrons le prétexte d'ignorance des dispositions du présent article, leur enjoignons de les en instruire.

VI. Enjoignons pareillement à tous maîtres, habitans & autres de quelque qualité & condition qu'ils soient, d'instruire leurs esclaves des défenses portées par la présente, & des peines qui résultent contr'eux de la contravention auxdites défenses; & afin que personne n'en prétende cause d'ignorance, sera la présente enrégistrée au greffe de l'intendance de ce bourg, de même qu'à ceux des jurisdictions royales, & lue, publiée & affichée par-tout où besoin sera.

Donnée à Saint-Pierre de la Martinique, sous le sceau de nos armes & le contre seing de nos Secretaires, le 10 avril mil sept cent quarante-sept. *Signés*, le Marquis de CAYLUS, & RANCHÉ. *Et plus bas*, par Monseigneur. *Signé*, MORENDET. Et par Monseigneur, *Signé*, LEVERRIER.

ORDONNANCE

DE MM. LES GÉNERAL ET INTENDANT.

CONCERNANT *les negres empoisonneurs.*

Du 4 Octobre 1749.

NOUS avons été informés que dans les procès contre les negres accusés de poison, la principale difficulté vient de ce qu'ordinairement le corps du délit ne se trouve pas constaté; ce qui arrête les jugemens & fait échapper la plupart des coupables à la punition qu'ils meritent; cependant il s'agit d'un crime détestable, le plus pernicieux à la société, & d'autant plus dangereux que ses preuves en sont difficiles. Nous ne pouvons plus ignorer que ce crime soit réel & même commun parmi les esclaves; les aveux de quelques coupables en sont une preuve, & justifient les plaintes qu'on en fait de toutes parts: il est donc très-important, non-seulement d'en arrêter le cours, mais même de l'extirper, s'il est possible, jusqu'à sa racine; les habitans y sont principalement intéressés par les pertes auxquelles cela les expose. Nous leur devons tous les secours de l'autorité royale que Sa Majesté nous a confiée dans ce Gouvernement; mais ils se doivent à eux-mêmes le soin de se les rendre utiles, en se prêtant aux preuves nécessaires à la punition d'un crime si dangereux, & dont l'impunité ne peut servir qu'à l'accroître, & à multiplier les coupables parmi des hommes qui n'ont d'autre frein que la crainte des châtimens.

A ces Causes, nous avertissons tous les habitans, qu'il est nécessaire qu'ils fassent ouvrir les corps de ceux de leurs negres & bestiaux qu'ils soupçonneront être morts de poison; nous les exhortons d'y faire procéder avec diligence par les chirurgiens jurés ou commis aux rapports de leurs quartiers, & à leur défaut par tous autres chirurgiens que nous autorisons à cet effet par ces présentes, sans qu'il soit besoin d'autre mandement de justice, lesquels chirurgiens dresseront procès verbal de l'état des parties internes des corps qu'ils ouvriront & des causes de la mort desdits negres ou bestiaux, s'il s'y trouve quelque indication de mort violente; pour lesdits procès verbaux être renvoyés aux Procureurs du Roi de la jurisdiction des lieux, à la diligence desquels ils seront affirmés, si besoin est, devant les Juges ou devant celui qui sera par eux commis à cet effet, dont mention sera faite au bas desdits procès verbaux, qui, à la même diligence, seront déposés aux greffes des Jurisdictions, pour y avoir recours & servir au procès contre les empoisonneurs, ainsi qu'il appartiendra: ordonnons que le médecin du Roi soit appellé à l'ouverture desdits corps, toutes les fois qu'il sera à portée d'y assister, & qu'il pourra le faire commodément; ce que nous voulons avoir lieu pour tous les autres médecins qui se trouveront établis dans les isles de ce Gouvernement.

Nous enjoignons à toutes personnes qui connoîtront dans leurs quartiers où ailleurs, des negres ou autres esclaves publiquement soupçonnés du crime de poison, & qui auront connoissance des circonstances qui donnent lieu à ces soupçons, d'en faire leurs déclarations aux Procureurs du Roi des jurisdictions, dans lesquelles ils expliqueront dans le détail le plus circonstancié qu'il sera possible, tout ce qu'ils sauront par eux-mêmes, & ce qu'ils auront appris par d'autres; desquelles déclarations les Procureurs du Roi tiendront un registre secret & en rendront compte exactement à M. le Procureur général, & feront au surplus sur icelles le dû de leur charge.

Prions Messieurs les Officiers du Conseil Supérieur de cette isle, d'enrégistrer ces présentes, de les faire enrégistrer aux jurisdictions de leur ressort, & de les faire lire, publier & afficher aux portes des Eglises de chaque Paroisse, & par-tout ailleurs où besoin sera, à ce que personne n'en ignore.

Donné à la Martinique, sous le sceau de nos armes & le contreseing de nos secretaires, le 4 octobre 1749, *Signés*, le Marquis de CAYLUS, & RANCHÉ. *Et plus bas*, par Monseigneur. *Signé*, MOURET, & par Monseigneur. *Signé*, LEVERRIER.

ENREGISTRÉE au Conseil Souverain le 5 Novembre 1749.

ORDONNANCE

DE MM. LES GÉNÉRAL ET INTENDANT,

Pour la publication des congés des personnes qui veulent sortir de ces isles.

Du 2 Décembre 1749.

NOUS ordonnons qu'outre les trois publications & affiches qui se font à la porte des Eglises par trois dimanches consécutifs, lesdits congés seront encore publiés & affichés un jour d'audience à la porte du palais.

Enjoignons aux huissiers de faire lesdites publications à haute & intelligible voix, & d'écrire lesdites affiches d'une maniere lisible, à peine de huit jours d'interdiction pour la premiere fois, & de plus grande peine en cas de récidive, à quoi il sera tenu la main par les officiers des jurisdictions, au greffe desquelles nous ordonnons que les présentes seront enrégistrées, après avoir été lues & publiées à l'audience.

Donné à St. Pierre de la Martinique, le 2 décembre 1749. *Signés*, le Marquis de CAYLUS & RANCHÉ.

ARRÊT

DU CONSEIL SOUVERAIN

SUR Les faux nobles;

Du 8 Janvier 1750.

EXTRAIT DES REGISTRES DU CONSEIL SOUVERAIN.

SUR la rémontrance faite en la Cour par le Procureur général du Roi en fonction, qu'il est informé que plusieurs roturiers prennent impunément la qualité d'écuyer dans tous les actes publics & particuliers qu'ils passent; que l'usurpation de ce titre se perpétuant, fourniroit dans la suite des tems, des preuves de noblesse à leurs descendans; ce qu'il est d'autant plus important d'empêcher, que les nobles de l'Etat se trouveroient confondus avec ceux qui ne doivent pas participer aux prérogatives & autres privileges que le Roi leur accorde: Pourquoi ledit Procureur général auroit requis qu'il plut à la

Cour

Cour ordonner à tous les greffiers, notaires & curés de son ressort, d'envoyer exactement tous les trois mois audit Procureur général, la liste de ceux qui auront pris le titre d'écuyer, dans les qualités qu'ils poseront aux greffes, & dans les actes qu'ils passeront; & que l'arrêt qui interviendra sera notifié à sa diligence, tant auxdits greffiers, qu'auxdits notaires & Curés; Surquoi la matiere mise en délibération.

La Cour, faisant droit sur le requisitoire dudit Procureur général du Roi, ordonne à tous Greffiers, Notaires & Curés des Paroisses du ressort, d'envoyer exactement tous les trois mois audit Procureur général, la liste de ceux qui auront pris le titre d'Ecuyer dans les qualités qu'ils poseront dans tous les actes qu'ils passeront, pour, par ledit Procureur général, prendre tel droit qu'il avisera : Et sera le présent arrêt, notifié à sa diligence, auxdits greffiers, notaires & Curés, afin qu'ils n'en prétendent cause d'ignorance.

Fait au Conseil Souverain de la Martinique, le huitieme janvier mil sept cent cinquante.

ARRET

DU CONSEIL SOUVERAIN,

PORTANT défenses aux Capitaines de navires marchands, pacotilleurs & autres, de vendre aucuns ouvrages d'orfévrerie.

Du 2 Mars 1750.

VU, &c. La Cour faisant droit sur le requisitoire du Procureur général du Roi, fait défenses à tous capitaines de navire marchands, pacotilleurs & autres, d'exposer en vente, distribuer ni débiter aucuns ouvrages d'orfevrerie de quelque espece qu'ils soient, qu'au préalable ils ne soient marqués du poinçon de france, ou de celui du contrôleur & garde poinçon de cette isle, soit de la jurisdiction du Fort Saint-Pierre, ou de cette ville du Fort-Royal ou de la Trinité, dans le lieu où la vente se fera, à peine d'être poursuivis extraordinairement, & de telles autres peines qu'il appartiendra; à l'effet de quoi ordonne que le présent arrêt sera, &c.

ORDONNANCE

DE MM. LES GÉNÉRAL ET INTENDANT.

POUR la défense des Jeux dans les Isles au vent de l'Amérique.

Du 23 Janvier 1751.

SUR les plaintes & les représentations qui nous ont été faites plusieurs fois par des négocians & habitans des différentes isles du vent, au sujet d'une infinité de désordres, qui ne doivent que trop souvent leur origine au jeu de hasard, & principalement dans le bourg de Saint-Pierre, où il n'est que trop ordinaire de voir les commis des négocians & les personnes qui arrivent de france, avec des effets à elles appartenans ou qui leur ont été confiés, commettre incosidérement ces mêmes effets au hasard du jeu, excitées par la facilité qu'elles trouvent à jouer les jeux défendus, dans différens endroits dudit bourg Saint-Pierre : Etant de plus informés que, sans respecter les sages ordonnances de nos Rois, & les réglemens faits en conséquence par nos prédécesseurs, qui ont toujours eu une attention particuliere à réprimer ces abus, qui portent également atteinte à la religion & au bon ordre, différens particuliers y contreviennent journellement ; A quoi étant nécessaire de remédier, & de confirmer les réglemens qui ont été faits, par des nouvelles dispositions qui en assurent une exécution prompre & authentique, Nous avons ordonné & ordonnons :

ARTICLE PREMIER.

Les ordonnances de Sa Majesté des 15 décembre 1722, & 4 novembre 1744, ainsi que les réglemens donnés par Messieurs de Phelypeaux & de Vaucresson, de Pas de Feuquieres & de Silvecane, nos prédécesseurs, des 5 août 1710, 18 janvier 1715, & 5 septembre 1718, seront exécutés selon leur forme & teneur ; en conséquence défendons à toutes personnes de quelqu'état & qualité qu'elles soient, dans toute l'étendue des isles du vent, de jouer ni donner à jouer à aucuns jeux prohibés, communément appellés, les trois dez, le tope & tingue, le passe-dix, les deux dez, le quinquenove, le mormonique, le hoca, la bassette, le pharaon, le lansquenet, la dupe, le biribi, la roulette, le pair ou non, le quinze, les petits paquets, le brelan & autres, sous quelque prétexte & dans quelque tems que ce soit, même en tems de carnaval ; & ce, sous peine envers ceux chez qui on jouera, d'un mois de prison & de quinze cents livres d'amende, & envers chacun des joueurs, de cinq cens livres; lesquelles amendes seront payables par corps, & applicables aux réparations des prisons & autres ouvrages publics.

II. Défendons à tous cabaretiers, aubergistes, traiteurs, teneurs de caffé, de donner à jouer chez eux, soit à personnes étrangeres, soit à leurs pensionnaires, même à jeux permis, sous peine à la premiere contravention, de cinq cens livres d'amende, & de plus grande peine en cas de récidive; ladite amende exigible comme ci-dessus.

III. Etant néanmoins convenable qu'il y ait des maisons désignées & connues dans lesquelles on puisse tenir académie de jeux permis, nous accorderons ce privilege à trois particuliers dans le bourg Saint-Pierre, & autres dans les différentes villes & bourgs de cette isle, à la Guadeloupe & autres isles du vent, sur la fidélité desquels nous pourrons compter, à condition cependant qu'ils ne donneront à jouer à aucuns des jeux mentionnés en l'article premier, sous peine de trois mille livres d'amende, & d'un mois de prison; & en cas de récidive, du double de ladite amende, & de deux mois de prison, & ce, sous condition que le jeu cessera, & que leur maison sera fermée à dix heures du soir.

IV. Défendons à tous autres particuliers de tenir de pareilles académies sous les peines portées par l'article 2, & pour cet effet abrogeons & déclarons nulles, toutes les permissions pour donner à jouer qui pourroient avoir été ci-devant accordées à quelque personne que ce soit.

Sera notre présente ordonnance, déposée au greffe de l'Intendance des isles du vent, lue, publiée & affichée par-tout où besoin sera, à la diligence des procureurs du Roi des jurisdictions.

Mandons aux officiers de police, de tenir exactement la main à son exécution.

Donné à la Martinique, sous le sceau de nos armes & le contre-seing de nos secretaires, le 23 janvier 1751. *Signés*, BOMPAR, & HURSON. Général & Intendant.

ORDONNANCE

DE MM. LES GÉNERAL ET INTENDANT.

POUR la propreté des cales du Bourg Saint-Pierre.

Du 23 Juin 1751.

APrès avoir donné nos ordres pour le nettoyement des cales du Bourg Saint-Pierre, qui peuvent faciliter le commerce & l'embarquement des marchandises, nous croyons devoir prendre les précautions nécessaires pour empêcher qu'elles ne se remplissent d'ordures, qui non-seulement les embarrassent, mais causent encore dans ce bourg, & principalement au bord de la mer, une puanteur qui peut occasionner des maladies.

A CES CAUES, nous avons ordonné & ordonnons,

ARTICLE PREMIER.

Tous negres & negresses qui iront jetter des ordures au bord de la mer, seront obligés de les jetter à la lame.

II. Il sera dressé dans chaque cale, un poteau avec un carcan, auquel les negres ou negresses qui auront jetté les ordures dans la cale seront attachés pour la premiere fois pendant une heure; en cas de récidive, ils y seront pendant deux heures, après avoir reçu dix-neuf coups de fouet de la main du Bourreau; & pour la troisieme fois, après en avoir reçu 29 de la même main, ils seront conduits en prison, pour y rester pendant un mois aux frais de leurs maîtres.

III. Exhortons les bourgeois & habitans de Saint-Pierre qui demeurent au bord de la mer, d'avoir l'œil sur les negres qui vont jetter les ordures à la mer; & en cas qu'ils ne se conforment pas à la présente ordonnance, les autorisons à les arrêter sur le champ, & à les conduire chez le Procureur du Roi ou le commissaire de Police, qui en dresseront leur procès verbal, & les feront mettre en prison, pour nous en faire le rapport le jour même ou le lendemain, pour être condamnés en conséquence de la présente ordonnance.

Sera la présente ordonnance déposée au greffe de l'Intendance des isles du vent, lue, publiée & affichée par-tout où besoin sera, à la diligence du Procureur du Roi de la jurisdiction de Saint-Pierre.

Mandons, &c. Donné à la Martinique, sous le sceau de nos armes & le contre-seing de nos secretaires, le 23 juin mil sept cent cinquante-un. *Signés*, BOMPAR, & HURSON.

ORDONNANCE

ORDONNANCE

DE MM. LES GENERAL ET INTENDANT.

CONERNANT le port d'armes.

Du 24 Juillet 1751.

ETant instruits de différens désordres arrivés dans ce bourg Saint Pierre & dans l'étendue de ces isles, & qui ne viennent que du défaut d'exécution des ordres du Roi, qui défendent le port d'armes à ceux qui ne sont pas par leur état, en droit d'en porter; & étant nécessaire de remédier à ces désordres, nous avons ordonné & ordonnons,

Que l'ordre du Roi du 23 juillet 1743, sera exécuté selon sa forme & teneur; en conséquence;

Défendons à tous commis de négocians, clercs de Procureurs, artisans, fils d'artisans, marchands détailleurs, colporteurs, précepteurs, économes & raffineurs, de porter l'épée, sous peine de 500 livres d'amende, & d'un mois de prison.

Défendons pareillement & sous les mêmes peines, à tous étrangers de porter l'épée, s'ils ne se sont faits connoître à nous dans les trois premiers jours de leur arrivée. Ordonnons aux aubergistes, cabaretiers, traiteurs & autres, chez lesquels ces étrangers iront loger, de les avertir de la présente ordonnance.

Prions Messieurs les Lieutenant au Gouvernement général, gouverneurs particuliers, lieutenans de Roi, majors & officiers des troupes de Sa Majesté; mandons aux commandans & capitaines de milice, ainsi qu'aux Juges & Procureurs du Roi des Jurisdictions, & à tous les officiers chargés du détail de la police, de tenir la main chacun en droit soi, à l'exécution des présentes.

Et sera notre ordonnance enrégistrée aux greffes des Conseils Supérieurs de ces isles, lue, publiée & affichée par-tout où besoin sera, à la requête des procureurs généraux desdits Conseils & de leurs Substituts.

Donné à la Martinique, sous le sceau de nos armes & le contre-seing de nos secrétaires, le 24 juillet 1751. *Signés*, BOMPAR, & HURSON.

ENREGISTRÉ au Conseil Souverain, le 6 Septembre 1751.

ORDONNANCE

DE MM. LES GÉNÉRAL ET INTENDANT.

POUR la culture du Manioc Bananiers & Patates.

Du 24 Juillet 1751.

Etant informés que la plus grande partie des habitans de ces isles, négligent les plantations & la culture des maniocs, bananiers, & patates, si nécessaires pour la nourriture de beaucoup d'habitans, & généralement de tous les negres destinés aux travaux de ces colonies, quoique ces plantations aient été ordonnées dans différens tems par quantité de réglemens également sages, & notamment par l'ordonnance du Roi du 15 mars 1714, qui porte que chaque habitant sera tenu d'avoir sur ses terres 500 fosses de manioc par tête de domestique blanc ou negre.

Par l'ordonnance de Messieurs de Champigny & d'Orgeville, Général & Intendant, du premier septembre 1736, qui ajoutant à cette disposition, ordonne la plantation de 25 pieds de bananiers par chaque tête de negre.

Enfin, par l'ordonnance de Messieurs de Champigny & de la Croix, du 10 mars 1740, laquelle ordonne en outre la plantation d'un quarré de patates par 30 têtes de negres.

Nous croyons ne pouvoir apporter un trop prompt remede au désordre qu'a occasionné jusqu'à ce jour l'inexécution de tous ces réglemens, qui cause la cherté excessive des farines de manioc, devenues plus rares de jour en jour ; & qui expose beaucoup d'habitans & tous les domestiques blancs & noirs, à se trouver privés des secours les plus nécessaires à la vie.

Inutilement renouvellera-t-on les ordonnances, si les chefs ne s'assurent de leur exécution, & n'empêchent un relâchement aussi contraire aux intentions de Sa Majesté, & au bon ordre, que préjudiciable au bien de la colonie ; & au commerce.

C'est sur ces motifs, qu'après avoir mûrement examiné les précédens réglemens rendus à ce sujet, nous avons ordonné & ordonnons,

Que l'ordonnance du Roi du 15 mars 1714, ensemble les ordonnances desdits jours premier septembre 1736, & 10 mars 1740, seront exécutées selon leur forme & teneur, dans toute l'étendue de ce gouvernement, & sans qu'aucun habitant, sous quelque prétexte que ce soit, puisse s'en dispenser ; le tout sous les peines portées par lesdites ordonnances & réglemens ; & pour que personne n'en prétende cause d'ignorance, ordonnons qu'elles seront de nouveau lues & publiées.

Prions Messieurs les Lieutenant au gouvernement général, gouverneurs particuliers, Lieutenans de Roi, majors & officiers des troupes, de Sa Majesté : Mandons aux commandans & capitaines des milices, aux Juges & procureurs du Roi des jurisdictions, de tenir la main chacun en droit soi, à l'exécution des réglemens.

Et sera notre présente ordonnance, enrégistrée aux greffes des Conseils Supérieurs de ces isles, lue, publiée & affichée par-tout où besoin sera, à la requête des procureurs généraux de Sa Majesté, & de leurs substituts.

Donné à la Martinique, sous le sceau de nos armes, & le contre-seing de nos secretaires, le 24 juillet 1751. *Signes*, BOMPAR, & HURSON,

ENREGISTRÉE au Conseil Souverain le 6 Septembre 1751.

ARRET

DU CONSEIL SOUVERAIN, *DE LA MARTINIQUE.*

SUR les Orfevres.

Du 7 Septémbre 1754.

ARTICLE PREMIER.

SUR ce qui a été remontré en la Cour par le Procureur général du Roi, que les plaintes qui lui ont été portées du défaut d'exécution & d'exacte observation des ordonnances & réglemens touchant les orfevres & les ouvrages d'orfévrerie &c.

LA COUR, faisant droit sur les remontrance, requisitoire & conclusions dudit Procureur général du Roi, a ordonné & ordonne que l'ordonnance en forme de réglement du 3 février 1720, & l'arrêt de la Cour du 2 mars 1750, rendus sur ce qui concerne les orfevres & les ouvrages d'orfévrerie, seront exécutés selon leur forme & teneur en tout leur contenu, par les orfevres & marchands d'ouvrages d'orfévrerie établis en ces isles & sous les peines y portées, & qu'à cet effet ils seront de nouveau lus, publiés & affichés avec le présent arrêt, ainsi qu'il appartiendra.

II. Ordonne en outre que les matieres d'or & d'argent qui seront dorénavant employées aux ouvrages d'orfévrerie en ces isles, seront au titre de Paris, savoir : l'or, de vingt-deux carats, & l'argent de onze deniers dix grains, sans que sous prétexte d'ordres, volonté ou consentement des particuliers qui auroient donné des ouvrages à faire auxdits orfevres, ils puissent travailler & employer des matieres d'un titre inférieur, sous peine de confiscation des ouvrages & matieres, & de 500 liv. d'amende, applicable aux réparations des prisons de la jurisdiction du lieu.

III. Et pour que le public & les particuliers puissent être assurés que les pieces d'orfévrerie qu'ils acheteront & que les ouvrages qu'ils auront fait faire par lesdits orfevres, sont au titre ci-dessus prescrit & fixé, ladite Cour ordonne que lesdits orfevres seront tenus de porter au contrôleur & garde-poinçon établi dans chacune des villes & bourgs des isles, les ouvrages sujets au contrôle, avant qu'ils soient dégrossis & perfectionnés, pour les faire marquer du poinçon desdites isles, suivant & conformément à l'article VI. dudit réglement de 1720, à peine aussi de confiscation des ouvrages qui n'auront point été marqués, & de cinq cens livres d'amende, applicable moitié comme au premier article dudit réglement de 1720, & l'autre moitié aux réparations des prisons de la jurisdiction du lieu.

IV. Autorise à cet effet les Contrôleurs & garde-poinçons établis esdites villes & bourgs, à faire, quand ils le jugeront à propos, leurs visites chez lesdits orfevres de leur district, en se faisant néanmoins assister d'un officier de police, lors desquelles visites ils pourront se faire représenter les ouvrages finis & exposés en vente, & en outre les livres & registres qu'il est enjoint auxdits orfevres de tenir, conformément aux articles 2 & 3 dudit réglement de 1720, pour voir & vérifier si lesdits ouvrages finis & exposés en vente seront marqués du poinçon, & si lesdits registres sont tenus dans la regle prescrite par lesdits articles; & dans le cas de contravention sur l'un ou l'autre objet, ordonne qu'il sera dressé procès verbal, tant de ladite visite que de la saisie qui sera faite des ouvrages de contravention, lequel sera remis au substitut du Procureur général du lieu de la Jurisdiction, pour être les contrevenans, poursuivis à sa requête ainsi qu'il appartiendra; & dans le cas où il ne sera question que du défaut de registre, seront les contrevenans condamnés en cinq cens livres d'amende aussi applicable aux réparations de la jurisdiction du lieu, pour la premiere fois; & en cas de récidive, privés & déchus de maîtrise & exercice publique de leur profession.

V. Et en ajoutant aux dispositions de l'article 4 du réglement de 1720, ordonne que lorsqu'il sera porté aux orfevres des matieres d'or & d'argent en poudre, lingots ou mises en œuvre, par des soldats, matelots, domestiques blancs, negres, mulâtres libres ou esclaves de l'un & l'autre sexe & par des personnes inconnues & non domiciliées, desquelles

desquelles il est défendu d'acheter lesdites matieres, lesdits orfevres se saisiront desdits effets qu'on leur proposera à vendre ou échanger, & qu'ils iront sur le champ, ou dans le jour au moins, en faire leurs déclarations ou dénonciations au Substitut du procureur général en la jurisdiction du lieu, pour être par lui pris tel parti & fait telles diligences & poursuites que le cas le requerra & appartiendra, sans que lesdits orfevres puissent en aucun cas, retenir pardevers eux lesdites matieres présentées à vendre, sous prétexte d'envoyer les vendeurs chercher des billets, autorisations ou aveux par écrit de quelqu'un, ni se dispenser de faire la déclaration sus-mentionnée audit Substitut du Procureur général, sous peine contre les orfevres contrevenans à ce qui leur est presérit par le présent article, de trois cents livres d'amende, applicable également aux réparations des prisons, même d'être poursuivis extraordinairement si le cas y échet & le requiert.

Et afin que les orfevres qui se feront recevoir à l'avenir, tant ceux qui arriveront d'europe, que les apprentifs des isles, soient instruits des dispositions du présent réglement, & de celui de 1720, ordonne que les récipiendaires seront tenus de lever des expéditions desdits réglemens & de les représenter aux Juges lors de leurs réceptions.

Ordonne que le présent réglement sera enrégistré ès jurisdictions du ressort de la Cour, lu, publié & affiché dans les villes & bourgs d'icelui, ès lieux & endroits accoutumés, à la diligence dudit Procureur général & de ses Substituts esdites jurisdictions, à ce que personne n'en prétende cause d'ignorance.

Fait au Conseil Supérieur de la Martinique, le 7 septembre 1754.

ARRET

DU CONSEIL SOUVERAIN

CONCERNANT Les esclaves tenant maison.

Du 7 Novembre 1754.

LA Cour, faisant droit sur la remontrance dudit Procureur général du Roi, ordonne que ledit arrêt en réglement du 3 novembre 1733, sera de nouveau & avec le présent arrêt, lu, publié & affiché par-tout où besoin sera, pour être exécutés suivant leur forme & teneur; enjoint aux officiers de police, tant des chefs-lieux des jurisdictions, que des bourgs où il y en a d'établis, de veiller & tenir la main à l'exacte observation dudit réglement, notamment en arrêtant & faisant saisir & arrêter les esclaves de l'un & de l'autre sexe,

Ffffff

& de quelque couleur qu'ils puissent être, qui tiendront maison & feront un commerce particulier de vente de marchandises de toute nature, pour la confiscation, tant desdits esclaves que des marchandises, être poursuivie à la requête & diligence des substituts dudit Procureur général, pardevant les Juges des lieux; ordonne en outre qu'à la poursuite & diligence du Substitut du Procureur général en la jurisdiction de cette ville du Fort-Royal, les negres & negresses dénommés dans la requête des marchands, aubergistes & cabaretiers du Lamentin, seront arrêtés & conduits ès prisons royaux de cette dite ville, & les marchandises qui se trouveront dans les maisons qu'ils occupent, saisies & laissées à la garde d'un voisin, pour la confiscation du tout être poursuivie sur les conclusions dudit Substitut, ainsi qu'il appartiendra; à l'effet de quoi, ordonne que ladite requête des marchands, aubergistes & cabaretiers, sera remise audit substitut, après avoir été paraphée par le Président de la Cour: Ordonne au surplus, que le présent arrêt sera régistré ès jurisdictions, lu publié & affiché dans les villes & bourgs du ressort de la Cour, ès lieux & endroits accoutumés, à la diligence dudit Procureur général du Roi, & de ses substituts esdites Jurisdictions, qui seront tenus d'en certifier la Cour.

Fait au Conseil Supérieur de la Martinique, le septieme novembre mil sept cent cinquante-quatre.

ARRÊT

DU CONSEIL SOUVERAIN

CONCERNANT les Orfevres.

Du 9 Novembre 1754.

LA Cour, faisant droit sur le requisitoire du Procureur général du Roi, ordonne,

1°. Que tous les orfevres & fabricants matieres d'or & d'argent, dans l'étendue du ressort de la Cour, seront tenus d'avoir un poinçon particulier, duquel l'empreinte, sur une planche de cuivre, sera déposée au greffe de la jurisdiction du lieu de son établissement, & dont ils seront tenus de marquer tous leurs ouvrages.

2°. Que les Contrôleurs & gardes poinçons, outre leurs poinçons particuliers, auront un autre poinçon destiné à marquer les ouvrages qui leur seront apportés au contrôle, lequel poinçon sera différent pour chacun desdits contrôleurs, & dont l'empreinte sera pareillement déposée au greffe de la jurisdiction de sa résidence.

Ordonne au surplus que ledit arrêt en réglement du 7 septembre dernier, sera exécuté dans toutes les autres dispositions qu'il contient & sous les peines y portées.

Fait au Conseil Supérieur de la Martinique, ledit jour neuvieme novembre mil sept cent cinquante-quatre.

ORDONNANCE

DE MM. LES GÉNÉRAL ET INTENDANT,

CONCERNANT les Bouchers.

Du 5 Novembre 1755.

VOulant faire cesser les fréquentes plaintes contre les contraventions des bouchers de cette isle, aux sages réglemens faits par nos prédécesseurs, touchant la police des boucheries; nous avons statué & ordonné, statuons & ordonnons par les présentes.

ARTICLE PREMIER.

Que l'ordonnance rendue par Messieurs le Marquis de Champigny & de Ranché, nos prédécesseurs, concernant les boucheries, le 11 juillet 1744, sera exécutée suivant sa forme & teneur, sous les peines y portées.

II. Que personne ne pourra faire le métier de boucher & tenir boucherie, sans en avoir auparavant obtenu de nous la permission, à peine de 500 liv. d'amende, & de confiscation des viandes, bestiaux & ustensiles de boucherie qui seront trouvés chez les contrevenants.

III. Que ceux qui font actuellement le métier de boucher avec dessein de continuer à tenir boucherie, obtiendront de Nous, Général & Intendant, la permission mentionnée en l'article précédent, dans un mois à compter de la publication des présentes, sous les peines portées audit article.

IV. Que tout boucher sera tenu, sous les peines portées en l'article 2, d'informer l'officier de police, qui sera préposé à ce sujet, des lieux où il se propose de tuer, étaler & débiter, du nombre, espece & quantité de bestiaux destinés pour sa boucherie, dont il fera la distribution au public aux heures réglées.

V. Que tout boucher se pourvoira d'une copie, tant de l'ordonnance dudit jour 11 juillet 1744, que des présentes; laquelle copie il sera tenu de représenter au Procureur du Roi, lorsqu'il aura obtenu la permission de tenir boucherie, avec sa soumission au bas signée de lui, s'il sait signer, ou de deux témoins, s'il ne sait écrire, de se conformer au contenu desdites ordonnances, sous les peines y portées; desquelles représentation & soumission, ledit Procureur du Roi fera mention sur un registre destiné à cet effet.

VI. Défendons très-expressément aux cuisiniers de navires marchands, aux matelots & autres personnes attachées au service des bâtimens de mer, faisant commerce au cabotage, de faire aucun commerce de viandes de boucherie, d'en vendre & débiter, à peine de confiscation des viandes & bestiaux, de prison, & de plus griéves peines en cas de récidive. Enjoignons aux capitaines desdits navires de tenir la main chacun pour ce qui regarde les personnes de son bord, à l'exécution du présent article, à peine d'en répondre en leur propre & privé nom.

VII. Les confiscations des viandes & bestiaux dans les cas ci-dessus énoncés, & les autres portés en l'ordonnance dudit jour 11 juillet 1744, seront adjugées à ceux qui auront donné avis des contraventions aux officiers de police.

Prions Messieurs du Conseil Supérieur, & mandons aux officiers des Jurisdictions de cette isle, de procéder à l'enrégistrement, lecture, publication & affiches des présentes, en la maniere ordinaire, pour être exécutées suivant leur forme & teneur.

Donné à la Martinique, sous le sceau de nos armes & le contreseing de nos secretaires, le 5 novembre 1755. *Signé*, BOMPAR, & GIVRY.

ENREGISTRÉE au Conseil Souverain le 3 Janvier 1756.

ORDONNANCE

DE MM. LES GÉNÉRAL ET INTENDANT,

SUR le pavé de la grand'rue.

Du 22 Avril 1757.

VU la remontrance à nous donnée ce jour par le procureur du Roi en fonctions, de la Jurisdiction royale de ce bourg, à l'occasion des défectuosités dangéreuses du pavé de la grande rue d'icelui, de l'épanchement du ruisseau qui la traverse & de l'obstacle qu'il forme au transport & roulage des denrées & marchandises, nous ordonnons,

ARTICLE PREMIER.

Que tous les propriétaires ou leurs ayans cause, des maisons depuis le coin formé par celle des héritiers de feu Mr. Bellissent, jusqu'à la maison de Me. Roger, notaire royal & Procureur au Conseil,

seil, seront tenus de faire paver, à la publication des présentes, chacun le terrein lui appartenant jusqu'au milieu de la rue, suivant l'alignement & le niveau qui leur seront donnés par ledit Procureur du Roi.

II. Que tous les autres propriétaires ou leurs ayans cause, des maisons formant ladite rue, depuis celle dudit Me. Roger inclusivement, jusqu'à la cale nommée Lussy, seront tenus aussi à la publication des présentes, de faire creuser au milieu de la rue, chacun sur son terrein, suivant le niveau qui leur sera donné par ledit Procureur du Roi, un canal pour recevoir le ruisseau & empêcher qu'il ne se répande dans la largeur de la rue.

III. Et enfin, qu'incontinent après la publication desdites présentes, tous les pavés faits de pierre de taille ou de marbre, étant dans les rues de ce bourg, seront levés & refaits en cailloux ou autres matériaux servant ordinairement à paver les rues; & faute par les propriétaires ou ayans cause desdits pavés de marbre ou pierre de taille, d'enlever leurs carreaux de marbre ou de pierre immédiatement après la publication des présentes, & de refaire leur pavé en cailloux ou autres matériaux ordinaires, nous autorisons ledit Procureur du Roi à faire dépaver & repaver les endroits où sont actuellement lesdits carreaux de marbre & pierres de taille aux dépens des propriétaires des terreins sur lesquels sont lesdits pavés de marbre ou pierres de taille, & pour que personne n'en prétende cause d'ignorance, nous ordonnons que les présentes seront enrégistrées au greffe de l'intendance, lues, publiées & affichées par-tout où besoin sera. Mandons au Procureur du Roi, de tenir la main à son exécution.

Donné à St. Pierre Martinique, sous le sceau de nos armes & le contre-seing de nos Secretaires, le 22 avril 1757. *Signés*, BOMPAR & GIVRY.

ARRET

DU CONSEIL SOUVERAIN,

DE LA MARTINIQUE.

SUR les esclaves tenans maison.

Du 7 Novembre 1757.

EXTRAIT DES REGISTRES DU CONSEIL SOUVERAIN.

SUR ce qui a été remontré à la Cour par Me. Erard, Conseiller, faisant fonctions de Procureur général du Roi, qu'une des principales sources des désordres qui se commettent journellement dans les bourgs de cette isle, & principalement dans le bourg Saint Pierre, procede de ce que plusieurs particuliers exigeant de leurs esclaves une certaine somme par mois ou par jour, ces esclaves demeurent abandonnés à eux-mêmes, jouissent, pour ainsi dire, de tous les avantages de la liberté, & ne sont aucunement contenus par leurs maîtres, de sorte que pouvant à leur gré disposer de leur tems, ils l'emploient pour la plupart en des assemblées nocturnes, dans lesquelles ils concertent les moyens de faire de fréquens vols; que dans les circonstances présentes, les negres de journée ne trouvant plus à travailler, ont recours à toutes sortes de moyens pour payer leurs loyers à leurs maîtres, lesquels pour n'être pas privés des profits qu'ils en retirent, les souffrent tenir des maisons & des chambres particulieres contre les dispositions des arrêts en réglemens des 3 novembre 1733, & 11 juillet 1749, qui défendent à tous maîtres de laisser vaguer leurs esclaves, & de permettre qu'ils tiennent des maisons particulieres, sous quelque prétexte que ce soit; mais comme par les précautions que prennent & les maîtres desdits esclaves, & les propriétaires des maisons, il est très-difficile aux officiers de police de découvrir les contraventions qui se font auxdits réglemens, cependant on pourroit y parvenir, en accordant au dénonciateur la moitié du prix de la confiscation & des amendes, & en tenant les dénonciations secrettes; elles se feroient sur les registres des Procureurs du Roi, & ceux-ci leur compteroient secrettement la moitié du prix des amendes & du prix des esclaves confisqués, dont il donneroit un reçu en marge de la dénonciation; qu'on seroit assuré à ce moyen de trouver dans les bourgs de cette isle, des personnes qui, excitées par le gain, & assurées du secret, feroient des dénonciations aux Procureurs du Roi, & fourniroient les preuves nécessaires pour constater la contravention auxdits arrêts de réglement, dont l'inexécuion ne peut qu'entraîner des suites fâcheuses qu'il est de la prudence de prévenir, requérant qu'il y soit pourvu : Sur quoi la matiere mise en délibération.

LA COUR, faisant droit sur ladite remontrance, ordonne que les arrêts en forme de réglement des 3 novembre 1733 & 11 juillet 1749, qui défendent à tous maîtres de laisser vaguer leurs esclaves, & de permettre qu'ils tiennent des maisons particulieres, sous quelque prétexte que ce soit, seront de nouveau lus, publiés & affichés pour être exécutés selon leur forme & teneur.

Que tous les esclaves loués à eux-mêmes ou vagans contre les dispositions desdits arrêts en réglement de 1733 & 1749, seront confisqués, & la moitié du prix de la confiscation adjugée au dénonciateur, & l'autre moitié aux réparations publiques.

Que tous les propriétaires des maisons convaincus d'avoir loué des maisons, des chambres à des esclaves, soit directement ou indirectement, seront condamnés en 500 liv. d'amende, dont moitié applicable aux réparations publiques & moitié au dénonciateur.

Fait aussi défenses à tous cabaretiers & à tous mulâtres ou negres libres, de donner gîte & retraite, même avec la permission du maître, à aucuns esclaves, à l'exception des esclaves voyageurs porteurs d'ordres de leurs maîtres, à peine de 500 liv. d'amende, applicable comme dessus, moitié aux réparations publiques, moitié au dénonciateur, dont la dénonciation demeurera secrette, conformément à l'article 7 du titre 3 de l'ordonnance de 1670.

Ordonne pareillement que le présent arrêt de réglement sera registré ès registres des greffes des Jurisdictions du ressort, lu, publié & affiché par-tout où besoin sera, à ce que personne n'en prétende cause d'ignorance, à la diligence du Procureur général du Roi, qui en certifiera la Cour à la séance prochaine.

Fait au Conseil Supérieur de la Martinique, le 7 novembre mil sept cent cinquante-sept.

ORDONNANCE

DE MM. LES GÉNÉRAL ET INTENDANT.

POUR l'ouverture des cadavres soupçonnés être morts empoisonnés.

Du 12 Novembre 1757.

SUR les représentations qui nous ont été faites que le nombre des empoisonneurs se multiplioit journellement parmi les esclaves de ces isles; que plusieurs d'entre les accusés de ce crime & poursuivis dans les différens tribunaux de notre gouvernement, avoient évité les peines qu'ils avoient encourues, faute d'avoir pû constater les corps des délits, & de preuves suffisantes pour les convaincre; l'intérêt que nous prenons à ce qui regarde la colonie confiée à nos soins, nous a engagé à chercher des moyens efficaces pour arrêter le cours d'un désordre si pernicieux; & pour le détruire, s'il est possible, Nous nous sommes fait représenter à cet effet l'ordonnance rendue sur le même sujet par Messieurs le marquis de Caylus & Ranché nos prédécesseurs, le quatre octobre 1749, dont les dispositions nous ont paru très-propres aux fins que nous nous sommes proposées: mais comme nous nous sommes apperçus que le défaut d'exécution de cette ordonnance, provenoit de ce que les médecins, les chirurgiens jurés commis aux rapports, & à leur défaut les chirurgiens ordinaires, refusoient de faire gratis les ouvertures des esclaves soupçonnés d'être morts empoisonnés ; & que les maîtres de ces esclaves morts, négligeoient de requérir ces ouvertures dans la crainte d'ajouter à la perte qu'ils venoient de faire, celle du paiement de ces opérations : pour faire cesser cet abus, & mettre en vigueur les dispositions de l'ordonnance dudit jour 4 octobre 1749, nous avons ordonné & statué, ordonnons & statuons ce qui suit.

ARTICLE PREMIER.

Que l'ordonnance dudit jour 4 octobre 1749, sera exécutée suivant sa forme & teneur.

II. Que tout habitant des isles de notre gouvernement sera tenu, lorsqu'il aura des soupçons fondés que quelqu'un de ses esclaves ou autre personne de sa famille sera mort empoisonné, de requérir sur le champ le chirurgien juré commis aux rapports, ou à son défaut, tel autre chirurgien établi dans son quartier ou dans les quartiers voisins, pour faire l'ouverture du cadavre & constater de quel genre de mort la personne sera décédée, & d'y appeller le médecin du Roi, s'il est à portée, pour assister à ladite ouverture, & à son défaut le médecin du quartier, s'il y en a.

III. Que les chirurgiens jurés commis aux rapports, les chirurgiens ordinaires & les médecins dénommés en l'article précédent, & en l'ordonnance dudit jour 4 octobre 1749, seront tenus de procéder sans aucun retardement, gratis & sans frais, auxdites ouvertures toutes les fois qu'ils en seront requis.

Prions Messieurs les Officiers des Conseils Supérieurs de ces isles, & mandons aux officiers des Jurisdictions d'icelles, de tenir la main à l'exécution, tant de la présente ordonnance, que de celle de Messieurs le marquis de Caylus & Ranché, dudit jour 4 octobre 1749, & de les faire lire, publier & afficher par-tout où il appartiendra.

Donné à la Martinique, sous le sceau de nos armes, & le contre-seing de nos secretaires, le 12 novembre 1757. *Signés*, le Marquis de BEAUHARNOIS, & GIVRY.

ORDONNANCE

ORDONNANCE

DE MM. LES GENERAL ET INTENDANT.

CONCERNANT les Artifices.

Du 22 Juillet 1763.

DE PAR LE ROI.

IL est défendu à toutes personnes, de quelque condition & qualité qu'elles soient, de tirer dans le Bourg St. Pierre, ni fusées, ni aucun artifice, ni même de les préparer dans ledit bourg, à peine de punition exemplaire, à moins d'en avoir préalablement obtenu de nous la permission. Enjoignons aux Commissaires de police, de tenir rigoureusement la main à l'exécution de la présente ordonnance.

Donné à St. Pierre, sous le sceau de nos armes & le contre seing de nos secretaires, le 22 juillet 1763. *Signés*, le Marquis de FENELON, & de la RIVIERE. *Et plus bas*, Par Monseigneur. *Signé*, VAUCHELLE. & par Monseigneur. *Signé*, PERDRIGEON.

ORDONNANCE

DE MM. LES GÉNÉRAL ET INTENDANT,

CONCERNANT les Bouchers.

Du 1 septembre 1763.

ETant nécessaire de réprimer les fréquens abus des bouchers, & d'établir sur cet objet un ordre fixe & certain, Nous, en vertu du pouvoir à nous donné par Sa Majesté, avons ordonné & statué, ordonnons & statuons ce qui suit :

ARTICLE PREMIER.

Personne ne pourra à l'avenir faire le métier de boucher dans cette isle, sans avoir auparavant obtenu la permission de l'Intendant ou de ses Subdélégués, laquelle permission il fera enrégistrer au greffe de la jurisdiction du lieu de sa résidence ordinaire, à peine de cinq cens livres d'amende, & de confiscation des viandes, bestiaux & ustensiles de boucherie qui seront trouvés chez les contrevenans.

Tout boucher sera tenu, sous les mêmes peines, d'informer l'officier de police qui sera préposé à cet effet, des lieux où il se propose de tuer, étaler & débiter, ainsi que du nombre, espece & qualité des bestiaux destinés pour sa boucherie.

III. Défendons aux esclaves de faire le métier de boucher, ni de revendre la viande qu'ils pourroient avoir achetée des bouchers, à peine du fouet & du carcan, & en outre de confiscation de l'esclave au profit du Roi, s'il est prouvé que le maître l'ait autorisé à faire ce trafic : n'empêchons néanmoins qu'ils ne puissent continuer à l'avenir, comme par le passé, de vendre & débiter le cochon dans les places publiques en la maniere accoutumée & au prix ci-dessus fixé.

IV. Autorisons quant à présent les bouchers & jusqu'à nouvel ordre, à vendre le bœuf, le veau & le mouton, sur le pied de 22 sols six deniers la livre, & le cochon sur le pied de 15 sols la livre : leur défendons d'en vendre à plus haut prix, quand même ils seroient d'accord avec les acheteurs, ni de mêler dans leurs pesées, les machoires, pieds & entrailles des animaux, sous prétexte de completter le poids ou autrement, le tout à peine de cinq cens liv. d'amende.

V. Leur enjoignons sous les mêmes peines, d'avoir des poids justes, & de les faire étalonner chaque année, conformément aux réglemens.

Prions Messieurs du Conseil Supérieur de cette isle, & mandons aux officiers des Jurisdictions royales, de tenir la main à l'exécution de la présente ordonnance, de la faire lire, publier & afficher par-tout où besoin sera, à ce que nul n'en prétende cause d'ignorance, & de la faire enrégistrer aux greffes dudit Conseil Supérieur & des jurisdictions.

Donné à la Martinique, sous le sceau de nos armes & le contreseing de nos secretaires, le 1 septembre 1763. *Signés*, le Marquis de FENELON, & de la RIVIERE. *Et plus bas ;* Par Monseigneur. *Signé* VAUCHELLE, & par Monseigneur, *Signé*, PERDRIGEON.

ENREGISTRÉE au Conseil Souverain, le 5 Septembre 1763.

ORDONNANCE

DE MM. LES GÉNÉRAL ET INTENDANT,

CONCERNANT Les Boulangers & la vente des farines.

Du 1 Septembre 1763.

LES remontrances que nous recevons fréquemment de la part des boulangers, pour nous engager à diminuer le poids du pain, dont le prix est fixé à 7 sols 6 deniers la liv., nous ont déterminé à prendre les mesures les plus justes, pour nous mettre toujours en état de statuer sur leurs demandes avec connoissance de cause. Le prix auquel le pain est fixé dans cette colonie pour les tems ordinaires, doit être considéré comme étant convenable au commerce de France & à la colonie, & les variations sur ce prix sont ce que nous devons principalement nous proposer d'éviter; cependant comme il faut concilier la liberté du commerce dans les ventes de ses denrées, avec le prix auquel le pain peut être fixé en raison de celui de la farine; que d'un côté il est en cette partie des révolutions qui mettent une grande différence entre le prix des choses vendues, & que d'un autre côté il ne seroit pas juste que les ventes à bas prix tournassent en entier au profit des boulangers, tandis que celles à haut prix seroient entiérement à la charge du public, qui ne pourroit ainsi qu'être surchargé par ces mêmes révolutions, dont aucune ne seroit en sa faveur, nous avons cherché les moyens de parvenir aisément & d'une maniere toujours sûre, à fixer en tout tems le véritable prix du pain, de façon à rendre justice à ceux qui le fabriquent & à ceux qui le consomment.

A CES CAUSES, Nous, en vertu du pouvoir à nous donné par le Roi, avons statué & statuons, ordonné & ordonnons.

ARTICLE PREMIER.

Que nul ne pourra exercer dans cette colonie, le métier de boulanger, sans en avoir préalablement obtenu la permission de l'Intendant ou de ses Subdélégués, laquelle il sera tenu de faire enrégistrer au greffe de la jurisdiction du lieu de son domicile.

II. Voulons que les boulangers remettent au Subdélégué dud. lieu, tous les quinze jours, un état contenant la quantité, la qualité & le prix des farines achetées par eux depuis leur derniere déclaration, & ainsi de quinzaine en quinzaine, ensemble le nom des marchands ou négocians de qui ils les ont achetées.

III. Ordonnons en outre que tous les négocians, marchands, capitaines de navire, & autres vendeurs de farine, fourniront pareillement tous les mois au même Subdélégué, l'état de celles qu'ils ont vendues dans le mois, avec désignation du nom de celui qui les a achetées, & de leur prix & qualité; & faute par lesdits boulangers ou par lesdits négocians, marchands ou autres, de faire lesdites déclarations exactes, & dans les tems prescrits, ils seront condamnés en cinq cens livres d'amende: déclarons que si les contrevenans sont boulangers, ils seront en outre déchus de leur permission.

Prions Messieurs du Conseil Supérieur, & mandons aux Juges ordinaires de cette colonie, d'enrégistrer, faire lire, publier, & afficher la présente ordonnance, à ce que nul n'en ignore, & de tenir la main à son exécution.

Donné à la Martinique, sous le sceau de nos armes & le contreseing de nos secretaires, le premier septembre mil sept cent soixante-trois. *Signés*, le Marquis de FENELON, & de la RIVIÈRE. *Et plus bas*: Par Monseigneur. *Signé*, *VAUCHELLE*, & par Monseigneur. *Signé*, *PERDRIGEON*.

ENREGISTRÉE au Conseil Souverain le 5 Septembre 1763.

ORDONNANCE

DE MM. LES GÉNÉRAL ET INTENDANT.

CONCERNANT les Cochons

Du 25 Septembre 1763.

DE PAR LE ROI.

SUR les remontrances qui nous ont été faites de la part des Procureurs du Roi & des commis à la police des villes & bourgs de cette isle, de l'abus qui s'y est introduit de tolérer que les particuliers desdites villes & bourgs, y élévent des cochons dans leurs maisons, ce qui occasionne le mauvais air, & la mal-propreté des rues: Nous, en vertu du pouvoir à nous donné par Sa Majesté, faisons très-expresses inhibitions & défenses à toutes personnes de quelque qualité & condition qu'elles soient, & sous quelque prétexte que ce puisse être, de nourrir & élever dans l'enceinte des villes & bourgs de cette isle, aucun cochon, à peine de confiscation au profit des hôpitaux, & de deux cents livres d'amende applicable à la caisse du Roi. Mandons aux Procureurs des jurisdictions royales de faire lire, publier

publier & afficher les présentes par-tout où besoin sera, & de tenir exactement la main à leur exécution.

Donné à la Martinique, sous le sceau de nos armes & le contre-seing de nos secretaires, le 25 septembre 1763. *Signés*, le Marquis de FENELON, & de la RIVIERE. *Et plus bas*, Par Monseigneur. *Signé*, VAUCHELLE, & par Monseigneur. *Signé*, PERDRIGEON.

ORDONNANCE

DE MM. LES GENERAL ET INTENDANT.

CONCERNANT les Jeux & les Cabarets dans l'isle Martinique.

Du 16 Août 1763.

LES désordres que les jeux publics & les cabarets occasionnent, ne pouvant être réprimés avec trop de sévérité, nous avons résolu de donner à une partie si essentielle de la police, toute l'attention qu'elle exige ; en conséquence, nous avons statué & ordonné, statuons & ordonnons ce qui suit.

ARTICLE PREMIER.

Le nombre de cabaretiers demeurera fixé, jusqu'à ce qu'il en soit par nous autrement ordonné, à douze pour la ville du Fort-Royal, à quarante pour le Bourg St. Pierre, à six pour la Trinité, & dans les autres Bourgs de l'isle à proportion.

II. Nul ne pourra tenir cabaret qu'il n'en ait préalablement obtenu de l'Intendant de la Colonie, ou de son Subdélégué général ou particulier, une permission qui sera enrégistrée au domaine & au greffe de la jurisdiction du lieu où le cabaretier voudra s'établir ; pour lequel enrégistrement sera payé 3 liv. au greffier de ladite jurisdiction seulement, & rien au bureau du domaine ; ne sera ladite permission, délivrée que sur la quittance du receveur général ou particulier des droits du Roi, pour le paiement d'un quartier d'avance des droits auxquels seront imposés les permissions de tenir cabaret ; & ceux qui seroient trouvés débitant vin & autres liqueurs sans ladite permission, seront, outre la confiscation de leurs marchandises, condamnés à 500 liv. d'amende pour la premiere fois, & au double en cas de récidive, & bannis de la colonie ; ladite amende, ainsi que celles ordonnées ci-après, applicables aux travaux publics & suivant qu'il en sera ordonné, & seront au paiement d'icelles, les délinquants, contraignables par corps.

III. Ceux qui auront obtenu permission de tenir cabaret, ne pourront vendre & détailler que du vin, du cidre, de la biere; leur défendons toute vente & distribution de taffia, à peine d'être déchus de leur permission, & de 300 liv. d'amende, payable & applicable comme il est dit ci-dessus; & si au mépris de la présente défense, la vente du taffia se trouve avoir été faite à des soldats, ladite amende sera de 500 liv.

IV. Ne pourront les cabaretiers tenir leurs cabarets ouverts ni donner à boire à huis clos, après 9 heures du soir, à quelque personne que ce soit, ni aux soldats après la retraite battue; ne pourront encore recevoir dans leurs cabarets ni de jour, ni de nuit, aucuns negres autres que leurs propres domestiques, soit pour les loger, soit pour leur donner simplement à boire: le tout sous les peines portées par l'article précédent.

V. Ordonnons sous la même peine de 300 liv. d'amende, à tous les aubergistes & cabaretiers du Fort-royal, de St. Pierre, de la Trinité, du Marin, & autres lieux voisins des bourgs, de donner au commissaire de police du quartier dans lequel ils seront établis, le nom, surnom, l'état & le signalement de ceux qu'ils logeront chez eux, & cela dans les 24 heures du jour où ils auront reçu lesdits particuliers.

VI. Seront tenus lesdits commissaires de police, de donner au bureau des classes, ou à l'écrivain du Roi chargé dans leur quartier du détail de la marine, une note de tous les gens de mer, dont il leur sera fait déclaration, & de leur communiquer toutes les fois qu'ils en seront requis, les registres de police qu'ils seront tenus d'avoir à l'effet d'y porter les enrégistremens ci-dessus ordonnés.

VII. Les droits pour la permission de tenir cabaret, seront fixés à huit cents livres pour ceux résidans au Fort-Royal & au Lamentin; à 1200 liv. pour ceux résidans à St. Pierre; à 400 liv. pour ceux résidans à la Trinité; à 200 liv. pour ceux résidans au Marin; à 300 liv. pour ceux résidans au Prêcheur & au Carbet, & à 150 liv. pour tous ceux résidans dans les autres bourgs de cette isle: ne seront point cependant imposés comme cabaretiers, les aubergistes traiteurs, qui ne faisant que donner à manger, ne vendent & ne débitent chez eux ni vin, ni autre boisson forte ou spiritueuse.

VIII. Les aubergistes ou cabaretiers qui se proposent de cesser de tenir auberge ou cabaret, seront tenus d'en faire leur déclaration au Bureau général du domaine à St. Pierre, ou à celui du département où ils seront établis, huitaine avant le commencement du quartier qui suivra celui qu'ils auront payé, à peine contre les contrevenans, d'être contraints au paiement du quartier qui aura commencé à courir, faute par eux d'avoir fait ladite déclaration.

IX. Les aubergistes ou cabaretiers qui auront obtenu des permisſions, ſeront tenus d'exploiter par eux-mêmes les auberges ou cabarets, ſans qu'ils puiſſent céder leurs permiſſions, ſous les peines portées par l'article ſecond.

X. Faiſons défenſes à toutes perſonnes de quelque qualité & condition qu'elles ſoient, de détailler ou faire détailler par petites meſures dans les villes & bourgs, places & autres lieux publics, des vin, taffia & autres liqueurs de cette eſpece, à peine de confiſcation desdites liqueurs & de 300 liv. d'amende.

XI. Faiſons auſſi défenſe aux aubergiſtes & cabaretiers de tenir pluſieurs cabarets, ni faire vendre du vin ou autres liqueurs en d'autres maiſons que celles par eux occupées ou déclarées, & ce ſous les mêmes peines.

XII. Faiſons défenſe à toutes perſonnes de quelque qualité & condition qu'elles ſoient, de donner à jouer les jeux de haſard, de cartes ou de dez, & tous autres du nombre de ceux qui ſont défendus; ne permettons que les jeux connus ſous le nom de jeux de commerce, à peine contre les contrevenans, d'être condamnés à une amende de 2000 liv., & d'être en outre bannis de la colonie; & à l'égard des jeux de billard, il n'en pourra être tenu aucuns ſans la même permiſſion que celle établie ci-devant pour les cabarets.

XIII. Pour lever toute équivoque ſur la déſignation des jeux défendus, nous déclarons que ceux qu'on doit entendre ſous cette dénomination, ſont la Baſſette, le Pharaon, le Lanſquenet, le Hoca, le Quinquenove, Beriby, Maſſe-au-dez, Tope & Tingue, Paſſe-dix, les deux ou les trois dez, la Dupe, le Quinze, la Roulette, les Petits paquets, & autres jeux de la même nature, ſans qu'ils puiſſent être déguiſés ſous une autre forme, ou ſous une autre dénomination.

XIV. Ordonnons qu'à l'avenir lesdites contraventions pourront être pourſuivies à la requête des Procureurs du Roi, pardevant les Juges ordinaires & en la maniere accoutumée; & ſeront les ſentences rendues par eux à ce ſujet, exécutées par proviſion, nonobſtant l'appel au Conſeil Supérieur.

Prions Meſſieurs les Officiers du Conſeil Supérieur d'enrégiſtrer la préſente ordonnance, de la faire pareillement enrégiſtrer dans les Juriſdictions inférieures, publier & afficher par-tout où beſoin ſera.

Donné à la Martinique, ſous le ſceau de nos armes, & le contre-ſeing de nos ſecretaires, le 16 août 1763. *Signés*, le Marquis de FENELON, & de la RIVIERE.

ENREGISTRÉE au Conſeil Souverain, le 5 Septembre 1763.

ORDONNANCE

DE MM. LES GENERAL ET INTENDANT.

CONCERNANT les Terreins à bâtir dans le Bourg St. Pierre.

Du 14 Octobre 1763.

DE PAR LE ROI.

LE nombre des maisons bâties jusqu'à ce jour dans le bourg St. Pierre de cette isle, étant plus que suffisant pour l'objet de son commerce, nous avons jugé que les accroissemens ou augmentations en maisons qui pourroient s'y faire à l'avenir, de quelque nature qu'ils fussent, deviendroient également préjudiciables au bien du commerce, & au vrai intérêt de la colonie. Ces accroissemens ou augmentations seroient très-nuisibles à la sûreté même dudit bourg St. Pierre, dont la défense en tems de guerre n'est déja que trop difficile, par la multiplicité des objets à conserver ou à protéger; d'ailleurs ils ne peuvent se faire qu'au détriment des autres villes & bourgs de cette isle, qui resteroient déserts, & qu'il est trés-intéressant de peupler conformément aux intentions de Sa Majesté.

A Ces Causes, en vertu du pouvoir que le Roi nous a donné, nous faisons très-expresses inhibitions & défenses à toutes personnes de quelque qualité & condition qu'elles soient, & sous quelque prétexte que ce puisse être, d'élever ou construire aucun nouveau bâtiment sur les terreins dudit Bourg St. Pierre, sur lesquels il n'a point encore été bâti jusqu'à ce jour, à peine contre les contrevenans, de démolition desdits bâtimens, confiscation des matériaux, & de mille livres d'amende. Faisons pareilles défenses, & sous les mêmes peines, à tous entrepreneurs, maçons, charpentiers & autres d'en construire.

Prions Messieurs les officiers du Conseil Supérieur de cette isle, de faire enrégistrer les présentes, qui seront lues, publiées & affichées par-tout où besoin sera. Mandons aux Procureurs du Roi, voyers & commis à la police dudit bourg, de tenir exactement la main à leur exécution

Donné à la Martinique, sous le sceau de nos armes & le contre-seing de nos secretaires, le 14 octobre 1763. *Signés*, le Marquis de FENELON, & de la RIVIERE. *Et plus bas*, Par Monseigneur. *Signé*, VAUCHELLE. & par Monseigneur. *Signé*, PERDRIGEON.

ENREGISTRÉE au Conseil Souverain le 18 Octobre 1763.

ORDONNANCE

ORDONNANCE

DE MM. LES GENÉRAL ET INTENDANT,

CONCERNANT les Arpenteurs.

Du 15 Octobre 1763.

LES plaintes fréquentes qui nous parviennent sur la façon dont un grand nombre d'arpenteurs particuliers se conduisent dans l'exercice de leurs fonctions, les procès & les frais qui sont occasionnés, ou multipliés par une suite de leurs opérations, l'intérêt public, en un mot, joint aux ordres qui nous ont été donnés par le Roi, de remédier incessamment aux différens abus qui pourroient s'être introduits à plusieurs égards, & singulierement dans ce qui concerne la profession d'arpenteur, l'intention de Sa Majesté étant qu'à l'avenir aucun ne puisse en exercer les fonctions sans une commission émanée d'elle, approuvant seulement qu'en cas de besoin, nous y commettions par *interim*, en attendant qu'il lui ait plu de faire expédier lesdites commissions à ceux qu'elle jugera à propos d'en pourvoir: Nous, en vertu du pouvoir à nous donné par le Roi, avons statué & ordonné, statuons & ordonnons que tous les arpenteurs pourvus de commissions particulieres émanées de nos prédécesseurs, aient à les remettre entre les mains de l'Intendant, pour en recevoir de nouvelles de nous, si lieu y a: déclarons que du jour de la publication de la présente ordonnance, lesdites commissions seront de nulle valeur, & que ceux qui en sont pourvus, sont sans fonctions en cette partie; permettons seulement qu'ils puissent achever les arpentages qui auroient été commencés par eux, & auxquels ils auroient été commis par jugement ou ordonnance, ou par convention entre les parties. Voulons que les fonctions d'arpenteur ne puissent plus être exercées à l'avenir que par ceux qui auront obtenu une commission du Roi, ou de Nous par *interim*, conformément à l'ordonnance du Roi, du 24 mars dernier, registrée au Conseil Supérieur de cette isle, le 11 juillet suivant.

Prions Messieurs du Conseil Supérieur, de faire enrégistrer les présentes, lesquelles seront lues, publiées & affichées par-tout où besoin sera.

Donné à la Martinique, sous le sceau de nos armes & le contre-seing de nos secretaires, le quinzieme octobre mil sept cent soixante-trois. *Signés*, le Marquis de FENELON, & de la RIVIERE. *Et plus bas*;

Par Monſeigneur. *Signé*, VAUCHELLE, & par Monſeigneur, *Signé*, PERDRIGEON.

ENREGISTRÉE au Conſeil Souverain le 18 octobre 1763.

ARRET

EN REGLEMENT

DU CONSEIL SOUVERAIN,

DE LA MARTINIQUE.

SUR les faiſeurs de Mémoires

Du 10 Novembre 1763.

LA COUR, faiſant droit ſur le requiſitoire du Procureur général du Roi, fait nouvelles défenſes à toutes perſonnes de quelque qualité & condition qu'elles ſoient, de compoſer à l'avenir pour les particuliers aucuns mémoires, requêtes ou écrits de telle eſpece que ce ſoit, ſi leſdits compoſiteurs ne ſont pourvus de commiſſions & n'ont prêté ſerment à cet effet en la Cour; le tout à peine d'être pourſuivis extraordinairement comme perturbateurs du repos public, à la requête du Procureur général du Roi, & d'être punis rigoureuſement & chaſſés de l'iſle.

Fait auſſi défenſes à tous les Procureurs des Juriſdictions du reſſort, de recevoir, ſigner & faire uſage dans leurs cauſes, inſtances ou procès, des écrits, mémoires ou requêtes qui pourroient leur être remis par leurs parties & qui auroient été faits par des compoſiteurs non autoriſés, & ce à peine d'y être pareillement pourvû ſuivant l'exigence des cas, à la requête du miniſtere public.

Et ſera le préſent arrêt, exécuté à la diligence du Procureur général du Roi & enrégiſtré aux greffes des juriſdictions du reſſort, lu, publié & affiché par-tout où beſoin ſera, pour être exécuté ſelon ſa forme & teneur; enjoint aux Subſtituts dudit Procureur général, d'en certifier la Cour à la prochaine ſéance, & de tenir exactement la main à ſon exécution.

Fait au Conſeil Supérieur de la Martinique, le 10 novembre 1763.

ORDONNANCE

DE MM. LES GÉNÉRAL ET INTENDANT,

CONCERNANT *Les Vagabonds & gens sans aveu.*

Du 12 Février 1764.

NOUS sommes instruits qu'il se répand dans l'intérieur de cette colonie, nombre de gens de toute espece, qui ne sont ni connus, ni avoués du Gouvernement, & qui sous différens prétextes, parviennent à se faire recevoir, & à rester sur les habitations. L'usage abusif où sont les habitans de retirer & d'employer sur leurs biens des blancs, dont l'arrivée dans cette isle est souvent ignorée de ceux qui en devroient être les premiers instruits, est un désordre intolérable qui favorise la désertion des soldats, des matelots, des ouvriers engagés au service du Roi; qui procure à des criminels des ressources & un asyle assuré contre les poursuites de la justice; qui compromet enfin la sûreté publique, par les facilités qu'il donne aux mauvais sujets, & même à des gens de nation étrangere, de pénétrer dans l'intérieur de cette colonie, & d'y rester impunément. Les habitans qui sont dans ce cas peuvent donc se regarder comme coupables d'un délit contre l'ordre & l'intérêt public; délit qui les expose même à des peines très graves, telle que celle des galeres, que les ordonnances ont prononcée contre ceux qui récélent des déserteurs. Un tel abus n'auroit jamais dû s'introduire, par la raison que chaque Habitant doit penser qu'un homme dont le séjour en cette Isle, n'est pas avoué du gouvernement, est un homme qui a des raisons pour rester inconnu, & par conséquent ne peut être reçu sans quelque danger. On ne peut donc réprimer trop promptement & trop sévérement un désordre si dangéreux, & c'est pour y parvenir, que nous avons statué & ordonné, statuons & ordonnons.

ARTICLE PREMIER.

Qu'à l'avenir aucun blanc non créol de cette isle, s'il n'y est domicilié depuis un tems suffisant, pour y avoir acquis domicile, ne pourra plus y demeurer qu'il n'en ait préalablement fait sa déclaration au bureau des classes du Fort Royal ou de St. Pierre, & qu'il n'en ait obtenu un passe-port ou congé, qui contiendra son signalement, au moyen duquel passe-port ou congé, dont il sera porteur, il pourra être reçu par les habitans ou autres domiciliés dans les villes & bourgs, chez lesquels il se présentera pour travailler; & à défaut d'un tel passe-port ou congé, permettons, enjoignons même à tous les habitans de faire arrêter les gens inconnus, & de les faire conduire en prison aux frais du Roi. Voulons aussi que les porteurs desdits congés ou passe-ports, ne puissent se fixer dans aucune paroisse de cette isle, qu'ils ne les aient fait viser par le commissaire de la Paroisse où ils voudront demeurer.

II. Ordonnons à tout habitant & à tout domicilié dans les villes & bourgs, qui ont chez eux des blancs étrangers employés à leurs travaux, de les envoyer incessamment au bureau des classes du Fort-Royal ou de Saint Pierre, à l'effet d'y faire la déclaration, & d'y prendre le passe-port ci-dessus dit.

III. Ordonnons en outre que tout habitant ou tout domicilié dans les villes & bourgs de cette isle, qui, huit jours après la publication de la présente ordonnance, se trouvera avoir sur son habitation ou dans sa maison, un blanc non creol de cette isle, ou non domicilié dans cette colonie depuis un tems suffisant pour y être bien connu, s'il n'est porteur du passe-port ou congé du bureau des classes, sera condamné pour la premiere fois à 600 liv. d'amende, par chaque tête de blancs ainsi retirés, & au quadruple en cas de récidive; & ce indépendamment des autres peines, & des dommages & intérêts qui pourroient avoir lieu dans le cas où lesdits blancs se trouveroient être déserteurs des troupes, des travaux, des vaisseaux du Roi ou des navires marchands; voulons qu'en cas de dénonciation, la moitié de l'amende soit dévolue aux dénonciateurs.

IV. Enjoignons au Prévôt, lieutenant & autres officiers de la maréchaussée, d'arrêter & faire conduire en prison tous blancs étrangers & inconnus qu'ils trouveront dans l'intérieur de cette colonie, de quelque profession qu'ils soient, s'ils ne sont porteurs d'un permis particulier du Général ou de l'intendant, ou d'un congé du bureau des classes, comme il est dit ci-dessus, ou enfin d'un certificat de l'habitant qui les emploie chez lui; lequel certificat contiendra le signalement de celui qui en est porteur, & fera mention du passe-port du Bureau des Classes.

Recommandons aussi aux Commissaires des Paroisses, de tenir exactement la main à l'exécution de la présente ordonnance, qui sera lue, publiée & affichée dans toutes les paroisses, afin que personne n'en puisse prétendre cause d'ignorance.

Donné à la Martinique, sous le sceau de nos armes & le contre-seing de nos secretaires, le 12 février 1764. *Signés*, le Marquis de FENELON, & de la RIVIERE. *Et plus bas*, Par Monseigneur. *Signé* VAUCHELLE, & par Monseigneur, *Signé*, PERDRIGEON.

ORDONNANCE

ORDONNANCE DU ROI,

PORTANT réglement pour l'exercice de la Chirurgie dans les différentes Colonies françoises de l'Amérique.

Du 30 Avril 1764.

DE PAR LE ROI.

SA MAJESTÉ étant informée que nonobstant les réglemens rendus en différens tems, sur le fait de la chirurgie dans les colonies françoises de l'Amérique, l'abus qu'on a voulu éviter d'y voir exercer cette profession par de jeunes chirurgiens qui y abordent sur les vaisseaux, sans titres ni lettres qui puissent les autoriser, subsiste & s'étend tous les jours, au grand préjudice du public; Elle a jugé indispensable pour la conservation de ses sujets, de faire des dispositions, qui, en assurant l'état des chirurgiens qui auront de l'expérience & des talens, empêchent tous ceux qui passent aux colonies, d'abuser de la confiance publique; en conséquence Sa Majesté a ordonné & ordonne,

ARTICLE PREMIER.

Aucun chirurgien ne pourra exercer sa profession dans les différentes colonies françoises de l'amérique, qu'il n'ait servi au moins un an dans les hôpitaux militaires desdites colonies, lesquels seront tenus d'y entretenir chacun quatre chirurgiens, au moyen de quoi l'on sera assuré de n'avoir que des sujets capables & instruits des maladies du pays.

II. Les chirurgiens qui voudront s'établir dans les villes & bourgs des différentes colonies, seront, comme il se pratique dans tout le Royaume, examinés & interrogés sur tout ce qui concerne l'art de chirurgie, en présence de l'un des médecins de Sa Majesté, par le chirurgien-major, & un autre des chirurgiens de Sa Majesté, & même par les autres chirurgiens approuvés dans lesdites colonies, qui sans y être appellés, pourront y assister & interroger le récipiendaire.

III. Pour la facilité & la commodité des chirurgiens qui se présenteront pour donner des preuves de leur capacité, l'examen se fera en quatre séances; dans la premiere l'aspirant sera interrogé sur l'anatomie; dans la seconde sur la chirurgie théorique; dans la troisieme ſur la chirurgie pratique ; & dans la quatrieme ſur les opérations de chirurgie.

IV. Il ne ſera payé pour chaque ſéance, que vingt livres au médecin de Sa Majeſté ; quinze livres au chirurgien major qui aura préſidé à l'examen, & dix livres au chirurgien de Sa Majeſté, qui lui ſera adjoint.

V. Les lettres de maîtriſe, portant la faculté d'exercer la chirurgie dans le quartier de la colonie, pour lequel chaque chirurgien aura été reçu, ſeront ſignées du médecin de Sa Majeſté, & du Churigien-major qui les délivrera au récipiendaire.

VI. Seront tenus les chirurgiens ainſi approuvés, de préſenter aux Gouverneurs Lieutenans-généraux & Intendans, leurs lettres de maîtriſe & permiſſion d'exercer, & de les faire enrégiſtrer, tant au greffe de l'intendance qu'à celui de la juriſdiction de leur réſidence ; & pour chacun de ces enrégiſtremens, il ſera payé ſeulement ſix liv.

VII. Le chirurgien-major qui aura préſidé à l'examen dans lequel un deſdits chirurgiers aſpirans auroit été trouvé incapable, en inſtruira le greffier de l'intendance, qui mettra cet avis au nombre de ſes minutes.

VIII. Tous les chirurgiens qui exercent actuellement dans l'étendue de chaque reſſort, ſans avoir été ci-devant reçus ou approuvés, ou qui ne ſont point munis d'ordres ou brevets de Sa Majeſté, ou de la permiſſion du chirurgien-major, ſeront tenus, dans deux mois au plus tard, du jour de la publication de la préſente ordonnance, de ſe faire examiner devant les ſuſdits chirurgiens, en préſence du médecin du Roi, & de prendre ſur ce les lettres néceſſaires, à peine de cent liv. d'amende au profit de l'hôpital, même de punition plus grave, & d'être déchus du droit d'exercer la chirurgie dans les colonies.

IX. Ordonne Sa Majeſté aux Gouverneurs particuliers, commandans & autres officiers, dans le reſſort deſquels il ſe trouveroit des chirurgiens qui ne ſe ſeroient pas mis en regle, & continueroient d'exercer la chirurgie, ſans avoir ſubi les examens preſcrits par la préſente ordonnance, & fait enrégiſtrer leurs lettres & permiſſion d'exercer, d'en informer, à peine d'en répondre en leur propre & privé nom, le Procureur du Roi, afin qu'à ſa diligence & ſur ſes concluſions, les délinquants ſoient punis des peines portées ci-deſſus.

X. Dans le cas de maladies internes, s'il ſe trouve un médecin du Roi ſur les lieux, le chirurgien ſera obligé de lui en rendre compte, & d'en conférer avec lui ; & dans le cas où il ſe rencontreroit, dans telle partie de la colonie que ce ſoit, quelque maladie contagieuſe, le chirurgien qui aura été appellé, ſera tenu d'en rendre compte ſur le champ au médecin du Roi.

XI. Chaque chirurgien, dans les différens quartiers de l'iſle, ſera obligé d'envoyer tous les six mois au médecin du Roi dans le département duquel il se trouvera, un mémoire circonstancié des différentes maladies qu'il aura traitées, des remedes qu'il aura employés, surtout ceux du pays, dont il aura fait usage, & les effets qu'ils auront produits.

XII. Tous les chirurgiens exerçant leur art dans les colonies, seront obligés de prêter leur ministere pour les hôpitaux du Roi, dans les cas de besoin & toutes les fois qu'ils en seront requis, sans pouvoir prétendre à ce sujet aucun salaire.

XIII Aucun chirurgien ne pourra faire d'ouverture de cadavres ni de rapports en justice, que le médecin du Roi n'y soit présent ou dûement appellé, lorsqu'il se trouvera sur les lieux.

XIV. Ordonne Sa Majesté, qu'il sera fait une fois chaque année par les médecins & apothicaires du Roi; une visite chez tous les chirurgiens & droguistes de la colonie, à l'effet de vérifier & examiner l'état & la qualité des médicamens dont ils seront pourvus & dont ils feront usage pour les malades; ils seront autorisés à faire jetter tous les médicamens qui se trouveroient de mauvaise qualité ou falsifiés, dont il sera par eux dressé procès verbal qui contiendra la qualité desdits médicamens, leur défectuosité & le nom de ceux chez qui ils auront été trouvés, pour, sur ledit procès verbal, être ordonné contre les contrevenans ce qu'il appartiendra; laquelle visite sera faite *gratis* par les médecins & apothicaires du Roi dans les lieux de leur résidence, & aux frais & dépens du Roi; dans les différens quartiers de leur département, où ils seront obligés de se transporter.

XV. Les contrevenans au présent réglement, seront condamnés en mille livres d'amende au profit de Sa Majesté, & renvoyés de la colonie.

XVI. Défend très-expressément, Sa Majesté, aux negres & à tous gens de couleur, libres ou esclaves, d'exercer la médecine ou la chirurgie, ni de faire aucun traitement de malades, sous quelque prétexte que ce soit, à peine de cinq cens livres d'amende pour chaque contravention au présent article, & de punition corporelle suivant l'exigence des cas.

XVII. Défend en outre Sa Majesté, aux officiers des jurisdictions, d'admettre & d'allouer aucun compte ou mémoire de chirurgie, de ceux dont les lettres & permission d'exercer, n'auront point été enrégistrées.

XVIII. Veut Sa Majesté, que tous les chirurgiens-majors brévetés dans lesdites colonies, y remplissent les fonctions de chirurgiens des prisons, & celles de chirurgien juré pour faire les rapports en justice, chacun dans l'étendue de leur département; & que la présente ordonnance soit enrégistrée aux greffes des Conseils Supérieurs des

Colonies françoises de l'Amérique, & ensuite lue & publiée par-tout où besoin sera.

Fait à Versailles, le trente avril mil sept cent soixante-quatre. *Signé*, LOUIS. *Et plus bas*, Le Duc de CHOISEUL.

ENREGISTRÉE au Conseil Souverain, le 3 Septembre 1764.

ARRET

EN REGLEMENT

DU CONSEIL SOUVERAIN,

DE LA MARTINIQUE.

CONCERNANT Les titres de Noblesse.

Du 6 Septembre 1764.

LOUIS PAR LA GRACE DE DIEU, ROI DE FRANCE ET DE NAVARRE; A tous ceux qui ces présentes Lettres verront, SALUT. Savoir faisons que vu par notre Conseil Supérieur de la Martinique, la remontrance donnée en icelui par M[e]. Deville, Substitut du Procureur général du Roi en la Cour, contenant que depuis très-longtems les greffiers, notaires & curés des Paroisses, n'avoient point satisfait au réglement de la Cour du huit janvier 1750, qui leur ordonnoit d'envoyer exactement tous les trois mois, au remontrant, la liste de ceux qui auroient pris la qualité d'écuyers dans tous les actes qu'ils passeroient, pour, ledit remontrant, prendre tel droit qu'il aviseroit : que les greffiers, notaires & curés avoient tellement négligé un réglemett si sage, que plusieurs personnes avoient averti le remontrant que beaucoup de gens prenoient tous les jours le titre d'écuyer, quoique leurs titres de noblesse ne fussent pas encore enrégistrés en la Cour; à quoi étant nécessaire de remédier, le remontrant auroit conclu à ce qu'il fût ordonné à tous greffiers, notaires & curés du ressort de la Cour, de rapporter à la séance prochaine, pour tout délai, la liste de ceux qui avoient pris le titre d'écuyer dans les actes qui avoient été passés depuis l'arrêt de la Cour du 8 janvier 1750, jusqu'à ce jour; faute de quoi seroit par ledit remontrant, pris telles conclusions qu'il aviseroit contre lesdits greffiers, notaires & curés, & que l'arrêt qui interviendroit sur la présente remontrance, seroit imprimé, affiché & notifié auxdits greffiers, notaires & curés, à la diligence dudit remontrant; ladite remontrance en date de ce jour.

LA

LA COUR, faisant droit sur la remontrance du Substitut du Procureur général du Roi, ordonne à tous greffiers, notaires & curés du ressort de ladite Cour, de rapporter à la séance du mois de janvier prochain pour tout délai, la liste de ceux qui ont pris le titre d'écuyer & autres titres de noblesse, dans les actes qu'ils ont passés depuis l'arrêt en réglement du 8 janvier 1750, faute de quoi sera fait droit sur les conclusions qui seront prises par ledit Procureur général du Roi contre lesdits greffiers, notaires & curés : ordonne que le présent arrêt sera imprimé, pour ensuite lui être notifié, lu, publié & affiché dans toutes les Paroisses de cette isle, à la diligence dudit Procureur général du Roi ou de ses Substituts, qui seront tenus d'en certifier la Cour à la prochaine séance.

Mande au premier notre huissier ou autre sur ce requis, de mettre le présent arrêt à due & entiére exécution, & de faire pour raison de ce, toutes significations, sommations, commandemens & autres actes de justice nécessaires, de ce faire donnons pouvoir.

Fait à la Martinique en notre Conseil Supérieur, le 6 septembre mil sept cent soixante quatre & de notre regne le cinquantieme.

ORDONNANCE

DE MM. LES GENERAL ET INTENDANT.

CONCERNANT les Terreins du Fort-Royal.

Du 22 Octobre 1764.

DE PAR LE ROI.

L'Etablissement de la ville du Fort Royal a été dans tous les tems l'objet de l'attention de Sa Majesté, & le Gouvernement n'a rien épargné pour seconder ses vues, en tâchant d'encourager le commerce & les habitans à y former des entrepôts & magasins, & à contribuer à l'embellissement de cette capitale de la colonie, importante par sa situation avantageuse, & par la sûreté de son port.

Les ordres réitérés de Sa Majesté annoncés par les chefs, leur empressement à peupler le Fort-royal, & à l'embellir, n'ont point eu le succès qu'on devoit naturellement attendre. L'enceinte du Fort-royal, d'une étendue considérable, n'a point été habituée comme elle devoit l'être, par la négligence de la plupart des concessionnaires, qui n'ont point mis en valeur leurs terreins : quelques-uns ont commencé des établissemens qu'ils ont aussitôt abandonnés ; ensorte que la ville du Fort-royal, au lieu de prendre de l'accroissement, s'est trouvée réduite depuis plus de 30 ans, à un petit nombre de rues, tout le reste n'étoit qu'un amas de masures, ou un marécage, dont les exhalaisons, en rendant l'air mal sain, dégoutoient ceux qui eussent pû s'y établir, d'y venir résider.

Pour remédier à cet inconvénient, Sa Majesté a jugé à propos de faire ouvrir un canal, qui communiquant du Carénage à la riviere de l'hôpital, facilite le dégorgement des eaux croupies, desséche les terreins submergés, & rétablisse par ce moyen la salubrité de l'air.

L'ouverture de ce canal a donné un accroissement considérable à la ville du Fort-Royal, dont l'enceinte se trouve aujourd'ui à prendre du Carénage à ladite riviere, & dudit canal à la mer. Plusieurs particuliers se sont empressés à demander des concessions de partie de nouveaux terreins desseches, le Gouvernement leur en a accordé le titre; mais quand ces concessionnaires se sont mis en devoir de bâtir sur leurs terreins, il est survenu des oppositions de la part des prétendus anciens concessionnaires.

Il est de notoriété publique que depuis plus de 30 ans, les prétendus propriétaires des terreins réclamés les ont abandonnés; que plusieurs d'entr'eux même n'y ont jamais formé, ni pu former aucun établissement: or, les ordonnances du Roi s'expliquent formellement dans ce cas; & les lettres-patentes du 3 août 1722, portent en termes précis, que tout concessionnaire sera tenu de mettre en valeur les deux tiers du terrein concédé dans les six premieres années, à peine de nullité de la concession, & de réunion dudit terrein au domaine du Roi; par conséquent toutes les concessions précédemment accordées des terreins du Fort-Royal, non habitués ou abandonnés depuis 30 ans, sont nulles de droit & dans le cas de la réunion, à moins qu'il ne s'en trouve quelques uns qui ayant été bâtis & habitués depuis cette époque, n'aient été abandonnés par des causes majeures, dans le tems de la guerre, ou en conséquence d'accidens fortuits, ou même pendant la minorité des propriétaires.

Mais comme la réunion des terreins dont il s'agit, ne peut être prononcé que dans la forme prescrite par les réglemens & sur la poursuite du Procureur du Roi du siege royal, & qu'il est intéressant pour la colonie qu'il soit incessamment pourvu à l'établissement des nouveaux terreins desséchés, & de ceux qui ont été abandonnés par les premiers propriétaires,

A CES CAUSES, en vertu du pouvoir que le Roi nous a donné, nous avons statué, statuons & ordonnons ce qui suit:

ARTICLE PREMIER.

Il sera incessamment procédé à la poursuite & diligence du Procureur du Roi de la jurisdiction royale du Fort-royal, à la réunion au domaine du Roi, de tous les terreins anciennement concédés, & non habitués ni bâtis, qui se trouvent dans la nouvelle enceinte de la ville du Fort-royal, à prendre du bord de mer au nouveau canal, & du carénage à la riviere de l'hôpital; à l'effet de quoi toutes assignations seront données pardevant nous, au tribunal du gouvernement séant audit Fort-royal, soit à domicile connu, soit à son de trompe & cri public, dans les places & carrefours de ladite ville accoutumés, & ce à délai compétent.

II. Seront tenus tous particuliers qui prétendent avoir des concessions & titres de propriété desdits terreins, de remettre dans un mois du jour & date des présentes, leursdits titres ès mains de M. Rampont, Procureur général au Conseil Supérieur, & Subdélégué de l'Intendant, que nous nommons & instituons commissaire, à l'effet de procéder à l'examen desdits titres, & à l'instruction de la procédure en réunion, pour, sur son avis, être statué en définitif par nous ce que de raison.

III. Quant aux terreins appartenans à des mineurs, qui ont pu être abandonnés après avoir été mis en valeur, il sera rapporté outre le titre, un certificat en forme du sieur commissaire de la paroisse & de deux notables, qui constate que lesdits terreins ont été bâtis & habitués depuis 1744.

IV. Toutes ventes ou cessions de terreins qui n'ont point été défrichés ni habitués, étant nulles aux termes des lettres-patentes de 1722, l'on n'y aura aucun égard.

V. Toutes personnes qui voudront obtenir des concessions des terreins non concédés ou réunis dans l'enceinte du Fort-royal, seront tenus en formant leur demande au gouvernement, de rapporter un certificat en forme du sieur Commissaire de la Paroisse & du voyer, qui constate que ledit terrein n'a point été concédé.

VI. Il ne sera accordé aucune concession desdits terreins, que sous la condition expresse que les concessionnaires seront tenus d'y bâtir & élever des édifices dans l'an & jour de la date de la concession, à peine de nullité d'icelle; laquelle clause ne pourra être réputée comminatoire; & faute d'y satisfaire, sera la réunion de chaque terrein, poursuivie en la forme ordinaire, & sans délai.

VII. Seront tenus lesdits nouveaux concessionnaires, de faire avant tout établissement, borner & aligner leurs terreins par l'arpenteur du Roi, voyer du Fort royal, lequel en levera les plans figuratifs pour y recourir toutesfois & quantes que le cas l'exigera.

Prions Messieurs les officiers du Conseil Supérieur de faire enrégistrer les présentes, lesquelles seront lues, publiées & affichées partout où besoin sera à la diligence du Procureur général.

Fait & donné à la Martinique sous le sceau de nos armes & le contre-seing de nos secretaires, le 22 octobre 1764.

Signés, le Marquis de FENELON, & GUIGNARD.

ENREGISTRÉE au Conseil Souverain, le 5 Novembre 1764.

ORDONNANCE

DE MM. LES GÉNÉRAL ET INTENDANT,

CONCERNANT les gens de couleur, tant libres qu'esclaves.

Du 9 Février 1764.

LES remontrances qui nous ont été faites par le Procureur du Roi de la Jurisdiction royale du bourg St. Pierre, sur l'esprit d'indépendance & d'insubordination qui regne parmi les gens de couleur, tant libres qu'esclaves, depuis la reddition de cette isle aux anglois, qui tiennent des assemblées publiques & donnent des bals, malgré les défenses & malgré tous les efforts qu'ont pu faire les officiers publics pour reprimer ces abus: la connoissance que nous avons qu'il s'est trouvé des blancs qui par complaisance ou par intérêt, ont prêté ou loué leur maison, pour tenir lesdites assemblées, donner des bals; & enfin ce qui nous est revenu de la hardiesse qu'ont eu plusieurs esclaves de courir les rues masqués & déguisés à des heures indues, armés de bâtons ferrés, coutelas & couteaux flamands: toutes ces représentations, qui sont d'une conséquence infinie pour la sûreté publique, à laquelle nous sommes obligés de veiller, nous ont engagé à rendre une ordonnance, qui en rappellant celles de nos prédécesseurs, les réglemens & arrêts qui ont été rendus, les différens tems, remédiât aux nouveaux désordres qui sont survenus, & qui n'avoient pû être prévus pour lors.

A CES CAUSES, & en vertu du pouvoir à nous donné par Sa Majesté, nous avons statué & ordonné, statuons & ordonnons ce qui suit:

ARTICLE PREMIER.

Nous faisons très-expresses inhibitions & défenses à tous gens de couleur, quoique libres, de s'attrouper & de s'assembler entr'eux, sous prétexte de nôces, de festins, ou de danses, à peine contre les contrevenans, d'une amende de 300 liv. pour la premiere fois, & en cas de récidive, d'être déchus de leur liberté, même de plus griéves peines s'il y échet.

II. Tous negres esclaves appartenans à différens maîtres, qui se seront attroupés, sous quelque prétexte & en quelque lieu que ce puisse être, seront punis du fouet & marqués de la fleur-de-lis, pour la premiere fois, & de plus griéves peines en cas de récidive.

III. Les maîtres & autres particuliers qui seront convaincus d'avoir permis

permis ou toléré chez eux des assemblées d'esclaves, de quelque espece qu'elles soient, d'avoir prêté ou loué leurs maisons auxdits esclaves pour y danser, seront condamnés; savoir : les maîtres en 100 l. d'amende pour la premiere fois, & au double en cas de récidive; & les autres particuliers qui auront prêté ou loué leurs maisons auxd. esclaves pour y danser ou s'y assembler, seront condamnés en 500 l. d'amende pour la premiere fois, applicable aux réparations du Palais, & à de plus grieves peines en cas de récidive.

IV. Tous negres esclaves qui seront arrêtés courant les rues masqués ou déguisés, seront punis du fouet, marqués de la fleur-de-lis, & ensuite attachés au carcan pendant trois heures pour la premiere fois, & de plus grieves peines en cas de récidive, & de punition de mort, conformément aux Ordonnances contre ceux desdits negres esclaves masqués ou déguisés, qui seront trouvés armés de bâtons ferrés, couteaux flamands, ou toutes autres armes meurtrieres.

V. Défendons à tous marchands colporteurs & autres, de vendre à quelques esclaves que ce puisse être, des armes mentionnées dans l'article ci dessus, quand même ils seroient munis d'un billet de leur maître, sous peines des punitions portées dans les ordonnances & réglements déjà rendus à ce sujet.

VI. Enjoignons à tous maîtres de contenir leurs esclaves, & de veiller à ce qu'ils ne tombent dans aucun des cas énoncés dans la présente ordonnance, leur déclarant qu'ils n'auront aucun dédommagement à prétendre pour ceux de leurs esclaves qui seroient dans le cas de la peine de mort portée dans l'article précédent.

Prions Messieurs du Conseil Supérieur, d'enrégistrer les présentes qui seront lues, publiées & affichées par-tout où besoin sera. Mandons à tous Commandants, Commissaires & Procureurs du Roi, de tenir la main à leur exécution.

Donné à la Martinique, sous le sceau de nos armes & le contreseing de nos secretaires, le 9 février 1765. *Signés*, le Marquis de FENELON, & le Président DE PEINIER. *Et plus bas*, Par Monseigneur. *Signé*, *VAUCHELLE*, & par Monseigneur. *Signé*, *REY DE LA MORANDE*.

ENREGISTRÉE au Conseil Souverain le 8 Mars 1765.

ARRÊT

DU CONSEIL SOUVERAIN

SUR la nourriture des esclaves.

Du 6 Mai 1765.

EXTRAIT DES REGISTRES DU CONSEIL SOUVERAIN.

VU par la Cour, la remontrance donnée en icelle, par le Procureur général du Roi, contenant que quoiqu'il soit expressément défendu par l'article 24 de l'Edit de 1685, concernant la police des isles de l'amérique françoise, aux maîtres des esclaves desdites isles, de se décharger de la nourriture & subsistance de leursdits esclaves, en leur permettant de travailler certains jours de la semaine, pour leur compte particulier, au lieu de leur fournir la nourriture prescrite par l'article 22 dudit Édit, consistant pour les esclaves âgés de 10 ans & au-dessus, en deux pots & demi de farine de manioc, & deux livres de bœuf salé, ou trois livres de poisson, le remontrant a été informé que contre la disposition si sage & si juste de ces deux articles, il y avoit un grand nombre d'habitans de ces isles, qui ne se faisoient point scrupule de donner à leurs esclaves ce qu'on appelle vulgairement le samedi, & à ce moyen se déchargeoient entiérement de leur nourriture; comme il est important de réformer un pareil abus, si préjudiciable au bien public, & en même tems si contraire à l'humanité, qui ne s'est introduit vraisemblablement, que parce qu'il n'y a aucune peine attachée aux infracteurs de ces articles, que le remontrant pensoit qu'il étoit du devoir de son ministere de proposer à la Cour de faire un réglement portant injonction aux habitans de ces colonies, de se conformer exactement aux deux articles de l'Édit ci-dessus cité, sous telle amende qu'il plaira à la Cour de fixer, que le remontrant estimoit pouvoir être portée à 500 livres, moitié applicable aux réparations du palais, & l'autre moitié en faveur de celui qui feroit la découverte des contraventions, & que l'arrêt qui interviendroit seroit lû, publié & affiché par-tout où besoin seroit, & enrégistré aux greffes des jurisdictions du ressort de la Cour, ladite remontrance datée de ce jour.

La Cour, faisant droit sur ladite remontrance, a fait injonction aux habitans de ces colonies, de se conformer exactement aux articles 22 & 24 de l'édit de 1685, sous peine de 500 liv. d'amende, dont les deux tiers applicables à la caisse de la colonie, & l'autre tiers au profit de celui qui fera la découverte des contrevenans : ordonne que le présent arrêt sera lu, publié & affiché par-tout où besoin sera, & enrégistré aux greffes des jurisdictions du ressort de la Cour.

Fait au Conseil Supérieur de la Martinique, le 6 mai 1765.

ARRET

EN *REGLEMENT*

DU CONSEIL SOUVERAIN,

DE LA MARTINIQUE.

Concernant la plantation des maniocs & autres vivres pour la subsistance des negres.

Du 2 Juillet 1765.

Extrait des Registres du Conseil Souverain

VU la remontrance du Procureur général du Roi, contenant qu'il a été informé que la plûpart des habitans de ces colonies négligeoient de se conformer aux réglemens ci-devant rendus & enrégistrés en la Cour, pour assurer la subsistance & nourriture de leurs esclaves, qui fixent la quantité de cinq cens fosses de manioc, pour chaque tête de negres payant droit, qu'ils doivent avoir sur leurs habitations, pour ne se trouver jamais dans le cas d'une disette de vivres ; qu'il sembloit qu'une disposition si sagement établie, auroit dû être suivie de l'exécution la plus prompte, par l'intérêt qu'ont ces habitans de se procurer cette subsistance si nécessaire à leurs esclaves ; que cependant le plus grand nombre en manquoit totalement ; que ce défaut de plantation occasionnoit continuellement des vols chez les voisins, fideles observateurs de ces réglemens, ce qui souvent les rébutoit de cultiver cette denrée, dans l'appréhension de ne pouvoir en profiter ; que le remontrant ne peut attribuer une négligence si outrée de la part des habitans, qu'à ce que par ces réglemens, il n'est prononcé aucune peine ni amende contre les contrevenans ; qu'à la vérité il y a des terres qui ne sont point propres à la culture du manioc, mais qu'on peut facilement y suppléer par des plantations de ris, de bannanes ou patates que le pays poduit abondamment.

Pourquoi le remontrant auroit requis qu'il plut à ladite Cour, par l'arrêt qui interviendroit, ordonner que tous les habitans de ces colonies seront tenus de planter sur leurs habitations, la quantité de manioc portée par les réglemens, sous peine de 500 liv. d'amende, moitié applicable à la caisse du Roi, & l'autre moitié au dénonciateur de la contravention, & que ledit arrêt seroit imprimé, lu, publié & affiché dans toutes les paroisses du ressort de la Cour, & enrégistré ez greffes des jurisdictions, à ce que personne n'en prétende cause d'ignorance.

LA COUR, faisant droit sur lad. remontrance, ordonne que tous les habitans de ces colonies seront tenus de planter incessamment sur leurs habitations, la quantité de manioc portée par les réglemens, ou autres vivres équivalens, sous peine de 500 livres d'amende, moitié applicable à la caisse du Roi, & l'autre moitié au dénonciateur de la contravention : ordonne que le présent arrêt sera imprimé, lu, publié & affiché dans toutes les Paroisses du ressort de la Cour, & enrégistré ès greffes des jurisdictions, à ce que personne n'en prétende cause d'ignorance.

Fait à la Martinique en notre Conseil souverain, le 2 juillet mil sept cent soixante cinq.

ORDONNANCE

DE MM. LES GENERAL ET INTENDANT.

QUI fixe les lieux où se tiendront les marchés, les Dimanches & Fêtes.

Du 31 Juillet 1765.

SUR les plaintes qui nous ont été portées par le Préfet Apostolique des missions des Freres Prêcheurs, dans les isles Françoises du vent de l'Amérique, à l'occasion des désordres & du scandale que causent les marchés tenus tous les matins des Dimanches & Fêtes, devant les portes des Églises de cette isle, qui troublent l'attention des Prêtres dans la célébration des saints mysteres, les prieres du Clergé, & le silence respectueux qui doit accompagner ces mysteres redoutables; & par le compte qui nous a été rendu par le Procureur du Roi au siege royal de ce bourg, que nous avions chargé de prendre les instructions nécessaires à ce sujet, nous avons appris avec douleur que par un abus digne de toute notre attention, & de la protection singuliére que nous devons à tout ce qui intéresse la religion & le bon ordre, ces sortes de marchés ou foires, qui dans leur origine n'avoient été permis qu'aux seuls matelots, qui, occupés toute la semaine au service des navires, ne pouvoient descendre à terre leurs pacotilles

pacotilles que les jours de dimanches & fêtes, sont devenus aujourd'hui les marchés publics, où tous les marchands boutiquiers font vendre leurs marchandises par leurs esclaves ou par des gens de couleur libres : nous sommes encore instruits que jusqu'au dernier incendie arrivé en ce bourg, on tenoit ce marché dans une grande place vis-à vis l'Eglise du mouillage, sur laquelle on a bâti deux maisons considérables, & que c'est depuis cette époque que les pacotilleurs & les marchands de ce bourg, se sont arrogés le droit d'étaler leurs marchandises de chaque côté de rue, depuis la porte d'entrée desdits Freres Prêcheurs, jusqu'à l'extrêmité du mûr de leur cimetiére, & au-devant de la porte de leur Eglise ; ce qui trouble le service divin & donne lieu aux désordres & au scandale dont se plaint avec raison le Préfet Apostolique.

A CES CAUSES, étant nécessaire de remédier à cet abus trop long-tems toléré, & dont on ne s'étoit pas plaint jusqu'à ce jour ; Nous, en vertu du pouvoir à nous donné par Sa Majesté, avons statué & ordonné, statuons & ordonnons ce qui suit :

ARTICLE PREMIER.

L'Edit du mois de mars 1734, ayant autorisé les marchés tenus dans les colonies, les jours de fêtes & dimanches ; & ne pouvant nous dispenser de les tolérer, nous ordonnons qu'à l'avenir, & à compter du jour de la publication de ces présentes, lesdits marchés tenus ci-devant devant l'Eglise du mouillage, seront tenus à la place appellée la petite place, où se faisoient autrefois toutes les ventes judiciaires ; faisons défenses à toutes personnes d'étaler désormais aucune espece de marchandises lesdits jours des dimanches & fêtes, ailleurs qu'à ladite place, à peine de 300 liv. d'amende pour la premiere contravention, & de plus grandes peines en cas de récidive, nous reservant de fixer aussi une place pour les marchés des fêtes & dimanches dans tous les autres bourgs de l'isle, lorsque nous aurons pris les informations nécessaires à cet égard, pour que le service divin n'y soit point troublé.

II. Nous défendons à tous les marchands de ce bourg, d'envoyer leurs esclaves, ou autres gens libres de couleur, étaler, vendre ou débiter leurs marchandises audit marché de la petite place, à peine de 300 liv. d'amende pour la premiere contravention, pour éviter tout trouble & tout scandale, & de confiscation de leurs esclaves en cas de récidive : Permettons néanmoins à tous les blancs, d'étaler & de vendre eux-mêmes leurs marchandises audit lieu de la petite place.

III. Faisons très-expresses inhibitions & défenses à tous les gens libres de couleur, d'aller vendre & débiter pour leur compte, ou pour celui d'autrui, aucune espece de marchandises audit marché de la petite place, à peine de 200 liv. d'amende, & d'un mois de prison

Qqqqqq

pour la premiere contravention, & de plus grande peine, s'il y échet, en cas de récidive.

Prions Messieurs du Conseil Supérieur de la Martinique, de faire enrégistrer la présente, lire, publier & afficher par-tout où besoin sera, à ce que personne n'en ignore.

Mandons aux officiers de la Jurisdiction royale du bourg St. Pierre, de tenir la main à son exécution.

Donné à St. Pierre Martinique, sous le sceau de nos armes & le contre-seing de nos Secretaires, le 31 juillet 1765. *Signés*, D'ENNERY & le Président de PEINIER.

ORDONNANCE

DE MM. LES GÉNÉRAL ET INTENDANT,

CONCERNANT les esclaves ouvriers.

Du 1 Août 1765.

ETant informés, par les plaintes qui nous ont été portées, qu'au mépris & contre les sages dispositions de l'Edit de 1685, & des arrêts en réglement du Conseil Supérieur de cette isle, notamment à celles des arrêts du 3 novembre 1733, & 11 juillet 1749, renouvellées par celui du 7 novembre 1757, il y a dans cette isle un nombre considérable d'esclaves ouvriers ou autres, de l'un & de l'autre sexe, qui au moyen d'une rétribution qu'ils paient tous les mois à leurs maîtres, vivent dans une entiére indépendance, comme s'ils étoient libres, & tiennent à loyer des chambres & des boutiques, sur-tout au bourg St. Pierre & autres bourgs de cette isle; & étant nécessaire de remédier à ce désordre d'autant plus intéressant pour le bien public, qu'il est notoire que la plupart des chambres tenues à loyer par des esclaves, sont autant des lieux de débauche, d'académies de jeu, & des retraites assurées pour les negres marrons, pour les voleurs, & pour leurs larcins; nous devons, dans ces circonstances, user de toute l'autorité qui nous est confiée, pour reprimer un abus d'une aussi grande conséquence.

A CES CAUSES, & en vertu du pouvoir à nous donné par Sa Majesté, nous avons statué & ordonné, statuons & ordonnons ce qui suit.

ARTICLE PREMIER.

Faisons très-expresses inhibitions & défenses à tous maîtres de laisser vaguer à l'avenir leurs esclaves, & de permettre qu'ils tiennent des maiſons particulieres ſous prétexte de commerce ou autrement, à peine de confiſcation deſdits eſclaves, & des effets dont ils ſe trouveront chargés, & d'autres peines qu'il appartiendra, & que le cas le requerra.

II. Nous défendons à tous propriétaires des maiſons & à tous locataires, de louer ou ſous-louer des chambres ou boutiques aux eſclaves de l'un & de l'autre ſexe, & à toutes ſortes de perſonnes, de prêter à cet effet leurs noms directement ou indirectement auxdits eſclaves, à peine de 500 liv. d'amende pour la premiere contravention, dont la moitié au profit du dénonciateur, & l'autre moitié dépoſée à la caiſſe du domaine, & de plus grandes peines en cas de récidive.

III. Et attendu qu'il ne ſeroit pas juſte que les maîtres des eſclaves qui ont fait des dépenſes conſidérables pour leur faire apprendre, ſoit en france ou en cette iſle, des métiers utiles à la colonie, perdiſſent le fruit de leurs dépenſes, leur permettons de faire travailler dans leurs maiſons & ſous leurs yeux, leurs eſclaves ouvriers, en tant que leur profeſſion pourra le permettre, ſi mieux ils n'aiment les louer au mois ou à la journée, aux blancs ou affranchis exerçant les mêmes métiers.

Prions Meſſieurs du Conſeil Supérieur de la Martinique, de faire enrégiſtrer la préſente, lire, publier & afficher par-tout où beſoin ſera, à ce que perſonne n'en prétende cauſe d'ignorance.

Mandons aux Officiers des Juriſdictions royales, & de police, de tenir la main à ſon exécution.

Donné à la Martinique, ſous le ſceau de nos armes & le contreſeing de nos ſecretaires, le 1 août 1765. *Signés*, D'ENNERY, & le Préſident de PEINIER.

ORDONNANCE

DE MM. LES GENERAL ET INTENDANT.

CONCERNANT la ſuppreſſion de la Maréchauſſée, & la création d'une Troupe d'Archers, pour ſervir de main-forte à la juſtice & à la police.

Du 7 Août 1765.

LA maréchauſſée de cette colonie devenant inutile depuis le rétabliſſement des milices, & Sa Majeſté, par ſon Mémoire du 25 janvier dernier, nous ayant expreſſément chargé de la réformer auſſitôt après que les milices auroient été rétablies à la Martinique; Nous, en vertu du pouvoir à nous accordé par le Roi, avons ſupprimé, réformé, ſupprimons & réformons, à compter du premier ſeptembre prochain, la maréchaussée de cette colonie : à cet effet la maréchaussée se rassemblera à la fin d'août, suivant l'ordre qu'il en sera donné aux brigades qui la composent, au Fort-royal, où monsieur le Gouverneur général procédera à sa réforme, ainsi qu'il est d'usage, faisant faire le décompte de toutes les dépenses & retenues relatives à cette troupe, depuis sa création, par le sieur Demontroc, prévôt général, dont la charge sera également supprimée.

Il sera établi une troupe composée de huit hommes, sous la dénominations d'archers, laquelle sera commandée par un sergent & un caporal. Cette troupe servira de main-forte à la justice & à la police pour l'exécution de ses jugemens, & sera aux ordres de l'intendant, du Procureur général, du Conseil supérieur, & des Procureurs du Roi des jurisdictions ; seront obligés lesdits archers de donner main forte aux huissiers, lorsqu'ils en seront par eux requis, & d'assister à l'exécution des arrêts de mort qui auront été prononcés par le conseil supérieur.

La paie de ladite troupe sera de vingt sols & une ration par jour par homme ; quarante sols au sergent & deux rations, & trente sols au caporal & une ration ; le tout tant pour solde que pour logement. Le sergent & cinq hommes résideront à St. Pierre, & le caporal & trois hommes au Fort-royal.

Il sera fourni à cette troupe pour cette fois-ci seulement, des fusils, une épée ou coutelas, avec un ceinturon ; lequel armement ils seront obligés d'entretenir à leurs frais, & de le représenter en bon état, toutes les fois qu'ils en seront requis, & lorsqu'ils quitteront la troupe.

Leur habillement sera d'une veste rouge avec un parement & collet bleu, deux culottes conformes à la veste. Le sergent aura un habit de la même couleur, & les mêmes paremens avec un galon d'argent sur la manche ; le caporal un galon de soie blanc sur le bras. Cet habillement leur sera fourni par le Roi, & on le leur renouvellera tous les deux ans.

Prions Messieurs du Conseil Supérieur de la Martinique, de faire enrégistrer la présente, lire, publier & afficher par-tout où besoin sera, afin que personne n'en ignore.

Mandons aux Officiers de la jurisdiction royale du bourg St. Pierre, de tenir la main à son exécution.

Donné à la Martinique, sous le sceau de nos armes & le contre-seing de nos secretaires, le 8 août 1763. *Signés*, D'ENNERY, & le Président de PEINIER.

ENREGISTRÉE au Conseil Souverain, le 2 Septembre 1763.

ORDONNANCE

ORDONNANCE

DE MM. LES GÉNÉRAL ET INTENDANT,

Concernant les Boulangers.

Du 10 Août 1765.

VU la remontrance à nous donnée par le Procureur du Roi en fonction de la jurisdiction royale de ce bourg St. Pierre, à l'occasion des fréquentes contraventions des boulangers, aux ordonnances qui fixent le poids du pain, desquelles on ne peut les convaincre à l'égard du pain qu'ils font vendre par leurs esclaves, ou qu'ils fournissent aux cabaretiers & regratiers, parce que leur pain ne se trouve point étampé : Nous, en vertu du pouvoir qui nous est confié par Sa Majesté, & pour remédier à un abus aussi préjudiciable au public, ordonnons que dans huitaine, à compter du jour de la publication de la présente ordonnance, tous les boulangers seront tenus d'étamper leur pain de la lettre initiale de leur nom, ou de telle autre marque qu'ils aviseront, & d'en faire dans le même délai, leur déclaration au Procureur du Roi, & au greffe des sieges dans le ressort desquels ils tiennent boulangerie, à peine contre les contrevenans, de la confiscation du pain, & de 200 liv. d'amende pour la premiere fois, & en cas de récidive d'être déchus de la permission de tenir boulangerie, de confiscation du pain qui sera trouvé sans étampe, de 300 liv. d'amende, & de plus griéves s'il y échet.

Prions Messieurs du Conseil Supérieur de la Martinique, de faire enrégistrer la présente, lire, publier & afficher par-tout où besoin sera, afin que personne n'en ignore.

Mandons aux Officiers des jurisdictions royales & de police, de tenir la main à son exécution.

Donné à la Martinique, sous le sceau de nos armes & le contreseing de nos secretaires, le dixieme août mil sept cent soixante-cinq. *Signés*, D'ENNERY, & le Président de PEINIER.

ENREGISTRÉE au Conseil Souverain, le 2 Septembre 1765.

ORDONNANCE

DE MM. LES GENERAL ET INTENDANT.

Concernant la ſuppreſſion des Paniers.

Du 12 Août 1765.

SUR les plaintes qu'avoient porté au gouvernement, Meſſieurs les Commiſſaires de toutes les Paroiſſes de l'iſle au mois de novembre 1763, des abus qui réſultent de la liberté qu'ont les negres & negreſſes, d'aller vendre ſur les habitations des marchandiſes de toute eſpece, nos prédéceſſeurs, pour prendre une connoiſſance plus exacte de cet objet, aſſujettirent ce trafic à des permiſſions.

Le nombre qui en a été diſtribué, a fait voir dans l'avantage même qu'il préſente au commerce, d'un débouché plus facile & plus étendu, la meſure du préjudice qu'il cauſe d'une part aux marchands détailleurs établis dans les bourgs, & de l'autre au commerce même, en enlevant à la culture, les bras qui doivent lui produire la denrée.

Ce ſeroit donc intervertir l'ordre des choſes, que d'établir entre le commerce & le conſommateur, cette voie diſpendieuſe de débouchement, qui transforme l'eſclave en marchand, & réduit à l'indigence les ſujet du Roi, qui augmenteroient ici le nombre des défenſeurs de la colonie.

Ce ſeroit autoriſer le violement des Édits du Roi, & des arrêts du Conſeil Supérieur, dans leurs diſpoſitions les plus eſſentielles pour la police, un ſage gouvernement ne pouvant permettre que des eſclaves ſoient ainſi abandonnés à eux-mêmes pour des tems conſidérables, avec des richeſſes en leur poſſeſſion, qui peuvent être une occaſion & un moyen de toute ſorte de déſordres. Le prix auquel ces eſclaves donnent les marchandiſes, plus bas que celui des détailleurs dans les bourgs, ſouvent même au-deſſous de la valeur réelle, forme la preuve que cette voie eſt une reſſource pour le débit des choſes volées, ou que ces vendeurs cherchent dans le libertinage, un ſupplément qui ſatisfaſſe leurs maîtres & maîtreſſes, & les maintienne dans la licence de ce genre de vie.

Monſieur le Général ayant été ſollicité de nouveau par les habitans, que la formation des milices lui a donné lieu de voir dans toutes les paroiſſes de l'iſle, de défendre abſolument qu'aucun eſclave ou gens de couleur n'aient la liberté de vendre ſur les habitations, nous ne ſaurions nous refuſer plus long-tems à des motifs auſſi preſſans.

A CES CAUSES, & en vertu du pouvoir que nous tenons de Sa Majesté, nous avons ordonné & statué, ordonnons & statuons ce qui suit :

ARTICLE PREMIER.

Nous faisons expresses inhibitions & défenses à tous gens de couleur, de l'un & de l'autre sexe, libres ou esclaves, de porter à l'avenir dans des malles, ballots ou paniers de marchandises à vendre, d'habitation en habitation, & dans les bourgs : leur défendons également d'aller dans les habitations, sous prétexte d'y porter des volailles, fruits, légumes, & autres denrées ; voulons qu'elles ne puissent être vendues que dans les marchés des bourgs, à peine contre les maîtres des esclaves qui seront trouvés en contravention aux articles ci-dessus, de 300 liv. d'amende pour la premiere fois, & en même tems de la confiscation des malles, ballots, paniers & marchandises, fruits, volailles & autres denrées dont leurs esclaves seront trouvés nantis ; lesquelles marchandises & denrées seront au profit de ceux qui les auront saisies, & qui auront arrêté & conduit lesdits negres en contravention, dans les prisons, & l'amende versée dans la caisse du Roi au profit de Sa Majesté, & de plus griéve peine en cas de récidive.

II. Et à l'égard des gens libres de couleur qui seroient dans le même cas, à peine de confiscation de leurs malles, ballots, paniers, marchandises & denrées, applicable comme à l'article ci-dessus, d'un mois de prison en sus, pour la premiere contravention, & de plus griéve peine en cas de récidive.

III. Permettons cependant à tous les gens de couleur, libres ou esclaves, de porter au marché des bourgs de l'isle, des volailles, fruits, légumes & denrées nécessaires à la vie, les esclaves étant munis d'un billet de leurs maîtres, faute de quoi les denrées & fruits seront confisqués au profit du saisissant, & l'esclave soumis aux peines portées par les anciennes ordonnances.

IV. Tous les blancs, marchands, colporteurs & autres, pourront aller dans les habitations, & y porter des marchandises pour vendre, à condition néanmoins qu'ils seront munis d'une permission de l'Intendant, ou de son subdélégué général, & qu'ils ne seront accompagnés d'aucun esclave ou gens de couleur, même libres, à peine en cas de contravention, de la confiscation desdites marchandises, au profit de celui qui les aura arrêtés & dénoncés ; de 100 liv. d'amende au profit du Roi, & de plus forte peine en cas de récidive.

V. La confiance dans laquelle on étoit sur la tolérance des paniers, ayant pu donner lieu à des amas de marchandises entre les mains de ces esclaves, nous avons cru que nous devions y avoir égard, & nous nous sommes déterminés à leur accorder jusqu'au premier janvier prochain, pour en faire le débit, passé lequel tems, la présente ordonnance sera exécutée dans tout son contenu.

Prions Messieurs du Conseil Supérieur de la Martinique, de faire enrégistrer la présente, lire, publier & afficher par-tout où besoin sera, afin que personne n'en ignore.

Mandons aux officiers des jurisdictions royales & de police, de tenir la main à son exécution.

Donné à la Martinique, sous le sceau de nos armes & le contreseing de nos secretaires, le 12 août 1765. *Signés*, D'ENNERY, & le Président DE PEINIER. *Et plus bas*, Par Monseigneur. *Signé*, BEZOMBES. & par Monseigneur. *Signé*, REY DE LA MORANDE.

ENREGISTRÉE au Conseil Souverain le 2 Septembre 1765.

ORDONNANCE

DE MM. LES GÉNÉRAL ET INTENDANT.

PORTANT défense de chasser dans les savannes d'autrui.

Du 12 Août 1765.

SUR les représentations qui nous auroient été faites par la majeure partie des habitans de cette isle, qu'au mépris des défenses réitérées qui en ont été faites par nos prédécesseurs, plusieurs personnes s'ingéroient d'aller chasser dans les savannes d'autrui, au risque de blesser les bestiaux y étant, de mettre le feu aux habitations, aux cases à negres qui en dépendent, & d'y occasionner enfin, d'autres dommages ou accidens graves qui peuvent résulter de cet abus, lesquels voulant prévenir; Nous, en vertu du pouvoir à nous accordé par le Roi, faisons très expresses inhibitions & défenses à toutes personnes, de quelque qualité & condition qu'elles puissent être, de chasser ou envoyer chasser à l'avenir, dans les savannes d'autrui, habituées, & où il y a des bestiaux, même sur les cinquante pas du Roi y adjacents, sous peine pour la premiere fois, de 100 liv. d'amende, qui seront remises au Curé de la Paroisse, dont se trouvent les dépendances de la savanne où sera pris le contrevenant, pour, par lui la distribution en être faite aux pauvres de ladite Paroisse; de payer en outre les dommages, si aucun y a, & de plus grandes peines en cas de récidive: n'entendons par les présentes, interdire la chasse aux propriétaires d'habitations sur leurs savannes; leur laissant tous leurs droits & privileges à cet égard, même la liberté d'y laisser chasser

chasser leurs amis, ou autres à qui ils jugeront à propos d'en donner la permission.

Enjoignons expressément aux commandans des quartiers, & à ceux de chaque Paroisse en particulier, de tenir la main à l'exécution de la présente ordonnance, laquelle nous prions Messieurs du Conseil Supérieur de la colonie, de faire enrégistrer, lire, publier & afficher par-tout où besoin sera, afin qu'aucun n'en prétende cause d'ignorance.

Donné au Fort-royal, sous le sceau de nos armes & le contre-seing de nos secretaires, le 12 août 1765, *Signés*, D'ENNERY, & le Président de PEINIER.

ENREGISTRÉE au Conseil Souverain le 2 Septembre 1756.

ORDONNANCE

DE MM. LES GÉNERAL ET INTENDANT,

CONCERNANT la réparation du pavé des rues du Bourg Saint-Pierre, & l'établissement d'un ruisseau au milieu de chaque rue.

Du 14 Août 1765.

LE Procureur du Roi en fonction au siege de la jurisdiction royale de ce bourg Saint-Pierre, nous ayant représenté que l'ordonnance rendue par MM. de Bompar & Givry, nos prédécesseurs, le 22 avril 1757, à l'occasion des défectuosités dangéreuses du pavé de la grande rue de ce bourg, & de l'épanchement du ruisseau qui la traverse, n'a été exécutée qu'en partie, le ruisseau qui devoit être conduit jusqu'à la cale de Lussy, n'ayant été conduit que jusqu'à la cale de l'hôpital, & ayant reconnu par nous-mêmes combien il importe pour le bien public, non-seulement que les dispositions de ladite ordonnance soient renouvellées, mais encore qu'il y en soit ajouté de nouvelles, attendu que dans cette rue, la plus belle & la plus fréquentée de ce bourg, l'on trouve plusieurs endroits où faute de ruisseau pour l'écoulement des eaux, il se forme des bourbiers très incommodes, & même dangéreux pour les passans, & qui exhalent des puanteurs capables de corrompre la salubrité de l'air, & d'occasionner des maladies : étant enfin d'une nécessité indispensable que toutes les rues de ce bourg soient pavées, pour y entretenir la propreté; par toutes ces considérations, Nous, en vertu du pouvoir à nous donné par Sa Majesté, avons ordonné & statué, ordonnons & statuons ce qui suit :

Article Premier.

L'Ordonnance de MM. de Bompar & Givry, en date du 22 avril 1757, sera exécutée dans toutes ses dispositions, à l'effet de quoi elle sera de nouveau lue, & publiée par-tout où besoin sera.

II. En ajoutant auxdites dispositions, nous ordonnons que le ruisseau qui coule jusqu'à la cale de l'hôpital, sera continué jusqu'au fonds du mouillage, & que toute la grande rue, depuis ladite cale de l'hôpital, jusqu'au fonds du mouillage, sera pavée de nouveau, huit jours après la publication des présentes, sous la direction du voyer de St. Pierre, que nous en chargeons expressément, & suivant l'alignement & le niveau qu'il donnera en présence du Procureur du Roi.

III Le voyer fera creuser dans le milieu de la rue, un canal pour former le ruisseau, & empêcher que les eaux ne se répandent dans la largeur de la rue, de façon cependant que ce ruisseau ne soit pas trop profond, & ne puisse donner lieu à des chutes des passans pendant la nuit.

IV. Toutes les autres rues de ce bourg seront pareillement pavées de nouveau, huit jours après la publication de la présente ordonnance, & chaque propriétaire sera tenu de faire paver le terrein à lui appartenant, dans ledit délai, suivant l'alignement qui lui sera donné par le voyer, de la façon qu'il l'aura prescrit, & en sa présence; & faute par chacun desdits propriétaires de ce faire, nous autorisons ledit voyer à faire travailler audit pavé aux frais & dépens des contrevenans, dont lui sera donné exécutoire contre chacun d'eux.

V. Nous ordonnons enfin que l'article de l'ordonnance de MM. de Bompar & Givry du 22 avril 1757, qui porte que tous les pavés faits devant les maisons en pierre de taille ou de marbre, seront levés & refais en cailloux, roches brutes, ou en briques de champ ou de bout, sera exécutée à la diligence du voyer, incontinent après la publication de la présente ordonnance, laquelle sera enrégistrée au greffe de l'intendance, lue, publiée & affichée, partout où besoin sera, afin que personne n'en ignore; chargeons le Procureur du Roi de tenir la main à son exécution.

Donné à la Martinique, sous le sceau de nos armes & le contre-seing de nos secretaires, le 14 août 1763. *Signés*, D'ENNERY, & le Président de PEINIER.

ORDONNANCE

DE MM. LES GENERAL ET INTENDANT.

QUI déroge au premier article de celle du 31 juillet 1765, & permet d'établir les marchés également à la petite place, & à celle de l'hôpital.

Du 28 Décembre 1765.

SUR les représentations qui nous ont été faites, que la petite place du bourg St. Pierre, où nous avions fixé que seroient à l'avenir tenus les marchés les jours de dimanches & fêtes, par notre ordonnance du 31 juillet dernier, n'étoit pas assez spacieuse pour contenir le grand nombre de pacotilleurs qui étalent, & que les marchés seroient plus commodément établis dans la place de l'hôpital, qui se trouve au centre du bourg, & plus à portée des pacotilleurs, pour la facilité de la décharge & du trasport de leurs pacotilles ; nous avons pris en conséquence les informations nécessaires à ce sujet, & nous avons été instruits que la petite place n'étoit pas en effet suffisante, ni assez commode pour contenir tous les pacotilleurs, & que la plus grande partie étaloient dans la grande rue, d'un côté jusqu'au coin de la rue de la Magdelaine, & de l'autre, jusqu'au coin de la rue d'Orange, ce qui occasionnoit beaucoup de confusion, & rendoit le passage des gens à pied & à cheval très-difficile, & pouvoit donner lieu à des accidens fâcheux ; à quoi nous avons cru à propos de remédier d'une maniere qui ne puisse point gêner la liberté du commerce, en laissant aux pacotilleurs la faculté d'étaler ou à la petite place, ou à la place de l'hôpital, à leur choix ; & aux acheteurs, celle de pouvoir acheter indistinctement dans l'une de ces deux places.

A CES CAUSES, & en vertu du pouvoir à nous donné par Sa Majesté, nous avons statué & ordonné, statuons & ordonnons ce qui suit.

En dérogeant à l'article premier de notre ordonnance du 31 juillet dernier, en ce qui concerne la tenue des marchés à la petite place, nous ordonnons qu'à l'avenir les marchés seront tenus, tant à la petite place, qu'à celle de l'hôpital, où il sera libre aux pacotilleurs de porter & débiter leurs pacotilles à leur choix ; ordonnons au surplus que les articles II & III de notredite ordonnance, du 31 juillet dernier, soient exécutés dans toutes leurs dispositions, sous les peines y portées.

Prions Messieurs du Conseil Supérieur de la Martinique, de faire enrégistrer la présente, lire, publier & afficher par-tout où besoin sera, à ce que personne n'en ignore.

Mandons aux officiers de la Jurisdiction royale du bourg St. Pierre, de tenir la main à son exécution.

Donné à St. Pierre Martinique, sous le sceau de nos armes & le contre-seing de nos Secretaires, le 28 décembre 1765. *Signés*, D'ENNERY & le Président de PEINIER.

ENREGISTRÉE au Conseil Souverain le 2 Janvier 1766.

ORDONNANCE

DE MM. LES GENERAL ET INTENDANT.

CONCERNANT les Chemins.

Du 5 Novembre 1765.

LES chemins royaux de cette isle étant devenus impraticables en beaucoup d'endroits, nonobstant les ordres donnés par nos prédécesseurs, & les réglemens depuis long-tems établis, nous avons jugé que, pour en assurer à l'avenir la réparation & l'entretien, il convenoit d'assigner à chaque habitant, une portion de chemin qu'il fût chargé de réparer & entretenir, laquelle seroit déterminée sur le nombre de ses noirs, d'une part, & de l'autre sur la difficulté de l'ouvrage.

ARTICLE PREMIER.

Il ne sera pas fourni à l'avenir de corvées de negres, pour travailler en commun à la réparation des chemins.

II. Chaque Paroisse réparera & entretiendra ses chemins déterminés, comme ils sont dans l'état joint à la présente ordonnance.

III. La largeur des chemins royaux sera de vingt pieds dans les terreins cultivés, sans que les haies, bordures ou fossés puissent prendre sur ces vingt pieds; elle sera de vingt-quatre pieds dans les savannes, & de 30 pieds dans les bois & halliers.

IV. Aussi-tôt la publication de la présente ordonnance, les commandans & capitaines de chaque Paroisse y feront avec le grand voyer, le toisé des chemins royaux. L'état de ce toisé désignera tous les travaux à faire pour combler, escarper, saigner, ainsi que les changemens à faire; & ces travaux, à l'exception des ponts & pavés à faire, seront évalués en réputant une toise pour deux, trois, ou plus, suivant la quantité du travail à faire.

V. Le

V. Le commandant indiquera une assemblée de paroissiens, où le toisé sera rapporté ; & seront nommés trois commissaires qui feront la visite des chemins, pour reconnoître l'exactitude du toisé, & l'évaluation du travail, & le répartir entre les habitans de la paroisse, selon le nombre de leurs noirs payans droits, sans qu'on puisse faire valoir aucune espece d'exemption à cet égard, en observant de charger du double de toises, ceux qui font rouler des cabrouets, & du tiers en sus seulement, ceux qui ne se servent que de mulets.

VI. Les ponts & pavés, à la charge du public, se feront par entreprise, aux dépens de la Paroisse; pour quoi il sera fait sur le champ une imposition proportionnée.

VII. Dans la répartition, chaque habitant sera chargé, par préférence, de la portion du chemin qui passe sur ses terres, ou qui en est la plus voisine.

VIII. La répartition ainsi faite, sera rapportée dans une seconde assemblée, où les habitans qui se croiront lésés, pourront exposer leurs raisons ; & si elles ne sont pas admises, la répartition subsistera, & les changemens, s'il y en a d'indiqués, se feront sans aucune considération.

IX. Le capitaine fera connoître à chaque habitant, la portion de chemin à sa charge ; elle sera marquée par des pierres, & chaque habitant y fera travailler sans délai.

X. Les habitans sont autorisés à prendre des roches dans les carrieres ou terres qui se trouveront les plus à portée du chemin qu'ils auront à réparer sans rien payer.

XI. La répartition se fera de nouveau tous les trois ans, sur le dernier dénombrement.

XII. Le commandant de quartier, & le capitaine de la Paroisse, feront deux visites par an, en décembre & juin, de tous les chemins royaux de leur département : ils avertiront les habitans dont ils verront les chemins négligés, & instruiront le Gouvernement, des contrevenans aux ordres.

XIII. Tout habitant qui n'aura pas fait la partie du chemin qui lui aura été assignée, deux mois après la répartition, sur le compte qui en sera rendu au gouvernement, par le capitaine commandant dans la Paroisse, sera condamné à l'amende d'une piastre par toise de chemin, applicable aux ouvrages publics de sa paroisse ; & le chemin sera réparé à ses dépens, le gouvernement en faisant l'avance.

XIV. Tout habitant qui n'aura pas fait sauler, & mis en bon état la partie de chemin dont il sera chargé, taillé les haies &c., au mois de juin & de décembre, quinze jours après avoir été averti par le commandant ou le capitaine de la Paroisse, sera, sur le compte qui en aura été rendu au Gouvernement, condamné à la même amende que ci-dessus.

XV. Les habitans qui ont des barrieres, les entretiendront faciles à ouvrir, & conserveront au chemin, la même largeur de vingt pieds, soit que sur cette largeur ils fassent deux barrieres, l'une pour les cabrouets, l'autre pour les cavaliers, soit qu'il n'en fassent qu'une seule, sous peine d'être privés de leur barriere.

XVI. Il sera établi dans l'isle Martinique un grand Voyer qui aura 1200 liv. d'appointemens, & un aide-voyer qui aura 600 liv. : leurs fonctions seront de veiller à la réparation & entretien des chemins, de concert avec les commandans, capitaines de quartier, qu'ils avertiront de ce qu'il y aura à faire, & à la réquisition desquels ils se rendront, pour connoître & estimer les ouvrages. Le voyer fera deux visites par an, & l'aide-voyer deux pareillement, mais dans des tems différens ; & celui-ci rendra compte au grand voyer, qui de son côté rendra compte aux Général & Intendant, de tout ce qui aura besoin de leur autorité.

XVII. Toutes les questions qui pourront s'élever au sujet des chemins, seront jugées sur le réglement du Roi, du 17 avril 1725, cette ordonnance n'ayant pour objet, que de changer les corvées incommodes aux habitans, en une répartition qui leur laisse plus de liberté dans leurs travaux.

XVIII. Toutes les commissions actuelles des voyers particuliers établis dans chaque Paroisse, seront annullées, à compter du jour de la publication des présentes.

ÉTAT

Des Chemins Royaux dont chaque Paroisse de l'isle Martinique sera chargée.

CAZE-PILOTE.

Chemin de la Caze-Pilote au Carbet, jusqu'aux limites.

Chemin de la Caze-Pilote au Fort-Royal, jusqu'aux limites.

FORT-ROYAL.

Chemin du Fort-Royal, jusqu'aux limites de la Caze-Pilote.

Chemin du Fort-Royal, jusqu'aux limites du Lamentin.

Chemin qui mene sur le Mont-Garnier & au-delà, le Roi se chargeant d'une partie dudit chemin.

LAMENTIN.

Chemin du Lamentin, jusqu'aux limites du Fort-Royal.

Chemin du Lamentin à la Trinité, jusqu'aux limites du Gros-Morne.

Chemin du Lamentin au Robert, jusqu'aux limites du Gros-Morne & du Robert.

Chemin du Lamentin au François, jusqu'aux limites du François.

Chemin du Lamentin au Trou-au-Chat, jusqu'aux limites du Trou-au Chat.

Chemin de la traverse du Bac, ou chemin du Robert, lequel n'étant que de communication, mais nécessaire lors du débordement de la riviere du Lesard, ne sera que de douze pieds.

Trou-au-Chat.

Chemin du Trou-au-Chat au Lamentin, jusqu'aux limites du Lamentin.

Chemin du Trou-au-Chat au Saint-Esprit, jusqu'aux limites du Saint-Esprit.

Chemin du Trou-au-Chat à la Riviere-Salée, jusqu'aux limites de la Riviere-Salée.

Riviere-Salée.

Chemin de la Riviere-Salée au Trou-au-Chat, jusqu'aux limites du Trou-au-Chat.

Chemin de la Riviere-Salée au Saint-Esprit, jusqu'aux limites du St.-Esprit.

Chemin de la Riviere-Salée, passant par le Pont la Broue, jusqu'aux limites de la Riviere-Pilote.

Chemin de la Riviere Salée à Ste. Luce, jusqu'aux limites de Ste. Luce.

Chemin de la Riviere-Salée aux Trois-Islets, jusqu'aux limites des Trois-Islets.

Trois-Islets.

Chemin des Trois-Islets à la Riviere-Salée, jusqu'aux limites de la Riviere-Salée.

Chemin des Trois-Islets aux Ances d'Arlets, jusqu'aux limites des Ances d'Arlets.

Chemin des Trois-Islets au Diamant, jusqu'aux limites du Diamant.

Ances-d'Arlets.

Chemin des Ances-d'Arlets aux Trois-Islets, jusqu'aux limites des Trois-Islets.

Chemin des Ances-d'Arlets au Diamant, jusqu'aux limites du Diamant.

Diamant.

Chemin du Diamant aux Ances-d'Arlets, jusqu'aux limites.

Chemin du Diamant à la Riviere-Salée, jusqu'aux limites.

Chemin du Diamant à Ste. Luce, jusqu'aux limites.

Sainte-Luce.

Chemin de Ste. Luce au Diamant, jusqu'aux limites.

Chemin de Ste. Luce à la Riviere-Salée, jusqu'aux limites.

Chemin de Ste. Luce à la Riviere Pilote, par le bord de la mer, jusqu'aux limites.

Riviere-Pilote.

Chemin de la Riviere-Pilote à la Riviere-Salée, pour les hauteurs & le Pont la Broue, jusqu'aux limites.

Chemin de la Riviere-Pilote à Ste. Luce, par le bord de la mer, jusqu'aux limites.

Chemin de la Riviere-Pilote au Marin, jusqu'aux limites.

Chemin de la Riviere-Pilote au Vauclin, jusqu'aux limites.

Marin.

Chemin du Marin à la Riviere-Pilote, jusqu'aux limites.

Chemin du Marin au Vauclin, jusqu'aux limites.

Chemin du Marin à Ste. Anne, jusqu'aux limites.

Sainte-Anne.

Chemin de Ste. Anne au Marin, jusqu'aux limites.

Vauclin.

Chemin du Vauclin au Marin, jusqu'aux limites.

Chemin du Vauclin à la Riviere-Pilote, jusqu'aux limites.

Chemin du Vauclin au St. Esprit, jusqu'aux limites.

Chemin du Vauclin au François, jusqu'aux limites.

Saint-Esprit.

Chemin du St.-Esprit au Vauclin, jusqu'aux limites.

Chemin du St.-Esprit à la Riviere-Salée, jusqu'aux limites.

Chemin du St.-Esprit au Trou-au-Chat, jusqu'aux limites.

François.

Chemin du François au Vauclin, jusqu'aux limites.

Chemin du François au Lamentin, jusqu'aux limites.

Chemin du François au Robert, jusqu'aux limites.

Robert.

Chemin du Robert au François, jusqu'aux limites.

Chemin du Robert au Lamentin, jusqu'aux limites.

Chemin du Robert à la Trinité, jusqu'aux limites.

Et la partie du chemin de la Trinité au Lamentin, qui se trouve sur les terres de la Paroisse du Robert.

Trinité.

Chemin de la Trinité au Robert, jusqu'aux limites.

Chemin de la Trinité au Lamentin, jusqu'aux limites.

Chemin de la Trinité au Gros-Morne, jusqu'aux limites.

chemin

Chemin de la Trinité à la Tartane, jusqu'aux limites.
Chemin de la Trinité à Ste. Marie, jusqu'aux limites.

Gros-Morne.

Chemin du Gros Morne à la Trinité, jusqu'aux limites.
Chemin du Gros-Morne, pour joindre ceux qui de la Trinité & du Gros-Morne vont au Lamentin.

Nota. *La Paroisse du Gros-Morne sera chargée de la partie des chemins du Robert & de la Trinité, pour aller au Lamentin, qui passe sur son terrein.*

La Tartane.

Chemin de la Tartane à la Trinité, jusqu'aux limites.

Sainte-Marie.

Chemin de Ste. Marie à la Trinité, jusqu'aux limites.
Chemin de Ste. Marie au Marigot, jusqu'aux limites.

Marigot.

Chemin du Marigot à Ste. Marie, jusqu'aux limites.
Chemin du Marigot à la Grand'Ance, jusqu'aux limites.

Grand'Ance.

Chemin de la Grand'Ance au Marigot, jusqu'aux limites.
Chemin de la Grand'Ance à la Basse-Pointe, jusqu'aux limites.

Nota. *La Paroisse de la Grand'Ance & celle de la Basse-Pointe, s'arrangeront ensemble pour la réparation & l'entretien du chemin qui mene à St. Pierre, par le pied de la montagne Pelée, & le réduit, jusqu'au territoire de St. Pierre.*

Basse-Pointe.

Chemin de la Basse-Pointe à la Grand'Ance, jusqu'aux limites.
Chemin de la Basse-Pointe au Macouba, jusqu'aux limites.

Nota. *Il a été dit ci-dessus que cette Paroisse s'arrangeroit avec celle de la Grand'Ance, pour le chemin de St. Pierre, & tout le quartier de la Basse-Pointe, c'est-à-dire, les quatre Paroisses qui le composent contribueront aux ouvrages publics à faire sur ce chemin.*

Macouba.

Chemin du Macouba à la Basse-Pointe, jusqu'aux limites.

Precheur.

Chemin du Prêcheur à Saint-Pierre, jusqu'aux limites.

Fort Saint-Pierre.

Chemin du Fort Saint-Pierre au Prêcheur, jusqu'aux limites.

Chemin du Fort-Saint-Pierre à la Basse-Pointe & Grand'Ance, jusqu'aux limites.

Nota. *Le Mouillage contribuera au chemin qui est commun à toute la ville de St. Pierre.*

CHAMP-FLORE.

Chemin de Champ-Flore jusqu'au grand chemin qui mene du Fort-Saint-Pierre à la Basse-Pointe.

MOUILLAGE DE SAINT-PIERRE.

Chemin du Mouillage au Carbet, jusqu'aux limites.

Nota. *Cette Paroisse contribuera avec celle du Fort, pour le chemin de la Basse-Pointe, jusqu'au territoire de cette Paroisse ; & ces deux Paroisses s'arrangeront ensemble à ce sujet.*

CARBET.

Chemin du Carbet au Mouillage, jusqu'aux limites.
Chemin du Carbet à la Caze-Pilote, jusqu'aux limites.

Prions Messieurs du Conseil Souverain de la Martinique, de faire enrégistrer la présente, lire, publier & afficher par-tout où besoin sera, afin que personne n'en ignore.

Donné à la Martinique, sous le sceau de nos armes & le contre-seing de nos secretaires, le 5 novembre 1765, *Signés*, D'ENNERY, & le Président de PEINIER.

ENREGISTRÉE au Conseil Souverain, le 7 Novembre 1765.

ORDONNANCE

DE MM. LES GENERAL ET INTENDANT.

POUR la vente du Poisson.

Du 27 Janvier 1766.

LES plaintes qui nous ont été portées par différens particuliers du Bourg St. Pierre, de l'inexécution des ordonnances de nos prédécesseurs, & de la contravention à l'arrêt du conseil souverain de cette isle, du 11 septembre 1762, qui fixe le prix du petit poisson pesant au dessous d'une livre, 7 f. 6 d. la livre, & celui pesant au-dessus d'une livre, à raison de 15 f. la livre, nous ayant donné lieu d'en rechercher la cause, & de remonter à sa source, pour en arrêter les progrès, & d'y remédier d'une maniere aussi prompte qu'efficace; nous avons été instruits qu'il part tous les jours, soir & matin, du bourg St. Pierre, une foule de negres & de negresses de journée, qui se rendent sur les ances, jusqu'au-delà du Prêcheur & du Carbet, où ils attendent l'arrivée des Pêcheurs & des senneurs, desquels ils achetent tout le poisson, & que pour éviter d'être arrêtés dans les avenues par les commis à la police, & échapper à leur vigilance, ils prennent des routes détournées, & passent par les hauteurs pour se rendre audit bourg St. Pierre, & se répandent ensuite dans des quartiers reculés, où ils vendent & distribuent le poisson, non au poids, mais par lots & à la main, à un prix arbitraire, bien au-dessus du prix, & tel qu'il leur plaît de le fixer, ce qui ne peut être envisagé que comme le monopole le mieux caractérisé, le plus contraire au bon ordre & au bien public, & d'autant plus digne de punition, qu'il est commis par des esclaves auxquels ledit arrêt du 11 septembre 1762, le défend expressément, sous peine de confiscation du poisson, & de huit jours de prison.

Et comme il ne suffiroit pas pour arrêter ce désordre, de prendre de nouvelles mesures pour interdire aux negres cette espece de commerce, si nous n'en prenions d'un autre côté, pour empêcher les pêcheurs & les senneurs de le favoriser, & de vendre sur la greve leur poisson aux negres de journée, contre la disposition dud. arrêt, & si, pour ôter tout prétexte, nous ne les assujettissons pas à porter leur poisson audit bourg St. Pierre: Par toutes ces considérations, Nous, en vertu du pouvoir à nous donné par Sa Majesté, avons statué & ordonné, statuons & ordonnons ce qui suit.

ARTICLE PREMIER.

Faisons défenses à tous pêcheurs & senneurs de la jurisdiction du bourg St. Pierre, de vendre leur poisson sur la greve, à tous negres & negresses de journée, sous les peines portées par le susdit arrêt du 11 septembre 1762, & de plus grandes peines s'il y échet: leur enjoignons à cet effet de porter tous les jours à l'avenir, à compter du jour de la publication de ces présentes, leur poisson à la place de l'hôpital, ou à celle du Fort du bourg St. Pierre, le matin & le soir, d'abord après qu'ils auront tiré leur poisson de la senne ou des paniers, pour le vendre à la livre & au prix fixé par ledit arrêt du 11 septembre 1762; premierement & par préférence aux particuliers, & ensuite aux aubergistes & cabaretiers, en présence des commis à la police, auxquels nous enjoignons de s'y trouver aux heures ci dessus fixées, & d'y tenir la main chacun dans son district, à peine contre les pêcheurs & senneurs, en cas de contravention, de 300 liv. d'amende pour la premiere fois, de 500 liv. en cas de récidive, & de plus grandes peines s'il y échet; & pour que les contrevenans puissent être connus, enjoignons à tous pêcheurs & senneurs, dépendans de la jurisdiction du bourg St. Pierre, de donner dans huitaine après la publication des présentes, leurs noms & le lieu de leur demeure, au Procureur du Roi de ladite jurisdiction, à peine de 300 liv. d'amende contre le contrevenant.

II. Faisons très-expresses inhibitions & défenses à tous negres & negresses de journée, d'aller à l'avenir sur les ances, acheter les poissons des pêcheurs & des senneurs, sous quelque prétexte que ce soit, à peine contre les contrevenans, pour la premiere fois, de confiscation du poisson, dont ils seront trouvés chargés, & de huit jours de prison; & en cas de récidive, à peine du fouet & d'être attachés au carcan pendant trois jours consécutifs, même de plus grandes peines s'il y échet.

Prions Messieurs du Conseil Supérieur de la Martinique, de faire enrégistrer la présente, lire, publier & afficher par-tout où besoin sera, à ce que personne n'en ignore.

Mandons aux officiers de la Jurisdiction royale du bourg St. Pierre, de tenir la main à son exécution.

Donné à la Martinique, sous le sceau de nos armes & le contre-seing de nos secretaires, le vingt-sept janvier mil sept cent soixante-six. *Signés*, D'ENNERY, & le Président de PEINIER.

ORDONNANCE

DE MM. LES GENERAL ET INTENDANT.

PORTANT défense de construire des maisons en bois, & d'en couvrir aucune en essentes dans toute l'étendue du Bourg St. Pierre.

Du premier Février 1766.

SUR les remontrances à nous données par le Procureur du Roi de la jurisdiction royale de Saint-Pierre, & les informations que nous avons prises en conséquence, nous sommes instruits que les ordonnances rendues par nos prédécesseurs, pour défendre de construire des maisons en bois, & de couvrir en essentes dans le bourg de Saint-Pierre, ont été jusqu'à présent fort mal exécutées, & que ces contraventions tirent leurs sources de la nécessité où s'est trouvé le gouvernement, après le dernier incendie arrivé en ce bourg, de tolérer que l'on construiroit quelque appentis en bois, pour loger une infinité de pauvres incendiés qui ne savoient où se retirer.

Les circonstances où s'est trouvée la colonie depuis la derniere guerre, ayant détourné & fixé l'attention du gouvernement sur d'autres

tres objets, il est arrivé de là que ce que la nécessité avoit exigé dans un tems de calamité pour l'utilité publique, a dégéneré en un abus dangéreux, par la liberté qu'ont pris différens particuliers, de faire bâtir au lieu d'appentis, des maisons en bois à un & deux étages, & de les faire couvrir en essentes, ainsi que les anciennes couvertures qui devoient être couvertes en tuiles; à quoi étant nécessaire de pourvoir, pour éviter le malheur des incendies dont le bourg de St. Pierre a fait depuis quelques années la triste & funeste expérience: Nous, en vertu du pouvoir à nous accordé par Sa Majesté, avons statué & ordonné, statuons & ordonnons ce qui suit:

Faisons expresses inhibitions & défenses aux particuliers du bourg Saint-Pierre, de faire construire en bois, & couvrir en essentes à l'avenir, & à compter du jour de la publication des présentes, aucune maison, appentis, cuisines ou autres édifices de quelque espece qu'ils soient, à peine contre les contrevenans, de 300 liv. d'amende, de démolition des bâtimens, & de plus fortes peines, s'il y échet.

Prions Messieurs du Conseil Supérieur de la Martinique, de faire enrégistrer la présente, lire, publier & afficher par-tout où besoin sera, à ce que personne n'en prétende cause d'ignorance.

Mandons aux Officiers de la Jurisdiction royale, du Bourg St. Pierre, de tenir la main à son exécution.

Donné à la Martinique, sous le sceau de nos armes & le contre-seing de nos secretaires, le 1 février 1766. *Signés*, D'ENNERY, & le Président de PEINIER.

ENREGISTRÉE au Conseil Souverain le 3 Mars 1766.

ORDONNANCE

DE MM. LES GÉNERAL ET INTENDANT,

CONCERNANT les Negres de journée.

Du 1 Mars 1766.

LE maronage étant un des plus grands maux qu'éprouvent les colonies, nous nous sommes attachés à chercher les moyens d'y remédier autant qu'il seroit possible. La facilité que trouvent les negres marrons à être employés dans les bourgs, soit dans les magasins, soit à bord des navires, en fait tous les jours augmenter le nombre: ces negres restent des années entiéres sans être découverts par leurs maîtres, parce que la plupart trouvent à travailler continuellement dans les navires, tous les capitaines les prenant à la journée, sans exiger d'eux des billets de leurs maîtres : plusieurs même trouvent moyen de sortir de l'isle, en se faisant passer pour libres.

Nous n'avons trouvé d'autre expédient pour arrêter ces abus, que, de donner des marques aux negres de journée, pour les faire distinguer & les faire reconnoître. L'exécution de ce projet, ôtera aux negres marrons, l'espérance de pouvoir se mêler avec les negres de journée, sans être reconnus, ce qui en diminuera considérablement le nombre pour l'avenir, & fera même trouver beaucoup de negres qui sont marrons depuis long tems.

L'on aura enfin plus de facilité pour découvrir les vols que feront les esclaves, ceux qui les emploiront étant à portée de reconnoître leurs numéros, & de s'informer du commis à la police de leurs noms, de celui de leurs maîtres, de leurs demeures, & de se procurer par là les moyens d'avoir raison des effets perdus ou volés par lesdits esclaves.

Un autre abus qui ne mérite pas moins d'être réprimé, c'est la liberté que donnent à leurs esclaves la plupart des maîtres, d'aller chercher du travail à leur choix, au moyen d'un tribut qu'ils en exigent par mois : ces esclaves se trouvent par-là, en quelque façon, sans maîtres, & livrés à eux-mêmes, ce qui est sujet à de très-grands inconvéniens.

C'est dans des vues si utiles, que nous nous sommes déterminés à rendre une ordonnance, dont les dispositions puissent produire le bien que nous avons lieu de nous en promettre.

A CES CAUSES, & en vertu du pouvoir qui nous est confié par Sa Majesté, nous avons statué & ordonné, statuons & ordonnons ce qui suit :

ARTICLE PREMIER.

Tous les propriétaires des negres de journée, en déclareront aux commis à la police de leur quartier, le nombre, le nom de chacun, dans la quinzaine du jour de la publication de la présente ordonnance, & ledit commis à la police les insérera dans un registre qu'il tiendra à cet effet, à peine de 300 liv. d'amende contre les maîtres qui auront manqué de se conformer au présent article, applicable un tiers au profit du dénonciateur, un tiers au profit du commis à la police, & l'autre tiers au profit du Roi.

II. Tous les maîtres des esclaves destinés à la journée, seront tenus, après la publication de la présente ordonnance, de présenter ou faire présenter leursdits esclaves, au commis à la police de leur quartier, qui leur délivrera *gratis*, à chacun, une lame de cuivre, qui sera soudée en forme de bracelet au poignet gauche, & qui contiendra le numéro destiné à chaque negre ; lequel numéro sera inséré dans le registre du commis à la police, avec le nom du negre auquel ledit numéro aura été délivré, sous les peines portées au précédent article.

III. Nous ordonnons qu'à compter du premier mai prochain, aucun esclave ne pourra aller en journée, s'il n'a le bracelet numéroté dont il est parlé à l'article ci-dessus, à peine du fouet contre le negre, de huit jours de prison, & de 300 liv. d'amende, contre celui pour qui il aura été surpris travaillant, soit dans les bourgs, soit sur les bâtimens de mer, applicable conformément à l'article premier.

IV. Les negres numérotés ne pourront travailler que dans les lieux où ils auront été inscrits, si ce n'est pour aller en message, ce qu'ils ne pourront faire qu'autant qu'ils seront munis d'un billet de leurs maîtres, à peine du fouet & de huit jours de prison.

V. Défendons à tous esclaves munis de numéros, de les échanger entr'eux, & de les prêter à d'autres negres esclaves, à peine du fouet & de huit jours de prison, contre les uns & les autres.

VI. Les maîtres qui voudront retirer leurs esclaves, & cesser de les louer à la journée, ou qui les vendront à d'autres personnes, seront obligés, sous les peines portées à l'article premier, de faire remettre les bracelets numérotés qui leur avoient été donnés, entre les mains du commis à la police, qui fera mention de ladite remise ou de la vente qui en aura été faite, sur son regiltre.

VII. Les gens de couleur libres qui seront convaincus d'avoir retiré & donné asile à des negres marrons, seront privés de leur liberté & vendus au profit du Roi, à la réserve du tiers du produit qui sera au profit du dénonciateur.

VIII. Les negres esclaves dans les cases desquels on trouvera un negre marron, seront condamnés à 30 coups de fouet, par la main du bourreau, & à huit jours de prison.

IX. Nous défendons très-expressément à tous propriétaires d'esclaves, dans toute l'étendue de ce gouvernement, de leur laisser la liberté d'aller chercher du travail à leur gré, au moyen d'un tribut qu'ils en exigent, à peine de 300 liv. d'amende pour la premiere fois, applicable un tiers à celui qui aura surpris le negre en faute, un tiers au profit du commis à la police, & l'autre tiers au profit du Roi; & en cas de récidive, de la confiscation du negre, dont le produit sera applicable comme dessus.

X. Nous défendons encore aux propriétaires, de louer leurs esclaves à d'autres qu'à des blancs, ou à des affranchis domiciliés, sous les peines énoncées dans le précédent article.

XI. Les frais des bracelets qu'il faudra distribuer dans les différens bourgs de ce gouvernement, seront fournis des fonds de la caisse du Roi; mais dans le cas où lesdits negres de journée viendroient à perdre ou à rompre les bracelets qui leur auront été délivrés, leurs maîtres seront tenus de leur en fournir un autre pareil à leurs frais

& dépens, ſous les peines portées au premier article.

Nous enjoignons à tous les commis à la police de ſe conformer exactement au contenu en la préſente ordonnance.

Prions Meſſieurs du Conſeil Supérieur de la Martinique, de faire enrégiſtrer la préſente, lire, publier & afficher par-tout où beſoin ſera, afin que perſonne n'en ignore.

Mandons aux Officiers des juriſdictions royales de cette iſle Martinique, de tenir la main à ſon exécution.

Donné à la Martinique, ſous le ſceau de nos armes & le contreſeing de nos ſecretaires, le 1er. mars 1766. *Signés*, D'ENNERY, & le Préſident DE PEINIER.

ENREGISTRÉE au Conſeil Souverain le 7 Mars 1766.

ORDONNANCE

DE MM. LES GÉNÉRAL ET INTENDANT.

PORTANT établiſſement d'une Poſte dans l'Iſle Martinique.

Du 4 Mars 1766.

NOtre attention particuliere à veiller ſur tout ce qui peut être utile & avantageux à la colonie, nous a fait appercevoir un vice dans l'adminiſtration de la poſte, telle qu'elle eſt établie aujourd'hui, auquel nous ne pouvons remédier qu'en changeant la forme de cet établiſſement.

Une poſte générale qui paſſera dans toutes les Paroiſſes de l'iſle, paroît devoir remplir nos vues & celles des colons. Le ſervice du Roi ſe fera par ce moyen, avec exactitude, ſans qu'il ſoit onéreux aux officiers de milices, qui ayant ſans ceſſe des avis à nous donner, ſont obligés de nous les adreſſer par des negres qu'ils détournent ſouvent de leurs travaux pendant deux ou trois jours, pour une ſeule lettre. Il en réſultera auſſi néceſſairement un grand bien pour le cultivateur & le négociant, par la commodité qu'ils trouveront dans leur correſpondance, & la ſûreté dans la diſtribution de leurs lettres.

A CES CAUSES, & en vertu du pouvoir à nous donné par Sa Majeſté, nous avons ſtatué & ordonné, ſtatuons & ordonnons ce qui ſuit :

ARTICLE PREMIER.

Nous nommerons un Directeur général à Saint-Pierre, qui ſera chargé de toute la régie. Il établira trois bureaux principaux, ſavoir : au un au Fort-Royal, un à la Trinité, un autre au Marin, & des bureaux particuliers dans toutes les Paroisses de l'isle.

II. Tous les capitaines des navires venant de France ou autres lieux; les maîtres des goelettes ou bateaux, faisant le cabotage de cette isle, ou de celle de Ste. Lucie, remettront comme ci-devant, au bureau du lieu où ils aborderont, les lettres ou paquets dont ils seront porteurs; leurs faisons très-expresses inhibitions & défenses d'en délivrer aucune, soit dans leur bord, soit à terre, à peine de 500 liv. d'amende portée dans l'ordonnance du 24 décembre 1764, applicable aux hôpitaux, & du double en cas de récidive.

III. Chaque capitaine de navire sera tenu, un mois avant son départ, de faire remise au bureau du lieu d'où il s'expédiera, un sac, sur lequel seront écrits le nom du navire, celui du capitaine, & celui du port pour lequel il sera destiné.

IV. Il y aura dans chaque bureau une boîte qui communiquera en dehors, où l'on pourra remettre les lettres à toute heure, en désignant sur les adresses, les bâtimens par lesquels on desirera les faire passer.

V. Aucun capitaine de navire ou autre bâtiment, ne pourra obtenir son billet de sortie du capitaine de port, ou de ses Lieutenans, qu'il n'ait rapporté un certificat du bureau de la poste, qui constatera la remise qui lui aura été faite du sac des lettres ou des dépêches dudit bureau: ce sac sera scellé du cachet de la poste.

VI. On distribuera les lettres tous les jours dans tous les bureaux, depuis sept heures du matin jusqu'à midi, & depuis 2 heures après midi, jusqu'à 6 heures du soir. Celles des navires venant d'Europe seront distribuées 2 heures après la réception du sac. Voulons que les directeur ou commis de la poste, ne remettent les lettres qu'aux personnes désignées sur les adresses, ou à quelqu'un porteur d'un billet de leur part, à peine de se rendre responsables en leurs propres & privés noms, de l'interception des lettres qu'ils pourront avoir remises au hasard: celles qui seront destinées pour les différens quartiers, y seront envoyées par le premier courrier.

VII. La poste générale pour toutes les paroisses de l'isle, ne partira qu'une fois par semaine, & le jour en sera fixé au vendredi matin, pour pouvoir arriver le samedi au soir dans les quartiers les plus éloignés; au moyen de quoi les habitans qui se trouveront dans leurs paroisses le dimanche, pourront retirer eux-mêmes leurs lettres.

VIII. Outre la poste générale par terre, tous les jours à 5 heures du soir, il y en aura une de St. Pierre pour le Fort-Royal, & pour les autres endroits de l'isle où vont les canots passagers. On se servira de cette voie pour les retours; & pour cet effet voulons que tous les patrons de canots prennent leurs dépêches aux bureaux de la poste, avant que de partir, à peine de deux jours de cachot, & de plus grandes peines en cas de récidive.

IX. Les Paroisses seront divisées en quatre départemens.

Celui de St. Pierre aura sous sa direction celles du Carbet, de la Caze-Pilote, du Prêcheur, du Macouba, de la Basse-Pointe & de la Grand'Ance.

Celui du Fort-Royal aura le Lamentin, le Trou-au-Chat, le St. Esprit, la Riviere-Salée, les Trois-Islets, les Ances d'Arlets & le Diamant.

Celui du Marin aura Ste. Luce, la Riviere Pilote, Ste. Anne, le Vauclin & le François.

Celui de la Trinité aura le Robert, la Tartane, le Gros-Morne, Ste.-Marie, & le Marigot. Chaque bureau particulier donnera au bureau général de son département, tous les quatre mois, un état de la quantité de lettres qu'il aura distribuées, & de celles qu'il aura expédiées; & les trois bureaux principaux en donneront chacun un de leurs départements au Directeur général, qui les rapportera sur ses registres, pour y avoir recours en cas de besoin.

X. Les chantres ou sacristains étant déja gagés par les Paroisses, on les choisira de préférence pour en faire des buralistes, après les informations que l'on aura prises du Curé, de leur conduite & capacité; mais il sera loisible au directeur d'en changer, quand le bien de la chose l'exigera.

XI. Chaque postillon portera une fleur-de-lys en fer blanc, qu'il attachera à sa chemise du côté droit, afin qu'on puisse le reconnoître, & que personne, de quelque qualité & condition qu'elle soit, ne puisse, sous aucun prétexte, l'arrêter ou le détourner de son chemin, sous peine de punition exemplaire, & afin aussi que chaque habitant puisse lui donner aide & assistance en cas de besoin.

XII. Il y aura également une fleur-de-lys sur les malles qui seront employées à la poste: on aura soin qu'elles ferment bien, afin que l'eau ne puisse y pénétrer; chaque buraliste en aura une clef.

XIII. Pour s'assurer de la fidélité des postillons, autant qu'il est possible, nous défendons aux buralistes & à tous autres, de leur donner autre chose à porter que les malles de lettres.

XIV. Il sera fait des paquets séparés des lettres destinées pour chaque paroisse; & le buraliste de chacune de ces Paroisses ne pourra ouvrir d'autre paquet que celui qui sera à son adresse.

XV. Chaque buraliste tiendra son postillon prêt à l'heure qui sera indiquée, afin que la marche ne soit jamais retardée.

XVI. Les habitans de la campagne pourront envoyer leurs lettres pour l'Europe ou pour tout ailleurs, aux lieux d'où partiront les bâtimens, en affranchissant le port jusqu'auxdits lieux, faute de quoi elles seront mises au rebut.

XVII. Le Directeur des postes établira des bureaux dans les principaux quartiers de Ste. Lucie; il y enverra les lettres de la Martinique & autres lieux, & il distribuera à la Martinique celles qui y viendront de Ste. Lucie.

XVIII. Les maîtres des paquebots de la Guadeloupe, porteront leurs lettres & paquets au bureau général, qui leur paiera 7 f. 6 d. pour chaque, & qui les distribuera ensuite sur le pied du tarif. Défendons auxdits maîtres d'en disposer autrement, sous les peines portées par l'article deux.

XIX. Seront franches de port toutes les lettres contre-signées de Nous, Général & Intendant; celles qui nous seront adressées, celles qui le seront au commandant en second, major général, au Procureur général, au Subdélégué général, & à nos premiers sécretaires. Seront pareillement franches de port les lettres sur lesquelles le Procureur général écrira de sa main, & signera ces mots : *pour le service.*

XX. Ceux qui écriront pour des procès à MM. du Conseil Souverain, affranchiront leurs lettres, sans quoi elles leur seront renvoyées avec double port.

XXI. Toutes les lettres qui auront resté pendant trois mois dans les bureaux particuliers sans être réclamées, seront renvoyées au directeur général, qui les joindra à celles qui se trouveront dans son bureau; il fera du tout un état qu'il affichera dans toutes les Paroisses de l'isle; & un mois après, celles qui ne seront point retirées seront brûlées.

XXII. Toute personne de quelque qualité & condition qu'elle soit, qui seroit convaincue d'avoir soustrait ou intercepté quelque lettre, sera poursuivie extraordinairement, & punie suivant la rigueur des ordonnances.

XXIII. Le Directeur général sera exempt de milice & de capitation, pour lui & 8 de ses negres.

Les trois receveurs principaux & tous les buralistes particuliers, jouiront de l'exemption de milice & de capitation pour leurs negres employés au service seulement.

TARIF DES PORTS DE LETTRES.

ARTICLE PREMIER.

LES lettres venant de France qui seront distribuées dans le lieu où aura mouillé le bâtiment, seront payées 7 f. 6 d.

Celles qui seront pour les autres quartiers, seront payées 15 sols. Elles seront étampées d'un F.

2. Celles qui viendront de la Guadeloupe seront payées 15 sols. Celles qui seront pour les différens quartiers de l'isle, ne paieront pas d'avantage. Elles seront étampées d'un G.

3. Chaque lettre ordinaire de la correspondance de l'isle, celles venant de Ste. Lucie, ainsi que celles qui y seront distribuées, paieront 7 sols 6 d. ci. . . . . . . 7 sols 6 d.

4. Les paquets qui seront distribués par la poste dans l'intérieur de l'isle, qui peseront depuis une once jusqu'à quatre, paieront 22 s. 6 d. ci. . . . . 22 sols 6 d.

Ceux qui peseront depuis quatre onces jusqu'à huit, paieront 30 sols. ci. . . . . 30 sols.

Et au-dessus jusqu'à une livre 45 s. ci. . . . 45 sols.

Ceux qui peseronr au-dessus d'une livre, ne pourront être envoyés par la poste.

V. Les directeurs, receveurs principaux & commis des bureaux, se conformeront au tarif ci-dessus, à peine en cas de contravention, d'être punis comme concussionnaires.

RÉGLEMENT DE LA POSTE,

Fixant les jours de départ, de retour, les routes, & l'heure à laquelle chaque postillon arrivera dans les différentes Paroisses de l'Isle.

GRANDE ROUTE.

DEPART.		RETOUR.	
De St. Pierre à la Trinité par la Basse-Pointe, le vendredi à	5 h. m.	De la Trinité à St. Pierre, par Ste. Marie, le mardi à	5 h. m.
A la Basse-Pointe,	10 h. m.	A Ste. Marie,	7 h. m.
A la Grand'Ance.	à midi.	Au Marigot,	9 h. m.
Au Marigot,	2 h. s.	A la Grand'Ance,	11 h. m.
A Ste. Marie,	4 h. s.	A la Basse-Pointe,	1 h. s.
A la Trinité,	6 h. s.	A St. Pierre,	6 h. s.
De St. Pierre à la Trinité par le Fort-Royal, & autres quartiers de l'isle sous le vent.		*De la Trinité à St. Pierre, par le Robert, & quartiers sous le vent.*	
Le vendredi à	5 h. m.	Le mardi à	5 h. m
Au Carbet à.	6 h. m.	Au Robert à	7 h. m.
A la Caze-Pilote, à.	8. h. m.	Au François,	9 h. m.
Au Fort-Royal,	11. h. m.	Au Vauclain,	11 h. m.
Au Lamentin,	2 h. s.	Au Marin,	1 h. s.
Au Trou-au-Chat,	3 h. s.	A la Riviere Pilote,	3 h. s.
A la Riviere-Salée,	4 h. s.	A Ste. Luce,	5 h. s.
A Ste. Luce,	6 h. s.	A la Riviere-Salée,	7 h. s.
SAMEDI.		*MERCREDI.*	
A la Riviere-Pilote,	7 h. m.	Au Trou-au-Chat à	6 h. m.
Au Marin,	9 h. m.	Au Lamentin,	8 h. m.
Au Vauclin,	midi.	Au Fort-Royal,	10 h. m.
Au François,	2 h. s.	A la Caze-Pilote,	1 h. s.
Au Robert,	4 h. s.	Au Carbet,	3 h. s.
A la Trinité,	6 h. s.	A S. Pierre,	4 h. s.

ROUTES

ROUTES DE TRAVERSE.

DEPART.

De St. Pierre au Prêcheur.

Le Buraliste du Prêcheur enverra son Postillon, le jeudi à 4 heures du soir, à Saint-Pierre, avec ses lettres pour les différens quartiers de l'isle, & emportera celles pour sa Paroisse.

Du Macouba à la Basse-Pointe.

Le Buraliste du Macouba, enverra son postillon le vendredi matin, à la Basse-Pointe, avec les lettres qu'il aura pour les differens quartiers de l'isle, il faut qu'il y arrive avant 10 heures, afin que le courrier puisse se charger de ses lettres, & il emportera celles pour sa Paroisse.

Du Lamentin à la Trinité.

Outre le Postillon pour le Trou-au-Chat, il en partira un en même tems pour le Gros Morne à 2 heures du soir.

Au Gros Morne à 5 h. du soir.

A la Trinité à 7 h. du soir.

Du St. Esprit à la Riviere-Salée

Le Postillon du St. Esprit se rendra le vendredi à 4 heures après midi à la Riviere-Salée, avec les lettres qu'il aura pour les différens quartiers, & emportera celles pour sa Paroisse.

De la Riviere-Salée au Diamant.

De la Riviere-Salée le samedi à 5 h. du matin.

Aux Trois-Islets, à 7 heures du matin.

Aux Ances d'Arlets, à 10 heures du matin.

Au Diamant, à midi.

Du Marin à Ste. Anne.

Le Buraliste de Ste. Anne fera partir son Postillon le samedi à 7 heures du matin, pour être rendu à 9 heures au Marin, avec les lettres qu'il aura pour le Marin, le Vauclin, le François, le Robert & la Trinité, & emportera celles pour sa Paroisse,

De la Trinité à la Tartane.

Le Buraliste de la Tartane enverra le samedi au soir, son postillon coucher à la Trinité, & en repartira le dimanche de grand matin, avec les lettres de sa Paroisse.

RETOUR.

De la Tartane à la Trinité.

Le Buraliste de la Tartane enverra le lundi au soir son postillon à la Trinité, avec ses lettres pour les différentes paroisses de l'isle.

Du Macouba à la Basse-Pointe.

Le postillon du Macouba se rendra le mardi à une heure après midi à la Basse-pointe, avec les lettres qu'il aura pour St. Pierre & le Fort-Royal, & emportera celles pour sa Paroisse.

De la Trinité au Fort-Royal.

De la Trinité le mardi à 5 heures du matin.

Au Gros-Morne, à 7 heures du matin.

Au Lamentin, à 10 heures du matin.

Au Fort-Royal, à midi.

De Ste. Anne au Marin.

Le postillon de Ste. Anne, se rendra le mardi à 1 heure après midi au Marin, avec ses lettres pour les quartiers jusqu'à St. Pierre, & emportera celles pour sa Paroisse.

Du Diamant à la Riviere-Salée.

Du Diamant, le mardi à midi.

Aux Ances d'Arlets, à 2 heures du soir.

Aux Trois-islets, à 5 heures du soir.

A la Riviere-Salée, à 7 heures du soir.

Du Saint-Esprit à la Riviere-Salée.

Le postillon du Saint-Esprit se rendra le mardi à 7 heures du soir, à la Riviere-Salée, avec les lettres qu'il aura pour les quartiers jusqu'à St. Pierre, & emportera celles pour sa Paroisse.

Du Prêcheur à St. Pierre.

Le buraliste du Prêcheur enverra son Postillon, le jeudi après midi, avec les lettres qu'il aura pour les différens quartiers de l'isle, & emportera celles pour sa Paroisse, en retour du courrier général.

OBSERVATIONS.

Les lettres pour le Fort-Royal, le Lamentin, la Riviere-Salée & autres lieux où vont le canots passagers, partiront tous les soirs, comme il est dit par l'article VIII.

Les deux negres postillons qui partiront de St. Pierre pour la Trinité, le vendredi à 5 h. du matin, l'un par la Basse-Pointe, & l'autre par le Carbet, arriveront à la Trinité, le premier le vendredi au soir, & l'autre, le samedi au soir: on aura deux jours pour répondre, & le mardi à 5 heures du matin, trois postillons partiront en même tems de la Trinité, l'un pour St. Pierre, par Ste. Marie; le second pour le Fort-Royal, par le Gros-Morne & le Lamentin, qui arriveront tous les deux à leur destination le même jour; & le troisieme pour le Fort-Royal & St. Pierre, par le Robert &c., arrivera à St. Pierre le mercredi au soir.

La distribution des lettres se fera le jeudi à 8. heures du matin, au moyen de quoi un chacun aura le tems de répondre dans la journée.

Le Bureau du Lamentin aura deux negres postillons qui partiront en même tems; l'un pour le Gros-Morne, & l'autre pour le Trou-au-Chat; & le mardi en retour, il fera partir sans retard, pour le Fort-Royal, les lettres qu'il recevra par le courrier de la Trinité.

Le Bureau de la Riviere-Salée aura également deux postillons qui partiront, l'un le vendredi à 5 heures du soir pour Ste. Luce, & l'autre le samedi à 5 heures du matin, pour le Diamant, par les Trois-Islets.

Le Buraliste du Diamant fera partir son Postillon pour la Riviere-Salée, en retour, le mardi à midi, par les Ances d'Arlets, afin que les lettres soient rendues à la Riviere-Salée le mardi à 7 heures du soir, où se trouvera le grand courrier qui prendra ses lettres, en lui remettant celles pour ces trois Paroisses.

Prions Messieurs du Conseil Souverain de la Martinique, de faire enrégistrer la présente, lire, publier & afficher par-tout où besoin sera, afin que personne n'en ignore.

Donné à la Martinique, sous le sceau de nos armes & le contreseing de nos secretaires, le 4 mars 1766. *Signés*, D'ENNERY, & le Président de PEINIER.

ENREGISTRÉE au Conseil Souverain le 7 Mars 1766.

ORDONNANCE

DE MM. LES GENERAL ET INTENDANT.

CONCERNANT les eaux du Canal.

Du 26 Novembre 1766.

LA police intérieure des villes, a toujours été regardée chez tous les peuples, comme une des parties les plus intéressantes au maintien du bon ordre & à l'harmonie de la société. Les fréquens incendies qui ont successivement désolé ce bourg, avoient porté nos prédécesseurs à lui procurer le remede le plus efficace contre un si cruel fléau, en faisant construire le canal qui porte l'eau de la riviere du Fort, dans une grande partie du bourg. Convaincus de la nécessité de cet établissement, nos soins attentifs se sont portés, sans hésiter & sans balancer, sur la dépense qu'en entraînoit le rétablissement, à faire réparer sur le champ, le dommage qu'a occasionné à ce canal, l'ouragan de la nuit du 13 au 14 août dernier. Nous étions bien éloignés de penser que cette réparation, en donnant l'eau avec plus d'abondance, augmenteroit aussi les abus dont on s'étoit déja plaint ci-devant, & auxquels nous avions cru avoir suffisamment pourvu par notre ordonnance du 28 janvier dernier; mais nous venons de voir par nous-mêmes, que malgré les défenses portées par cette ordonnance, le trop grand concours des esclaves dans les trois endroits où le canal commence à donner l'eau dans le bourg, a tellement dégradé le sol, qu'il ne seroit plus possible de passer dans ces rues sans risques, s'il n'y étoit incessamment pourvu : d'un autre côté les officiers chargés du soin de la police, nous ayant aussi représenté, qu'au mépris de l'ordonnance du 9 février 1765, les gens de couleur, tant libres qu'esclaves, se croyoient, sous prétexte de prendre de l'eau, autorisés à s'attrouper dans ces endroits, à toute heure, de jour & de nuit, ce qui occasionne un tumulte tout-à-fait contraire à la bonne police; que des blancs y viennent à la chûte du jour, & sur-tout au clair de la lune, étaler sans pudeur, leur nudité aux yeux des passans, en prenant ces canaux pour des bains publics; que quelque soin qu'on ait pris pour empêcher d'y laver du linge, il n'a pas été possible d'y réussir jusqu'à présent; & qu'enfin ledit canal n'étant pas couvert en son entier, l'eau qui s'en répand dans le bourg, est sujette à ramasser dans son cours, des ordures de toute espece, qui en peuvent rendre la boisson dangéreuse; que cependant les esclaves de l'un & de l'autre sexe, chargés de fournir l'eau dans les maisons, trompant la bonne foi de leurs maîtres, au lieu de l'aller chercher à la riviere, passent le tems qu'ils y employeroient à s'attrouper, & rapportent, après un long tems perdu, une eau souvent corrompue au point d'occasionner des maladies. C'est pour remédier à ces différens abus, que nous nous sommes portés à révoquer en entier par ces présentes les dispositions de notre ordonnance du 28 janvier dernier, & à leur en substituer de nouvelles, au moyen desquelles nous espérons voir l'ordre rétabli en cette partie.

A CES CAUSES, & en vertu du pouvoir à nous donné par Sa Majesté, nous avons statué & ordonné, statuons & ordonnons ce qui suit :

ARTICLE PREMIER.

Faisons défenses à toutes personnes de détourner le cours de la riviere qui porte l'eau dans le canal du bourg, sous quelque prétexte que ce soit, à peine contre les esclaves, de 8 jours de prison, & contre les personnes libres, tant blanches que de couleur, de 12 liv. d'amende, & de garder prison jusqu'à ce qu'ils aient acquitté ladite amende, ainsi qu'il est expliqué ci-après.

II. Défendons à tous gens de couleur, libres ou esclaves, ainsi qu'à toutes personnes de sang blanc, de quelque âge, qualité & condition qu'elles soient, de se baigner à l'avenir à quelque heure du jour ou de nuit que ce soit, dans les rues de la geole, du greffe, & de St. Jean de Dieu, aux endroits où ledit canal commence à donner l'eau, sous peine contre les esclaves de 3 liv. d'amende & de 25 coups de fouet, qui leur seront comptés à la geole en présence de leurs maîtres, à qui lesdits esclaves ne pourront être remis, qu'après avoir acquitté ladite amende, ainsi qu'il est porté par l'article XI; & contre les gens de couleur libres, & les blancs, de 12 liv. d'amende,

& de 8 jours de prison, d'où ils ne pourront sortir qu'après avoir payé ladite amende.

III. Ne pourra à l'avenir aucune personne, tant blanche que de couleur, baigner les enfans auxdits endroits, sous peine contre les blancs & gens de couleur libres, de 8 jours de prison, & contre les esclaves, de 25 coups de fouet, avec la prison de 8 jours.

IV. Voulons que les parens ou maîtres d'enfans déja assez forts pour se baigner seuls auxdits endroits, les empêchent d'y aller, à peine contr'eux d'encourir les peines prononcées par l'article précédent.

V. Défendons à toutes personnes, tant blanches que de couleur, libres ou esclaves, de laver à l'avenir auxdits endroits, soit linge, bouteilles ou autres choses quelconques, sous peine de confiscation au profit de l'hôpital des enfans trouvés, des choses qu'elles seroient prises à laver.

VI. Faisons très-expresses inhibitions & défenses à tous esclaves de l'un & de l'autre sexe, de prendre à l'avenir de l'eau auxdits endroits à quelque heure que ce soit, dans des quarts ou autres vaisseaux, sous peine d'être conduits à la geole pour y recevoir 25 coups de fouet, & de 3 liv. d'amende, payable par les maîtres, à qui lesd. esclaves ne pourront être remis par le geolier, que de l'aveu du Procureur du Roi, qui tiendra exactement la main à ce que ladite amende soit acquittée.

VII. N'entendons néanmoins empêcher les esclaves de prendre de l'eau dans des terrines ou vases, autres que des quarts, chacun devant sa porte, ou de façon qu'il ne se trouve pas plus de quatre personnes à la fois, occupées à ce soin dans le même endroit; à quoi les maîtres veilleront sous les peines portées par l'article VI.

VIII. Nous ordonnons qu'à l'avenir & à compter du jour de la publication de la présente, tous les particuliers du bourg St. Pierre seront tenus de faire balayer & arroser avant huit heures du matin, tous les jours les devant des maisons qu'ils occupent, & de faire porter sur le champ les ordures à la mer, sans pouvoir les pousser de proche en proche: leur faisons défenses de les laisser dans la rue, ou de les jetter dans les ruisseaux; à peine contre les maîtres, comme tenus des faits de leurs esclaves, de 6 liv. d'amende pour la premiere contravention, & de plus grande en cas de récidive; & contre les esclaves, à peine pour la premiere fois, d'être attachés pendant trois heures au carcan, & de plus griéve peine en cas de récidive.

IX. Faisons pareillement défenses à toutes personnes, de vuider de jour ou de nuit, ailleurs qu'à la mer, les pots-de-chambre, & de les jetter dans le ruisseau qui coule dans les rues du Greffe, St. Jean de Dieu, St. Ignace, & dans la grande rue, à peine contre les maîtres dont les esclaves seront surpris en contravention, de 6 liv. d'amende pour la premiere fois, & de plus grande, en cas de récidive; & contre

tre les esclaves, à peine d'être attachés au carcan pendant trois jours consécutifs, & du fouet en cas de récidive.

X. Ordonnons que dans trois jours de la publication des présentes, les propriétaires des terreins sur lesquels commencent à couler les eaux dudit canal, feront travailler aux réparations nécessaires, & remettre les lieux dans leur premier état, sinon & à faute de ce faire dans ledit délai, le voyer se chargera desdites réparations, à leurs frais & dépens, qui lui seront remboursés à la diligence du Procureur du Roi.

XI. Ordonnons que les amendes prononcées dans les différens cas, énoncées dans la présente, seront payées au bureau du domaine, pour être versées dans la caisse du Roi; que les contrevenans ne pourront être élargis qu'après avoir fait viser le reçu du Receveur général du domaine, par le Procureur du Roi, & que les peines y portées, ne pourront être réputées comminatoires sous quelque prétexte que ce puisse être.

Prions Messieurs du Conseil Supérieur de la Martinique, de faire enrégistrer la présente, lire, publier & afficher par-tout où besoin sera, à ce que personne n'en ignore.

Mandons au Procureur du Roi, & à tous autres officiers de Police, de tenir exactement la main à l'exécution des présentes, qui seront enrégistrées, publiées & affichées par-tout où besoin sera.

Donné à la Martinique, sous le sceau de nos armes & le contre-seing de nos secretaires, le vingt-six novembre mil sept cent soixante-six. *Signés*, D'ENNERY, & le Président de PEINIER.

ORDONNANCE

DE MM. LES GÉNÉRAL ET INTENDANT.

CONCERNANT les Ouvriers propres aux travauux du Roi & du Public.

Du 6 Décembre 1766.

LES difficultés que nous avons éprouvées pour nous procurer des ouvriers toutes les fois qu'il a été question d'en commander pour les travaux du Roi, nous ayant fait connoître la nécessité d'en avoir des listes exactes, tant pour savoir où les prendre, que pour pouvoir les faire marcher à tour de rôle: Nous, en vertu du pouvoir à nous donné par Sa Majesté, avons statué & ordonné, statuons & ordonnons ce qui suit:

Yyyyyy

ARTICLE PREMIER.

Tous les maçons, charpentiers de maisons, menuisiers, charrons, scieurs-de-long, charpentiers de navires & calfats, soit blancs ou gens de couleur libres, établis en cette isle, seront tenus de déclarer au bureau du domaine de leur département dans l'espace d'un mois, du jour de la publication des présentes, leurs noms & surnoms, leur profession & leur demeure, sous peine de huit jours de prison.

II. Seront également tenus tous les habitans & autres particuliers, de quelque qualité & condition qu'ils soient, de déclarer au bureau du Domaine, les noms de leurs esclaves ouvriers, & leur profession, sous peine de 20 liv. d'amende par tête d'esclaves qui seront trouvés exercer un métier sans avoir été déclarés.

III. Tout habitant ou autre particulier qui achetera un esclave ouvrier, ou qui en mettra un en apprentissage, sera aussi obligé d'en faire la déclaration au domaine, sous les peines portées par l'article 2.

IV. Pour que l'on puisse vérifier à chaque chantier où seront employés les ouvriers, s'ils ont été déclarés, il sera remis par les officiers du domaine, au Procureur du Roi de chaque jurisdictions, & au commis à la police des chaque Paroisse, des listes de tous ceux qui auront été enrégistrés.

Prions Messieurs du Conseil Souverain de cette isle, de faire enrégistrer la présente, lire, publier & afficher par-tout où besoin sera, afin que personne n'en ignore.

Mandons aux Procureurs du Roi des différentes jurisdictions, & à tous autres officiers de police, de tenir exactement la main à son exécution.

Donné à St. Pierre Martinique, sous le sceau de nos armes & le contre-seing de nos Secretaires, le 6 décembre 1766. *Signés*, D'ENNERY & le Président de PEINIER.

ORDONNANCE

DE MM. LES GENERAL ET INTENDANT.

CONCERNANT les libertés données aux Esclaves sans permission du Gouvernement.

Du 5 Février 1768.

LES sages précautions qui avoient été prises par Sa Majesté dans les ordonnances qu'elle a rendues sur les affranchissemens, pour en éviter les abus, & notamment dans celles rendues les 24 octobre 1713, & 15 juin 1736, n'ayant pas produit tous les effets qu'elle avoit en vue, par l'avidité de nombre d'habitans, qui sans d'autres motifs que ceux de leur avarice, traitent avec leurs esclaves de leurs libertés à prix d'argent; ce qui porte ceux-ci à se procurer par toute sorte de voies, & les plus illicites, les sommes qui leur sont nécessaires pour obtenir cette liberté, & engage les maîtres à le tolérer; le même esprit d'avidité, ou tout au moins le peu d'exactitude des notaires, induit plusieurs d'entr'eux à recevoir les actes de ces sortes de libertés, au mépris de la disposition des ordonnances du Roi, qui exigent une permission préalable du Gouverneur général & de l'intendant.

Il se trouve encore des maîtres qui pour procurer à leurs esclaves leurs libertés, & craignant que le Gouvernement ne les trouve pas dans le cas de devoir leur en accorder la permission, imaginent de faire passer furtivement lesdits esclaves dans les isles étrangeres sans congé & sans permission, pour les y faire affranchir, au moyen d'une vente simulée qu'ils passent de leurs esclaves à quelque habitant desdites isles étrangeres, & les font ensuite revenir dans les isles françoises, dans l'espérance qu'ils y jouiront d'une liberté qui n'est qu'idéale, étant obtenue au mépris des ordonnances du Roi.

Il se commet enfin bien souvent un autre abus qui ne mérite pas moins notre attention, en ce qu'il se trouve des maîtres qui par des motifs très repréhensibles, en imposent aux Curés, en leur présentant au baptême comme libres, des enfans dont les meres sont esclaves, & qui par ce moyen sont réputés affranchis; ce qui devient d'une conséquence dangéreuse: A quoi voulant remédier, nous nous sommes déterminés à rappeller dans la présente ordonnance, les dispositions de celles de Sa Majesté des 24 octobre 1713, & 15 juin 1736, en y ajoutant des peines contre ceux qui se prêteront à y contrevenir.

A CES CAUSES, & en vertu du pouvoir qui nous est confié par Sa Majesté, nous avons statué & ordonné, statuons & ordonnons ce qui suit:

ARTICLE PREMIER.

Les ordonnances du Roi des 24 octobre 1713, & 15 juin 1736 concernant les esclaves des isles françoises de l'Amérique, seront exécutées selon leur forme & teneur, sous les peines qui y sont prononcées contre les contrevenans.

II. Nous défendons à tous notaires de recevoir aucun acte d'affranchissement d'esclave, qu'il ne leur apparoisse d'une permission par écrit du Général & de l'Inntendant de la colonie, dont ils feront mention dans leurs actes, à peine contre les notaires qui auroient contrevenu au présent article, d'être condamnés à mille livres d'amende, dont moitié applicable au dénonciateur, & l'autre moitié au profit du Roi, & à être interdit de leurs fonctions pour un an.

III. Nous défendons à toutes personnes de quelque état & condition qu'elles soient, de faire passer leurs esclaves dans les isles étrangeres pour les y faire affranchir, sous les peines portées par les susdites ordonnances du Roi, des 24 octobre 1713, & 15 juin 1736.

IV. Il est très-expressément prohibé à tous navigateurs & maîtres de bateaux, pirogues & autres, d'embarquer sur leur bord aucun esclave, même de l'aveu des maîtres desdits esclaves, sans être munis d'une permission par écrit de l'Intendant, à peine contre lesdits navigateurs, maîtres de bateau & autres, de 500 livres d'amende pour chaque tête d'esclaves qu'ils auront embarqués & passés sans permission, applicable comme à l'article 2, & de six mois de prison, sauf à y être détenus jusqu'à paiement de ladite amende après les six mois.

V. Les maîtres qui auroient fait embarquer ou qui auroient autorisé l'embarquement de leurs esclaves sans une permission de l'Intendant, seront condamnés à une amende qui ne pourra être moindre que de la valeur des esclaves qu'ils auront fait embarquer; laquelle amende sera applicable conformément à l'article 2 ci-dessus.

VI. Les Prêtres & religieux desservans les cures de ce gouvernement, ne pourront baptiser comme libres, aucuns enfans, à moins que l'affranchissement des meres ne leur soit constaté auparavant par des actes de liberté revêtus de la permission par écrit des Gouverneur & Intendant; desquels actes ils seront tenus de faire mention sur les registres de baptême, & ils se conformeront exactement sur cet article, à l'ordonnance du Roi du 15 juin 1736, sous les peines portées par ladite ordonnance, contre les maîtres desdits enfans qui seroient en contravention.

Mandons aux officiers des jurisdictions, de tenir la main à son exécution.

Donné à la Martinique, sous le sceau de nos armes & le contreseing de nos secretaires, le 5 février mil sept cent soixante-huit. *Signés*, le Chevalier de St. MAURIS, & le Président de PEINIER.

ENREGISTRÉE au Conseil Souverain le 9 Mars 1768.

ORDONNANCE

ORDONNANCE

DE MM. LES GENERAL ET INTENDANT.

CONCERNANT la Chasse.

Du 30 Janvier 1768.

LA conservation du gibier étant un des objets qui exige l'attention du Gouvernement, attendu l'utilité dont il est pour la subsistance des habitans, & l'ordonnance qui avoit été rendue à ce sujet le 10 janvier 1720, par Messieurs Feuquieres & Benard, lors Général & Intendant des isles du vent, étant demeurée sans exécution, nous avons cru devoir en renouveller les dispositions, pour remédier aux abus qui se commettent à ce sujet, par l'usage dans lequel on est dans cette colonie, d'aller à la chasse, tant du gibier de terre, que du gibier aquatique, dans tous les tems de l'année indistinctement, & d'y envoyer les esclaves, lesquels non contens de tuer le gibier dans la saison où il est le plus nécessaire à conserver, font encore un grand dégat des œufs de toutes especes, ce qui cause un mal irréparable, & est formellement contraire aux ordonnances rendues par Sa Majesté concernant la Chasse: à quoi étant indispensable de remédier; Nous, en vertu du pouvoir qui nous est confié par Sa Majesté, avons statué & ordonné, statuons & ordonnons ce qui suit:

ARTICLE PREMIER.

Toute espece de chasse, soit au fusil, aux chiens, pieges, ou filets sera défendue dans toute l'étendue de cette colonie, depuis le premier mars, jusqu'à la fin de juillet inclusivement; & toute prise de tortue à terre, & la fouille de leurs œufs en tout tems: Nous défendons pareillement d'enlever les œufs des nids, à peine contre les contrevenans dans l'un & l'autre cas, de 200 liv. d'amende pour les blancs, soit qu'ils chassent eux-mêmes, ou qu'ils fassent chasser leurs esclaves; de 100 liv. d'amende & un mois de prison pour les gens de couleur libres, & de la peine du fouet & du carcan pendant 3 jours pour les esclaves qui auront chassé sans l'aveu de leurs maîtres pour la premiere fois, & de plus grande peine contre les uns & les autres en cas de récidive; lesquelles amendes seront applicables moitié au profit du dénonciateur, & l'autre moitié au profit du Roi.

II. Les gens de couleur libres, qui sans avoir été commandés pour le service, seront trouvés avec des armes à feu pendant le tems de la prohibition portée dans l'article ci-dessus, seront conduits en prison, leurs armes confisquées au profit du Roi, & ils subiront en outre la peine portée par l'article premier; les esclaves qui seront surpris dans ledit tems avec des armes à feu, seront condamnés aux mêmes peines, & seront mis en sus à la chaîne du Fort-Royal pour trois mois.

III. Tous blancs qui seront surpris avec du gibier dans le cours des mois prohibés, ainsi que les aubergistres & cabaretiers qui en auront chez eux, seront condamnés à l'amende prononcée à l'article premier contre les blancs.

Les mulâtres, negres libres & les esclaves qui seront surpris également avec du gibier, ou qui en vendront pendant ledit tems, subiront la peine prononcée dans l'article 2 de la présente ordonnance contre les mulâtres & negres libres d'une part, & les esclaves de l'autre.

Nous enjoignons à tous les commandans de bataillon & aux capitaines de paroisses, de tenir exactement la main à l'exécution de notre ordonnance; de dresser procès verbal contre tous les blancs indistinctement qu'ils trouveroient en contravention en icelle, & d'arrêter & faire conduire en prison tous les gens de couleur libres & esclaves qu'ils trouveront munis d'armes à feu pendant le tems de la prohibition, fixé par l'article premier; d'envoyer lesdits procès verbaux contre les blancs, aux Procureurs du Roi des jurisdictions du ressort, & de leur renvoyer dans les prisons desdites jurisdictions, les gens de couleur libres ou esclaves qu'ils auront fait arrêter en contravention, avec les procès verbaux qu'ils en auront dressés, afin que tant les blancs que les gens de couleur, soient poursuivis à la requête desdits Procureurs du Roi, & punis suivant l'exigence des cas.

Prions Messieurs du Conseil Souverain de la Martinique, de faire enrégistrer la présente, lire, publier & afficher par-tout où besoin sera, afin que personne n'en ignore.

Mandons aux officiers des jurisdictions, de tenir la main à son exécution.

Donné à la Martinique, sous le sceau de nos armes & le contreseing de nos secretaires, le 30 janvier mil sept cent soixante-huit. *Signés*, le Chevalier de St. MAURIS, & le Président de PEINIER.

ENREGISTRÉE au Conseil Souverain le 9 Mars 1768.

ARRET

CONCERNANT les negres justiciés.

Du 8 Mars 1768.

LA COUR &c., Faisant droit sur le requisitoire du Procureur général du Roi, enjoint à tous ceux qui sont actuellement, ou pourront être par la suite, porteurs d'arrêts sur la caisse des droits des negres justiciés, de les présenter à la Cour dans le délai de cinq ans, du jour de la date desdits arrêts, pour y être homologués, à peine d'être déchus du profit desdits arrêts; ce qui sera imprimé, lu, publié & affiché par-tout où besoin sera.

ORDONNANCE

DE MM. LES GÉNÉRAL ET INTENDANT.

CONCERNANT la Pêche.

Du 4 Mai 1768.

LE même motif qui a fixé notre attention sur la conservation du gibier, nous engage également à donner tous nos soins pour empêcher la destruction du poisson occasionnée par l'usage pernicieux d'enivrer les rivieres & les marigaux, d'en détourner le cours dans certains endroits, & enfin par la pêche du Tritri, poisson naissant de toutes les especes, dont la conservation est absolument nécessaire à entretenir la population non-seulement dans les rivieres, mais encore à la mer; c'est pour remédier à ces abus, & prévenir les préjudices notables qu'ils causent, qu'en vertu du pouvoir qui nous est confié par Sa Majesté, nous avons statué & ordonné, statuons & ordonnons ce qui suit:

ARTICLE PREMIER.

Nous défendons à toutes personnes, soit blancs ou gens de couleur libres ou esclaves, d'enivrer les rivieres & les marigaux, à peine en cas de contravention, de cinq ans de galere pour les blancs, & de la galere à vie pour les gens de couleur libres ou esclaves, conformément aux ordonnances du Roi, relatives à cet objet.

II. Défendons pareillement de détourner le cours des rivieres pour en prendre plus aisément le poisson & en plus grande quantité, à peine en cas de contravention, de 200 liv. d'amende contre les blancs, soit qu'ils commettent cette contravention eux-mêmes, ou que ce soit par le ministere de leurs esclaves; de 100 liv. d'amende & un mois de prison pour les gens de couleur libres, & de la peine du fouet & du carcan pendant trois jours pour les esclaves, & sous de plus grandes peines en cas de récidive; lesquelles amendes seront applicables moitié au profit du dénonciateur, & l'autre moitié au profit du Roi.

III. Tous blancs & gens de couleur libres ou esclaves qui, dans quelque-tems de l'année que ce soit, tendront au fond de l'eau dans le cours des rivieres, des draps ou napes pour prendre le petit poisson appellé Tritri, seront condamnés aux mêmes peines prononcées contre chacun d'eux en l'article second de la présente ordonnance.

Nous enjoignons à tous les commandans de bataillons, & aux capitaines de Paroisses, de tenir exactement la main à l'exécution de la présente, de dresser des procès verbaux contre tous les blancs qui seront trouvés en contravention, à faire conduire aux prisons des jurisdictions, tous les gens de couleur libres ou esclaves qui seront trouvés dans le même cas; & de les adresser aux Procureurs du Roi des jurisdictions du ressort, auxquels ils enverront en même tems les procès verbaux qu'ils auront dressé à ce sujet, afin que tant les blancs que tous les contrevenans indistinctement, soient poursuivis à la requête desdits Procureurs du Roi, & punis suivant l'exigence des cas.

Prions Messieurs du Conseil Souverain de la Martinique, de faire enrégistrer la présente, lire, publier & afficher par-tout où besoin sera, à ce que personne n'en ignore.

Mandons aux officiers des jurisdictions, de tenir la main à son exécution.

Donné à la Martinique, sous le sceau de nos armes & le contre-seing de nos secretaires, le 4 Mai mil sept cent soixante-huit. *Signés*, le Chevalier de St. MAURIS, & le Président de PEINIER.

ENREGISTRÉE au Conseil Souverain le 4 Mai 1768.

FIN.